SCHÜLER DUDEN

Die Ökologie

DUDEN für Schüler

Rechtschreibung und Wortkunde
Vom 4. Schuljahr an

Grammatik
Vom Aktiv bis zum zweiten Futur

Wortgeschichte
Sprachgeschichte und Etymologie
für den modernen Sprachunterricht

Bedeutungswörterbuch
Weil viele Wörter mehrdeutig sind

Fremdwörterbuch
Von relaxed bis marginal

Die richtige Wortwahl
Auf einen Schlag den inhaltlich
und stilistisch treffenden Ausdruck

Lateinisch-Deutsch
Die Neufassung des »Taschen-
Heinichen«

Die Kunst
Von der Farbenlehre bis zur
Aktionskunst

Die Musik
Bach und Bebop, Farbenhören
und farbiges Rauschen

Die Literatur
Absurdes Theater, Naturalismus,
Hinkjambus: die Literatur in ihrer
Vielseitigkeit

Die Chemie
Von der ersten Chemiestunde
bis zum Abiturwissen

Die Ökologie
Klassische Ökologie und
moderne Umweltproblematik

Die Pflanzen
Vom Gänseblümchen bis zum
Mammutbaum: Antwort auf Fragen,
die im Unterricht offenbleiben

Die Biologie
Auf dem neuesten Stand der
Forschung

Die Tiere
Rötelfalken und Rötelmäuse.
Für kleine und große Biologen

Die Physik
Die wichtigsten Begriffe und
Methoden der Physik

Die Astronomie
Von hellen Sternen und schwarzen
Löchern. – Stern-Stunden verständlich
gemacht

Die Geographie
Von der Geomorphologie bis zur
Sozialgeographie

Die Geschichte
Ob Merkantilismus oder UN:
alles Wissenswerte leicht
zugänglich

Die Wirtschaft
Vom Break-even-point bis zur
Schattenwirtschaft

Politik und Gesellschaft
Vom Bruttosozialprodukt bis zur
Pressefreiheit

Die Religionen
Aberglaube, Christentum,
Zwölfgöttersystem: die Welt der
Religion auf einen Blick

Die Philosophie
»Logik des Herzens« und
kategorischer Imperativ:
die wichtigsten Modelle und Schulen

Die Psychologie
Vom Alter ego bis zur Zwillings-
forschung

Die Pädagogik
Alles zum Thema Schule, Ausbildung
und Erziehung

Die Informatik
Algorithmen und Zufallsgenerator:
das Informationszentrum
für Anfänger und Fortgeschrittene

Die Mathematik I
5.–10. Schuljahr

Die Mathematik II
11.–13. Schuljahr

Das Wissen von A bis Z
Ein allgemeines Lexikon:
die ideale Ergänzung zu den
»Spezialisten«

DUDEN-Schülerlexikon
Ein Lexikon nicht nur für die Schule

SCHÜLER DUDEN

Die Ökologie

Herausgegeben und bearbeitet von
Meyers Lexikonredaktion

DUDENVERLAG
Mannheim · Leipzig · Wien · Zürich

Redaktionelle Leitung:
Karl-Heinz Ahlheim

Redaktion:
Marlies Arenth, Dr. Gerd Grill M. A.,
Dipl.-Biol. Franziska Liebisch,
Dr. Erika Retzlaff
In Zusammenarbeit mit
Prof. Dr. Klaus Wegmann

CIP-Titelaufnahme der Deutschen Bibliothek
Schülerduden Die Ökologie / hrsg. u. bearb.
von Meyers Lexikonred. [Red. Leitung: Karl-Heinz
Ahlheim]. – Mannheim; Wien; Zürich;
Duden-Verl., 1988.
ISBN 3-411-02240-X
NE: Ahlheim, Karl-Heinz [Red.]; Die Ökologie

Das Wort DUDEN ist für Bücher
aller Art für den Verlag
Bibliographisches Institut & F. A. Brockhaus AG
als Warenzeichen geschützt.

Alle Rechte vorbehalten
Nachdruck, auch auszugsweise, verboten
© Bibliographisches Institut & F. A. Brockhaus AG,
Mannheim 1988
Satz: Bibliographisches Institut & F. A. Brockhaus AG,
Mannheim (DIACOS Siemens) und Mannheimer
Morgen Großdruckerei und Verlag GmbH
Druck: Hans Rappold Offsetdruck GmbH, Speyer
Bindearbeit: Röck GmbH, Weinsberg
Printed in Germany
ISBN 3-411-02240-X

Vorwort

Der vorliegende Band „Die Ökologie" ergänzt die Reihe der Schülerduden um ein Werk, das unter den bisher erschienenen Bänden eine gewisse Sonderstellung einnimmt; denn ein Fach „Ökologie" gibt es in den Lehrplänen unserer Schulen nicht. Vielmehr werden ökologische und umweltbezogene Kenntnisse traditionsgemäß im Biologieunterricht, daneben noch im Sachkunde- und Sozialkundeunterricht vermittelt.

Das Interesse der Schüler für die Ökologie ist in den letzten Jahren immer größer geworden; dies ist gewiß auf ein gestiegenes Umweltbewußtsein zurückzuführen. Fast jeden Tag werden auch die Schüler in den Massenmedien mit Zusammenhängen und Begriffen konfrontiert, die Mensch und Natur betreffen. Nicht immer können Schulbücher auf alle offenen aktuellen Fragen eine Antwort geben. Gerade aber bei den augenblicklichen Diskussionen über Altlasten, Emissionen, Ozonloch, Waldsterben usw. brauchen die Schüler detaillierte Hintergrundinformationen, die ihnen der vorliegende Schülerduden liefert.

Der Schülderduden Ökologie wurde gemeinsam von Fachredakteuren und wissenschaftlichen Beratern erarbeitet und wendet sich besonders an die Schüler der Mittel- und Oberstufe an den weiterführenden Schulen. Die über 2800 behandelten Stichwörter repräsentieren alle wichtigen Bereiche der Ökologie und des Umweltwissens. Auch zahlreiche grundlegende Begriffe aus angrenzenden Fachbereichen wie der Chemie und Physik wurden berücksichtigt, soweit sie für das Verständnis ökologischer Zusammenhänge von Bedeutung sind.

Die Artikel dieses ersten Schülerfachwörterbuchs der Ökologie sind schülergerecht aufgebaut und in einer leicht verständlichen Sprache geschrieben, d. h. unter anderem auch, daß schwierige Zusammenhänge durch Beispiele erläutert werden. Zum leichteren Verständnis dienen auch die über 100 in den Text integrierten Abbildungen, die einen zusätzlichen Informationswert darstellen. Ein Verzeichnis mit weiterführender Literatur rundet den Schülerduden zu einem informativen Nachschlagewerk ab.

Mannheim, im Frühjahr 1988　　　　　　*Verlag und Herausgeber*

Zur Einrichtung des Lexikons

Die Hauptstichwörter stehen in streng alphabetischer Folge und sind in **fetter Groteskschrift** gesetzt. Unterstichwörter im fortlaufenden Text sind in **halbfetter Grundschrift** gesetzt. Derartige Unterstichwörter erscheinen an der jeweiligen alphabetischen Stelle zugleich als Verweisstichwörter in fetter Groteskschrift (**A** ↑ B oder **A**: svw. ↑ B). Zur besseren Übersicht und zur Gliederung des Stoffes sind besonders in größeren Artikeln manche Wörter oder Wortfolgen *kursiv* hervorgehoben.

Hat ein Stichwort mehrere, stark voneinander abweichende Bedeutungen, werden diese durch das Zeichen ◊ differenziert.

Betonung und Aussprache

Bei Fremdwörtern wird die Hauptbetonungsstelle angegeben; dabei kennzeichnet ein untergesetzter Punkt eine betonte Kürze, ein untergesetzter Strich eine betonte Länge. Schwer auszusprechende Fremdwörter (in Ausnahmefällen auch deutschstämmige Wörter) erhalten im Stichwortkopf Ausspracheangaben in der Internationalen Lautschrift (siehe nebenstehende Tabelle); in diesen Fällen erhält das Stichwort selbst keine Betonungsangabe.

Sprachblock

Alle nicht zusammengesetzten fremdwörtlichen Stichwortartikel (in Ausnahmefällen auch deutschstämmige Stichwörter) erhalten im Stichwortkopf einen sog. Sprachblock, der im Idealfall alle folgenden Elemente aufweist.

1. Bei Substantiven steht unmittelbar hinter dem Stichwort, mit Komma angeschlossen, die Genusangabe (der, die, das); bei Stichwörtern in der Mehrzahlform steht entsprechend: die (Mehrz.).

Alle übrigen Elemente des Sprachblocks sind in eckigen Klammern zusammengefaßt. Sie stehen dabei, falls ihre Position im einzelnen besetzt ist, immer in der gleichen Reihenfolge, voneinander durch das Zeichen ‖ deutlich getrennt, und zwar:

2. Aussprache in Internationaler Lautschrift;
3. Angabe der Einzahlform bei pluralischen Substantiven (Einz.: ...);
4. Herkunftsangaben (Etymologie);
5. Standardabkürzung für das Stichwort (Abk.: ...);
6. Zeichen und Symbole;
7. Hinweise auf abgeleitete Wortbildungen, die im Kontext oder als selbständige Stichwörter vorkommen (Abl.: ...);
8. Anführung von Synonymen (Syn.) und Schreibvarianten.

Fremdsprachliche Wortelemente, die im Lexikonteil als Bestimmungs- oder Grundwörter vor Zusammensetzungen oder in abgeleiteten Bildungen häufiger vorkommen, werden als selbständige Stichwörter mit entsprechenden Beispielen abgehandelt (z. B. photo-, -logie).

Abkürzungen

Abgekürzt werden die Stichwörter im fortlaufenden Text mit ihren Anfangsbuchstaben; dabei gelten die Buchstabenfolgen ch., ph., qu., sch., st. und th. als Einheit. In den gebeugten Formen der Einzahl und Mehrzahl werden die Beugungsendungen an die Stichwortabkürzung angehängt. Im übrigen werden folgende Abkürzungen verwendet (die abgekürzten Sprachangaben gewöhnlich nur im Stichwortkopf bei den Herkunftsangaben):

Abb.	Abbildung	norw.	norwegisch
Abk.	Abkürzung	NW	Nordwesten, Nordwest-
Abl.	Ableitung(en)	nw.	nordwestlich
ahd.	althochdeutsch	O	Osten, Ost-
allg.	allgemein	ö. L.	östliche Länge
amerik.	amerikanisch	ONO	Ostnordosten
aram.	aramäisch	onö.	ostnordöstlich
Bed.	Bedeutung(en)	OSO	Ostsüdosten
bes.	besonders, besondere	osö.	ostsüdöstlich
Bez.	Bezeichnung(en)	österr.	österreichisch
BR Deutsch-	Bundesrepublik	poln.	polnisch
land	Deutschland	portugies.	portugiesisch
bzw.	beziehungsweise	russ.	russisch
chin.	chinesisch	S	Süden, Süd-
d. h.	das heißt	s.	siehe
dt.	deutsch	Sammelbez.	Sammelbezeichnung
eigtl.	eigentlich	sanskr.	sanskritisch
einschl.	einschließlich	s. Br.	südliche Breite
Einz.	Einzahl	skand.	skandinavisch
engl.	englisch	SO	Südosten, Südost-
finn.	finnisch	sö.	südöstlich
frz.	französisch	sog.	sogenannt
gleichbed.	gleichbedeutend	span.	spanisch
griech.	griechisch	SSO	Südsüdosten
hebr.	hebräisch	ssö.	südsüdöstlich
hpts.	hauptsächlich	SSW	Südsüdwesten
indian.	indianisch	ssw.	südsüdwestlich
insbes.	insbesondere	svw.	soviel wie
internat.	international	SW	Südwesten, Südwest-
italien.	italienisch	sw.	südwestlich
jap.	japanisch	Syn.	Synonym(e)
Jh.	Jahrhundert	Tab.	Tabelle
Kurzbez.	Kurzbezeichnung	u. a.	und andere(s),
lat.	lateinisch		unter anderem
Mehrz.	Mehrzahl	u. ä.	und ähnliches
mex.	mexikanisch	u. d. M.	unter dem Meeresspiegel
mhd.	mittelhochdeutsch	ü. d. M.	über dem Meeresspiegel
Mill.	Million(en)	v. a.	vor allem
mlat.	mittellateinisch	v. Chr.	vor Christus
Mrd.	Milliarde(n)	vgl.	vergleiche
N	Norden, Nord-	W	Westen, West-
nat.	national	wiss.	wissenschaftlich
n. Br.	nördliche Breite	w. L.	westliche Länge
n. Chr.	nach Christus	WNW	Westnordwesten
niederl.	niederländisch	wnw.	westnordwestlich
nlat.	neulateinisch	WSW	Westsüdwesten
NNO	Nordnordosten	wsw.	westsüdwestlich
nnö.	nordnordöstlich	Zus.	Zusammensetzung(en)
NNW	Nordnordwesten		
nnw.	nordnordwestlich		
NO	Nordosten, Nordost-	**Zeichen**	
nö.	nordöstlich	↑ siehe * geboren † gestorben	

8

Die Zeichen der Internationalen Lautschrift

Bei schwer auszusprechenden Stichwörtern ist im Stichwortkopf in eckigen Klammern die korrekte Aussprache in phonetischer Umschrift angegeben. Die Ausspracheangaben bedienen sich der folgenden Zeichen des Internationalen Phonetischen Alphabets (IPA):

a	helles bis mittel-helles a	hat [hat], Rad [ra:t]	
ɑ	dunkles a	Father *englisch* ['fɑ:ðə]	
æ	sehr offenes ä	Catch *englisch* [kætʃ]	
ʌ	abgeschwächtes dunkles a	Butler *englisch* ['bʌtlə]	
aɪ	ei-Diphthong	reit! [raɪt]	
aʊ	au-Diphthong	Haut [haʊt]	
b	b-Laut	Bau [baʊ]	
ç	Ich-Laut	ich [ɪç]	
d	d-Laut	Dampf [dampf]	
ð	stimmhafter englischer th-Laut	Father *englisch* ['fɑ:ðə]	
dʒ	dsch-Laut ("weich")	Gin [dʒɪn]	
e	geschlossenes e	lebt [le:pt]	
ɛ	offenes e	hätte ['hɛtə]	
ɛ̃	nasales [ɛ]	Teint [tɛ̃:]	
ə	Murmellaut	halte ['haltə]	
f	f-Laut	fast [fast]	
g	g-Laut	Gans [gans]	
h	h-Laut	Hans [hans]	
i	geschlossenes i	Elisa [e'li:za]	
i̯	unsilbisches [i]	Mario *italienisch* ['ma:ri̯o]	
ɪ	offenes i	bist [bɪst]	
ɨ	zwischen [i] und [u] ohne Lippenrundung	Gromyko *russisch* [gra'mɨkɐ]	
j	j-Laut	just [just]	
k	k-Laut	kalt [kalt]	
l	l-Laut	Last [last]	
ʎ	lj-Laut	Sevilla *spanisch* [se'βiʎa]	
m	m-Laut	man [man]	
n	n-Laut	Nest [nɛst]	
ŋ	ng-Laut	lang [laŋ]	
ɲ	nj-Laut	Champagne *französisch* [ʃã'paɲ]	
o	geschlossenes o	Lot [lo:t]	
õ	nasales o	Bon [bõ:]	
ɔ	offenes o	Post [pɔst]	
ø	geschlossenes ö	mögen ['mø:gən]	
œ	offenes ö	könnt [kœnt]	
œ̃	nasales ö	Parfum [par'fœ̃:]	
ɔʏ	eu-Laut	heute ['hɔʏtə]	
p	p-Laut	Pakt [pakt]	

pf	pf-Laut	Pfau [pfaʊ]	
r	r-Laut	Rast [rast]	
s	β-Laut ("scharf")	Rast [rast]	
ʃ	sch-Laut	schalt! [ʃalt]	
t	t-Laut	Tau [taʊ]	
θ	stimmloser englischer th-Laut	Commonwealth *engl.* ['kɔmənwɛlθ]	
ts	z-Laut	Zelt [tsɛlt]	
tʃ	tsch-Laut	Matsch [matʃ]	
u	geschlossenes u	Kur [ku:r]	
u̯	unsilbisches [u]	Capua *italienisch* ['ka:pu̯a]	
ʊ	offenes u	Pult [pʊlt]	
v	w-Laut	Wart [vart]	
w	konsonantisches u	Winston *englisch* ['wɪnstən]	
x	Ach-Laut	Bach [bax]	
y	ü-Laut	Tüte ['ty:tə]	
ʏ	offenes ü	rüste ['rʏstə]	
ɥ	konsonantisches ü	Suisse *französich* [sɥis]	
z	s-Laut ("weich")	Hase ['ha:zə]	
ʒ	sch-Laut ("weich")	Genie [ʒe'ni:]	
'	Kehlkopf-verschlußlaut	Verein [fɛr'ʔaɪn]	
:	Längenzeichen, bezeichnet Länge des unmittelbar davor stehenden Vokals	bade ['ba:də]	
'	Hauptbetonung, steht unmittelbar vor der betonten Silbe; wird nicht gesetzt bei einsilbigen Wörtern und nicht, wenn in einem mehrsilbigen Wort nur ein silbischer Vokal steht.	Acker ['akər], Apotheke [apo'te:kə]	
-	Bindestrich, bezeichnet Silbengrenze	Johnson *englisch* [dʒɔnsn] Wirtschaft ['vɪrt-ʃaft]	

A

a- [aus gleichbed. griech. a-, an-, dem sog. Alpha privativum]: Präfix, das den Begriffsinhalt des folgenden Wortbestandteils verneint; entspricht dem dt. Präfix un-; z. B. abiogen. – Vor Vokalen und h erweitert zu: **an-**; z. B. anaerob.

Aapamoor [gleichbed. finn. aapa ∥ Syn.: Strangmoor]: zirkumpolar verbreiteter Moortyp. Durch sich ausdehnendes gefrierendes Bodenwasser bilden sich charakteristische wallartige Aufwölbungen, die mit langgestreckten Senken abwechseln. Die Vegetation ist die der kaltgemäßigten Moore; in den Senken ist sie ↑ombrotroph.

Aasfresser: andere Bez. für ↑Zoosaprophagen.

Abbau: chemische oder biochemische Umwandlung chemischer Produkte wie Biozide, Kunststoffe, Waschmittel in unschädliche, niedermolekulare, z. T. wieder verwertbare Stoffe. Persistente niedermolekulare Verbindungen, wie z. B. Biozide auf Chlorkohlenwasserstoff-Basis, können sich bis zu toxischen Konzentrationen anreichern, bevor sie abgebaut werden; deshalb ist die Anwendung solcher Stoffe eingeschränkt oder verboten. Für biologisch abbaubare Biozide gelten bestimmte ↑Wartezeiten nach ihrer Anwendung und die ↑Höchstmengenverordnung. Komplex zusammengesetzte Waschmittel sollten weitgehend biologisch abbaubare ↑Tenside enthalten. Kunststoffe werden im allgemeinen nicht unmittelbar durch Mikroorganismen angegriffen; sie verrotten erst nach längerer Einwirkung von Sonnenlicht und anderen Klimafaktoren.

abbauresistent: keinen biologischen (mikrobiellen) Abbau aufweisend, ihm widerstehend; gesagt von bestimmten hochpolymeren Kunststoffen, Detergenzien, Pflanzenschutzmitteln.

Abbrand: In der *Reaktortechnik* wird als A. die Umwandlung der spaltbaren Atomkerne beim Reaktorbetrieb bezeichnet. **Relativer A.:** Anteil der durch den A. umgewandelten Atomkerne, bezogen auf die Ausgangsmasse; **spezifischer A.:** die durch den A. freigesetzte Gesamtenergie, bezogen auf die ursprünglich vorhandene Kernbrennstoffmasse (Einheit: MWd/t, d. h. Megawatt-Tage pro Tonne).

Abfackeln: die Beseitigung nicht verwertbarer oder überschüssiger Gase durch Abbrennen, z. B. des bei der biologischen Abwasserreinigung anfallenden Biogases (Methan).

Abfallbeseitigung: Bez. für alle Maßnahmen und Methoden zur Verringerung, Ablagerung, Umwandlung oder Weiter- und Wiederverwendung von festen, flüssigen und gasförmigen Abfallstoffen; im allg. Sprachgebrauch die Beseitigung besonders der festen Abfallstoffe und des Hausmülls.
Die A. umfaßt Einsammeln, Abtransport, Behandlung, Zwischenlagerung, Vernichtung und Deponierung der zunächst nicht mehr verwendbaren Stoffe. Die Behandlung wiederum umfaßt Zerkleinern, Verdichten, Entwässern, Kompostieren und Verbrennen der Abfälle. Eines der Ziele der Umweltpolitik ist heute eine umweltschonende und ökonomisch vertretbare Entsorgung der Abfälle. In der BR Deutschland setzte das 1971 von der Bundesregierung aufgestellte Umweltprogramm 1972 mit dem **A.sgesetz** neue Maßstäbe; es regelte aber nur die A., während das 1975 verabschiedete **Abfallwirtschaftsprogramm** auch die Verwertung und Vermeidung von Abfällen aufgriff.
In der BR Deutschland rechnet man heute mit jährlich 250 Mill. t Abfall (zusätzlich rund 260 Mill. t landwirtschaftliche Abfälle), worunter sich etwa 28 Mill. t Hausmüll, hausmüllähnliche Gewerbeabfälle, Sperrmüll, Straßenkehricht und Marktabfälle, 36 Mill. t kom-

11

Abfallbeseitigung

munaler Klärschlamm, 7 Mill. t Industrieschlämme und 100 Mill. t sonstige Abfälle der Industrie und des produzierenden Gewerbes sowie 80 Mill. t Abraum aus dem Bergbau befinden. Die Beseitigung dieser Abfallmengen, v. a. der Siedlungsabfälle (jeder Einwohner der BR Deutschland erzeugt rund 375 kg Hausmüll pro Jahr), ist heute mit wachsenden Schwierigkeiten verbunden. Drei großtechnisch anwendbare *Verfahren der Entsorgung* stehen den Gemeinden zur Verfügung. Diese zur Zeit gebräuchlichen Methoden (Ablagerung auf Deponien, Verbrennung, Kompostierung) benötigen keine Vorsortierung der gewöhnlichen Abfälle, da diese in allen anfallenden Formen verarbeitet werden können. Dabei ist allerdings zu bedenken, daß ohne Vorsortierung im Aufbereitungsgang viele Rohstoffe vernichtet und damit dem Wirtschaftskreislauf entzogen werden. Ohne Vorsortierung der Abfälle besteht außerdem die Gefahr, daß Giftstoffe in Deponien oder Kompostierungsanlagen eingebracht werden und dort Schäden verursachen.

Ablagerung auf Deponien: Das Ablagern von Abfällen auf ↑Mülldeponien wird unter den derzeit gegebenen Umständen als die billigste Lösung der A. betrachtet. Noch bis etwa 1970 wurden praktisch alle anfallenden und nicht direkt wieder verwertbaren Abfälle ungeordnet abgelagert. Zu dieser Zeit gab es in der BR Deutschland rund 50 000 Müllablagerungsplätze, darunter zum größten Teil wilde, d. h. ungeplante Müllkippen, über deren Gefahrenpotential bis heute keine annähernd gesicherten Angaben gemacht werden können. Die in früheren Jahren üblichen Gemeindemüllplätze werden zunehmend von Zentraldeponien abgelöst. Bis 1990 sollen 450 zentrale **Großdeponien** zur Verfügung stehen, um etwa 70 % aller erwarteten Abfälle aufzunehmen.

Verbrennung: Zu den Verfahren der thermischen Abfallbehandlung gehört v. a. die Verbrennung in **Müllverbrennungsanlagen**. Bei der Müllverbrennung sollen die Abfallstoffe zu einem sterilen, nicht mehr fäulnisfähigen und möglichst wasserunlöslichen Produkt verbrannt

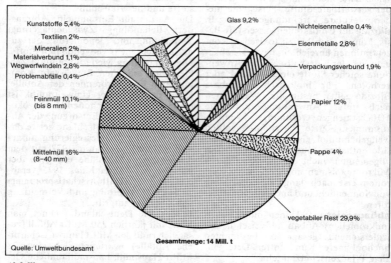

Abfallbeseitigung. Zusammensetzung des Hausmülls (in Gewichts-%) in der BR Deutschland 1985

Abfallbeseitigung

werden. Dabei werden Volumen und Gewicht weitgehend reduziert. Die Verbrennung der Siedlungsabfälle ist dann sinnvoll, wenn die Anlagen weit abseits von bewohnten Gebieten gebaut und mit den nötigen Schutzmaßnahmen ausgerüstet werden.

Bei der Verbrennung kommt es zur Emission staub- und gasförmiger luftverunreinigender Stoffe. Während die Emission organischer Verbindungen als nicht bedeutend angesehen wird, erscheint die Emission gasförmiger anorganischer Schadstoffe in Zukunft in zunehmendem Maß problematisch. Besondere Bedeutung haben hierbei die Chlorverbindungen, die durch Verbrennung von Polyvinylchlorid (PVC) entstehen; PVC wird in großem Umfang als Verpackungsmaterial verwendet. Auch Giftstoffe wie Furane und Dioxine wurden in den Abgasen und in den Flugstäuben (Filterstäube) nachgewiesen. Bislang wurden die Filterstäube auf Deponien verbracht oder im Straßenbau verwendet. In einigen Bundesländern, z. B. in Hessen, wurde die Behandlung der Filterstäube als Sonderabfall angeordnet.

Die Probleme, die mit der Beseitigung der Rückstände aus Müllverbrennungsanlagen entstanden, haben dazu geführt, daß Pläne für den weiteren Ausbau von derzeit 47 auf (1990) 53 Müllverbrennungsanlagen überprüft werden.

Kompostierung: Das älteste und natürlichste *Verwertungsverfahren für organische Abfälle* ist die ↑Müllkompostierung. Sie ist im engeren Sinne keine Methode der A., sondern stellt eine Form der **Abfallrückführung** dar. Die Kompostierung bewirkt neben der Reduzierung des Abfallvolumens eine Entseuchung des Abfalls sowie eine Verkürzung der langdauernden Mineralisierungsprozesse und ermöglicht die Herstellung von Produkten (Kompost), die sich v. a. zur Bodenverbesserung in der Landwirtschaft und im Gartenbau verwenden lassen. Im Hausmüll liegt der Anteil an kompostierbaren Stoffen bei 35–45%, mit Papier sogar bei über 60%, durchschnittlich werden jedoch nur 2–3% in Kompostwerken verarbeitet.

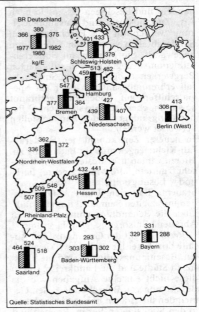

Abfallbeseitigung. Eingesammelte Mengen an Hausmüll, hausmüllähnlichen Gewerbeabfällen und Sperrmüll je Einwohner nach Bundesländern 1977, 1980 und 1982 in kg/Einwohner

Getrennte Sammlung: Einige Kommunen führen versuchsweise eine getrennte Sammlung der Abfälle durch. Dabei werden verwertbare Altstoffe schon im Haushalt in verschiedene Fraktionen getrennt. Versuche mit Mehrkammer-Müllbehältern oder mit zusätzlichen Wertstoffbehältern (sog. **grüne Tonne**) zeigen, daß in der Bevölkerung zunehmend die Bereitschaft zur getrennten Sammlung besteht. Die Ergebnisse dieser zeitlich begrenzten Modellversuche, die überdurchschnittlich hohe Rückgewinnungsquoten brachten, wurden jedoch bisher noch nicht in die Praxis übernommen.

Sonderabfälle: Als **Sonderabfälle** gelten alle (meist industriellen) Abfälle, die sich nicht zusammen mit Hausmüll be-

Abfallbörse

handeln und beseitigen lassen. Je nach Art, Zustandsform und Zusammensetzung werden für die Beseitigung von Sonderabfällen verschiedene Verfahren angewandt: Sie können auf Sonderabfalldeponien abgelagert, in stillgelegten Bergwerken endgelagert, in Sonderabfallverbrennungsanlagen oder auf Spezialschiffen auf hoher See verbrannt sowie in chemisch-physikalischen Behandlungsanlagen oder Sammelstellen verwertet werden.

In neuerer Zeit kommt den **Sonderabfall-Kleinmengen** größere Bedeutung zu. Hierzu zählen u. a. Reste von Pflanzenschutzmitteln, alte Medikamente, Farb- und Lösungsmittelreste sowie verbrauchte Batterien. Diese Abfälle werden in gezielten Sammelaktionen erfaßt. Über die Behandlung von radioaktiven Abfällen ↑ Entsorgung, ↑ Endlagerung.

Recht: Es gilt der Grundsatz, daß Abfälle dort beseitigt werden, wo sie anfallen. Beseitigungspflichtig sind die kreisfreien Städte und die Landkreise, sofern diese nicht einzelne Aufgaben wie die Beseitigung von Bauschutt u. ä. den Gemeinden übertragen haben (Ausnahmen in den Stadtstaaten Berlin, Bremen und Hamburg sowie im Saarland).

Abfälle dürfen nur in den dafür vorgesehenen Anlagen und Einrichtungen (**A.sanlagen**) behandelt, gelagert oder abgelagert werden. Die für A.sanlagen geeigneten Standorte werden von den Ländern in **A.splänen** festgelegt, wobei die Errichtung und der Betrieb derselben im allg. eines Planfeststellungsbeschlusses bedürfen. Zur Überwachung in Produktionsstätten und A.sanlagen ist seit 1977 die Bestellung von **Betriebsbeauftragten für Abfall** eingeführt worden.

Für bestimmte Abfälle (z. B. radioaktive Abfälle, Tierkörper) gelten Sondervorschriften. Die Behandlung von ↑ Altöl, seit 1986 in das A.sgesetz einbezogen, unterliegt strenger Kontrolle und **Kennzeichnungspflicht**. Der Kennzeichnungspflicht unterliegen auch Abfälle mit schädlichen Substanzen. Ferner sind die **Regelungen zur Reinhaltung der Gewässer** zu beachten, z. B. die **Oslo-London-Abkommen** zur Abfallbehandlung auf See, die durch das **Hohe-See-Einbrin-**gungsgesetz in der BR Deutschland in Kraft gesetzt wurden.

Abfallbörse: 1974 von den Industrie- und Handelskammern und dem Verband der Chemischen Industrie gegründete Einrichtung, die Abfälle aus Industrie und Handel (sofern eine innerbetriebliche Nutzung nicht möglich ist) zur Aufbereitung und Verwertung anderen interessierten Betrieben anbietet. Die A. soll zwischen unterschiedlichen Branchen und entfernteren Regionen zusätzliche Verwertungsmöglichkeiten eröffnen.

Abfallwiederverwertung ↑ Recycling.

Abgas: bei einem technischen oder chemischen Prozeß entstehendes, meist nicht mehr nutzbares Gas. **Industrielle A.e** können recht unterschiedliche Stoffe enthalten. Um eine zunehmende Luftverunreinigung zu vermeiden, müssen sie – sofern sie Schadstoffe enthalten – vor dem Einleiten in die Atmosphäre einer **A.reinigung** unterzogen werden. Die aus Feuerungs- bzw. Heizungsanlagen und Verbrennungskraftmaschinen abziehenden bzw. ausgestoßenen **Verbrennungsgase** (z. B. Kraftfahrzeug-A.e) bestehen bei vollständiger (idealer) Verbrennung des Brenn- oder Kraftstoffs v. a. aus der aus Luft stammenden Stickstoff und den Verbrennungsprodukten Kohlendioxid und Wasserdampf. Bei unvollständiger Verbrennung kommen Kohlenmonoxid, Wasserstoff, Sauerstoff, verschiedene Kohlenwasserstoffe und Rußteilchen hinzu. Als Nebenprodukte treten ferner meist Schwefeloxide auf, die aus dem in fossilen Brennstoffen in unterschiedlichen Anteilen enthaltenen Schwefel gebildet werden, sowie Stickoxide, die v. a. bei höheren Temperaturen entstehen, weiterhin (aus Kraftstoffzusätzen) Bleioxide und Bleihalogenide.

Um die Umweltbelastung in Ballungsgebieten zu reduzieren und die Schadstoffemission von **Kfz-A.en** den gesetzlichen Vorschriften anzupassen, wurde eine Vielzahl von Methoden entwickelt und wurden Maßnahmen ergriffen, die einerseits die Entstehung von Schadstoffen herabsetzen (z. B. Herabsetzung des

Abwärme

Bleigehaltes in Kraftstoffzusätzen, verbrennungsgünstigere Brennraumgestaltung, günstige Gemisch- und Zündpunkteinstellung), andererseits durch **A.nachbehandlung** die Schadstoffemission reduzieren (z. B. Nachverbrennung oder katalytische A.nachbehandlung, wobei unverbrannte Kohlenwasserstoffe zu Kohlendioxid und Wasserdampf, das Kohlenmonoxid zu Kohlendioxid oxidiert und Stickoxide zu Stickstoff reduziert werden).

abiogen [↑ a-, ↑ bio- und ↑ -gen]: (durch Urzeugung) aus anorganischem Material (Uratmosphäre) entstanden; von organischer Substanz gesagt.

Abioseston, das [↑ a-, ↑ bio- und ↑ Seston]: der unbelebte, aus zersetzten organischen und aus anorganischen Materialien bestehende Schwebstoffanteil im Wasser (↑ auch Detritus). – Gegensatz: ↑ Bioseston.

abiotisch [↑ a- und ↑ biotisch]: unbelebt, ohne Lebensvorgänge. **A.e Faktoren** sind die nichtbelebten Bestandteile eines Ökosystems, z. B. Gestein, Wasser, Luft, Klima.

Abiozön, das [↑ a- und ↑ Biozön]: die Gesamtheit der abiotischen Faktoren (Boden, Wasser, Klima u. a.) eines Biotops im Gegensatz zum Biozön (↑ Biozönose).

Abklingbecken: mit dicken Betonwänden abgeschirmte Wasserbecken, in denen die ausgebrannten Brennelemente von Kernreaktoren unter etwa 8 m Wasserbedeckung nach dem Ausbau gelagert werden, bis ihre Radioaktivität auf etwa 1/100 des Wertes abgeklungen ist, der während des Betriebes vorhanden war.

Abluft: die gesamte aus einem Raum, einem Belüftungssystem u. ä. abfließende Luft; z. B. verbrauchte Luft. Im weiteren Sinn auch die bei verschiedenen industriellen, gewerblichen und häuslichen Prozessen anfallende staub-, gas- oder lösungsmittelhaltige Luft.

Abrieb: durch Reibung z. B. an rauhen Oberflächen verursachter Materialverlust (bei Autoreifen, Fahrbahnbelägen, textilen Stoffen u. ä.), der als lungengängiges Aerosol gesundheitsgefährdende Staubbelastungen bringen kann.

Abschreckmittel: bestimmte (chemische, akustische, optische), v. a. auf Schädlinge abschreckend wirkende Mittel; ↑ Repellents.

Absetzbecken: Sammelbecken in Kläranlagen (↑ Abwasserreinigung).

Absorbens, das [zu lat. absorbere, absorptum = hinunterschlürfen, verschlucken‖ Syn.: Absorptionsmittel]: Bezeichnung für Gase und Dämpfe absorbierende Stoffe, die in Abgasreinigungsanlagen verwendet werden. Die absorbierten Stoffe können abgetrennt und unschädlich gemacht werden.

Absorption, die [zu lat. absorbere, absorptum = hinunterschlürfen, verschlucken]: die Aufnahme von Flüssigkeiten, Dämpfen, nichtlöslichen organischen Stoffen, Gasen oder Strahlungsenergie in den Organismus.

Abundanz, die [zu lat. abundare = überlaufen, im Überfluß vorhanden sein]: die auf eine Flächen- oder Raumeinheit bezogene Individuenzahl einer Art (Individuendichte, Siedlungsdichte), ferner die Artendichte einer Pflanzen- bzw. Tiergesellschaft (**absolute A.**).

Abundanzregel: Die A. besagt, daß in vielseitigen Lebensräumen die Arten mit großer Anpassungsfähigkeit eine größere Individuendichte (Abundanz) aufweisen als die wenig anpassungsfähigen, einseitig spezialisierten Arten, die ihrerseits in extrem einseitigen Biotopen die größere Abundanz haben.

Abwärme: bei einem technischen oder chemischen Prozeß als Nebenprodukt anfallende Wärmeenergie. Obwohl ein Teil der in Industriebetrieben anfallenden A. aus Wirtschaftlichkeitsgründen zum Vorwärmen, Heizen, Trocknen, Eindampfen u. a. sinnvoll genutzt wird, stellen die jährlich an die Atmosphäre (rund 95%) und an die Gewässer (rund 5%) abgegebenen A.mengen insgesamt einen gewaltigen Energiebetrag dar. Von der in einem Kraftwerk zur Elektrizitätserzeugung eingesetzten Primärenergie gelangen z. B. 60–75% in Form von A. in die Atmosphäre bzw. (mit dem Kühlwasser) in die Gewässer (↑ auch Gewässererwärmung).

Da der überwiegende Teil der A. als sog. **Niedertemperaturwärme** anfällt oder der

Abwasser

Entstehungsort der Wärme und der mögliche Verwendungsort räumlich zu weit getrennt sind, sind der Nutzbarmachung der A. enge Grenzen gesetzt.

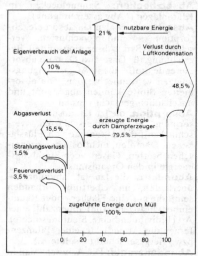

Abwärme. Sankey-Diagramm einer Müllverbrennungsanlage mit Energiegewinnung

Abwasser: das in Haushalten, in Gewerbe und Industrie anfallende gebrauchte und verunreinigte Brunnen- oder Leitungswasser sowie das geringer verschmutzte Niederschlagswasser aus dem Bereich von Ansiedlungen:
Das **häusliche A.** besteht weitgehend aus Spül-, Wasch- und Reinigungswasser und aus dem Abfluß sanitärer Anlagen. Pro Einwohner und Tag fallen in der BR Deutschland durchschnittlich 150 Liter häusliches A. an.
Die **gewerblichen** und **industriellen Abwässer** sind je nach Art des Betriebes unterschiedlich verunreinigt. Das Niederschlagswasser (Regen- und Schneeschmelzwasser) enthält den Schmutz von Dächern, Höfen, Gärten, Straßen und Plätzen.
Der einfachste Weg zur *Beseitigung des A.s* war lange Zeit die ungereinigte Rückführung in den natürlichen Wasserkreislauf. Mit der Zunahme des Lebensstandards und der Industrialisierung und dem damit verbundenen gestiegenen A.anfall konnte die Selbstreinigungskraft der Vorfluter, also der Flüsse, Seen und Küstenwässer, nicht mehr Schritt halten, so daß diese zunehmend verschmutzt wurden. Heute ist die Rückführung des A.s in den natürlichen Wasserkreislauf nur noch nach einer ↑Abwasserreinigung in speziellen Anlagen erlaubt.

Abwasserbiologie: Zweig der angewandten Biologie bzw. der angewandten Hydrobiologie, der sich mit den biologischen Verhältnissen der Abwässer v. a. in hygienischer Hinsicht befaßt. Die große Bedeutung der A. liegt in der Erforschung der Kleinlebewesen (Bakterien, Algen), deren Tätigkeit entscheidend für die [biologische] Selbstreinigung des Abwassers ist.

Abwasserdesinfektion: eine Endstufe der ↑Abwasserreinigung.

Abwasserfischteich: Fischteich, dem in geringem Umfang Abwasser (zur Reinigung) zugeleitet wird. Die darin enthaltenen organischen Stoffe dienen als Nahrung für Kleinlebewesen, die wiederum die Nahrungsgrundlage für die Fische (hauptsächlich Karpfen und Schleie) darstellen.

Abwasserlast [Syn.: Schmutzfracht]: die von einem fließenden Gewässer mitgeführten organischen Abwasserinhaltsstoffe, die den Sauerstoffgehalt des Wassers (infolge bakteriellen Abbaus) herabsetzen. Als Kenngröße ist die A. der Quotient aus dem ↑Einwohnergleichwert und dem Niedrigwasserabfluß des Gewässers.

Abwasserreinigung: die Entfernung schädlicher Abwasserinhaltsstoffe, die meist in Kläranlagen durchgeführt wird. In einem Kanalnetz werden die kommunalen Abwässer (50–400 Liter pro Tag und Einwohner) gesammelt und der Kläranlage zugeführt. In einem mit Rechen und Sandfang ausgestatteten **Vorklärbecken** werden 20–30% der Verunreinigungen mechanisch entfernt. Die **biologische A.** findet entweder in sog. **Tropfkörpern** statt, in denen die Abwässer über Steine, Schlacken oder Kunst-

Abwasserreinigung

stoffwaben verrieselt werden, die mit einem Rasen von Bakterien, Ziliaten und anderen Detritusfressern bedeckt sind, oder beim **Belebtschlammverfahren** in offenen Betonbehältern, wo das Abwasser mit Bakterienschlamm versetzt und mit Gebläsen oder Rotoren belüftet wird.

In der *biologischen Klärstufe* werden in der Regel über 80% der gelösten organischen Verbindungen entfernt. In einem **Nachklärbecken (Absetzbecken)** sedimentiert die Bakterienmasse. Das gereinigte Abwasser wird nun entweder dem Vorfluter zu einem Fluß zugeleitet oder in einen mit Karpfen und Schleien besetzten Fischteich abgelassen oder dem Grundwasser durch Verrieselung oder Verregnung zugeführt. – Ein neues biologisches Verfahren zur A. ist das ↑ Wurzelraumverfahren.

Krankheitserreger werden in den biologischen Reinigungsanlagen nicht vollständig abgetötet. Daher kann eine **Abwasserdesinfektion**, z. B. eine Entkeimung durch Chlor, erforderlich sein.

Immer häufiger wird dem Nachklärbecken eine *zusätzliche Reinigungsstufe* nachgeschaltet, in der Phosphate als Eisen- oder Aluminiumsalz ausgefällt wer-

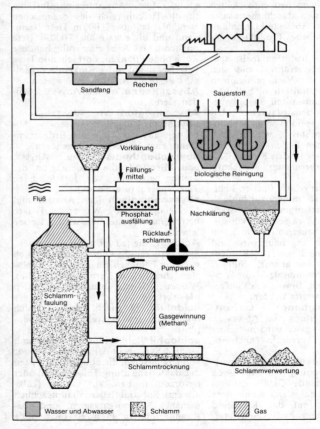

Abwasserreinigung. Schema einer mechanisch-biologischen Kläranlage

Abwasserteich

den. Dadurch wird die Gefahr der ↑ Eutrophierung verringert und gleichzeitig Phosphat als wertvoller Rohstoff zurückgewonnen.

Der Schlamm aus dem Nachklärbecken wird teilweise zum Animpfen frisch eingeleiteten Abwassers zurückgepumpt, der größte Teil in einem Faulturm durch Bakterien anaerob vergoren; dabei kann Methan (↑ Biogas) gewonnen werden. Der Faulschlamm wird weitgehend entwässert, mit Hausmüll zusammen kompostiert und in der Landwirtschaft zur Düngung verwendet. Nachteilig kann sich dabei der Schwermetallgehalt auswirken. Nach einem neu entwickelten Verfahren läßt sich durch thermische Behandlung aus Abwasserklärschlämmen ein erdölähnliches Produkt gewinnen.

Industrieabwässer bedürfen meist spezieller Reinigungsverfahren, die sich nach der Natur der Verunreinigungen richten, u. a.: Neutralisation, Fällungsverfahren, Ionenaustausch an polymeren selektiven Ionenaustauschern, Ultrafiltration, Adsorption von nicht biologisch abbaubaren Substanzen an Aktivkohle. In manchen Fällen ist die Verbrennung der eingedickten Klärschlämme **(Abwasserverbrennung)** wirtschaftlich.

Abwasserteich: relativ flacher, lichtdurchfluteter Teich, in dem zur biologischen Abwasserreinigung das stark nährstoffreiche Abwasser bei künstlicher Belüftung (Sauerstoffzufuhr!) von Mikroorganismen abgebaut wird und die mineralisierten Reststoffe (Kohlendioxid, Schwefelwasserstoff, Sulfate, Phosphate, Ammoniumsalze) von Wasserpflanzen (Algen, Binsen u. a.) aufgenommen und verwertet werden.

Abwasserverregnung: landwirtschaftliche Verwertung von Abwasser. Das geklärte Abwasser wird mit einer Beregnungsanlage versprüht (↑ auch Abwasserreinigung).

Abwasserverrieselung: landwirtschaftliche Verwertung von Abwasser. Steht ein ausreichendes Gefälle zur Verfügung, dann tritt das Abwasser aus dem Zuleitungsgraben auf das Rieselfeld über und rieselt hangabwärts zu den tiefer gelegenen Ableitungsgräben. Bei unzureichendem Gefälle gelangt es auf dem Rieselfeld in gezogene Furchen, in denen es versickert.

Abwasserversickerung: Form der Abwasserbeseitigung; kann in Sickerbecken, -gruben, -schächten, Stauflächen und in unterirdisch verlegten, wasserdurchlässigen Rohrleitungen erfolgen.

Abwehrstoffe: von manchen Tieren und Pflanzen gebildete bzw. ausgeschiedene Substanzen, wie ↑ Schreckstoffe, einige ↑ Pheromone, ↑ Phytoalexine.

Abyssal, das [zu griech. ábyssos = Abgrund ‖ Syn.: Abyssalregion, Infrabathyal]: Tiefenbereich des ozeanischen Benthals; bei etwa 1 000 m Tiefe beginnend und bis etwa 6 000–7 000 m Tiefe reichend. Das A. ist eine völlig lichtlose Zone ohne Pflanzen; dort lebende Tiere (↑ Tiefsee) sind auf absinkende organische Reste als Nahrung angewiesen.

Abyssalfauna: die im ↑ Abyssal lebenden Tiere.

Abyssalregion: svw. ↑ Abyssal.

abyssisch [zu griech. ábyssos = Abgrund]: aus der Tiefe der Erde stammend; zum Tiefseebereich gehörend.

abyssobenthonisch [zu ↑ Abyssal und ↑ Benthal]: die Bodenregion der Tiefsee betreffend; von dort lebenden Tieren gesagt **(a. e. Fauna).**

abyssopelagisch [zu ↑ Abyssal und ↑ Pelagial]: das freie Wasser der Tiefsee betreffend, im freien Wasser der Tiefsee lebend.

Acidität, die [zu lat. acidus = sauer ‖ Syn.: Säuregrad]: Die A. bestimmt sich nach der Fähigkeit einer in Wasser gelösten chemischen Verbindung (Säure), Wasserstoffionen abzugeben. – ↑ auch pH-Wert.

acidoklin [zu griech. klínein = sich hinneigen]: svw. säureliebend (↑ acidophil).

acidophil [lat. acidus = sauer und ↑ -phil ‖ Syn.: acidoklin]: säureliebend; von Organismen, die obligat (z. B. Arten der Bakteriengattung Thiobacillus) oder bevorzugt in bzw. auf saurem (kalkarmem) Substrat leben; hauptsächlich manche Mikroorganismen und bestimmte höhere Pflanzen (acidophile

Pflanzen; z. B. Torfmoose). – ↑ auch Acidophyten, ↑ bodenanzeigende Pflanzen.

acidophob [lat. acidus = sauer und ↑ -phob]: nennt man die Eigenschaft bestimmter Mikroorganismen und höherer Pflanzen, nicht auf saurem Substrat wachsen zu können.

Acidophyten, die (Mehrz.) [Einz.: der Acidophyt ‖ lat. acidus = sauer und ↑ -phyt ‖ Syn.: acidophile Pflanzen, säureliebende Pflanzen]: Pflanzen, die auf oder in saurem Substrat (Boden) bis zu einem pH-Wert von etwa 3,5 zu wachsen vermögen. Hierher gehören Torfmoose, Sauergräser, Heidel- und Preiselbeere sowie das Heidekraut. – ↑ auch bodenanzeigende Pflanzen.

Ackerbaugrenze [Syn.: Anbaugrenze]: Die A. ist die natürliche Grenze für den Anbau von Kulturpflanzen. Begrenzende Faktoren sind v. a. Temperatur, Niederschläge und Bodenbeschaffenheit. Man unterscheidet die Polar-, die Höhen- und die Trockengrenze des Anbaus. Die Grenzen können vom Menschen durch Züchtung neuer Sorten, durch künstliche Bewässerung oder durch besondere Bodenbearbeitungsmethoden im gewissen Umfang zugunsten des Anbaus verschoben werden.

Adaptation, die [zu lat. adaptare = gehörig anpassen ‖ Syn.: Adaption]: die Anpassung von Organismen an bestimmte Umweltbedingungen, die für nichtangepaßte Arten nachteilig oder ungeeignet sind. Angepaßte Arten leben dadurch vorteilhaft in ↑ ökologischen Nischen. Pflanzen können an die Lichtintensität (↑ Sonnenpflanzen, ↑ Schattenpflanzen), an hohe Temperaturen und an Wassermangel (↑ Sukkulenten, ↑ Xerophyten) angepaßt sein. A. an hohe Salzkonzentration kommt bei höheren Pflanzen (↑ Halophyten) und bei Mikroorganismen (↑ halophil) vor. Weitere Anpassungen sind ↑ Hitzeresistenz und ↑ Kälteresistenz.

Bei Bakterien und Archebakterien finden sich Anpassungen an ungewöhnlich hohe Temperaturen, extreme pH-Werte und besondere Nahrungsquellen. – Tiefseefische und -invertebraten sind durch druckbeständige Enzyme an die hohen hydrostatischen Drücke angepaßt.

Bemerkenswerte A.en an giftige chemische Elemente (Schwermetalle, Selen) sind bei einigen Pflanzen bekannt (↑ bodenanzeigende Pflanzen).

Adaptiogenese, die [zu lat. adaptare = gehörig anpassen und griech. génesis = Erzeugung, Hervorbringung]: durch Selektion bedingter und ausgerichteter stammesgeschichtlicher Entwicklungsvorgang zu zunehmend neuen Anpassungserscheinungen und zunehmender Spezialisierung im Hinblick auf neue Umweltverhältnisse; Evolutionsfaktor in der Biologie.

Adaption, die: svw. ↑ Adaptation.

adaptive Radiation [zu lat. adaptare = gehörig anpassen]: Prozeß der Aufspaltung einer größeren Organismengruppe in eine Vielzahl von Lebensformen durch Ausbildung spezifischer Anpassungen an die jeweilige Umwelt; Beispiel: Darwinfinken der Galápagosinseln mit unterschiedlichen Ernährungsweisen.

Adenosinphosphate, die (Mehrz.) [Syn.: Adenosinphosphorsäuren]: durch Veresterung von Adenosin mit einem, zwei oder drei Molekülen Phosphorsäure entstehende, zu den Nukleotiden zählende Verbindungen.

Nach der Anzahl der Phosphorsäurereste unterscheidet man **Adenosinmonophosphat** (Abk.: **AMP;** Adenosin-5'-phosphorsäure, **Adenylsäure,** Muskeladenylsäure), **Adenosindiphosphat** (Abk.: **ADP;** Adenosin-5'-diphosphorsäure), **Adenosintriphosphat** (Abk.: **ATP;** Adenosin-5'-triphosphorsäure) sowie **cyclisches Adenosinmonophosphat** (Abk.: **Cyclo-AMP** oder **cAMP;** Adenosin-3',5'-phosphorsäure).

Das Adenosinmonophosphat ist Baustein der Nukleinsäuren. Das Adenosintriphosphat enthält zwei energiereiche Pyrophosphatbindungen und spielt v. a. als Energiespeicher und Phosphatgruppenüberträger bei Stoffwechselvorgängen eine wichtige Rolle; es geht dabei meist in Adenosindiphosphat über. Das cyclische Adenosinmonophosphat tritt besonders als Vermittler für die Wirkung vieler Hormone (Adrenalin, Glucagon, Vasopressin u. a.) auf; es entsteht aus dem Adenosintriphosphat unter Ab-

ADI-Wert

spaltung von Pyrophosphat durch das Enzym Adenylatcyclase.
ADI-Wert [a:de:"i: ... ‖ von engl. **a**cceptable **d**aily **i**ntake = annehmbare tägliche Aufnahme]: die tägliche Höchstmenge eines Pflanzenschutz- oder Schädlingsbekämpfungsmittelrückstandes, von der angenommen wird, daß sie auch bei lebenslanger Aufnahme ohne Wirkung auf den menschlichen Organismus bleibt.

Oft sind bei guter landwirdschaftlicher Praxis weniger Schadstoffe notwendig, als es der Permissible level erlaubt. In der ↑ Höchstmengenverordnung wird dann diese tatsächlich anfallende niedrigere Rückstandsmenge zum Permissible level und ist damit zusätzlich zum ADI-W. ein weiterer Sicherheitsfaktor für den Verbraucher.

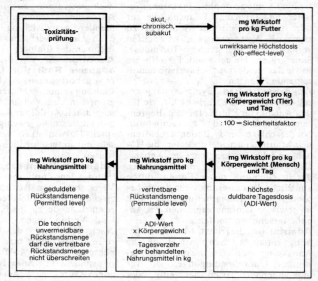

ADI-Wert. Ermittlung der gesetzlich zulässigen Höchstmengen (nach Tiews)

Als **No-effect-level** wird die Rückstandsmenge bezeichnet, die im Tierversuch bei langandauernder täglicher Aufnahme keine negativen meßbaren Auswirkungen auf Gesundheit und Wohlbefinden beim Versuchstier verursacht. Für den Menschen wird dieser No-effect-level dann um den Sicherheitsfaktor 100 reduziert.
Der **Permissible level** ist die duldbare Rückstandsmenge in und auf Nahrungsmitteln, die bei täglicher lebenslanger Aufnahme kein gesundheitliches Risiko beim Menschen erwarten läßt. – Als **Permitted level** wird die geduldete Rückstandsmenge bezeichnet.

Adjutorismus, der [zu lat. adiutor = Beistand]: lockere Vergesellschaftung verschiedener Tierarten mit gleichen Nahrungsansprüchen, die sich zur Sicherstellung ihres Nahrungserwerbs zusammenschließen; z. B. gemeinsame Jagd verschiedener Greifvogelarten, Gemeinschaftsherden von Zebras, Straußen und verschiedenen Antilopenarten zum Schutz gegen Raubtiere.
ADP, das [a:de:'pe:]: Abk. für: Adenosindiphosphat (↑ Adenosinphosphate).
Adventivpflanzen [zu lat. advenire, adventum = hinzukommen]: Pflanzen eines Gebiets, die dort nicht schon immer vorkamen, sondern durch die Menschen absichtlich als Zier- oder Nutzpflanzen (Kulturpflanzen) eingeführt

Aggregation

oder unabsichtlich eingeschleppt wurden **(Ansiedler, Kolonisten).** Dies geschah entweder in sehr früher, z. T. vorgeschichtlicher Zeit **(Altpflanzen, Archäophyten)** oder erst später (in Europa etwa seit der Völkerwanderungszeit; **Neubürger, Neophyten).** Zur ersten Gruppe gehören v. a. Weizen, Gerste und Roggen und die mit diesen verbreiteten Unkräuter (wie Kornrade, Kornblume, Vogelmiere). Zu den Neophyten zählen z. B. die Kartoffel und die Roßkastanie. Zu den A. zählen auch bestimmte verwilderte Zier-, Arznei- und Gewürzpflanzen. In neuerer Zeit spielen die Verkehrsmittel bei der Verschleppung und Neuansiedlung von Pflanzen eine bedeutende Rolle.
Einige Neophyten erscheinen nur vorübergehend in einem Gebiet **(Passanten, Ankömmlinge),** z. B. Pflanzen, die in der Umgebung von Großmärkten, Häfen u. ä. zufällig auskeimen und bald wieder verschwinden.

aer-: Wortbildungselement (↑aero-).

Aerial, das [a-e... ‖ zu ↑aero-]: der freie Luftraum als Lebensraum (Biotop) gewisser Tiere (↑Aerobios).

aero-, vor Vokalen meist: **aer-** [a-e... ‖ aus griech. aér = Luft]: in Zusammensetzungen und Ableitungen mit der Bedeutung „Luft; Gas; Sauerstoff"; z. B. Aerobios, Aerial.

aerob [a-e... ‖ zu ↑aero- und griech. bios = Leben ‖ Abl.: ↑Aerobier, ↑Aerobios]: Sauerstoff zum Leben benötigend (von Organismen gesagt); z. B. die meisten Tiere und der Mensch.

Aerobier, die [a-e'ro:biər ‖ Einz.: der A. ‖ zu ↑aerob ‖ Syn.: Aerobionten]: Organismen, die nur mit Sauerstoff leben können, d. h. aerobe Atmung haben; z. B. die Wirbeltiere. Im Gegensatz dazu vermögen manche (niederen) Organismen nur bei Abwesenheit von Sauerstoff zu existieren **(Anaerobier, Anaerobionten);** z. B. Bandwürmer.

Aerobionten, die [a-e... ‖ Einz.: der Aerobiont]: svw. ↑Aerobier.

Aerobios, der [a-e... ‖ zu ↑aerob]: die Gesamtheit der Bewohner des freien Luftraums (Aerial), besonders die ihre Nahrung im Flug aufnehmenden Tiere (z. B. Mauersegler, Schwalben).

Aerobiose, die [a-e... ‖ zu ↑aerob ‖ Syn.: Oxybiose]: auf Luftsauerstoff angewiesene Lebensvorgänge; Gegensatz **Anaerobiose,** die vom Sauerstoff unabhängigen Lebensvorgänge.

Aerophyten, die (Mehrz.) [a-e... ‖ Einz.: der Aerophyt ‖ ↑aero- und ↑-phyt]: svw. ↑Epiphyten.

Aeroplankton, das [a-e... ‖ ↑aero-]: svw. ↑Luftplankton.

Aerosol, das [a-e... ‖ Kurzwort aus ↑aero- und lat. solutio = Lösung]: Bez. für ein Gas (insbesondere die Luft), das feste oder flüssige Stoffe in derart fein verteilter Form enthält, daß die Stoffteilchen bzw. Tröpfchen (Durchmesser 10^{-8} bis 10^{-3} cm) längere Zeit in der Schwebe bleiben. Zu den A.en zählen der gewöhnliche Nebel und die Wolken, der v. a. von festen Teilchen gebildete Rauch, die künstlich durch Zerstäuben von Flüssigkeiten erzeugten Nebel, z. B. die zündfähigen Brennstoff-Luft-Gemische (Brennstoff-A.e) in Verbrennungsmotoren.
Die A.teilchen tragen häufig eine elektrische Ladung; ihre Art und Ladung sind in der Atmosphäre von entscheidender Bedeutung für das Wettergeschehen (A.teilchen dienen z. B. als Kondensationskerne bei der Bildung von Wolken und Nebel).

Aflatoxine, die (Mehrz.) [Einz.: das Aflatoxin ‖ Kurzwort aus Aspergillus **fla**vus (s. unten) und ↑Toxin]: durch bestimmte Schimmelpilze, vor allem Aspergillus flavus, auf Nahrungsmitteln (Nüsse, Getreideprodukte, Speck) besonders bei längerer Lagerung produzierte, sehr giftige und kanzerogene ↑Mykotoxine. Wegen ihrer außerordentlich hohen Schadwirkung besonders bei Kindern (Leberzirrhose und -krebs, Mißbildungen, genetische Schäden) selbst bei Verzehr geringer Mengen wurden in der **A.-Verordnung** vom 1. 3. 1977 zulässige Höchstmengen und Richtlinien zu ihrer Überwachung festgelegt.

Agent Orange, das ['ɛɪdʒnt 'ɔrɪndʒ ‖ engl. = Mittel Orange (als militärischer Deckname)]: ↑Entlaubungsmittel.

Aggregation, die [zu lat. aggregare, aggregatum = anhäufen]: die rein zufällige (nicht verhaltensbiologisch beding-

21

AGÖF

te) fleckenweise Anhäufung von Individuen einer Population innerhalb des Biotops.

AGÖF, die: Abk. für: Arbeitsgemeinschaft Ökologischer Forschungsinstitute; ein Zusammenschluß von Ingenieurbüros, Firmen, Untersuchungslabors und Vereinen, die alle im Sinne ökologischer Wissensanwendung arbeiten.

agrar- [zu lat. ager, agri = Acker]: in Zusammensetzungen und Ableitungen mit der Bed. „Landwirschafts-, Boden-"; z. B. Agrarökologie.

Agrarlandschaft: durch landwirtschaftliche Nutzung geprägter Ausschnitt der Erdoberfläche, der in seiner Gestaltung durch das harmonische Zusammenwirken agrarwirtschaftlicher und sozialer Strukturelemente mit den natürlichen Gegebenheiten eine Einheit bildet.

Agrarökologie, die [↑ agrar-]: Teilbereich der Ökologie; befaßt sich mit dem Lebensgeschehen in landwirtschaftlich genutzten Landschaftsteilen. Eine der Zielsetzungen der A. ist der standortgerechte, leistungsbezogene Anbau von Kulturpflanzen.

Agrarökosystem, das [↑ agrar-]: vom Menschen zur pflanzlichen und tierischen Nahrungsproduktion geschaffenes und in seinem Organismenbestand, seinen Stoffkreisläufen und Energieflüssen von ihm gesteuertes ↑ Ökosystem; z. B. eine Mähwiese.

Agriophyten, die (Mehrz.) [Einz.: der Agriophyt]: ↑ Agrobiozönose.

Agriozoen, die (Mehrz.) [Einz.: das Agriozoon]: ↑ Agrobiozönose.

agro- [griech. agrós = Acker]: in Zusammensetzungen und Ableitungen mit der Bed. „Ackerland; Landwirtschaft"; z. B. Agrotypus.

Agrobiozönose, die [↑ agro- und ↑ Biozönose]: Lebensgemeinschaft von Pflanzen (**Agriophyten**) und Tieren (**Agriozoen**), die sich in einem von Menschen kultivierten Bereich (z. B. Acker, Garten) einstellt.

Agrochemikalien, die (Mehrz.) [↑ agro-]: Sammelbez. für die in der Landwirtschaft verwendeten Chemikalien; z. B. synthetische Düngemittel, Pflanzenschutzmittel.

Agrotypus, der [↑ agro- und griech. týpos = Gepräge, Form]: eine Kulturpflanzensorte als Produkt der Pflanzenzüchtung.

A-Horizont: eine Bodenschicht (↑ Boden).

Airpollution, die ['ɛəpəlju:ʃən ‖ engl.]: andere Bez. für ↑ Luftverunreinigung.

Akarizide, die (Mehrz.) [Einz.: das Akarizid ‖ zu griech. akarí = Milbe und lat. caedere (in Zus.: -cidere) = töten]: zur Bekämpfung von Milben und Zekken v. a. im Obstbau eingesetzte giftige Chemikalien; meist zusätzlich mit insektizider Wirkung.

Akklimatisation, die [zu lat. ad- (vor c: ac-) = zu-, bei-, an- und Klima (von griech. klíma = Neigung; Himmelsgegend)]: Anpassung der Lebewesen an veränderte klimatische Bedingungen; im engeren Sinne die Anpassung des einzelnen Individuums an ein anderes Klima (**individuelle A.**). Sie erfolgt meist in einem Zeitraum von mehreren Tagen.
Im weiteren Sinne kann sich die A. auch auf eine ganze Organismengruppe wie die Vertreter einer Art innerhalb eines (klimatisch veränderten) Biotops beziehen. Eine solche A. beruht meist auf Selektion, die über längere Zeiträume hinweg zu erblich fixierten neuen Rassen oder Arten führen kann, z. B. bei Nutzpflanzen mit erweiterter Anbaugrenze.

Akkumulation, die [zu lat. accumulare = anhäufen]: die Anreicherung, d. h. Speicherung, eines (Schad)stoffs im Organismus; ↑ Bioakkumulation.

Aktionszentrum: relativ eng begrenzter Bereich eines Lebensraums (Biochore), in dem sich Lebewesen ansammeln; z. B. Aas.

Algen, die (Mehrz.) [Einz.: die Alge ‖ aus lat. alga = Seegras, Tang]: Sammelbez. für primitive einzellige (Phytoplankton) oder parenchymatische Thalli bildende, photoautotroph lebende Pflanzen, die 14 größeren Klassen angehören. Die weitaus meisten A. kommen im Meer oder in Binnengewässern vor und sind die bedeutendsten Haupt- und Primärproduzenten organischer Substanz in Gewässern; Vertreter der A. finden sich aber auch weitverbreitet auf allen Bodentypen, Baumrinden, Schnee-

Algizide

feldern, Thermen oder als makroskopischer Aufwuchs in der Litoralzone der Meere.
Die großen Thallus-A. (v. a. Braun- und Rot-A.) heißen **Tange**. Sie wachsen festhaftend im Litoral oder Sublitoral, aber auch freischwimmend in Riesenvorkommen, beispielsweise in der Sargassosee. Einige A.arten leben symbiontisch (↑ Symbiose) mit Korallentieren oder mit Pilzen vergesellschaftet als **Flechten**.
Je nach Pigmentausstattung unterscheidet man Grün-, Rot-, Braun-, Goldalgen. Die ↑ Blaualgen zählen wegen ihrer Zellmorphologie zu den Prokaryonten, obwohl sie eine vollständige Photosynthese durchführen.
Vor allem Tange sind von wirtschaftlicher Bedeutung. Man gewinnt aus Braun-A. **Alginat** (Gattungen Laminaria, Ascophyllum und Macrocystis), **Carrageen** u. a. aus der Rotalge Chondrus crispus (Irisches Moos) und **Agar** aus verschiedenen Rot-A., die als Eindickungsmittel, Geliermittel oder Emulgatoren in der Lebensmitteltechnik, als Abdruckmasse in der Zahnmedizin u. a. verwendet werden.
Tange werden auch an Vieh verfüttert oder als Düngemittel auf die Felder gebracht. Laminaria-, Porphyra- (Rot-A.) und Caulerpaarten (Grün-A.) werden besonders in Japan und auf den Philippinen gegessen.
A. (z. B. die Kieselalge Nitzschia, die Grünalge Chlamydomonas) werden auch für die Abwasserreinigung herangezogen. Die Anreicherung von Metallen durch A. wird versucht (↑ auch Bioleaching).
Einzellige A. spielen eine wichtige Rolle bei der ↑ Eutrophierung und der dadurch verursachten Beeinträchtigung der Wasserqualität.
Algenblüte: explosionsartige Massenvermehrung einzelliger Algen in Süßwasserseen, verursacht durch hohen Eintrag inorganischer Nährstoffe (v. a. Phosphat; ↑ auch Eutrophierung) und begünstigende Wetterbedingungen. Später werden die abgestorbenen Algen durch Bakterien unter Sauerstoffverbrauch zersetzt; dadurch verenden Fische und andere Wassertiere an Sauerstoffmangel. Der weitere Abbau von Biomasse erfolgt anaerob (Fäulnis): das Gewässer „kippt um". Blaualgen bilden in ihrer späten Lebensphase und beim Zerfall der Zellen gefährliche Toxine.
Algizide, die (Mehrz.) [Einz.: das Algizid ‖ zu ↑ Algen und lat. caedere (in Zus.: -cidere) = töten]: zur Bekämpfung von Algen in Schwimmbecken und Dränagerohren eingesetzte ↑ Herbizide.

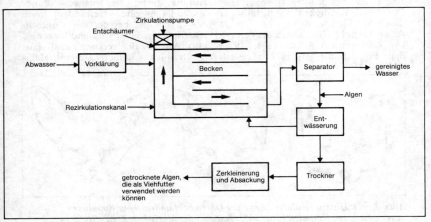

Algen. Beckenanlage zur Algenzucht in Abwässern (nach Oswald, Goluecke)

Alieni

Alieni, die (Mehrz.) [ohne Einz. ‖ lat. = Fremde]: bestimmte, nur zufällig in einem Gebiet auftretende Tiere; ↑ Irrgäste.

Alkalipflanzen [Syn.: Basiphyten]: Pflanzen, die Böden mit alkalischer Reaktion besiedeln (↑ Kalkpflanzen).

all-: Wortbildungslement (↑ allo-).

Allelopathie, die [zu griech. allḗlōn = einander, gegenseitig und griech. páthos = Leiden, Schmerz]: weitverbreitete gegenseitige Beeinflussung (meist Hemmung) von Pflanzen durch von Blättern, Drüsen oder Wurzeln ausgeschiedene Stoffwechselprodukte (z. B. Phenylpropane wie Cumarin, Terpenoide, Alkaloide, Cyanhydringlykoside wie Amygdalin); diese wirken dabei spezifisch auf bestimmte Pflanzen: Walnußbäume (Juglans nigra) hemmen im Tropfbereich ihrer Blätter zahlreiche Pflanzen (z. B. Kartoffeln, Tomaten, Apfelbäume). Wolfsmilch- und Skabiosenarten hemmen Flachs, Weizen u. a. – Keimungshemmung (auch in bezug auf die arteigenen Samen), Autotoxizität (Eigengiftigkeit; z. B. Apfelbaumrinde hemmt die Entwicklung von Apfelbäumen) sowie die Abwehr mikrobieller Infektionen durch höhere Pflanzen mittels ↑ Phytoalexinen und auch die gegenseitige Wachstumshemmung verschiedener Mikroorganismen durch ↑ Antibiotika sind andere Formen der Allelopathie. – Die ↑ Bodenmüdigkeit kann teilweise durch A. erklärt werden.

Allen-Regel ['ælɪn... ‖ nach dem amerikan. Zoologen J. A. Allen, * 1838, † 1921 ‖ Syn.: Proportionsregel]: 1877 aufgestellte Theorie, nach der die relative Länge der Körperanhänge von Tieren (Beine, Ohren, Schwanz, Schnabel), besonders bei Warmblütern, in kälteren Gebieten geringer sein soll als bei den entsprechenden Formen wärmerer Regionen (z. B. besitzt der Polarfuchs kleinere Ohren als der Wüstenfuchs). Gedeutet wird die A.-R. als Anpassung der Organismen, um größere Wärmeverluste zu verhindern.

Allergie, die [zu ↑ allo- und griech. érgon = Werk, Tätigkeit (also eigtl. etwa = Fremdeinwirkung]: erworbene Überempfindlichkeit des Organismus gegenüber körperfremden Substanzen (den **Allergenen**), die eine Antikörperbildung auslösen, auf die der Körper durch häufig langwierige Krankheitssymptome reagiert.
Allergene können äußerst vielfältig sein: Insektenstiche, Pollen, Schimmelpilzsporen, Tierhaare, Mehl, Hausstaub, Berührung von Pelzen, Seide, Wolle und Primeln, Kosmetika, Desinfektionsmittel, Chrom- oder Quecksilberverbindungen, der Genuß von Obst (Erdbeeren, Orangen), Honig oder Milchprodukten u. a. können zur A. führen. Ebenso vielfältig sind die Krankheitsbilder; sie reichen vom Heuschnupfen über Nesselsucht bis zum anaphylaktischen Schock.

Allianz, die [aus frz. alliance = Bündnis, zu lat. alligare = verbinden]: Form der ↑ Symbiose, bei der die Vergesellschaftung nur kurzfristig und locker ist.

allo-, vor Vokalen verkürzt zu: **all-** [aus griech. állos = anderer, fremd]: Halb-

Allen-Regel. Unterschiedliche Länge der Ohren bei hundeartigen Raubtieren in verschiedenen Klimaten (von links): Eisfuchs der arktischen Zone, Rotfuchs der gemäßigten Zonen, Wüstenfuchs der subtropischen Zonen

präfix mit den Bedeutungen: „anders, verschieden, fremd", „von der Norm abweichend"; z. B. Allochorie, Allergie.

Allochemikalien, die (Mehrz.) [Einz.: die Allochemikalie ‖ ↑ allo- ‖ Syn.: Ektokrine]: von einem pflanzlichen oder tierischen Organismus ausgeschiedene Stoffwechselprodukte, die, von einem anderen Organismus aufgenommen, bei diesem bestimmte, meist hemmende, physiologische Reaktionen oder Verhaltensänderungen hervorrufen (↑ auch Allelopathie).

Allochoren, die (Mehrz.) [...'ko:... ‖ Einz.: die Allochore]: Pflanzen, die durch ↑ Allochorie verbreitet werden.

Allochorie, die [...ko... ‖ zu ↑ allo- und griech. choreïn = sich fortbewegen ‖ Syn.: Fremdverbreitung]: die Verbreitung von Früchten bzw. Samen mehr oder weniger weit über deren Entstehungsort hinaus **(Fernverbreitung)** durch die Einwirkung besonderer, von außen kommender Kräfte wie Wind **(Anemochorie),** Wasser **(Hydrochorie),** Tiere **(Zoochorie),** Menschen **(Anthropochorie).** – Gegensatz: ↑ Autochorie.

allochthon [...ɔx'to:n ‖ zu ↑ allo- und griech. chthốn = Erde, Boden]: an anderer Stelle, nicht am Fundplatz heimisch bzw. entstanden (von Lebewesen und Gesteinen); in eine Biozönose hineingetragen (z. B. in ein Gewässer eingeschwemmter nährstoffreicher Mutterboden). – Gegensatz: ↑ autochthon.

Allogamie, die [↑ allo- und ↑ -gamie]: die Fremdbestäubung bei Blüten (↑ Bestäubung).

Allokation, die [zu lat. ad- (vor l: al-) = zu-, bei-, an- und lat. locare = setzen, stellen]: aus der Wirtschaftswissenschaft entlehnter und in die Umweltschutzdiskussion übernommener Begriff, der aufzeigen soll, wie privatwirtschaftliche Kosten auf die ganze Gesellschaft oder den Staatshaushalt verteilt werden können, so daß der eigentliche Verursacher dieser Kosten nicht oder nur mehr zu einem geringen Teil für sie aufzukommen hat. – ↑ auch Verursacherprinzip.

Allomone, die (Mehrz.) [Einz.: das Allomon ‖ Kurzwort aus ↑ allo- und ↑ Pheromone]: chemische Botenstoffe zwischen verschiedenen Arten in einem Ökosystem, die dem Emitter (Absender) einen Vorteil bringen. Beispiele: Anlockung von Insekten durch Blütenduft, wobei die Bestäubung gesichert ist; Synthese (und Ausscheidung) von Giften oder ↑ Repellents zum Schutz gegen Fraß durch Herbivoren.

Allopatrie, die [↑ allo-]: ↑ Sympatrie.

allotroph [↑ allo- und ↑ -troph ‖ Abl.: Allotrophie, die]: in der Ernährung sich anders verhaltend als die auf das Sonnenlicht oder auf organische Stoffe angewiesenen Organismen. A.e Organismen (ausschließlich Prokaryonten, z. B. Eisen-, Nitro-, Schwefelbakterien) gewinnen durch Aufnahme und Oxidation einfacher anorganischer Verbindungen die Energie zum Aufbau körpereigener Substanzen.

Alphastrahlen [Schreibvariante: α-Strahlen]: eine der drei bei der natürlichen ↑ Radioaktivität zu beobachtenden Strahlungsarten.

alpin [aus lat. Alpinus = die Alpen betreffend]: die Hochgebirge betreffend, in den Alpen bzw. im Hochgebirge vorkommend bzw. lebend; z. B. alpine Flora, alpine Fauna.

alpine Stufe: eine ↑ Höhenstufe der Vegetation der höheren Gebirge oberhalb der Baumgrenze bis zur klimatischen Schneegrenze. Mit zunehmender Höhe unterscheidet man die Krummholz-, Zwergstrauch-, Matten- und Polsterpflanzenregion. Darüber liegt die ↑ nivale Stufe.
Die Flora der a.n St. besteht aus angepaßten Pflanzen, die sich eng an den Boden anschmiegen, um den starken Winden keinen Angriffspunkt zu bieten. Derbe, oft behaarte Blätter schützen vor dem wachstumshemmenden ultravioletten Licht und den niedrigen Temperaturen. Mit unterirdischen Speicherorganen kann die kurze Vegetationsperiode optimal ausgenutzt werden. Die schlechten Böden und die hohen Niederschläge verlangen von den Pflanzen weitere Anpassungen in ihrem Bau. Typische Vertreter der a.n St. sind die Alpenrose und das Edelweiß.

Altanlagen: Bez. für ältere, meist emissionsintensive Industrie- und Gewerbe-

Altarm

anlagen, die bereits nach früheren Vorschriften genehmigt bzw. nach dem Bundesimmissionsschutzgesetz (BImSchG) angezeigt wurden, dem heutigen Stand der Technik aber nicht mehr entsprechen. A. tragen v. a. in Belastungsgebieten in erheblichem Maß zur Luftverschmutzung bei. Das am 13. Okt. 1985 in Kraft getretene 2. Gesetz zur Änderung des BImSchG schafft die gesetzlichen Grundlagen für eine Sanierung von Altanlagen.

Altarm: nicht mehr vom Fluß benutzter, ehemaliger Teil seines Laufes, der vom ↑ Vorfluter abgeschnitten ist und somit der Gefahr einer ↑ Eutrophierung ausgesetzt ist (↑ auch Altwasser).

alternativer Landbau: andere Bezeichnung für ↑ ökologische Landwirtschaft.

Altglas: hauptsächlich aus dem häuslichen und gewerblichen Bereich anfallende gebrauchte Glasbehälter (v. a. Flaschen, Glasgefäße für Lebensmittel); vorwiegend Einwegpackungen.

Die Verwendung von A. als Rohstoff in der Glasindustrie setzt getrennte Sammlung in speziellen Mülltonnen oder **A.containern** sowie Sortierung nach Farben voraus. Die A.sammlung deckt rund 25 % des Bedarfs der Behälterglasindustrie. Drei Viertel des A.aufkommens von 2,6 Mill. t jährlich gelangen in den Hausmüll.

Altlasten: durch unbekannte Schadstoffe verseuchte ehemalige (geordnete und ungeordnete) Deponien sowie Bodenflächen ehemaliger Industriebetriebe.

In der BR Deutschland werden über 50 000 A. vermutet, von denen 1985 rund 18 000 erfaßt waren und etwa 10 % sanierungsbedürftig sein sollen. Nach Schätzungen werden die zukünftigen Sanierungskosten Milliardenbeträge erfordern.

Die von den A. ausgehenden Gefahren für die menschliche Gesundheit und die Umwelt durch bereits erfolgte und noch mögliche Verunreinigungen (z. B. von Böden und des Grundwassers durch Einsickern und unkontrollierte Ausbreitung von z. T. hochgiftigen Stoffen) können bisher nicht abgeschätzt werden.

Die rechtliche Zuständigkeit für die A.suche und deren Bewertung liegt bei den Bundesländern. Da Sanierungskonzepte für A. erst erstellt werden können, wenn deren Standorte genau erfaßt sind, wird u. a. versucht, Altablagerungen von Flugzeugen aus mit Infrarotkameras aufzuspüren und **A.kataster** sowie einen **A.atlas** zu erstellen. – Abb. S. 129.

Altöl: durch Temperatureinwirkung, Luftoxidation und Feuchtigkeit in ihren physikalischen und chemischen Eigenschaften veränderte Schmieröle, die durch ihren Gehalt an Zusatzstoffen (Korrosionsschutz-, Antischaummittel), Lösungsmitteln, Schwermetallen (Blei, Zink, Eisen) und polycyclischen aromatischen Kohlenwasserstoffen eine (Grund)wasservergiftung verursachen können.

In der BR Deutschland fallen jährlich rund 500 000 t A. an, von denen etwa 270 000 t verwertet werden. – Gebrauchte synthetische Öle, v. a. Metallbearbeitungsöle, Elektroisolieröle, Hydrauliköle, können die als besonders umweltgefährdend erkannten polychlorierten Biphenyle (PCB) und Terphenyle (PCT) enthalten und dürfen nicht mit den anderen A.en gemischt und auch nicht zusammen mit diesen behandelt oder beseitigt werden, sondern sind der Sonderabfallbeseitigung unterstellt.

Nach dem A.gesetz wird nach dem Verursacherprinzip eine **A.abgabe** auf bestimmte Mineralölprodukte (z. B. Schmieröle) erhoben, soweit diese der Mineralölsteuer unterliegen. Der Abgabensatz beträgt (1985) 9 DM für 100 kg abgabepflichtiger Produkte. Die A.abgabe finanziert den „Rückstellungsfonds zur Sicherung der A.beseitigung".

Altpapier: wiederverwertbare Papierbzw. Pappenabfälle. A. dient v. a. als Rohstoff zur Herstellung von Papier und Pappe (vorwiegend für Verpackungen) sowie von Hygienekrepp. **Umweltschutzpapier (Recyclingpapier)** wird zu 100 % aus A. hergestellt. Ein Drittel des verbrauchten Papiers von (1982) rund 10 Mill. t fließt als A. in den Produktionskreislauf zurück.

Das A.aufkommen stammt zu 35–40 % aus Handelsunternehmen und aus der

Anaerobier

Verpackungsindustrie, zu 30–35% aus Verlagen, Druckereien und dem Pressegroßhandel, zu 17–20% aus privaten und öffentlichen Verwaltungen und zu 10–15% aus privaten Haushalten.

Altpflanzen: Gruppe der ↑Adventivpflanzen.

Altwasser: noch wassergefüllte, strömungslos gewordene Flußschlinge; sie entsteht künstlich durch Flußregulierung (z. B. Altrheinarme im Oberrheingraben) oder natürlich durch Flußbettverlagerung.

Ambiente, das [italien., zu lat. ambire = herumgehen]: die spezifische Umwelt und das Milieu, in dem eine Tieroder Pflanzenart lebt und diesem ihr charakteristisches Gepräge gibt.

Ameisenpflanzen: svw. ↑Myrmekophyten.

Amensalismus, der: svw. ↑Parabiose.

amiktischer See [zu griech. ámiktos = unvermischt]: Seentyp mit permanenter Schichtung, jedoch ohne ↑Wasserzirkulation; Beispiel: Tiefland-Tropensee, dessen Oberflächenwasser nie unter 4°C absinkt.

Ammonifikation, die [zu ↑Ammonium und lat. facere (in Zus.: -ficere) = machen, bewirken]: die biogene Mineralisation des Stickstoffs, d. h. der im Boden durch Bakterien und Pilze erfolgende Eiweißabbau, wobei Ammoniak entsteht.

Ammonium, das [zum Stamm von Ammoniak gebildet, dieses aus lat. sol Ammoniacum = Ammonssalz (so benannt nach der Ammonsoase in Ägypten, heute Siwa, wo dieses Salz gefunden wurde) ‖ Kurzbez.: Ammon]: die positiv einwertige Atomgruppe NH_4^+; dieses Ion (A.ion) verhält sich in seinen chemischen Reaktionen wie das Ion eines Alkalimetalls und wegen des vergleichbar großen Ionenradius bes. wie das Kaliumion. Es bildet sich in wäßrigen Lösungen von Ammoniak. In der Natur entsteht es u. a. bei der ↑Ammonifikation, der assimilatorischen Nitratreduktion und der biologischen ↑Stickstofffixierung.

AMP, das [a:'ɛm'pe:]: Abk. für: Adenosinmonophosphat (↑Adenosinphosphate).

Amphibiom, das [zu ↑amphibisch gebildet]: die an wechselfeuchten Boden als Lebensraum gebundene Organismengesellschaft; ein ↑Pedobiom.

amphibisch [zu griech. amphíbios = doppellebig]: im Wasser wie auch auf dem Land lebend; von Pflanzen und Tieren gesagt.

Amphiphyten, die (Mehrz.) [Einz.: der Amphiphyt ‖ griech. amphi = auf beiden Seiten, ringsherum und ↑phyt]: Pflanzen, die einerseits als Wasserpflanzen mit völlig oder teilweise untergetauchten Sproßteilen existieren können, andererseits aber bei Wassermangel wie Landpflanzen leben; z. B. Tannenwedel, Wasserknöterich.

an-: verneinendes Präfix (↑a-).

Anabiose, die [zu griech. aná = auf, hinauf, entlang und griech. bíos = Leben ‖ Abl.: anabiotisch ‖ Syn.: Kryptobiose]: Zustand extrem reduzierten Lebens, der es manchen niederen Organismen (z. B. Rädertiere, Bärtierchen, Moose, Flechten) bzw. bestimmten Keimen oder Entwicklungsstadien ermöglicht, ungünstige Lebensbedingungen (z. B. Kälte, Trockenheit) für längere Zeit zu überdauern.

anabiotisch: Anabiose aufweisend; zur Anabiose befähigt.

anadrome Fische [zu griech. anadromeïn = zurücklaufen]: im Süßwasser geborene ↑Wanderfische, die ins Meer abwandern, dort den größten Teil ihres Lebens verbringen und zum Laichen wieder in die Flüsse aufsteigen; z. B. Lachs, Meerneunauge, Stör. – Gegensatz: ↑katadrome Fische.

anaerob [...a-e...‖↑ a- und ↑aerob ‖ Abl.: ↑Anaerobier, ↑Anaerobiose]: ohne Sauerstoff lebend (von Organismen gesagt), ohne Zufuhr von Sauerstoff erfolgend; z. B. der von bestimmten Mikroorganismen durchgeführte anaerobe enzymatische Kohlenhydratabbau bei Gärungen.

Anaerobier, die (Mehrz.) [...a-e-'ro:biər ‖ Einz.: der A. ‖ zu ↑anaerob ‖ Syn.: Anaerobionten]: (meist niedere) Organismen, die ohne Sauerstoff leben können; z. B. Faulschlammbewohner, Darmbakterien, Bandwürmer. – Gegensatz: ↑Aerobier.

Anaerobionten, die (Mehrz.) [...a-e... ‖ Einz.: der Anaerobiont]: svw. ↑ Anaerobier.

Anaerobiose, die [...a-e... ‖ zu ↑ anaerob ‖ Syn.: Anoxybiose]: die vom Sauerstoff unabhängige Lebensform der ↑ Anaerobier.

Anemochorie, die [...ko... ‖ zu griech. ánemos = Wind und griech. choreīn = sich fortbewegen]: die Verbreitung von Samen bzw. Früchten durch den Wind; eine Form der ↑ Allochorie.

Anemogamie, die [griech. ánemos = Wind und ↑ -gamie]: die Windbestäubung bei Blüten (↑ Bestäubung).

Anemohydrochorie, die [zu griech. ánemos = Wind, ↑ hydro- und griech. choreīn = sich fortbewegen]: die (passive) Verbreitung bzw. Verschleppung von Lebewesen unter Einwirkung von Wind und Wasser.

anisohydrisch [↑ a- und ↑ isohydrisch ‖ in Verbindung mit einem Substantiv auch in der gebeugten Form: anisohydre ... ‖ Syn.: hydrolabil]: nennt man Pflanzen, deren Wassergehalt während des Tages Schwankungen aufweist und besonders während der Mittagszeit sehr niedrig ist. A. sind z. B. viele krautige Pflanzen an sonnigen Standorten. – Gegensatz: ↑ isohydrisch.

Ankömmlinge: Gruppe der ↑ Adventivpflanzen.

Anmoor: bei der Verlandung eines Niedermoors als Übergangsform auftretende Bodenform ständig nasser Standorte, jedoch ohne Torfschicht (wie ein echter Moorboden) und mit 15–30 % Humusanteil.

Annidation, die [zu lat. ad- (vor n: an-) = zu-, bei-, an- und lat. nidus = Nest ‖ Syn.: Einnischung]: Vorgang im Verlauf der Evolution, der selektionsbenachteiligten, neu entstandenen Formen (Mutanten) durch das Besiedeln eines von den Ausgangsformen noch nicht besetzten, daher konkurrenzfreien Lebensraums mit spezifischen Umweltfaktoren (↑ ökologische Nische) ein Überleben gestattet.

ANOG, die: Abk. für: Arbeitsgemeinschaft für naturnahen Obst-, Gemüse- und Feldfruchtanbau; ↑ ökologische Landwirtschaft.

Anökumene, die [↑ a- und griech. oikouménē (gḗ) = bewohnt(e Erde)]: der nicht zur menschlichen Besiedlung auf Dauer geeignete Teil der Erdoberfläche; z. B. Polargebiete, Hitzewüsten.

Anorgoxidation, die: ältere Bez. für ↑ Chemolithoautotrophie.

Anoxybiose, die: svw. ↑ Anaerobiose.

Anreicherung ↑ Bioakkumulation.

Ansiedler ↑ Adventivpflanzen.

anthropo- [griech. ánthrōpos = Mensch]: in Zusammensetzungen mit der Bed. „Mensch"; z. B. anthropogen.

Anthropochoren, die (Mehrz.) [...'ko:... ‖ Einz.: die Anthropochore ‖ zu ↑ Anthropochorie]: durch den Mensch bewußt (z. B. Kulturpflanzen, Haustiere) oder unbewußt (z. B. Unkräuter, Ungeziefer) verbreitete Pflanzen **(Anthropophyten)** bzw. Tiere **(Anthropozoen).**

Anthropochorie, die [...ko... ‖ zu ↑ anthropo- und griech. choreīn = sich fortbewegen ‖ Abl.: ↑ Anthropochoren]: die Verbreitung von Samen bzw. Früchten durch den Menschen; eine Form der ↑ Allochorie.

anthropogen [↑ anthropo- und ↑ -gen]: durch den Menschen beeinflußt, vom Menschen verursacht.

anthropogene Landschaft: die vom Menschen wesentlich umgestaltete Landschaft (↑ Kulturlandschaft).

Anthropophyten, die (Mehrz.) [Einz.: der Anthropophyt ‖ ↑ -phyt]: ↑ Anthropochoren.

Anthroposphäre, die [↑ anthropo-]: der vom Menschen geprägte Teil der ↑ Biosphäre.

Anthropozoen, die (Mehrz.) [Einz.: Anthropozoon ‖ griech. zōon = Lebewesen; Tier]: ↑ Anthropochoren.

anti- [griech. antí = gegen, entgegen, gegenüber]: Präfix mit der Bed. „entgegengerichtet, gegen"; z. B. Antibiose.

Antibionten, die (Mehrz.) [Einz.: der Antibiont]: in ↑ Antibiose zueinander stehende (Mikro)organismen.

Antibiose, die [zu ↑ anti- und griech. bíos = Leben ‖ Abl.: ↑ Antibiotika, ↑ antibiotisch]: im engeren Sinne die lebenshemmende oder -vernichtende Wirkung, die artverschiedene (Mikro)organismen durch ihre Stoffwechselprodukte auf andere (Mikro)organismen ausüben. Im

28

Aphizide

weiteren Sinn ist A. jede Beziehung zwischen artverschiedenen Tieren bzw. Pflanzen untereinander oder zwischen Tieren und Pflanzen, bei der der Vorteil des einen Partners der Nachteil des anderen ist (Beispiel: Räuber-Beutetier-Verhältnis, Parasitismus).

Antibiotika, die (Mehrz.) [Einz.: das Antibiotikum ‖ zu ↑Antibiose]: im weiteren Sinne alle von Mikroorganismen, Pflanzen oder Tieren gebildeten niedermolekularen Stoffe, die bei dafür empfindlichen Organismen das Zellwachstum und die Zellvermehrung reversibel **(biostatische A.)** oder irreversibel **(biozide A.)** blockieren, indem sie bestimmte biochemische Prozesse stören; im engeren Sinne Bez. für die von Mikroorganismen – zu über 90 % von Bakterien (v. a. Strahlenpilz- und Bacillusarten), daneben auch von niederen Pilzen (v. a. Penicillium-, Cephalosporium- und Aspergillusarten) – gebildeten Stoffwechselprodukte, die an das umgebende Nährmedium abgegeben werden und bereits in sehr geringen Konzentrationen andere Mikroorganismen abzutöten oder in ihrer Vermehrung zu hemmen vermögen.

Aus den Nährmedien von Mikroorganismen gewonnene A. werden heute in großem Umfang insbesondere als *Arzneimittel* verwendet. Sie sind neben den Sulfonamiden und einigen anderen Chemotherapeutika die wichtigsten, vielfach die einzigen oder die wirksamsten Medikamente zur Bekämpfung von Infektionen bei Mensch und Tier, die durch Bakterien, Pilze oder Protozoen hervorgerufen werden. Daneben werden einige A. auch als Zytostatika oder als Immunsuppressiva verwendet.

Bedeutung haben die A. ferner in der *Tierhaltung* als Futtermittelzusätze mit wachstumsfördernder Wirkung (vermutlich durch Unterdrückung subakuter Infektionen) erlangt (in der BR Deutschland dürfen sie nur begrenzt, z. B. bei der Aufzucht von Jungtieren, verwendet werden).

Einige A. werden auch im *Pflanzenschutz,* v. a. im Reisanbau, eingesetzt (im Pflanzenschutz der BR Deutschland nicht zugelassen).

Man kennt heute über 6 000 A., von denen jedoch nur wenige praktisch verwendbar sind, da vielfach einer guten Wirksamkeit eine erhebliche Toxizität oder andere Nachteile gegenüberstehen. Zur Zeit finden rund 60 A. als Arzneimittel, 30 weitere für andere Zwecke Verwendung.

In ihren *Wirkungsmechanismen* unterscheiden sich die A. sehr stark voneinander. Sie können z. B. durch Blockierung von Enzymen der DNS-, RNS-, Protein-, Lipid- oder Zellwandsynthese, des Energiestoffwechsels oder von Transportvorgängen wirken.

Besonders bei unsachgemäßer Anwendung kommt es leicht zu Selektion resistenter Erregerstämme; gefährlich kann die durch Plasmide vermittelte und von Bakterium zu Bakterium übertragbare Mehrfachresistenz werden.

antibiotisch [zu ↑Antibiose]: von wachstumshemmender Wirkung; besonders von bestimmten Arzneimitteln gesagt (Antibiotika, Sulfonamide).

Antimykotika, die (Mehrz.) [Einz.: das Antimykotikum ‖ zu ↑anti- und Mykose = Pilzerkrankung (von griech. mýkēs = Pilz)]: in der *Medizin* (v. a. bei Hautpilzerkrankungen) verwendete natürliche Antibiotika (Griseofulvin, Amphotericin B, Nystatin) und einige synthetische Präparate (z. B. Flucytosin, Miconazol, Clotrimazol) zur Bekämpfung pathogener Pilze.

Antitranspirantia, die (Mehrz.) [Einz.: das Antitranspirans ‖ zu ↑anti- und ↑Transpiration ‖ Schreibvariante: Antitranspiranzien ‖ Syn.: Transpirationsdämpfer]: die Schließung der Spaltöffnungen von Laubblättern über den Kaliumionentransport bewirkende und damit die Transpiration hemmende Substanzen oder Faktoren; z. B. Abscisinsäure, hoher Kohlendioxidpartialdruck, Schwefeldioxid (↑auch Luftverunreinigung), Phenylquecksilberacetat (ein Fungizid), zweiwertige Kupfer- und dreiwertige Aluminiumionen in wäßrigen Lösungen.

Aphizide, die (Mehrz.) [Einz.: das Aphizid ‖ zu Aphidina, dem wissenschaftlichen Namen der Blattläuse, und zu lat. caedere (in Zus.: -cidere) = tö-

aphotisch

ten]: speziell gegen Blattläuse eingesetzte, meist systemische ↑Insektizide.

aphotisch [zu ↑a- und griech. phõs, phõtós = Licht]: lichtlos, ohne Lichteinfall; z. B. bezogen auf die Tiefenregion des Meeres mit Lebewesen ohne Lichtbedürfnis. – Gegensatz ↑euphotisch.

apodemisch [aus griech. apódēmos = abwesend]: vom ursprünglichen Lebensraum entfernt; gesagt von Tieren oder Pflanzen, die heute auch außerhalb ihres ursprünglichen Verbreitungsgebietes vorkommen. – Gegensatz: ↑endemisch.

Apophyten, die (Mehrz.) [Einz.: der Apophyt ‖ griech. apó = von – weg, ausgehend von, ohne und ↑-phyt]: im Gegensatz zu den vom Menschen in ein Gebiet eingeschleppten ↑Adventivpflanzen Bez. für einheimische Pflanzenarten, die sich durch menschlichen Einfluß gefördert ausbreiten und auf anthropogen geprägten Standorten siedeln konnten; z. B. Ruderal- und Unkrautpflanzen.

aposymbiontisch [zu griech. apó = von – weg, ohne und ↑Symbiose]: ohne Symbionten lebend (↑Symbiose).

Apparenz, die [zu lat. apparere = erscheinen]: das Auftreten eines bestimmten Entwicklungsstadiums einer Organismenart oder eines Individuums innerhalb einer bestimmten Zeitspanne, in der biotische und abiotische Faktoren mit dieser bzw. diesem in Beziehung treten können; z. B. das gleichzeitige Auftreten **(Koinzidenz)** eines invasionsfähigen Parasiten und eines für diesen spezifischen Verfrachtungsmechanismus (z. B. Wasser) sowie eines infektionsbereiten Wirtsstadiums.

Applikation, die [zu lat. applicare = anfügen; anwenden]: 1. die Anwendung von Pflanzenschutzmitteln bei Pflanzen; 2. die Verabreichung von Medikamenten bei Tier und Mensch.

aquatisch [zu lat. aqua = Wasser]: im Wasser lebend, dem Wasser zugehörend; von Tieren und Pflanzen gesagt; z. B. a.e Fauna, a.e Flora. Ein **a.es Ökosystem,** z. B. ein See oder ein Fluß, wird spezifisch durch das Wasser geprägt.

Äquatorsubmergenz, die [zu Äquator (lat. = Gleichmacher) und lat. submergere = untertauchen]: das Verhalten von Tierarten des Meeres mit plankti-

scher Lebensweise, die ökologisch den Kaltwasserregionen der Nord- oder Südhalbkugel angehören; sie unterwandern die ihnen aufgrund fehlender Existenzbedingungen (Temperatur, Nahrungsangebot) unzugänglichen Bereiche des äquatorialen Warmwassers in den kühleren Bereichen des tropischen Tiefenwassers. Das tropische warme Oberflächenwasser stellt also für solche Tiere keine Ausbreitungsschranke nach Norden oder Süden dar.

Äquitropen, die [Einz. das Äquitrop ‖ zu lat. aequus = gleich und griech. tropē = Wende, Kehre, Wendung]: die in den Binnengewässern anteilmäßig gleich auf die Lebewesen, das Wasser und die toten Materialien (Substrat) verteilte Fraktion der von außen eingebrachten ↑Radionuklide. Ä. sind Sr 90, Ru 106, I 131, Co 60 und Rb 86. – ↑auch Biotropen, ↑Hydrotropen, ↑Pedotropen.

Arbeitsgemeinschaft für Umweltfragen e. V. [Abk.: AGU]: 1970 gegründete Umweltorganisation mit Sitz in Bonn. Als überparteiliche Clearingstelle für Umweltdiskussionen entwickelt sie Gedanken und Modelle zu Gesetzentwürfen und übergreifenden Grundsatzfragen der Umweltpolitik und -strategie. Die AGU veranstaltet seit 1973 jährlich ein Umweltforum zu wechselnden umweltrelevanten Themen.

Arboreal, das [zu lat. arbor = Baum]: der Lebensraum Wald.

arborikol [zu lat. arbor = Baum und lat. colere = bewohnen]: auf einem Baum lebend, baumbewohnend; z. B. gesagt von den ↑Epiphyten.

Arborizide, die [Einz.: das Arborizid ‖ zu lat. arbor = Baum und lat. caedere (in Zus.: -cidere) = töten]: zur Verhinderung von Gehölzwuchs eingesetzte ↑Herbizide.

Archäophyten, die (Mehrz.) [Einz.: der Archäophyt ‖ griech. archaĩos = alt und ↑-phyt]: Gruppe der ↑Adventivpflanzen.

Archebakterien, die (Mehrz.) [Einz.: die Archebakterie ‖ griech. archē = Anfang und ↑Bakterien ‖ wiss. Name: Archaebacteria]: extreme Standorte (Salzseen, heiße Schwefelquellen) besiedelnde, früher den Bakterien zugeordnete

Artenschutz

Prokaryonten; unterscheiden sich von den Bakterien durch andersartige ribosomale RNS-Sequenzen, besondere Protein- und Polysaccharidhüllen sowie durch das Fehlen von Murein (spezifischer, in der Bakterienzellwand vorkommender Polysaccharid-Peptid-Komplex). Ihre Energie gewinnen die A. durch Umwandlung von Wasserstoff und Schwefel.
Bekannte Vertreter sind die ↑Methanbakterien und die ↑thermobiotischen Bakterien.

Archibenthal das [zu griech. árchein = anfangen und ↑Benthal]: eine Region des Meeresbodens (↑Bathyal).

Areal, das [zu lat. area = Fläche]: Verbreitungsgebiet, das von einer Art oder auch einer anderen Einheit des Systems der Pflanzen oder Tiere (z. B. Gattung, Familie) eingenommen wird. Ein A. kann aus mehreren Teilflächen bestehen **(disjunktes Areal;** ↑Disjunktion) und als kleinste Einheit ein **Artareal** darstellen oder eine geschlossene Fläche sein. A.e werden kartographisch in sog. **A.karten** dargestellt. Für die Gesamtdarstellung der meist ausgedehnten A.e werden oft Umrißverbreitungskarten verwendet, bei denen die äußersten Vorkommen einzelner Vertreter der darzustellenden Einheit durch Umrißlinien verbunden sind.

Arealkarten ↑Areal.

Arealkunde [Syn.: Chorologie]: Wissenschaft von der räumlichen Verbreitung der Pflanzen und Tiere.

arenikol [zu lat. arena = Sand und lat. colere = bewohnen]: sandbewohnend, auf Sand oder in sandigen Lebensräumen lebend; v. a. auf Tiere bezogen (z. B. der im Wattenmeer der Nordsee lebende Köderwurm Arenicola marina).

arid [aus lat. aridus = trocken]: nennt man einen trockenen Klimatyp mit weniger als 100 mm jährlichem Niederschlag; hierbei ist die mögliche jährliche Verdunstung größer als der jährliche Niederschlag. In **semiariden** Gebieten überwiegt im Jahresdurchschnitt zwar die Verdunstung den Niederschlag, in einigen Monaten kann jedoch der Niederschlag größer als die Verdunstung sein.

Zu den ariden Gebieten der Erde rechnen v. a. die Kernwüsten, zu den semiariden die Steppen und Wüstensteppen der Tropen und Subtropen. In ariden Gebieten tritt die Bedeutung des Wassers als oberflächenformende Kraft zurück. Bestimmend für die Verwitterung sind die täglichen Temperaturschwankungen, für die Abtragung v. a. der Wind. – Der Gegensatz zu a. ist ↑humid. – Abb. S. 130.

Ariditätsgrenze [zu ↑arid]: svw. ↑Trockengrenze.

Artareal: die kleinste Einheit des ↑Areals.

Artenbestand ↑Diversität.

Artenkombination [Syn.: Artenverbindung]: das an einen ähnlichen Standort gebundene gemeinsame Vorkommen bestimmter (Pflanzen)arten **(Charakterarten);** z. B. gemeinsames Auftreten von Buschwindröschen, Hohlem Lerchensporn und Waldmeister in Buchenwäldern.
Eine A. wird zur Kennzeichnung einer Pflanzengesellschaft verwendet.

Artenschutz: der durch verschiedene, v. a. behördliche Maßnahmen angestrebte Schutz vieler vom Aussterben bedrohter Tier- und Pflanzenarten in der freien Natur: 1. zur Erhaltung funktionsfähiger Ökosysteme; 2. zur Erhaltung der Artenvielfalt durch Sicherung eines möglichst breit gestreuten Genpotentials; dazu kommen Schutzgründe verschiedener Art, wie sie der Naturschutz allgemein vertritt.
International sind gefährdete Tier- und Pflanzenarten in den ↑Red Data Books der International Union for Conservation of Nature and Natural Ressources (↑IUCN) aufgeführt, für die BR Deutschland in der „Roten Liste der gefährdeten Tiere und Pflanzen in der Bundesrepublik Deutschland" (↑Rote Liste).
Möglichkeiten zum Schutz gefährdeter Arten in aller Welt bietet das **Washingtoner Artenschutzübereinkommen** vom 3. März 1973, für die BR Deutschland in Kraft seit 20. Juni 1976, durch das der gewerbsmäßige Handel und der Andenkenerwerb mit Exemplaren gefährdeter Arten freilebender Tiere und Pflanzen verboten und kontrolliert wird. In der

31

Asbest

Verordnung über besonders geschützte Arten wildlebender Tiere und wildwachsender Pflanzen **(Bundesartenschutzverordnung)** ergingen detaillierte Bestimmungen für einheimische Tier- und Pflanzenarten.

Zum A. gehört verstärkt auch der **Biotopschutz,** der Landschaftsräume mit möglichst vielen natürlichen und naturnahen Ökosystemen und ihre Lebensgemeinschaften (u. a. als Natur- und Landschaftsschutzgebiete) entsprechend den gesetzlichen Bestimmungen ausweisen und schützen soll.

Asbest, der [von griech. ásbestos, eigtl. = unauslöschlich]: Sammelbez. für natürlich vorkommende mineralische Fasern. Sie finden Verwendung zur Herstellung von feuerfester Schutzkleidung, von Filtertüchern für die chemische Industrie, von Isolier- und Dichtungsmaterialien sowie für Bauelemente aus A.zement; ferner werden Brems- und Kupplungsbeläge aus A. hergestellt.

A.stäube, die v. a. bei der Verarbeitung von A. entstehen, haben eine Reizwirkung auf die Schleimhäute und können bei längerfristigem Einatmen zu **Asbestose** sowie zu krebsiger Entartung von Lungengewebe **(A.krebs)** und bösartiger Geschwulsterkrankung an Rippen- und Bauchfell führen. A. wird daher seit mehreren Jahren als krebserregender Arbeitsstoff (für den kein MAK-Wert angegeben wird) eingestuft; der TRK-Wert wurde 1984 auf 0,05 mg Feinstaub/m³ festgelegt.

In zahlreichen Ländern wird zur Zeit der Verbrauch an A. stark eingeschränkt. In der BR Deutschland besteht seit 1981 ein freiwilliges Abkommen zwischen der Industrie und der Bundesregierung zur Reduzierung des durchschnittlichen A.anteils in Produkten um 30 bis 50 % in einem Zeitraum von drei bis fünf Jahren. Als Ersatzmaterialien für A. werden zur Zeit u. a. Glasfasern, Gesteinswollen, Schlackenwollen, Kohlenstoffasern sowie Polyacrylnitril- und andere Kunststoffasern geprüft.

Äschenregion [Syn.: Hyporhithral]: zwischen ↑ Forellenregion und ↑ Barbenregion gelegener Bachabschnitt (Rhithral), in dem die Europäische Äsche als

Charakterfisch lebt; gekennzeichnet durch Sauerstoffreichtum und (im Unterschied zur Forellenregion) mäßige Strömungsgeschwindigkeit bei größerer Wassertiefe.

Aspekt, der [lat., eigtl. = das Hinsehen]: bei *Pflanzen-* und *Tiergesellschaften* das mit den Jahreszeiten wechselnde, bei Tiergesellschaften zusätzlich auch das durch den Tag-Nacht-Rhythmus bedingte Erscheinungsbild der Zönose; z. B. der **Frühlings-A. (Vernal-A.)** des Buchenwaldes mit blühenden Buschwindröschen und Hohlem Lerchensporn; der **Sommer-A. (Ästival-A.)** von Mitte Juni bis Mitte Juli mit Hauptentwicklung der Vegetation und vieler Tierarten (besonders der Gliederfüßer); der **Herbst-A. (Autumnal-A.;** September bis Ende Oktober) mit beginnendem Laubfall, Entwicklung der Laubstreutiere und den ersten Wintergästen unter den Vögeln; der **Winter-A. (Hiemal-A.;** November bis März) mit Winterruhe der Vegetation und vieler Tiere; Wintergäste.

Die Abfolge der einzelnen A.e im Jahresverlauf ist die **Aspektfolge.**

Assimilation, die [zu lat. assimilare = ähnlich machen‖ Abl.: assimilatorisch = die Assimilation betreffend, durch Assimilation gewonnen]: bei *Organismen* die Aufnahme körperfremder Nahrungsstoffe und im eigentlichen Sinne der Aufbau körpereigener Substanzen aus diesen; im speziellen Sinne der energieverbrauchende Vorgang der Kohlendioxidassimilation bei den *grünen Pflanzen,* die aus Kohlendioxid (CO_2) und Wasser (H_2O) mit Hilfe der Sonnenlichtenergie bei der ↑ Photosynthese Kohlenhydrate erzeugen, wobei gleichzeitig Sauerstoff (O_2) frei wird.

Assoziation, die [frz. = Vereinigung, zu lat. associare = beigesellen, vereinigen, verbinden]: in der *Pflanzensoziologie* eine Gruppe von Pflanzen, die sich aus verschiedenen, aber charakteristischen Arten zusammensetzt (↑ auch Charakterart).

Ästivalaspekt [lat. aestivalis = sommerlich]: ↑ Aspekt.

Ästuar, der [zu lat. aestus = Wallung, Brandung‖ Syn.: Schlauch-, Trich-

32

Atmung

termündung]: durch Gezeiteneinwirkung trichterförmig erweiterte Flußmündung (z. B. der Elbe, Weser, Themse und des Sankt-Lorenz-Stroms). Der schwankende Salzgehalt und die starken Strömungen prägen die Lebensgemeinschaften dieser Brackwasserregion (↑ auch Gewässerregionen); euryhaline und euryöke Süßwassertiere finden sich neben Salzwassertieren und Wanderfischen (Schnäpel, Stint, Finte).

Atmobios, der [griech. atmós = Dampf, Dunst (hier im Sinne von „Luft" zu verstehen) und griech. bíos = Leben]: die Gesamtheit der oberirdisch lebenden Organismen. – Gegensatz: ↑ Edaphon.

Atmosphäre, die [griech. atmós = Dampf, Dunst und griech. sphaîra = Kugel, Erdkugel]: die gasförmige Hülle eines Himmelskörpers, speziell die Lufthülle der Erde.

Die *atmosphärische Luft der Erde* ist ein Gasgemisch, dessen Hauptbestandteile Stickstoff (bei trockener Luft in der unteren A. 78,09 Vol.-%), Sauerstoff (20,95 Vol.-%), Argon (0,93 Vol.-%) und Kohlendioxid (0,03 Vol.-%) sind. Ferner sind Spuren der Edelgase Helium, Neon, Krypton und Xenon sowie einiger chemischer Verbindungen vorhanden. Bis in eine Höhe von rund 20 km ist fast stets zusätzlich Wasserdampf in der Luft enthalten, jedoch in örtlich wie auch zeitlich stark schwankenden Anteilen (bis zu 4 Vol.-%).

Von Bedeutung ist weiterhin das Ozon, das in der in 20–50 km Höhe ausgebildeten Ozonschicht der A. angereichert ist, da es den größten Teil der lebensfeindlichen Ultraviolettstrahlung der Sonne mit Wellenlängen zwischen etwa 200 und 300 nm absorbiert.

Atmung:
◊ bei *Tieren* und beim *Menschen* der Vorgang des Gasaustausches (Sauerstoffaufnahme, Kohlendioxidabgabe) durch die Hautoberfläche (Würmer, Weichtiere) oder durch spezielle **A.sorgane** wie Kiemen (bei Wassertieren, Polychäten), Tracheen (bei Insekten) oder Lungen (Amphibien, Vögel, Säugetiere). Der mechanische Pumpvorgang wird im Atemzentrum des Gehirns gesteuert; im Körper befinden sich Rezeptoren, die das Atemzentrum über den Kohlendioxidgehalt des Blutes informieren.

◊ [Syn.: Zellatmung, innere A.]: bei *Tieren* und beim *Menschen* derjenige Teil des A.sgeschehens, der sich auf die biochemische Nutzung des bei der äußeren A. aufgenommenen Sauerstoffs durch die Körperzellen bezieht. Die **Zell-A.** dient der Gewinnung von Energie, die als chemische Energie (↑ Adenosinphosphate) für die zahlreichen Synthesen beim Aufbau der Körpersubstanz und als Wärmeenergie bei Warmblütern zur Aufrechterhaltung der Körpertemperatur benötigt wird.

Der biochemische Abbau v. a. von Zukker erfolgt dabei über die ↑ Glykolyse (bei Gärung und A. gemeinsam) bis zum Pyruvat; dieses wird unter Bildung von Acetyl-CoA (aktivierte Essigsäure) decarboxyliert, in den ↑ Zitronensäurezyklus eingeschleust und schließlich zu Kohlendioxid (CO_2) abgebaut. Dabei wird der Wasserstoffakzeptor NAD^+ zu NADH reduziert; er reagiert anschließend mit dem in die Zelle aufgenommenen Sauerstoff unter Bildung von Wasser (H_2O).

Als Endprodukte der Zell-A. entstehen also wieder CO_2 und H_2O. Die A. kann somit als Umkehrung der pflanzlichen ↑ Assimilation betrachtet werden.

Die Enzyme des Zitronensäurezyklus und die mit der Endoxidation verbundene Elektronentransportkette sind in den Mitochondrien lokalisiert. Durch die Anordnung der Elektronenüberträger in der Mitochondrienmembran entsteht beim Elektronen- und Protonentransport ein Protonengradient über die Membran, der nach der Hypothese des Nobelpreisträgers Peter Mitchell die ATP-Bildung antreibt: bekannt als Atmungskettenphosphorylierung (↑ Atmungskette).

Beim Abbau von Zucker ist der Atmungs- oder respiratorische Quotient $CO_2/O_2 = 1,0$, bei der Veratmung sauerstoffarmer Verbindungen ist er < 1, bei sauerstoffreichen Verbindungen > 1; sehr viel größere respiratorische Quotienten können auf Decarboxylierungen ohne Beteiligung der Atmung hinweisen (↑ Gärung).

2 SD Ökologie E D

Atmungskette

Die Zell-A. in den Mitochondrien verläuft bei *Pflanzen* analog zur tierischen Atmung. Sie dient der Erzeugung chemischer Energie während der Nacht und in nichtphotosynthetisierenden Pflanzenteilen (Wurzeln, Früchte). – Davon zu unterscheiden ist die Licht-A. (↑ Photorespiration).

Atmungskette: Kette von enzymatischen Redoxreaktionen, aus denen die lebenden Zellen unter aeroben Bedingungen den größten Teil der von ihnen benötigten Energie gewinnen. In der in den Mitochondrien lokalisierten A. wird der Wasserstoff, der z. B. als $NAD \cdot H_2$ in das Stoffwechselschema einmündet, zu Wasser oxidiert. Die A. wird deshalb auch **biologische Oxidation** genannt. Diese Reaktion ist zugleich an die Veratmung organischer Stoffe im ↑ Zitronensäurezyklus zu Kohlendioxid, das dann abgeatmet wird, gekoppelt.

Die A. stellt eine komplexe „Enzymstraße" dar. Die Enzyme (Flavoproteide und Cytochrome) sind aufgrund der Redoxpotentiale ihrer prosthetischen Gruppe in einer Reihe angeordnet. Das niedrigste Redoxpotential hat das $NAD/NAD \cdot H_2$-System. $NAD \cdot H_2$ gibt seinen Wasserstoff an ein Flavoproteid (FMN) ab, das somit reduziert wird. Da dieses ein höheres Potential als $NAD \cdot H_2$ besitzt, wird bei dieser Reaktion Energie freigesetzt. Vermutlich schließt sich nun ein Chinon-Hydrochinon-System an, das den Wasserstoff übernimmt. Das durch die Wasserstoffaufnahme entstehende Hydrochinon vermag leicht Elektronen abzugeben, die nun weiter über Cytochrom b und c bis Cytochrom a laufen. Cytochrom a (Cytochromoxidase) ist das Endglied der A., das mit dem Atmungssauerstoff reagiert. Dieser wird mit den ankommenden Elektronen beladen und kann nun mit den am Hydrochinon frei werdenden Wasserstoffionen ($2H^+$) zu Wasser reagieren.

Die Bedeutung der A. liegt darin, daß die auf den einzelnen Stufen durch Oxidation frei werdende Energie in Form von Adenosintriphosphat (ATP) gespeichert werden kann. Dieser Prozeß wird als **oxidative Phosphorylierung (At-**mungskettenphosphorylierung) bezeichnet. Dabei werden pro Mol Wasser 218 kJ (52 kcal) frei, die zur Bildung von 3 Mol Adenosintriphosphat (ATP) aus Adenosindiphosphat (ADP) und anorganischem Phosphat verwendet werden.

ATP, das [aːteːˈpeː]: Abk. für: Adenosintriphosphat (↑ Adenosinphosphate).

Attractants, die (Mehrz.) [əˈtræktənts ‖ Einz.: das Attractant ‖ engl.]: svw. ↑ Attraktanzien.

Attraktạnzien, die [...tsiən ‖ Einz.: das Attraktans ‖ durch engl. Vermittlung (engl. to attract = anziehen) zu lat. attrahere, attractum = an sich ziehen ‖ Schreibvarianten: Attraktantia, Attractants ‖ Syn.: Lockstoffe]: natürliche oder synthetische Duftstoffe (Sexuallockstoffe, Ester, ätherische Öle u. a.), durch die man Schädlinge anlockt, um sie durch Giftstoffe (z. B. Insektizide) oder in Fallen vernichten zu können.

Auenböden [Syn.: Auwaldböden]: braune bis schwarzbraune, humusreiche, ackerbaulich nutzbare Naßböden mit nicht zu hohem und stark schwankendem Grundwasserspiegel; Bodentypen auf den Sedimenten großer, periodisch überflutender Flüsse. Die Überflutungen führen zu immer neuer Sedimentation und verhindern die Entwicklung der Böden.

Auenlandschaft: in einem periodisch überschwemmten Talboden sich ausbildender Landschaftstyp, in dem feuchte, saftige Wiesen mit lockerem Busch- und Baumbestand (Auen) mit Auwäldern abwechseln.

Auenwald: svw. ↑ Auwald.

Aufforstung: die Anlage von Waldbeständen auf zuvor unbewaldeten Flächen; auch die Wiederbepflanzung von durch Wind- und Lawinenbruch entstandenen Lücken in einem Forst.

Aufsitzer: svw. ↑ Epiphyten.

Aufsiedlertum: svw. ↑ Epiökie.

Auftauboden: obere Zone eines sonst immer gefrorenen Bodens (↑ Dauerfrostboden), die im tageszeitlichen oder jahreszeitlichen Rhythmus kurzzeitig auftaut; Boden im nivalen Klimabereich (Alaska, Sibirien) mit ständiger Schneedecke.

Autochorie

Auftaumittel: zur Schnee- und Eisbeseitigung auf Bürgersteigen, Straßen, an Kanalschächten u. a. verwendete Salze oder Salzgemische wie Magnesiumchlorid, Karnallit oder Viehsalz (Natriumchlorid, dem zur Unterscheidung von Kochsalz und um es wegen seines steuerlich begünstigten Preises ungenießbar zu machen, rot färbende Eisenoxide zugesetzt werden). Die Wirkung des A.s beruht auf der Umwandlung des Schnees oder Eises in Salz-Wasser-Lösungen mit einem tiefen Gefrierpunkt (bis zu $-15\,°C$ noch flüssig). Nachteilig ist die stark korrodierende Wirkung von A.n auf Metalle und Beton. Um diesen Korrosionsschäden vorzubeugen, werden den A.n neuerdings hochpolymere Phosphate und verschiedene Zinkverbindungen zugesetzt. Aus wirtschaftlichen Gründen haben sich die so vorbehandelten A. noch nicht völlig durchsetzen können.

Aufwuchs [Syn.: Periphyton]: in der *Hydrobiologie* Bez. für Wasserorganismen, die auf anderen Organismen oder auf toten Materialien (Steine, Schiffswände u. a.) leben.

Auswanderung: svw. ↑ Emigration.

autark [aus griech. autarkḗs = sich selbst genügend]: selbstgenügsam, auf niemanden angewiesen.

autarkes System: unabhängiges und selbstgenügsames System (z. B. ein isoliertes Biotop), in dem alles Notwendige vorhanden ist und in dem der Stoffkreislauf ohne äußere Beeinflussungen auf längere Dauer bestehen kann.

auto-, vor Vokalen meist: **aut-** [griech. autós = selbst]: in Zusammensetzungen mit den Bedeutungen „unmittelbar", „selbst", „ohne Fremdeinwirkung, ohne fremde Beteiligung"; z. B. Autochorie, autark.

Autoabgase: umweltbelastende Verbrennungsgase aus Kraftfahrzeugmotoren. Neben den unschädlichen Hauptbestandteilen Kohlendioxid und Wasserdampf enthalten sie Schwefeldioxid und Stickstoffoxide sowie durch unvollständige Verbrennung Kohlenwasserstoffe, Kohlenmonoxid und (besonders bei Dieselmotoren) Ruß, bei Verwendung bleihaltiger Kraftstoffe auch Bleioxide und Bleihalogenide. Unter den Kohlenwasserstoffen finden sich nicht nur unverbrannte Reste des Kraftstoffs, sondern auch durch unvollständige Verbrennung entstehende Reizstoffe (z. B. Acrolein) und krebsauslösende Substanzen.

Zukunftsweisende Verbesserungen werden durch den Einbau von Edelmetallkatalysatoren (↑ Katalysator) und durch Zusatz von ↑ Bioalkohol oder Methanol erwartet, wobei die Klopffestigkeit der Kraftstoffe erhöht wird und deshalb auf den Zusatz von Bleitetraäthyl oder Bleitetramethyl verzichtet werden kann. Um die Umweltbelastung in Ballungsgebieten zu reduzieren und die Schadstoffemission von A.n den gesetzlichen Vorschriften anzupassen, wurde eine Vielzahl von Methoden entwickelt und wurden Maßnahmen ergriffen, die einerseits die Entstehung von Schadstoffen herabsetzen (z. B. Herabsetzung des Bleigehaltes in Kraftstoffzusätzen, verbrennungsgünstigere Brennraumgestaltung, günstige Gemisch- und Zündpunkteinstellung), andererseits durch Abgasnachbehandlung die Schadstoffemission reduzieren (z. B. Nachverbrennung oder katalytische Nachbehandlung, wobei unverbrannte Kohlenwasserstoffe zu Kohlendioxid und Wasserdampf, das Kohlenmonoxid zu Kohlendioxid oxidiert und Stickoxide zu Stickstoff reduziert werden).

Zusammensetzung von Autoabgasen (typische Mittelwerte in g/l Treibstoff)

	Otto-motor	Diesel-motor
Kohlendioxid	249	29,5
Kohlenwasserstoffe	9,62	1,8
Stickstoffoxide	9,85	7,2
Schwefeldioxid	0,37	4,15
Blei	0,37	–
Ruß	–	1,9

Autochoren, die (Mehrz.) [...'ko:... ‖ Einz.: die Autochore]: Pflanzen, die ihre Früchte bzw. Samen selbst verbreiten (↑ Autochorie).

Autochorie, die [...ko... ‖ zu ↑ auto und zu griech. choreïn = sich fortbewegen ‖

autochthon

Abl.: ↑Autochoren]: die Selbstverbreitung von Früchten oder Samen ohne Mitwirkung zusätzlicher Außenfaktoren; im Unterschied zur ↑Allochorie eine Nahverbreitung; erfolgt durch Schleudermechanismen (z. B. bei den Gattungen Springkraut und Storchschnabel, bei der Spritz- und Explodiergurke) oder durch einfaches Ausstreuen oder Abfallen. – ↑auch Anemochorie, ↑Anthropochorie, ↑Zoochorie.

autochthon [...ɔxˈtoːn ‖ griech. = aus dem Lande selbst, eingeboren]: am Fundort entstanden, vorkommend (von Lebewesen, Böden und Gesteinen); Gegensatz: ↑allochthon (↑auch endemisch).

Autogamie die [↑auto- und ↑-gamie]: die Selbstbestäubung bei Blüten (↑Bestäubung).

autogen [↑auto- und ↑-gen]: selbsttätig, ursprünglich; aus dem Organismus selbst entstanden. Z. B. läuft eine **autogene Sukzession** durch von den Organismen selbst verursachte Veränderungen ab.

autogene Oszillationen: in der *Biologie* Bez. für selbständige, nicht durch äußere Einflüsse verursachte rhythmische Abläufe in den *Lebensäußerungen* von Pflanzen und Tieren. Neben der ↑zirkadianen Rhythmik treten auch kurzzeitige Rhythmen in der Natur auf. Den Schlafbewegungen der Bohnenblätter sind Kurzzeitschwingungen (Vierminuten- bis Fünfminutenperioden) überlagert, die Zirkumnutation von Ranken (z. B. Purpurprunkwinde, Balsambirne) verläuft in etwa 50 Minuten, die Spaltöffnungsrhythmik in Blättern schwingt mit 15- bis 20-Minuten-Perioden. Auch *biochemische Prozesse* können oszillieren, z. B. die NADH-Konzentration mit etwa Dreiminutenperioden in Klebsiellazellen, mit etwa Fünfminutenperioden in Hefezellen. Weitere Beispiele sind die ATP-Konzentration sowie die Aktivitäten in der Malat- und Lactatdehydrogenase in der Alge Acetabularia. Selbst isolierte Enzyme, wie z. B. Kreatinkinase (Kaninchenmuskel), Peroxidase (Meerrettich) oder Enzymsysteme der Hefeglykolyse, können oszillieren. Im Gegensatz zur zirkadianen Rhythmik sind a. O. nicht temperaturkompensiert.

Sie lassen sich auf systemtheoretischer Ebene verstehen und berechnen.

Autökologie, die [↑auto- und ↑Ökologie]: die Lehre von den Umwelteinflüssen auf die Individuen einer Art; neben der ↑Synökologie und ↑Demökologie eines der Teilgebiete der ↑Ökologie.

Autolyse, die [zu ↑auto- und griech. lýein = lösen, auflösen]: enzymatisch bedingte Selbstauflösung oder Selbstverdauung von Geweben bei *Pflanzen* und *Tieren* ohne mikrobielle Mitwirkung; im wesentlichen durch die hydrolytischen Enzyme der Lysosomen, wobei im allg. das Struktureiweiß bis zu Aminosäuren abgebaut wird.

Die A. kommt v. a. als Folge von Zellschädigungen sowie im Verlauf der Abszision und der Metamorphose (Einschmelzen der larvalen Gewebe) vor.

autonom: [aus griech. autónomos = nach eigenen Gesetzen ‖ Abl.: Autonomie, die]: selbständig, unabhängig, nicht willkürlich beeinflußbar. A.e Vorgänge laufen ohne erkennbaren äußeren Anlaß (Reiz) ab; z. B. läuft eine **a.e Sukzession** nur durch die Lebenstätigkeit der an der Sukzession selbst beteiligten Organismen ab.

autotroph [↑auto- und ↑-troph ‖ Abl.: ↑Autotrophie]: sich von anorganischen Stoffen selbständig ernährend (↑Autotrophie).

Autotrophie, die [zu ↑autotroph]: die Synthese organischer Substanzen aus anorganischen unter Verwendung von Lichtenergie bei den photoautotrophen (↑Assimilation, ↑Photosynthese) oder durch Ausnutzung der durch Oxidation anorganischer Stoffe gewonnenen Energie bei den chemoautotrophen Organismen (↑Chemoautotrophie). – ↑auch Heterotrophie.

Autoxidation, die [↑auto-]: die Oxidation eines Stoffes A durch molekularen Sauerstoff, die unter katalytischer Mitwirkung von sauerstoffreichen Verbindungen des gleichen oder eines anderen Stoffes verläuft. Es entstehen dabei unter Anlagerung des molekularen Luftsauerstoffs meist zunächst peroxidartige Verbindungen **(Autoxidatoren)**, die sich dann unter Abgabe von atomarem Sauerstoff in die stabilen Oxidationsprodukte umwandeln; z. B. gemäß der Gleichung:

$$A + O_2 \rightarrow AO_2 \rightarrow AO + O.$$

Der im Verlauf der Oxidation abgegebene atomare Sauerstoff kann seinerseits weitere Moleküle desselben oder eines anderen Stoffes (sog. Akzeptoren) oxidieren.
Als A. verlaufen u. a. das Ranzigwerden von Fetten und Ölen, die Gummialterung und das Rosten von Eisen.
Bei zahlreichen Produkten versucht man, die A. durch Zugabe von Antioxidanzien, wie z. B. Tocopherole und Ascorbinsäure (in der Lebensmittelindustrie) oder substituierte Phenole und aromatische Amine (im technischen Bereich), zu verhindern.
Autumnalaspekt [lat. autumnalis = herbstlich]: ↑Aspekt.
Auwald [Schreibvariante: Auenwald]: artenreicher, durch angeschwemmte Nährstoffe fruchtbarer, feuchter Wald in den Talniederungen der großen Flüsse in gemäßigten und tropischen Gebieten. Wegen der häufigen Überschwemmungen müssen die Bäume eine gewisse Toleranz gegen Sauerstoffmangel im Boden aufweisen. Das Grundwasser steht niedriger als im Bruchwald, doch durch die wochenlang andauernden jährlichen Überschwemmungen werden dem Boden Nährstoffe zugeführt.
In *Mitteleuropa* unterscheidet man die sog. **Weichholzaue** mit Weiden, Pappeln und Grauerlen und die sog. **Hartholzaue,** die sich aus Eschen, Ulmen und Stieleichen zusammensetzt. Letztere liegt höher und wird deswegen nicht so oft überschwemmt. Außerdem kann man eine reiche Strauch- und Staudenflora mit Weißdorn, Wasserschneeball und Schwarzem Holunder feststellen. – Tropische Auwälder werden meist von Palmen dominiert.
Auxine, die (Mehrz.) [Einz.: das Auxin ‖ zu griech. aúxein = wachsen machen, vergrößern]:
◊ ursprünglich Bez. für zwei Cyclopentenderivate, die aus Hefe **(Auxin a)** bzw. Pflanzensamen **(Auxin b)** isoliert und als Pflanzenwuchsstoffe angesehen wurden.

◊ heute allg. Sammelbez. für eine Gruppe von natürlichen oder synthetischen Pflanzenwuchsstoffen, die v. a. das Streckungswachstum der Pflanzen fördern und chemisch Derivate des Indols sind. Die wirksamste und am häufigsten vorkommende Substanz aus dieser Reihe ist das (früher auch **Heteroauxin,** heute vielfach kurz **Auxin** genannte) Phytohormon **Indolylessigsäure.** Daneben wurden zahlreiche weitere, ähnlich gebaute Verbindungen bekannt. Wichtig ist v. a. die **Indolylbuttersäure (IBS),** die synthetisch hergestellt und als Wachstumsregulator verwendet wird.
Neuerdings werden neben den Indolderivaten häufig auch weitere synthetische Pflanzenwuchsstoffe, die ähnliche Wirkungen wie die Indolylessigsäure zeigen, jedoch eine andere chemische Struktur haben, zu den A.n gerechnet (z. B. die l-Naphthylessigsäure, mehrere substituierte Phenoxypropionsäuren). Sie werden z. T. auch zur Unkrautbekämpfung eingesetzt.
◊ im angelsächsischen Sprachraum übliche (und von dort als Synonym übernommene) Bez. für alle ↑Pflanzenwuchsstoffe.
auxotroph [zu griech. aúxein = wachsen machen, vergrößern und ↑-troph]: auf bestimmte Wirkstoffe bzw. Wachstumsfaktoren oder Vitamine im Nährsubstrat oder in der Nahrung angewiesen; gesagt von heterotrophen Organismen (z. B. symbiontischen bzw. parasitischen Mikroorganismen, Tieren). Die a.e Ernährungsweise wird als **Auxotrophie** bezeichnet. – ↑auch prototroph.
Avizide, die (Mehrz.) [Einz.: das Avizid ‖ zu lat. avis = Vogel und lat. caedere (in Zus.: -cidere) = töten]: zur Bekämpfung von Schäden verursachenden Vögeln angewandte Chemikalien: 1. in Ködern angebotene Gifte: 3-Jod-4-methylinhydrochlorid besitzt selektive Vogeltoxizität; 2. Sterilanzien zur Verhinderung der Fortpflanzung; die Wirksamkeit kann spezifisch sein, z. B. wirkt das Zytostatikum Triäthylmelamin (TEM) gegen Stare, aber nicht gegen Tauben.
Avoidanz, die [av... ‖ aus engl. avoidance = Vermeidung ‖ Syn.: Vermei-

Axenie

dungsstrategie]: die erblich festgelegte Eigenschaft von Pflanzen und Tieren, sie belastende oder schädigende Einflüsse (d. h. Streßsituationen wie Hitze, Kälte, Trockenheit, Nahrungsmangel) auf ihren Organismus abzuschwächen oder zu vermeiden. Morphologische und physiologische Anpassungen (z. B. bei Xerophyten) gehören ebenso dazu wie Ortswechsel und Änderung des täglichen Aktivitätsrhythmus, z. B. Aufsuchen kühler Ruheplätze während der Mittagshitze.

Axenie, die [zu ↑a- und griech. xénos = Gast; Freund]: die Erscheinung, daß manche Pflanzen aufgrund bestimmter anatomischer, biochemischer oder physiologischer Eigenschaften von Parasiten nicht befallen werden. Z. B. sind pyrethrum- oder nikotinhaltige Pflanzen in beschränktem Ausmaß gegen Insektenbefall geschützt.

B

Badlands, die (Mehrz.) ['bædlændz ‖ ohne Einz. ‖ nach der gleichnamigen Landschaft in South Dakota, USA]: durch Schluchten, Rinnen, Furchen und Runsen zerstörtes und in schmale Riedel, steilwandige Kämme, Kuppen und säulenartige Formen aufgelöstes Gelände.
Meist entstehen B. in vegetationsarmen Trockengebieten mit wenig widerständigem Gestein durch zeitweilig auftretende starke Niederschläge; sie können auch als Folge einer durch menschliche Eingriffe begünstigten Bodenzerstörung entstehen (↑ auch Bodenerosion).

Bakterien, die (Mehrz.) [Einz.: die Bakterie ‖ aus griech. baktērion = Stab, Stock ‖ Syn.: Schizomyzeten, Schizomycetes]: Klasse einzelliger, einfach strukturierter, 0,5–5 µm (im Extremfall 0,15 µm–500 µm) großer Mikroorganismen, von denen rund 3 000 Arten beschrieben sind (vermutet werden rund 10 000 B.arten).
Die B. haben ein hohes erdgeschichtliches Alter (nachweisbar bis vor 3,5 Milliarden Jahren). Der *Aufbau ihrer Zellwände* unterscheidet sich wesentlich von dem anderer Mikroorganismen: Auf einer Stützschicht, dem Mureinsacculus, liegen bei **gramnegativen B.** Lipopolysaccharide (die die somatischen Antigene und Phagenrezeptoren tragen und z. T. als Endotoxine wirken). Bei **grampositiven B.** enthält die Stützschicht Teichonsäuren, bei **säurefesten B.** (Mykobakterien, Nokardien) sind in die Zellwand Wachse und Glykolipide eingelagert. Der Zellwand kann außen eine Kapsel aus Polysacchariden oder Polypeptiden aufgelagert sein.
Das *Zellinnere* der B. weist nur eine geringe Differenzierung auf: Das Kernmaterial bildet einen feinfibrillären Körper (keinen Zellkern) von unregelmäßiger Gestalt. Die DNS ist in der Zelle in der Regel ringförmig geschlossen und an einer Stelle mit der Zellmembran verbunden. Im Zytoplasma sind Ribosomen, Reservestoffeinschlüsse und bei B., die zur Photosynthese befähigt sind, Membranstapel (Thylakoide) zu finden, die Chlorophylle und Carotinoide tragen.
Viele B. sind begeißelt und somit beweglich. Einige B. bilden widerstandsfähige Dauerzellen.
Die *Vermehrung* der B. erfolgt stets durch Querteilung. Ein Austausch und eine Rekombination genetischer Information ist möglich, und zwar durch direkte Genübertragung (Konjugation), durch Aufnahme freigesetzter DNS (Transformation) oder durch Übertragung von Bakteriengenen mit Hilfe von Bakteriophagen (Transduktion).
Physiologisch zeigen die B. eine außerordentliche Vielfalt. Die Energiegewinnung erfolgt organotroph (durch Oxidation organischer Moleküle), chemolithotroph (durch Oxidation anorganischer Moleküle) oder phototroph (aus Licht). Chemolithotrophe und phototrophe B. vermögen Kohlendioxid zu organischen

Bakterioneuston

Molekülen zu reduzieren (Autotrophie). Manche B. benötigen Sauerstoff zum Leben **(aerobe B.)**, andere leben ganz oder teilweise ohne Sauerstoff **(obligat** bzw. **fakultativ anaerobe B.)**. Die letzteren gewinnen ihre Energie ausschließlich oder z. T. durch Gärung. Zahlreiche B. sind Spezialisten bezüglich der Nahrungsquellen (z. B. Chitin, Zellulose, Wasserstoff, Methan) und der Wachstumstemperaturen.

Ihre Kleinheit und physiologische Angepaßtheit befähigt die B. dazu, sämtliche *Lebensräume* zu besiedeln. Primärer Standort ist der Erdboden; in 1 g Komposterde befinden sich 1–5 Milliarden B.; Sandböden und saure Böden sind ärmer an B.; stark verschmutztes Abwasser hat etwa 1 Million B. pro cm³, und selbst Trinkwasser enthält bis zu 100 B. pro cm³. In 1 m³ verschmutzter Luft können sich mehrere Millionen Bakterien befinden.

Auf der Oberfläche der Pflanzen sowie auf Haut, Schleimhäuten und im Verdauungstrakt von Tieren und Menschen leben B. meist als harmlose Kommensalen oder als unentbehrliche Symbionten. – Nur wenige B.arten sind Krankheitserreger bei Mensch, Tier und Pflanze **(pathogene B.)**.

Bedeutung der B.: Im Stoffkreislauf der Natur sind v. a. die **Boden-B.** unentbehrlich. In etwa 30 Jahren würde das gesamte Kohlendioxid (CO_2) der Luft durch die CO_2-assimilierenden grünen Pflanzen in deren Zellulose festgelegt und somit weiteres Pflanzenleben unmöglich gemacht werden, wenn B. nicht die erzeugte Pflanzenmasse wieder in CO_2 u. a. Mineralbestandteile zerlegen würden und der Kreislauf von neuem beginnen könnte.

Auch die von den Pflanzen gebildeten organischen Stickstoffverbindungen werden von Boden-B. bis zum Ammoniak (NH_3) zersetzt und durch nitrifizierende B. in das von den Pflanzen aufnehmbare Nitrat umgewandelt. Besonders wichtig sind B., die den sonst von Organismen nicht verwertbaren Luftstickstoff (N_2) zu Eiweißstickstoff verarbeiten können (z. B. Knöllchen-B.). Auch der Kreislauf der übrigen als Nährstoffe dienenden Elemente wird durch B. gefördert.

Wirtschaftlich von Bedeutung sind B. in der Nahrungsmittelindustrie, und zwar einerseits durch Nutzung ihrer Stoffwechselleistungen, v. a. zur Produktion und Verbesserung von Nahrungsmitteln (z. B. Käse, Sauermilchprodukte, Sauerkraut), andererseits als Verderber von Nahrungsmitteln **(Fäulnis-B.)** und durch Bildung giftiger Stoffwechselprodukte (↑ Bakteriotoxine). Die chemische und pharmazeutische Industrie setzt B. mittlerweile in großem Umfang zur Produktion von Aminosäuren, Enzymen, Alkoholen, Vitaminen sowie von Antibiotika, Interferonen u. a. pharmazeutischen Produkten ein. Weitere wichtige Anwendungsbereiche sind Luft- und Abwasserreinigung und die bakteriologische Schädlingsbekämpfung.

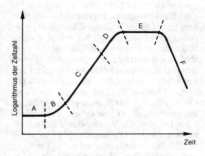

Bakterien. Entwicklungsphasen von Bakterien: A Inkubationsphase (lag-Phase); B Akzelerationsphase; C exponentielle Wachstumsphase; D Übergangsphase; E stationäre Phase; F Absterbephase

Bakterienflora: die Gesamtheit der in einem Lebensraum (u. a. Boden, Blattoberfläche, Darm) vorkommenden Bakterien von charakteristischer Artenzusammensetzung.

Bakteriengifte: svw. ↑ Bakteriotoxine.

Bakterientoxine: svw. Bakteriotoxine.

Bakterioneuston, das [↑ Bakterien und ↑ Neuston]: die auf der Wasserober-

bakteriophag

fläche oder direkt unterhalb derselben befindliche Bakterienlebensgemeinschaft; wichtige Nahrungsquelle für bestimmte Ruderfußkrebse.

bakteriophag [zu ↑ Bakterien und ↑ -phag]: bakterienvertilgend, bakterientötend; gesagt von bestimmten ↑ Nahrungsketten.

Bakterioplankton, das [↑ Bakterien und ↑ Plankton]: die Lebensgemeinschaft frei im Wasser schwebender Bakterien (↑ Plankton); Hauptnahrungsquelle des Zooplanktons und wichtiger Bestandteil der bakteriophagen Nahrungskette.

Bakteriostatika, die (Mehrz.) [Einz.: das Bakteriostatikum ‖ zu ↑ Bakterien und griech. stásis = das Stehen, der Stillstand]: chemische Substanzen, die durch spezifische Wirkung auf den Stoffwechsel der Bakterien deren Vermehrung hemmen, sie jedoch im Unterschied zu den ↑ Bakteriziden nicht abtöten **(Bakteriostase). Bakteriostatisch** wirken u. a. Desinfektions- und Konservierungsmittel und einige Antibiotika, auch Bakterizide in geringen Dosen.

Bakteriotoxine, die (Mehrz.) [Einz.: das Bakteriotoxin ‖ ↑ Bakterien und ↑ Toxin ‖ Schreibvariante: Bakterientoxine ‖ Syn.: Bakteriengifte]: wasserlösliche Giftstoffe, die durch Bakterien entweder ausgeschieden **(Ektotoxine, Exotoxine)** oder bei der Auflösung der Zellen freigesetzt werden **(Endotoxine).** Ektotoxine sind hitzelabile, immunogene Proteine mit spezifischen Wirkungen (u. a. können sie Enzymaktivität aufweisen), vorwiegend aus grampositiven Bakterien; z. B. Botulinus-, Diphtherie-, Tetanus-, Gasbrand-, Scharlach-, Ruhr-, Typhuserreger. Ektotoxine können durch Immunseren neutralisiert werden. Endotoxine entstehen, soweit bekannt, ausschließlich beim Zerfall gramnegativer Bakterien. Sie sind polymere, relativ hitzestabile Lipopolysaccharide, weniger wirtsspezifisch und weniger immunogen als Ektotoxine, können aber auch weniger neutralisiert werden.

B. können außer bei Infektionskrankheiten auch mit vergifteten Lebensmitteln in die Körpern gelangen; z. B. beim Botulismus mit Lähmungserscheinungen durch Botulinustoxin, das zu den giftigsten Naturstoffen gehört.

Bakteriozönose, die [↑ Bakterien und ↑ Zönose]: auf lichtlose Tiefengewässer (Tiefsee, Schwarzes Meer), heiße Quellen (ab 80 °C), Schwefelquellen u. a. extreme Standorte, die jegliche Existenzmöglichkeiten für höhere Pflanzen und Tiere ausschließen, beschränkte Lebensgemeinschaft ausschließlich von Bakterien und Archebakterien. Die B.n umfassen aerobe oder anaerobe, in ihren Stoffwechselleistungen hochspezialisierte, chemolithotrophe Arten.

bakterizid [zu ↑ Bakterien und lat. caedere (in Zus.: -cidere) = töten ‖ Abl.: Bakterizid]: bakterienvernichtend, keimtötend.

Bakterizide, die (Mehrz.) [Einz.: das Bakterizid ‖ zu ↑ bakterizid]: zur Bekämpfung von Bakterien in der Medizin und im Pflanzenschutz verwendete, meist die Zellteilung hemmende chemische Stoffe; häufig aus Pilzen gewonnene Antibiotika und bestimmte Pflanzenschutzmittel.

Ballungsgebiet [Syn.: Ballungsraum, städtische Agglomeration]: Gebiet mit einer v. a. durch Industrieansiedlung bewirkten Verdichtung von Wohngebäuden, Produktionsstätten und Wirtschaftsleistungen auf engem Raum sowie hoher Einwohnerdichte (mehr als eine halbe Million Einwohner bei einer Bevölkerungsdichte von rund 1 000 Einwohner je km²).

Günstig wirken sich in B.en im Vergleich zu kleineren Siedlungen die größere Vielfalt der kulturellen und zivilisatorischen Einrichtungen sowie die wirtschaftlichen Vorteile aus der Zusammenarbeit unterschiedlicher Betriebe an einem Standort aus. Ungünstig wirken sich die durch Verdichtung hervorgerufene Flächenknappheit und ihre Folgen (z. B. unzureichende Naherholungsmöglichkeiten) sowie die Begleiterscheinungen der räumlich verdichteten Wohn- und Wirtschaftsmöglichkeiten (Lärm, Wasser-, Luft- und Bodenverschmutzung) aus.

In der *BR Deutschland* sind zehn B. vorhanden: Berlin, Hamburg, Bremen, Hannover, Rhein-Ruhr-Gebiet, Rhein-

Main-Gebiet, Rhein-Neckar-Gebiet, Stuttgart, München, Nürnberg.
Bannwald: in Baden-Württemberg Bez. für ↑ Naturwaldreservat.
Barbenregion: ein mittlerer Flußabschnitt (↑ Gewässerregionen).
basiklin [zu Base = Lauge (von griech. básis = Sockel, Fundament) und griech. klínein = sich hinneigen]: häufiger auf alkalischen als auf sauren Böden anzutreffen; gesagt von Pflanzenarten und Pflanzengesellschaften.
basiphil [zu Base = Lauge (von griech. básis = Sockel, Fundament) und ↑-phil]: alkalische Böden bevorzugend; gesagt von Pflanzen, die fast ausschließlich auf alkalischen (kalkreichen) Böden vorkommen.
Basiphyten, die [Einz.: der Basiphyt ‖ Base = Lauge (von griech. básis = Sockel, Fundament) und ↑-phyt ‖ Syn.: Alkalipflanzen]: alkalische (kalkreiche) Böden besiedelnde Pflanzen (↑ Kalkpflanzen).
Basizität, die [zu Base = Lauge (von griech. básis = Sockel, Fundament)]: Maß für die Konzentration der Hydroxidionen (OH^-) einer Lösung, normalerweise durch den ↑pH-Wert angegeben; allg. auch Bez. für die Fähigkeit eines Stoffs, Wasserstoffionen (H^+) zu binden.
Bathyal, das [zu griech. bathýs = tief]: eine Bodenregion der Meere (↑ Gewässerregionen).
Bathypelagial, das [griech. bathýs = tief und ↑ Pelagial]: eine lichtlose Zone des freien Wassers der Meere (↑ Gewässerregionen).
Bathysphäre, die [griech. bathýs = tief; Analogiebildung zu ↑ Atmosphäre]: die tiefste Schicht des Weltmeeres.
BAT-Wert [beːaːˈteː... ‖ BAT ist Abk. für **b**iologischer **A**rbeitsstoff-**T**oleranz-Wert]: für den Umgang mit chemischen Arbeitsstoffen ermittelte höchstzulässige Menge, die über die Lunge und/oder andere Körperoberflächen in nennenswertem Maße in den Organismus gelangt und nach dem jeweiligen Stand der wissenschaftlichen Kenntnis im allgemeinen die Gesundheit der Beschäftigten bei durchschnittlich achtstündiger Arbeitszeit nicht beeinträchtigt. Kontrolliert wird die Schadstoffaufnahme durch Analysen in biologischem Material (Blut, Urin, Ausatmungsluft).
Baubiologie: neuere, ökologisch orientierte Architekturrichtung, die das Haus und das Wohnumfeld als wesentliche Bestandteile der menschlichen Umwelt auffaßt. Ihre Ziele sind eine die Gesundheit fördernde Umweltgestaltung und Bautechnik. Dies soll erreicht werden durch Einbeziehung der natürlichen Umwelt in die Gestaltung der Wohnwelt sowie durch Verwendung von natürlichen Baumaterialien wie Holz, Lehm, Stroh, Kalk und Kork.

Ballungsgebiet. Ordnungs- und Verdichtungsräume in der BR Deutschland

Baumgrenze: klimabedingte äußerste Grenzzone, bis zu der normaler Baumwuchs (noch) möglich ist. Sie hängt v. a. von klimatischen Faktoren und in geringerem Umfang von der Bodenbeschaffenheit ab. Man kann die B. auch als **Wärmemangelgrenze** bezeichnen. Wird

Baumschicht

diese Grenze überschritten, reicht die sommerliche Wärme für das Wachstum der Bäume nicht mehr aus.

Die **montane B.** ist abhängig von der geographischen Breite und liegt in Tibet und Ostafrika bei etwa 4500 m, in den Zentralalpen bei etwa 2300 m, in den Bayerischen Alpen bei etwa 1700 m, in den dt. Mittelgebirgen zwischen 1100 m und 1500 m und in Großbritannien bei etwa 600 m. Die kühleren und ausgeglicheneren Temperaturen der Südhalbkugel bewirken, daß die B. dort viel tiefer liegt als auf entsprechenden Breiten der Nordhalbkugel.

Die **polare B.** ist großen Schwankungen unterworfen; sie liegt in Sibirien auf etwa 72°40′ nördlicher Breite, auf den Britischen Inseln auf etwa 58°40′ und auf Labrador auf 51°50′ nördl. Breite.

Belastungsgebiet. Am 1. Jan. 1986 ausgewiesene Belastungsgebiete und Verdichtungsräume in der BR Deutschland

Die **kontinentale B.** liegt am Rande von Trockengebieten und wird durch Wassermangel bedingt; in verschiedenen Gebirgen tritt daher eine obere und eine untere B. auf.

Im feuchteren Klima wird die B. meist von Laubhölzern, in kontinentalen Gebieten von Nadelbäumen gebildet, in Mitteleuropa hpts. von der Fichte.

Baumschicht: die oberste, nur aus Bäumen bestehende Vegetationsschicht eines Waldes (↑Stratifikation).

Baumschutzverordnung ↑Bundeswaldgesetz.

Baumsterben: zusammenfassende Bez. für die in den letzten Jahren verstärkt auftretenden Krankheitserscheinungen an Bäumen. – ↑auch Waldsterben.

BBU, der [be:be:''u:]: Abkürzung für ↑Bundesverband Bürgerinitiativen Umweltschutz e. V.

Becquerel, das [bɛ'krɛl ‖ nach dem frz. Physiker Antoine Henri Becquerel, *1852, †1908 ‖ Einheitenzeichen: Bq]: gesetzliche Einheit der Aktivität ionisierender Strahlen; Maß für die Zahl der Zerfälle einer radioaktiven Substanz in einer Sekunde. – ↑auch Curie.

Begleiter [Syn.: Begleitpflanzen]: Bez. für Pflanzen, die nicht zu den charakteristischen Arten einer Pflanzengesellschaft gehören. **Stete B.** finden sich immer in der betreffenden Pflanzengesellschaft, **unstete B.** nur manchmal, da sie seltene Arten sind oder ihr Auftreten dem Zufall verdanken.

Belastung:
◊ kurzfristige natürliche oder langfristige anthropogene Störung eines Ökosystems. – ↑auch Umweltbelastung.
◊ in der Wasserwirtschaft die Menge eines verschmutzenden Stoffs, der einem Gewässer in der Zeiteinheit (Stunde oder Tag) zugeführt wird. – ↑auch Abwasserlast.

Belastungsgebiet: allgemein ein Gebiet, in dem Luftverunreinigungen (Immissionen) auftreten, die aufgrund von Häufigkeit und Dauer, Konzentrationen oder Gefahr von Kombinationswirkungen in besonderem Maße schädlich für Menschen, Tiere und Pflanzen sein können. Im engeren Sinne Bez. für ein Ge-

Bergmann-Regel

biet, in dem die geltenden Immissionswerte der ↑TA Luft überschritten werden.

Ausgewiesen wird ein B. durch Rechtsverordnung der zuständigen Landesregierung, u. a. nach Erstellung eines ↑Emissionskatasters.

In der BR Deutschland sind bisher 22 B.e ausgewiesen (u. a. Berlin, Ruhrgebiet West-Mitte-Ost, Ludwigshafen-Frankenthal, Rhein-Main, Saarbrücken, Augsburg). Aus der Festlegung oder Nichtfestlegung von B.en können jedoch keine unmittelbaren Rückschlüsse auf die Umweltsituation der einzelnen Bundesländer gezogen werden, da diese B.e nach unterschiedlicher Auslegung der Kriterien festlegen.

Belebtschlamm: Bakterien, Wimpertierchen und Flocken von organischen Teilchen enthaltendes Abwasser; entsteht in der biologischen Reinigungsstufe der ↑Abwasserreinigung.

Belebtschlammverfahren: Verfahren der biologischen ↑Abwasserreinigung.

Benthal, das [zu griech. bénthos = Tiefe]: die Bodenregion eines Gewässers. Das B. gliedert sich im Meer in Litoral, Bathyal, Abyssal und (bei Tiefen von mehr als 6 000–7 000 m) Ultraabyssal (Hadal), bei Süßgewässern in Litoral und Profundal (↑Gewässerregionen).

benthonisch [zu ↑Benthos ‖ Syn.: benthisch]: das Benthos betreffend.

Benthos, das [griech. bénthos = Tiefe ‖ Abl.: benthonisch, benthisch]: die Gesamtheit der auf, in oder dicht über dem Bodengrund (Benthal; ↑Gewässerregionen) von Salz- **(Halibenthos)** oder Süßgewässern **(Limnobenthos)** lebenden Organismen.

Tiere des B. im Süßwasser sind überwiegend frei beweglich, selten festsitzend (z. B. Süßwasserschwämme und Moostierchen), im Salzwasser (Meer) dagegen häufig festsitzend.

Das *pflanzliche* Hali-B. besteht v. a. aus Flechten, Blau-, Grün-, Braun- und Rotalgen. In Süßgewässern wird das Limno-B. aus Überwasserpflanzen (z. B. Großseggen und Röhricht), Schwimmpflanzen (z. B. Wasserlinsen und Froschbißgewächse) und untergetauchten Pflan-

zen (z. B. Laichkraut und Armleuchteralgen) gebildet.

Benzol, das [Kurzbildung zu Benzoe = Benzoeharz (dies über italien. bengiui mit Ausfall der ersten Silbe von arab. lubān ğāwiy = javanischer Weihrauch) und -ol (von Alkohol)]: einfachster aromatischer Kohlenwasserstoff. B. ist einer der wichtigsten Rohstoffe der chemischen Industrie und läßt sich in zahlreiche Verbindungen (z. B. Cyclohexan, Nitrobenzol) umsetzen, die Ausgangsmaterialien u. a. für die Herstellung von Kunststoffen, Farbstoffen und Waschrohstoffen sind. Daneben wird B. auch als Zusatz zu Kraftstoffen sowie als Extraktions- und Lösungsmittel verwendet. B. ist giftig und muß daher vorsichtig gehandhabt werden. Ein MAK-Wert für B. wird nicht mehr angegeben, da B. als krebserzeugender Arbeitsstoff ausgewiesen ist.

Benzpyren, das [zu Benzoe = Benzoeharz (mlat., von italien. bengiui, dies mit Ausfall der ersten Silbe von arab. lubān ğāwiy = javanischer Weihrauch) und griech. pyróein = brennen ‖ früher: 3,4-Benzpyren]: wichtigster Vertreter der krebserzeugenden ↑polycyclischen Aromaten, Bestandteil des Teers; entsteht bei der unvollständigen Verbrennung organischer Substanzen in Heizungsanlagen und Verbrennungsmotoren sowie bei der Verkohlung zellulose-, wachs- oder fetthaltiger Stoffe (Tabak, Zigarettenpapier, Fleisch u. a.), tritt aber auch gelegentlich als pflanzliches Stoffwechselprodukt auf.

Mittlere Konzentration in Landluft 0,01 μg/1 000 m³, in Stadtluft 6,5 μg/1 000 m³, in Autoabgasen 1 600–20 000 μg/1 000 m³.

Bergmann-Regel: von dem dt. Anatomen und Physiologen C. Bergmann (* 1814, † 1865) 1847 aufgestellte, nicht unbestrittene biologische Regel, nach der bei Vögeln und Säugetieren nahe verwandte Arten sowie die Populationen derselben Art von den warmen Zonen zu den Polen hin an Größe zunehmen. Große Formen erleiden danach einen geringeren Wärmeverlust, da sie eine im Verhältnis zum Volumen des Körpers kleinere Oberfläche besitzen.

43

Bestand

Bestand [Syn.: Populationsgröße]: Bez. für das in einem bestimmten Bereich zu einem bestimmten Zeitpunkt zahlenmäßig erfaßte Auftreten einer Art.

Bestandsklima: das Mikroklima innerhalb einer Pflanzengesellschaft wie Getreidefeld oder Wald; die Klimafaktoren (Licht, Temperatur, Niederschläge) zeigen hier geringere Schwankungen als im unbebauten bzw. nicht besiedelten Land.
Mit der Erforschung des B.s befaßt sich die **Mikroklimatologie**.

Bestäubung [Syn.: Blütenbestäubung, Pollination]: bei Samenpflanzen die Übertragung von Blütenstaub auf die Narbe der Fruchtblätter (bei Bedecktsamern) bzw. auf die Mikropyle der Samenanlage (bei Nacktsamern).
Erfolgt die B. innerhalb derselben zwittrigen Blüte (z. B. Erbse), spricht man von **Selbstbestäubung (Autogamie).** Eine B. zwischen Blüten verschiedener Pflanzen einer Art nennt man **Fremdbestäubung (Allogamie),** die meist einen größeren Erfolg aufweist. Deshalb wird die Selbstbestäubung durch verschiedene Einrichtungen oft verhindert oder gehemmt.
Die Übertragung des Pollens kann mit Hilfe von Wasser, Wind oder Tieren vor sich gehen:
Wasserbestäubung (Hydrogamie) findet man bei einigen Wasserpflanzen (Wasserpest, Seegras).
Bei **Windbestäubung (Anemogamie)** muß viel trockener Pollen produziert werden. Viele Windblütler kommen in großen Beständen vor (Gräser und Nadelhölzer); ihre Blüten sind meist duftlos und unscheinbar. Staubblätter und Narben liegen exponiert und damit von außen leicht zugänglich.
Für die **Tierbestäubung (Zoogamie)** kommen in erster Linie Insekten **(Entomogamie),** in tropischen Gebieten auch Vögel **(Ornithogamie)** oder Fledermäuse **(Chiropterogamie)** in Frage. Bestäubende Insekten sind v. a. Hautflügler, Zweiflügler und Schmetterlinge. Die B. erfolgt hierbei meist als Nebenerscheinung beim Sammeln von Nektar und Pollen: Der klebrige Pollen bleibt an den Körperhaaren des Insekts hängen.

Insektenblüten zeigen eine ganze Reihe von Anpassungen an ihre Bestäuber: Duftstoffe und Farben locken Insekten an. Manche Blüten lassen ihre Bestäuber erst wieder frei, wenn der Bestäubungsvorgang vollzogen ist (z. B. die Kesselfallenblumen beim Aronstab).
Für die *Vogelbestäubung* kommen v. a. Kolibris, Honigsauger und Honigfresser in Frage. Die Vogelblüten (z. B. der Strelitzien) haben meist grelle Farben, dünnflüssigen Nektar und klebrige Pollen.
Die *Fledermausblüten* (z. B. Banane) zeichnen sich u. a. durch nächtliche Blühzeit und Nektarabsonderung, säuerlichen oder muffigen Geruch, kräftigen Bau, der einen Fledermauskörper tragen kann und meist exponierte Blütenstellung außerhalb der Baumkrone aus.

Betastrahlen [Schreibvariante: β-Strahlen]: eine der drei bei der natürlichen ↑ Radioaktivität zu beobachtenden Strahlungsarten.

Betriebswasser: svw. ↑ Brauchwasser.

Bevölkerung: svw. ↑ Population.

Beweidung: die Nutzung von Grünland durch pflanzenfressende Tiere, insbes. von Weiden und Wiesen durch Rinder, Schafe und Pferde. Durch B. wird die Vegetation (Selektion bzw. Ausmerzung bestimmter Arten, oft auch größere Artenvielfalt, Verjüngung des Gräser- und Kräuterbestandes) und damit das Ökosystem in charakteristischer Weise verändert.
Bei der Erhaltung von Heideflächen (z. B. Lüneburger Heide) ist die B. mit Schafen, die den Baumjungwuchs verbeißen, ein wesentlicher Faktor.

B-Horizont: eine Bodenschicht (↑ Boden).

Binnengewässer: die Gesamtheit der Gewässer auf dem Festland; z. B. Bäche, Flüsse, Kanäle, Teiche und Seen.

Binnenmeer: Meeresteil, der lediglich durch einen schmalen Durchlaß, eine Meeresstraße, eine Verbindung mit dem Ozean besitzt; z. B. Schwarzes Meer, Rotes Meer, Ostsee.

bio- [griech. bios = Leben]: in Abl. und Zus. mit der Bed. „Leben; Lebensvorgänge; Lebewesen; Lebensraum"; z. B. biogen, Biom.

Biofilter

Bioakkumulation, die [zu ↑bio- und lat. accumulare = anhäufen]: die Anreicherung v. a. von oft giftig wirkenden anorganischen und organischen, auch von radioaktiven Substanzen in Organismen oder in bestimmten Teilen eines Ökosystems nach Aufnahme aus der Luft, dem Boden und dem Wasser.
Bedeutsam ist die B. in den Endgliedern von Nahrungsketten, z. B. besonders diejenige die für den Menschen schädlichen Schwermetallen (Blei, Quecksilber, Cadmium) und von Schädlingsbekämpfungsmitteln (z. B. chlorierte Kohlenwasserstoffe in Muttermilch).

Bioalkohol, der [↑bio-]: durch Vergärung aus landwirtschaftlichen Produkten (↑Biomasse) gewonnenes Äthanol als Benzinzusatz zum Betrieb von Kraftfahrzeugen. Neben Rüben, Kartoffeln, Zuckerrohr und Getreide können prinzipiell auch Holz, Stroh und Altpapier umgesetzt werden. Die größten Erträge können z. Zt. mit Zuckerrohr (ca. 7 600 l Äthanol/ha) und Futterrüben (ca. 6 000 l/ha) erzielt werden. Wegen der schlechten Energiebilanz der Herstellungsverfahren hat die Erzeugung von B. noch keine weite Verbreitung gefunden.

Biochemikalien, die [Einz.: die Biochemikalie ‖ ↑bio-]:
◊ chemische Verbindungen, die als Substrate, Metaboliten oder Katalysatoren im Organismus eine Rolle spielen.
◊ mit lebenden Zellen oder isolierten Enzymen hergestellte chemische Verbindungen.

biochemisch [↑bio-]: chemische Vorgänge in lebenden Organismen betreffend oder auch Verbindungen und Strukturen lebender Systeme oder aus ihnen.

biochemischer Sauerstoffbedarf: svw. ↑biologischer Sauerstoffbedarf.

Biochore, die [bio'ko:rə ‖ ↑bio- und griech. chốra = Ort, Stelle ‖ Syn.: Biochorion, Choriotop]: der eng begrenzte Lebensbereich innerhalb eines Biotops, z. B. eines Baumstumpfs am Waldrand. – ↑auch Choriozönose.

Biochorion, das [bio'ko:riɔn]: svw. ↑Biochore.

biodegradabel [zu ↑bio- und spätlat. degradare = herabsetzen]: durch Mikroorganismen oder Enzyme in der Natur abbaubar; gesagt von Kunststoffen, Waschmittelkomponenten und Pestiziden, bei denen ein Abbau in der Natur **(Biodegradation)** erwünscht ist, damit sie sich nicht bis zu schädlichen Konzentrationen anreichern können.

Biodegradation, die: ↑biodegradabel.

Bioelemente, die [Einz.: das Bioelement ‖ ↑bio-]: Sammelbez. für alle am Aufbau der Körpersubstanzen von Lebewesen beteiligten chemischen Elemente. Zu ihnen gehören v. a. Kohlenstoff, Sauerstoff, Wasserstoff, Stickstoff, Schwefel und Phosphor, daneben Calcium, Kalium, Natrium, Chlor, Magnesium und die Spurenelemente (↑Mikroelemente).
Zum Teil wird der Begriff B. auch als Synonym für die Spurenelemente verwendet.

Bioenergie, die [↑bio-]: aus dem Primärenergieträger ↑Biomasse durch Energieumwandlung nutzbar gemachte Energie, die letztlich aus der eingestrahlten Sonnenenergie stammt.
Entsprechende *Verfahren* sind die Gewinnung von Heizenergie durch Verbrennen von Holzabfällen, Stroh, ausgepreßten Zuckerrohrstengeln u. a., die Vergärung kohlenhydrathaltiger Abfälle zu Äthanol (↑Bioalkohol), die anaerobe Vergärung (Faulung) zu Methan (↑Biogas), die thermische Umwandlung von Klärschlämmen zu Motortreibstoff.
Auf nicht landwirtschaftlich nutzbaren Flächen werden versuchsweise Energiefarmen oder Energieplantagen zur Massenkultur von Pflanzenmaterial betrieben, das anschließend zu Methan vergoren wird. In der Erprobung befindliche Energiepflanzen sind z. B. Opuntien, Kreuzblättrige Wolfsmilch, Jojoba und die als Unkraut auf tropischen Flüssen wachsende Wasserhyazinthe.

Biofilter, der oder das [↑bio-]: bei der biologischen Abluftreinigung zur Verminderung geruchsintensiver Emissionen verwendeter Filter, z. B. mit Kompost, Torf als Filtermaterial. Die Geruchsstoffe werden durch Mikroorganismen, die im Filtermaterial enthalten sind, zu Kohlendioxid und Wasser abgebaut.

Biogas

B. werden u. a. in Schlachthöfen, Tierkörperbeseitigungsanlagen und Fettschmelzen eingesetzt.
Beim sog. **Biowäscher** werden die Schadstoffe durch Belebtschlammbakterien im Waschwasser biologisch abgebaut.

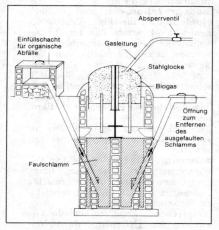

Biogas. Schematische Darstellung einer indischen Gobar-Biogasanlage

Biogas [↑bio- ‖ Syn.: Faulgas]: durch anaerobe Zersetzung von Mist u. a. landwirtschaftlichen Abfällen durch Methanbakterien entstehendes Gasgemisch aus 50–70% Methan (CH_4), 30–45% Kohlendioxid (CO_2), 1–10% Wasserstoff (H_2), 0,5–3% Stickstoff (N_2) und sehr geringe Mengen Kohlenmonoxid (CO), Sauerstoff (O_2) und Schwefelwasserstoff (H_2S).
Die B.technologie hat mit Einfachanlagen eine eigene Tradition in China und Indien und ist inzwischen auch für die europäische Landwirtschaft interessant geworden. Es gibt mittlerweile moderne, große Versuchsanlagen, die für die Abfälle von mindestens 100 Großvieheinheiten rentabel ausgelegt werden können; tägliche Produktion 1,5 m^3 B. pro Großvieheinheit.
B. ist ein hervorragender Energieträger (25 000 kJ/m^3); verwendbar als Heizgas, zum Antrieb von Gasmotoren oder zur Gewinnung elektrischer Energie mittels Brennstoffzellen.
Der anfallende, weitgehend sterile und geruchsarme Klärschlamm wird als Dünger verwendet (ökologische Kreislaufwirtschaft). – ↑auch Deponiegas.

biogen [↑bio- und ↑-gen]: durch die Tätigkeit von Lebewesen entstanden; durch (abgestorbene) Lebewesen gebildet; z. B. Erdöl, Kohle, auch Torf, Harz und Bernstein.

Biogenese, die [↑bio- und griech. genesis = Entstehung ‖ Syn.: Biogenie]: die Entstehung der Lebewesen; umfaßt sowohl die Entwicklung von Individuen **(Ontogenese)** als auch die stammesgeschichtliche Entwicklung **(Phylogenese).**

Biogeochemie, die [↑bio- und ↑Geochemie]: interdisziplinäres, zwischen Biochemie und Geochemie angesiedeltes Forschungsgebiet, das sich mit den chemischen Vorgängen in der Biosphäre sowie mit dem Einfluß der Lebewesen und ihrer biologischen Aktivität auf die Verteilung bzw. Anreicherung der chemischen Elemente in ihr befaßt.
Untersucht werden einerseits die durch Strahlung, Gravitation, geothermische Energie u. a. angetriebenen, relativ langsam ablaufenden Kreisläufe **(Geozyklen)** einiger in der Biosphäre verbreiteter, für das Leben wichtiger chemischer Elemente (v. a. Kohlenstoff, Sauerstoff, Stickstoff und Schwefel) und deren z. T. biologisch bedingte Anreicherung in Lagerstätten oder sonstigen Reservoiren (Pools), andererseits die in diese Geozyklen eingebetteten, relativ rasch ablaufenden sog. **Biozyklen** der Stoffwechselprozesse und ↑Nahrungsketten aller Lebewesen (man spricht zusammenfassend von **biogeochemischen Zyklen** oder **Biogeozyklen**).
Wichtige Beispiele für biologisch bewirkte Element- bzw. Stoffanreicherungen sind die zur Bildung der heutigen Atmosphäre führende Sauerstoffanreicherung der Uratmosphäre und die Bildung fossiler Kohlenwasserstoff- und Kohlenlagerstätten.

Biogeographie, die [↑bio-]: Die B. beschäftigt sich mit den Beziehungen der Lebewesen zu dem Raum, in dem sie leben. Man gliedert sie in **Pflanzengeogra-**

Biogeosphäre

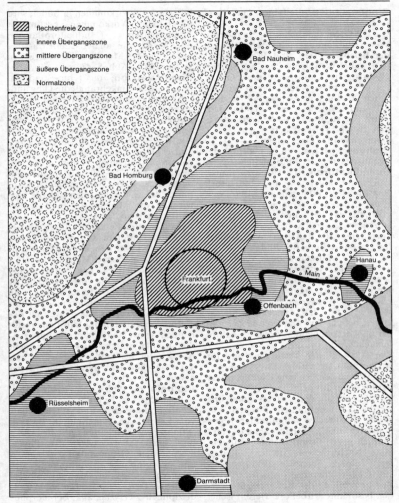

Bioindikatoren. Flechtenzonierung in der Region Untermain (modifiziert nach Kirschbaum)

phie (Vegetationsgeographie, Geobotanik), **Tiergeographie** (Geozoologie) und Teile der Geographie des Menschen, nämlich die physische **Anthropogeographie;** letztere befaßt sich u. a. mit Fragen der Akklimatisation, der Ernährungsökologie, der Verbreitung von Krankheiten.

Biogeosphäre, die [↑geo-]: der terrestrische Teil der ↑Biosphäre.

Biogeozönose

Biogeozönose, die [↑bio-, ↑geo- und ↑Zönose]:

◊ das System sämtlicher miteinander in Wechselbeziehung stehender Faktoren der belebten (Tier- und Pflanzenwelt) und unbelebten Umwelt (Atmosphäre, Hydrosphäre, Lithosphäre) eines Gebietes oder Ortes, wobei die geographischen Bedingungen prägend wirken, während in einem Ökosystem die trophischen Beziehungen im Vordergrund stehen (↑auch Synökosystem).

◊ ungenau für ↑Ökosystem.

Biohydrosphäre, die [↑hydro-]: der aquatische Teil der ↑Biosphäre.

Bioindikatoren, die (Mehrz.) [Einz.: der Bioindikator‖↑bio- und ↑Indikator]: Bez. für Tiere, Pflanzen und Mikroorganismen, deren Vorkommen oder leicht erkennbares Verhalten sich mit bestimmten Umweltverhältnissen so eng korrelieren läßt, daß man sie als Indikator zur Beurteilung des Boden-, Gewässer- oder Luftzustandes verwenden kann. Dabei unterscheidet man zwischen der aktiven Untersuchung, bei der bestimmte ausgewählte Organismen in einem Biotop ausgesetzt und beobachtet werden, und der passiven Untersuchung, bei der Vorkommen und Zustand bereits vorkommender Organismen untersucht wird. Die Auswahl der Testorganismen für solche **Biotests** erfolgt zweckmäßigerweise nach deren möglichst geringer ökologischer Breite.

Zur Beurteilung der Luftverschmutzung werden z. B. empfindliche Flechten, Luzerne, Buchweizen (empfindlich gegen Schwefeldioxid), Tabak, Spinat (empfindlich gegen Ozon), Petunie und Tomate (Nachweis von Äthylen), Gladiolen, Tulpen, Petersilie (Fluorwasserstoffschäden) herangezogen.

Zur Beurteilung der Gewässergüte werden bestimmte wirbellose Tiere, Fische, Algen (v. a. Kieselalgen) herangezogen, durch deren Beobachtung man wichtige Hinweise auf Temperatur, pH-Wert, Giftigkeit, Salz- und Sauerstoffgehalt und organische Stoffe erhält. Fäkale Verunreinigungen werden durch die Anzahl der vorhandenen Kolibakterien angezeigt.

Schwermetallvorkommen in Böden wird durch das Vorkommen bestimmter Pflanzenarten (↑Indikatorpflanzen) oder durch die analytische Erfassung angereicherter Metalle in ihren Organen festgestellt. – Abb. S. 47.

Biokonversion, die [↑bio- und lat. conversio = Umkehrung]: die Umwandlung von in organischer Substanz gespeicherter Sonnenenergie in andere Energieträger (z. B. Alkohol, Wasserstoff) hpts. durch Mikroorganismen.

Bioleaching, das [...li:tʃɪŋ ‖ zu ↑bio- und engl. to leach = auslaugen ‖ Syn.: bakterielle Laugung]: Verfahren zur Anreicherung von Metallen (z. B. aus minderwertigen Erzen oder ehemaligen Abraumhalden), bei dem man sich die Mitwirkung von Mikroorganismen (Bakterien) zunutze macht.

Bekannt wurde besonders die Anreicherung von Kupfer aus sulfidischen Erzen, in denen Kupfer neben anderen Metallen in nur geringer Menge (bis etwa 0,4 %) enthalten ist. Die Anreicherung gelingt hier mit Hilfe von Bakterien der Arten Thiobacillus ferrooxidans, die Sulfide zu Sulfaten oxidieren, und Thiobacillus thiooxidans, die den durch Reaktion von Sulfaten mit Sulfiden entstehenden Schwefel zu Schwefelsäure oxidieren. Bei diesen Umsetzungen geht das Kupfer als Sulfat in Lösung und kann anschließend durch Zementieren gewonnen werden.

Biologie, die [↑bio- und ↑-logie ‖ Abl.: biologisch]: als Teil der Naturwissenschaften die Lehre und Wissenschaft vom Lebendigen. Einteilung in: **Botanik** (Pflanzenwissenschaften) mit den Teildisziplinen Pflanzensystematik, Phytomorphologie, Geobotanik (Vorkommen und geographische Verbreitung der Pflanzen) und Pflanzenphysiologie; **Zoologie** (Tiere betreffend) mit den Teildisziplinen Tiersystematik, Zoomorphologie, Tierphysiologie; **Mikrobiologie** (Mikroorganismen betreffend) mit den Teildisziplinen Bakteriologie (Bakterien betreffend), Mykologie (Pilze betreffend), Phykologie (Algen betreffend) und Virologie (Viren betreffend); **Genetik,** die sich mit den Vererbungsvorgängen befaßt, mit der Unterdisziplin Mole-

biologische Schädlingsbekämpfung

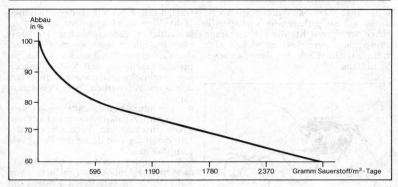

Biologischer Sauerstoffbedarf

kulargenetik. Aus der B. ist auch die ↑Ökologie hervorgegangen.
Durch die Anwendung chemischer und physikalischer Arbeitsmethoden (Biochemie, Biophysik, Biomathematik) ist aus der alten beschreibenden Biologie eine exakte Naturwissenschaft geworden.
biologisch [zu ↑Biologie]: 1. die Phänomene, Vorgänge und Methoden der Biologie betreffend; naturbedingt; natürlich; 2. in neuerer Bed. für: aus natürlichen Stoffen hergestellt, naturbelassen.
biologisch-dynamischer Landbau: Form der ↑ökologischen Landwirtschaft.
biologische Abwasserreinigung ↑Abwasserreinigung.
biologischer Abbau: der Abbau organischer Stoffe durch Mikroorganismen oder Enzyme. Durch den biologischen Abbau werden anthropogene Schadstoffe aus der Umwelt entfernt und Abfälle dem natürlichen Stoffkreislauf zugeführt.
biologischer Arbeitsstoff-Toleranzwert ↑BAT-Wert.
biologischer Sauerstoffbedarf [Abk.: BSB ‖ Syn.: biochemischer Sauerstoffbedarf]: Kenngröße für den Gehalt eines Gewässers an biologisch abbaubaren organischen Substanzen und damit auch Kennzeichen der Gewässerqualität. Der b. S. ist die von Mikroorganismen benötigte Sauerstoffmenge, um die im Wasser enthaltenen organischen Substanzen bei 20 °C oxidativ abzubauen, z. B. innerhalb von 5 Tagen (BSB_5).
Die Berechnung des BSB dient der Leistungskontrolle von biologischen Abwasserreinigungsanlagen. Jedoch ist v. a. durch die in den letzten Jahren zunehmende Menge an biologisch nur schwer abbaubaren organischen Stoffen auf chemisch-synthetischer Basis der Aussagewert des BSB stark eingeschränkt.
biologische Schädlingsbekämpfung: der Schutz forst- und landwirtschaftlicher Kulturpflanzen und die Bekämpfung von Schädlingen mit Hilfe von natürlichen Feinden, Krankheiten oder selektiven biologischen Methoden und die Stärkung natürlicher Abwehrreaktionen. Neben der Züchtung schädlingsresistenter Nutzpflanzen wurden mehrere *Methoden* bereits mit Erfolg angewandt:
1. *Erhaltung* und *Förderung* oder *Einbürgerung natürlicher Feinde* (Räuber, Prädatoren, Parasiten); z. B. Vogelhege gegen Schadinsekten; Einsatz von Raubfischen gegen Mückenlarven; Einbürgerung einer in Australien vorkommenden Marienkäferart (Rodolia cardinalis) in Kalifornien gegen die zuvor eingeschleppte Wollschildlaus (Icerya purchasi); Einsatz einer kanadischen Spitzmausart (Sorex cinereus) auf Neufundland gegen die Lärchenblattwespe; Hege räuberischer Ameisen gegen Forst-

49

biologische Schädlingsbekämpfung

schädlinge. Das ökologische Risiko ist dabei um so geringer, je wirtsspezifischer der Parasit ist; die Schlupfwespe Prospaltella perniciosi entwickelt sich z. B. ausschließlich in der San-José-Schildlaus.

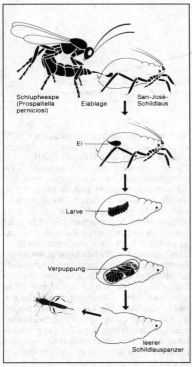

Biologische Schädlingsbekämpfung

2. *Verbreitung* selektiv wirkender *Krankheitserreger* gegen Säugetiere, z. B. der Myxomatose (Viren der Gattung Leporipox) zur Kaninchenbekämpfung. Zur Verbreitung sind Vektoren (z. B. Stechmücken) erforderlich.
3. *Genetische Verfahren:* Aussetzung von durch Strahlen oder Chemikalien sterilisierten männlichen Insekten, die bei der Kopulation unfruchtbar bleiben; Ausnutzung natürlicher genetischer Unverträglichkeiten bei Kreuzungen zwischen Individuen der gleichen Art, aber unterschiedlicher geographischer Herkunft ohne fruchtbare Nachkommen, z. B. bei der Gemeinen Stechmücke (Culex pipiens); Erzeugung und Verbreitung eines genetischen Defekts bei Insekten, der zum Aussterben der Population führt.
4. Anwendung von *Juvenilhormon* (Neotenin) und *Häutungshormon* (Ecdyson) gegen Insekten zur Verhinderung der Larvenreifung und damit der Fortpflanzungsfähigkeit.
5. Verwendung von *Lockstoffen* (Attraktanzien) zur Anlockung von Insekten in Fallen oder zu vergifteten Ködern hin oder auch von *Schreckstoffen* (Deterrents) zur Vertreibung oder Fraßhemmung (Phagodeterrents). Springwolfsmilchpflanzen z. B. vertreiben Wühlmäuse aus Gärten; Kartoffelsorten mit dem aus Wildkartoffeln stammenden Alkaloid Demissin werden von Kartoffelkäferlarven gemieden; Fadenwürmer können durch das Anpflanzen von Großen Sammetblumen (Tagetes erecta) bekämpft werden; die Heuschrecke Amresca devastans wird durch flüchtige Verbindungen bestimmter Pflanzen, (z. B. durch Eukalyptus- oder Citralgeruch) zwar nicht vertrieben, aber an der Eiablage auf der Baumwollpflanze (Gossypium hirsutum), auf der sie lebt, gehindert; durch Zusammenpflanzen von Zwiebeln und Möhren werden Möhren- und Zwiebelfliegen ferngehalten.
6. *Bekämpfung von Unkräutern durch deren spezifische Schädlinge;* z. B. erfolgreiche Bekämpfung von Opuntien in Australien durch den argentinischen Kleinschmetterling Cactoblastis cactorum oder von Tüpfeljohanniskraut (Hypericum perforatum) in Nordamerika durch die Blattkäferarten Chrysolina hyperici und Chrysolina quadrigemina.

Die b. Sch. wirkt artspezifisch und führt nie zur totalen Ausrottung einer Art. Sie ist in der Regel gesundheitlich unbedenklich und oft wirtschaftlicher als die Anwendung von Chemikalien. Allerdings ist zur erfolgreichen Anwendung biologischer Schädlingsbekämpfungs-

Biomasse

methoden die genaue Kenntnis der biologischen und ökophysiologischen Zusammenhänge erforderlich.

Eine Übergangslösung ist die **integrierte Schädlingsbekämpfung,** die die Anwendung biologischer Methoden durch sparsame Verwendung chemischer Präparate unterstützt. Die beobachtete Steigerung der Phytoalexinsyntheserate und die dadurch erhöhte natürliche Resistenz gegen Schadmikroorganismen durch bestimmte Fungizide und Herbizide eröffnen interessante zukunftsweisende Perspektiven.

Mit der Erforschung und praktischen Anwendung der b. n Sch. befassen sich mehrere internationale Organisationen, z. B. ↑CICB, ↑EPPO und ↑IOBC.

biologisches Gleichgewicht: stabile Verhältnisse von Tier- und Pflanzenarten in einem Ökosystem. Bei Störungen durch äußere Faktoren (z. B. menschliche Eingriffe) stellt sich das ursprüngliche Gleichgewicht oder ein neuer stabiler Zustand ein. Da Ökosysteme dynamische Systeme sind, können sie zwischen zwei Zuständen oszillieren. In der Molekularbiologie und Biophysik wird entsprechend der Begriff **Fließgleichgewicht** (Steady state) benutzt.

biologisches Spektrum: prozentualer Anteil bestimmter Lebensformen der Pflanzen- oder Tierwelt in einem geographischen Bereich oder in einer Pflanzen- oder Tiergesellschaft.

Biolumineszenz, die [zu ↑bio- und lat. lumen, luminis = Licht]: das Leuchtvermögen bestimmter Bakterien, Pilze (z. B. Hallimasch, die tropische Helmlingsart Mycaena citricolor); Dinoflagellaten (Gonyaulax, Noctiluca), Quallen (die Leuchtqualle Pelagia noctiluca), Vielborsterwürmer (Odontosyllis), Krebse (Krillkrebs, Muschelkrebse), Käfer (Großer und Kleiner Leuchtkäfer) und Tiefseefische (Tiefseebeilfische, Laternenfische). Fische, Tintenfische und Feuerwanzen enthalten symbiontische Leuchtbakterien in besonderen Organen (↑Leuchtsymbiose).

Die Leuchterscheinung kann kontinuierlich oder als Blinklicht erfolgen. Sie kann blau, grün, gelb oder rot sein. Die B. dient der Kommunikation mit dem Geschlechtspartner, zur Abschreckung oder auch zur Orientierung.

Die B. wird z. B. bei Insekten vom Nervensystem, bei Dinoflagellaten durch die zirkadiane Rhythmik und mechanische Erschütterungen gesteuert (Meeresleuchten). Sie kann durch verschiedene biochemische Systeme ausgelöst werden.

Biom, das [zu ↑bio-]: Organismengemeinschaft eines größeren, einer bestimmten Klimazone entsprechenden geographischen Lebensraums, in dem sich ein einigermaßen ausgewogenes biologisches Gleichgewicht eingestellt hat.

Ein B. wird nach der vorherrschenden Vegetation benannt (z. B. Nadelwaldstufe, tropischer Regenwald, Tundra). Der pflanzliche Bestand innerhalb eines B.s heißt **Phytom,** der tierische **Zoom.**

Biomagnifikation, die [zu ↑bio- und lat. magnificare = hochhalten, erheben]: die Anreicherung von Schadstoffen (z. B. Schwermetalle, Pestizide) im Organismus über eine Nahrungskette.

Biomass, das ['bi:omas, engl. 'baɪoʊmɛs ‖ Abk. für engl. biological investigations of marine antarctic systems and stocks = biologische Untersuchungen der marinen antarktischen Systeme und Bestände]: internationales Forschungsprogramm (1980–1986) zur Erforschung des Ökosystems in den Meeren der Antarktik, besonders der Nahrungskette ihrer Lebewesen, deren Fortpflanzungsverhalten und der menschlichen Einflüsse.

Biomasse [↑bio-]: die Gesamtheit aller lebenden, toten und zersetzten Organismen und der von ihnen stammenden Substanz (hpts. innerhalb eines bestimmten Lebensraums).

Weltweit entstehen auf dem Festland jährlich etwa $2 \cdot 10^{11}$ t Biomasse (zu 99 % pflanzlichen Ursprungs). Etwa 2 % der jährlich neugebildeten B. dienen als Nahrungs- und Futtermittel, etwa 1 % wird zu Papier- und Faserstoffen verarbeitet.

Der Energiegehalt der entsprechenden Trockensubstanz beträgt etwa das Zehnfache des derzeitigen weltweiten Primärenergieverbrauchs, steht aber aus geo-

Biomonitoring

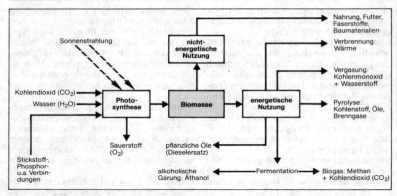

Biomasse. Die wichtigsten Verwendungsarten von Biomasse und ihre Produkte

graphischen sowie aus wirtschaftlichen und ökologischen Gründen nur sehr beschränkt zur Verfügung. – Zur Nutzung der B. als Energieträger ↑ Bioenergie.

Biomonitoring, das [zu ↑ bio- und engl. to monitor = überwachen]: Verfahren, bei dem durch Untersuchung und Beobachtung möglichst standorttreuer Vögel und Säugetiere der Grad der Gefährdung eines Ökosystems durch umweltbelastende Stoffe zuverlässig bestimmt werden kann. So kann man durch quantitativen Nachweis von Schwermetallen (z. B. Blei und Cadmium in Vogelfedern während der Mauser) Rückschlüsse auf die Belastung des betrachteten Ökosystems mit diesen Schwermetallen ziehen.

Bioökologie, die [↑ bio- ‖ Abl.: bioökologisch]: Betrachtung des Systems Leben–Umwelt aus biologischer Sicht; im Gegensatz zur ↑ Geoökologie.

bioökologisches Potential [zu ↑ Bioökologie]: die Fähigkeit einer Pflanzenart, ihr Areal zu erweitern oder ein neues Areal zu bilden.

Biophagen, die (Mehrz.) [Einz.: der Biophage ‖ zu ↑ bio- und griech. phageīn = essen]: Bez. für Organismen, die sich von lebenden Organismen ernähren; man unterscheidet ↑ Phytophagen und ↑ Zoophagen.

Biophylaxe, die [↑ bio- und griech. phýlaxis = Bewachung, Beschützung]: Schutz und Erhaltung der natürlichen Lebensbedingungen für Mensch, Tier und Pflanze.

Bioregion, die [↑ bio-]: v. a. in der Biogeographie die Lebensstätte eines ↑ Bioms.

Bioseston, das [↑ bio- und ↑ Seston]: Sammelbez. für die im Wasser schwebenden bzw. an der Wasseroberfläche treibenden lebenden Organismen. – Gegensatz: ↑ Abioseston.

Biosphäre, die [Kurzbildung aus ↑ bio- und Atmosphäre ‖ Syn.: Ökosphäre]: die Gesamtheit des von Lebewesen besiedelten Teils der Erde; umfaßt die oberste Schicht der Erdkruste (einschließlich des Wassers) und die unterste der ↑ Atmosphäre. Der terrestrische Teil der B. ist die **Biogeosphäre,** der aquatische die **Biohydrosphäre.**

Biosphärenreservat: Bez. für ein Schutzgebiet, das für das jeweilige ↑ Biom repräsentativ ist oder eine Besonderheit darstellt. Neben natürlich entstandenen Gebieten sollen auch durch den Menschen neu angelegte Landschaftsteile (z. B. Kiesgruben, Braunkohletagebaue) als B.e ausgewiesen werden.

Ein 1968 von der UNESCO begonnenes, heute noch laufendes Programm („Mensch und Biosphäre") sieht die Einrichtung von B.en auf der ganzen Welt vor. 1985 waren weltweit 226 B.e

biotechnische Schädlingsbekämpfung

und Naturschutzgebiete ausgewiesen; in der BR Deutschland gibt es bisher u.a. den Nationalpark Bayerischer Wald.

Biosystem, das [↑bio- und System (von griech. sýstema = aus mehreren Teilen zusammengesetztes und gegliedertes Ganzes)]: Sonderfall eines ↑biozönotischen Konnexes; von manchen Autoren auch als **Bisystem** bezeichnet.

biotechnische Schädlingsbekämpfung [↑bio-]: Bez. für eine Gruppe sehr unterschiedlicher Verfahren zur Schädlingsbekämpfung, die sich teilweise noch in der Entwicklung befinden. Es werden künstlich erzeugte physikalische oder chemische, meist artspezifische Schlüsselreize im Sinne der Schädlingsbekämpfung ausgenutzt:

Lichtfallen mit UV-Licht bestimmter Wellenlänge locken nachtaktive Fluginsekten wie Wickler und Eulenfalter an. Gegen manche Organismen (insbes. Insekten) werden *arteigene Sexuallockstoffe* (Pheromone) eingesetzt. Diese dienen dem Anlocken der Sexualpartner, z. B. in der **Pheromonfalle.** Diese Verfahren benutzt der Warndienst, um Populationsdichten festzustellen; sie können aber auch als direkte Bekämpfungsmöglichkeit dienen.

Weil sie artspezifisch wirksam sind, schonen derartige Verfahren das Ökosystem und die Biozönose. Sie dienen auch in diffuser Verteilung der Substanzen zur Desorientierung und Desorganisation der betreffenden Schädlingspopulation. Die dabei verwendeten Stoffe werden nur in geringen Mengen benötigt. Der *Masseneinsatz genetisch manipulierter Schädlinge,* ein biotechnisches Ver-

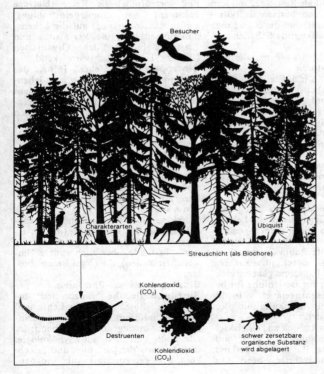

Biotop.
Die einzelnen
Elemente eines
Biotops und
die
ökologische
Sukzession

Biotests

fahren im weiteren Sinne, kann dem Überhandnehmen eines Schädlings entgegenwirken. Dabei wird das Erbgut mit dem Ziel einer Leistungsverschlechterung verändert, oder die männlichen Individuen einer Art sind zuvor durch radioaktive Bestrahlung oder chemische Sterilanzien unfruchtbar gemacht (**Autozidverfahren**). Erfolge waren aber nur in eng begrenzten Gebieten zu erzielen. Die *Resistenzzüchtung von Kulturpflanzen* ist eine vorbeugende biotechnische Maßnahme. Sie unterliegt wie manche chemische und andere Methoden der Gesetzmäßigkeit der Auslese; denn auch an resistenten Arten oder Sorten können Schädlinge in neuen Rassen auftreten, die die Resistenz überwinden. Deshalb züchtet man nicht auf eine vollständige, gegen bestimmte Erreger gerichtete sog. **vertikale Resistenz**, sondern auf eine relative sog. **horizontale Teilresistenz**. Sie bewirkt, daß die Schädlinge weniger stark auftretende Schäden verursachen.

Biotests, die (Mehrz.) [Einz.: der Biotest]: ↑ Bioindikatoren.

biotisch [zu ↑ bio-]: auf lebende Organismen bzw. Lebensvorgänge bezogen. **B.e Faktoren** sind gewisse Phänomene des Aufeinandereinwirkens von Organismen; z. B. Symbiose, Parasitismus, auch die Einflußnahme des Menschen auf seine Umwelt. – Gegensatz: ↑ abiotisch.

biotische Umwelt: Die b. U. umfaßt die Grundkomponenten Produzenten, Konsumenten und Reduzenten eines ↑ Ökosystems.

Biotop, der oder das [↑ bio- und griech. tópos = Ort, Gegend ‖ Syn.: Lebensraum]: der von einer Lebensgemeinschaft (oder einer bestimmten Organismenart) besiedelte Raum (innerhalb eines Ökosystems), durch physikalische und chemische Faktoren gekennzeichnet und dadurch zur Besiedlung für bestimmte Lebewesen geeignet. – In der *Botanik* wird für B. häufig die Bez. *Standort* verwendet. Die Landschaft setzt sich aus einer Vielzahl von B.en zusammen. In *Mitteleuropa* sind typische B.e z. B. Ackerland, Wiesen, Flugsandgebiete, Seen und Röhricht; sie liegen zum Teil dicht nebeneinander. – Abb. S. 53.

Biotopbindung [Syn.: Biotopzugehörigkeit]: die mehr oder weniger starke Bindung von Arten an einen Lebensraum. Die Bindung an eine bestimmte Lebensgemeinschaft wird genauer als **Zönosebindung** (↑ auch Zönose) bezeichnet.

Biotopkartierung: Inventarisierung aller vorhandenen Biotope und ihrer Lebensgemeinschaften. Die B. ist eine der Grundlagen für den ↑ Artenschutz.

Biotoppopulation ↑ zönotische Population.

Biotopschutz ↑ Artenschutz.

Biotopzugehörigkeit: andere Bez. für ↑ Biotopbindung.

biotrop [↑ bio- und ↑ -trop ‖ Abl.: ↑ Biotropen]: durch äußere, physikalische und meteorologische Reize (**biotrope Faktoren**; z. B. Sonneneinstrahlung, Luftdruckschwankung) auf die Lebensäußerungen bzw. die Verfassung und Leistungsfähigkeit der Organismen (Pflanze, Tier, Mensch) einwirkend.

Biotropen, die (Mehrz.) [Einz.: das Biotrop ‖ zu ↑ biotrop]: die v. a. in lebenden Organismen von Binnengewässern vorhandene Fraktion der von außen eingebrachten und durch Nahrungsketten angereicherten ↑ Radionuklide (P 32, C 14, Cd 115, Hg 203). – ↑ auch Äquitropen, ↑ Hydrotropen, ↑ Pedotropen.

Bioturbation, die [↑ bio- und lat. turbatio = Unruhe, Unordnung]: die Durchmischung und damit Auflockerung des Bodenmaterials durch wühlende Bodentiere, z. B. Regenwürmer.

Biowäscher ↑ Biofilter.

Biozide, die (Mehrz.) [Einz.: das Biozid ‖ zu ↑ bio- und lat. caedere (in Zus. -cidere) = töten]: Bez. für chemische Stoffe (v. a. ↑ Pestizide, aber auch andere Umweltchemikalien), die Organismen abtöten.

Biozön, das: svw. ↑ Biozönose.

Biozönologie, die [↑ Biozön und ↑ -logie ‖ Syn.: Biozönotik]: die Lehre und Wissenschaft von den Lebensgemeinschaften; vorwiegend beschreibend; im allg. heute gleichbed. mit ↑ Synökologie.

Biozönose, die [zu ↑ bio- und griech. koinós = gemeinsam ‖ Abl.: biozöno-

Biozönotop

tisch, Biozönotik ❙ Syn.: Biozön, Lebensgemeinschaft]: Bez. für eine Vergesellschaftung von Pflanzen und/oder Tieren, die durch gegenseitige Beeinflussung und Abhängigkeit in Wechselbeziehung stehen. Die B. stellt den organischen Anteil eines Ökosystems dar, während der Biotop (Lebensraum) dessen anorganische Komponente ausmacht.

Menschen) durch Selbstregulation in völlig andere, stabile, echte B.n übergehen würden. Echte B.n finden sich demnach nur in natürlichen Lebensräumen. Die Gesamtheit der Tiere in einer B. wird als **Zoozönose,** die der Pflanzen als **Phytozönose** bezeichnet. – ↑auch Choriozönose, ↑Stratozönose, ↑biozönotischer Konnex.

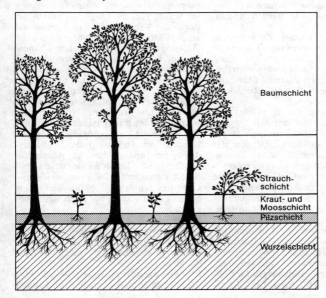

Biozönose. Aufbau des Buchenhochwaldes

Eine B. ist z. B. die Gesamtheit der Organismen in einem See, einem Moor oder einem Buchenwald. Sie ist nicht nur ein Organismenkollektiv, sondern eine qualitativ und quantitativ entsprechend den ökologischen Verhältnissen der bewohnten Lebensstätte zusammengesetzte, in einem Gleichgewicht stehende Gemeinschaft, die sich durch Selbstregulation erhält, wobei sie sich um einen Mittelzustand bewegt.

In einer Kulturlandschaft können sich nur selten B.n halten. So stellen z. B. Organismenvergesellschaftungen in Obstgärten, intensiv genutzten Feldern oder Weinbergen unstabile Gebilde dar, die ohne Fremdregulierung (durch den

Biozönotik, die [zu ↑Biozönose]: svw. ↑Biozönologie.

biozönotischer Konnex [zu ↑Biozönose; lat. conexus (connexus) = Verflechtung, Verknüpfung ❙ Kurzbez.: Konnex]: innerhalb einer Biozönose eine besondere Organismengemeinschaft, die in einem engeren Beziehungsgefüge zueinander steht. Betrifft dieses Miteinanderverbundensein zwei Partner (z. B. Nahrungspflanze und darauf saugende Blattlaus; Räuber und Beutetier), spricht man von **Biosystem.**

Biozönotop, der oder das [Kurzbildung aus ↑Biozön und ↑Biotop]: seltene Bez. für die Einheit von Biozönose und Biotop; entspricht dem ↑Holozön.

Bisystem, das: ↑ Biosystem.
Blänke: svw. ↑ Kolk.
Blattflächenindex: svw. ↑ Leaf-area-Index.
Blaualgen [Syn.: Cyanophyta, Cyanobakterien, Zyanobakterien]: Gruppe einfacher, Photosynthese zeigender, vorwiegend blaugrüner Organismen, die zusammen mit den Bakterien als Prokaryonten gegenüber Pflanzen und Tieren eine selbständige systematische Einheit bilden.
B. kommen als Einzeller, Zellkolonien, unverzweigte oder verzweigte Fäden (oft mit Gallertscheiden oder große Gallertlager bildend) v. a. im Süßwasser vor, besiedeln jedoch auch extreme Standorte und sind Erstbesiedler auf Rohböden und nacktem Gestein.
Die Fortpflanzung der B. erfolgt nur durch Zellteilung. Ihre zelluläre Organisation ist elektronenmikroskopisch gut untersucht. Der Zellkern fehlt; Sitz der genetischen Information ist das Zentroplasma mit seinen DNS-haltigen Strukturen (Kernäquivalent). Das periphere Chromatoplasma enthält (neben diffus verteilter RNS) in Stapeln oder parallel zur Zellwand angeordnete Lamellen (Thylakoide) mit den Photosynthesepigmenten Chlorophyll a, Carotinoiden (v. a. β-Carotin) und zwei wasserlöslichen Chromoproteiden (Phycobiline): das blaue **Phycocyan** und (nur bei manchen Arten) das rote **Phycoerythrin**. Echte Chromatophoren fehlen. Der chemische Aufbau der Zellwand ähnelt dem bei Bakterien.
Einige B. bilden mit Pflanzen Symbiosen, z. B. mit Schlauchpilzen.
Blei [chemisches Symbol: Pb]: blaugraues, relativ weiches, dehnbares Schwermetall.
B. und seine Verbindungen sind sehr toxisch und führen zu vielfältigen Vergiftungserscheinungen. In den letzten Jahren wurde v. a. die Frage untersucht, ob durch die Verwendung von **B.tetraäthyl** als Antiklopfmittel im Benzin toxische Wirkungen des B.s auftreten können. Bei der Kraftstoffverbrennung wird das im B.tetraäthyl befindliche B. in anorganische Verbindungen (v. a. B.oxid, B.carbonat) überführt, die in feinster Verteilung mit den Auspuffgasen in die Luft gelangen und in dieser Form mit der Atemluft oder durch Niederschläge mit der Nahrung aufgenommen werden können. An Stellen großer Verkehrsdichte (in Innenstädten, an Autobahnrändern) ist die Kontamination mit B.verbindungen („Blei") beträchtlich.
Über das langfristige ökologische Verhalten des B.s ist bisher noch wenig bekannt.
bleifreies Benzin ↑ Kraftstoffe.
Bleiregion: eine Flußregion (↑ Gewässerregionen).
Blütenbestäubung: svw. ↑ Bestäubung.
Blütenbesucher: Tiere, die zu ihrer Ernährung Blüten besuchen und dabei

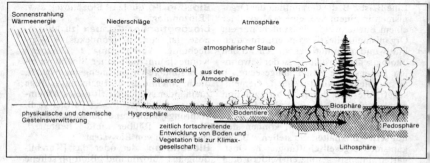

Boden. Bodenbildungsprozesse durch Gesteinsverwitterung, Vegetation, Bodentiere und atmosphärische Staubzufuhr

Boden

für deren ↑Bestäubung eine Rolle spielen können.
Blütenökologie: Teilgebiet der Ökologie, das sich mit der ↑Bestäubung, insbes. mit den Wechselbeziehungen zwischen ↑Blütenbesuchern und Blütenpflanzen und deren entwicklungsgeschichtlichen Anpassung, beschäftigt.
BOD, der [be:o:'de:]: Abk. für engl. biochemical oxygen demand (= biochemischer Sauerstoffbedarf); ↑biologischer Sauerstoffbedarf.
Boden: die durch physikalische und chemische Verwitterungsvorgänge, biogene Umsetzungen (u. a. Bildung von Humus) und vielfältige Verlagerungsprozesse an der Erdoberfläche entstehende Lockererde über dem Gestein.
Der B. ist Lebensraum der B.organismen, Wurzelort der Pflanzen und hat Bedeutung für die Reinigung und Mineralstoffanreicherung des Niederschlagswassers beim Absickern zum Grundwasser.
Die Entwicklung des B.s wird vom Klima, vom Gesteinsuntergrund, von der Vegetation u. a. Umweltfaktoren (z. B. auch bodenkulturelle Maßnahmen) bestimmt.
Die wichtigsten *B.bestandteile* sind Huminstoffe, Tonminerale, freie Oxide von Eisen und Aluminium (Gele), aber auch unverwitterte Teile wie Quarz sowie neugebildete Substanzen wie Kalk, Gips und Natriumsalz; ferner gehören zum B. B.wasser und B.luft. Die räumliche Anordnung der festen B.bestandteile ergibt das **Bodengefüge.**
Infolge der ab- oder aufwärtsgerichteten Verlagerung von B.bestandteilen entstehen Anreicherungs- oder Verarmungszonen bestimmter Art und Mächtigkeit, die sog. **B.horizonte (B.schichten).** Sie verlaufen meist parallel zur Erdoberfläche und unterscheiden sich u. a. im Gefüge, Chemismus, Wasserhaushalt und in der Farbe. Ihre vertikale Abfolge wird als **B.profil** bezeichnet.
Der **A-Horizont (Auslaugungshorizont, Oberboden)** ist der mit Humus u. a. organischen Substanzen durchsetzte, daher meist dunkel gefärbte oberste Horizont. – Der **E-Horizont (Auswaschungshorizont, Eluvialhorizont)** ist der unter

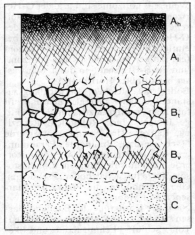

Boden. Bodenprofil, dargestellt am Beispiel einer Parabraunerde mit Tondurchschlämmung, die sich aus Löß entwickelte.
A_h *humoser, graubrauner bis gelbbrauner, verlehmter Löß;*
A_l *fahlgelber bis fahlbrauner, schwach lehmiger Löß (lessivierter Horizont);*
B_t *mit Tonmineralien und Tonfraktion von oben angereicherter Horizont, im trockenen Zustand rissig, braun;*
B_v *lehmiger Verwitterungshorizont;*
Ca *Kalkanreicherungshorizont (ausgewaschener, hier abgelagerter Kalk aus der oberen Lößdecke);*
C *unverwitterter, kalkhaltiger Löß*

dem A-Horizont durch Auswaschung an organischer Substanz, Ton, Eisen- oder Aluminiumverbindungen verarmte Horizont. – Der darunter folgende **B-Horizont (Anreicherungshorizont, Unterboden)** ist u. a. durch bestimmte Verwitterungsvorgänge (daher meist braun gefärbt) sowie durch Anreicherung oder Neubildung von Tonmineralen, Eisen- und Aluminiumoxiden gekennzeichnet. Der B-Horizont ist nicht in allen B.typen ausgebildet. – Der **C-Horizont** ist der unveränderte Untergrund, das Ausgangsgestein.

bodenanzeigende Pflanzen

Weitere B.horizonte sind u. a. der **O-Horizont** (eine Humus- oder andere organische Auflage auf dem A-Horizont), der **G-Horizont** (ein durch Grundwasser beeinflußter Horizont), der **P-Horizont** (ein toniger, stark plastischer Horizont) und der **S-Horizont** (ein durch Stauwasser beeinflußter Horizont).

Böden mit gleichem Entwicklungszustand und daher auch gleichem B.profil faßt man zu **B.typen** zusammen. Wichtige B.typen sind: Rohboden, Rendzina, Ranker, Tirs, Steppenschwarzerde (Tschernosem), Braunerde, Parabraunerde u. a. lessivierte Böden, Podsol, Roterde u. a. Latosole, Rotlehm u. a. Plastosole, Terra fusca, Salzboden, Pseudoglei, Glei, Auenböden, die Böden der Marschen und Moore.

Nach der Korngröße der B.teilchen lassen sich folgende **B.arten** unterscheiden: Ton-, Schluff-, Lehm-, Sand- und Skelettböden.

bodenanzeigende Pflanzen [Syn.: Bodenanzeiger, Indikatorpflanzen]: Pflanzen, die zu ihrem Gedeihen ganz bestimmte Bodenverhältnisse benötigen und deshalb diese Bodenverhältnisse durch ihr Vorkommen anzeigen. Aus ihrem gehäuften Auftreten innerhalb eines Verbreitungsgebietes kann man auf gewisse Bodeneigenschaften schließen, mit Sicherheit jedoch nur, wenn sie im Rahmen der ihnen eigentümlichen Pflanzengesellschaft erscheinen.

Hohe Nitratkonzentration, d. h. sehr viel Stickstoff, zeigen an: Roter Gänsefuß, Bärenklau und Große Brennessel; letztere ist auch *Eisenindikator* (auf Schuttflächen).

Feuchte, sandige *Lehmböden* werden vom Ackerschachtelhalm angezeigt.

Charakteristisch für stark *salzhaltige Böden* in Küstennähe sind die Halophyten Queller und Strandaster, für Sanddünen mit Salzvorkommen die Strandsalzmiere, Strandroggen, Meersenf, Strandmelde und die Stranddistel.

Dagegen kommt der Strandhafer nur an *salzarmen,* höher gelegenen Dünen vor.

Kalkliebende Pflanzen sind Ackerrittersporn, Ackersenf, Ehrenpreisarten, Gänsefingerkraut, Gemeines Kreuzkraut, Kleine Brennessel, Nickende Distel, Rote Taubnessel und Sonnenwolfsmilch. – ↑auch Kalkpflanzen.

Bodentyp	Wald/ Forst	Wiese	Weide/ Magerweide	Acker/ Garten
Rohboden	●			
Ranker	●		○	
Rendzina	●		●	○
Steppenschwarzerde				●
Braunerde	●			○
Parabraunerde				●
Podsole	●		○	○
Pseudoglei	●	●	○	○
Glei	●	●	●	○
Auenböden	●	●	●	○
Marsch		●	●	○
Moorboden	○	●	●	○
anthropogene Böden (Hortisole, Rigosole)				●

● vorherrschende Nutzung
○ bedingt mögliche, durch Bodenverbesserungen zunehmende Nutzung

Boden. Hauptsächliche Nutzung unserer wichtigsten Bodentypen

Bodenkunde

Kalkmeidende Pflanzen sind Ackerhundskamille, Hasenklee, Besenginster, Hederich, Feldspark, Heidelbeere, Heidekraut, Kleiner Sauerampfer und Roter Spärkling. – ↑ auch Kalkmeider.

Saure, nasse Böden sind durch Gabelzahnmoose, Federmoos und Widertonmoose gekennzeichnet.

Für nährstoffarme, naßkalte *Hochmoorböden* sind Torfmoos, Gemeines Widertonmoos, Schlankes Widertonmoos, Welliges Sternmoos, Sonnentau, Heidekraut, Glockenheide, Rauschbeere, Kleine Moorbeere, Preiselbeere und Moorbirke charakteristisch.

Auch das Vorkommen von *Schwermetallen* und *nichtmetallischen Elementen* im Boden wird durch Pflanzen angezeigt (↑ Indikatorpflanzen).

Bodenatmung: Die durch Bodenorganismen bewirkte Zersetzung toter pflanzlicher und tierischer Substanz erfolgt unter Sauerstoffaufnahme und Kohlendioxidabgabe. Bei dieser B. tritt Mineralisierung von Stickstoff und Phosphor sowie der Spurenelemente ein, die damit pflanzenverfügbar werden.

An der B. ist auch die von Temperatur und Feuchtigkeit abhängige, saisonbedingte Wurzelatmung beteiligt, die im allg. jedoch weniger als ein Drittel der gesamten B. ausmacht.

Die tierische Atmung im Boden spielt eine sehr geringe Rolle wegen der relativ geringen tierischen Biomasse.

Die B. kann Werte zwischen 90 mg Kohlendioxid/m$^2 \cdot$ h (unbewachsener Sandboden) und 870 mg Kohlendioxid/m$^2 \cdot$ h (Wiese) annehmen.

Bodenbiologie [Syn.: Pedobiologie]: Wissenschaft und Lehre von der Lebensweise und Tätigkeit der ↑ Bodenorganismen und ihrem Einfluß auf den Boden. Die B. unterscheidet zwischen den Umsetzungen der organischen Stoffe, die in tieferen Bodenschichten durch sog. **autochthone Organismen** (die dort meist in geringer Anzahl vorkommen; z. B. manche Milben, Blindkäfer) erfolgen, und zwischen den Umwandlungen von Pflanzen- und Tierresten an der Bodenoberfläche durch die sog. **Zersetzungsorganismen (zymogene Organismen).**

Die B. beschäftigt sich dabei insbes. mit den Prozessen der Verwesung, der Fäulnis und der Humifizierung, unter denen für die eigtl. Bodenbildung allerdings nur die letztere von Bedeutung ist.

Bodendesinfektion: svw. ↑ Bodenentseuchung.

Bodenentseuchung [Syn.: Bodendesinfektion]: Bekämpfung pflanzlicher und tierischer Schaderreger im Boden durch Behandlung des Bodens mit Wasserdampf oder Zufuhr von Pestiziden.

Bodenerosion: die bodenabtragende Wirkung fließenden Wassers, auch strömenden Eises **(glaziale Erosion)** und des Windes vor allem auf unbebauten und unbewachsenen Flächen. B. wird durch unsachgemäße Bodenbearbeitung, auch durch starkes Beweiden von Hängen mit Zerstörung der Grasnarbe beschleunigt. – Abb. S. 130.

Bodenfauna: die im Boden lebenden Tiere; Teil des ↑ Edaphons.

Bodenflora: die im Boden lebenden Pflanzen; v. a. Bakterien, Pilze, Algen und Flechten; Teil des ↑ Edaphons.

Bodenhorizont: die einzelnen Teile eines Bodenprofils (↑ Boden).

Bodenklima: der durch Temperatur, Luft und Feuchtigkeit im Boden bestimmte Zustand und dessen Änderungen im Boden. Die Bodenoberfläche folgt weitgehend den Tag-Nacht-Temperaturschwankungen. In tieferen Bodenschichten herrscht ausgeglichenes Bodenklima. Pflanzenwuchs wird weitgehend vom B. bestimmt.

Bodenkunde [Syn.: Pedologie]: Wissenschaft von den chemischen und physikalischen Eigenschaften der Böden, ihrer geologischen Herkunft und ihrer mineralischen Struktur.

Die Böden, die „hautartig" dünn den größten Teil der festen Erdoberfläche überziehen, sind trotz ihres im Verhältnis zum Gesteinsmaterial und zur Atmosphäre sehr geringen Volumens die Träger allen Lebens der Erde und wegen ihrer Fruchtbarkeit Vorbedingung aller materiellen Kultur. Sie bilden die durch physikalische und chemische Gesteinsverwitterung, durch biogene Umsetzungen organischer Humusbildner und durch mannigfache Verlagerungsprozes-

Bodenmüdigkeit

se entstandene, meist feinverteilte Lokkererde der festen Erdrinde.

Böden und Umwelt: In die lockere Bodendecke dringen Regenwasser, Luft, Hitze und Frost mehr oder weniger tief ein. Je nach Niederschlagsmenge und Verdunstung sind die Böden unterschiedlich durchfeuchtet. Gesteinsverwitterung führt ihnen ganz verschiedene Arten anorganischen Materials zu; organische Bestandteile erhalten sie aus den pflanzlichen und tierischen Abfällen (abgestorbene Wurzeln, Blätter, Nadeln, Ausscheidungen und Kadaver der Bodentiere). Zusätzlich zum klimatisch gegebenen Wasser erhält der Boden örtlich noch Grundwasser und die in ihm gelösten Stoffe. Relief und Hangrichtung erzeugen unterschiedliche Erwärmung und Wasseraufnahme.

Die Böden sind also in ihrem Aufbau von den Stoffen, Kräften und Energien ihrer Umwelt abhängig. Sie sind daher nach Materialart und Menge einzelner Bodenteile sowie nach deren Verlagerungsprozessen (Stoffwanderungen) sowohl umwelt- als auch landschaftsbedingt. In stark durchfeuchteten Böden der humiden Klimate können daher mit dem abwärts gerichteten Bodenwasserstrom einzelne Bodenteile (z. B. Kalk) ausgewaschen werden. In den trockenen Böden der ariden Klimate herrscht dagegen meist ein aufwärtsgerichteter Bodenwasserstrom vor, der allmählich zu einer Anreicherung von Stoffen (Kalk, lösliche Salze u. a.) an der Bodenoberfläche führen kann.

In den einzelnen Böden durchdringen sich also in kennzeichnender Weise Atmosphäre, Biosphäre und Lithosphäre und örtlich bei Grundwasser auch Hydrosphäre. Sie vereinigen sich im lebenerfüllten Bodenraum (im Gegensatz zu unbelebten Verwitterungsdecken) zur ↑ Pedosphäre, die dadurch im dynamischen Gleichgewicht zur Umwelt steht und die auf jede Änderung der Umweltfaktoren (z. B. auch durch bodenkulturelle Maßnahmen) mit einer Änderung der Bodendynamik reagiert. Hieraus erklärt sich die Bedeutung und die besondere Rolle der Böden in Natur und Kultur.

Bodenmüdigkeit: verminderte Bodenfruchtbarkeit infolge Verarmung des Bodens an Spurenelementen, Verseuchung mit Krankheitserregern oder Anhäufung schädlicher pflanzlicher Stoffwechselprodukte; Gegenmaßnahmen: Anwendung von Spurenelementen, Bodenentseuchung oder Anbauwechsel.

Bodenorganismen: die vorzugsweise im Erdboden lebenden tierischen und pflanzlichen Organismen (↑ Edaphon).

Bodenprofil: die vertikale Abfolge der Bodenhorizonte (↑ Boden).

Bodenreaktion: der ↑ pH-Wert der Bodenlösung.

Bodenschichten: svw. Bodenhorizonte (↑ Boden).

Bodenschutz: alle Maßnahmen, die zum Schutz des Bodens unter dem Aspekt des Natur- und Umweltschutzes getroffen werden.

Neben den in der Umweltpolitik schon klassischen Bereichen wie Abfallbeseitigung, Gewässerschutz und Luftreinhaltung wird der B. die Aufgabe der Zukunft sein. Man hat erkannt, daß die Belastungen des Bodens (einschließlich des Landverbrauchs durch Überbauung) sehr viel größer sind, als der Boden auf Dauer verkraften kann.

Anfang 1985 verabschiedete die Bundesregierung eine **B.konzeption,** in der eine Bestandsaufnahme und Bewertung aller Belastungen auf den Boden vorgenommen und die notwendig werdenden gesetzlichen und planerischen Maßnahmen daraus abgeleitet werden sollen.

Bodentemperatur:

◊ die Temperatur der Atmosphäre in unmittelbarer Nähe der Bodenoberfläche (meist 2 m über ihr gemessen; im Gegensatz zur **Temperatur am Erdboden,** die in 5 cm Höhe gemessen wird). Die B. liegt am Tage infolge Absorption der vom Boden reflektierten Sonnenstrahlen in den bodennahen Luftschichten über der allg. Lufttemperatur, in der Nacht unter dieser.

◊ die Temperatur des Bodens; sie nimmt im allg. mit der Tiefe zu.

Bodentypen ↑ Boden.

Bodenversalzung: svw. ↑ Versalzung.

Bodenwasser: das gesamte im Boden enthaltene Wasser; Haftwasser, Sickerwasser, Grundwasser, Kluftwasser und Bergfeuchtigkeit mit Ausnahme des Kristallwassers.

Bonität, die [zu lat. bonus = gut ‖ Syn.: Bodengüte]: die aus der Nährstoffzusammensetzung, dem Humusgehalt, dem pH-Wert und der Wasserleitfähigkeit resultierende Qualität des Bodens, bezogen auf die unterschiedlichen Ansprüche der Pflanzen (↑ auch bodenanzeigende Pflanzen) und deren Wuchsleistung.

boreal [zu griech. boréas = Nordwind, Norden]: dem nördlichen Klima Europas, Asiens und Amerikas zugehörend (v. a. in der Pflanzen- und Tiergeographie verwendet); z. B. der **b.e Nadelwald,** der südlich an die Arktis auf dem eurasiatischen und nordamerikanischen Kontinent mit kontinentalem Klima anschließt; vorherrschend: Arten der Gattung Fichte, Kiefer, Lärche, Tanne und Birke; wegen des kaltgemäßigten Klimas beträgt die Vegetationsdauer nur etwa 3–4 Monate.

Bq: Einheitenzeichen für ↑ Becquerel.

Brache, die: gepflügtes, nicht bestelltes Ackerland, in dem durch Mikroorganismen und Bodentiere die Umsetzung und Mineralisierung organischer Bestandteile und damit eine Erholung des Bodens stattfindet.
Man unterscheidet u. a. die **Schwarz-B.,** bei der der Boden mehrmals umbrochen wird, die **grüne B. (Johannisbrache),** bei der der Stoppelacker als Weide genutzt und erst im Juni umgepflügt wird, und die **Trockenbrache.** Die nicht mehr genutzten landwirtschaftlichen Flächen, die mit bestimmter ↑ Sukzession von Pflanzen und Tieren besiedelt werden, bezeichnet man als ↑ Sozialbrache.

Brachsenregion: eine Flußregion (↑ Gewässerregionen).

Brackwasser: das schwach salzige, ungenießbare Wasser, das sich in Randgebieten der Meere, im Mündungsgebiet von Flüssen und in Strandseen, die zeitweise mit dem Meer in Verbindung stehen, als eine Mischung aus Salz- und Süßwasser bildet.
Das B. besitzt eine charakteristische Lebewelt, die B.fauna und die B.flora. Sie setzt sich aus ↑ euryhalinen Arten (sowohl limnischen als auch marinen Ursprungs) zusammen und ist im Vergleich zum Meer- und Süßwasser artenarm, kann aber durchaus individuenreich sein. Zur **B.fauna** zählen u. a. die Strandkrabbe, die Miesmuschel, der Strudelwurm Procerodes ulvae, der Dorsch und die Flunder. Die **B.flora** setzt sich hpts. aus Algen zusammen; hierzu gehören z. B. die Braunalgen Fucus vesiculosus und Chorda filum sowie die Grünalge Enteromorpha intestinalis.
Auch die Endseen in abflußlosen Gebieten verwandeln sich durch den ständig zunehmenden Salzgehalt zunächst in schwach salzige B.seen und schließlich in reine Salzseen. Ebenso kann das Grundwasser im Küstenstreifen brackig werden, wenn Meerwasser eindringt.

Brackwasserregion: der unterste Flußabschnitt (↑ Gewässerregionen).

Brackwassersubmergenz, die [zu lat. submergere = untertauchen]: die Erscheinung, daß bestimmte Tierarten, die die Gezeitenzone der Nordsee besiedeln, auch in den tieferen Bereichen (bis 10 m) der salzärmeren Ostsee Existenzbedingungen finden und dort vorkommen.

BRAM, der: Abk. für ↑ **Brennstoff aus Müll.**

Brandungszone: ein Seeufer- oder Küstenbereich, an dem die Wasserwellen prallen, an dem sie sich brechen und wieder ablaufen. Die in der B. siedelnden Pflanzen und Tiere besitzen besondere Haftmechanismen (z. B. Hapteren und Haftscheiben bei Algen, Saugfüße bei Schnecken, Byssusfäden bei Muscheln). Meerestiere besitzen noch eine Toleranz gegenüber dem Trockenfallen während der Ebbe.

Brauchwasser [Syn.: Betriebswasser]: für gewerbliche oder industrielle Zwecke bestimmtes Wasser geringerer Qualität; nicht als Trinkwasser verwendbar.

Braunwassersee: ein Gewässertyp (↑ dystroph).

Brennstoff aus Müll [Abk.: BRAM]: Sammelbez. für feste Brennstoffe, die nach Verfahren der Materialrückgewinnung aus kommunalen Abfallstoffen hergestellt werden. Eine Pilotanlage wurde in Herten erbaut und erprobt.

Bruch

Bruch: Bez. für organische Naßböden im Bereich der Verlandungszone von Flachmooren und Gewässern (↑ auch Moor). Entsprechend der Gehölzvegetation (**B.**wald) spricht man z. B. von Erlen-B. oder Birken-Kiefer-Bruch. Der Biotop unterscheidet sich von der Aue (↑ Auwald) durch geringere Grundwasserschwankungen.

Bruchwald: die Gehölzvegetation im ↑ Bruch.

Brutgebiet: bei Vögeln während der Brutzeit behauptetes ↑ Revier.

Brutparasitismus: Form des Parasitismus (↑ Parasiten).

Bülte, die [niederdt., von mittelniederdt. bulte = Haufen ‖ Syn.: Bult]: bis etwa 50 cm hohe Bodenerhebung auf Mooren, die von polsterförmig wachsenden Torfmoosen gebildet wird und von Heidekrautgewächsen, Riedgräsern und Sonnentauarten bewachsen ist.

BUND, der: Abk. für ↑ Bund für Umwelt und Naturschutz Deutschland e. V.

Bundesimmissionsschutzgesetz [Abk.: BImSchG]: ↑ Immissionsschutzgesetz.

Bundesverband Bürgerinitiativen Umweltschutz e. V. [Abk.: BBU]: 1972 in Mörfelden-Walldorf gegründeter Zusammenschluß von (1983) rund 1 000 Bürgerinitiativen und zahlreichen Einzelmitgliedern, der die Erhaltung und Wiederherstellung der natürlichen Lebensgrundlagen sowie den Schutz der Natur und der durch Umweltgefahren bedrohten öffentlichen Gesundheit anstrebt; Sitz: Bonn.
Derzeit hat der BBU fünf Landesverbände (Schleswig-Holstein, Niedersachsen, Berlin, Nordrhein-Westfalen, Rheinland-Pfalz). Mehrere Arbeitskreise befassen sich mit Einzelthemen, z. B. Wasser, Chemie, Luft, Verbraucher-, Energie-, Verkehrspolitik.
Angeschlossen ist dem BBU das **Umweltwissenschaftliche Institut** in Stuttgart. – Mitgliederzeitschrift: „Umweltmagazin".

Bundeswaldgesetz: amtliche Kurzbez. für das Gesetz vom 7. 5. 1975, durch das der Waldschutz mit dem Ziel der Erhaltung der Nutzfunktionen sowie der Schutz- und Erholungsfunktionen des Waldes durch Rahmenvorschriften bundeseinheitlich geregelt wird. Einzelne Länder haben Ausführungsgesetze erlassen.
Das Gesetz sieht eine Rahmenplanung sowie ein allgemeines Rodungsverbot, aber auch eine Bewirtschaftungsverpflichtung vor. Im Rahmen von Bebauungsplänen oder durch Rechtsverordnungen ist es möglich, einzelne Bäume zu schützen. Aufgrund von Naturschutzgesetzen der Länder sind in vielen Städten **Baumschutzverordnungen** erlassen worden, die eine Beseitigung einzelner Bäume genehmigungspflichtig machen. Ein Zuwiderhandeln stellt eine Ordnungswidrigkeit dar.

Bund für Umwelt und Naturschutz Deutschland e. V. [Abk.: BUND]: 1975 gegründete private Organisation zur Förderung des ökologischen Verständnisses; Sitz: Bonn; derzeit rund 140 000 Mitglieder.

Busch: Dickicht aus Sträuchern in tropischen Ländern. Bei sperrigen und dornigen Sträuchern spricht man von **Dornbusch.**

Bushfire-Ökologie ['buʃfaiər... ‖ engl. bushfire = Buschfeuer]: Forschungsrichtung der Ökologie, die sich mit dem Einfluß von Feuer auf die Pflanzen- und Tierwelt in Ökosystemen beschäftigt. Oft durch Blitzschlag verursachte Brände in Wäldern, Savannen und Steppen bewirken eine rasche Freisetzung anorganischer Nährstoffe, eine Dezimierung pflanzenfressender Tiere und Insekten und eine Erneuerung der Vegetation.
Die Samen bestimmter Pflanzen benötigen vor der Keimung die hohe Temperatur eines Feuers. So öffnen sich z. B. die Zapfen der Kiefer Pinus contorta in Nordamerika nur bei großer Hitze, um ihre Samen auszustreuen. Im Chaparral Kaliforniens wird die Dormanz (Ruhezustand) bestimmter Samen (der Rosengewächsgattungen Adenostoma und Säckelblume sowie einer Sumach- und Hornkleeart) durch Feuer aufgehoben, da die Dormanz durch von anderen Pflanzenblättern ausgeschiedene Stoffe (allelopathisch) verursacht wird.
Heuschrecken legen ihre Eier bevorzugt auf durch Feuer verursachten Kahlstel-

len ab, weil ihre Nachkommen dort junges Blattmaterial vorfinden.

In Steppen werden Gräser durch Feuer begünstigt. Nach einem Brand treten vermehrt Weichhölzer auf, die von Hasen und Elchen benagt werden, so daß deren Zunahme und in der weiteren Sukzession die Zunahme des Polarluchses in feuerabhängigen Zyklen beobachtet wird.

C

Cadmium, das [zu lat. cadmia (von griech. kadmía) = Zinkerz ‖ chemisches Symbol: Cd ‖ Schreibvariante: Kadmium]: silberweißes, weiches Metall. C. wurde in den letzten Jahren als verbreitetes Umweltgift bekannt. Es gelangt u. a. bei der Metallerzeugung und -verarbeitung sowie beim Abbrennen cadmiumhaltiger Brennstoffe oder von Müll, der bestimmte Trockenbatterien enthält, in Form staubförmiger Partikel in die Abluft. Außerdem kann C. durch Düngung mit Phosphaten sowie durch Ausbringen von cadmiumhaltigem Klärschlamm in den Erdboden gelangen, von wo es über Nutzpflanzen in Nahrungsketten gelangt. Dabei reichert es sich in bestimmten pflanzlichen und tierischen Geweben (bes. in Nieren und Leber) an.

Beim Menschen können C. und seine Verbindungen zu akuten und chronischen Vergiftungen führen (z. B. Itai-Itai-Krankheit); einige C.verbindungen stehen außerdem im Verdacht, krebserregend zu wirken.

Der MAK-Wert für den gewerblichen Umgang mit C. wurde auf 0,05 mg/m³ festgelegt.

Bes. Bedeutung kommt heute der Reinigung der Abgase und Abwässer aus cadmiumverarbeitenden Betrieben sowie der Rückgewinnung von C. aus Flugstaub und Klärschlamm zu.

Aufgrund der heute bekannten Umwelt- und Gesundheitsproblematik unterliegen alle C.anwendungsgebiete einer ständigen Notwendigkeitsprüfung durch Anwender und Behörden. Die große Verbreitung von C. in Ökosystemen und seine Anreicherung in Sedimenten und in der oberen Bodenschicht macht es zu einer latenten Gefahr für den Menschen und seine Umwelt.

Caesium ['tsɛ:...]: Schreibvariante für ↑Cäsium.

Calanche, die (Mehrz.) [ka'laŋke ‖ Einz.: die Calanca ‖ italien.]: svw. ↑Racheln.

CAM-Pflanzen [tse:'a:''ɛm... ‖ CAM ist Abk. für engl. crassulacean acid metabolism = Krassulazeen-Säurestoffwechsel]: Gruppe meist sukkulenter Pflanzen mit spezieller Anpassung ihrer Photosynthese an sehr trockene oder salzreiche Standorte. Neben der normalen Kohlenstoffassimilation am Tage vermögen sie während der Nacht zusätzlich zur Assimilation von atmosphärischem Kohlendioxid auch respiratorisch entstandenes Kohlendioxid zu assimilieren. Sie können daher, bes. bei Wassermangel, am Tage die Spaltöffnungen geschlossen halten. – ↑auch C_3-Pflanzen, ↑C_4-Pflanzen.

Zu den CAM-Pf. gehören die Dickblatt- (Crassulaceae, Krassulazeen) und Kaktusgewächse sowie sukkulente Formen der Wolfsmilch- und Liliengewächse.

Cäsium, das [zu lat. caesius = blaugrau (nach der blauen Farbe seiner charakteristischen Spektrallinien) ‖ chemisches Symbol: Cs ‖ Schreibvariante: Caesium]: metallisches chemisches Element. C. kommt in der Natur nur in Form von Verbindungen vor.

Das in Kernreaktoren als Spaltprodukt in größeren Mengen anfallende radioaktive Isotop **Cs 137**, ein Betastrahler mit einer Halbwertszeit von 29,7 Jahren, wird zur Strahlenbehandlung von Krebserkrankungen verwendet. Aus radioaktiven Niederschlägen (z. B. als Folge von Kernwaffentests oder Reaktorunfällen)

CCMS

stammendes, über Milch, Fleisch u. a. aufgenommenes Cs 137 hat in den Muskeln eine biologische Halbwertszeit von etwa 140 Tagen, im übrigen Körper eine solche von etwa 70 Tagen.

CCMS, das [tse:tse:'ɛm''ɛs]: Abk. für engl. **Committee on the Challenges of Modern Society** (dt.: Kommitee für die Herausforderungen der modernen Gesellschaft); 1969 gegründeter NATO-Umweltausschuß, der sich mit Problemen des Umweltschutzes (u. a. Luft-, Meeresverschmutzung) beschäftigt und praktische Empfehlungen zu deren Lösung entwickelt.

Chamäphyten, die (Mehrz.) [ç... ‖ Einz.: der Chamäphyt ‖ griech. chamaí = auf der Erde und ↑ -phyt]: ausdauernde Pflanzen, die (im Gegensatz zu den ↑ Geophyten) ungünstige Jahreszeiten mit Hilfe oberirdischer, geschützt liegender (Erdbodennähe), nicht absterbender Sprosse überstehen; v. a. Zwerg- und Halbsträucher sowie Polsterpflanzen.

Chaparral, der [tʃ... ‖ span., zu span. chaparro = Zwergsteineiche]: dichtes Gehölz vorwiegend tiefwurzelnder, niedriger, immergrüner Hartlaubgewächse. Der Ch. entspricht physiognomisch der mediterranen ↑ Macchie in den kalifornischen Bergen. Nach den öfter vorkommenden Waldbränden wird in der ersten Vegetationsperiode nach dem Feuer eine völlig veränderte Flora beobachtet (↑ Bushfire-Ökologie).

Charakterart [k... ‖ Syn.: Kennart, Leitart, Leitpflanze]:
◊ in der *Pflanzen-* und *Tiergeographie* eine Pflanzen- oder Tierart, die fast ausschließlich in einem bestimmten Lebensraum vorkommt.
◊ in der *Pflanzensoziologie* eine Pflanzenart **(Charakterpflanze, Leitpflanze),** die eine bestimmte Pflanzengesellschaft bevorzugt und optimal in dieser gedeiht.

Charakterpflanze [k...]: in der Pflanzensoziologie svw. ↑ Charakterart.

Chelate, die (Mehrz.) [ç... ‖ Einz.: das Chelat ‖ zu griech. chēlē = Kralle, Krebsschere ‖ Syn.: Chelatkomplexe, Chelatverbindungen]: allg. cyclische Verbindungen, bei denen ein bestimmtes Atom an zwei (oder mehrere) funktio-

nelle Gruppen des Moleküls gebunden ist und dabei von den Gruppen „wie von einer Krebsschere" umfaßt wird.
Ch. spielen bei der Wasserenthärtung (↑ Wasserhärte) und bei der Metallrückgewinnung aus Abwässern eine Rolle. Wichtige natürliche Ch. sind Blattgrün (Chlorophyll) und der rote Blutfarbstoff Hämoglobin.

Chemikaliengesetz [ç...]: Kurzbez. für das Bundesgesetz zum Schutz vor gefährlichen Stoffen vom 16. 9. 1980, das Mensch und Umwelt besser vor den Wirkungen gefährlicher Stoffe und Zubereitungen schützen soll. Durch vorbeugende Überwachung des gewerbsmäßigen und sonstigen wirtschaftlichen Verkehrs mit chemischen Stoffen und eine eingeführte Anmeldepflicht für neue Stoffe soll der Schutz verbessert werden. Das Gesetz wendet sich dazu v. a. an Industrie, Handel und Gewerbe (nicht an die Wissenschaft). Es enthält neben allg. Vorschriften zum Gesundheitsschutz auch Vorschriften zum Verbraucher-, Arbeits- und Umweltschutz.

chemischer Krieg [ç...]: die Anwendung chemischer Stoffe zum Schutz und zur Verteidigung, aber auch zum Angriff im Pflanzen- und Tierreich.
Pflanzen können sich gegenseitig durch Ausscheidungsprodukte beeinträchtigen (↑ Allelopathie). Sie können sich gegen Fadenwürmer (Giftwirkung von Sammetblumen- und Apfelbaumwurzeln), Insekten (Fraßschutzstoffe, natürliche Insektizide; z. B. Pyrethrine bei der Chrysanthemenart Chrysanthemum cinerariaefolium), Mikroorganismen und Viren (↑ Phytoalexine) und in manchen Fällen sogar gegen Säugetiere wehren. Als Beispiel dafür mag dienen, daß in Alaska junge Bäume, die von periodisch in Massen auftretenden Schneeschuhhasen (Lepus americanus) abgenagt werden, Adventivzweige bilden, die nicht wieder gefressen werden, weil sie unangenehm schmeckende phenolische Verbindungen enthalten.
Nesseltiere, Insekten, Giftspinnen, Kröten, Skorpione und Schlangen verwenden z. T. extrem giftige Stoffe zum Beutefang und zur Verteidigung. Das Stinktier spritzt einen übelriechenden Saft

64

chemoautotroph

(enthält Butylmercaptan) auf seine Feinde. Der Bombardierkäfer schleudert mit lautem Knall einen chinonhaltigen Tropfen auf seinen Angreifer; die Antriebskraft des Tropfens stammt aus der heftigen Freisetzung von Sauerstoff bei der Reaktion von Wasserstoffperoxid mit dem Enzym Katalase.

chemischer Sauerstoffbedarf [ç... ‖ Abk.: CSB]: durch ein genormtes Verfahren ermittelte Kenngröße für den Verschmutzungsgrad von Gewässern und Abwässern mit organischen Stoffen. Zur Feststellung des CSB werden die in einer Wasserprobe enthaltenen organischen Substanzen mit einem Oxidationsmittel (Kaliumdichromat) abgebaut und die dazu erforderliche Sauerstoffmenge festgestellt.

Der CSB ist größer als der ↑ biologische Sauerstoffbedarf, weil er auch die nur langfristig abbaubaren Stoffe miteinbezieht.

chemische Schädlingsbekämpfung [ç...]: die Anwendung von für Schädlinge toxisch wirkenden Substanzen. Die Mittel werden meist in flüssiger Form im Spritz-, Sprüh- oder Nebelverfahren, aber auch als Stäubemittel oder Granulate eingesetzt. Für kleinere Flächen kommen trag- oder fahrbare Geräte, für größere Flächen Flugzeuge zum Einsatz. Bei Materialien kommen auch Anstrich- oder Injektionsverfahren zur Anwendung. Manche Materialien, Vorräte (Getreide), Pflanzen (Gehölze, Blumenzwiebeln) werden auch durch Verpackungsmaterialien werden in geschlossenen Kammern begast; Lager- und Wohnräume werden durchgast.

Die meisten der gegen Schädlinge eingesetzten Stoffe wirken über die Nerven. Lipidlösliche Kontaktmittel (v. a. gegen Insekten und Milben) dringen über die Sinnesorgane und die Intersegmentalhäute, Atemgifte über die Stigmen und Tracheen, Fraßgifte über den Darm in den Tierkörper ein. Die Wirkstoffe werden im Tierkörper an bestimmte Stoffwechselprodukte gebunden und mit diesen an den Wirkort geleitet. Manche Wirkstoffe werden erst im Organismus aktiviert. Systemische Mittel werden mit dem Saftstrom in der Pflanze fortgelei-

tet, gelangen durch Diffusion in die Zellen und werden mit dem Pflanzensaft von saugenden Schädlingen (Blattläuse, Spinnmilben) aufgenommen.

Die ch. Sch. hat erhebliche Erfolge in der Seuchenbekämpfung und zusammen mit anderen Maßnahmen der Pflanzenproduktion eine hohe Ertragssteigerung in der Landwirtschaft erzielt. Diese Erfolge bringen aber potentiell auch Probleme für die Umwelt und Nahrungsmittel, v. a. durch Rückstände. Dem wirkt der Gesetzgeber durch die ↑ Höchstmengenverordnung entgegen.

Ein bes. Problem der früher entwickelten Wirkstoffe lag in der Akkumulierung in der Nahrungskette. Dieses Problem ist im modernen Pflanzenschutz aber nicht mehr von Bedeutung. Auch die Rückstandssituation läßt nach derzeitiger Kenntnis keine Gefährdungen erkennen.

Chemische Mittel erfassen im Freiland jedoch zugleich andere nützliche Tiere, die Räuber oder Parasiten der Schädlinge sind. Das kann zur Entwicklung von Schädlingen führen, die als solche bisher nicht in Erscheinung getreten sind. Die Entwicklung selektiver Mittel und die Befolgung des integrierten Pflanzenschutzes bzw. Pflanzenbaus können dies aber weitgehend verhindern.

Schädlinge können auch gegen chemische Wirkstoffe resistente Populationen herausbilden, so daß ein Wirkstoffwechsel vorgenommen werden muß.

Die ch. Sch. kann als eine Art anthropogen beeinflußter Regelkreis angesehen werden und soll die natürlichen Begrenzungsfaktoren als integrierte Schädlingsbekämpfung sinnvoll und gezielt ergänzen, indem die Individuendichte durch Verringerung der Population auf das gewünschte Maß gesenkt wird. Sie erfordert vom Anwender umfangreiche Kenntnisse über die Schadorganismen, deren Lebensgefüge, insbesondere aber auch über Wirkung und Verhalten der Schädlingsbekämpfungsmittel (↑ Pestizide) sowie über die verwendeten Geräte und Applikationstechnik.

chemoautotroph [ç... ‖ Kurzbildung aus chemotroph und autotroph ‖ Syn.: chemosynthetisch]: nennt man Organis-

3 SD Ökologie

Chemoautotrophie

men, die körpereigene organische Substanz aus Kohlendioxid aufbauen (↑autotroph) und die hierfür benötigte Energie aus der Oxidation anorganischer Substrate gewinnen (↑chemotroph). Da die Oxidationsvorgänge nur wenig Energie liefern, müssen große Substratmengen umgesetzt werden. Ch.e Organismen kommen nur bei Bakterien und Blaualgen vor. Als wichtigste Vertreter sind zu nennen:
Die farblosen **Schwefelbakterien** oxidieren Schwefel, Schwefelwasserstoff u. a. Schwefelverbindungen. Sie spielen deshalb z. B. bei der natürlichen Reinigung von Industrieabwässern eine wichtige Rolle.
Nitrit- und **Nitratbakterien** treten jeweils vergesellschaftet auf. Die Nitritbakterien der Gattung Nitrosomonas gewinnen ihre Energie aus der Oxidation von Ammoniak. Die bei diesem Prozeß entstehenden Nitrite werden dann von den Nitratbakterien der Gattung Nitrobacter zu Nitrat oxidiert. Nitrit- und Nitratbakterien erfüllen im Kreislauf der Natur eine wichtige Rolle. Sie sorgen dafür, daß das bei der Zersetzung von Eiweiß entstehende Ammoniak nicht in die Luft entweicht (wodurch es den Pflanzen verlorenginge), sondern über die Festlegung in Nitrite und Nitrate wieder in eine pflanzenverfügbare Form umgewandelt wird.
Die **Eisenbakterien** nehmen zweiwertige Eisenionen, die im Wasser als Eisenhydrogencarbonat gelöst sind, auf und oxidieren es zu dreiwertigem, unlöslichem Eisenhydroxid. Man kann dies manchmal am Grund von Bächen oder Tümpeln als braune Flocken erkennen.
Chemoautotrophie, die [ç... ‖ zu ↑chemoautotroph ‖ Syn.: Chemosynthese]: die Ernährungsweise chemoautotropher Organismen. Sie ist wahrscheinlich erdgeschichtlich älter als die Photoautotrophie (↑Photosynthese).
chemoheterotroph [ç... ‖ Kurzbildung aus chemotroph und heterotroph]: nennt man Organismen, die die zum Aufbau organischer Substanz benötigte Energie aus Reduktions-Oxidations-Prozessen gewinnen (↑chemotroph) und hierbei aufgenommene organische Substanzen als Kohlenstoffquelle benutzen (↑heterotroph). Hierzu gehören die Tiere, der Mensch und viele Mikroorganismen.
Chemoheterotrophie, die [ç... ‖ zu ↑chemoheterotroph]: die Ernährungsweise chemoheterotropher Organismen.
Chemokline, die [ç... ‖ zu chemisch und griech. klínein = sich hinneigen, fallen]: die von der Temperatursprungschicht (Thermokline) abhängige ↑Sprungschicht in Süßwasserseen.
chemolithotroph [ç... ‖ Kurzbildung aus chemotroph und lithotroph]: nennt man Mikroorganismen, die die für den Aufbau organischer Substanz benötigte Energie aus Reduktions-Oxidations-Vorgängen gewinnen (↑chemotroph) und hierbei als Wasserstoffdonatoren anorganische Substanzen verwenden (↑lithotroph).
Ch.e Organismen sind meist **chemolithoautotroph**, d. h., sie gewinnen ihren Zellkohlenstoff durch Kohlendioxidfixierung (↑autotroph).
Einige Organismen, z. B. einige sulfatreduzierende Bakterien, müssen als Kohlenstoffquelle organische Substanzen benutzen (↑heterotroph); man bezeichnet sie deshalb als **chemolithoheterotroph.**
Chemolithotrophie, die [ç... ‖ zu ↑chemolithotroph]: die früher auch als **Anorgoxidation** bezeichnete Ernährungsweise chemolithotropher Organismen.
chemoorganotroph [ç... ‖ Kurzbildung aus chemotroph und organotroph]: nennt man Organismen, die die für den Aufbau organischer Substanz benötigte Energie aus Reduktions-Oxidations-Vorgängen gewinnen (↑chemotroph) und hierbei als Wasserstoffdonatoren organische Substanzen verwerten (↑organotroph). Zu den ch.en Organismen gehören die Tiere, der Mensch und die meisten Mikroorganismen.
Chemoorganotrophie, die [ç... ‖ zu ↑chemoorganotroph]: die Ernährungsweise chemoorganotropher Organismen.
Chemosynthese, die [ç... ‖ griech. sýnthesis = Zusammensetzung]: svw. ↑Chemoautotrophie.
chemosynthetisch [ç... ‖ zu ↑Chemosynthese]: svw. ↑chemoautotroph.

Chlorophyll

Chemotaxis, die [ç... ‖ zu chemisch und griech. táxis = Anordnung]: die Orientierungsbewegung eines frei beweglichen Organismus zu einem chemischen Reizstoff hin **(positive Ch.)** oder von ihm weg **(negative Ch.).**
Ch. ist bekannt bei Bakterien, Schleimpilzen (Zusammenlagerung zu Fruchtkörpern), Gameten von Algen und Pilzen, Spermazellen bei Säugetieren und Fischen, Spermatozoiden höherer Pflanzen und Farne, bei Fadenwürmern und bei Leukozyten.
Die spezifische Anlockung parasitierender Insekten zu ihrer Beute und die vielfältigen, durch ↑ Pheromone vermittelten Wechselwirkungen können als weiterentwickelte Form der Ch. betrachtet werden.

chemotroph [ç... ‖ Kurzbildung aus ↑ Chemosynthese und ↑ -troph]: nennt man Organismen, die ihre für den Aufbau organischer Substanz benötigte Energie aus Reduktions-Oxidations-Prozessen gewinnen. – Gegensatz: ↑ phototroph.

Chemotrophie, die [ç... ‖ zu ↑ chemotroph]: die Ernährungsweise chemotropher Organismen.

Chemotropismus, der [ç... ‖ chemisch und ↑ Tropismus]: das gerichtete Wachstum zu einem chemischen Reizstoff hin **(positiver Ch.)** oder von ihm weg **(negativer Ch.).** So wachsen z. B. Pollenschläuche stets zu den Samenanlagen hin, Pilzhyphen parasitärer Pilze oder Saugwurzeln höherer Parasiten (z. B. Kleeseide, Sommerwurz) zur Wirtspflanze und Wurzelhaare zu Nährstoffen oder Wasser hin, z. B. die Rhizoide von Lebermoosen oder Farnprothallien.

Chiropterogamie, die [ç... ‖ Chiroptera (wiss. Name der Fledertiere) und ↑ -gamie]: die Fledermausbestäubung bei Blüten (↑ Bestäubung).

chlorierte Kohlenwasserstoffe [k...]: svw. ↑ Chlorkohlenwasserstoffe.

Chlorkohlenwasserstoffe [k... ‖ Abk.: CKW ‖ Syn.: chlorierte Kohlenwasserstoffe]: Gruppe chemischer Verbindungen, die sich von den Kohlenwasserstoffen durch Ersatz eines oder mehrerer Wasserstoffatome durch Chloratome ableiten.

Ch. werden in der chemischen Industrie in großem Umfang hergestellt und v. a. als Zwischenprodukte bei der Herstellung zahlreicher Erzeugnisse verwendet (z. B. Vinylchlorid als Ausgangsmaterial für PVC), ferner als Lösungsmittel (z. B. Tetrachlorkohlenstoff), als Kältemittel usw. gebraucht. Allen diesen Verbindungen ist gemeinsam, daß es sich um mehr oder weniger toxisch wirkende Substanzen handelt.
Eine Reihe von bes. toxischen (aromatischen und alicyclischen) Ch.n wurde v. a. als Schädlingsbekämpfungsmittel bekannt (u. a. DDT, Dieldrin, Hexachlorcyclohexan). Sie vereinigen eine stark insektizide Wirkung mit einer bes. niedrigen akuten Warmblütertoxizität. Erst nach einer Reihe von Jahren erkannte man, daß sich die Substanzen wegen ihrer hohen Beständigkeit im Fettgewebe anreichern und heute überall in der Natur vorkommen. Zudem wird bei zahlreichen dieser Verbindungen zunehmend eine Resistenz der Schädlinge beobachtet. In den westlichen Industrieländern hat man deshalb weitgehend die Anwendung und Herstellung dieser Verbindungen verboten. In den Tropen mit ihren viel größeren Problemen mit Schadinsekten scheint dies bisher nicht möglich zu sein.
Weitere wichtige Ch. sind die als Unkrautvernichtungsmittel verwendeten Chlorphenoxyessigsäuren und ähnliche Verbindungen. Ein bekanntes Beispiel ist die 2,4,5-Trichlorphenoxyessigsäure, die als Bestandteil von ↑ Entlaubungsmitteln angewandt wird. Sie kann durch die bei der Herstellung des Zwischenprodukts Trichlorphenol entstehenden, bes. toxischen ↑ Dioxine verunreinigt sein.
Ebenfalls als äußerst giftig erwiesen sich die Ch. aus der Reihe der polychlorierten Biphenyle (↑ PCB).

Chlorophyll, das [k... ‖ griech. chlōrós = grüngelb und griech. phýllon = Blatt ‖ Syn.: Blattgrün]: wichtigster und häufigster pflanzlicher Farbstoff, der in allen photosynthetisch aktiven Organismen in den **Chloroplasten** enthalten ist und die Aufgabe hat, die Sonnenlichtenergie aufzunehmen.

Chore

In Blaualgen kommt allein **Chlorophyll a** vor; in allen höheren Pflanzen und den Grünalgen wird es vom **Chlorophyll b** begleitet. Seltenere Chlorophylltypen kommen bei anderen Algenklassen vor.
Chore, die ['ko:rə] aus griech. chōra = Ort, Platz]: einheitliche Landschaft, die sich von ihrer Umgebung abhebt. Eine belebte Ch. ist die ↑ Biochore, die unbelebte die ↑ Physiochore.
Da kleinere naturräumliche Einheiten größere zusammensetzen **(Hierarchie der naturräumlichen Einheiten),** unterscheidet man zwischen **Mikro-Ch.** (Gefüge aus mehreren ↑ Ökotopen), **Meso-Ch.** (Verband mehrerer Mikrochoren), **Makro-Ch.** (Zusammenfassung mehrerer Mesochoren) und **Mega-Ch.** (eine naturräumliche Region aus mehreren Makrochoren).
Choriotop, der oder das [ç... griech. chōríon = Platz, Stelle und griech. tópos = Ort]: svw. ↑ Biotop.
Choriozönose, die [ç...; zu griech. chōríon = Platz, Stelle und griech. koinós = gemeinsam, Analogiebildung nach Biozönose]: Bez. für tierische Organismengemeinschaften in eng umschriebenen, auch als ↑ Biochore bezeichneten Lebensbezirken.
Eine Ch. in extrem kleinen Lebensbezirken, bei der völlig gleiche Lebensbedingungen herrschen (z. B. in, an oder auf Fichtenzapfen), nennt man **Merozönose.**
C-Horizont: eine Bodenschicht (↑ Boden).
Chorologie, die [ç... griech. chōra = Platz, Stelle und ↑ -logie]: andere Bez. für ↑ Arealkunde.
chromatische Adaptation [k... zu griech. chrōma = Haut, Hautfarbe, Farbe]: vor allem bei Rotalgen (Rhodophyzeen) und Blaualgen (Cyanobakterien) auftretende Komplementärfärbung bei Beleuchtung mit farbigem Licht, hervorgerufen durch die Veränderung des Mengenverhältnisses der roten Phycoerythrine und der blauen Phycocyanine, wasserlöslicher Pigmente, die bei der Lichtabsorption für die ↑ Photosynthese als akzessorische Pigmente dienen.
Die ch. A. ist eine Anpassung an die Lichtverhältnisse in tieferen Wasserschichten.

Ci: Einheitenzeichen für ↑ Curie.
CIBC, das [tse:'i:be:'tse:, engl. 'si:aɪbi:'si:]: Abk. für: **Commonwealth Institute of Biological Control;** Institut zur Erforschung und Vermehrung von ↑ Entomophagen zur ↑ biologischen Schädlingsbekämpfung; ein europäisches Laboratorium befindet sich in Délemont (Schweiz).
CITES, die: Abk. für engl. **Convention on International Trade in Endangered Species of Wild Flora and Fauna;** englische Bez. für das ↑ Washingtoner Artenschutzübereinkommen.
CKW, die (Mehrz.) [tse:ka:'ve:]: Abk. für ↑ Chlorkohlenwasserstoffe.
Club of Rome, der ['klʌb əv 'roʊm volle Namensform: The Club of Rome]: lose Verbindung von Wissenschaftlern und Industriellen aus aller Welt, gegründet 1968 in Rom. Ziele sind Untersuchung, Darstellung und Deutung der „Lage der Menschheit" (sog. „Weltproblematik") sowie Aufnahme und Pflege von Verbindungen zu nationalen und internationalen Entscheidungszentren, wobei Probleme des menschlichen Zusammenlebens sowie der Harmonie der Natur (globaler Rohstoffhaushalt und Umweltschutz) im Vordergrund stehen.
1972 veröffentlichte der C. of R.: „Die Grenzen des Wachstums. Bericht des C. of R. zur Lage der Menschheit" (dt. 1972). 1973 erhielt er den Friedenspreis des deutschen Buchhandels. Es folgten Berichte von M. D. Mesarović and E. Pestel („Menschheit am Wendepunkt", dt. 1974), J. Tinbergen („Wir haben nur eine Zukunft", dt. 1977), A. Peccei („Zukunftschance Lernen", dt. 1980) sowie G. Friederichs and A. Schaff („Auf Gedeih und Verderb – Mikroelektronik und Gesellschaft", 1982), A. Peccei („Der Weg ins 21. Jahrhundert – Alternative Strategien für die Industriegesellschaft", 1983; „Die Zukunft in unserer Hand", 1983), A. Schaff („Wohin führt der Weg? – Die gesellschaftlichen Folgen der zweiten industriellen Revolution", 1985), E. Borgese („Die Zukunft der Weltmeere", 1985), B. Schneider („Die Revolution der Barfüßigen. Über das Elend in der Dritten Welt", 1986), U. Colombo („Der zweite Planet", 1986).

Dauerfrostboden

C/N-Verhältnis: Das Gewichts- bzw. Massenverhältnis von Kohlenstoff (C) und Stickstoff (N) im Humus des Bodens. Für die Verhältnisangabe wird der Stickstoff gleich 1 gesetzt. Das C/N-V. ist ein gutes Maß für die Zersetzbarkeit des organischen Materials. Beide Elemente liegen organisch gebunden im Humus vor und werden durch die Tätigkeit der Mikroorganismen in anorganische Verbindungen überführt (↑ Mineralisation); der Stickstoff wird dadurch für die Pflanzen verfügbar.

Ein enges C/N-V. (hoher Stickstoffgehalt) weist daher auf eine rege Mikroorganismentätigkeit hin; die Böden sind fruchtbar und nährstoffreich (z. B. bei Schwarzerden C/N ca. 10:1). Böden mit einem weiten C/N-V. (z. B. bei Hochmooren ca. 50:1) zeugen dagegen von einer geringen Zersetzung und einer stickstoffarmen Streu.

Ackerböden sollten ein C/N-V. unter 25:1 aufweisen, da über diesen Wert die Mikroorganismen wegen des vorliegenden Stickstoffmangels den frei werdenden Stickstoff für den Aufbau ihrer körpereigenen Substanz verwerten.

COD, der [tseːˈoːˈdeː: ‖ Abk. für gleichbed. engl. chemical oxygen demand]: svw. CSB (↑chemischer Sauerstoffbedarf).

Committee on the Challenges of Modern Society, das [kəˈmɪtɪ ɔn ðə ˈtʃælɪndʒəz əv ˈmɔdən səˈsaɪətɪ]: ↑CCMS.

C₃-Pflanzen: Sammelbez. für alle Pflanzen, die in der ↑Photosynthese Kohlendioxid an Ribulosediphosphat fixieren; erstes stabiles Produkt ist dann die drei Kohlenstoffatome enthaltende Phosphoglycerinsäure, die anschließend im Calvin-Zyklus weiterverarbeitet wird. In diese Gruppe gehören die meisten photoautotrophen Pflanzen.

C₄-Pflanzen: Bez. für eine Pflanzengruppe mit besonderen strukturellen und funktionellen Anpassungen der ↑Photosynthese an die ökologischen Bedingungen trockenheißer oder salzreicher Standorte.

Durch Vorschaltung eines zusätzlichen, äußerst wirksamen, rasch ablaufenden Kohlendioxid-Fixierungsprozesses, der Salze von C₄-Carbonsäuren (Malat, Aspartat) als erste stabile Produkte liefert, wird Kohlendioxid im Blatt angehäuft und dem Calvin-Zyklus zugeführt. Hohe Lichtstärken können somit voll zur Photosynthese ausgenutzt werden.

Bei gleichzeitig nur geringen Verlusten durch ↑Photorespiration ergibt sich gegenüber den ↑C₃-Pflanzen eine wesentlich höhere Stoffproduktion.

Zur Gruppe der C₄-Pf. gehören z. B. Mais, Zuckerrohr, Hirse und Vertreter aus den Familien Fuchsschwanzgewächse, Gänsefußgewächse, Wolfsmilchgewächse und Portulakgewächse der tropischen Klimagebiete.

CSB, der [tseːˈɛsˈbeː:]: Abk. für ↑chemischer Sauerstoffbedarf.

Curie, das [kyˈriː: ‖ nach den frz. Physikern Marie (* 1867, † 1934) und Pierre Curie (* 1859, † 1906) ‖ Einheitenzeichen: Ci]: früher benutzte Einheit für die Aktivität eines radioaktiven Elements.
$1 \text{ Ci} = 3,7 \cdot 10^{10} \text{ Bq} = 3,7 \cdot 10^{10}$ Zerfälle pro Sekunde.

D

Dämmerungstiere: während der Dämmerung aktive Tiere (↑Nachttiere).

Dämmerungszone [Syn.: dysphotische Zone]: je nach Klarheit des Wassers ab Tiefen von 50 m (maximal 100 m) bis 200 m (maximal 1 000 m) reichende, nur noch von schwachem, blauem Licht durchleuchtete Meereszone zwischen der lichtdurchfluteten (euphotischen) oberen und der lichtlosen ↑Dunkelzone, in der keine Photosynthese mehr möglich ist. Die artenarme Tierwelt besteht hpts. aus Nematoden (Fadenwürmer).

Dauerfrostboden [Syn.: ewige Gefrornis, Permafrost, Pergelisol]: ständig tiefgründig gefrorener, nur im Sommer

Dauergesellschaft

oberflächlich auftauender Boden (**Auftauboden**). D. ist in den Polar- und Tundrengebieten sowie in Teilen der nördlichen Nadelwaldzone zu finden.
In Alaska und Sibirien ist der D. bis über 300 m, auf Spitzbergen bis 230 m mächtig.

Dauergesellschaft: Pflanzengesellschaft, die aufgrund der am Standort herrschenden gleichbleibenden Bedingungen in ihrer Zusammensetzung über eine lange Zeit hinweg erhalten bleibt. Typische D.en sind die durch den Menschen entstandenen und erhaltenen mitteleuropäischen Mähwiesen und Weiden.

DBV, der [de:be':fau]: Abk. für ↑ **D**eutscher **B**und für **V**ogelschutz e. V.

DDT (WZ), das [de:de:'te:]: Abk. für: **Di**chlor**d**iphenyl**t**richloräthan; zu den ↑ Chlorkohlenwasserstoffen zählendes, hochwirksames Insektenbekämpfungsmittel (Kontakt- und Fraßgift). Nach der Entdeckung der insektiziden Wirkung des DDT durch Paul H. Müller (1939) wurde es jahrzehntelang weltweit erfolgreich eingesetzt. Inzwischen wurde seine Anwendung in vielen Ländern verboten bzw. stark eingeschränkt.

DDT ist sehr stabil, bleibt viele Jahre wirksam und wird im Organismus der Lebewesen im Fettgewebe gespeichert. Im Verlauf der Nahrungskette kann es zu einer Anreicherung im tierischen Organismus kommen.

DDT führte weltweit u. a. zu resistenten Insektenstämmen und zur Gefährdung der Vögel (Sterilität und zu dünne Eierschalen). Man fand in Fischen amerikanischer Seen einen 5 000fach höheren DDT-Gehalt als im Seewasser.
Beim Menschen führen 0,5 g DDT zu Übelkeit und Kopfschmerzen.

de- [aus lat. de = von-weg, von-herab]: Präfix mit folgenden Bedeutungen: 1. „Vorgang oder Ergebnis einer Abtrennung, Entfernung von etwas"; z. B. Denitrifikation. 2. „Aufhebung, Umkehrung"; z. B. Dekontamination.

Deckungsgrad [Syn.: Dominanz]: in der *Pflanzensoziologie* der vom Sproß und Blattsystem der Pflanzen einer bestimmten Art bedeckte Anteil an der Standortfläche einer Pflanzengesellschaft, ausgedrückt in (geschätzten) Flächen- oder (öfter bei Wiesengesellschaften) Gewichtsprozenten.

Degradation, die [aus spätlat. degradatio = Herabsetzung ‖ Syn.: Degradierung]: in der *Bodenkunde* Bezeichnung für komplexe Vorgänge in Böden, die einen teilweisen oder gänzlichen Verlust

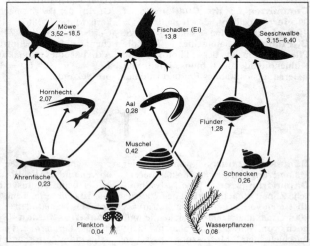

DDT. Anreicherung von DDT in einer Nahrungskette vom Plankton zum Wasservogel (in ppm; modifiziert nach Woodwell)

Desertifikation

der charakteristischen Merkmale des betreffenden Bodentyps hervorrufen; z. B. Auswaschung von Nährstoffen, Versauerung, Verschlechterung der Humusform und der Bodenstruktur.

Dekontamination, die [↑de- und ↑Kontamination ‖ Syn.: Entgiftung, Entseuchung]: Sammelbez.] für alle Maßnahmen, durch die bei einem radioaktiv, biologisch oder chemisch verseuchten Objekt oder Gebiet wieder die Voraussetzungen dafür geschaffen werden, daß Mensch und Tier ohne Schutzvorrichtungen oder -maßnahmen mit dem Objekt in Berührung kommen oder sich im betreffenden Gebiet aufhalten können.

In einem Kernkraftwerk werden die bei der Reinigung des Primärkühlwassers anfallenden radioaktiven Abwässer zunächst über längere Zeit gelagert, dann nach vorheriger D. unter Einhaltung der Grenzwerte mit dem Kühlwasser vermischt und abgeführt.

Demökologie, die [griech. dēmos = Gebiet ‖ Syn. Populationsökologie]: Teilgebiet der ↑Ökologie, das sich mit den Umwelteinflüssen auf ganze Populationen einer bestimmten Tier- und Pflanzenwelt befaßt und oft eine Zwischenstellung zwischen ↑Autökologie und ↑Synökologie einnimmt.

Dendrobionten, die (Mehrz.) [Einz.: der Dendrobiont]: ↑Dendrobios.

Dendrobios, der [griech. déndron = Baum und griech. bios = Leben]: Gesamtheit aller auf oder in Bäumen (z. B. im Holz, auf oder in Blättern, unter der Rinde) lebenden Organismen; auch Bez. für den Baum als Lebensstätte solcher Organismen, die man im einzelnen als **Dendrobionten** bezeichnet.

Denitrifikation, die [↑de- und ↑Nitrifikation ‖ Syn.: Nitratatmung] bei Sauerstoffmangel im Boden (Staunässe) durch anaerobe Bakterien (Bacterium denitrificans, Arten von Pseudomonas) verursachte Stickstoffverluste, die je nach Boden, Witterungsbedingungen und Art der Mineraldünger 15–30% des Stickstoffs ausmachen können. Die Bakterien verwenden den Nitratsauerstoff anstelle atmosphärischen Sauerstoffs zur Oxidation von organischen Verbindungen zwecks Energiegewinnung.

Deponie, die [zu lat. deponere = ab-, niederlegen]: Kurzbez. für ↑Mülldeponie.

Deponiegas: beim mikrobiellen Abbau organischer Abfälle auf Mülldeponien entstehendes, sehr geruchsintensives Gas; besteht hpts. aus brennbarem Methan und Kohlendioxid. D. hat einen hohen Heizwert (1 m^3 D. entspricht 0,8 l Heizöl) und wird u. a. örtlich zur Stromerzeugung genutzt.

Deposition, die [lat. depositio = das Ablegen]: die Ablagerung von Schadstoffen (z. B. Schwefeldioxid) am Boden, im Wasser, an Pflanzen und an Gebäuden.

Man unterscheidet zwischen **trockener D.** (Ablagerung von Staubteilchen oder Ablagerung der Schadstoffe direkt an der Oberfläche) und **nasser D.** (Niederschlag von Gasen und Partikeln durch Ausregnen, Auswaschen).

Eine bes. Art der trockenen D. ist die sog. **Interzeption.** Bei ihr werden die Gase, Tröpfchen und Partikel aus der Luft von den Laubblatt-, Nadelblatt- und Zweigoberflächen (insbes. im Kronenraum von Wäldern) zurückgehalten und ausgefiltert („Auskämmen"). Die Menge der ausgefilterten Schadstoffe ist abhängig von der Baumart. Im Wald kann folglich mehr deponiert werden als auf einer Wiese.

Derivat, das [zu lat. derivare = ableiten]: in der *Chemie* ein Abkömmling einer Verbindung, die aus einer anderen hergestellt werden kann.

Desertation, die [zu lat. desertus = unbewohnt, leer]: durch natürliche Klimaänderungen hervorgerufene Umwandlung von Trockengebieten in Wüsten.

Desertifikation, die [zu lat. desertus = unbewohnt, leer und lat. facere (in Zus.: -ficere) = machen, bewirken]: das Vordringen der Wüste in semiaride Gebiete oder die Schaffung wüstenähnlicher Bedingungen, weniger als Folge natürlicher Klimaschwankungen als vielmehr durch Eingriffe des Menschen in das Ökosystem der Wüstenrandgebiete. D. führt zur Zerstörung des biologischen Nutzungspotentials durch nicht angepaßte Landnutzungsmaßnahmen. Das bekannteste Beispiel ist die Ausweitung der Sahara gegen den Sahel.

Destruenten, die (Mehrz.) [Einz.: der Destruent ‖ zu lat. destruere = zerstören ‖ Syn.: Reduzenten]: die abbauenden Organismen der ↑ Nahrungskette.

Desulfurikation, die [zu ↑ de- und lat. sulp(h)ur = Schwefel]: allg. eine unter Ausschluß von Sauerstoff verlaufende *biochemische* Mineralisierung von schwefelhaltigen organischen Substanzen unter Bildung von Schwefelwasserstoff; im engeren Sinne eine anaerobe Atmung, bei der Sulfationen als Wasserstoffakzeptoren dienen und Schwefelwasserstoff entsteht:

$$8H + SO_4^{2-} \rightarrow H_2S + 2H_2O + 2OH^-.$$

Die zu dieser dissimilatorischen Sulfatreduktion **(Sulfatatmung)** befähigten Bakterien der Gattungen Desulfovibrio und Desulfotomaculum sind obligat anaerob und sauerstoffempfindlich, haben jedoch einen oxidativen Stoffwechsel; sie leben v. a. im Faulschlamm der Gewässer, wo sie die Hauptproduzenten von Schwefelwasserstoff sind.

Detergenzien, die (Mehrz.) [Einz.: das Detergens ‖ zu lat. detergere = abwischen, reinigen ‖ Schreibvariante: Detergentia]: svw. ↑ Tenside.

detritische Nahrungskette [zu ↑ Detritus ‖ Syn.: detrivore Nahrungskette, Zersetzerkette, Saprophagennahrungskette]: eine ↑ Nahrungskette, die auf den saprophagen Tieren, d. h. den sich von toter organischer Substanz (vor allem abgestorbenen Pflanzen) ernährenden Tieren, basiert.

Detritus, der [zu lat. deterere, detritum = abreiben, abscheuern ‖ Abl.: detritisch]: feines Material aus abgestorbenen, sich zersetzenden Tier- oder Pflanzenresten **(organischer D., Tripton)**, und zwar entweder in Gewässern, wo es meist langsam absinkt und sich am Grunde ansammelt, oder an Land, z. B. unter älterem Fallaub.

D. dient zahlreichen zu den Saprozoen zählenden wirbellosen Tieren **(D.fresser, Detritophagen)** als Nahrung, z. B. Larven des Neunauges und von Kleinkrebsen.

Detritusfresser [Syn.: Detritophagen]: ↑ Detritus.

detrivore Nahrungskette [zu ↑ Detritus und lat. vorare = verschlingen]: svw. ↑ detritische Nahrungskette.

Deutscher Bund für Vogelschutz e. V. [Abk.: DBV]: 1899 in Stuttgart gegründete Gesellschaft zum Schutz bedrohter Vogelarten durch Einrichtung von Vogelschutzgebieten sowie durch Aufklärung der Öffentlichkeit.

Deutscher Naturschutzring e. V. – Bundesverband für Umweltschutz [Abk.: DNR]: 1950 gegründeter Dachverband, Sitz Bonn, der in der BR Deutschland alle sich mit Naturschutz, Landschaftsschutz, Landschaftspflege und der Erhaltung der natürlichen Umwelt befassenden Organisationen zusammenfaßt, ihre Arbeit und Zielsetzung koordiniert und mit ihnen gemeinsame Aktionen durchführt. Dem DNR sind über 100 Verbände mit derzeit rund 2,2 Mill. Mitgliedern angeschlossen.

Deutscher Rat für Landespflege [Abk.: DRL]: 1962 als unabhängiges Beratungsgremium für den Bundestag berufener Verband des (privaten) Natur- und Umweltschutzes.

Devastation, die [aus spätlat. devastatio = Verwüstung]: Wüstenbildung durch klimatische Ursachen wie Ausbleiben von Niederschlägen, Winderosion der kahlen Bodenflächen und anthropogene Einflüsse (z. B. Abholzung großer Wälder).

Devitation, die [aus lat. devitatio = das Vermeiden]: die Vermeidung schädlicher Umwelteinflüsse (↑ Avoidanz).

dimiktischer See [zu griech. di- = zweimal und griech. miktós = gemischt]: Seentyp, bei dem zweimal im Jahr (Frühjahr und Herbst) eine Umschichtung des Wassers durch Vollzirkulation (↑ Wasserzirkulation) stattfindet. Dimiktische Seen sind typisch für die gemäßigten Breiten.

Dioxan, das [zu griech. di- = zweimal und lat. Oxygenium = Sauerstoff ‖ Syn.: Diäthylendioxid]: farblose, brennbare, schwach ätherartig riechende Flüssigkeit; chemisch ein cyclischer Äther, der v. a. durch Wasserabspaltung aus Diäthylenglykol gewonnen wird.

D. findet wegen seiner guten Lösungseigenschaften Verwendung als Lösungs-

Diversität

mittel für Zelluloseprodukte, Fette, Öle, Wachse und Harze. – MAK-Wert: 50 ppm bzw. 180 mg/m³.

Dioxine, die (Mehrz.) [Einz.: das Dioxin ‖ zu griech. di- = zweimal und nlat. Oxygenium = Sauerstoff]: allg. Bez. für chemische Verbindungen, die sich vom **Dioxin,** einer heterocyclischen Verbindung mit zwei Sauerstoffatomen in 1,4-Stellung im Ring, ableiten. Diese Verbindung ist als solche nicht bekannt, tritt aber in Form kondensierter Ringsysteme, z. B. im **Dibenzodioxin,** auf. Als D. werden heute (vereinfachend) v. a. die chlorierten Derivate des Dibenzodioxins bezeichnet, die in sehr geringen Mengen als Nebenprodukte bei der Herstellung der als Herbizide verwendeten Chlorphenoxyessigsäuren sowie der als Desinfektionsmittel verwendeten Polychlorphenole entstehen. Unter diesen Verbindungen besonders bekannt ist das 2,3,7,8-Tetrachlordibenzodioxin (↑ TCDD). Die D. sind chemisch und thermisch außerordentlich beständig und werden auch biochemisch praktisch nicht abgebaut; sie können deshalb wie auch andere ↑ Chlorkohlenwasserstoffe in die Nahrungskette gelangen.

Direkteinleiter: Bez. für Unternehmen, Gemeinden und kommunale Abwasserverbände, die ihre gereinigten Abwässer mit behördlicher Genehmigung direkt in natürliche Gewässer einleiten. D. müssen nach dem Abwasserabgabengesetz eine Abwasserabgabe in Höhe von 40 DM je Schadeinheit (entspricht dem ↑ Einwohnergleichwert) und Jahr entrichten. Von D.n, die die wasserrechtlichen Mindestanforderungen an die Abwasserqualität erfüllen, wird nur der halbe Abgabensatz erhoben.

Disjunktion, die [zu lat. disiungere, disiunctum = auseinanderbinden]: die Trennung eines tier- oder pflanzengeographischen Verbreitungsgebietes in mehrere nicht zusammenhängende Teilgebiete **(disjunktes Areal).** So lebt z. B. der Schneehase in weiten Teilen Nordeuropas sowie in den Alpen und angrenzenden Gebirgen. In den trennenden Zwischengebieten ist ein Vorkommen aus ökologischen Gründen nicht möglich.

Dispersion, die [zu lat. dispergere, dispersum = zerstreuen, verbreiten]: die Verteilung der Individuen einer ↑ Population im Raum aufgrund der Eigentümlichkeiten der Mit- und Umwelt (z. B. Anhäufung von Individuen im Bereich von Nahrungsquellen) und der jeweiligen Eigenschaften des Individuums (z. B. Einzelgänger oder Herdentier). Man unterscheidet u. a.: **zufällige D.** (Normalverteilung), wenn sich die Individuen nach einem Zufallsmuster gruppieren; **regelmäßige D.** (reguläre D.) mit ungefähr gleichen Abständen zwischen den Individuen; **gehäufte D.** (kumulare D., aggregative D.), im Extremfall **inselartige D.** (insulare D.) mit Auftreten von Individuenansammlungen (Aggregationen) und dazwischen kaum oder überhaupt nicht besiedelten Räumen.

Dissimilation, die [aus lat. dissimulatio, dissimilatio = Entähnlichung]: der Abbau von Nahrungsstoffen beim Stoffwechsel unter Nutzbarmachung chemischer und thermischer Energie. Laufen die D.sprozesse in Gegenwart von Sauerstoff ab, so bezeichnet man sie als **Zellatmung** (↑ Atmung), bei Sauerstoffabwesenheit dagegen als ↑ Gärung. – Gegensatz: ↑ Assimilation.

diurnaler Säurerhythmus [zu lat. diurnus = täglich, am Tage]: die im Tag-Nacht-Rhythmus wechselnde Konzentration von organischen Säuren (v. a. Malat) in den Zellen der ↑ CAM-Pflanzen: Der Säure- bzw. Malatgehalt liegt nachts höher als am Tage, da das Kohlendioxid als Malat fixiert und in Vakuolen gespeichert wird, während bei beginnender Beleuchtung bei Tagesanbruch Malat ins Zytoplasma transportiert, zu Pyruvat decarboxyliert und das dabei entstehende Kohlendioxid in den Calvin-Zyklus (↑ Photosynthese) eingeschleust wird.

Divergenz, die [zu mlat. divergere = auseinanderstreben]: das langsame Auseinanderweichen der Umweltansprüche nahe verwandter Populationen. D. wird durch gegenseitige Konkurrenz im Überschneidungsgebiet begünstigt und stellt eine gute Kreuzungsbarriere dar.

Diversität, die [zu lat. diversus = abweichend, verschieden ‖ Syn.: Artenbe-

73

DNR

stand, Artenmannigfaltigkeit, Artenspektrum, Artenzahl]: die Vielfalt von Arten in einer Lebensgemeinschaft; neben deren Anzahl wird auch die jeweilige Individuendichte berücksichtigt. Die D. dient zur Kennzeichnung des Lebensraums.

DNR, der [de:'ɛn''ɛr]: Abk. für ↑ Deutscher Naturschutzring e. V.

Dominanz, die [zu lat. dominari = herrschen]:
◊ der Anteil einer Art an der gesamten Lebensgemeinschaft eines bestimmten Lebensraums. Man unterscheidet u. a. zwischen der **Zahlen-** oder **Individuen-D.** (hierbei werden nur die Individuenzahlen größenmäßig vergleichbarer Gruppen in Beziehung gesetzt) und der **Gewichts-D.** (Gesamtgewicht der Art im Vergleich zur Gesamtbiomasse der Lebensgemeinschaft).
◊ die Überlegenheit eines Individuums über Artgenossen **(intraspezifische D.)** bzw. einer Art über andere Arten **(interspezifische D.),** z. B. aufgrund höherer Aggressivität.
◊ in der Pflanzensoziologie svw. ↑ Deckungsgrad.

Dominanzgrad: hoher oder niedriger Wert der ↑ Dominanz (in bezug auf Tiere oder Pflanzen). Je nach dem Grad des Vorherrschens unterscheidet man **Eudominante** (stark Vorherrschende), **Dominante** (Vorherrschende), **Rezedente** (Zurücktretende) und **Subrezedente** (stark Zurücktretende). Herrschen mehrere Arten gleichermaßen vor **(Kodominanz),** bezeichnet man sie als **Kodominante.**

Dormanz, die [zu lat. dormire = schlafen]: Ruheperiode in der Entwicklung, um ungünstige Lebensbedingungen zu überdauern; z. B. Winterschlaf bei einigen Warmblütern. Es erfolgt hierbei eine Umstellung oder Drosselung des Stoffwechsels.

Dortmundbrunnen: Klärbecken zur Abwasserreinigung; ein rundes Becken mit zentralem Einlauf, radialem Überlauf und trichterförmigem Boden, an dessen Spitze sich der Schlamm absetzt.

Drainage, die [drɛ'na:ʒə]: Schreibvariante zu ↑ Dränage.

Dränage, die [...ʒə ‖ zu frz. drain = unterirdischer Abzugskanal ‖ Schreibvari-

ante: Drainage]: Entwässerung von Flächen mit unterirdisch verlegten Abzügen, meist mit perforierten oder geschlitzten Kunststoffrohren. Durch die D. wird pflanzenschädliche Bodennässe beseitigt, das Bodengefüge verbessert und die Durchlüftung und Erwärmung des Bodens sowie die Tätigkeit der Bodenmikroorganismen gefördert. Nachteilig kann sich die Absenkung des Grundwasserspiegels auswirken. Deshalb baut man auch D. mit Stauverschlüssen, die in Trockenperioden den Abzug des Grundwassers verhindern. D. werden auch zur Gewinnung von ↑ Deponiegas aus Müllkippen verwendet.

Dschungel, der, selten: das [aus engl. jungle, von sanskr. jaṅgala = wüster, unbebauter Boden]: gemeinsprachliche Bez. für undurchdringliche Subtropen- und Tropenwälder, vor allem in Südasien.

Dumping, das ['dampɪŋ ‖ zu engl. to dump = entleeren, auskippen]: Bez. für das unerlaubte Einbringen von Abfallstoffen ins Meer.

Dünen: durch Wind angehäufte Sandhügel oder -wälle, die fast vollständig aus reinem Quarzsand bestehen. D. kommen sowohl an Meeresküsten **(Küsten-D.)** als auch im Binnenland **(Binnen-D.)** vor.

Dünenpflanzen: Pflanzen, die sich an die extremen Standortbedingungen der Dünen angepaßt haben. Sie sind meist durch häufig verzweigte Wurzeln bzw. Rhizome und verdunstungshemmende Einrichtungen (z. B. Einrollen der Blattspreiten) gekennzeichnet. Erstbesiedler sind z. B. Strandquecke, Strandhafer, Strandroggen.

Düngung: Anreicherung des Bodens mit organischen und anorganischen Stoffen zur Behebung von Mängeln der Bodenfruchtbarkeit. Art und Menge dieser Stoffe richten sich u. a. nach der Bodenart und dem Bodenzustand und nach dem Bedürfnis der Pflanzenkulturen. Die als Pflanzennährstoffe wichtigen Substanzen können dem Boden auf unterschiedliche Weise zugeführt werden: Früher verwendete man nur **natürliche Düngemittel (Naturdünger),** z. B. Mist,

Dünnsäure

Jauche, Kompost, Torf, Schlamm (**organischer Dünger**), ferner Asche, Mergel oder Kalk (**anorganischer Dünger**). Insbesondere die organischen Düngemittel enthalten jedoch die Nährstoffe nur in geringen Mengen und können Nährstoffverluste des Bodens nur unvollständig ausgleichen; sie spielen aber (wie auch die ↑Gründüngung) zur Verbesserung der physikalischen Bodenbeschaffenheit (Humusbildung) nach wie vor eine wichtige Rolle. Später kamen Guano, Natursalpeter, Knochen-, Fisch- und Fleischmehle als bereits sehr hochwertige Düngemittel hinzu, die jedoch nicht in einer für die heutige Intensivlandwirtschaft benötigten Menge zur Verfügung stehen.

Heute werden die Pflanzennährstoffe als sog. **synthetische Düngemittel (Kunstdünger, mineralische Düngemittel)** in großen Mengen industriell hergestellt. Die Zusammensetzung von Düngemitteln und ihre Zulassung zum Verkauf unterliegen in der BR Deutschland gesetzlichen Regelungen, die ein amtliches Prüf- und Genehmigungsverfahren einschließen.

Die Intensivierung des Landbaus mit dem Bestreben nach hohen Flächenerträgen hat jedoch nicht selten zu großen Düngergaben geführt. Mit steigender D.sintensität wächst die Gefahr, daß neben den erwünschten Wirkungen auch Schäden durch überhöhte Zufuhr von Düngestoffen an Pflanzen und Ökosystemen entstehen.

dunkelaktive Tiere: svw. ↑Nachttiere.

Dunkelkeimer: Bez. für Pflanzenarten, deren Samen unter sonst günstigen Bedingungen wie ausreichende Feuchtigkeit und Temperatur nur im Dunkeln keimen; z. B. Fuchsschwanz (Amaranthus caudatus), Kürbis, Taubnessel und Tomate. – Gegensatz: ↑Lichtkeimer.

Dunkeltiere: in Dunkelheit lebende Tiere (↑Nachttiere).

Dunkelzone [Syn.: aphotische Zone]: je nach der Klarheit des Wassers bis in Tiefen zwischen 200 und 1 000 m reichende lichtlose Meereszone; schließt an die ↑Dämmerungszone an. Ein Vergleich der jeweiligen Anteile an der Biomasse zeigt ein Zurücktreten der größeren Lebewesen zugunsten der kleinsten, z. B. Bakterien.

Alle Tiere in der D. leben räuberisch oder von ↑Detritus, da autotrophe Pflanzen dort nicht existieren können.

Dünnsäure: Bez. für Abfallsäuren aus der chemischen Industrie, v. a. verdünnte Schwefelsäure aus der Titandioxidherstellung.

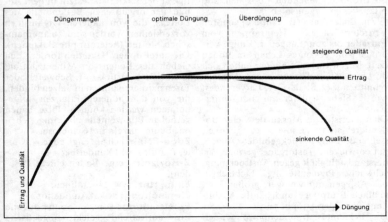

Düngung. Zusammenhang zwischen Düngung, Ertrag und Qualität

Dunstglocke

Ein Teil der anfallenden D. wird mit behördlicher Erlaubnis in die Nordsee verklappt und trägt zu deren ökologischen Belastung bei.

Dunstglocke [Syn.: Dunsthaube]: die durch Emissionen aus Industrie, Hausbrand und Kraftfahrzeugverkehr verursachte und optisch erkennbare Trübung der Stadtatmosphäre; führt im Extremfall zu ↑Smog.

Dürreresistenz: Widerstandsfähigkeit gegen Austrocknung; bezogen auf Pflanzen trockener Standorte (↑Xerophyten).

Dy, der [schwed. ‖ Syn.: Torfschlamm]: Bez. für ein aus Pflanzenresten und ausgeflocktem Humus gebildetes Sediment, das sich meist in dystrophen Seen (↑dystroph) bildet.

dysphotisch [zu griech. dys- = un-, miß-, fehlerhaft und griech. phōs, phōtós = Licht]: lichtarm (von tieferen Gewässerschichten gesagt).

dystroph [griech. dys- = un-, miß-, fehlerhaft und ↑-troph]: nährstoffarm, aber reich an Humusstoffen; auf Gewässer bezogen, die arm an pflanzlichem, aber oft relativ reich an tierischem Plankton sind. Typisch sind die geringe Sichttiefe, gelbe bis braune Farbe, Kalkarmut und der besonders in der Tiefe geringe Sauerstoffgehalt.

D.e Seen (Braunwasserseen) sind flach und kommen in mooriger Umgebung vor.

E

edaphisch [zu griech. édaphos = Boden]: bodenbedingt, auf den Boden bezogen; von Bodenorganismen (↑Edaphon) und abiotischen Bodenfaktoren gesagt.

Edaphon, das [zu griech. édaphos = Boden ‖ Syn.: Bodenorganismen, Hypogaion]: die Gesamtheit der vorzugsweise im Erdboden lebenden tierischen und pflanzlichen Organismen.

Zur **Bodenfauna** (Bodentiere) gehören Vertreter fast aller Tiergruppen, vom Einzeller bis zum Säugetier. Einige verbringen ihr gesamtes Leben im Boden (z. B. Regenwürmer); andere halten sich dort nur während bestimmter Lebensabschnitte auf (z. B. als Eier, Larven oder, wie der Siebenschläfer, nur zum Winterschlaf).

Charakteristische Merkmale vieler Bodentiere sind: geringe Beweglichkeit (fehlende Flügel), rückgebildete Augen, gut entwickelte Tastorgane, geringe Widerstandsfähigkeit gegen Austrocknung, schwache Pigmentierung, Lichtscheu, das Ablegen nur weniger, großer Eier, vielfach Brutpflege und häufig Ausbildung von Spermatophoren.

Die bekanntesten bodenbewohnenden Tiere sind die Regenwürmer, die auch landwirtschaftlich von Bedeutung sind. Sie leben von Pflanzenresten, die sie in ihre Röhre einbringen, und sorgen für die Durchmischung und Durchlüftung des Bodens.

Zur **Bodenflora (Bodenmikroflora)** gehören vor allem Bakterien, Pilze, Algen und Flechten. Die überaus wichtige Tätigkeit der Bakterien besteht in dem Abbau der organischen Bestandteile des Bodens, die von anderen Organismen vorzerkleinert worden sind, zu anorganischen Stoffen (heterotrophe Bakterien). Die autotrophen Bakterien fördern den Gehalt des Bodens an Mineralstoffen, indem sie Luftstickstoff, Schwefel oder Eisen oxidieren und so in Salzen binden, die von den höheren Pflanzen aufgenommen werden können. Pilze bauen verholzte Pflanzenteile ab; einige leben mit Baumwurzeln in ↑Symbiose.

Edge-Effekt ['ɛdʒ... ‖ engl. edge = Kante, Rand]: svw. ↑Randeffekt.

E-Horizont: eine Bodenschicht (↑Boden).

Einmieter: svw. ↑Inquilinen.

Einnischung: svw. ↑Annidation.

Einstrahlung: von der Sonne auf die Erde auftreffende ↑elektromagnetische Strahlung. Von der jährlich global einge-

Emissionsgrenzwerte

strahlten Energie von $1,5 \cdot 10^{18}$ kWh trifft etwa die Hälfte auf die Erdoberfläche auf. Außer der geographischen Breite führen Wolken und Staub (Vulkanismus, Wald- und Steppenbrände, Sandstaub aus den großen Wüsten, anthropogen verursachte Staubentwicklung) zu sehr unterschiedlicher lokaler Einstrahlung. Nur ein kleiner Anteil der E. wird in der Photosynthese in chemische Energie umgesetzt (↑ photosynthetisch aktive Strahlung).

Einwanderung: svw. ↑ Immigration.

Einwegpackung: Bez. für Verpackungen (Flaschen, Gläser, Dosen, Kunststoffbehälter), die nicht wiederverwendet werden, sondern nach Gebrauch als Abfall anfallen.
In der letzten Zeit verstärkte sich die Diskussion über E. im Zusammenhang mit der Abfallbeseitigung. Auf einigen Gebieten der Nahrungsmittelverpackung (bes. Getränke) laufen Versuche mit Kunststoffflaschen, die mehrmalige Benutzung ermöglichen.

Einwohnergleichwert: die auf den ↑ Einwohnerwert umgerechnete Menge und Verschmutzung gewerblicher und industrieller Abwässer.

Einwohnerwert: je Tag und Einwohner im Abwasser enthaltene Normschmutzmenge. Zu ihrem Abbau wird definitionsgemäß ein biochemischer Sauerstoffbedarf (BSB) von 54 g pro Tag benötigt.

ekto- [aus griech. ektós = außen, außerhalb]: Präfix mit der Bed. „außen, außerhalb"; z. B. ektobiotisch.

ektobiotisch [zu ↑ ekto- und griech. bíos = Leben]: nennt man Organismen, die außerhalb eines Substrates oder Mediums leben. − ↑ auch endobiotisch, ↑ epibiotisch.

Ektokrine, die (Mehrz.) [ohne Einz. ‖ zu ↑ ekto- und griech. krínein = scheiden, trennen, sondern]: bestimmte Stoffwechselprodukte (↑ Allochemikalien).

Ektoparasiten, die [Einz.: der Ektoparasit ‖ ↑ ekto-]: Bez. für ↑ Parasiten, die auf dem Wirt schmarotzen; z. B. die blutsaugenden Tiere wie Flöhe, Läuse, Blutegel u. a. − Gegensatz: ↑ Endoparasiten.

ektophag [zu ↑ ekto- und griech. phageīn = essen]: außen fressend; im Zu-

sammenhang mit ↑ Ektoparasiten und Pflanzenfressern verwendet. − Gegensatz: ↑ endophag.

Ektosymbiose, die [↑ ekto-]: Form der ↑ Symbiose, bei der die Symbionten nicht in die Zellen des Partners eindringen. − Gegensatz: ↑ Endosymbiose.

Elektrofilter: bei der ↑ Entstaubung verwendete Vorrichtung zur Abscheidung von Staub, Rauchteilchen u. a. aus Gasen durch elektrische Aufladung und anschließendes Niederschlagen an Elektroden.

elektromagnetische Strahlung: Sammelbez. für alle Strahlungsarten, die gleichzeitig Wellen- und Korpuskeleigenschaften besitzen. Das Energiespektrum reicht von den langen Rundfunkwellen über Mikrowellen, Infrarot, sichtbares Licht, Ultraviolett, Röntgen- und Gammastrahlen bis zur kosmischen Strahlung.

Emigration, die [zu lat. emigrare = auswandern ‖ Syn.: Auswanderung]: der Auszug von Teilen einer Tierpopulation aus einem Gebiet wegen Nahrungsmangels oder anderer Streßursachen. Hierbei kann es zu Massenwanderungen kommen. Beispiele: Lemminge, Wanderheuschrecken, Wanderfalter, einige Libellenarten, Invasionsvögel.
Im Gegensatz zu den periodisch auftretenden ↑ Tierwanderungen findet bei der E. keine Rückkehr statt. − ↑ auch Migration.

Emission, die [zu lat. emittere, emissum = ausschicken]: das Ablassen oder Ausströmen fester, flüssiger oder gasförmiger Stoffe aus Anlagen oder technischen Abläufen, die die Luft, das Wasser oder andere Umweltbereiche verunreinigen; auch Bez. für die solchermaßen abgegebenen Stoffe selbst. Im weiteren Sinne bezieht sich die Bez. E. auch auf Geräusche und Erschütterungen sowie auf Licht-, Wärme- und radioaktive Strahlen. Verursacher von E.en werden **Emittenten** genannt.
E.en führen in der Umwelt zu ↑ Immissionen.

Emissionsgrenzwerte: Höchstmengen des Schadstoffausstoßes von Anlagen, Einrichtungen und Kraftfahrzeugmotoren. E. für genehmigungspflichtige

77

Emissionskataster

Anlagen sind in der ↑TA Luft und der ↑TA Lärm enthalten, andere E. sind in zahlreichen Verordnungen zur Durchführung des ↑Immissionsschutzgesetzes festgesetzt. E. für Bleiverbindungen aus Kraftfahrzeugmotoren werden durch das Benzinbleigesetz geregelt.

Emissionskataster: Datenzusammenstellung zur räumlichen Beschreibung des Schadstoffausstoßes von Emissionsquellen im regionalen und überregionalen Bereich (z. B. Industrie-E.). E. müssen für ↑Belastungsgebiete erstellt werden und geben einen Überblick über den Anteil einzelner Emittenten oder Emittentengruppen an den Emissionen bestimmter Schadstoffe.

Emittenten, die (Mehrz.) [Einz.: der Emittent]: ↑Emission.

Emscherbrunnen [nach der Emscher, einem rechten Nebenfluß des Niederrheins ‖ Syn.: Imhoff-Tank]: zur Abwasserreinigung verwendetes rechteckiges Absetzbecken. Die Sinkstoffe des Abwassers, das den E. in Längsrichtung durchfließt, sinken über stark geneigte Zwischendecken in einen darunter gelegenen Raum, in dem der Schlamm ausfault.

endemisch [zu griech. éndēmos = einheimisch ‖ Abl.: ↑Endemismus, ↑Endemit]: in einem bestimmten Gebiet verbreitet; von Organismen (Arten, Gattungen) gesagt, die in einem natürlich begrenzten Areal vorkommen, wo sie (im Unterschied zu ↑autochthonen Organismen) nicht unbedingt entstanden sein müssen.

Endemismus, der [zu ↑endemisch]: Beschränkung einer Tier- oder Pflanzenart auf ein begrenztes Gebiet. Ursache ist die Abtrennung des Siedelgebietes durch erdgeschichtlich bedingte Entwicklungsprozesse, die z. T. Sonderentwicklungen ermöglichte. E. ist z. B. typisch für Inseln und Gebirgstäler.

Endemit, der [zu ↑endemisch]: Tier- oder Pflanzenart, die im Gegensatz zu den ↑Kosmopoliten nur in einem begrenzten Lebensraum einheimisch ist.

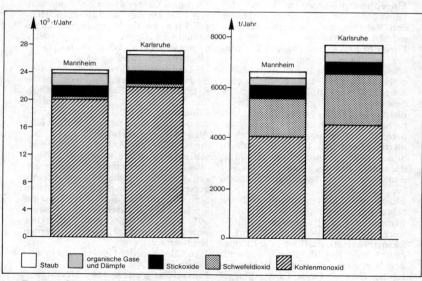

Emissionskataster. Links: Emissionsanteile der einzelnen Schadstoffe bei der Quellengruppe Verkehr in Mannheim und Karlsruhe. Rechts: Emissionen der Quellengruppe Hausbrand in Mannheim und Karlsruhe

Endlagerung: die sichere, endgültige Lagerung (im Gegensatz zur sog. Zwischenlagerung) radioaktiver Abfälle aus kerntechnischen Anlagen. *Schwach- bzw. mittelaktive Abfallstoffe,* die v.a. bei der Uranerzaufbereitung und bei der Brennelementherstellung (z.T. jedoch auch in Kernkraftwerken und Wiederaufarbeitungsanlagen) in erheblichen Mengen, meist in Form radioaktiver Abwässer, anfallen, werden gewöhnlich durch Eindampfen konzentriert und in Form von Schlamm, mit Bitumen oder Zement versetzt, in Fässer eingegossen. Da ihre Radioaktivität meist relativ rasch abklingt, genügt es, sie für mehrere Jahrzehnte sicher zu lagern. In der BR Deutschland erfolgte die Lagerung dieser Abfallstoffe im ehemaligen Salzbergwerk Asse II, das als Versuchslager dient (seit Ende 1978 geschlossen).

Die E. *hochradioaktiver Abfälle* (z.T. mit Halbwertszeiten von über 1 000 Jahren), wie sie in Wiederaufarbeitungsanlagen für Kernbrennstoffe anfallen, muß so erfolgen, daß sie über Jahrhunderte von der Biosphäre ferngehalten werden und keine Gefährdung künftiger Generationen befürchtet werden muß. Als beste Lösung hierfür wird allg. die E. in Gesteinsformationen des tieferen Untergrundes, z.B. in sog. Salzstöcken, angesehen, die nachweislich einige Millionen Jahre lang keinen Kontakt mit dem Grundwasser hatten. Die in Form hochradioaktiver Abwässer anfallenden, in Tanks zwischengelagerten Abfälle müssen zunächst in eine lagerfähige Form überführt („konditioniert") werden. Das bevorzugte Verfahren hierfür ist die **Verglasung,** bei der die aufbereiteten Abfallkonzentrate in eine Glasmasse eingegossen werden, die wiederum von einer Hülle aus rostfreiem Stahl umschlossen wird. Auf diese Weise soll gewährleistet sein, daß selbst beim Eindringen von Wasser in das Endlager eine Kontaminierung des Wassers vermieden wird. In der BR Deutschland war für die E. ein Salzstock bei Gorleben vorgesehen. Eine betriebsfähige Endlagerstätte für hochaktive Abfälle existiert bisher weltweit noch nicht. – ↑auch Entsorgung.

endo- [aus griech. éndon = innen, drinnen, inwendig]: Präfix mit der Bed. „innen, innerhalb"; z.B. endogen.

endobiotisch [zu ↑endo- und griech. bíos = Leben]: nennt man Organismen, die im Inneren eines Substrates leben. – ↑auch epibiotisch, ↑ektobiotisch.

endogen [↑endo- und ↑-gen]: im Körperinneren entstehend; durch Faktoren im Inneren eines Organismus bedingt.

endogene Rhythmik, die: svw. ↑zirkadiane Rhythmik.

Endolithion, das [zu ↑endo- und griech. líthos = Stein]: Bez. für die in Hartböden und Felsen lebenden (endolithischen) Organismen. Hierzu gehören z.B. einige Flechten- und Muschelarten. – ↑auch Epilithion, ↑Mesolithion, ↑Lithion.

Endoparasiten, die (Mehrz.) [Einz.: der Endoparasit ‖ ↑endo-]: ↑Parasiten, die im Inneren anderer Organismen schmarotzen; z.B. die Bandwürmer und die Blutparasiten. – Gegensatz: ↑Ektoparasiten.

Endopelon, das [↑endo- und griech. pélós = Lehm, Schlamm ‖ Schreibvariante: Endopelos, der]: Bez. für die im Schlamm lebenden Organismen. Hierzu gehören z.B. Seesterne und Seegurken. – ↑auch Epipelon, ↑Pelon.

endophag [zu ↑endo- und griech. phageïn = essen]: von Tieren gesagt, die im Inneren von Pflanzen oder Tieren fressen; z.B. Endoparasiten. – Gegensatz: ↑ektophag.

endophlöisch [zu ↑endo- und griech. phloiós = Baumrinde, Borke]: in der Rinde von Bäumen lebend; vor allem im Zusammenhang mit Flechten verwendet.

Endophyten, die (Mehrz.) [Einz.: der Endophyt ‖ ↑endo- und ↑-phyt]: Bakterien, Pilze, Algen, sehr selten höhere Pflanzen (z.B. Rafflesiengewächse), die im Inneren anderer (tierischer oder pflanzlicher) Organismen siedeln.

Endophytobios, der [↑Endophyten und griech. bíos = Leben]: die Gesamtheit der in Pflanzen lebenden Organismen.

Endopsammon, das [zu ↑endo- und griech. psámmos = Sand ‖ Schreibvariante: Endopsammion, das]: Bez. für die

Endostratosynusie

im Sand lebenden Organismen. Hierzu gehören z. B. Seegurken, Muscheln, Lanzettfischchen. – ↑auch Epipsammon, ↑Mesopsammon, ↑Psammon.

Endostratosynusie, die [↑endo- und lat. stratum = Decke, Lager]: ↑Synusie von Flechten, die in die verschiedenen Schichten des Waldes eingebettet sind.

Endosymbiose, die [↑endo-]: Form der ↑Symbiose, bei der ein Symbiont innerhalb der Zellen des anderen Symbionten lebt; z. B. Mykorrhizapilze in Orchideenwurzeln. – Gegensatz: ↑Ektosymbiose.

Endozoen, die (Mehrz.) [Einz.: das Endozoon ‖ ↑endo- und griech. zǫon = Tier]: in anderen Tieren lebende Tiere; z. B. manche Parasiten und Symbionten.

Endozoobios, der [↑Endozoen und griech. bios = Leben]: die Gesamtheit der Organismen, die im Innern von Tieren siedeln.

Endwirt ↑Hauptwirt.

Enthalpie, die [zu griech. enthálpein = darin erwärmen]: die thermodynamische Zustandsfunktion (H) zur Beschreibung des Wärmeinhaltes (Energieinhaltes) eines thermodynamischen Systems bei konstantem Druck. Meßtechnisch erfaßbar sind E.änderungen (ΔH) bei Zustandsänderungen wie Schmelzen, Verdampfung, Kondensation, Sublimation (Umwandlungswärme), Konformationsänderungen oder chemischen Reaktionen (Wärmetönung).

Entlaubungsmittel: Gruppe chemischer Wirkstoffe, die bei Pflanzen zum Abfallen der Blätter führen und zur Erleichterung des Aberntens pflanzlicher Produkte (z. B. Baumwolle) verwendet werden.
Ein natürliches E. ist z. B. die Abszisinsäure. Praktische Anwendung als E. finden v. a. mehrere synthetische Wirkstoffe aus der Gruppe der ↑Herbizide, insbes. einige Derivate der **chlorierten Phenoxyessigsäuren,** u. a. 2,4-Dichlorphenoxyessigsäure (2,4-D) und 2,4,5-Trichlorphenoxyessigsäure (2,4,5-T).
Bes. bekannt wurden bestimmte E. durch ihre Verwendung als taktische chemische Waffen (z. B. während des Vietnamkriegs, u. a. als **Agent Orange,** ein Gemisch der Butylester von 2,4-D

und 2,4,5-T). Da die 2,4,5-Trichlorphenoxyessigsäure in Abhängigkeit vom Herstellungsverfahren in geringen Mengen Wirkstoffe aus der Gruppe der ↑Dioxine (v. a. das hochtoxische TCDD) enthalten kann, wurden zahlreiche Vergiftungen und auch Spätschäden durch diese E. bekannt. Die Anwendung von 2,4,5-T wird zur Zeit stark eingeschränkt; die Herstellung ist bereits vielfach eingestellt.

Entökie, die [zu griech. entós = innen und griech. oīkos = Haus]: Form des Zusammenlebens zwischen verschiedenen Organismen, bei der der eine Organismus den anderen als Wohnstätte benutzt, ohne ihn zu schädigen. So leben z. B. die Jungtiere eines Nadelfisches in den Wasserlungen von Seegurken oder die Bakterien der Art Escherichia coli im Darm des Menschen.

entomo- [aus griech. éntomos = eingeschnitten; Kerbtier]: in Zus. mit der Bed. „Insekten"; z. B. Entomophagen.

Entomogamie, die [↑entomo- und ↑-gamie]: die Insektenbestäubung bei Blüten (↑Bestäubung).

entomophag [zu ↑entomo- und griech. phagein = essen ‖ Abl.: ↑Entomophagen ‖ Syn.: insektivor]: von Organismen gesagt, die sich von Insekten ernähren.

Entomophagen, die (Mehrz.) [Einz.: der Entomophage ‖ zu ↑entomophag ‖ Syn.: Insektivoren]: Bez. für insektenfressende Organismen. Es sind dies v. a. räuberische und parasitische Insekten, Spinnentiere und Arten aus allen Wirbeltierklassen. Daneben gibt es E. bei Bakterien, Pilzen und höheren Pflanzen (↑fleischfressende Pflanzen).

Entomozönose, die [Kurzbildung aus ↑entomo- und ↑Biozönose]: der Teil der Biozönose, der die Insekten umfaßt.

Entropie, die [zu griech. entrépein = umkehren]: die vom zweiten Hauptsatz der Thermodynamik abgeleitete Zustandsfunktion (S), nach Clausius ein Maß für den Ordnungszustand und die Umkehrbarkeit eines abgeschlossenen thermodynamischen Systems, in dem die E. stets zunimmt.
In offenen Systemen kann die E. auch abnehmen (und der Ordnungsgrad zunehmen), wie bei der ↑Photosynthese.

Entstaubung

Zwischen der E., der ↑ Enthalpie (H), der Gibbsschen freien Energie (G) und der absoluten Temperatur (T) besteht der Zusammenhang:

$$\Delta G = \Delta H - T \cdot \Delta S.$$

Entschwefelung: die Entfernung von Schwefel oder Schwefelverbindungen, z. B. von Schwefelwasserstoff und organischen Schwefelverbindungen, aus Synthesegas, da diese bei der Verarbeitung zur Vergiftung von Katalysatoren führen können; insbes. die Entfernung von Schwefeldioxid aus den beim Verbrennen von Kohle, Heizöl oder Erdgas entstehenden Abgasen (↑ Rauchgasentschwefelung).

Entsorgung: der Abtransport und die Beseitigung (Aufbereitung und/oder Deponierung) von Abfallstoffen aller Art.

Neben die ohnehin erheblichen Probleme, die die E. bezüglich Haus- und Industriemüll in modernen Industriestaaten aufwarf, trat in den letzten Jahren das Problem der *E. von Kernkraftwerken.* Sie umfaßt (nach einer in den „Grundsätzen zur E.svorsorge für Kernkraftwerke" der deutschen Bundesregierung enthaltenen Definition) die sachgerechte und sichere Verbringung der während der gesamten Betriebszeit eines Kernkraftwerks anfallenden bestrahlten Brennelemente in ein für diesen Zweck geeignetes Lager, die Verwertung der Brennelemente durch Wiederaufarbeitung und die Behandlung und Beseitigung der dabei angefallenen radioaktiven Abfälle.

Die *Brennelemente eines Kernreaktors* müssen etwa alle drei Jahre ausgewechselt werden (gewöhnlich $\frac{1}{3}$ pro Jahr). Sie werden nach dem Ausbau zunächst für rund 180 Tage in sog. ↑ Abklingbecken gelagert, die bei deutschen Kernkraftwerken innerhalb des Reaktorsicherheitsbehälters installiert sind. Danach ist die Radioaktivität der Brennelemente auf etwa $\frac{1}{100}$ des Wertes abgeklungen, der während des Betriebs im Reaktor vorhanden war. Sie können nun zu einer Wiederaufarbeitungsanlage oder einem Zwischenlager abtransportiert werden.

Da sich durch Aufarbeitung, d. h. Abtrennung des aus dem Uranisotop U 238 durch Neutroneneinfang gebildeten Plutoniums und des noch nicht gespaltenen Urans (U 235), etwa 20% des Uranbedarfs von Reaktoren einsparen läßt, strebt man den **geschlossenen nuklearen Brennstoffkreislauf** an; bei diesem können die wiederverwendbaren Brennstoffe Uran (rund 96%) und Plutonium (rund 1%) in der Wiederaufarbeitungsanlage von den Spaltprodukten (rund 3%) abgetrennt werden. Uran und Plutonium werden zur Herstellung von Uran-Plutonium-Mischoxid-Brennelementen verwendet, ein Teil des Urans wird zur Anreicherung weitergegeben und gelangt so ebenfalls in den Brennstoffkreislauf zurück.

Die anfallenden radioaktiven Abfälle werden in unterschiedlichen Verfahren behandelt und dann der ↑ Endlagerung zugeführt. Kann die Wiederaufarbeitung nicht gleich erfolgen, so müssen die „abgebrannten" Brennelemente in großen Wasserbecken gelagert werden (Zwischenlagerung).

In der *BR Deutschland* war der Bau eines nuklearen Entsorgungszentrums mit Wiederaufarbeitungsanlage auf einem Gelände über einem Salzstock bei Gorleben (Landkreis Lüchow-Dannenberg, Niedersachsen) vorgesehen. Das Projekt wurde jedoch gestoppt, nachdem die niedersächsische Landesregierung 1979 der Errichtung einer Wiederaufarbeitungsanlage die Genehmigung versagt hat. – Abb. S. 130.

Entstaubung: die Entfernung von Stäuben, d. h. von kleinen Feststoffpartikeln, aus Gasströmen (insbes. Luft). Stäube werden oft wegen ihres wirtschaftlichen Wertes zurückgewonnen, meist jedoch erfolgt eine E. zur Reinhaltung der Luft. Als **Staub** bezeichnet man alle Festteilchen mit einer Größe von 1 bis 200 µm. Zu ihrer Abscheidung wendet man drei *Verfahren* an: Trocken-, Naß- und Elektroentstaubung.

Beim einfachsten Verfahren, der **Trocken-E.,** wird der Gasstrom in einen Raum, die Staubkammer, geleitet; dabei verlangsamt sich die Strömungsgeschwindigkeit so stark, daß der Staub

Environmental Protection Agency

aufgrund der Schwerkraft auf den Boden der Kammer absinken kann.

Bei der **Filter-E.** gelangt der staubhaltige Gasstrom in Sack- oder Schlauchfilter aus gewebten oder vliesartigen Filterstoffen, in denen sich der Staub ablagert. Gasströme mit Staubteilchen, die eine wirtschaftliche trockenmechanische Abscheidung nicht mehr zulassen, werden der **Naß-E.** zugeführt. Dabei wird eine Waschflüssigkeit, meist Wasser, im Gasstrom fein zerstäubt. Die mit hoher Geschwindigkeit ausgeschleuderten Wassertropfen werden vom Gas umströmt, wobei die Staubteilchen aufgrund ihrer Massenträgheit auf die Tropfen aufprallen und gebunden werden. Die Staub-Wasser-Partikel müssen dann von dem Gasstrom getrennt werden.

Die **Elektro-E.** oder **Elektrogasreinigung** umfaßt alle Verfahren zur E. von Gasen durch elektrostatische Aufladung der Staubteilchen. Ein **Elektrofilter** besteht prinzipiell aus einer geerdeten, röhrenförmigen Niederschlagselektrode (Anode). In der Achse befindet sich ein Sprühdraht (Kathode), an dem eine hohe negative Gleichspannung liegt (etwa − 50 kV). Elektronen treten aus dem Sprühdraht aus und wandern im elektrischen Feld zur Anode. Unterwegs treffen sie auf Gasatome, aus denen sie jeweils ein Elektron herausschlagen, wobei sich die Gasatome positiv aufladen. Gelangt ein staubhaltiger Gasstrom durch dieses elektrische Feld, so lagern sich negative Elektronen und positive Gasionen an die einzelnen Staubteilchen an und laden sie elektrostatisch auf. Negative Teilchen wandern zur Niederschlagselektrode, positive zur Sprühelektrode. An beiden Elektroden lagert sich Staub an, der von dort entfernt werden muß. Elektrofiltern ist immer eine Trocken- oder Naß-E. vorgeschaltet.

Environmental Protection Agency, die [ɪnvaɪərən'mɛntl prə'tɛkʃən 'ɛɪdʒənsɪ ‖ engl. = Umweltschutzagentur]: ↑EPA.

Environtologie, die [zu frz. environ = um–herum und ↑-logie]: Teilgebiet der Futurologie (Zukunftsforschung), das sich speziell mit den Umweltfaktoren befaßt. Die E. versucht v. a. festzustellen, welche Veränderungen in der Umwelt durch den wissenschaftlich-technischen Fortschritt zu erwarten sind und wie diese Veränderungen auf den Menschen zurückwirken werden bzw. zurückwirken könnten.

Enzyme, die (Mehrz.) [Einz.: das Enzym ‖ zu griech. en = in, innerhalb und griech. zymē = Sauerteig ‖ Syn.: Fermente, Biokatalysatoren]: Gruppe der Proteine (Eiweiße), die biochemische Reaktionen bei atmosphärischem Druck und durch Herabsetzung der Aktivierungsenergie im biologisch akzeptablen Temperaturbereich katalysieren. Fast alle

Enzyme. a Bildung des Enzym-Substrat-Komplexes (ES), aus dem nach der Reaktion das Produkt (P) und regeneriertes Enzym hervorgehen; b Reaktion des Holoenzyms mit dem phosphorylierten Substrat

Stoffwechselvorgänge werden durch E. katalysiert.

Ein großer Teil der E. benötigt für seine katalytische Wirkung niedermolekulare Komponenten (sog. **prosthetische Gruppen**), z. B. Vitamine oder Metallionen, die zusammen mit der inaktiven Eiweißkomponente, dem **Apoenzym**, das aktive Enzym, das **Holoenzym**, bilden.

E. sind in der Regel substrat- und reaktionsspezifisch, d. h., sie setzen nur ganz bestimmte Substrate in ganz bestimmte Produkte um. Jedes Enzym besitzt ein sog. **aktives Zentrum**, in das sich nur ein Substrat mit einer bestimmten Struktur einlagern kann und dabei mit dem Enzym eine Komplexbindung eingeht. Es entsteht ein Enzym-Substrat-Komplex und daraus in der eigentlichen Reaktion ein Komplex aus Enzym und Produkt. Dieser zerfällt dann in Enzym und Produkt. Damit ist das Enzym regeneriert und kann erneut mit einem Substrat reagieren.

Je nach Reaktionstyp werden die E. in sechs *Klassen* eingeteilt: **Oxidoreduktasen** katalysieren Reduktions- und Oxidationsvorgänge; **Transferasen** übertragen eine Molekülgruppe; **Hydrolasen** bewirken die hydrolytische Spaltung eines Moleküls; **Lyasen** spalten C–C-, C–O- oder C–N-Bindungen (z. B. Kohlendioxidabspaltung durch Decarboxylasen); **Isomerasen** katalysieren geometrische oder strukturelle Veränderungen innerhalb eines Moleküls; **Ligasen** führen die Verknüpfung zweier Moleküle, also Synthesen, durch.

E. können aus mehreren identischen oder auch verschiedenen Untereinheiten aufgebaut sein. E. mit gleicher Funktion, aber unterschiedlichem Aufbau oder unterschiedlicher Herkunft aus verschiedenen Organen oder Organellen, nennt man **Isoenzyme**.

Man unterscheidet lösliche und membrangebundene Enzyme. Letztere verlieren meist ihre spezifischen katalytischen Fähigkeiten, wenn sie von der Membran abgelöst werden.

Die *Enzymaktivität* wird durch zahlreiche Faktoren gesteuert: Temperatur, pH-Wert, Konzentration bestimmter Ionen, Substrat- und Produktkonzentration, positiv oder negativ wirkende Effektoren, die gar nicht selbst am Umsatz beteiligt sind.

Die Ausstattung von Organismen mit Isoenzymen mit unterschiedlichen Temperaturoptima bewirkt die Anpassung an einen breiten Temperaturbereich.

Als **Inhibitoren (Hemmstoffe)** für E. wirken Substanzen, die wegen ihrer großen strukturellen Ähnlichkeit mit dem Substratmolekül am aktiven Zentrum gebunden, aber nicht oder nur langsam umgesetzt werden können **(kompetitive Hemmung)** oder durch chemische Veränderung das Enzym irreversibel inaktivieren. Zahlreiche Arzneimittel und Pestizide sind Inhibitoren bestimmter Enzyme.

ep-: Wortbildungselement (↑ epi-).

EPA, die [e:pe:''a:, engl. 'i:pi:'ɛı]: Abk. für engl. **Environmental Protection Agency**; amerikanische Umweltbehörde; entspricht dem ↑ Umweltbundesamt.

Epeirologie, die [griech. ếpeiros = Festland und ↑ -logie ‖ Syn.: terrestrische Ökologie, Festlandökologie]: Ökologie der Lebensräume des Landes im Vergleich zur ↑ Limnologie und ↑ Ozeanographie.

epi-, vor Vokalen meist: **ep-** [aus griech. epí = auf, darauf, über]: Präfix mit der Bed. „auf, darauf; über"; z. B. Epilithion, Epökie.

epibiotisch [zu ↑ epi- und griech. bíos = Leben]:
◊ nennt man Organismen, die auf Substraten leben. – ↑ auch ektobiotisch, ↑ endobiotisch.
◊ selten von endemischen Arten gesagt, die Reste einer früheren Flora und Fauna sind.

Epifauna, die [↑ epi-]: Teil der marinen ↑ Fauna.

Epigaion, das [zu griech. epígaios = auf der Erde, über der Erde]:
◊ die Gesamtheit der direkt auf der Bodenoberfläche lebenden Organismen. Die im Pflanzenbestand lebenden Arten bilden das **Hypergaion**.
◊ häufig svw. ↑ Atmobios.

Epilimnion, das [zu ↑ epi- und griech. límnē = See, Teich]: die Oberflächenschicht von Binnenseen (↑ Gewässerregionen).

Epilithen

Epilithen, die (Mehrz.) [Einz.: der Epilith ‖ ↑epi- und griech. líthos = Stein]: svw. ↑Felspflanzen.

Epilithion, das [zu ↑Epilithen ‖ Abl.: epilithisch]: Bez. für die auf Hartböden, Felsen, Steinen und Mauern lebenden Organismen. **Epilithische Organismen** sind z. B. Krustenflechten, viele Großalgen und Schnecken. – ↑auch Endolithion, ↑Mesolithion, ↑Lithion.

Epilitoral, das [↑epi- und ↑Litoral]: die vom Wasser unbeeinflußte Region der Uferzone stehender Süßgewässer. – ↑auch Gewässerregionen.

Epineuston, das [↑epi- und ↑Neuston]: Bez. für die Organismen, die auf dem Oberflächenhäutchen des Wassers leben. – ↑auch Hyponeuston.

Epipelagial, das [↑epi- und ↑Pelagial]: die trophogene Zone der Meere und stehender Süßgewässer (↑Gewässerregionen).

Epipelon, das [↑epi- und griech. pēlós = Lehm, Schlamm ‖ Schreibvariante: Epipelos, der]: Bez. für Organismen, die auf Schlamm leben. – ↑auch Endopelon, ↑Pelon.

Epiphyllen, die (Mehrz.) [ohne Einz. ‖ ↑epi- und griech. phýllon = Blatt]: Gewächse, die auf den lebenden Blättern anderer Pflanzen leben, ohne diese zu parasitieren; z. B. Lebermoose, Flechten, Algen, Pilze.

Epiphyten, die (Mehrz.) [Einz.: der Epiphyt ‖ ↑epi- und ↑phyt ‖ Abl.: epiphytisch ‖ Syn.: Aerophyten, Aufsitzer]: Pflanzen, die auf anderen Pflanzen (meist Bäumen) leben und sich selbständig ernähren (z. B. von verwesenden Pflanzenteilen und Staub; u. a. Algen, Flechten und Moose.
Die E. der Tropen (z. B. Orchideen, Farne) haben oft auffällige Knollen, Hohlkörper bildende Blätter zur Wasserspeicherung oder sog. Mantelblätter zur Humussammlung (z. B. beim Geweihfarn).

Epipotamal, das [zu ↑epi- und griech. potamós = Fluß]: ein mittlerer Flußabschnitt (↑Gewässerregionen).

Epipsammon, das [zu ↑epi- und griech. psámmos = Sand ‖ Schreibvariante: Epipsammion, das]: Bez. für die auf der Oberfläche des Sandes lebenden Organismen. Hierzu gehören z. B. die

Strandkrabben und die Gründlinge. – ↑auch Mesopsammon, ↑Endopsammon, ↑Psammon.

Epirhithral, das [↑epi- und ↑Rhithral]: eine Flußregion (↑Gewässerregionen).

Episit, der [Analogiebildung mit dem Präfix ↑epi- zu ↑Parasit]: svw. ↑Räuber.

Epizoen, die (Mehrz.) [Einz.: das Epizoon ‖ ↑epi- und griech. zǭon = Tier]: Tiere, die auf anderen Tieren leben, ohne sie zu schädigen; z. B. die auf Faultieren vorkommenden Raupen einer Zünslerart.

Epizoobios, der [↑Epizoen und griech. bíos = Leben]: die Lebewelt auf Tieren.

Epökie, die [zu ↑epi- und griech. oĩkos = Haus ‖ Syn.: Aufsiedlertum]: Form des Zusammenlebens, bei der der eine Organismus permanent auf dem anderen lebt. Hierzu gehören die ↑Epiphyten und die ↑Epizoen.

EPPO, die [e:pe:pe:"o:; engl. 'i:pi:pi:'ou ‖ Schreibvariante: Eppo]: Abk. für engl. **European and Mediterranean Plant Protection Organization;** Pflanzenschutzorganisation für Europa und den Mittelmeerraum mit über 30 Mitgliedstaaten; Sitz Paris; setzt sich für die Entwicklung biologischer und integrierter Bekämpfungsmethoden gegen Pflanzenschädlinge ein.

Erdgas: brennbares, in der Erdkruste vorkommendes, hpts. aus gesättigten Kohlenwasserstoffen bestehendes Gas. **Trockenes E.** aus reinen E.lagerstätten besteht fast ganz aus Methan (CH_4) und wenig Äthan (C_2H_6). E. aus Erdöllagerstätten enthält neben Methan ein Gemisch aus gesättigten Kohlenwasserstoffen bis zu 7 C-Atomen, etwas Kohlendioxid, Schwefelwasserstoff, Helium, Stickstoff.
E. ist ein hervorragendes Brenngas (Heizwert 33–38 MJ/m^3), das unter Druck (50–100 bar) verflüssigt werden kann und in Rohrleitungen (Pipelines) oder in Tankschiffen transportiert werden kann. Es wird auch als Motortreibstoff und als bedeutender Chemierohstoff verwendet.

Erdöl: im Verlauf der Erdgeschichte durch anaeroben Abbau aus den Kohlenhydraten, Eiweißen und Fetten toter Meeresorganismen mit Hilfe von Mikro-

Eulitoral

organismen und mineralischen Katalysatoren unter Druck und Hitze entstandener ↑fossiler Rohstoff; helles bis schwarzgrünes, öliges Gemenge, das aus natürlichen Lagerstätten durch Bohrlöcher gefördert wird.
E. besteht aus Alkanen, Cycloalkanen und Aromaten mit wechselnden Mengen stickstoff-, schwefel- und sauerstoffhaltiger Verbindungen. Schwefelarme E.e nennt man „süß", schwefelreiche (1%) „sauer".
Das **Rohöl** wird durch Pipelines oder mit Tankschiffen zu den E.raffinerien transportiert, wo es durch fraktionierte Destillation zu Leichtbenzin, Dieseltreibstoff, Petroleum, leichtem und schwerem Heizöl und Bitumen verarbeitet wird. Weitere Verarbeitungsschritte sind Entschwefelung, Krackprozesse zu kleineren Molekülen, die für die Kunststoffherstellung gebraucht werden, und die katalytische Umsetzung zu weiteren petrochemischen Produkten.
Tankerunfälle bilden eine Gefahr für die Umwelt (↑Ölpest). Doch gibt es Bakterien- und Hefestämme, die die Kohlenwasserstoffe des E.s auch in der freien Natur abzubauen vermögen.
Eremial, das [zu griech. érēmos = wüst, verlassen]: Bez. für ausgeprägte Trockengebiete als Lebensraum; auch die Gesamtheit der Lebewesen (Tiere und Pflanzen), die dort leben.
Erg, das [aus griech. érgon = Werk, Arbeit ‖ Einheitenzeichen erg]: nichtgesetzliche Einheit der Energie bzw. Arbeit. Mit dem ↑Joule, der SI-Einheit von Arbeit, Energie und Wärmemenge, hängt das Erg wie folgt zusammen:

$$1 \text{ erg} = 10^{-7} \text{ J bzw. } 1 \text{ J} = 10^7 \text{ erg.}$$

Erstbesiedlung: Besiedlung neuer Lebensstätten, z. B. eines verlandeten Sees, einer aufgetauchten Insel, eines Stausees. Sie erfolgt durch ↑Pioniere. Die entstehenden Lebensgemeinschaften sind anfangs instabil und starken Schwankungen unterworfen. – ↑auch Sukzession.
Etiolement, das [etiolə'mä: ‖ frz., zu frz. étioler = verkümmern lassen]: die durch fehlende oder unzureichende Belichtung verursachte Vergeilung von Pflanzen.

Charakteristisch ist hierbei die Entwicklung gelblicher, langgestreckter Internodien mit sehr kleinen Blättchen ohne Chlorophyll. Beispiele sind im Dunkeln auskeimende Kartoffeln. Im Gartenbau wird ein E. u. a. beim Spargel absichtlich hervorgerufen.

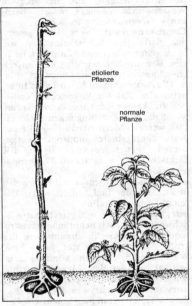

Etiolement bei der Kartoffel

eu- [aus griech. eũ = gut, wohl, recht, schön]: in Zus. mit der Bed. „gut ausgebildet, normal; optimal; überreich"; z. B. euphotisch.
Eubiochorion, das [...'ko:riɔn ‖ ↑eu- und ↑Biochorion]: strukturierte ↑Biochore mit einer mehr oder weniger spezifischen Besiedlung; z. B. ein Kadaver oder ein Baumstamm als Lebensraum.
Eulimnion, das [zu ↑eu- und griech. limnē = See, Teich]: die Oberflächenschicht von Binnenseen (↑Gewässerregionen).
Eulitoral, das [↑eu- und ↑Litoral]: eine Bodenregion der Meere und stehender Süßgewässer (↑Gewässerregionen).

85

Eupelagial

Eupelagial, das [↑ eu- und ↑ Pelagial]: eine Freiwasserzone der Meere (↑ Gewässerregionen).

euphotisch [zu ↑ eu- und griech. phôs, phōtós = Licht]: der vollen Sonnenenergie ausgesetzt und damit optimale Bedingungen für die Entfaltung des Phytoplanktons bietend; auf die obersten Wasserschichten der Gewässer bezogen. – Gegensatz: ↑ aphotisch.

Europareservat: Neben den gesetzlich definierten Schutzkategorien wie Naturschutzgebiet und Naturpark ist E. eine Bez. für bes. wichtige und ausreichend geschützte (meist feuchte) Gebiete. Die Auszeichnung E. wird vom Internationalen Rat für Vogelschutz verliehen und kann wieder aberkannt werden, wenn die Schutzbedingungen nicht erfüllt werden. Meist ist ein E. Teil eines Naturschutzgebietes und/oder ausgewiesener Feuchtgebiete. – In der BR Deutschland gibt es derzeit 17 Europareservate.

eury- [aus griech. eurýs = breit; weit]: in Zus. mit der Bed. „breit; weiter Bereich"; z. B. euryhalin.

eurybar [zu ↑ eury- und griech. báros = Schwere, Gewicht]: nennt man terrestrische und aquatische Organismen, die große Schwankungen des Luft- bzw. Wasserdrucks ertragen können; z. B. vertikal wanderndes Meeresplankton, Ringeltauben. – Gegensatz: ↑ stenobar.

eurybath [zu ↑ eury- und griech. báthos = Tiefe]: nennt man aquatische Organismen, die eine große vertikale Verbreitung im Wasser besitzen, d. h. nicht nur in einer bestimmten Tiefenzone vorkommen; z. B. der Pottwal und die planktischen Garnelen. – Gegensatz: ↑ stenobath.

euryhalin [zu ↑ eury- und griech. háls, halós = Salz ‖ Abl.: ↑ Euryhalinie]: nennt man Organismen, die unempfindlich gegen Schwankungen des Salzgehaltes im Wasser oder Boden sind. E. sind z. B. Tierarten, die vom Meer ins Süßwasser (oder umgekehrt) wandern (z. B. Aale, Lachse), z. T. auch im Brackwasser lebende Arten (z. B. die Sprotte); extrem e. ist u. a. das Salinenkrebschen, das Salzkonzentrationen von 0–22,2 % erträgt. – Gegensatz: ↑ stenohalin.

Euryhalinie, die [zu ↑ euryhalin]: die Fähigkeit einiger Organismen, große Schwankungen des Salzgehaltes im Wasser oder Boden zu ertragen. – Gegensatz: ↑ Stenohalinie.

euryhydrisch [zu ↑ eury- und ↑ hydro- ‖ in Verbindung mit einem Substantiv auch in der (gebeugten) Form euryhydre ...]: nennt man Pflanzen, die in ihrem Gewebe große Schwankungen des potentiellen osmotischen Drucks ohne Schaden ertragen können; z. B. viele Steppenpflanzen. – Gegensatz: ↑ stenohydrisch.

euryhygrisch [zu ↑ eury- und griech. hygrós = feucht, naß ‖ in Verbindung mit einem Substantiv auch in der (gebeugten) Form euryhygre ...]: nennt man Organismen, die unempfindlich gegenüber unterschiedlichen Feuchtigkeitsverhältnissen sind; z. B. die meisten Wüstentiere. – Gegensatz: ↑ stenohygrisch.

euryion [zu ↑ eury- und Ionen gebildet (letzteres zu griech. iénai = gehen, also eigtl. = wanderndes Teilchen)]: nennt man Organismen, die unempfindlich gegen Schwankungen der H^+-Ionen-Konzentration (↑ pH-Wert) im Wasser oder Boden sind. So kann z. B. ein Strudelwurm innerhalb einer pH-Spanne von 4,9–9,2 leben. – Gegensatz: ↑ stenoion.

euryök [zu ↑ eury- und griech. oîkos = Haus ‖ Abl.: ↑ Euryökie ‖ Syn.: euryözisch]: anpassungsfähig; von Tier- und Pflanzenarten gesagt, die in sehr unterschiedlichen Biotopen leben können (und daher meist weit verbreitet sind); z. B. Aale, viele Gräser. – Gegensatz: ↑ stenök.

Euryökie, die [zu ↑ euryök]: das Vermögen einiger Tier- und Pflanzenarten in sehr unterschiedlichen Biotopen zu leben. – Gegensatz: ↑ Stenökie.

euryoxybiont [zu ↑ eury-, nlat. Oxygenium = Sauerstoff und griech. bíos = Leben ‖ Abl.: ↑ Euryoxybionten]: unempfindlich gegenüber einem wechselnden Sauerstoffgehalt des Milieus; z. B. auf Wasserorganismen oder Endoparasiten bezogen. – Gegensatz: ↑ stenooxybiont.

Euryoxybionten, die (Mehrz.) [Einz.: der Euryoxybiont ‖ zu ↑ euryoxybiont]: Bez. für euryoxybionte Organismen. – Gegensatz: ↑ Stenooxybionten.

Eutrophierung

euryözisch: svw. ↑euryök.

euryphag [zu ↑eury- und griech. phageīn = essen ‖ Abl.: Euryphagen]: nicht auf eine bestimmte Nahrung spezialisiert; auf Tiere bezogen (z. B. Karpfen, Rabenvögel). – Gegensatz: ↑stenophag.

Euryphagen, die (Mehrz.) [Einz.: der Euryphage ‖ zu ↑euryphag]: Bez. für euryphage Tiere. – Gegensatz: ↑Stenophagen.

euryphot [zu ↑eury- und griech. phōs, phōtós = Licht]: unempfindlich gegen Veränderlichkeit der Lichtintensität; von Tieren und Pflanzen gesagt; z. B. erträgt die Essigfliege Drosophila, die eigentlich im Licht lebt, einen lebenslangen völligen Lichtentzug ohne geringste Schädigung. – Gegensatz: ↑stenophot.

euryplastisch: svw. ↑eurypotent.

eurypotent [↑eury- und lat. potens = etwas vermögend ‖ Abl.: Eurypotenz ‖ Syn.: euryplastisch, euryvalent]: fähig, in einem weiten Bereich eines Umweltfaktors zu leben und aktiv zu sein. Der betreffende Organismus (Tier oder Pflanze) ist dann z. B. in bezug auf die Temperatur ↑eurytherm, auf die Feuchtigkeitsverhältnisse ↑euryhygrisch usw. E. gegenüber der gesamten Umwelt sind die ↑Kosmopoliten, z. B. die Wanderratte oder der Löwenzahn. – Gegensatz: ↑stenopotent.

Eurypotenz, die [zu ↑eurypotent ‖ Syn.: Euryvalenz]: die Fähigkeit einiger Tier- und Pflanzenarten, in einem weiten Bereich eines Umweltfaktors aktiv zu leben. – Gegensatz: ↑Stenopotenz.

eurytherm [zu ↑eury- und griech. thermós = warm, heiß]: unempfindlich gegenüber unterschiedlichen bzw. schwankenden Temperaturen des umgebenden Mediums; auf Tiere und Pflanzen (z. B. Tiger, Puma, viele Alpenpflanzen) bezogen. – Gegensatz: ↑stenotherm.

eurytop [zu ↑eury- und ↑Biotop ‖ Abl.: ↑Eurytopen]: anpassungsfähig; von Tier- und Pflanzenarten gesagt, die in sehr unterschiedlichen Biotopen leben; z. B. wächst die Brennessel im Wald und in offenen Gebieten, in Sonnen- und Schattenlagen. E. ist nicht ganz synonym mit ↑euryök, da letzteres sich nur auf die Möglichkeit des Vorkommens in unterschiedlichen Lebensräumen bezieht

(↑auch eurypotent). – Gegensatz: ↑stenotop.

Eurytopen, die (Mehrz.) [Einz.: der Eurytope ‖ zu ↑eurytop]: Bez. für anpassungsfähige Organismen. – Gegensatz: ↑Stenotopen.

euryvalent: svw. ↑eurypotent.

Euryvalenz, die: svw. ↑Eurypotenz.

Eusymbiose, die [↑eu- und ↑Symbiose]: das ständige Zusammenleben verschiedener Arten zu aller Vorteil. Beispiele hierfür sind: die ↑Flechten; die Wurzelknöllchensymbiose von Bakterien mit Hülsenfrüchtlern; die ↑Mykorrhiza; die Pilzzucht von Ameisen und Termiten.

eutroph [↑eu- und ↑-troph ‖ Abl.: Eutrophierung]: nährstoffreich; auf Gewässer bezogen, die reich an tierischem und pflanzlichem Plankton sind. Typisch sind sehr geringe Sichttiefe, grüne bis gelbe und braungrüne Farbe des Wassers und ein bes. in der Tiefe stark absinkender Sauerstoffgehalt (↑Eutrophierung). Eutrophe Seen besitzen eine breite Uferzone und ein flaches Becken. Sie sind die charakteristischen Seen des mitteleuropäischen Flachlandes. – Gegensatz: ↑oligotroph.

Eutrophierung, die [zu ↑eutroph]: Anreicherung von Nährstoffen in stehenden oder langsam fließenden Gewässern; verursacht durch Massenvermehrung von Phytoplankton, v. a. Grünalgen und Blaualgen. Die Oberflächenschichten werden durch die Photosynthese mit Sauerstoff angereichert. In tieferen Schichten dagegen werden absinkende tote Zellen durch Bakterien unter Sauerstoffaufnahme zersetzt; wenn der Sauerstoff ganz verbraucht ist, geht der weitere Abbau in anaerobe Gärung (Fäulnis) über (**Umkippen** des Gewässers). Infolge Sauerstoffmangels können sich bei E. Fischeier nicht mehr entwickeln, so daß Fischverarmung die Folge ist. An der Häufigkeitsverteilung von Fischarten in einem Gewässer kann man den Grad der E. erkennen: Mit zunehmender E. überwiegen Forelle, Weißfisch, Zander, Döbel, Seibling, Barsch, Hecht, Stint, Karpfen, Wels.
Die E. wird v. a. durch Phosphat begünstigt, das zum größten Teil aus häusli-

87

Evaporation

chen Abwässern (Waschmittel, Urin) stammt und daher in Ballungsgebieten in erhöhten Mengen anfällt. Moderne Abwasserreinigungsanlagen fällen z. B. die wasserlöslichen Phosphate aus und gewinnen sie zurück. – Abb. S. 131.

Evaporation, die [zu lat. ex, e = aus, heraus, weg und lat. vapor = Dunst, Dampf]: die Verdunstung von einer freien Wasseroberfläche und von der vegetationsfreien Erdoberfläche; sie hängt ab von der Temperatur, vom Sättigungsdefizit (= Wasserdampfpartialdruck bei Sättigung minus des tatsächlichen Wasserdampfpartialdrucks) der umgebenden Atmosphäre und von der Luftbewegung.
Die E. in Ökosystemen wird meist mit dem ↑ Piche-Evaporimeter gemessen.
Die Verdunstung von Blattoberflächen, die zusätzlich von biologischen Faktoren (z. B. Apertur der Spaltöffnungen) abhängt, heißt **Transpiration.**

Evolution, die [zu lat. evolvere, evolutum = entwickeln]: die Veränderung, Anpassung, Höherentwicklung der Lebewesen während der Erdgeschichte. Durch Mutationen und Neukombinationen von Genen entstehen ungerichtet veränderte erbliche Varianten einer Art. Triebfeder für die gerichtete E. ist nach der von Ch. Darwin 1859 begründeten Selektionstheorie das Überleben des Tauglichsten im Kampf ums Dasein, wenn eine der Varianten besser an die bestehende Umwelt angepaßt ist als die Konkurrenten, z. B. durch bessere Nutzung der vorhandenen Nahrung, bessere Anpassung an Kälte, Trockenheit, Lichtmangel, durch Tarnung oder Gifte gegen Gefressenwerden, höhere Widerstandsfähigkeit gegen Krankheiten.
Eine größere Zahl von Nachkommen der besser angepaßten Individuen ist eine weitere Bedingung für den Ablauf der E., weil nur dadurch die Häufigkeit günstiger Erbanlagen von Generation zu Generation zunimmt.
Mit den Selektionsfaktoren der Umwelt befaßt sich die **Evolutionsökologie.** Neben abiotischen Selektionsfaktoren (Temperatur, Wasserversorgung, Licht usw.) spielen unter den biologischen Faktoren vor allem Konkurrenzphänomene (↑ Konkurrenz) eine wichtige Rolle.
Die **E.sforschung** bedient sich neben der Untersuchung von Fossilien vor allem molekulargenetischer Analysen (z. B. Aminosäuresequenzen ubiquitär vorkommender Proteine, Übereinstimmungen von DNS-Basensequenzen).

exogen [griech. éxō = außen, außerhalb und ↑ -gen]: außerhalb des Körpers entstanden, von außen bewirkt oder zugeführt; nicht erbbedingt.

F

fabrische Beziehungen [zu lat. faber, fabri = Verfertiger]: Beziehungen, bei denen Organismen artfremde Organismen oder deren tote Überreste bzw. Abbauprodukte als Baumaterialien verwenden. So verwendet z. B. der Biber (Castor fiber) Bäume zum Bau von Staudämmen.

Fäkalien, die (Mehrz.) [ohne Einz. ‖ zu lat. faex, faecis = Bodensatz]: von Menschen und Tieren ausgeschiedener Kot und Harn.

fakultativer Parasit: svw. ↑ Gelegenheitsparasit.

Fallout, der ['fɔ:l‚aʊt ‖ zu engl. to fall out = herausfallen]: durch Niederschlag (**Naß-F., Washout**) und Staub (**Trocken-F.**) erfolgende Ablagerung künstlicher radioaktiver Beimengungen der Luft (v. a. als Folge von Kernwaffenexplosionen) an der Erdoberfläche.

Fangpflanzen:
◊ Pflanzen, die durch Wurzelausscheidungen die Auskeimung parasitischer Unkräuter induzieren, jedoch nicht Wirtspflanze sind. Die Samen der Sommerwurzart Orobanche crenata z. B. keimen in Anwesenheit von Flachswurzeln,

können aber auf diesen nicht parasitieren. F. können zur biologischen Bekämpfung solcher Parasiten beitragen.
◊ svw. ↑ fleischfressende Pflanzen.

Faulgas: svw. ↑ Biogas.

Fäulnis: der anaerobe Abbau toten pflanzlichen und tierischen Materials durch Mikroorganismen, wobei auch übelriechende Verbindungen wie Schwefelwasserstoff, Skatol und verschiedene Mercaptane entstehen.

Faulschlamm [Syn.: Sapropel]: schwarzer Schlamm am Boden nährstoffreicher (eutropher) Gewässer, bes. solcher, die stark abwasserbelastet sind. Das Überangebot an organischen Stoffen führt zu starker Sauerstoffzehrung und zur Ausbildung anaerober Zonen, wo anaerobe Bakterien (hpts. Nitrit-, Nitratbakterien, sulfatreduzierende Bakterien) die organischen Substanzen unter Bildung giftiger Gase (v. a. Schwefelwasserstoff, ferner Stickstoff, Kohlendioxid, Wasserstoff) abbauen; führt zum Absterben vieler Mikroorganismen und Fische. Am Boden können feste organische Sedimente entstehen (Beginn der Erdölbildung).

Fauna, die [nach der gleichnamigen altrömischen Göttin, deren Name seit dem 18. Jh. allegorisch als Titelstichwort auf zoologischen Büchern erscheint]: die Tierwelt eines bestimmten, abgegrenzten Gebietes. Man unterscheidet zwischen: **Mikro-F.** mit mikroskopisch kleinen Lebewesen wie den Einzellern; **Meso-F. (Meio-F.)** mit Organismen (v. a. Gliederfüßer) von wenigen mm Länge; **Makro-F.** mit größeren Tieren wie Würmer, Schnecken, größere Gliederfüßer; **Mega-F.** mit Wirbeltieren.

Daneben unterscheidet man in der *Meeresökologie* zwischen der **Infauna** im Boden und der darüber befindlichen **Epifauna.** Die entsprechenden Begriffe für die *terrestrische Ökologie* sind ↑ Edaphon und ↑ Epigaion.

Feedback, das ['fi:d,bæk ‖ engl. = Rückwirkung]: svw. ↑ Rückkopplung.

Feindpflanzen: Bez. für Pflanzen, die andere Pflanzen oder Tiere spezifisch schädigen. Ein Beispiel ist die Runkelrübe, deren Wurzelsekrete die Larven der Rübenälchen (Heterodera schachtii)

veranlassen, ihre Zystenhülle zu sprengen und die Wurzeln ihrer Wirtspflanze zu befallen. Diese aktivierende Wirkung geht auch von den Wurzeln von Luzerne, Klee oder Mais aus. Da sich die Älchen in den Wurzeln dieser Pflanzen jedoch nicht entwickeln können und absterben, nennt man sie Feindpflanzen. – ↑ auch Allelopathie.

Felspflanzen [Syn.: Epilithen]: Pflanzen, die auf Felsen leben. Die Erstbesiedler sind gesteinslösende Krustenflechten; danach kommen polsterbildende Moose und schließlich, wenn erste Ansätze der Bodenbildung erkennbar sind, höhere Pflanzen, z. B. Gräser, die im Boden der Spalten wurzeln.

Femelschlag [zu lat. femella = Weibchen]: forstwirtschaftliche Nutzungsform des Hochwaldes, bei der Ernte und Verjüngung des Baumbestandes im Gegensatz zum ↑ Kahlschlag nur durch Entnahme von Einzelstämmen oder kleinen Baumgruppen erfolgen und dadurch die ökologischen Verhältnisse relativ gleich bleiben. – ↑ auch Plenterwald.

Fernwärme: in einem Heizwerk oder Heizkraftwerk erzeugte, in einem Rohrleitungsnetz (**F.netz**) einer Vielzahl von Wärmeverbrauchern zur Heizung (**Fernheizung**) und Warmwasserbereitung zugeleitete Wärme (in Form von Dampf oder Heißwasser).

Die kostenintensiven F.netze versorgen prinzipiell hochverdichtete Innen- und Trabantenstädte. In der BR Deutschland sind derzeit 500 F.netze mit einer Rohrlänge von rund 6 000 km in Betrieb; der Anteil fernwärmeversorgter Wohnungen beträgt 7 %.

Fettabscheider: andere Bez. für ↑ Ölabscheider.

Fettfänger: Bez. für großdimensionierte Fettabscheider in Kläranlagen.

Fettwiese ↑ Wiese.

Feuchtgebiete: unter Natur- bzw. Landschaftsschutz stehende Landschaftsteile, deren pflanzliche und tierische Lebensgemeinschaften an das Vorhandensein von Wasser gebunden sind; z. B. natürliche Gewässer, Moore, Feuchtwiesen, Küsten, Wattflächen. Großflächige F. in der BR Deutschland sind u. a.: Dümmer, Steinhuder Meer,

Feuchtigkeitspflanzen

Ammersee, Donaumoos. – ↑ auch Ramsar-Konvention.

Feuchtigkeitspflanzen: svw. ↑Hygrophyten.

Filtrierer: Tiere, die mit Hilfe von Wimpern, Borstenkämmen oder ähnlichen Gebilden Nahrungspartikel aus dem Wasser herausseihen. F. sind z.B. Wimpertierchen, Muscheln, viele Kleinkrebse und Bartenwale.

Fischsterben: Massensterben von Fischen in Gewässern, verursacht v.a. durch Sauerstoffmangel infolge starker Wasserverschmutzung, Vergiftung des Wassers durch eingeleitete oder eingeschwemmte Chemikalien (z.B. Schädlingsbekämpfungsmittel) oder durch Infektionskrankheiten.

FKW: die (Mehrz.) [εfka:'ve:]: Abk. für ↑Fluorkohlenwasserstoffe.

Flachmoor: svw. Niedermoor (↑Moor).

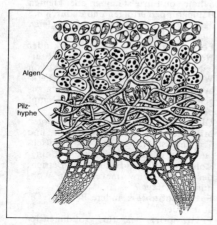

Flechten. Ausschitt aus einem Flechtenthallus

Flachsee [Syn. Flachmeer, Schelfmeer]: der Bereich des Meeres bis etwa 200 m Tiefe. Es handelt sich um die im Randbereich der Kontinente und Inseln, also über dem Schelf, liegenden Meeresteile. Zu den F.n gehören große Teile der Rand- und Nebenmeere, wie z.B. in Europa die Ost- und die Nordsee.

Der Meeresboden der F. wurde teilweise erst in geologisch junger Zeit überflutet und zeigt vielfach festländische Formen. Der Artenreichtum an pflanzlichen und tierischen Organismen ist in der F. weniger groß als in der Tiefsee, da viele Nebenmeere (z.B. Ostsee) aufgrund ihrer Abgeschlossenheit und mangels guter Durchlüftung vor allem in den bodennahen Wasserschichten Sauerstoffmangel aufweisen.

F.n sind besonders von ↑Meeresverunreinigungen betroffen.

Flechten: Die F. stellen einen Verband aus Grün- oder Blaualgen und Schlauch-, selten Ständerpilzen dar, der eine physiologische und morphologische Einheit bildet. Das Zusammenleben gestaltet sich in Form einer ↑Eusymbiose: Die Algen versorgen den Pilz mit organischen Nährstoffen (Kohlenhydrate), während das Pilzgeflecht als Wasser- und Mineralstoffspeicher dient.

F. können extreme Standorte besiedeln und sind in Gebieten mit sehr wenig anderem Pflanzenwuchs (z.B. Arktis) eine wichtige Nahrungsquelle für die Tiere. Da die F. sehr empfindlich gegenüber Luftverunreinigungen sind, werden sie als Bioindikatoren für die Beurteilung der Luftqualität benutzt. – ↑ auch Flechtenwüste.

Flechtenwüste:
◊ Flechtenflora in Nebelwüsten (z.B. in Peru, Nordchile, Südwestafrika), die das Aussehen der Landschaft prägen kann.
◊ Zone im Zentrum von Städten oder Ballungsgebieten, in der aufgrund erhöhter Luftverschmutzung, insbesondere durch Schwefeldioxid, keine bzw. kaum Flechtenarten mehr wachsen. Die Baumflechten sind besonders empfindlich, da Rinde schlechter als Steine oder Mauern gegen eine Übersäuerung gepuffert sind. Sie dienen daher als ↑Bioindikator für den Grad der jeweiligen Luftverschmutzung.

fleischfressende Pflanzen [Syn.: tierfangende Pflanzen, Fangpflanzen, karnivore Pflanzen]: auf nährstoffarmen, v.a. stickstoffarmen Böden (Hochmoor, Vulkanaschen) wachsende Pflanzen, die mittels Fangvorrichtungen hpts. Insekten fangen, verdauen und sie somit insbesondere als Stickstoff-, aber auch z. B. als Phosphorquelle nutzen. Fangvorrichtungen können Klebdrüsen auf Tentakeln oder Blätter (z. B. Sonnentau), Klappfallen (z. B. Venusfliegenfalle) oder als Fallgruben wirkende Behälter (z. B. Kannenpflanze) sein. – Abb. S. 131.

Fließgewässer: Gewässer mit mehr oder weniger starker Strömung. Die Organismen haben sich u. a. durch besondere Baumerkmale (z. B. Saugnäpfe, geschlitzte Blätter, stromlinienförmiger Körper) oder durch das Aufsuchen geeigneter Standorte (z. B. unter Steinen) an das Leben in der Strömung angepaßt. Man unterscheidet die **Quellregion (Krenal)** mit der Lebensgemeinschaft des **Krenons,** die **Gebirgsbachregion (Rhithral)** mit der Lebensgemeinschaft des **Rhithrons** und die **Tieflandflußregion (Potamal)** mit der Lebensgemeinschaft des **Potamons.** – ↑ auch Gewässerregionen.

Fließgleichgewicht [Syn.: Steady state]: von L. von Bertalanffy geprägte Bez. für das trotz dauernder Energiezufuhr und -abfuhr bestehende Gleichgewicht in offenen physikalischen Systemen. Das F. ist von großer Bedeutung für die Erhaltung biologischer und ökologischer Systeme, die durch ihre Stoffwechselprozesse in ständigem Materieaustausch mit der Umgebung stehen. Der Zustand des F.es wird durch Regelung über ↑ Rückkopplung erhalten.

Flora, die [zu lat. flos, floris = Blume, Blüte]: die Gesamtheit der Pflanzenarten eines bestimmten Gebietes; im Gegensatz zur Vegetation, die die Gesamtheit der Pflanzen darstellt, die das Gebiet überdecken. So besitzen z. B. Grassteppen eine relativ hohe Artenvielfalt, jedoch eine (z. B. gegenüber einem Laubmischwald) einfache Vegetation.

Flugasche: bei der Verbrennung eines Brennstoffs von den Rauchgasen mitgeführte Ascheteilchen.

Fluktuation, die [aus lat. fluctuatio = Bewegung, Schwanken ‖ Syn. Massenwechsel]: Bez. für starke Schwankungen einer Population im Laufe der Generationen. F.en werden durch eine je nach Art, Ort und Zeit unterschiedliche Zahl von inneren und äußeren Bedingungen hervorgerufen, die in einem Beziehungsgefüge verflochten sind und daher in ihrer Gesamtheit wirken. **Nichtzyklische,** von der Populationsdichte unabhängige F.en können durch Klima, Witterung oder z. B. Schädlingsbekämpfung verursacht werden. **Zyklische F.en** werden durch dichteabhängige Faktoren geregelt, wie durch spezifische Feinde, Räuber-Beute-Beziehungen und Konkurrenz. Zyklische F.en nennt man auch **Oszillationen.**

Volterras **F.sgesetze** formulieren die Prinzipien der Populationsdynamik von Tieren für vereinfachte Bedingungen:

1. *Gesetz der periodischen Zyklen:* Die Populationsschwankungen zweier Arten im Feindverhältnis (Räuber/Beute, Parasit/Wirt) sind periodisch. Die Periode hängt nur von den Anfangsbedingungen und dem Koeffizienten der Zu- und Abnahme der Populationen ab. Bei einem System von mehr als zwei Arten geht die Periodizität verloren.

2. *Gesetz der Erhaltung der Mittelwerte:* Die Mittelwerte der Populationsdichte beider Arten bleiben bei unveränderten Umweltbedingungen konstant und sind von ihren Anfangswerten unabhängig.

3. *Gesetz der Störung der Mittelwerte:* Wird von beiden Arten eine im Verhältnis zu ihren Gesamtzahlen gleich große Individuenmenge vernichtet, so steigt die mittlere Populationsdichte des Verfolgten, während des Verfolgers fällt. Bei stärkerem Schutz des Verfolgten nehmen dagegen beide Arten zu.

Fluor, das [ursprünglich Bez. des Flußspats, des wichtigsten fluorhaltigen Minerals; von lat. fluor = das Fließen ‖ chemisches Symbol: F]: zu den Halogenen gehörendes chemisches Element; grünlichgelbes Gas, das ebenso wie seine Verbindungen giftig ist.

Einige F.verbindungen haben technische Bedeutung, z. B. die F.wasserstoffsäure zum Ätzen von Glas, Kryolith bei der Herstellung von Aluminium. Deshalb können in den Abgasen von Aluminiumhütten und (fluoridhaltiges) Rohphosphat verarbeitenden Fabriken Fluoride vorkommen, die in höherer Konzentration den Pflanzenwuchs beeinträchtigen.

Fluoridierung

Bei täglicher Daueraufnahme von mehr als 10 mg F. in Form von Fluoriden sind beim Menschen chronische Schäden zu befürchten. – ↑ auch Fluoridierung.

Fluoridierung, die [zu ↑ Fluor]: die Zugabe von Fluorverbindungen (z. B. Natriumfluorophosphat in geringen Mengen) zu Trinkwasser als Maßnahme zur Verhütung von Karies.
Großversuche haben gezeigt, daß eine F. des Trinkwassers durch Zusatz von 1 mg Natriumfluorid je Liter Trinkwasser die Widerstandsfähigkeit des Zahnschmelzes gegen Karies verbessern kann. Andererseits gibt es auch längerdauernde Untersuchungen, die zeigen, daß eine solche Kariesprophylaxe bzw. Schutzwirkung nach 10–15 Jahren ins Gegenteil verkehrt wird, da dann die Schädigung des Organismus durch das toxische Fluor die Kariesanfälligkeit der Zähne sogar noch erhöht.
Der Zusatz von Fluoriden zum Trinkwasser hat sich in der BR Deutschland nicht durchsetzen können. In den USA und in Schweden wurde inzwischen die vor Jahren versuchsweise eingeführte F. des Trinkwassers nach negativen Erfahrungen wieder abgesetzt.

Fluorkohlenwasserstoffe [Abk.: FKW]: leiten sich von Kohlenwasserstoffen durch Ersatz von Wasserstoff gegen Fluor ab; z. B. **Tetrafluormethan** (CF_4) oder **Tetrafluoräthylen** (C_2F_4). Verbindungen, die keinen Wasserstoff mehr enthalten, nennt man besser **Fluorkohlenstoffe.**
Niedermolekulare Fluorkohlen(wasser)stoffe werden als Hydraulikflüssigkeit, Schmiermittel, Isoliermittel, inerte Lösungsmittel, Feuerlöschmittel und Hydrophobierungsmittel verwendet.
Chlorfluorkohlen(wasser)stoffe spielen eine wichtige Rolle als Kältemittel in Kühlschränken, industriellen Kühlanlagen und Wärmepumpen sowie als Treibmittel in Sprühdosen.
Nach der Ozonhypothese können Chlorfluorkohlen(wasser)stoffe zur Zerstörung des Ozongürtels in der Stratosphäre (in 20–30 km Höhe) beitragen, weil aus ihnen photochemisch Chlorradikale freigesetzt werden, die Ozon zersetzen. Die *Zerstörung des Ozongürtels* würde die kurzwellige UV-Strahlung (200–300 nm) bis zur Erdoberfläche durchdringen lassen und die Gefahr von Hautkrebs erhöhen. Chlorfreie Fluorkohlen(wasser)stoffe als Treibgas für Sprühdosen gelten demgenüber als unbedenklich, weil sie keine Chlorradikale freisetzen können.
Polymere Fluorkohlen(wasser)stoffe sind wichtige chemisch inerte, temperaturbeständige, thermoplastische Kunststoffe (u. a.: PTFE, Polytetrafluoräthylen; PVF, Polyvinylfluorid; PCTFE, Polychlortrifluoräthylen).

Flurbereinigung: die Zusammenlegung und wirtschaftliche Gestaltung von zersplittertem oder unwirtschaftlich geformtem ländlichem Grundbesitz nach neuzeitlichen betriebswirtschaftlichen Gesichtspunkten zur Förderung der land- und forstwirtschaftlichen Produktion und der allg. Landeskultur; geregelt im Flurbereinigungsgesetz vom 14. 7. 1953 (in der Fassung vom 16. 3. 1976) und in den Ausführungsgesetzen der Länder.
Mit der F. sind Wege, Gräben u. a. gemeinschaftliche Anlagen zu schaffen, Bodenverbesserungen vorzunehmen, die Ortslagen aufzulockern und alle sonstigen Maßnahmen zu treffen, durch die die Grundlagen der Wirtschaftsbetriebe verbessert, der Arbeitsaufwand vermindert und die Bewirtschaftung erleichtert werden. Den Erfordernissen der Raumordnung und Landesplanung, des Natur- sowie des Umweltschutzes, der Wasserwirtschaft, der Energieversorgung, des öffentlichen Verkehrs, der landwirtschaftlichen Siedlung sowie einer etwaigen bergbaulichen Nutzung ist Rechnung zu tragen.
Die F. wird für ein bestimmtes Gebiet unter Mitwirkung der Gesamtheit der beteiligten Grundeigentümer und der landwirtschaftlichen Berufsvertretung in einem behördlich geleiteten Verfahren (**F.sverfahren**) durchgeführt.
Maßnahmen der F. führen nicht selten zur Zerstörung alter Kulturlandschaften und zu Veränderungen im biologischen Gleichgewicht. Zwischen 1945 und 1984 wurden in der BR Deutschland 8,2 Mill. ha bereinigt.

Forellenregion: eine obere Bachregion (↑ Gewässerregionen).

Formaldehyd, der [Kurzwort aus Acidum form**i**cicum (= Ameisensäure) und **Aldehyd** ‖ Syn.: Methanal]: einfachste Verbindung aus der Gruppe der Aldehyde mit der Strukturformel H − CHO; farbloses, stechend riechendes Gas, das sich leicht in Wasser löst. F. ist sehr reaktionsfähig; durch Luftsauerstoff wird er z. B. leicht zu Ameisensäure oxidiert. F. wird technisch in großem Umfang durch katalytische Oxidation aus Methanol nach mehreren Verfahren gewonnen.

Verwendung findet F. zur Herstellung von Kunstharzen, zur Härtung von Kasein, Leim und Gelatine, als Reduktionsmittel, ferner zur Herstellung von Farbstoffen, Gerbstoffen, Äthylenglykol und zahlreichen weiteren Verbindungen. Daneben wird F. als Desinfektionsmittel und zum Beizen von Saatgut benutzt.

In den Handel gelangt F. in Form wäßriger, meist 35- bis 40%iger Lösungen, als **Para-F.** und als **Trioxan.**

F.dampf wirkt stark reizend auf die Schleimhäute und verursacht Entzündungen der Atemwege. Der MAK-Wert wurde auf 1 ppm bzw. 1,2 mg/m³ festgelegt. Neuere Untersuchungen ergaben Hinweise auf eine mögliche mutagene und karzinogene Wirkung des Formaldehyds.

Formation, die [aus lat. formatio = Gestaltung, Anordnung]: in der *Biogeographie* Bez. für eine Gruppe von Pflanzen und Tieren, die entweder für einen bestimmten Lebensraum (z. B. eine Wiese, eine Steppe oder ein Hochmoor) charakteristisch sind oder aber einheitliche Merkmale aufweisen.

Förna, die [skand.]: die oberste Lage der Rohhumusdecke (↑ Rohhumus). Sie besteht aus kaum zersetzten Pflanzenresten und kann mehrere Zentimeter mächtig werden.

fossile Rohstoffe [aus lat. fossilis = ausgegraben]: in geologischen Zeiträumen aus pflanzlichem und tierischem Material entstandene gasförmige, flüssige und feste Brennstoffe. Die wichtigsten f.n R. sind ↑ Erdgas, ↑ Erdöl und ↑ Kohle. Sie werden als Chemierohstoffe, v. a. aber zur Energiegewinnung in Heizungsanlagen, Kraftwerken und Verbrennungsmotoren verbraucht. Dabei steigt gleichzeitig der Kohlendioxidgehalt der Atmosphäre an.

Die in den f.n R.n enthaltene Energie ist letztlich auf die in früherer Zeit bei der ↑ Assimilation der Pflanzen gespeicherte Sonnenenergie zurückzuführen. Man nimmt an, daß Kohle v. a. aus Zellulose und Lignin der Pflanzen, Erdöl vorwiegend aus Eiweißen und Fetten von Meerestieren und Mikroorganismen entstanden sind.

Der *Weltvorrat an Kohle* wird derzeit auf 688 Mrd. t (davon 200 Mrd. t Braunkohle) geschätzt. Die *jährliche Fördermenge* liegt bei 2 Mrd. t Steinkohle und 1 Mrd. t Braunkohle.

Die *Erdölvorräte* an wirtschaftlich förderbaren Vorkommen werden auf 87,3 Mrd. t, die jährliche *Fördermenge* auf 3,3 Mrd. t geschätzt. Darüber hinaus werden weitere 510 Mrd. t Erdöl in Ölsanden, Ölschiefer usw. vermutet, deren Förderung noch nicht möglich ist.

Der *Weltvorrat an Erdgas* beträgt $73 \cdot 10^{12}$ m³ bei einer *jährlichen Fördermenge* von $1,5 \cdot 10^{12}$ m³.

Wenn die f.n R. in voraussehbarer Zeit verbraucht sind, wird der Bedarf an Chemierohstoffen aus der nachwachsenden Biomasse von ↑ Industriepflanzen gedeckt werden müssen.

Fremdstoffe: chemische Stoffe, die Lebensmitteln zugesetzt werden (Farbstoffe, Geschmacksstoffe, Konservierungsmittel) oder bei der Erzeugung und Zubereitung unabsichtlich hineingelangen (Reste von Pflanzenschutzmitteln oder Wuchsstoffen, Reinigungsmittel). Die zulässigen Mengen solcher Stoffe werden durch die ↑ Höchstmengenverordnung begrenzt.

Frequenz, die [aus lat. frequentia = zahlreiches Vorhandensein, Häufigkeit]: Begriff der ↑ Synökologie, der angibt, auf wieviel getrennten Stellen (bezogen auf eine Flächeneinheit) eine Art in einem einzelnen Biotop vorkommt. Es werden meist 5 Grade (vereinzelt; zerstreut; wenig dicht; dicht; sehr dicht) unterschieden. − ↑ auch Konstanz, ↑ Präsenz.

Freßkette: svw. ↑ Nahrungskette.

Frostresistenz

Frostresistenz: das Überleben von Pflanzen und Tieren bei Temperaturen unter 0 °C. Frostresistente Organismen sind je nach geographischer Herkunft sehr gut an das Überdauern bei tiefen Temperaturen angepaßt. So können arktische Insekten Temperaturen von − 60 °C mehrere Tage überleben. Die Strandschnecke (Littorina littorea) kann 6 Monate im Eis eingefroren werden. Holzpflanzen in Sibirien vertragen Temperaturen bis unter − 60 °C, die Weymouthskiefer Pinus strobus bis − 78 °C, die Zirbelkiefer (Pinus cembra) bis − 47 °C, alpine Zwergsträucher bis − 46 °C, Alpenkräuter bis − 29 °C. Selbst die Knospen sommergrüner Laubbäume in Mitteleuropa können niedrige Temperaturen überdauern: die der Esche (Fraxinus excelsior) − 27 °C, die der Stieleiche (Quercus robur) − 27 °C, die der Waldbuche (Fagus sylvatica) − 29 °C, während tropische Pflanzen schon zwischen 1,5° und 10 °C „erfrieren".

Die Frostschäden werden bei den Pflanzen durch Eisbildung innerhalb ihrer Zellen und die dadurch verursachte Zerstörung von Zellstrukturen hervorgerufen.

Die F. beruht daher im wesentlichen in der Herabsetzung der Gefriertemperatur und in der Verhinderung der Eisbildung. Sie unterliegt tageslängengesteuerten (↑ Photoperiodismus) jahreszeitlichen Veränderungen. Gleichzeitig schwanken die Zuckergehalte in den Zellen, z. B. beim Heidekraut Calluna vulgaris; bei der Fichte Picea excelsa schwankt der Raffinosegehalt.

Die jahreszeitliche Vorbereitung der Pflanzen auf die Frostperiode nennt man **Abhärtung**. Sie kann unter Laborbedingungen nachgeahmt werden. Abgehärtete Fichten überleben Temperaturen von − 40 °C, während nicht abgehärtete unter − 5 °C erfrieren.

Bei arktischen und antarktischen Fischen verhindern gefrierpunktserniedrigende, sehr spezifische Glykoproteine in geringer Konzentration die Eisbildung. Bei den arktischen Insekten wird Glyzerin als „Frostschutzmittel" bis zu 25 % in der Hämolymphe angereichert, gelegentlich auch die Zuckeralkohole Sorbit und Mannit.

Frostschäden: Bei Pflanzen unterscheidet man nach Art der Schädigung: **Frosttod** bei Absterben der Pflanze; **Starrfrost** bei mechanischen Schädigungen wie der Bildung von Frostrissen oder -platten an dünn berindeten Baumstämmen durch Gefrieren des Kambiums; **Barfrost** beim Ausfrieren junger Pflanzen durch schollenweises Hochheben der oberen Bodenkruste.

Frostschutz: Schutz der Kulturpflanzen vor Frostschäden. Zu den F.maßnahmen zählen geeignete Bewirtschaftung der Anbauflächen und die Beseitigung von Kaltluftseen (z. B. durch Anlegen von Windschutzhecken). Die unmittelbaren F.maßnahmen werden vor dem Frosteintritt eingeleitet.

Frostschutzmittel:

◊ Zusätze v. a. zu *Kühlerfüllungen* von Automotoren, aber auch in *Wasserumlaufheizungen* zur Senkung des Gefrierpunkts und dadurch zur Verhinderung des Einfrierens. Verwendet wird v. a. Äthylenglykol mit einem Zusatz von Natrium- oder Kaliumhydrogenphosphat zur Korrosionshemmung. Weitere F. sind Glyzerin, Sorbit, Natriumlactat, Propylenglykol, 2-Propanol u. a.

◊ Im *Baugewerbe* werden dem Beton zur Verhinderung des Gefrierens als F. Magnesiumchlorid, Aluminiumchlorid, Natriumchlorid oder Soda zugesetzt. Das früher verwendete Calciumchlorid wird wegen der starken Korrosionsförderung nicht mehr eingesetzt.

◊ In der *Landwirtschaft* werden Maßnahmen zum Frostschutz v. a. im Obst- und Weinbau betrieben. Die Wärmeabstrahlung wird durch Abdecken mit Folien, Matten, Stroh u. a. oder durch Lufttrübung (Verbrennen von Pflanzenabfällen, Räucherpatronen) verringert. Gegen Fröste durch Kaltlufteinbruch werden Geländeaufheizung mit transportablen Ölöfen oder Koksverbrennung, v. a. aber Beregnung angewandt. Das gefrierende Wasser gibt die Kristallisationsenthalpie ab und hält die Temperatur auf etwa − 5 °C.

Frosttrocknis: Wassermangel bei höheren Pflanzen aufgrund eines Unter-

bindens der Wassernachleitung aus dem Boden durch anhaltenden Frost.
Frühjahrszirkulation: bei Seen die vollständige Umwälzung des Wassers im Frühjahr (↑ Wasserzirkulation).
Fulvosäuren [zu lat. fulvus = rotgelb, braungelb]: Bestandteile der ↑ Huminstoffe.
Fumarole, die [aus gleichbed. italien. fumarola, eigtl. = Mündung eines Schornsteins, zu spätlat. fumariolum = Rauchloch]: Bez. für Gasaushauchungen von Vulkanen, die Wasserdampf, Schwefel und Schwefeldioxid (SO_2), Ammoniumchlorid (NH_4Cl) u. a. enthalten. Die aus abkühlenden Vulkanen austretenden Exhalationen borsäurehaltigen Wasserdampfs **(Soffionen)** und von Schwefel(verbindungen) **(Solfataren)** bilden oft wertvolle Lagerstätten für die Gewinnung ihrer Inhaltsstoffe.
fungivor [zu lat. fungus = Erdschwamm, Pilz und lat. vorare = verschlingen]: svw. ↑ myzetophag.
Fungizide, die (Mehrz.) [Einz.: das Fungizid ∥ zu lat. fungus = Erdschwamm, Pilz und lat. caedere (in Zus.: -cidere) = töten]: zu den ↑ Pestiziden zählende chemische Stoffe zur Bekämpfung schädlicher Pilze zum Schutz von Pflanzen, Lebensmitteln, Holz und Textilien, als Konservierungsmittel zur Verhütung von Schimmelpilzbewuchs, um Vergiftungen durch ↑ Mykotoxine zu vermeiden. In der Medizin verwendete F. werden meistens ↑ Antimykotika genannt.
Nach ihrer *Wirkungsart* unterscheidet man vorbeugend wirkende **(protektive F.)**, nur am Anwendungsort wirkende **(lokosystemische F.)** und **systemische Fungizide**; letztere werden durch Wurzeln und Blätter aufgenommen und wirken in der ganzen Pflanze.
Nach *Anwendungsart* und *-ort* unterscheidet man Blatt-F., Beizmittel (für Saatgut) und Bodenfungizide.
Die *chemische Natur* der F. ist überaus vielfältig: **Anorganische F.** sind Schwefel und Polysulfide, Salze und organische Verbindungen von Kupfer, Zink, Cadmium, Quecksilber, Chrom, Mangan, Nickel und Zinn, die z. T. wegen ihrer Toxizität und Umweltgefährdung nicht mehr verwendet werden. Unter den **organischen F.**n haben Triazine, aromatische Chlor- und Nitroverbindungen, Benzimidazolderivate und Pyrroline große Bedeutung.
Unter den natürlichen ↑ Antibiotika finden sich wichtige F. wie z. B. Blasticidin S, Kasugamycin und das medizinisch verwendete Griseofulvin.
Die kausale *Wirkungsweise* der F. ist nur bei wenigen Verbindungen bekannt; sie hemmen die Protein-, Steroid- oder die Chitinsynthese.
Funktionskreis: nach der Umweltlehre J. von Uexkülls die Zuordnung bestimmter Organe und Verhaltensweisen eines Tiers zu bestimmten Teilen seiner Umgebung.
Die evolutionistisch angepaßte Beziehung jeder Tierart zu ihrer spezif. Umwelt besteht aus F.en (z. B. Ernährung, Feindbeziehung, Sexualität). Diese Umwelt bildet einen wahrnehmbaren, von

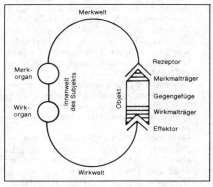

Funktionskreis (nach J. von Uexküll)

den Sinnesrezeptoren herausgefilterten Ausschnitt der Umgebung, in ihm liegen diejenigen Eigenschaften (Merkmale), die für eine Lebensbewältigung wesentlich sind; rückgekoppelt bestimmen sie als **Wirkmale** phylogenetisch vorprogrammiertes Verhalten. Sobald ein Merkmal auftritt, wird es mit einer Wirkung beantwortet; dies führt zur Tilgung des Wirkmals, wodurch die Handlung beendet ist.

G

Galeriewald [aus italien. galleria = langer, gedeckter Säulengang]: Waldstreifen, der sich entlang von Flußläufen und Seen, an sickerfeuchten Talhängen und in Schluchten von Savannenformationen findet.
G. ist ein Indikator für reichlich vorhandenes Grundwasser. Man unterscheidet den **G. der Feuchtsavanne** mit meist immergrünem, artenreichem, üppigem, dem tropischen und subtropischen Regenwald ähnelndem Bewuchs und den **G. der Trockensavanne** mit meist laubabwerfendem, wenig artenreichem, dem Trockenwald oder dem trockenen Monsunwald ähnelndem Bewuchs.

Galmeipflanzen [Galmei = Sammelbez. für Carbonat- und Silicatzinkerze; durch roman. Vermittlung aus lat. cadmia (von griech. kadmeia, kadmía) = Zinkerz]: an hohe Zinkkonzentrationen angepaßte Pflanzen, die auf Erzhalden wachsen; z. B. das Galmeiveilchen (Viola calaminaria). Sie spielen eine Rolle als Indikatorpflanzen.

-gamie [zu griech. gameĩn = heiraten]: letzter Wortbestandteil von Zus. mit der Bed. „Befruchtung, Bestäubung; Geschlechtsgemeinschaft"; z. B. Allogamie.

Gammastrahlen [Schreibvariante: γ-Strahlen]: eine der drei bei der natürlichen ↑ Radioaktivität zu beobachtenden Strahlungsarten.

Garigue, die [ga'ri:k ‖ frz., zu provenzal. garric = Kermeseiche ‖ Schreibvariante: Garrigue]: offene, knie- bis 2 m hohe Gebüschformation, die in Frankreich und Nordafrika vorkommt. Die G. wird u. a. aus der Kermeseiche, Hartlaubzwergsträuchern, Euphorbien sowie duftenden Sträuchern (Rosmarin, Lavendel) gebildet. Wahrscheinlich ist sie aus degradierten (↑ Degradation) Hartlaubwäldern oder ↑ Macchien entstanden.
Gemeinsam mit ähnlichen Erscheinungsformen wie der Phrygana in Griechenland oder den Tomillares in Spanien wird sie unter dem Namen **Gariden (Felsenheide)** zusammengefaßt.

Gärung: anaerob ablaufende Stoffwechselprozesse bei Mikroorganismen, aber auch in Zellen höherer Organismen, die bei Sauerstoffmangel zur Energiegewinnung dienen; mit Äthanol, Milchsäure, Propionsäure, Buttersäure, Methan u. a. als Endprodukten.
Biotechnologisch werden G.en zur Gewinnung der Endprodukte (v. a. Äthanol durch die alkoholische Gärung der Hefen) in großem Umfang durchgeführt.

GAU, der [Abk. für: **g**rößter **a**nzunehmender **U**nfall]: in der *Kerntechnik* Bez. für den bei sicherheitstechnischen Überlegungen zugrunde gelegten schwersten (denkbaren) Störfall in einem Kernreaktor, gegen den bei der Auslegung und Errichtung der Anlage solche technischen Maßnahmen eingeplant bzw. getroffen werden müssen, die eine Beherrschung dieses Störfalls und seiner Folgen sicherstellen, insbes. eine Beeinträchtigung der Umgebung durch unzulässig hohe freigesetzte Radioaktivität verhindern.
Beim Reaktorunfall in Tschernobyl am 26. 4. 1986 wurde eine erhebliche Menge an Radioaktivität freigesetzt. Radioaktiver Niederschlag wurde in vielen Teilen Europas sowie in der Sowjetunion festgestellt.

Gause-Volterra-Gesetz [nach dem russ. Biologen G. F. Gause, * 1910, und dem italien. Mathematiker V. Volterra, * 1860, † 1940]: svw. ↑ Monard-Prinzip.

Gauß-Verteilung [Syn.: Normalverteilung]: von dem dt. Mathematiker, Physiker und Astronomen C. F. Gauß 1794 gefundene Wahrscheinlichkeitsverteilung, die die Fehlerverteilung bei sehr vielen Einzelmessungen einer Größe angibt, wenn nur zufällige Fehler auftreten. Die G.-V. wird durch einen glockenförmigen, nach unten geöffneten, symmetrischen Graphen **(Gauß-Glockenkurve)** beschrieben.

Geochemie

Die G.-V. ist eine in der Natur sehr häufig vorkommende Wahrscheinlichkeitsverteilung.

Gelegenheitsnutzung: svw. ↑Opportunismus.

Gelegenheitsparasit [Syn.: fakultativer Parasit]: Organismus, der nur gelegentlich als Schmarotzer auftritt und auch ohne Wirt zu leben vermag; z. B. manche Fliegenmaden.

Gelegenheitswirt: Tier oder Pflanze, welche den sie befallenden Schmarotzern nur unter bestimmten Voraussetzungen die Möglichkeit zur Entwicklung geben. So kann z. B. bei einseitiger Ernährung der Schweineparasit Balantidium coli zum Darmschmarotzer des Kaninchens werden.

Gemeinlastprinzip: v. a. im Zusammenhang mit dem Umweltschutz häufig herangezogenes Prinzip, wonach die Kosten von Umweltbelastungen dem Verursacher (↑Verursacherprinzip) aus Gründen der Wettbewerbsfähigkeit oder finanziellen Belastbarkeit nicht angelastet, sondern der Allgemeinheit zugerechnet werden; z. B. die Kosten der Gesundheitsfürsorge bei Erkrankungen der Atemwege infolge hoher Luftverunreinigung.

Gen, das [zu griech. génos = Geschlecht, Gattung ‖ Syn.: Erbanlage]: ursprünglich die letzte, unteilbare, zur Selbstverdopplung befähigte Einheit der Erbinformation. Ein G. bestimmt (zusammen mit den Umwelteinflüssen) die Ausbildung eines bestimmten Merkmals im Erscheinungsbild und wird erkennbar durch das Vorkommen alternativer Formen für dieses Merkmal.
Die heutige molekulare Genetik definiert das G. als einen einzelnen Abschnitt auf einem viele G.e umfassenden Nukleinsäuremolekül und somit als das materielle Substrat eines Erbfaktors.

-gen [aus griech. -genēs = hervorbringend, verursachend; hervorgebracht, verursacht]: Suffix mit der Bed. „erzeugend, verursachend; durch etwas verursacht, aus etwas hervorgegangen"; z. B. biogen.

Genbanken ↑Genpool.

genetische Strahlendosis ↑Radioaktivität.

genetische Strahlenwirkung ↑Radioaktivität.

Genpool, der [...pu:l ‖ ↑Gen und engl. pool = gemeinsame Kasse, Spieleinsatz; Zweckverband]: der Vorrat an verschiedenen Allelen aller Gene innerhalb einer Population von Tieren oder Pflanzen.
In der Pflanzenzüchtung besteht zur Zeit die Gefahr, daß z. B. bei einigen Getreidearten der G. verarmt, weil die Zahl der angebauten Sorten ständig abnimmt. Man legt daher vorsorglich sog. **Genbanken** an, in denen der Samen seltener Sorten und v. a. von Wildformen aufbewahrt wird.

geo- [zu griech. gē = Erde, Erdboden]: in Zus. mit der Bed. „Erde; Erdoberfläche; Erdboden"; z. B. Geobotanik.

Geobionten, die (Mehrz.) [Einz.: der Geobiont ‖ zu ↑geo- und griech. bíos = Leben]: Bez. für Organismen, die ihren gesamten Lebenszyklus im Boden verbringen.

Geobotanik, die [zu ↑geo- und griech. botanikós = Kräuter betreffend ‖ Abl.: geobotanisch ‖ Syn.: Pflanzengeographie, Phytogeographie]: Teilgebiet der Botanik, in dem die weltweite Verbreitung von Pflanzen und Pflanzengesellschaften untersucht wird, und zwar nach der räumlichen Ausbreitung der einzelnen Arten **(floristische G.),** ihrer Abhängigkeit von Umweltfaktoren **(ökologische G.),** den historischen Bedingungen ihrer Verbreitung **(historische G., Vegetationsgeschichte)** und nach der Gliederung des Pflanzenbestandes der Erde (z. B. Pflanzengesellschaften) und deren klima- und bodenbedingten Ursachen **(soziologische G., Vegetationskunde, Pflanzensoziologie).**

geobotanische Synusie: Bestand von Pflanzen gleicher Lebensform, die unter einheitlichen Standortbedingungen wachsen.

Geochemie, die [↑geo-]: Teilgebiet der Geologie, das sich mit der chemischen Zusammensetzung und den chemischen Veränderungen der Erde, der Verbreitung chemischer Elemente und Isotope, der Bildung von Mineralien, Gesteinen, Lagerstätten und deren Nutzung beschäftigt.

4 SD Ökologie

geographische Synökologie

Geochemische Untersuchungen liefern wichtige Daten über die Erdzeitalter, Fossilien, zur Geochronologie. Durch Altersbestimmungen lassen sich Rückschlüsse auf die Evolution ziehen.

geographische Synökologie: Teilgebiet der ↑ Bioökologie, das v. a. die verschiedenen Umweltbedingungen in den Mittelpunkt der Betrachtungen stellt. Sie werden den drei Gebieten „Meer", „Binnengewässer", „Festland" zugeordnet und in den entsprechenden „Ökologien" (Ozeanographie, Limnologie, Epeirologie) abgehandelt.

Geoökologie, die [↑ geo- ‖ Syn.: geographische Landschaftsökologie]: Im Unterschied zur ↑ Bioökologie die Betrachtung des Systems Leben–Umwelt aus geographisch-geowissenschaftlicher Sicht. Gelegentlich wird keine begriffliche Unterscheidung getroffen und die G. statt als geographische Landschaftsökologie nur als ↑ Landschaftsökologie bezeichnet.

Geophyten, die (Mehrz.) [Einz.: der Geophyt ‖ ↑ geo- und ↑ -phyt]: mehrjährige krautige Pflanzen, die (im Gegensatz zu den Chamäphyten) ungünstige Jahreszeiten (Winter, sommerliche Dürre) mit Hilfe unterirdischer Erneuerungsknospen überdauern. Man unterscheidet: **Rhizom-G.** (z. B. Schwertlilien), **Zwiebel-G.** (Zwiebelpflanzen), **Knollen-G.** (z. B. Kartoffelpflanzen), **Wurzelknollen-G.** (z. B. Dahlien) und **Rüben-G.** (z. B. Möhren).

Geosphäre, die [↑ geo- und griech. sphaīra = Kugel, Himmelskugel]: im engeren Sinne svw. ↑ Lithosphäre; im weiteren Sinne der sich parallel zur Erdoberfläche erstreckende Raum, in dem Lithosphäre, Hydrosphäre und Atmosphäre zusammentreffen und sich wechselseitig beeinflussen.

Geozoologie [↑ geo-], die: svw. ↑ Tiergeographie.

geschützte Pflanzen: Zahlreiche Pflanzenarten sind durch die Zivilisation in ihrer Existenz bedroht. Einige Arten sind inzwischen so selten geworden, daß sie nur noch an wenigen Standorten in Deutschland vorkommen. Zu ihrer Erhaltung sind deshalb staatliche Schutzmaßnahmen unumgänglich.

Nach den Bestimmungen des „Gesetzes über Naturschutz und Landschaftspflege" **(Bundesnaturschutzgesetz)** vom 20. 12. 1976 (in der Fassung vom 10. 12. 1986) und nach der „Verordnung zum Schutz wildlebender Tier- und Pflanzenarten" **(Bundesartenschutzverordnung)** vom 19. 12. 1986 ist es u. a. verboten, wildwachsende Pflanzen mißbräuchlich zu nutzen oder ihre Bestände zu verwüsten. Dazu gehören das unbefugte Abbrennen der Pflanzendecke, das böswillige und zwecklose Niederschlagen von Stauden und Uferpflanzen und die übermäßige Entnahme von Blumen, Farnkräutern, Moosen, Flechten und Pilzen.

geschützte Tiere: Tiere, deren mutwillige Tötung, mißbräuchliche Aneignung und Verwertung ständig oder zeitweise untersagt sind.

In der BR Deutschland sind durch die „Verordnung zum Schutz wildlebender Tier- und Pflanzenarten" **(Bundesartenschutzverordnung)** vom 19. 12. 1986 folgende Tiere bes. geschützt:

von den *Säugetieren:* alle heimischen Arten mit Ausnahme von Scher-, Rötel-, Erd-, Feld- und Hausmaus, Biberratte, Marderhund, Bisam, Waschbär und Wanderratte; vom Aussterben bedroht sind u. a.: Biber, Fledermäuse, Baumschläfer, Europäischer Wildnerz, Birkenmaus und Alpenspitzmaus;

von den *Vögeln:* alle europäischen Arten (Ausnahme: die dem Jagdrecht unterliegenden Arten); vom Aussterben bedroht sind u. a.: Eisvogel, Rohrdommel, Weißstorch, Schwarzspecht, Neuntöter, Heidelerche, Blaukehlchen, Wiedehopf;

von den *Kriechtieren:* alle europäischen Arten; vom Aussterben bedroht sind u. a.: Europäische Sumpfschildkröte, Smaragd-, Berg-, Mauereidechse, Aspisviper, Kreuzotter;

von den *Lurchen:* alle europäischen Arten; vom Aussterben bedroht sind u. a.: Geburtshelferkröte, Kreuzkröte, Laubfrosch, Kammolch;

von den *Insekten:* u. a. Libellen, Fangschrecken, Bienen, Hummeln, Rote Waldameise, Pracht-, Großlauf-, Bock-, Blüten-, Gold-, Rosen-, Hirsch-, Ölkäfer, Puppenräuber, Singzikaden, Schmetterlingshafte, Bärenspinner, viele

Gewässergüteklassen

Spanner, Glucken (Ausnahme: Kiefernspinner), Eulenfalter, Ordensbänder, Zahnspinner, Schwärmer (Ausnahme: Kiefernschwärmer), Widderchen, fast alle Tagesschmetterlinge;
von *anderen Gliederfüßern:* Spinnentiere, Edel-, Steinkrebs, Hummer;
von den *Weichtieren* u.a.: Weinbergschnecke, Teichmuschel, Flußperlmuschel.

Geselligkeit: pflanzensoziologischer Begriff (↑ Soziabilität).

Gesellschaft für Ökologie [Abk.: GfÖ]: 1970 gegründete internationale, deutschsprachige wissenschaftliche Vereinigung mit Sitz in Gießen, in der die fächerübergreifende Erforschung der Umwelt und der Umweltbeziehungen von Organismen, einschließlich des Menschen, ökologische Wissensvermittlung in Schulen und Universitäten, und die Vertretung ökologischer Belange in der Öffentlichkeit betrieben werden.

Gesellschaft für Strahlen- und Umweltforschung mbH [Abk.: GSF]: 1964 gegründete Gesellschaft; Sitz: Neuherberg (Gemeinde Oberschleißheim); Mitglied der Arbeitsgemeinschaft der Großforschungseinrichtungen (AGF). Die GSF, deren Gesellschafter die BR Deutschland (90%) und der Freistaat Bayern (10%) sind, ist Trägerin von Forschungseinrichtungen auf den Gebieten der Biowissenschaften, des Umwelt- und Strahlenschutzes (einschließlich der Erforschung von Methoden zur Tieflagerung radioaktiver Abfallstoffe), der Gesundheitsvorsorge und der Entwicklung neuer medizinischer und biologischer Technologien.

Gesetz vom Minimum: svw. ↑ Minimumgesetz.

Gesteinsmehl: im *biologischen Land- und Gartenbau* verwendetes, aus vermahlenen Urgesteinsarten wie Basalt, Diabas, Porphyr bestehendes Produkt zur Regeneration ausgelaugter Böden und zur Verhinderung der Übersäuerung der Böden; enthält etwa 50% Kieselsäure, 12% Kalk, 10% Magnesium, außerdem Kalisalze, Phosphor, Eisen und Mikroelemente.

getrennte Sammlung ↑ Abfallbeseitigung.

Gewässererwärmung: Temperaturerhöhung der Gewässer durch Einleiten von ↑ Abwärme. Dadurch können tiefgreifende negative ökologische Veränderungen eintreten. Die Hauptprobleme sind: Verringerung der Selbstreinigungskraft des Gewässers und Gefährdung der Gewässerfauna durch die Wassererwärmung und klimatische Veränderungen des Umlandes durch die G. (eine Aufwärmung des Rheins z. B. von 3 °C würde die verdunstende Wassermenge verdoppeln).
Durch die Erwärmung des Wassers wird die Löslichkeit des für Wasserorganismen lebensnotwendigen Sauerstoffs verringert, und gleichzeitig werden die Stoffwechselvorgänge der Wasserorganismen beschleunigt. Einem größeren Verbrauch an Sauerstoff steht also ein geringeres Sauerstoffangebot gegenüber. Dadurch kann es zu einer Beeinträchtigung des Selbstreinigungsvermögens, zu Sauerstoffschwund und damit zum Absterben von Wasserorganismen bis hin zum Fischsterben und im Extremfall zum Umkippen des Gewässers kommen.
Da man diese Problematik schon relativ früh erkannte, wurden vom Gesetzgeber *Grenzwerte* für die Aufwärmung von Flußwasser festgesetzt. Diese Grenzwerte sind jedoch zu hoch angesetzt, sie lediglich die physikalischen Faktoren in sauberen Flüssen berücksichtigen. Die Grenzwertbedingungen geben an, daß die Aufwärmung eines Gewässers nie mehr als 3 °C betragen darf, wobei die obere Grenze von 28 °C nicht überschritten werden darf. Die Grenzwertfestlegung berücksichtigt nicht, daß es bei diesen Aufwärmspannen in verschmutzten Flüssen bereits zu empfindlichen Störungen ökologischer Vorgänge bis hin zum Umkippen kommen kann.

Gewässergüte: qualitativer Zustand eines Gewässers. Eine Bewertung des Verschmutzungsgrades wird nach den ↑ Gewässergüteklassen vorgenommen.

Gewässergüteklassen: Einteilung der Fließgewässer in Klassen je nach dem Verschmutzungsgrad. Nach der Belastung v. a. mit organischen Substanzen, die mikrobiell abbaubar sind, und

Gewässerregionen

den dabei entstehenden anorganischen Abbauprodukten sowie nach dem dabei auftretenden Sauerstoffverbrauch (↑ biochemischer Sauerstoffbedarf) unterscheidet man vier *Haupt-* und drei *Zwischenstufen:*

Güteklasse I: unbelastet bis sehr gering belastet; hierzu gehören im allg. Quellgebiete und nur sehr gering belastete Flußoberläufe; mit reinem, fast sauerstoffgesättigtem und nährstoffarmem Wasser.

Güteklasse I–II: gering belastet; meist Flußoberläufe; der Sauerstoffgehalt ist noch hoch.

Güteklasse II: mäßig belastet; der Sauerstoffgehalt unterliegt größeren Schwankungen, ist jedoch noch so hoch, daß noch kein Fischsterben auftritt.

Güteklasse II–III: kritisch belastet; das Wasser ist durch eine stärkere Belastung mit organischen Stoffen stets leicht getrübt, der Sauerstoffgehalt sinkt häufig bis auf die Hälfte des Sättigungswertes ab; Fischsterben möglich.

Güteklasse III: stark verschmutzt; das Wasser ist durch Abwassereinleitungen getrübt; mit periodisch auftretendem Fischsterben wegen zu geringen Sauerstoffgehaltes.

Güteklasse III–IV: sehr stark verschmutzt; das Wasser ist getrübt, der Gewässergrund meist verschlammt; kaum noch mit Fischen besetzt; der Sauerstoffgehalt ist äußerst gering.

Güteklasse IV: übermäßig verschmutzt; das Wasser ist stark getrübt; starke Faulschlammablagerungen, häufig nach Schwefelwasserstoff riechend; der Sauerstoffgehalt ist äußerst niedrig oder fehlt gänzlich.

Für die *BR Deutschland* wird in regelmäßigen Zeitabständen eine **Gewässergütekarte,** auf der alle größeren Fließgewässer dargestellt sind, von der Länderarbeitsgemeinschaft Wasser herausgegeben. – Daneben erfolgt eine Einteilung von Fließgewässern und stehenden Gewässern (Seen) nach dem ↑ Saprobiensystem. – Abb. S. 132.

Gewässerregionen: Bez. für Regionen im Meer und in stehenden und fließenden Süßgewässern, die in vertikaler und (bei Fließgewässern) in Fließrich-

tung unterschiedliche physikalisch-chemische Gegebenheiten aufweisen und daher unterschiedliche Lebensräume (Biotope) darstellen:

Bei den *stehenden Gewässern* (einschließlich der Meere) läßt sich generell eine Bodenregion bzw. Region des bodennahen Wassers **(Benthal)** von einer Freiwasserzone **(Pelagial)** unterscheiden; letztere läßt sich weiter in eine lichtdurchlässige, photosyntheseaktive und daher organische Substanzen aufbauende obere Zone **(trophogene Zone)** und in eine lichtlose (daher ohne autotrophe Pflanzen), organische Substanzen (v. a. abgestorbene Organismen) mehr oder weniger weitgehend wieder abbauende Tiefenzone **(tropholytische Zone)** untergliedern.

Gewässersanierung: die Gesamtheit aller Maßnahmen, die der Verbesserung der Gewässer dienen. Durch Einleitung von ungenügend vorbehandelten und unzureichend gereinigten Abwässern sowie durch Abwärme sind die Gewässer äußerst stark belastet. Zur Behebung der Primär- und Sekundärverschmutzung und der Aufwärmung müssen alle Gewässer stärker als bisher entlastet werden.

Gewässerschutz: alle Maßnahmen zum Schutz der Gewässer (oberirdische Gewässer, Küstengewässer und Grundwasser) vor Verunreinigungen bes. durch Abwässer, Abfälle u. a. wassergefährdende Stoffe, um das Wasser optimal nutzen zu können und gesundheitliche Gefahren und Beeinträchtigungen abzuwenden.

Der **Reinheitsgrad** der Gewässer (↑ Gewässergüte) ist wichtig für die Trink- und Brauchwasserversorgung, außerdem für die Fischerei, die Bewässerung sowie für die Aufnahme und den Abtransport der eingeleiteten Abwässer. Zu seiner Feststellung dienen chemisch-physikalische und bakteriologische Wasseranalysen, ferner biologisch-ökologische sowie biologisch-physiologische Methoden (↑ Gewässeruntersuchung).

Der Reinheitszustand der Gewässer ist abhängig von den natürlichen Verhältnissen im Einzugsgebiet (u. a. Größe,

GEWÄSSERREGIONEN

Benthal (Bodenregion: Gewässerrand bis größte Wassertiefe)		Pelagial (Freiwasserzone: Oberfläche bis größte Wassertiefe)		Fließgewässerregionen (Quelle bis Mündung; Mitteleuropa)
Meer	stehende Süßgewässer	Meer	stehende Süßgewässer	Bäche und Flüsse
Litoral: Küstenbereich bis Schelfgrenze in 200 m Tiefe (= Grenze des Pflanzenwuchses); gegliedert in: *Supralitoral:* Spritz- oder Brandungszone; nur bei Sturmflut überspült *Eulitoral:* Gezeitenzone *Sublitoral:* Übergangsregion **Bathyal** (bathyale Zone, Archibenthal): Kontinentalabhang von etwa 200 m bis 3 000 m Tiefe (lichtlos; ohne autotrophe Pflanzen) **Abyssal:** Tiefen von etwa 3 000 bis 6 000 m *Ultraabyssal* (Hadal, Hadobenthal): Bodenregion der Tiefseegräben (unterhalb etwa 6 000 m)	**Litoral:** Uferregion bis Grenze des Pflanzenwuchses in etwa 7–30 m Tiefe; gegliedert in: *Epilitoral:* wassereinflußfreie Zone *Supralitoral:* Zone oberhalb des Gewässerrands; zeitweise Spritzwassereinwirkung *Eulitoral:* Bereich des Wellenschlags am Ufer *Sublitoral* (Infralitoral): Übergangsregion; stark bewachsen **Litoriprofundal:** Schalenzone **Profundal:** die anschließende pflanzenlose Tiefenzone (Sedimentablagerungen) *Abyssal:* Zuweilen so genannte Bodenzone des Tiefenwassers unterhalb (400 bis) 600 m	**trophogene Zone** *Epipelagial:* durchleuchtete Oberflächenschicht bis (je nach Wasserklarheit) 150–200 m Tiefe **tropholytische Zone** *Mesopelagial:* Tiefen von etwa 200–1 000 m; schwaches Dämmerlicht *Bathypelagial:* Tiefen von etwa 1 000–3 000 m; lichtlos *Abyssopelagial:* die anschließende, bis etwa 6 000 m reichende Zone *Hadopelagial:* Bereich der Tiefseegräben (unterhalb etwa 6 000 m Tiefe)	**trophogene Zone** *oberes Pelagial:* durchleuchtete Wasseroberfläche bis (je nach Wasserklarheit) wenige Zentimeter bis 30 m Tiefe **tropholytische Zone** *unteres Pelagial:* Zone des Tiefenwassers; schwaches Dämmerlicht bis lichtlos Bei Sommerstagnation: *Epilimnion:* ständig durchmischte, über 4 °C warme Oberflächenschicht *Metalimnion* (Sprungschicht): in 4–30 m Tiefe; starkes Temperaturgefälle *Hypolimnion:* Zone des Tiefenwassers; stabil geschichtet bei gleichmäßig 4 °C	**Krenal** (Quellzone): Zone des aus dem Boden quellenden Wassers; Sauerstoffgehalt mäßig; konstant kalt; keine oder nur mäßige Flora **Rhithral** (Gebirgsbachregion): *Forellenregion:* oberster Abschnitt; kräftige Strömung, sauerstoffreich, konstant kalt; Bachforelle *Äschenregion:* mäßige Strömung, sauerstoffreich, kühl; größere Wassertiefe als vorhergehende Zone; Äsche **Potamal** (Tieflandflußregion): *Barbenregion* (Epipotamal): noch relativ rasch strömend, meist sauerstoffreich; Temperatur jahreszeitlich stark schwankend; reiche Flora; Barben und Karpfenfische *Bleiregion* (Brachsenregion): geringe Fließgeschwindigkeit; Wasser trüb, in der Tiefe sauerstoffarm; kein Pflanzenwuchs; artenreicher Fischbestand: u. a. Aal, Hecht, Karpfen, Karausche, Rotauge und Wanderfische aus dem Meer **Brackwasserregion** (Kaulbarschregion): unterster Abschnitt vor der Flußmündung; Wasser sehr trüb, oft sauerstoffarm, Strömung und Salzgehalt wechselnd; Fische: Flunder, Kaulbarsch, Stichling und Wanderfische

Gewässeruntersuchung

Oberflächenbeschaffenheit, Niederschlagshöhe, Untergrundschichten, Besiedlungsdichte, Flächennutzung), von den zugeführten Verunreinigungen insbes. der Abwässer, vom Sauerstoffgehalt und der Selbstreinigungskraft des Gewässers.

Bei **Gewässerverunreinigungen** sind von Bedeutung die Sink- und Schwimmstoffe, die Krankheitserreger aus Fäkalien, zersetzungsfähige Stoffe, chemisch-physikalisch bedenkliche Stoffe, die aufgrund ihrer giftigen Wirkung oder wegen ionisierender Strahlung oder infolge hoher Konzentration gesundheitsschädlich sind oder die Selbstreinigungskraft schädigen, und solche Stoffe, die von der Selbstreinigung nicht erfaßt werden (z. B. Salze, Mineralöle, Pflanzenschutzmittel, radioaktive Substanzen), die die Nutzung des Wassers beeinträchtigen oder die das Wasser oder die in ihm lebenden Tiere durch Geruch und Geschmack ungenießbar machen, ferner die ↑Eutrophierung fördernde Nährstoffe.

Technische Möglichkeiten zum G. sind bei oberirdischen Gewässern die Reinigung und Desinfektion oder die mengenmäßige Beschränkung der eingeleiteten Abwässer und die Verbesserung der Selbstreinigungskraft z. B. durch künstliche Belüftung. Der Schutz des unterirdischen Wassers ist durch technische Sicherungen gegen das Übertreten von Schadstoffen in den Untergrund möglich (↑Wasserschutzgebiet).

Gewässeruntersuchung: Die G. dient u. a. zur Feststellung des Verschmutzungsgrades eines Gewässers.

Ökologische Methoden beurteilen die Beschaffenheit eines Gewässers aufgrund der vorhandenen pflanzlichen und tierischen Lebewesen. Diese dienen als Leitformen (Indikatoren) im ↑Saprobiensystem. Einige Pflanzen und Tiere sind an bestimmte Verschmutzungsgrade gebunden und von der chemischen Beschaffenheit des Wassers innerhalb enger Grenzen abhängig.

Physiologische Methoden: Der Biomassentiter bestimmt die Wassergüte durch photoelektrische Messung der Trübung von Organismensuspensionen bestimm-

ter Testkulturen. Die Trübungsmeßwerte werden als Äquivalentwerte einer bekannten Kieselgursuspension angegeben.

Gewässerverunreinigungen ↑Gewässerschutz.

gewerbliches Abwasser ↑Abwasser.

Gezeiten ↑Tiden.

Gezeitenzone [Syn.: Eulitoral]: Grenzbereich zwischen Meer und Land, der im Rhythmus der Gezeiten trockenfällt; an flachen Meeresküsten ↑Watt. Typische Pflanzen und Tiere dieses artenreichen Biotops sind Sägetang, Flacher Darmtang, Knorpeltang, Korallenmoos, Krustenalge, Seegras, Flechten, Strandschneckenarten, Seepocken, Muscheln, Würmer, Schwämme, im Watt der Queller.

Die in der G. lebenden Organismen verfügen über eine gewisse Austrocknungsresistenz und eine ausgeprägte ↑Osmoregulation. – ↑auch Gewässerregionen.

GfÖ, die [geˈɛfˈʼøː]: Abk. für ↑Gesellschaft für Ökologie.

G-Horizont: eine Bodenschicht (↑Boden).

Gibberelline, die (Mehrz.) [Einz.: das Gibberellin ǁ zum wiss. Gattungsnamen des Pilzes Gibberella fujikuroi]: Gruppe von bisher rund 50 bekannten Substanzen, die als Phytohormone im gesamten Pflanzenreich weit verbreitet sind. Die Biosynthese der G. erfolgt aus Acetyl-CoA über natürliche Isoprenabkömmlinge bes. in wachsendem Gewebe.

Die G. sind gemeinsam mit anderen Wuchs- und Hemmstoffen an verschiedenen Entwicklungs- und Stoffwechselprozessen der Pflanzen beteiligt. Die größte Bedeutung hat das Gibberellin A_3, die **Gibberellinsäure,** die heute technisch aus Kulturfiltraten des Pilzes Gibberella fujikuroi gewonnen wird.

Verwendung finden G. u. a. in der Blumengärtnerei zur Steigerung der Blüten-, Stiel- und Blütenblattgröße.

Giftmüll: Bez. für ungeordnet und unzulässig beseitigte giftige und gefährliche Abfälle aus Industrie und Gewerbe.

Gigaswuchs [griech. gigas = Gigant, Riese]: erblicher Riesenwuchs bei Pflanzen und Tieren. G. kann durch Vergrößerung der Zellen infolge Polyploidisie-

Greenpeace

rung oder durch Vermehrung der Zellzahl verursacht sein. Bei Artbastarden kann es zu G. kommen, wenn einer der Chromosomensätze tetraploid wird.

Glashauseffekt [Syn.: Treibhauseffekt]: Bez. für den Einfluß der Erdatmosphäre auf den Strahlungs- und Wärmehaushalt der Erde, der der Wirkung eines Gewächshausglasdaches ähnelt. Das sichtbare Sonnenlicht durchdringt die Atmosphäre fast ungehindert und wird erst auf der Erdoberfläche absorbiert, wobei die Lichtenergie überwiegend in Wärmeenergie übergeht. Die längerwellige abgegebene Wärmestrahlung kann jedoch nicht mehr vollständig ins Weltall abgestrahlt werden, weil sie in der Atmosphäre v. a. durch Wasserdampf und Kohlendioxid absorbiert wird.

Die Erscheinung wird im Zusammenhang mit dem in der Atmosphäre durch Verbrennung fossiler Brennstoffe ansteigenden Kohlendioxidgehalt diskutiert, weil darin die Gefahr eines globalen Temperaturanstiegs mit teilweisem Abschmelzen der Eiskappen an den Polen und weiterer Ausdehnung der Wüstenregionen gesehen wird.

glazial [aus lat. glacialis = eisig, voll Eis]: während einer Eiszeit entstanden, mit einer Eiszeit in Zusammenhang stehend.

Glazialrefugium: während der Eiszeit (Pleistozän) entstandenes ↑ Refugium.

Glazialrelikte: die Organismen der Glazialrefugien (↑ Refugium).

Gleichgewichtsarten: Tier- und Pflanzenarten, die nur langsam auf veränderte Umweltbedingungen reagieren können, dafür aber eine hohe Konkurrenzfähigkeit besitzen.

Globalstrahlung [zu lat. globus = Kugel]: die auf eine horizontale Fläche auftreffende solare Gesamtstrahlung, einschließlich der diffusen Himmelsstrahlung (↑ Einstrahlung).

Gloger-Regel [nach dem dt. Zoologen C. W. L. Gloger, * 1803, † 1863]: hpts. auf geographische Rassen bei Vögeln und Säugetieren bezogene *Klimaregel,* nach der in feuchtwarmen Gebieten die Melaninbildung stärker ausgeprägt ist als in kühltrockenen Regionen; in feuchtwarmen Gebieten überwiegen die rötlichbraunen Farbtöne, in kühlen Trockengebieten dagegen die grauen.

Glykolyse, die [griech. glykýs = süß und griech. lýsis = Lösung, Auflösung]: der in lebenden Organismen ablaufende enzymatische, anaerobe (ohne Mitwirkung von Sauerstoff erfolgende) Abbau von Glucose oder ihren Speicherformen (z. B. Glykogen). Dabei entstehen aus 1 Mol Glucose 2 Mol Brenztraubensäure, wobei etwa 60 kJ verwertbare Energie frei werden, gespeichert in 2 Mol ATP und 1 Mol NAD $\cdot$ H$_2$.

Die G. ist der wichtigste Abbauweg der Kohlenhydrate im Organismus.

Glykophyten, die (Mehrz.) [Einz.: der Glykophyt ‖ griech. glykýs = süß und ↑ -phyt]: Pflanzen mit geringer Salztoleranz. – Gegensatz: ↑ Halophyten.

Gradation, die [aus lat. gradatio = Errichtung von Stufen]: der Gesamtablauf der ↑ Massenvermehrung einer Population.

graminivor [zu lat. gramen, graminis = Stengel, Gras und lat. vorare = verschlingen]: nennt man Tiere, die sich von Süßgräsern (Gramineen) ernähren.

Graminizide, die (Mehrz.) [Einz.: das Graminizid ‖ zu lat. gramen, graminis = Stengel, Gras und lat. caedere (in Zus.: -cidere) = töten]: gegen Gräser eingesetzte, selektive ↑ Herbizide. – ↑ auch Pestizide.

granivor [zu lat. granum = Korn und lat. vorare = verschlingen]: nennt man Tiere, die sich von Samen ernähren.

graue Tonne ↑ Abfallbeseitigung.

Gray, das [grɛɪ ‖ nach dem brit. Physiker und Radiologen L. H. Gray, * 1905, † 1965 ‖ Einheitenzeichen: Gy]: gesetzliche Einheit (SI-Einheit) der Energiedosis ionisierender Strahlen. 1 Gy ist die Energiedosis, durch die einer homogenen verteilten Materie der Masse 1 kg die Energie 1 Joule gleichmäßig zugeführt wird: 1 Gy = 1 J/kg.

Die früher benutzte Einheit der Energiedosis war das Rad (rd):

1 rad = 10^{-2} Gy.

Greenpeace ['griːnpiːs]: 1971 in Kanada gegründete Vereinigung von Umweltschützern; heute eine internationale Umweltschutzorganisation, die sich mit gewaltlosen, direkten, oft unkonventio-

grenzflächenaktive Stoffe

nellen, international koordinierten Aktionen gegen die Umweltgefährdung und -zerstörung wehrt. Ihre Aktionen richten sich u. a. gegen das Versenken radioaktiver Abfälle im Meer, gegen die Ausrottung der Wale, Robben und Meeresschildkröten, gegen den sauren Regen und das Waldsterben.

grenzflächenaktive Stoffe: meist synthetische organische Verbindungen, die sich an Grenzflächen (z. B. zwischen Gefäßwand und Wasser, zwischen Schmutzteilchen und Wasser) anreichern und die Oberflächen- bzw. Grenzflächenspannung (des Wassers) herabsetzen. Die Moleküle von g.n St.n bestehen aus einer hydrophilen („wasserfreundlichen") Gruppe, die Wasserlöslichkeit bewirkt, und einem hydrophoben („wasserfeindlichen") Rest, der für die Anlagerung an einer Grenzfläche verantwortlich ist.

Die g.n St. bewirken durch die Herabsetzung der Grenz- bzw. Oberflächenspannung eine bessere Benetzbarkeit, Emulgierbarkeit und Dispergierbarkeit. Sie werden daher v. a. zur Herstellung von Wasch- und Reinigungsmitteln verwendet. – ↑ auch Tenside.

Grenzlinieneffekt: svw. ↑ Randeffekt.

Großklima: svw. ↑ Makroklima.

Gründüngung: Düngungsart im Acker-, Obst- und Weinbau, bei der massenwüchsige Grünpflanzen als Ganzes oder nur die Stoppel- und Wurzelrückstände von Futterpflanzen untergepflügt werden.

Zur G. bevorzugt angebaut werden Kleearten, Erbsen, Lupinen, die mittels ihrer Wurzelknöllchen Luftstickstoff binden können und so den Boden zusätzlich mit Stickstoffverbindungen und Humusstoffen anreichern.

Grundwasser: das durch Versickerung der Niederschläge oder aus Seen und Flüssen in den Erdboden eingedrungene Wasser, das die Hohlräume (Klüfte, Spalten, Poren, Zwischenräume in Lockergesteinen u. a.) oberhalb einer undurchlässigen Schicht zusammenhängend ausfüllt und nur der Schwerkraft unterliegt.

Die durchlässigen Boden- und Gesteinsschichten, in denen sich G. ansammeln und auch – einem natürlichen oder (bei Entnahme aus Brunnen) künstlich erzeugten Gefälle folgend – abfließen kann, werden als **G.träger** oder **G.leiter** bezeichnet.

Der **G.spiegel** (u. a. abhängig von Niederschlägen, vom Wasserverbrauch der Vegetation und einer der Wasserversorgung dienenden G.entnahme) ist die obere Grenzfläche des G.s zwischen lufthaltiger und wassergesättigter Zone. Die Fließgeschwindigkeiten von fließendem G. betragen in groben Schottern bis 15 m pro Tag, in Kiesen 3–10 m, in grobem Sand 1–3 m pro Tag, in feinem Dünensand nur 4–5 m pro Jahr.

Mehrere übereinanderliegende, durch undurchlässige Schichten getrennte G.leiter bilden sog. **Grundwasserstockwerke.** Tritt das G. an der Erdoberfläche zutage, so bildet es Seen oder Quellen.

Wird G. oben von einer undurchlässigen Schicht begrenzt, so steht es unter Druck und wird als **gespanntes G.** oder **Druckwasser** bezeichnet, andernfalls als **ungespanntes** oder **freies Grundwasser.**

Zu **G.absenkungen** kommt es durch Bergbau, Fluß- oder Bachregulierungen u. a. Baumaßnahmen oder G.entnahmen, z. B. zur Trinkwassergewinnung.

Grundwasseranreicherung: künstliche Erzeugung von Grundwasser durch Versickerung oder Einleitung von aufbereitetem Oberflächenwasser zur Stützung eines ausgeglichenen Grundwasserhaushaltes.

Grüne Charta von der Mainau: auf Boden, Wasser, Luft, auf die Pflanzen- und Tierwelt sowie auf den Menschen sich erstreckendes Manifest, das am 20. April 1961 in bezug auf Aufbau und Pflege eines Lebensraums mit einer gesunden Daseinsordnung abgefaßt wurde. Es wurde von einem Kreis unabhängiger Sachkenner auf Initiative von Lennart Graf Bernadotte beschlossen und war Veranlassung für die Bildung des ↑ Deutschen Rates für Landespflege. Die Forderungen der G. Ch. v. d. M. decken sich mit denen des Naturschutzes und des Lebensschutzes.

grüne Lunge: Bez. für die Grünflächen im Bereich städtischer Siedlungen.

grüne Tonne ↑ Abfallbeseitigung.

Hadal

Grüngürtel: Bez. der Stadtgeographie für Grünflächen, die etwa kreisförmig (mehr oder weniger unterbrochen) entweder die Stadtmitte größerer Städte oder ganze Stadtgebiete umgeben. Sie sollen Erholungs- und Sportmöglichkeiten bieten oder die Wohnviertel von Industrieansiedlungen trennen.

Grünordnung: Teilbereich der Landespflege; erarbeitet Vorschriften für die Gestaltung, Erhaltung und Pflege von Gärten, Grünflächen und Grünanlagen (privater und öffentlicher Art) und dgl. und deren Einordnung in die Ortsanlage zur Erzielung eines gesunden Lebensraums nach sozialen, biologischen, ökologischen, klimatischen, lufthygienischen und technischen Gesichtspunkten.

Die G. umfaßt Grünanalyse und -planung, Grünflächenbau und -pflege. Rechtsgrundlagen geben das Bundesbau- und Bundesraumordnungsgesetz, das Landesplanungs-, Kleingarten- und Friedhofsrecht.

GSF, die [geːɛsˈɛf]: Abk. für ↑Gesellschaft für Strahlen- und Umweltforschung mbH.

Guano, der [indian.-span.]: v. a. aus Exkrementen von Kormoranen und anderen Seevögeln zusammengesetzter, hpts. Calciumphosphat und Stickstoffverbindungen enthaltender organischer Dünger von den Küsten und Inseln Perus und Chiles.

Ähnliche Düngemittel werden heute auch aus Seefische, Fischabfällen oder Garnelen hergestellt.

Gülle: Gemisch aus Kot und Harn von landwirtschaftlichen Nutztieren sowie geringen Mengen Stroh, das mit Wasser versetzt als Wirtschaftsdünger verwendet wird.

Die in den tierischen Exkrementen enthaltenen Pflanzennährstoffe und Huminstoffe tragen zur Humus- und Düngerversorgung des Bodens bei. Bei Überdosierung oder Ausbringung von G. zur falschen Zeit besteht jedoch die Gefahr, daß die Nährstoffe ausgewaschen werden, wodurch es zu einer Eutrophierung der Vorfluter kommt. Auch kommt es zu erheblichen Geruchsbelästigungen.

Guttation, die [zu lat. gutta = Tropfen]: v. a. bei Pilzen und Gräsern beobachtete Ausscheidung flüssigen Wassers bei geringer oder fehlender Transpiration, besonders nach feuchtwarmen Nächten.

Während bei Pilzen die Wasserausscheidung aus allen Zellen des Myzels erfolgen kann, besitzen Gräser und auch manche anderen Pflanzen (z. B. Kapuzinerkresse und Frauenmantel) an den Blatträndern und der Blattspitze Hydathoden (Wasserspalten), durch die das Wasser abgegeben wird. **Hydathoden** sind dünnwandige parenchymatische Gewebe an den Enden von Elementen des wasserleitenden Gefäßteils der Pflanzen, die entweder als Drüsen **(aktive Hydathoden)** fungieren oder das Wasser durch den Wurzeldruck ausscheiden **(passive Hydathoden).**

Gy: Abk. für die SI-Einheit ↑Gray.

Gyttja, die [ˌjytjaˈ‖ schwed. ‖ Syn.: Halbfaulschlamm]: am (zumindest zeitweise) belüfteten Boden von nährstoffreichen Gewässern abgelagerter Schlamm, hauptsächlich organischer Herkunft. Bei völligem Sauerstoffabschluß entsteht ↑Faulschlamm.

H

Habitat, das [zu lat. habitare = wohnen]: charakteristischer Standort bzw. typische Wohnstätte einer Tier- oder Pflanzenart.

Hadal, das [zum Namen des griech. Gottes der Unterwelt, Hades ‖ Syn.: hadale Region, Hadobenthal, Ultraabyssal]: die licht- und pflanzenlose Bodenregion der Tiefseegräben (unterhalb etwa 6000 m Tiefe) mit z. T. extrem angepaßten Tierarten. Faunenbestimmend sind die Stachelhäuter (insbesondere

Hadobenthal

Seewalzen), die bis zu 90 % der Biomasse ausmachen. – ↑auch Gewässerregionen, ↑Tiefsee.

Hadobenthal, das [↑Benthal]: svw. ↑Hadal.

Hadopelagial, das [zum Namen des griech. Gottes der Unterwelt, Hades, und ↑Pelagial]: die Freiwasserzone der Tiefseegräben (↑Gewässerregionen).

Halbfaulschlamm: svw. ↑Gyttja.

Halbparasiten: svw. ↑Hemiparasiten.

Halbschmarotzer: svw. ↑Hemiparasiten.

Halbwertszeit [Abk.: HWZ]: die Zeitspanne, in der die Hälfte eines Ausgangsmaterials zerfallen, abgebaut, umgewandelt, ausgeschieden oder neu gebildet ist.

Man unterscheidet zwischen: **chemischer H.** bei chemischen Reaktionen erster Ordnung, beim Abbau von Pflanzenschutz- und Schädlingsbekämpfungsmitteln; **physikalischer H.** beim Zerfall von Radionukliden (↑Radioaktivität); **biologischer H.** beim Abbau oder bei der Erneuerung von Antikörpern, Enzymen und anderen Proteinen sowie bei der Ausscheidung toxischer Verbindungen, von Metallen oder radioaktiven Stoffen.

Halbwüste: Übergangsform von der eigentlichen Wüste zur Dornstrauchsavanne bzw. zur Steppe.

hali-: Wortbildungselement (↑halo-).

halo-, gelegentlich auch: **hali-** [aus griech. háls, halós = Salz; Salzwasser, Meer]: in Zus. mit den Bedeutungen: 1. „Salz"; z. B. Halobionten. 2. „Meer"; z. B. Halibenthos.

Halibenthos, das [↑halo-]: die Lebewelt der Meeresböden (↑Benthos).

Halobiom, das [zu ↑halo- und griech. bíos = Leben]: der Lebensraum des Salzbodens; ein ↑Pedobiom.

Halobionten, die (Mehrz.) [Einz.: der Halobiont ‖ zu ↑halo- und griech. bíos = Leben]: Organismen, die nur in salzhaltigen Biotopen vorkommen, weil sie dort die günstigsten Lebensbedingungen vorfinden oder von konkurrierenden Arten dorthin verdrängt wurden. – ↑auch halophil, ↑Halophyten.

Halobios, der [↑halo- und griech. bíos = Leben]: seltene Bez. für die Organismenwelt des Meeres.

Halogenkohlenwasserstoffe: [↑halo- und ↑-gen ‖ Syn.: halogenierte Kohlenwasserstoffe]: große Gruppe chemischer Verbindungen, die sich von den ↑Kohlenwasserstoffen durch Ersatz eines oder mehrerer Wasserstoffatome durch Halogenatome ableiten. Unter ihnen haben v. a. die mit Chlor und Fluor gebildeten Verbindungen (↑Chlorkohlenwasserstoffe bzw. ↑Fluorkohlenwasserstoffe sowie die vollständig halogenierten Chlorkohlenstoffe bzw. Fluorkohlenstoffe [Fluorcarbone]) große Bedeutung.

Einfache H., die sich von den aliphatischen oder aromatischen Kohlenwasserstoffen ableiten (Alkylhalogenide und Arylhalogenide), dienen v. a. als Lösungsmittel (z. B. Dichlormethan, Chloroform, Tetrachlorkohlenstoff, Äthylchlorid, Chlorbenzol) oder sind wichtige Zwischenprodukte für chemische Synthesen (z. B. Vinylchlorid, Tetrafluoräthen).

Eine Reihe von **gemischthalogenierten H.n,** die sich vom Methan oder vom Äthan ableiten und sich durch niederen Siedepunkt, hohe chemische und thermische Beständigkeit sowie Ungiftigkeit auszeichnen, werden als Treibmittel für Aerosole und Schaumstoffe und als Kältemittel in Kühlschränken und Kühlanlagen, z.T. auch als Lösungsmittel in der chemischen Reinigung verwendet. Sie sind u. a. unter den Bez. **Frigene, Freone** oder **Kaltrone** im Handel. Wichtige Beispiele für diese H. sind das Difluordichlormethan und das Fluortrichlormethan.

Weitere gemischthalogenierte H., sog. **Halone,** z. B. das Trifluorbrommethan und das 1,1,2,2-Tetrafluor-1,2-dibromäthan werden als Feuerlöschmittel in automatischen Löschanlagen verwendet.

Eine Reihe von (aromatischen und alicyclischen) H.n wurden v. a. als Schädlingsbekämpfungsmittel bekannt (u. a. Chlordan, DDT, Dieldrin, Hexachlorcyclohexan, Methoxychlor, Toxaphen). Ihre Anwendung wurde in den westlichen Industrieländern in den letzten Jahren stark eingeschränkt, da diese Insektizide biochemisch nur sehr langsam abgebaut werden und sich daher z. T. in

heleo-

der belebten und unbelebten Natur anreichern und auch in die Nahrungskette gelangten (v. a. Speicherung im Fettgewebe). Zudem wird bei zahlreichen dieser Verbindungen zunehmend eine Resistenz der Schädlinge beobachtet.

halophil: [↑halo- und ↑-phil‖Abl.: Halophilie, die]: nennt man Organismen, die Lebensräume mit hohen Salzkonzentrationen (meist NaCl oder auch Soda) bevorzugen. Nur bei den **obligat h.en Bakterien** ist die hohe Salzkonzentration unabdingbar erforderlich. Die übrigen Lebewesen werden besser als **fakultativ h.** oder **halotolerant** bezeichnet.
H.e Bakterien kommen in Salzseen, im Meer, auf Pökelfleisch und gesalzenem Fisch vor. Im Meer und auf salzigen Lebensmitteln werden h.e Pilze und Hefen gefunden. H.e Algen teilen sich in Salzseen den Lebensraum mit den h.en Bakterien.
Höhere Pflanzen an salzigen Standorten nennt man ↑Halophyten.
H.e Tiere leben im allg. in den Meeren, doch ist ihre Salztoleranz meist viel geringer als bei Pflanzen. Die höchste Halotoleranz bei Tieren erreicht der Krebs Artemia salinarum, der sich von der im selben Biotop lebenden Grünalge Dunaliella salina ernährt. – ↑auch Osmoregulation.

Halophilie, die [zu ↑halophil]: die Eigenschaft halophiler Organismen.

Halophyten, die (Mehrz.) [Einz.: der Halophyt‖↑halo- und ↑-phyt]: Pflanzen, die an salzhaltigen (v. a. Natriumchlorid) Standorten gedeihen. **Obligate H.** gedeihen nur bei hoher Salzkonzentration. **Fakultative H.** zeichnen sich durch hohe Salztoleranz aus.
Standorte der H. finden sich z. B. entlang der Meeresküsten, im ↑Watt, an Salzseen im Binnenland und in ariden, abflußlosen Gebieten, wo neben Natriumchlorid oft auch Gips und Soda angereichert werden.
H. können die Salzaufnahme durch Ultrafiltration in den Wurzeln einschränken, aufgenommenes Salz mit abfallenden Blättern eliminieren (Mangrovearten), durch Drüsen ausscheiden (Mangrovearten, Schlickgras, Widerstoß, Tamarisken), durch Erhöhung der ↑Sukku-

lenz ausgleichen (Queller) oder hohe Salzgehalte im Zellsaft durch Schutz ihrer Enzyme durch die Synthese von organischen Verbindungen tolerieren (Stranddreizack, Strandbinse, Strandwegerich, Strandaster). – Gegensatz: ↑Glykophyten.

Hartholzaue: mitteleuropäischer Typ des ↑Auwaldes.

Hartlaubgewächse [Syn.: Sklerophyllen]: an trockene, heiße Sommer angepaßte Pflanzen. H. besitzen meist kleine, immergrüne, saftarme Blätter, die mit Wachs überzogen oder behaart sind. Dieser transpirationshemmende Bau verhindert in der Trockenzeit große Wasserverluste. Außerdem sorgt ein hoher Anteil an versteifendem Festigungsgewebe für Stabilität bei nachlassendem Zellinnendruck. Zu den H. gehören z. B. Zistrosen, Lorbeer, Myrte.

Hartlaubvegetation: immergrüne Form der Vegetation in Gebieten mit trockenen, heißen Sommern und regenreichen, milden Wintern; z. B. im Mittelmeergebiet oder in Südafrika. Kennzeichnend sind die ↑Hartlaubgewächse. Für den Mittelmeerraum sind Hartlaubwälder mit Korkeiche, Steineiche u. a. charakteristisch. Häufig wurden diese Hartlaubwälder jedoch durch menschliche Eingriffe u. a. in ↑Garigue oder ↑Macchie umgewandelt.

Hauptwirt: bei Parasiten, die an oder in mehreren unterschiedlichen Wirten schmarotzen, Bez. für diejenige Wirtsart, in der betreffende Parasit häufiger als in den übrigen vorkommt und sich besser entwickelt. Erreicht der Parasit im H. auch seine Geschlechtsreife, so spricht man vom **Endwirt**. H. für den Kleinen Leberegel ist z. B. das Hausschaf, für den Großen Leberegel das Hausrind. – Gegensatz: ↑Nebenwirt. – ↑auch Zwischenwirt.

häusliches Abwasser ↑Abwasser.

Heide: Landschaftstyp mit Zwergstrauchbeständen auf armen Sandböden oder Magerrasen; häufig dominiert durch folgende Pflanzen: Heidekraut (Calluna), Krähenbeerenheide (Empetrum nigrum), Alpenrosenheide (Rhododendron).

heleo-: svw. ↑helo-.

**Heleoplankton, das [↑helo-]: in Teichen vorkommendes ↑Plankton.

helio- [aus griech. hḗlios = Sonne]: in Zus. mit der Bed. „Sonne, Sonnenlicht"; z. B. heliophil.

heliophil [↑helio- und ↑-phil]: svw. sonnenliebend; sowohl von Pflanzen als auch von Tieren gesagt. – Gegensatz: ↑skiophil.

Heliophyten, die (Mehrz.) [Einz.: der Heliophyt ‖ ↑helio- und ↑-phyt ‖ Syn.: Sonnenpflanzen, Starklichtpflanzen]: extreme ↑Lichtpflanzen, die an stark strahlenexponierten Standorten wie Wüsten, Steppen, Savannen und Felsstandorten vorkommen. H. sind meist durch Sonderanpassungen, z. B. Wachsüberzug, (transpirationshemmende) tote Haare, eingesenkte Spaltöffnungen oder Rollblätter, ausgezeichnet. Außerdem nehmen die Blätter der H. meist eine mehr oder weniger schiefe Lage zum Licht ein. Im Vergleich zu den ↑Schattenpflanzen können sie eine höhere Photosyntheserate erreichen. Dafür liegt allerdings auch der ↑Lichtkompensationspunkt höher.

Helioregulation, die [↑helio- und Regulation]: Regulation der Körpertemperatur einiger wechselwarmer Tiere durch entsprechende Einstellung des Körpers zur Sonne. Dies wurde insbesondere bei Insekten (Fliegen, Käfer, Heuschrecken, Tagfalter, Wanzen), aber auch bei Reptilien nachgewiesen.

Heliotropismus, der [↑helio-]: svw. ↑Phototropismus.

helo-, auch: **heleo-** [aus griech. hélos = Sumpf]: in Zus. mit der Bed. „Sumpf; Moor"; z. B. Helophyten, Heleoplankton.

Helobiom, das [zu ↑helo- und griech. bíos = Leben]: Bez. für den Lebensraum des Moores.

Helokrene, die [↑helo- und griech. krḗnē = Quelle ‖ Syn.: Sumpfquelle, Sickerquelle]: Bez. für Quellen, die einen Sumpf bilden.

Helophyten, die (Mehrz.) [Einz.: der Helophyt ‖ ↑helo- und ↑-phyt ‖ Syn.: Sumpfpflanzen, pelogene Pflanzen]: Pflanzen, deren Wurzeln und untere Sproßteile sich meist ständig im Wasser oder in wasserdurchtränkter Erde befin-

den und daher bestimmte Eigenschaften von Wasserpflanzen (z. B. ein Durchlüftungsgewebe) aufweisen. Da die oberen Sproßabschnitte dagegen denen der Landpflanzen gleichen, können H. als Übergangsform zwischen Wasser- und Landpflanzen angesehen werden.

Helotismus, der [zum Namen der Heloten, einer Art Staatssklaven im antiken Griechenland]: ältere Bez. für zwischenartliche Wechselbeziehungen, bei denen der eine Partner einen größeren Nutzen aus der Verbindung zieht als der andere. H. wurde früher als Bindeglied zwischen Parasitismus und Symbiose bezeichnet. Heute rechnet man diese Beziehungen zur ↑Symbiose.
Als H. bezeichnet man u. a. einige Ernährungssymbiosen zwischen darmbewohnenden Mikroorganismen und Gliederfüßern, z. B. zwischen Geißeltierchen und Termiten, wobei erstere die Zellulose im Darm aufschließen und dadurch erst die Nahrung (Holz) für die Termiten verwertbar machen.

hemerophil [griech. hḗmeros = zahm, kultiviert und ↑-phil]: nennt man Tier- und Pflanzenarten, die durch die Kulturlandschaft gefördert werden (↑Kulturfolger). – Gegensatz: ↑hemerophob.

hemerophob [griech. hḗmeros, zahm, kultiviert und ↑-phob]: nennt man Tier- und Pflanzenarten, die durch die Kultivierung zurückgedrängt werden (↑Kulturflüchter). – Gegensatz: ↑hemerophil.

hemi- [zu griech. hḗmisys = halb]: in Zus. mit der Bed. „halb; teilweise; unvollständig"; z. B. Hemiparasiten.

Hemikryptophyten, die (Mehrz.) [Einz.: der Hemikryptophyt ‖ ↑hemi- und ↑Kryptophyten ‖ Syn.: Oberflächenpflanzen]: Bez. für Pflanzen, deren jährliche Erneuerungsknospen unmittelbar an der Erdoberfläche liegen; z. B. Horstgräser, Rosettenpflanzen.

Hemiparasiten, die (Mehrz.) [Einz.: der Hemiparasit ‖ ↑hemi- ‖ Syn.: Halbschmarotzer, Halbparasiten]: Pflanzen, die mit voll ausgebildeten grünen Blättern zwar zu eigener Photosynthese befähigt sind, ihren Wasser- und Mineralsalzbedarf jedoch mittels Saugwurzeln aus dem Sproß- und Wurzelsystem von Wirtspflanzen decken müssen.

Man unterscheidet **Wurzelparasiten** (z. B. Wachtelweizen, Augentrost, Klappertopf) und **Sproßparasiten** (z. B. Mistel, Kleeseide).

hemipelagisch [zu ↑ hemi- und griech. pélagos = Meer]:
◊ [Syn.: meropelagisch]: nennt man Organismen, die nur in bestimmten Lebensstadien frei schwimmen und ansonsten am Meeresboden oder am Substrat leben; z. B. Seepocken und Krebse.
◊ nennt man die im Anschluß an die küstennahe (neritische) Region folgende Meereszone (↑ Pelagial).

Hemizoophagen, die (Mehrz.) [Einz.: der Hemizoophage ‖ ↑ hemi- und ↑ Zoophagen]: Organismen, die sowohl tierische als auch nichttierische Nahrung zu sich nehmen und somit Querverbindungen zwischen den einzelnen ↑ Nahrungsketten herstellen.

Hemmstoffe: svw. ↑ Inhibitoren.

herbi- [aus lat. herba = Pflanze]: in Zus. mit der Bed. „Pflanzen, Kräuter"; z. B. Herbizide.

herbikol [zu ↑ herbi- und lat. colere = bewohnen]: auf krautigen Pflanzen lebend; von Tieren gesagt.

herbivor [zu ↑ herbi- und lat. vorare = verschlingen ‖ Abl.: ↑ Herbivoren]: nennt man Tiere, die sich von krautigen oder grasartigen Pflanzen ernähren.

Herbivoren, die (Mehrz.) [Einz.: der Herbivore ‖ zu ↑ herbivor]: die herbivoren Tiere; z. B. viele Huftiere, Hasen.

herbivore Nahrungskette ↑ Nahrungskette.

herbizid [zu ↑ herbi- und lat. caedere (in Zus.: -cidere) = töten]: krautvernichtend (↑ Herbizide).

Herbizide, die (Mehrz.) [Einz.: das Herbizid ‖ zu ↑ herbizid ‖ Syn.: Unkrautbekämpfungsmittel]: synthetisch hergestellte chemische Stoffe, die entweder jeglichen Pflanzenwuchs vernichten **(Total-H.)** oder unerwünschte Pflanzen in land- und forstwirtschaftlichen Kulturen ausschalten **(selektive H.).** Die Aufnahme der H. erfolgt über Blätter und/ oder Wurzeln. Total-H. sind z. B. das anorganische Natriumchlorat, aber auch organische H. und Herbizidkombinationen in entsprechend hoher Dosierung. Total-H. werden v. a. auf Gleisanlagen,

Nichtkulturland sowie auf Wegen und Plätzen verwendet. Die selektiven H. wirken bei richtiger Dosierung nur gegen bestimmte Pflanzen (Unkräuter, Ungräser), ohne Kulturpflanzen zu schädigen.
Kontakt-H. (z. B. Phenolderivate, salzartige Heterocyclen) zerstören das Pflanzengewebe an den Kontaktstellen.
System-H. (Wuchsstoffmittel auf der Basis verschieden formulierter Chlorphenoxyessigsäuren; hierzu gehören auch die im Vietnamkrieg eingesetzten Entlaubungsmittel) werden von den Pflanzen aufgenommen, in deren Gefäßsystem weitergeleitet und wirken über physiologische Dysregulationen. Viele von ihnen hemmen die Photosynthese bis zum Absterben der Pflanzen.
Wurzel-H. (Harnstoffderivate, Triazine) werden vom Wurzelsystem aufgenommen, bei Anwendung nach dem Auskeimen auch über die Blätter. Solche H. bezeichnet man auch als **Bodenherbizide.** Aufgrund ihrer geringen Wasserlöslichkeit verbleiben sie in der oberen Bodenschicht und vernichten die keimenden Pflanzen.

Herbstzirkulation: bei Seen die vollständige Umwälzung des Wassers im Herbst (↑ Wasserzirkulation).

Herpetofauna, die [griech. herpetón = kriechendes Tier und ↑ Fauna]: die Reptilienfauna eines Gebietes.

Herzgewichtsregel: eine Klimaregel (↑ Hesse-Regel).

Hesse-Regel [Syn.: Herzgewichtsregel]: von dem dt. Zoologen Richard Hesse (* 1868, † 1944) aufgestellte *Klimaregel,* die besagt, daß Tierpopulationen in kälteren Gebieten ein relativ höheres Herzgewicht besitzen als in wärmeren, da dort wegen des Wärmeverlustes ein höherer Stoffumsatz und Blutdurchfluß notwendig ist.

hetero- [aus griech. héteros = der andere von beiden; anders beschaffen; fremd]: in Zus. mit der Bed. „anders, abweichend; verschiedenartig; ungleich"; z. B. heterotroph.

heterotroph [↑ hetero- und ↑ -troph ‖ Abl.: ↑ Heterotrophen, ↑ Heterotrophie]: in der Ernährung ganz oder teilweise auf die Körpersubstanz oder die Stoffwech-

heterotrophe Denitrifikation

selprodukte anderer Organismen angewiesen. – Gegensatz: ↑ autotroph.

heterotrophe Denitrifikation: Verlust von Bodenstickstoff durch Reduktion von Nitrat bis zum Stickstoffgas unter anaeroben Bedingungen (z. B. Staunässe) durch Bacterium denitrificans, Pseudomonas- und Achromobacterarten, die den Sauerstoff des Nitrats zur Oxidation organischer Substrate bei ihrer heterotrophen Ernährung verwenden.

heterotrophe Desulfurikation: Reduktion von Sulfat zu Schwefelwasserstoff (H_2S) durch die obligat anaeroben Bakteriengattungen Desulfovibrio und Desulfotomaculum, die den Sauerstoff des Sulfats zur Oxidation organischer Substrate bei ihrer heterotrophen Ernährung verwenden. Durch die H_2S-Freisetzung geht Sulfat aus dem Boden verloren.

Heterotrophen, die (Mehrz.) [Einz.: der Heterotrophe ‖ zu ↑ heterotroph]: Organismen, die sich heterotroph ernähren. Zu ihnen gehören der Mensch, die Tiere, die chlorophyllfreien Pflanzen, zahlreiche Bakterien und Pilze. Pflanzen, Bakterien und Pilze, die auf vermodernden Substraten leben, nennt man ↑ Saprophyten. Saprophytische Mikroorganismen kommen oft so vergesellschaftet vor, daß die einen von den Stoffwechselprodukten der anderen leben (Parabiose). Heterotroph sind auch die Symbionten (↑ Symbiose) und die Parasiten.

Heterotrophie, die [zu ↑ heterotroph]: die Ernährungsweise von heterotrophen Organismen (↑ auch Heterotrophen). Die H. kann sich, insbesondere bei Mikroorganismen, auf den Bedarf eines bestimmten Stoffes (z. B. eines Vitamins) beschränken.

heterozön [zu ↑ hetero- und griech. koinós = gemeinsam ‖ Abl.: ↑ Heterozönose]: nennt man Tierarten, deren Lebenszyklus oder Generationsfolge in verschiedenen Biotopen abläuft. Beispiele sind die Frösche, deren Larven im Wasser leben, während die erwachsenen Tiere an Land leben.

Heterozönose, die [zu ↑ heterozön]: Zönose, in der zwei oder mehrere Tier-

bzw. Pflanzenarten vorherrschend sind mit ungefähr gleicher Individuenanzahl.

Hexachlorcyclohexan, das [griech. héx = sechs ‖ Abk. HCCH]: auch als Hexamittel, HCH-Mittel oder 666 bezeichnetes Insektizid; tritt in neun Isomeren auf, von denen zwei nicht insektentötend wirken, während das γ-Isomere **(Lindan)** am weitaus stärksten wirkt und bis zu 15% des technisch verwendeten Isomerengemischs ausmacht.

H. wirkt als Atmungs-, Fraß- und Kontaktgift tödlich auf die meisten Insektenarten, schadet höheren Organismen jedoch nicht wesentlich.

Hiemalaspekt [hi-e... ‖ zu lat. hiems, hiemis = Regen, Winter]: bei Pflanzen- und Tiergesellschaften Bez. für den Winteraspekt (↑ Aspekt) von November bis März.

Hilfswirt: svw. ↑ Nebenwirt.

Hitzeresistenz: die Fähigkeit eines Organismus, hohe Temperaturen ohne bleibende Schäden zu ertragen. Die obere Temperaturgrenze für Pflanzen und Tiere auch heißer Biotope liegt im allg. bei ungefähr 50 °C, in Ausnahmefällen höher, z. B. bei 59 °C für die Dattelpalme, bei 62 °C für den in feuchtem Heu wachsenden Pilz Thermoascus aurantiacus. Trockene Samen überleben z. T. Temperaturen bis 120 °C.

Bei Insekten und manchen Pflanzen wurden Hitzeschockproteine entdeckt, deren Funktion noch nicht geklärt ist. Unter den Mikroorganismen, v. a. den Archebakterien mariner und kontinentaler Vulkangebiete, finden sich Arten, die sehr viel höhere Temperaturen nicht nur tolerieren, sondern für ihre Lebenstätigkeit sogar benötigen. Dabei ist die H. häufig mit Säuretoleranz (extrem niedrige ↑ pH-Werte) verbunden. Beispiele hierfür sind: Thermoascus solfataricus (Optimaltemperatur 87 °C bei pH 2); Methanothermus ferdidus (Optimaltemperatur 97 °C). Diese Mikroorganismen fallen unter 80 °C in „Kältestarre".

Biochemische Besonderheiten der extrem thermophilen Bakterien sind Zellhüllen aus Glykoproteinen, Lipide aus Phytanylglycerinäther und thermophile Enzyme. Diese Mikroorganismen sind für die Biotechnologie, für die Erlan-

Höchstmengenverordnung

gung und zur Gewinnung thermophiler ↑Enzyme (z.B. für die Verwendung in Waschmitteln) interessant.

Hochmoor: ein Moortyp (↑Moor).

Höchstmengenverordnung [Abk.: HVO]: Name zweier zum Schutz des Verbrauchers vor ↑Fremdstoffen in Lebensmitteln erlassenen Rechtsverordnungen (**HVO Pflanzenbehandlungsmittel** vom 13. 6. 1978 und **HVO Tierische Lebensmittel** vom 29. 8. 1978), in denen Höchstmengen (in ppm) von Pflanzenschutzmittel- und Pestizidwirkstoffen, Wachstumsreglern und Schwermetallen festgelegt sind, die in Lebensmitteln höchstens vorhanden sein dürfen, wenn diese in den Verkehr gebracht werden. Die zulässigen Höchstmengen entsprechen höchstens den toxikologisch duldbaren Rückstandsmengen; viele wurden weit darunter festgelegt. Die Kontrolle obliegt den chem. Untersuchungsämtern.

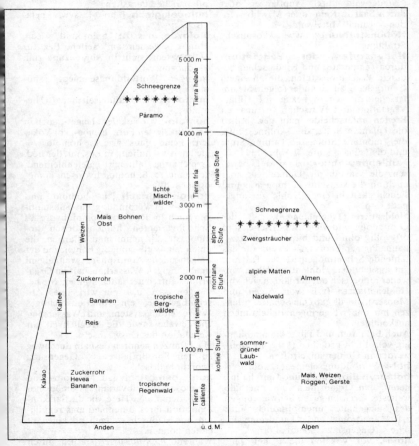

Höhenstufen der Vegetation in den Anden und in den Alpen

Hochwald

Der von der Weltgesundheitsorganisation festgelegte ↑ADI-Wert ist unter Einbeziehung von Körpergewicht (60 kg) und Nahrungsverzehr (0,4 kg) die Basis für toxikologisch vertretbare Höchstmengen.

Hochwald: Form des forstwirtschaftlich genutzten Waldes, dessen Baumbestände man zur Nutzholzgewinnung meist 80–120 Jahre alt werden läßt. Die Erneuerung erfolgt im Gegensatz zum ↑Niederwald durch Anpflanzen oder durch Saat in Rein- oder Mischbeständen. – ↑auch Mittelwald.

Höhenstrahlung: svw. ↑kosmische Strahlung.

Höhenstufen der Vegetation: durch Temperatur und Niederschlag bedingte Vegetationsstufen, die an einem Gebirgshang aufeinander folgen. Sie unterscheiden sich in bezug auf Klima, Vegetation und Wirtschaft. In unseren Breiten unterscheidet man gewöhnlich die ↑planare Stufe, die ↑kolline Stufe, die ↑montane Stufe, die ↑alpine Stufe und die ↑nivale Stufe. – Abb. S. 111.

Höhlenbewohner: H. sind Lebewesen, die v. a. an die Dunkelheit, aber auch an die konstante Temperatur und Feuchtigkeit in einer Höhle gut angepaßt sind.

Höhlentiere (Troglobionten), z. B. der Grottenolm und viele Blindfische, sind oft völlig blind und bilden keine bzw. kaum Pigmente aus. Als Ersatz für das fehlende Sehvermögen ist der Tastsinn gut ausgebildet. Höhlentiere leben entweder räuberisch oder ernähren sich von **Höhlenpflanzen** (z. B. von Algen und Moosen), die als extreme Schattenpflanzen mit äußerst geringen Belichtungen auskommen.

Auch Bakterien und Pilze, die unabhängig vom Licht gedeihen (↑chemotroph), werden in Höhlen angetroffen.

hol-: Wortbildungselement (↑holo-).

holeuryhalin: [↑holo- und ↑euryhalin]: nennt man Organismen, die innerhalb weitester Grenzen gegen Schwankungen des Salzgehaltes unempfindlich sind; z. B. ↑anadrome und ↑katadrome Fische. – Gegensatz: ↑stenohalin.

holo-, vor Vokalen meist: **hol-** [aus griech. hólos = ganz]: in Zus. mit der Bed. „ganz; vollständig"; z. B. holomiktisch.

holomiktischer See [zu ↑holo- und griech. miktós = gemischt]: Seentyp, dessen Wasser während der Umwälzungsperiode (↑Wasserzirkulation) bis zum Grund durchmischt wird. – Gegensatz: ↑meromiktischer See.

Holoparasiten, die (Mehrz.) [Einz.: der Holoparasit ‖ ↑holo- ‖ Syn.: Vollparasiten, Vollschmarotzer]: bestimmte pflanzliche ↑Parasiten.

holopelagisch [↑holo-]: svw. ↑pelagisch.

Holozön, das [zu ↑holo- und griech. koinós = gemeinsam]: seltene Bez. für ↑Ökosystem; steht in Abgrenzung zum ↑Monozön.

homö-: Wortbildungselement (↑homoio-).

homoi-: Wortbildungselement (↑homoio-).

homoio-, vor Vokalen: **homoi-,** auch in der latinisierten Form **homöo-,** vor Vokalen: **homö-** [aus griech. homoîos = gleichartig, ähnlich]: in Zus. mit der Bed. „gleichartig, ähnlich; gleichbleibend, konstant"; z. B. homoiohydrisch, homöosmotisch.

homoiohydrisch [zu ↑homoio- und ↑hydro- ‖ in Verbindung mit Substantiven auch in der Form homoiohydre ... ‖ Schreibvarianten: homöohydrisch, homöohydre ...]: nennt man Pflanzen, die einen relativ gleichmäßig hohen, von der umgebenden Atmosphäre weitgehend unabhängigen Wasserhaushalt im Organismus aufrechterhalten können. Sie benötigen dazu u. a. ein wirksames Abschlußgewebe, ein funktionstüchtiges Wasserleitungssystem und Wasserspeichergewebe sowie die Möglichkeit zur Regulation des Gaswechsels. H.e Pflanzen gehören deshalb durchweg zu den Sproßpflanzen. – Gegensatz: ↑poikilohydrisch.

homoiosmotisch [zu ↑homoio- und ↑Osmose ‖ Schreibvariante: homöosmotisch]: nennt man Tiere, deren die Salzkonzentration ihres Innenmediums regulieren und dadurch weitgehend konstant halten können.

Während *h.e Süßwassertiere* u. a. durch die Haut oder die Exkretionsorgane

Huminstoffe

Wasser ausscheiden, um eine Quellung zu verhindern, können *h.e Meerestiere* das überschüssige Salz z. B. über Salzdrüsen (Meeresvögel, Meeresschildkröten) oder Kiemen (Knochenfische) ausscheiden (↑Osmoregulation). – Gegensatz: ↑poikilosmotisch.

homoiotherm [zu ↑homoio- und griech. thérmē = Wärme, Hitze ‖ Schreibvariante: homöotherm ‖ Syn.: homotherm, idiotherm, endotherm]: fähig, die Körpertemperatur unabhängig von der Außentemperatur relativ konstant zu halten; insbesondere von Vögeln, Säugetieren und vom Menschen gesagt. *H.e Tiere* und der *Mensch* werden auch als **gleichwarm** oder **Warmblüter** bezeichnet. Abweichungen von der normalen Körpertemperatur werden durch Wärmebildung, z. B. durch Muskeltätigkeit („Kältezittern"), durch Wärmeabgabe (z. B. durch Schweißsekretion), durch Wärmeisolierung des Organismus (Fettschicht, Haarkleid, Gefieder) und besonderes Verhalten (Aufsuchen von schattigen, kühlen bzw. sonnigen, warmen Plätzen) weitgehend verhindert.

homöo-: Wortbildungselement (↑homoio-).

homöosmotisch: svw. ↑homoiosmotisch.

homöotherm: svw. ↑homoiotherm.

homotherm [zu griech. homós = gemeinsam; gleich und griech. thérmē = Wärme, Hitze]: svw. ↑homoiotherm.

Hortisol, der [zu lat. hortus = Garten und lat. solum = Boden, Erdboden]: Boden, der infolge langjähriger gartenbaulicher Nutzung bei intensiver Düngung mit Kompost, Mist und Torf entstanden ist. Charakteristisch ist der mehrere Dezimeter mächtige und sehr humusreiche A-Horizont. – ↑auch Boden.

Hospites, die (Mehrz.) [ohne Einz. ‖ lat. = Gäste ‖ Syn.: Besucher]: Bez. für Tierarten, die zeitweise einer Tiergemeinschaft angehören, um hier Nahrungsquellen (z. B. Blüten oder Aas, Rastplätze, Verstecke) aufzusuchen.

Hostalbiotop [zu lat. hostis = Fremder, Feind]: der organische Mikrobiotop eines ↑Parasiten.

Humanökologie [aus lat. humanus = menschlich]: Forschungsrichtung der

↑Ökologie; untersucht die Beziehungen Mensch – Umwelt und hat zum Ziel, den Menschen in ökologische Ordnungen einzufügen.

humid [aus lat. (h)umidus = feucht]: gesagt von einem feuchten Klimatyp, bei dem die Niederschläge während eines Jahres die mögliche Verdunstung übersteigen. Der nicht verdunstende Teil der Niederschläge fließt oberflächlich ab oder versickert in den Grundwasserbereich.

Vollhumid sind Gebiete mit ausreichenden Niederschlägen in allen Monaten (das sind die Zone des immerfeuchten tropischen Regenwaldes und große Teile der gemäßigten Zonen). **Semihumid** sind Gebiete, in denen in einigen Monaten die mögliche Verdunstung größer als der Niederschlag ist.

In humiden Gebieten findet man dauernd fließende Wasserläufe, welche die Oberflächenformen in diesen Bereichen im wesentlichen gestalten. – Gegensatz: ↑arid.

Huminstoffe [zu ↑Humus]: Sammelbez. für die charakteristischen Inhaltsstoffe des Humus; Gemische aus den ursprünglichen organischen Substanzen, aus kohlenstoffreichen Zwischenprodukten und aus einfacheren organischen Verbindungen wie Umsetzungsprodukten des Lignins sowie Huminsäuren (bzw. deren Calciumverbindungen in neutralen Böden).

Man unterscheidet die nicht dunkel gefärbten **Nicht-H.** (Kohlenhydrate, Hemizellulosen), die sich sehr rasch zersetzen und v. a. zur Ernährung der im Boden befindlichen Mikroorganismen dienen, und die dunkel gefärbten **H.** (Humusstoffe, Huminsäuren; in geringerem Anteil in humusstoffarmen, nährstoffarmen Böden auch freie, niedrigermolekulare, stickstoffarme Fulvosäuren), die nur schwer zersetzbar sind, aber die physikalisch-chemischen Eigenschaften des Bodens verbessern.

H. bedingen die Krümelstruktur, die Bodengare und die Sorptionsfähigkeit des Bodens und sind außerdem als Nährstoffträger und -vermittler für die Pflanzen. Sie binden die Nährstoffe hinreichend fest, so daß ihre Auswaschung durch Regenwasser aus dem Boden

Humus

stark vermindert ist, andererseits aber die Pflanzenwurzeln sie aufnehmen können.

H. werden bei der Chlorierung des Trinkwassers zu Chloroform umgesetzt und gelten deshalb als trinkwasserschädigend.

Humus [lat. = Erde, Erdboden]: die gesamte abgestorbene und vollständig zersetzte tierische und v. a. pflanzliche Substanz in und auf dem Boden (mit Ausnahme frischer Streu der Waldbäume), die aufgrund mikrobiologischer und biochemischer Vorgänge einem ständigen, als **Humifizierung (Humifikation)** bezeichneten Ab-, Um- und Aufbau unterworfen ist und für die Fruchtbarkeit des Bodens von großer Bedeutung ist. Der H. stellt ein sehr kompliziertes Stoffgemisch dar; wesentlicher Bestandteil des H. sind die ↑Huminstoffe.

Die Bildung eines für die landwirtschaftliche Nutzung wertvollen **Dauer-H.** wird durch einen hohen Gehalt der Ausgangssubstanzen an Stickstoff und Calcium sowie durch Steppenklima gefördert; sie kann durch Zufuhr von Kalk- und H.dünger und durch Anbau geeigneter, durch Wurzelrückstände humusmehrender Pflanzen (**H.mehrer;** z. B. Klee, Gräser, Hülsenfrüchtler) günstig beeinflußt werden, wohingegen eine durch entsprechende Bodenbearbeitung bedingte starke Bodendurchlüftung zu rascher H.zersetzung führt (daher sind z. B. Hackfrüchte, Ölfrüchte und Gemüsepflanzen **H.zehrer**).

Unter ungünstigen Bedingungen, wenn nur eine unvollständige Zersetzung der organischen Substanz stattfindet, bildet sich der weniger wertvolle **Roh-H.,** z. B. als starke Deckschicht naßkalter, saurer und wenig durchlüfteter Waldböden.

In warmen, trockenen und stickstoffreichen Wald- und Ackerböden entsteht aus leicht zersetzlichen Stoffen eine lokkere H.form, der **Mull (Mulm).**

Humussee: ein dystropher See (↑dystroph).

HWZ, die [ha:ve:'tsɛt]: Abk. für ↑Halbwertszeit.

Hydathoden, die (Mehrz.) [Einz.: die Hydathode ‖ griech. hýdōr, hýdatos = Wasser und griech. hodós = Weg ‖ Syn.: Wasserspalten]: wasserabsondernde Pflanzenteile (↑Guttation).

Hydratur, die [zu ↑hydro-]: von dem dt. Ökologen H. Walter (*1898) eingeführter Begriff zur Beschreibung des Wasserzustandes einer Zelle, bes. einer pflanzlichen. Quantitatives Maß für die H. ist der relative Wasserdampfdruck in bar oder in Prozent relativer Feuchtigkeit. Bei der *Pflanzenzelle* unterscheidet man zwischen der H. des Plasmas und der Vakuole (im wesentlichen durch den osmotischen Druck des Zellsaftes bestimmt) und der H. der Zellwand. Der Quellungszustand des Plasmas wird durch die H. des Zellsaftes bestimmt.

hydro-, vor Vokalen auch: **hydr-** [aus griech. hýdōr, hýdatos = Wasser]: in Zus. und Ableitungen mit der Bed. „Wasser"; z. B. Hydrobiom, Hydratur.

Hydrobiom, das [zu ↑hydro- und griech. bíos = Leben]: Bez. für den Lebensbereich des Wassers; hierzu gehören u. a. Seen, Meere, Flüsse, aber auch kleinere Wasserbereiche wie Wasserpfützen.

Hydrobionten, die (Mehrz.) [Einz.: der Hydrobiont ‖ zu ↑hydro- und griech. bíos = Leben]: Bez. für die wasserbewohnenden Organismen. Hierzu gehören auch die auf dem Boden oder im Boden der Gewässer lebenden Arten.

Hydrochorie, die [...ko'ri: ‖ zu ↑hydro- und griech. choreïn = sich fortbewegen]: Verbreitung von Früchten und Samen durch passiven Transport mittels Wasser; eine Form der ↑Allochorie.

Hydrogamie, die [↑hydro- und ↑-gamie]: die ↑Bestäubung der Blüten durch Wasser.

hydrolabil [↑hydro-]: svw. ↑anisohydrisch.

Hydrologie, die [↑hydro- und ↑-logie ‖ Abl.: hydrologisch]: die Wissenschaft vom Wasser und seinen Erscheinungsformen über, auf und unter der Erdoberfläche.

Die H. umfaßt v. a. die **Hydrographie (Gewässerkunde),** die sich mit den fließenden und stehenden ober- und unterirdischen Gewässern des Festlandes befaßt, auch Fragen des Wasserhaushaltes klärt und somit für die Wasserwirtschaft von Bedeutung ist. Die Hydrographie

selbst gliedert sich in **Potamologie** (Fluß-
kunde), **Limnologie** (Seenkunde), **Gla-
ziologie** (Gletscherkunde) und **Hydro-
geologie** (Lagerstättenkunde des Grundwassers). Zur H. gehört u. a. im weiteren
Sinne auch die ↑ Ozeanographie.

hydrophil [↑ hydro- und ↑ -phil]:
◊ wasserliebend; auf Organismen bezogen, die sich gern im oder am Wasser
aufhalten. – Gegensatz: ↑ hydrophob.
◊ [Syn.: wasserblütig]: von Pflanzen gesagt, deren Blüten mit Hilfe des Wassers
bestäubt werden (↑ Bestäubung).
◊ nennt man benetzbare Grenzflächen,
z. B. die von Kiemen. – Gegensatz: ↑ hydrophob.

hydrophob [↑ hydro- und ↑ -phob]:
◊ wassermeidend; auf Organismen bezogen, die die Wassernähe meiden. –
Gegensatz: ↑ hydrophil.
◊ nennt man nicht benetzbare, wasser-
abstoßende Grenzflächen; u. a. bedingen h.e Körperoberflächen eine geringere Reibung bei Wassertieren. – Gegensatz: ↑ hydrophil.

Hydrophyten, die (Mehrz.) [Einz.: der
Hydrophyt ‖ ↑ hydro- und ↑ -phyt]: andere
Bez. für ↑ Wasserpflanzen.

Hydroserie, die [...iə ‖ ↑ hydro-]: eine
primäre ↑ Sukzession mit offenem Wasser oder semiaquatischen Bedingungen
als Ausgangspunkt.

Hydrosphäre, die [↑ hydro- und griech.
sphaïra = Kugel, Erdkugel]: Bez. für die
Wasserhülle der Erde; umfaßt neben
den Meeren auch das Grundwasser, alle
Binnengewässer sowie das in Gletschereis gebundene und das in der Atmosphäre vorhandene Wasser.

hydrostabil [↑ hydro-]: svw. ↑ isohydrisch.

Hydrotop, der oder das [↑ hydro]: ein
↑ Top hinsichtlich des Wasserhaushaltes.

Hydrotropen, die (Mehrz.) [Einz.: das
Hydrotrop ‖ ↑ hydro- und ↑ -trop]: die
vorwiegend im Wasser gelösten, von außen durch radioaktiven Niederschlag
und Staub eingebrachten ↑ Radionuklide. H. sind Cr 51, S 35 und Ge 71. –
↑ auch Äquitropen, ↑ Biotropen, ↑ Pedotropen.

hygro- [aus griech. hygrós = feucht,
naß]: in Zus. mit der Bed. „Feuchtigkeit,
Wasser"; z. B. hygrophil.

Hygrobionten, die (Mehrz.) [Einz.:
der Hygrobiont ‖ zu ↑ hygro- und griech.
bíos = Leben]: an feuchten Orten lebende Organismen.

hygrophil [↑ hygro- und ↑ -phil]: feuch-
tigkeitsliebend; auf Organismen bezogen, die sich bevorzugt an feuchten oder
nassen Stellen aufhalten. – Gegensatz:
↑ hygrophob.

hygrophob: [↑ hygro- und ↑ -phob]:
nennt man Organismen, die feuchte oder
nasse Stellen meiden. – Gegensatz: ↑ hygrophil.

Hygrophyten, die (Mehrz.) [Einz.: der
Hygrophyt ‖ ↑ hygro- und ↑ -phyt ‖ Syn.:
Feuchtigkeitspflanzen]: H. sind Land-
pflanzen, die an Standorten mit gleich-
mäßig guter Wasserversorgung bei
gleichbleibend hoher Boden- und Luft-
feuchtigkeit wachsen. Durch besondere
Baueigentümlichkeiten sind sie an diese
Standorte angepaßt. Dazu gehören zur
Vergrößerung der Oberfläche und För-
derung der Transpiration u. a. zarte
Blattspreiten, über die Epidermis her-
ausgehobene Spaltöffnungen und leben-
de Haare. – Daneben sind viele H. zur
↑ Guttation fähig.
H. kommen hauptsächlich in tropischen
Regenwäldern vor. Bekannte H. sind
Farne und Aronstabgewächse.

Hyläa, die [zu griech. hýlē = Wald]: ursprünglich von A. von Humboldt geprägte Bez. für den immergrünen tropischen Regenwald im Amazonastiefland;
heute meist allg. für diesen Vegetationstyp.

hyper- [griech. hypér = über, über –
hinaus]: Präfix mit der Bed. „über; übermäßig; über – hinaus"; z. B. Hyperparasit. – Gegensatz: ↑ hypo-.

Hypergaion, das [↑ hyper-]: ↑ Epigaion.

Hyperparasit, der [↑ hyper-]: ↑ Parasit,
der als Sekundärparasit an oder in
einem anderen Parasiten (dem primären
Parasiten) schmarotzt; z. B. Schlupfwespenlarven in (ebenfalls parasitisch
lebenden) Raupenfliegenlarven. Der
Sekundärparasit kann wiederum von
einem Tertiärparasit befallen sein. Ist
eine Insektenlarve mehrfach vom gleichen Parasiten belegt, so handelt es sich
um überzähligen Parasitismus **(Super-
parasitierung).**

hypo-

hypo- [griech. hypó = unter, unterhalb]: Präfix mit der Bed. „unter, unterhalb"; z. B. Hypolithal. – Gegensatz: ↑ hyper-.

Hypogaion, das [zu griech. hypógaios = unterirdisch]: die Gesamtheit der unterirdisch lebenden Organismen (↑ Edaphon).

Hypolimnion, das [zu ↑ hypo- und griech. límnē = See, Teich]: Freiwasserzone stehender Süßgewässer (↑ Gewässerregionen).

Hypolithal, das [zu ↑ hypo- und griech. líthos = Stein]: der Kleinstlebensraum unter Steinen. Man unterscheidet zwischen der Unterseite des Steins mit den ↑ lithophilen Bewohnern (z. B. einigen Schnecken und Spinnen), dem darunterliegenden Hohlraum (charakteristische Tiere sind z. B. Laufkäfer oder Trichterspinnen, Ohrwürmer und Käfer aus der Familie Kurzflügler) sowie der Bodenschicht, deren Bewohner dem Boden angehören (z. B. Regenwürmer).

Hypolithion, das [zu ↑ hypo- und griech. líthos = Stein]: die Lebensgemeinschaft der sich im ↑ Hypolithal aufhaltenden Tiere.

Hyponeuston, das [↑ hypo- und ↑ Neuston]: Bez. für die Organismen, die auf der Unterseite des Oberflächenhäutchens des Wassers **(hyponeustisch)** leben. – ↑ auch Epineuston.

Hypopotamal, das [zu ↑ hypo- und griech. potamós = Fluß]: die Brackwasserregion (↑ Gewässerregionen).

hyporheisches Interstitial, das [zu ↑ hypo- und griech. rheīn = fließen; zu lat. interstitium = Zwischenraum]: Lebensraum der Lückenräume in kiesigsandigen Ablagerungen eines Flußbettes. Das Wasser dort kühlt in 20–30 cm Tiefe nie unter 3–4 °C ab und ist daher im Winter ein Zufluchtsort für viele Fließgewässertiere.

Hyporhithral, das [↑ hypo- und ↑ Rhithral]: svw. Äschenregion (eine Flußregion; ↑ Gewässerregionen).

I

I: chemisches Symbol für: Iod (↑ Jod).

IALE, die [i:a'ɛl''e: ‖ Schreibvariante: Iale]: Abk. für: **International Association for Landscape Ecology;** 1982 in Piešt'any (ČSSR) gegründete internationale Gesellschaft mit dem Ziel, durch Zusammenführung von Ökologen, Geographen, Landschaftsarchitekten, Forstleuten, Landwirten, Landschaftsplanern und Umweltwissenschaftlern eine interdisziplinäre ökologische Forschung zu fördern und durch internationale Symposien und Kongresse zu intensivieren. Das erste IALE-Seminar fand 1984 in Roskilde (Dänemark), das zweite 1987 in Münster statt.

Ichthyofauna, die [griech. ichthýs = Fisch]: die Fischfauna eines Gebietes. – ↑ auch Infauna.

idio- [aus griech. ídios = eigen; eigentümlich]: in Zus. mit der Bed. „eigen, selbst; eigenartig, spezifisch"; z. B. Idiotop.

Idioökologie, die [↑ idio-]: seltene Bez. für ↑ Autökologie.

idiotherm [zu ↑ idio- und griech. thérmē = Wärme, Hitze]:
◊ von Gewässern gesagt, die hohe Temperaturen aufweisen.
◊ svw. ↑ homoiotherm.

Idiotop, der oder das [↑ idio-, Analogiebildung zu ↑ Biotop]: der Lebensraum eines Individuums.

idiotrophe Gewässer [↑ idio- und ↑ -troph]: Gewässer, die extreme chemische Verhältnisse aufweisen; z. B. Binnensalzgewässer.

Imhoff-Tank [nach dem dt. Ingenieur K. Imhoff, * 1876, † 1965]: svw. ↑ Emscherbrunnen.

Immigration, die [zu lat. immigrare = einziehen]: Einwanderung von Tieroder Pflanzengruppen in einen Lebensraum. I. ist ein relativ häufiger Vorgang, der jedoch – abgesehen von Massenwanderungen – meist keine besonderen

Indikatorpflanzen

Auswirkungen auf die ursprüngliche Lebensgemeinschaft hat. – Gegensatz: ↑ Emigration (↑ auch Migration).

Immission, die [aus lat. immissio = das Hineinlassen]: die Einwirkung von Luftverunreinigungen, Geräuschen, Licht, Wärme, Strahlen und vergleichbaren Faktoren auf Menschen, Tiere, Pflanzen oder Gegenstände. Der öffentlich-rechtliche I.sschutz wird durch das ↑ Immissionsschutzgesetz sowie durch sog. Technische Anleitungen (↑ TA Lärm, ↑ TA Luft) und verschiedene ergänzende Verwaltungsvorschriften geregelt.

Immissionsgrenzwerte: svw. ↑ Immissionswerte.

Immissionskataster: Darstellung der räumlichen Verteilung der Luftverunreinigungen für ein bestimmtes Gebiet. I. müssen für ↑ Belastungsgebiete aufgestellt werden. Auch für schutzbedürftige Gebiete (z. B. Kurorte) oder aus Gründen des Naturschutzes können I. angelegt werden, um eine Verschlechterung der Luftverhältnisse zu vermeiden.

Immissionsmessung: die Erfassung von ↑ Immissionen nach Art und Menge durch geeignete Meßgeräte und -verfahren (↑ Luftüberwachung).

Immissionsschutzgesetz: Kurzbez. für das **Bundes-I.** vom 15. 3. 1974 (zuletzt geändert am 4. 10. 1985), das die Umwelt vor schädlichen Einwirkungen durch beeinträchtigende Immissionen schützen und ihnen vorbeugen soll. Nach § 3 sind **Emissionen** die von Anlagen (baulichen und technischen Anlagen, Grundstükken) ausgehenden Luftverunreinigungen, Geräusche, Erschütterungen, Licht, Wärme, Strahlen u. ä. Umwelteinwirkungen, die als **Immissionen** bezeichnet werden, wenn man sie unter dem Aspekt betrachtet, daß sie auf Menschen, Tiere, Pflanzen und/oder Sachen (z. B. Gebäude, Kulturdenkmäler) einwirken.

Das I. enthält für genehmigungsbedürftige Anlagen (Anlagen, die potentielle Quellen erheblicher schädlicher Umwelteinwirkungen sind) Vorschriften über das Genehmigungsverfahren, über die Pflichten ihrer Betreiber sowie über Emissions- und Immissionsmessungen.

In einem produktbezogenen Abschnitt wird die Bundesregierung ermächtigt, allg. Produktnormen zu erlassen, was z. B. durch die Rechtsverordnung über den Schwefelgehalt von leichtem Heizöl und Dieselkraftstoff geschehen ist.

Weiter regelt das I. in einem verkehrsbezogenen Teil die Entschädigung für Schallschutzmaßnahmen und ermächtigt die Länder, Verordnungen über Verkehrsbeschränkungen bei austauscharmen Wetterlagen (↑ Inversionswetterlage), sog. Smogverordnungen (↑ Smog), zu erlassen.

Die gebietsbezogenen Bestimmungen (§§ 44–47) definieren Kriterien für die von den Ländern zu bestimmenden ↑ Belastungsgebiete, für die Luftreinhaltepläne zu erstellen sind.

Nach § 53 kann der zuständige Bundesminister durch Rechtsverordnung die Betreiber genehmigungsbedürftiger Anlagen verpflichten, **Immissionsschutzbeauftragte** zu bestellen, die die Einhaltung des I.es überwachen, auf die Entwicklung und Einführung umweltfreundlicher Verfahren und Produkte hinwirken, die Betriebsangehörigen über die von der Anlage ausgehenden umweltschädlichen Wirkungen aufklären und einen jährlichen Bericht erstellen. § 61 verpflichtet die Bundesregierung zu einem **Immissionsschutzbericht.** – ↑ auch Luftreinhaltung, ↑ Lärmschutz, ↑ Strahlenschutz.

Immissionswerte [Syn.: Immissionsgrenzwerte]: in der ↑ TA Luft festgelegte Werte für Langzeit- und Kurzzeiteinwirkungen von Luftverunreinigungen. Die I. beziehen sich auf die Einzelwirkung der jeweiligen Stoffe. – ↑ auch MIK-Wert.

Indigenae, die (Mehrz.) [ohne Einz. ‖ lat. = Eingeborene]: Bez. für bodenständige Tiere, d. h. Tiere, die in einem bestimmten Lebensraum zuhause sind. – Gegensatz: ↑ Hospites oder ↑ Irrgäste bzw. Durchzügler. – ↑ auch Vicini.

Indikatororganismen ↑ Bioindikatoren.

Indikatorpflanzen [zu lat. indicare = anzeigen]:

◊ Pflanzen, die für einen bestimmten Boden oder für ein Biotop typisch sind

Individuendichte

und dadurch Rückschlüsse auf Bodenbeschaffenheit und Umweltbedingungen zulassen (↑ bodenanzeigende Pflanzen).

◇ Pflanzen, die besonders empfindlich oder typisch auf Schadstoffe reagieren und deshalb als Testpflanzen verwendet werden (↑ Bioindikatoren).

◇ Pflanzen, die nur in Anwesenheit bestimmter chemischer Elemente gedeihen oder diese in ihrem Gewebe so anreichern, daß sie leicht nachgewiesen werden können, auch wenn sie im Boden nur in geringer Konzentration vorhanden sind. Solche Pflanzen werden oft zur Erzprospektion benutzt.

Individuendichte ↑ Abundanz.

Individuendominanz ↑ Dominanz.

industrielles Abwasser ↑ Abwasser.

Industriemüll: nicht mehr verwertbare Industrieabfälle. – ↑ auch Abfallbeseitigung.

Industriepflanzen: land- oder forstwirtschaftlich angebaute Pflanzen, die nicht zur Ernährung von Menschen und Tieren dienen, sondern zur Gewinnung von Rohstoffen. Dazu gehören: Holz zum Hausbau und zur Möbelherstellung; Faserpflanzen zur Erzeugung von Textilien (Baumwolle, Flachs), zur Matratzenfüllung (Kapok) oder zur Herstellung von Seilen (Hanf aus der Faserbanane, Sisal aus der Sisalagave, Kokos aus den Kokosnußschalen); Kautschukpflanzen (v. a. der Parakautschukbaum Hevea brasiliensis) zur Erzeugung von Naturgummi; Fett- und Ölpflanzen für die Produktion von Seifen und Waschmitteln, aber auch Kunststoffen sowie Lackrohstoffen; die Korkeiche, deren Rinde zur Herstellung von Korkprodukten verwendet wird; Gerbstoffe, Harze und Wachse, Farbstoffe sowie einige Insektizide (Pyrethrine), die aus Pflanzen gewonnen werden.

Die Biomasse allgemein wird zunehmend als Chemierohstoff und nachwachsender Energieträger diskutiert und in Versuchsanlagen erprobt.

Infauna, die [lat. in = in, innerhalb]: Gesamtheit der Wassertiere, die im Inneren des Gesteins bzw. Bodens leben.

Infektion, die [zu lat. inficere, infectum = anstecken (eigtl. = hineintun)]: das Eindringen von ↑ Parasiten in den Organismus mit anschließender Vermehrung derselben.

Infestation, die [zu lat. infestare = angreifen]: svw. ↑ Invasion.

Influenten, die (Mehrz.) [Einz.: der Influent ‖ zu ↑ Influenz]: zusammenfassende Bez. für solche Organismen, die ein Ökosystem am meisten beeinflussen **(Schlüsselarten).** Dies kann unabhängig von der jeweiligen Individuenanzahl sein. So hat z. B. das Vorhandensein schon eines einzigen Bibers eine starke Auswirkung auf die Landschaftsgestaltung.

Influenz, die [aus mlat. influentia = Einfluß ‖ Abl.: ↑ Influenten]: Sammelbez. für die Umweltveränderungen durch die Lebenstätigkeit der Organismen.

infra- [aus gleichbed. lat. infra]: Präfix mit der Bed. „unterhalb"; z. B. Infralitoral.

Infrabathyal, das [↑ infra- und ↑ Bathyal]: die Tiefenzone der Ozeane; gleichbed. mit Abyssal (↑ Gewässerregionen).

Infralitoral, das [↑ infra- und ↑ Litoral]: eine Bodenregion stehender Süßgewässer (↑ Gewässerregionen).

Infrastruktur, die [zu ↑ infra- und lat. structura = Zusammenfügung, Ordnung, Bau]: der zur wirtschaftlichen Entwicklung eines Raums unabdingbar notwendige Unterbau, d. h. die Gesamtheit aller durch den Staat oder andere Gebietskörperschaften des öffentlichen Rechts getragenen Einrichtungen der sog. Vorsorgeverwaltung; z. B. die der Allgemeinheit dienenden Einrichtungen für Verkehr und Beförderung, Fernsprech- und Fernmeldewesen, Gas-, Wasser- und Elektrizitätsversorgung, Müllabfuhr, Abwasserbeseitigung, Bildung und Kultur, Krankheitsvorsorge und Krankenbehandlung, Totenbestattung.

Ingenieurbiologie [ɪnʒeniˈoːr... ‖ Syn.: technische Biologie]: die Lehre und Wissenschaft von den biologischen Auswirkungen, die durch bauliche Veränderungen im Landschaftsgefüge hervorgerufen werden, sowie von der Nutzbarmachung biologischer Erkenntnisse bei notwendigen technischen Eingriffen in die Landschaft.

Insektizide

Die I. betrachtet Pflanzen als Anzeiger der hydrologischen und geologischen Verhältnisse sowie der Bodenart. Sie bekämpft mit biologischen Mitteln (v. a. Bepflanzung) die Schäden der Erosion und der Denudation.

Wesentliche *Aufgaben* der I. sind u. a. die Erforschung der Verwendbarkeit von Pflanzen als lebende Baumaterialien (zur Befestigung und Sicherung von Böschungen, Bodeneinschnitten, Ufern, Deichen und Dünen) sowie als Bodenerschließer in der Land- und Forstwirtschaft.

Ingestion, die [aus lat. ingestio = das Eingießen, Einführen]: die Aufnahme giftiger oder radioaktiver Stoffe in den Organismus durch den Mund.

Inhalation, die [aus lat. inhalatio = das Anhauchen]: die Aufnahme giftiger oder radioaktiver Stoffe in den Organismus über die Atemwege.

Inhibitoren, die (Mehrz.) [Einz.: der Inhibitor ‖ zu lat. inhibere, inhibitum = hemmen‖ Syn.: Hemmstoffe]: Stoffe, die eine (enzymatische) Reaktion hemmen. Nahrungsmitteln zugesetzte Antioxidanzien sind als Radikalfänger wirkende Inhibitoren. Verzögerer in Styrol und ungesättigten Polyesterharzen sind I. der Polymerisation vor der Verarbeitung. Auch Katalysatorgifte gehören zu den Inhibitoren. Die Wirkstoffe der meisten Arzneimittel, Pflanzenschutzmittel und Pestizide sind Hemmstoffe bestimmter Enzyme.

Natürlich vorkommende I. greifen in die Regulation von Stoffwechselvorgängen ein.

Initialgemeinschaft [zu lat. initium = Anfang]: Pflanzen- oder/und Tiergemeinschaft in der Anfangsphase einer ↑ Sukzession.

Inkompatibilität, die [zu lat. in- = un- und lat. compati = mitleiden]: eine (nicht durch etwaige Kerndefekte hervorgerufene) Verhinderung der Gametenvereinigung innerhalb eines Fortpflanzungssystems, wobei bestimmte Gene (**I.sfaktoren**) die Befruchtung hemmen.

Inkorporation, die [aus spätlat. incorporatio = Einverleibung]: die Aufnahme giftiger oder radioaktiver Stoffe in den Körper durch den Mund (**Ingestion**), die Atemwege (**Inhalation**) oder durch die Haut.

Inquilinen, die (Mehrz.) [Einz.: der Inquiline ‖ aus lat. inquilinus = Einwohner, Mieter‖ Abl.: ↑ Inquilinismus ‖ Syn.: Einmieter, Synöken]: Tiere, die u. a. in Nestern, Gallen oder Bohrgängen anderer Tierarten leben, ohne diese zu schädigen; ↑ Synökie.

Inquilinismus, der [zu ↑ Inquilinen]: andere Bez. für ↑ Synökie.

insektivor [zu lat. insectum = eingeschnittenes Tier, Insekt und lat. vorare = verschlingen]: svw. ↑ entomophag.

Insektivoren, die (Mehrz.) [Einz.: der Insektivore ‖ zu ↑ insektivor ‖ Syn.: Insektenfresser]: andere Bez. für ↑ Entomophagen.

Insektizide, die (Mehrz.) [Einz.: das Insektizid ‖ zu lat. insectum = eingeschnittenes Tier, Insekt und lat. caedere (in Zus.: -cidere) = töten]: meist synthetisch hergestellte Stoffe, die im Pflanzen-, Vorrats-, Materialschutz und in der Hygiene zur Vernichtung von Schadinsekten eingesetzt werden.

I., die gegen Larven eingesetzt werden, nennt man auch **Larvizide,** solche gegen Insekteneier, **Ovizide.**

I. können Atem-, Kontakt- oder Fraßgifte sein. Wenn sie durch die Pflanzenwurzel aufgenommen und mit dem Saftstrom verteilt werden, nennt man sie **systemisch.**

Chemisch lassen sich I. einteilen in **anorganische I.** (Arsenate, Fluorverbindungen, Kupfersalze, Blausäure) und **organische I.:** Mineral- und Teeröle (Ovizide), Chlorkohlenwasserstoffe (z. B. DDT, HCH), Thiophosphorsäureester (z. B. Parathion, Malathion) und Carbamate.

Auch **natürliche I.** sind bekannt: Derris, Pyrethrum, Quassia, Nikotin, Sabadilla, Ryanodin, Schwefel.

Wegen ihrer langen ↑ Persistenz ist die Verwendung der Chlorkohlenwasserstoff-I. stark eingeschränkt worden. Thiophosphorsäureester als Inhibitoren für das Enzym Acetylcholinesterase sind für alle Warmblüter starke Nervengifte. Wichtige Gesichtspunkte bei der Anwendung von I.n in der Landwirtschaft

119

INTECOL

und im Gartenbau sind ihre Bienenge-
fährlichkeit (nicht bei allen I.n) und die
Schädigung insektenfressender Singvögel.
Nach der Anwendung von I.n ist eine
Wartezeit vorgeschrieben, bevor die behandelten Pflanzen als Lebensmittel verwendbar und die in der ↑Höchstmen-
genverordnung festgelegten tolerierba-
ren Restmengen unterschritten werden.
Die Entwicklung von Resistenz gegen I.
wurde bei manchen Insekten beobachtet.
INTECOL, die [Schreibvariante: Inte-
col]: Abk. für: **International Association
for Ecology**; internationale Dachorganisation der nationalen ökologischen Gesellschaften; vertritt die Ökologie im Internationalen Rat Wisssenschaftlicher
Vereinigungen (ICSU). Aufgaben der
INTECOL sind die Veranstaltung internationaler Kongresse und Workshops
der Ökologie, die Verbreitung von ökologischen Informationen innerhalb der
Ökologenschaft der Welt („INTECOL
Newsletter") und die Beratung von Institutionen, speziell in Entwicklungslän-
dern.
integrierter Pflanzenschutz [zu lat.
integrare = wiederherstellen, ergänzen]:
in der Land- und Forstwirtschaft be-
triebene Schädlingsbekämpfung durch
kombinierten Einsatz biologischer
Bekämpfungsmethoden (↑biologische
Schädlingsbekämpfung) und möglichst
sparsame Anwendung von ↑Pestiziden
unter Berücksichtigung des Nutzen-
Schaden-Verhältnisses. Der integrierte
Pflanzenschutz bringt durch weitgehende Schonung der Umwelt ökologische,
aber auch wirtschaftliche Vorteile.
Interferenz, die [zu lat. inter = zwischen und lat. ferre = tragen, bringen
(Analogiebildung zu Differenz)]: Bez.
für die gegenseitige unmittelbare Einwirkung von Organismen aufeinander,
die mit steigender Dichte deren Gedeihen beeinträchtigt. So kann u. a. eine hohe Bevölkerungsdichte bei Tieren und
beim Menschen zu Streßsymptomen
(z. B. erhöhter Erregungszustand und
Steigerung des Gewichtes der Nebennie-
re) führen.
Intergradationszone [lat. inter =
zwischen und lat. gradatio = Errichtung

von Stufen]: die Kontaktzone zwischen
zwei Tierunterarten. Die in dieser Region lebenden Individuen werden **inter-
gradierend** genannt und stellen morphologische und genetische Zwischenglie-
der zwischen den benachbarten Unterarten dar.
**International Association for Eco-
logy,** die [ɪntə'næʃənəl əsoʊsɪ'ɛɪʃən fə
i:'kɔlədʒɪ‖ engl. = internationale Vereinigung für Ökologie]: svw. ↑INTECOL.
**International Association for
Landscape Ecology,** die [ɪntə'næʃənəl əsoʊsɪ'ɛɪʃən fə 'lænskɛɪp i:'kɔlədʒɪ‖
engl. = internationale Vereinigung für
Landschaftsökologie]: svw. ↑IALE.
**Internationale Kommission für
Strahlenschutz:** 1928 gegründetes internationales Gremium, Sitz Sutton
(Surrey), das Empfehlungen über maximale Strahlenbelastbarkeiten (Strahlen-
schutzgrenzwerte) und zum Schutz vor
ionisierenden Strahlen erarbeitet.
**Internationale Union für Natur-
schutz:** svw. ↑IUCN.
**International Organization for Bio-
logical Control,** die [ɪntə'næʃənəl
ɔ:gənaɪ'zɛɪʃən fə baɪə'lɔdʒɪkl kən'troʊl]:
svw. ↑IOBC.
**International Union for Conserva-
tion of Nature and Natural Resour-
ces,** die [ɪntə'næʃənəl 'ju:njən fə kɔnsə-
'vɛɪʃən əv 'nɛɪtʃə ənd 'nætʃərəl rɪ'sɔ:sɪz]:
svw. ↑IUCN.
interspezifische Konkurrenz [zu lat.
inter = zwischen und spätlat. specifi-
cus = von besonderer Art]: Wettbewerb
zwischen Individuen verschiedener Arten. – ↑auch Konkurrenz.
Interzeption, die [aus lat. intercep-
tio = Wegnahme]:
◊ allgemein der Verdunstungsverlust bei
Niederschlägen; im engeren Sinne der
Anteil der Niederschläge, der die Pflanzen benetzt und wieder verdunstet. Vor
allem bei Bäumen mit kleinen, dichtstehenden Nadeln oder Blättern ist die I.
sehr hoch.
◊ Form der ↑Deposition.
intraspezifische Konkurrenz [zu lat.
intra = innerhalb und spätlat. specifi-
cus = von besonderer Art]: ↑Konkur-
renz zwischen Individuen der gleichen
Art.

ionisierende Strahlung

intrazellulär [zu lat. intra = innerhalb und lat. cellula = kleine Zelle]: innerhalb einer Zelle lokalisiert oder stattfindend.

Introgression, die [zu lat. introgredi, introgressum = hineinschreiten]: das allmähliche Eindringen von Genen einer Art in den Genbestand einer anderen Art. Solche Phänomene treten besonders bei Einwanderungen auf, bei denen die Einwanderer in Kontakt mit den ursprünglichen Populationen kommen und sich wechselseitig mit diesen kreuzen.

Invasion, die [zu lat. invadere, invasum = eindringen]:
◊ das Eindringen von Lebewesen (in großer Zahl) in Gebiete, in denen sie sonst nicht leben; häufig infolge Nahrungsmangels im Heimatgebiet, was zu Massenwanderungen führen kann. I.en sind u. a. bekannt von den Lemmingen, bestimmten Vogelarten (**I.svögel** wie Tannenhäher, Waldohreule) und manchen Schmetterlingen.
◊ [Syn.: Infestation]: der Befall eines Organismus mit Schmarotzern, die sich am Befallsort nicht weitervermehren, da ihre Eier bzw. Larven den Wirt wieder verlassen.

Inversionswetterlage [aus lat. inversio = Umkehrung]: Wetterlage, die in den untersten Luftschichten eine Temperaturumkehr aufweist. Sie ist durch eine stabile Luftschichtung und geringe Luftbewegung gekennzeichnet, so daß vertikale und horizontale Austauschvorgänge behindert werden (**austauscharmes Wetter**). Dadurch kommt es besonders in der kalten Jahreszeit zu einer beträchtlichen Erhöhung der Schadstoffkonzentrationen in den bodennahen Schichten, so daß in extremen Fällen Smogalarm (↑Smog) gegeben wird.

IOBC, die [i:'o:be:'tse:, engl. 'aɪ-oʊ-bi:'si:]: Abk. für: **International Organization for Biological Control;** 1971 gegründete Weltorganisation für biologische Bekämpfung von Schädlingen; umfaßt verschiedene Regionen, für Mittel- und Südeuropa einschl. des Mittelmeergebietes die **WPRS** (Abk. für: **W**estpaläarktische **R**egionale **S**ektion). Zu ihr gehört u. a. der **Internationale Bestim-**mungsdienst für Nutzinsekten mit Institutionen in München und Stuttgart.

Iod: in der neueren chemischen Nomenklatur für ↑Jod.

Ionenaustauscher [von griech. ión = Gehendes, Wanderndes (das Ion ist also eigtl. ein „wanderndes Teilchen")]: anorganische oder organische, meist in Körnerform vorliegende Feststoffe, die aufgrund zahlreicher in ihnen enthaltener saurer oder basischer Gruppen aus Elektrolytlösungen positive oder negative Ionen aufnehmen und dafür eine äquivalente Menge Ionen gleichen Vorzeichens abgeben können.
Die I. sind als polyvalente Festsäuren bzw. Festbasen anzusehen und reagieren entsprechend als **Kationenaustauscher** bzw. **Anionenaustauscher.** Der Austauschvorgang erfolgt nach dem Massenwirkungsgesetz bis zur Gleichgewichtseinstellung. Da der Ionenaustausch umkehrbar ist, können diejenigen I. mit überschüssiger Lösung regeneriert werden, wenn ihre Kapazität erschöpft ist.
Anorganische I. sind v. a. die in der Natur vorkommenden Zeolithe. Aufgrund der weiträumigen Kristallstruktur werden ihre Kationen bei Berührung mit Salzlösungen ausgetauscht.
Größere Bedeutung haben heute die **organischen I.** aus Phenol-Formaldehyd-Harzen, Polystyrol u. a. Polymerisaten, in deren Oberfläche Carboxylat-, Sulfonat- oder quartäre Ammoniumgruppen eingebaut sind (sog. **Austauschharze**).
I. werden auf vielen Gebieten verwendet, u. a. zur Enthärtung von Wasser (als sog. **Basenaustauscher,** die Natrium- gegen Calcium- bzw. Magnesiumionen austauschen), bei der Wasseraufbereitung, zur Reinigung von Lösungen (Rübenzucker, Molke), zur Trennung und Gewinnung von seltenen Metallen, zum Nachweis von Spurenelementen in der analytischen Chemie und als Katalysatoren in der chemischen Technik.

ionisierende Strahlung [zu Ionen, dies zu griech. ión = Gehendes, Wanderndes (also eigtl. = wanderndes Teilchen)]: zusammenfassende Bez. für alle Strahlungsarten, die in der Lage sind, Ionen zu erzeugen; z. B. energiereiche

121

Irrgäste

Photonen- oder Korpuskularstrahlung aus Röntgenröhren, Radionukliden, Teilchenbeschleunigern, Kernreaktoren u. a., die durch Ionisation der getroffenen Atome oder Moleküle chemisch wirksame Radikale bilden und dadurch bei lebendem Gewebe die Funktion der Zelle beeinträchtigen (Strahlenschädigungen).

Irrgäste [Syn.: Alieni]: Tiere, die aus völlig andersgearteten Lebensräumen zufällig in ein ihnen fremdes Gebiet geraten oder dieses durchqueren (sog. **Durchzügler**).

Irrwirt: Wirtsorganismus, der für den Schmarotzer eine Sackgasse ist; z. B. der Mensch für die Finne des Hundebandwurms. – ↑ auch Parasit.

is-: Wortbildungselement (↑ iso-).

iso-, vor Vokalen meist: **is-** [aus griech. ísos = gleich]: in Zus. mit der Bed. „gleich"; z. B. Isotope, Isözien.

isohydrisch [zu ↑ iso- und ↑ hydro- ‖ in Verbindung mit einem Substantiv auch in der gebeugten Form: isohydre ... ‖ Syn.: hydrostabil]: nennt man Pflanzen, die einen ausgeglichenen Wasserhaushalt haben. Sie halten durch Regulationsmechanismen (z. B. Schließen der Spaltöffnungen oder Wasserspeicherung) während des Tages ihren Wassergehalt und damit den potentiellen osmotischen Druck weitgehend konstant. I. sind z. B. Sukkulenten, Bäume und manche Gräser. – Gegensatz: ↑ anisohydrisch.

Isolation, die [frz. = Vereinzelung, zu italien. isolare = absondern, vereinzeln (eigtl. = zur Insel machen)]: die teilweise oder vollständige Unterbindung der Paarung und damit des Genaustauschs zwischen Individuen einer Art oder zwischen verschiedenen Populationen einer Art. Die I. wirkt dadurch als wichtiger Evolutionsfaktor. Die räumliche I. ist eine wesentliche Voraussetzung der Rassenbildung. Man unterscheidet zwei verschiedene Formen der Isolation:

Die **biologische I. (generative I.)** wird durch unüberwindliche, genotypisch bedingte Unterschiede (z. B. Polyploidie) bewirkt und führt zu einer Paarungseinschränkung, wie z. B. bei morphologischen oder verhaltensbedingten Beson-

derheiten zwischen den Geschlechtern, bei Befruchtungssperren zwischen den Keimzellen, bei Unfruchtbarkeit der Bastarde.

Die **geographische I. (räumliche I.)** ist durch ungleichmäßige und unzusammenhängende Verteilung der Individuen bedingt, wobei v. a. geographische Hindernisse wie Gewässer, Gebirge, Wüsten u. a. eine Rolle spielen.

Isotope, die (Mehrz.) [Einz.: das Isotop ‖ aus gleichbed. engl. isotope, zu ↑ iso- und griech. tópos = Platz, Stelle (mit Bezug auf die gleiche Stelle im Periodensystem der chemischen Elemente)]: Bez. für Nuklide, deren Atomkerne die gleiche Ordnungszahl, aber, bedingt durch unterschiedliche Neutronenzahlen, verschiedene Massenzahlen haben. I. werden durch die Angabe der Massenzahl ihrer Kerne gekennzeichnet; z. B. ^{12}C oder C 12 und ^{13}C oder C 13 für die beiden natürlich vorkommenden I. des Kohlenstoffs.

Die meisten Elemente kommen als natürliches I.ngemisch vor. Ihre Trennung ist durch Ausnutzung physikalischer Isotopeneffekte wie Diffusion, Elektrolyse, Thermodiffusion, Ionenaustausch, Gaszentrifugation u. a. möglich.

Neben den stabilen Isotopen gibt es eine Vielzahl von instabilen, radioaktiven I.n **(Radio-I.),** die z. T. natürlich vorkommen, meist jedoch nur künstlich durch Kernreaktionen erzeugt werden können. Die Markierung mit Radio-I.n (^{14}C, ^{3}H, ^{32}P, ^{35}S u. a.), aber auch mit stabilen I.n ist eine wichtige Methode zur Aufklärung von Stoffwechselwegen. Radio-I. werden häufig auch in der medizinischen Diagnostik eingesetzt, z. B. zur Auffindung von Tumoren durch Szintigraphie.

Der gesetzmäßige Zerfall langlebiger Radio-I. ermöglicht Altersbestimmungen in der Paläontologie und Archäologie.

Isözien, die (Mehrz.) [Einz.: die Isözie ‖ zu ↑ iso- und griech. oîkos = Haus]: ↑ Isozönosen.

Isozönosen, die (Mehrz.) [Einz.: die Isozönose ‖ zu ↑ iso- und griech. koinós = gemeinsam]: ökologisch gleichgestellte, in weit voneinander entfernten

Regionen vorkommende Lebensgemeinschaften, die sich aus gleichen Lebensformen, aber verschiedenen Arten zusammensetzen. Bezieht sich die Betrachtung nur auf Pflanzen, kann man den Begriff **Isözien** verwenden. I. sind z. B. der mitteleuropäische und nordamerikanische Laubwald der gemäßigten Zone.

iteropar [zu lat. iterum = wiederholt und lat. parere = gebären]: nennt man Organismen, die sich während ihres Lebens zwei oder mehrere Male fortpflanzen. I.e Arten sind meist langlebig. – Gegensatz: ↑ semelpar.

IUCN, die [i:'u:tse:''ɛn, engl. 'aɪjuːsiː'ɛn]: Abk. für engl. **International Union for Conservation of Nature and Natural Ressources** (deutsche Kurzbez.: **Internationale Union für Naturschutz**); 1948 in Fontainebleau durch die UNESCO und die französische Regierung gegründete internationale Organisation, die sich um den Schutz der Natur und der natürlichen Rohstoffe bemüht; Sitz Gland (Schweiz).

J

J: chemisches Symbol für ↑ Jod.

Jäger: svw. ↑ Räuber.

Jahresrhythmik: periodisch mit dem Jahresablauf wiederkehrende biologische und physiologische Vorgänge. Zu ihnen gehören: die Brunft des Wildes; die Brutzeit und Mauser der Vögel; die Zugunruhe der Zugvögel; Fischwanderungen zu den Laichgebieten; Winterschlaf; Diapause von Insekten; bei Pflanzen die Keimungsaktivität, die Blütezeit, das Dickenwachstum des Holzes, der Blattfall; ferner biochemische Vorgänge wie bestimmte Enzymaktivitäten, Konzentrationen von Inhaltsstoffen usw. Wie bei der ↑ zirkadianen Rhythmik wird die J. durch äußere Zeitgeber ausgelöst, z. B. durch die Tageslänge (↑ Photoperiodik); sie ist jedoch endogen verursacht und läuft auch unter Konstantbedingungen über lange Zeit weiter.

Jarowisation, die [aus russ. jarovizacija, zu russ. jarovye = Sommergetreide]: svw. ↑ Vernalisation.

Jauche: der meist mit Kot und kurzer Einstreu vermischte, in Gruben gesammelte Harn der Stalltiere (im Südwesten Deutschlands und in der Schweiz mit mehr Wasserzusatz und dann **Gülle** genannt); wichtigster Wirtschaftsdünger (Flüssigmist); enthält 0,25 bis 0,50% Stickstoff, 0,50 bis 0,60% Kali, aber nur 0,01 % Phosphorsäure.

Jod, das [aus frz. iode, von griech. iōdēs = veilchenfarbig (nach der Farbe der violetten Dämpfe) ‖ chemisches Symbol: J ‖ Schreibvariante der neueren chemischen Nomenklatur: Iod (neueres chemisches Symbol: I]: nichtmetallisches chemisches Element.

J.verbindungen finden sich in geringen Mengen in vielen Gesteinen, Böden und Mineralquellen. Das technisch wichtigste Vorkommen ist der Chilesalpeter, in dem J. als Nebenbestandteil in Form von **Jodaten** vorliegt. Ebenfalls wichtig ist das Vorkommen von J. in Meeresalgen, die die Fähigkeit haben, die im Meerwasser nur in geringsten Mengen (etwa 0,5 ppm) enthaltenen **Jodide** anzureichern.

Verwendung finden J. und J.verbindungen u. a. zur Herstellung von Farbstoffen, von lichtempfindlichem Silberjodid für die Photographie, von Katalysatoren, Stabilisatoren, Desinfektionsmitteln und Röntgenkontrastmitteln. Das künstlich hergestellte radioaktive J.isotop I 131 mit einer Halbwertszeit von 8,05 Tagen dient in der Medizin als Radioindikator bei der Bestimmung des Grundumsatzes.

Die bei Kernwaffentests und Reaktorunfällen frei werdenden radioaktiven J.isotope sind gefährlich für die Schilddrüse. Zur Vorbeugung werden J.tabletten gegeben, da durch inaktives J. die Speicherfähigkeit der Schilddrüse erreicht ist, bevor radioaktives J. einwirken könnte.

123

Joule

J. spielt auch als Mikroelement im pflanzlichen und tierischen Leben eine wichtige Rolle.

Joule, das [nach DIN: dʒuːl, sonst auch: dʒaʊl ‖ nach dem britischen Physiker J. P. Joule, * 1818, † 1889 ‖ Einheitenzeichen J]: gesetzliche SI-Einheit der Arbeit, Energie und Wärmemenge; 1 J ist die Energie, die verbraucht (bzw. die Arbeit, die verrichtet) wird, wenn der Angriffspunkt der Kraft 1 Newton in Richtung der Kraft um 1 m verschoben wird. Es gilt:

$$1\ J = 1\ N \cdot m = 1\ W \cdot s$$
$$= 1\ m^2 \cdot kg \cdot s^{-2}.$$

K

Kahlschlag: das Fällen sämtlicher Bäume über eine große zusammenhängende Fläche. K. gilt zwar als kostengünstig, führt aber zu einer radikalen Änderung der ökologischen Verhältnisse und birgt die Gefahr der ↑ Bodenerosion. – ↑ auch Femelschlag, ↑ Plenterwald.

Kairomone, die (Mehrz.) [Einz.: das Kairomon ‖ Kurzbildung aus griech. kairós = rechter Augenblick, richtiger Zeitpunkt und Hormon (zu griech. hormän = erregen, antreiben)]: zu den ↑ Ökomonen zählende chemische Botenstoffe, die zur Informationsübertragung zwischen verschiedenen Tierarten dienen und dem Empfänger Vorteile bringen; z. B. Phagostimulanzien zur Auffindung geeigneter Futterpflanzen; Riechstoffe, die die Anwesenheit eines Beutetiers anzeigen.

Kalamität, die [aus lat. calamitas, calamitatis = Schaden, Unglück]: die durch die Massenvermehrung von tierischen oder pflanzlichen Schädlingen verursachten oft vernichtenden Schäden in Pflanzenkulturen.

Kalkflieher: svw. ↑ Kalkmeider.

Kalkholde: svw. ↑ Kalkpflanzen.

kalkliebende Pflanzen svw. ↑ Kalkpflanzen.

Kalkmeider [Syn.: Kalkflieher, kalzifuge Pflanzen]: Pflanzen, die niemals auf kalkhaltigen Böden vorkommen (↑ auch bodenanzeigende Pflanzen). Als Ursache spielen neben einer direkten Empfindlichkeit gegen Kalk häufig die durch den Kalkgehalt beeinflußten chemischen und physikalischen Faktoren die entscheidende Rolle; z. B. die vom pH-Wert abhängige Fähigkeit zur Eisenaufnahme und die größere Wasserdurchlässigkeit und daher Trockenheit der Kalkböden. – Gegensatz: ↑ Kalkpflanzen.

Kalkpflanzen [Syn.: Kalkholde, kalkliebende Pflanzen]: Pflanzen, die überwiegend oder ausschließlich auf kalkhaltigen Böden vorkommen. Der entscheidende Faktor ist hierbei nicht der Kalkgehalt an sich, sondern die durch ihn hervorgerufene schwache Alkalität des Bodens. K. sind daher zugleich **Alkalipflanzen (Basiphyten).**

Kalkstete Pflanzen sind ausschließlich auf Kalkböden beschränkt und stellen daher Kalkzeiger dar (↑ auch bodenanzeigende Pflanzen). – Gegensatz: ↑ Kalkmeider.

kalkstete Pflanzen ↑ Kalkpflanzen.

Kaltblüter ↑ poikilotherm.

Kälteresistenz: die Anpassung von Pflanzen und Tieren an niedrige Temperaturen oberhalb des Gefrierpunkts (unterhalb des Gefrierpunkts ↑ Frostresistenz). Zahlreiche wechselwarme Tiere und auch Pflanzen passen sich durch Verringerung ihres Gesamtstoffwechsels (verlangsamte Herztätigkeit, eingeschränkte Beweglichkeit, geringerer Stoffumsatz, verminderte Sauerstoffaufnahme) an niedrigere Temperaturen an.

Bei *Pflanzen* verschiebt sich die Zusammensetzung der Fettsäuren in den Lipiden mit abnehmender Temperatur zugunsten der ungesättigten Fettsäuren mit niedrigeren Schmelzpunkten.

Karzinogene

Bei im *Wasser lebenden Organismen* muß bedacht werden, daß bei überfrierenden Gewässern im unteren, noch nicht gefrorenen Lebensraum die Salinität (Salzkonzentration) ansteigt, so daß dort lebende Organismen auch zum osmotischen Ausgleich fähig sein müssen.

Kältestarre: Die K. dient vielen *wechselwarmen Tieren* wie Fischen, Lurchen, Reptilien, Insekten, Schnecken als Mittel zur Überwinterung. Sie wird hormonal gesteuert und ist mit einer Herabsetzung des Stoffwechsels verbunden. Ihr Eintritt ist artspezifisch an unterschiedliche Außentemperaturen gebunden. Während der K. sind die Tiere völlig bewegungsunfähig; es erfolgt weder Muskelkontraktion noch Nahrungsaufnahme.

Bei starker Abkühlung tritt auch bei *Pflanzen* K. ein. Dabei wird der Stoffwechsel der Pflanzen langsamer oder kommt sogar ganz zum Stillstand. K. ist im Gegensatz zur ↑Wärmestarre bis zu einem gewissen Grad reversibel; sie kann aber bei irreversibler Schädigung des Zellstoffwechsels oder der Organfunktionen zum **Kältetod** führen.

kalzi- [aus lat. calx, calcis = Kalkstein, Kalk]: in Zus. mit der Bed. „Kalk"; z.B. kalzifug.

kalzifug [zu ↑kalzi- und lat. fugere = fliehen ‖ Syn.: kalziphob]: svw. kalkmeidend; v.a. auf pflanzliche Organismen (**k.e Pflanzen;** ↑Kalkmeider) bezogen, die kalkreiche Böden meiden.

kalzikol [zu ↑kalzi- und lat. colere = bewohnen ‖ Syn.: kalziphil]: svw. kalkliebend; v.a. von pflanzlichen Organismen (↑Kalkpflanzen) gesagt, die kalkreiche Lebensräume bevorzugen.

kalziphil [↑-phil]: svw. ↑kalzikol.

kalziphob [↑-phob]: svw. ↑kalzifug.

Kanzerogene, die (Mehrz.) [Einz.: das Kanzerogen ‖ lat. cancer = Krebs und ↑-gen]: svw. ↑Karzinogene.

Karenzzeit [zu lat. carere = sich enthalten; entbehren]: amtlich festgesetzte Wartezeit von der letzten Anwendung eines Pflanzenschutzmittels bis zur Weitergabe der pflanzlichen Produkte an den Handel bzw. die Verbraucher.

karnivor [zu lat. caro, carnis = Fleisch und lat. vorare = verschlingen ‖ Abl.:

↑Karnivoren]: svw. fleischfressend; sowohl auf tierische als auch auf pflanzliche Organismen bezogen.

Karnivoren, die (Mehrz.) [Einz.: der Karnivore (auf Tiere bezogen) bzw. die Karnivore (auf Pflanzen bezogen) ‖ zu ↑karnivor]: Sammelbez. für hpts. von tierischer Nahrung lebende Tiere (**Fleischfresser, Karniphagen;** v.a. die Raubtiere) und Pflanzen (↑fleischfressende Pflanzen); auch auf den Menschen beziehbar.

karnivore Pflanzen: svw. ↑fleischfressende Pflanzen.

Karst, der [nach der gleichnamigen jugoslawischen und italienischen Landschaft]: Bez. für Erscheinungsformen der Korrosion von Kalkstein und Gips durch Oberflächen- und Grundwasser. Dieses dringt in Spalten und Klüfte ein und erweitert sie zu breiteren Furchen oder auch zu Höhlen. An der Oberfläche herrscht wegen der hohen Wasserdurchlässigkeit Trockenheit. Es können sich regelrechte Steinwüsten bilden; man spricht dann von einer **Verkarstung** des entsprechenden Gebietes.

Beim **nackten** oder **unbedeckten K.** bildet das anstehende Gestein unmittelbar die Erdoberfläche; beim **bedeckten K.** ist es von Verwitterungsprodukten oder Lockerablagerungen überdeckt und oft mit Vegetation bestanden (**grüner K.**).

Karzinogene, die (Mehrz.) [Einz.: das Karzinogen ‖ griech. karkínos = Krebs und ↑-gen ‖ Syn.: krebserzeugende Stoffe ‖ Kanzerogene]: Nach der Definition einer Expertengruppe der Weltgesundheitsorganisation werden alle Stoffe als K. bezeichnet, die im Tierexperiment Tumoren nach vorgegebenen Kriterien erzeugen. Inzwischen wurden viele Stoffe natürlicher und zivilisationsbedingter Herkunft isoliert, die bei geeigneter Applikation im Tierversuch Krebs erzeugen. Grundsätzlich muß damit gerechnet werden, daß diese Stoffe auch den Menschen gefährden, wenn auch das Ausmaß der Gefährdung durch Art und Dauer der Exposition, Dosis, hormonelle Einflüsse und Unterschiede im Stoffwechsel stark modifiziert sein kann. Bisher können nur etwa dreißig Stoffe mit der Entstehung von Tumoren beim

125

katadrome Fische

Menschen in gesicherten Zusammenhang gebracht werden. Unter den inzwischen als karzinogen nachgewiesenen Substanzen nehmen die polycyclischen Kohlenwasserstoffe (1,2 Benzpyren, 3,4-Benzpyren) eine „Spitzenstellung" ein. Zu den Stoffen, deren kanzerogene Eigenschaft nachgewiesen ist, gehören u. a. Chrom-, Beryllium-, Silber- und Quecksilbersalze, Nickelcarbonyl, Bleiphosphat, Benzol, Asbest, das Herbizid Amitrol, das Fungizid Thioharnstoff sowie die Pestizide Aramit, Aldrin, Dieldrin und DDT.

katadrome Fische [aus griech. katádromos = herablaufend]: im Meer geborene ↑ Wanderfische, die in Süßgewässer aufsteigen, dort den größten Teil ihres Lebens verbringen und zum Laichen wieder ins Meer abwandern (z. B. Aale). – Gegensatz: ↑ anadrome Fische.

Katalysator, der [zu griech. katálysis = Auflösung]:
◊ Stoff, der bereits in geringer Menge die Geschwindigkeit einer *chemischen Reaktion* verändert (meist im Sinne einer Beschleunigung durch Herabsetzung der Aktivierungsenergie) und unverändert aus der Reaktion hervorgeht. Bei der **homogenen Katalyse** befindet sich der K. im gleichen Aggregatzustand (flüssig, gasförmig) wie das Reaktionsgemisch, bei der **heterogenen Katalyse** in einem anderen Aggregatzustand (Festkörper in Gasen oder Flüssigkeiten).
K.en können trägerfrei oder auf inerten Trägermaterialien (**Träger-K.en**) eingesetzt werden. Wichtige K.en sind u. a. Vanadiumoxid, Platin, Kupfer, Aktivkohle, metallorganische Komplexverbindungen und Ionenaustauscher.
◊ Im K. von *Ottomotoren* werden die ↑ Abgase nachbehandelt, wobei beim **Einbettverfahren** dem Abgas vor dem Eintritt in den (den K. enthaltenden) Reaktor Luft zugemischt wird, so daß die Oxidationsreaktionen für Kohlenmonoxid und Kohlenwasserstoffe am K. ablaufen können. Der Stickoxidanteil wird hier kaum herabgesetzt. – Beim **Doppelbettverfahren (Zweibettverfahren)** wird in einem ersten Reaktor bei relativem

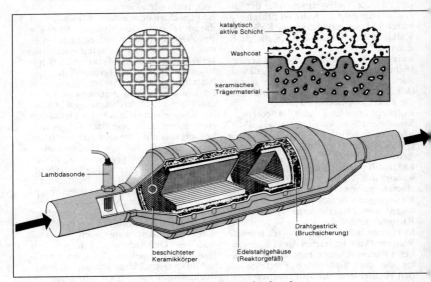

Katalysator. Aufbau eines multifunktionellen Einbettkatalysators (Dreiwegekatalysator) mit Lambdasonde

Kernenergie

Sauerstoffmangel für die Umsetzung der Stickoxide gesorgt, anschließend wird dem Abgas Luft zugemischt, so daß in einem nachgeschalteten zweiten Reaktor das Kohlenmonoxid und die Kohlenwasserstoffe umgesetzt werden können. Das dritte, effektivste und allg. bevorzugte Verfahren ist das **Einbettverfahren mit multifunktionellem K. (Dreiwege-K., geregelter K.).** Hierbei werden Kohlenmonoxid, Kohlenwasserstoffe und Stickoxide in einem Reaktor gleichzeitig umgesetzt. Die hierzu erforderliche Abgaszusammensetzung wird durch eine elektronisch geregelte Aufbereitung des Kraftstoff-Luft-Gemischs erzielt. Dies erfordert jedoch einen relativ großen Aufwand: Zunächst muß der Sauerstoffanteil im Abgas ständig gemessen werden. Hierzu wird die sog. **Lambdasonde** verwendet (besteht aus Zirkonium- und Yttriumdioxid), die vor dem K. in den Abgaskanal eingebaut wird.

Um eine hinreichend lange „Lebensdauer" des K.s zu gewährleisten, muß er einerseits vor thermischer Überbelastungen (Überhitzungen, die z. B. bei Zündaussetzern auftreten können) geschützt werden – sie führen zum Sintern der Beschichtungen und damit zu einer Verminderung der Wirksamkeit des K.s – andererseits vor sog. **Katalysatorgiften.** Dies sind chemische Substanzen unterschiedlicher Art, die die Wirksamkeit von K.en auf verschiedenste Weise beeinträchtigen. Hierzu zählen u. a. Bleiverbindungen, wie sie als Antiklopfmittel den Kraftstoffen zugesetzt werden. Voraussetzung für die volle Wirksamkeit des K.s ist daher die Verwendung von bleifreiem Benzin. – ↑ auch katalytische Nachverbrennung.

katalytische Nachverbrennung [zu griech. katálysis = Auflösung]: Verfahren zur Reinigung von industriellen Abgasen (z. B. aus Lackierereien, Lebensmitteltrocknungsanlagen) und Autoabgasen, bei denen organische Stoffe (z. B. Kohlenwasserstoffe, Aldehyde) und Kohlenmonoxid in Gegenwart von Katalysatoren zu Kohlendioxid und Wasser verbrannt werden. Für die am häufigsten verwendeten Katalysatoren aus Platin, Palladium und Rhodium auf Aluminiumoxidträgern muß das Abgas auf 100–300 °C aufgeheizt werden. Bei der k.n N. von Autoabgasen mit Edelmetallkatalysatoren ist die Verwendung bleifreier Kraftstoffe erforderlich, da Bleialkyle und Alkylhalogenide als Katalysatorgifte wirken.

Katharobionten, die (Mehrz.) [Einz.: der Katharobiont ‖ zu griech. katharós = rein und griech. bíos = Leben ‖ Syn.: Katharobien]: in völlig sauberem **(katharobem)** Wasser lebende Organismen; z. B. Bewohner nicht verunreinigter Gebirgsbäche. – Gegensatz: ↑ Saprobionten.

Kaulbarschregion: der unterste Flußabschnitt (↑ Gewässerregionen).

kavernikol [zu lat. caverna = Höhle und lat. colere = bewohnend]: svw. höhlenbewohnend (von Tieren gesagt).

Kennart: svw. ↑ Charakterart.

Kernenergie [ungenaues Syn.: Atomenergie]: die bei Kernreaktionen frei werdende bzw. nutzbar gemachte Energie. Großtechnisch wird bis heute nur die bei Kernspaltungsprozessen frei werdende Energie in Kernkraftwerken genutzt.

Die in Kernreaktoren nach Ingangsetzen einer kontrollierten Kernkettenreaktion im Kernbrennstoff frei werdende K. wandelt sich weitgehend in Wärme um, die dann zur Erzeugung von Wasserdampf verwendet wird. Dieser treibt über Dampfturbinen elektrische Generatoren an und erzeugt somit elektrische Energie. Während bei der Verbrennung von 1 kg Kohle rund 33 MJ entstehen, liefert die Kernspaltung sämtlicher Atomkerne eines Kilogramms U 235 ungefähr 84 Mill. MJ (Natururan entsprechend etwa 0,1 Mill. MJ pro kg).

Bei der heute noch im Versuchsstadium befindlichen Nutzung der Kernfusion von schwerem bzw. überschwerem Wasserstoff (Deuterium und Tritium) zu Helium liegt die frei werdende K. bei rund 780 Mill. MJ je kg, ist also 8mal so hoch wie bei Urankernspaltungsprozessen.

K. in der Diskussion: In den vergangenen 30 Jahren wurde die Entwicklung der K. unter anderem mit den Argumenten der Versorgungssicherheit, des Kostenvorteils, der Begrenztheit der fossi-

Kernenergie

len Brennstoffvorräte, der Sicherung des Wirtschaftswachstums und ihrer Eignung zur Erdölsubstitution gefordert. Gegen die K. wurden v. a. die erhöhte Strahlenbelastung, die Aufheizung der Umwelt, die Unwirtschaftlichkeit der K., das Risiko eines katastrophalen Reaktorunfalls sowie Unsicherheiten bei der Uranversorgung und der Entsorgung vorgebracht.

Die *erhöhte Strahlenbelastung* bei störfallfreiem Betrieb von Kernkraftwerken wird heute kaum noch gegen die K. angeführt, da z. B. Steinkohlenkraftwerke wegen der in der Kohle enthaltenen radioaktiven Spurenelemente (z. B. Thorium) etwa gleich große Mengen Radioaktivität an die Umwelt abgeben.

Untersuchungen über die *Aufheizung* von Flüssen und der Atmosphäre durch Kernkraftwerke zeigten, daß auch herkömmliche Wärmekraftwerke diesbezüglich die Umwelt in gleicher Weise belasten. Von Befürwortern der K. wird in diesem Zusammenhang auf die Gefahren für das Klima hingewiesen, die sich

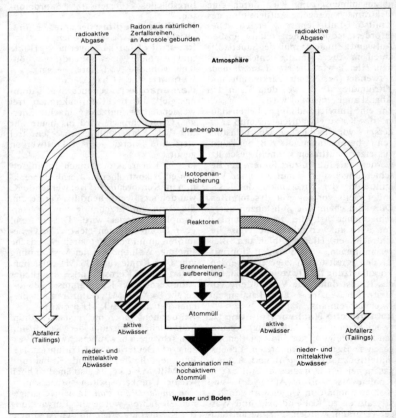

Kernenergie. Schema der Umweltkontaminationen beim Kernbrennstoffkreislauf (nach Gruber/Weish)

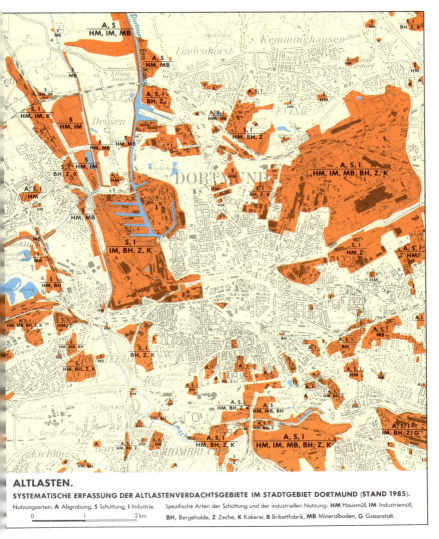

*Altlasten. Systematische Erfassung der Altlastenverdachtsgebiete im Stadtgebiet Dortmund (Stand 1985; Ausschnitt). Nutzungsarten: **A** Abgrabung, **S** Schüttung, **I** Industrie. Spezifische Arten der Schüttung und der industriellen Nutzung: **HM** Hausmüll, **IM** Industriemüll, **BH** Bergehalde, **Z** Zeche, **K** Kokerei, **B** Brikettfabrik, **MB** Mineralboden, **G** Gasanstalt*

Links: arides Gebiet in Marokko. Rechts: Bodenerosion. Runsenerosion

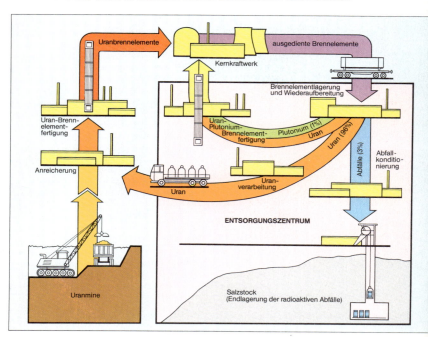

Entsorgung. Fließbilddarstellung der Entsorgung von Kernkraftwerken mit Endlagerung der radioaktiven Abfälle in einem Salzstock

Eutrophierung. Starke Nährstoffbelastung eines Gewässers im Sommer (oben) und nährstoffarmes Gewässer im Sommer (Mitte)

Fleischfressende Pflanzen. Venusfliegenfalle (unten links) und Kannenpflanze (unten rechts)

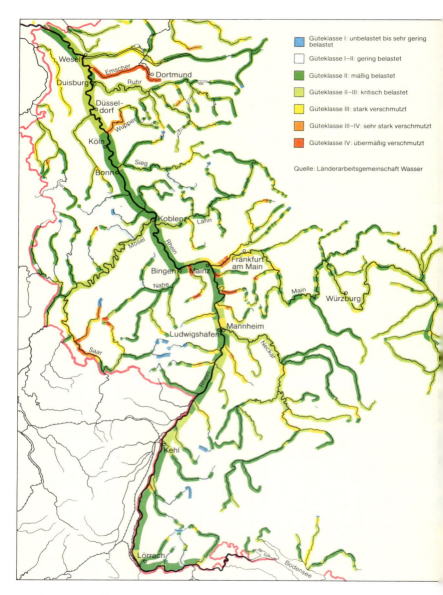

Gewässergüteklassen. Gewässergütekarte des Rheins (Stand 1985)

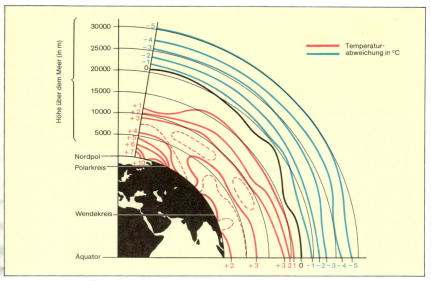

Kohlendioxid. Änderung der Temperaturen bei Verdoppelung des CO_2-Gehaltes der Atmosphäre

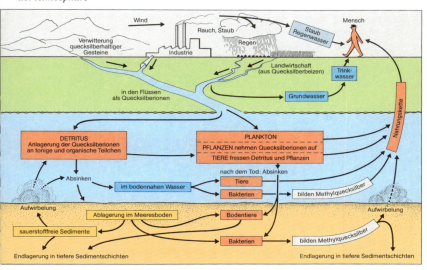

Meeresverschmutzung. Kreislauf des Quecksilbers im Meer

133

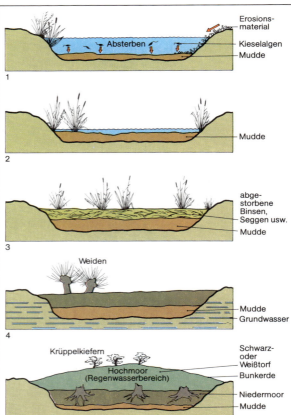

*Moor.
Oben links: Teil eines Moorgebietes.
Oben rechts: Sterbender Wald und Hochmoorbildung*

*Moor.
Stadien der Moorbildung:
1. Bildung der Mudde, 2. Beginn der Verlandung, 3. völlige Verlandung, 4. Niedermoor im Grundwasserbereich, 5. Hochmoor im Regenwasserbereich*

Mimese. Die als Wandelndes Blatt bezeichnete Gespensterschrecke (oben); Nasenschrecke paßt sich einem Grashalm an (unten)

*Mitte links: Mimese. Lebende Steine, die kaum als Pflanzen zu erkennen sind.
Unten links: Mimikry. Der einer Wespe ähnelnde Hornissengrasflügler.
Mitte und unten rechts: Mykorrhiza. Mykorrhizawurzel bei der Fichte und Wurzelknöllchen des Klees*

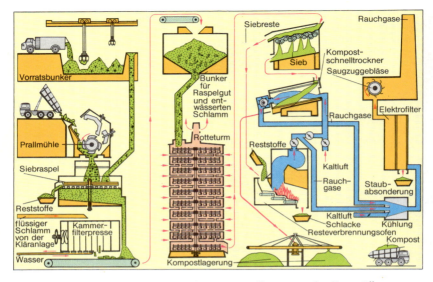

Müllkompostierung. Schema der Anlage eines Müllkompostwerks; Hausmüll, Klärschlamm und verbrennbare Abfälle werden zusammen verwertet

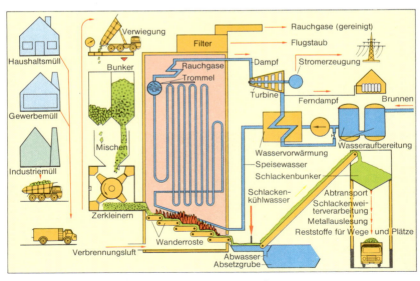

Müllverbrennung. Schema einer Müllverbrennungsanlage

Kernenergie

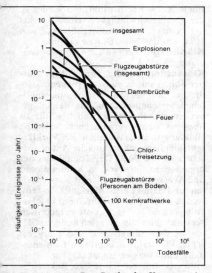

Kernenergie. Das Risiko der Kernenergie im Vergleich zu anderen Zivilisationsrisiken

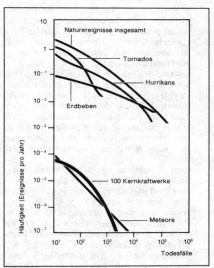

Kernenergie. Das Risiko der Kernenergie im Vergleich zu natürlichen Risiken

aus der Kohlendioxidanreicherung in der Atmosphäre als Folge jeglicher Verwendung fossiler Brennstoffe ergeben.
Besonders umstritten ist die Beurteilung eines etwa durch Kühlmittelverlust verursachten großen *Reaktorunfalls*, bei dem z. B. ein Durchschmelzen des Reaktorkerns und die Freisetzung großer Mengen radioaktiver Substanzen befürchtet werden. Nach dem Reaktorunglück in Tschernobyl (1986) kam es zwischen Befürwortern und Gegnern der friedlichen Nutzung der K. zu erneuten Diskussionen über die Einschätzung des (unbestreitbaren) Restrisikos beim Kernreaktorbetrieb.
Gutachten über die *Wirtschaftlichkeit*, nach denen die K., besonders wenn Kernkraftwerke als Grundlastkraftwerke betrieben werden, kostengünstiger sei als Steinkohle-, Heizöl- und Erdgaskraftwerke, werden von K.gegnern bezweifelt.
Die Sicherstellung der *Entsorgung* ist ebenso umstritten. Einerseits wird bekräftigt, daß eine gesicherte Entsorgung unabdingbare Voraussetzung für die Nutzung und den weiteren Ausbau der K. sei, andererseits werden sicherheitstechnische, ökologische und wirtschaftliche Bedenken geäußert.
Dem Vorwurf, die *Uranversorgung* sei nicht gewährleistet, wird entgegengehalten, daß sich die bekannten Schätzungen über Uranvorkommen auf die kostengünstigen Gewinnungsklassen beschränken und v. a. die im Weg der Wiederaufbereitung gewinnbaren Mengen nicht berücksichtigt werden.
Alternativen zur K: Das Unbehagen gegenüber der K. führt zu der Frage, ob man kurz- und mittelfristig (weniger als 20 Jahre) und langfristig auf die K. nicht durch den Ausbau der herkömmlichen Energiegewinnung, durch Entwicklung neuer Energien oder durch Energiesparen verzichten könne und solle. Wegen der begrenzten Vorräte an fossilen Brennstoffen werden neben besseren Entwicklungsmöglichkeiten für die K.

eine rationelle Nutzung der herkömmlichen Brennstoffe und Bemühungen um neue, praktisch unbegrenzt vorhandene („regenerative") Energiequellen (v. a. die Sonnenenergie) gefordert.

Kettenreaktion: in der *Chemie, Physik* und *Biologie* Bez. für eine Folge sich viele Male hintereinander wiederholender gleicher Einzel- oder Elementarreaktionen. Das wesentliche Merkmal einer K. ist das Auftreten von instabilen Zwischenprodukten, den **K.strägern,** die an den einzelnen K.sschritten teilnehmen und ständig wieder zurückgebildet werden.

Eine K. besteht aus Start-, Wachstums- und Abbruchreaktion. Bei der **Startreaktion** bilden sich z. B. bei Radikal-K.en bzw. Ionen-K.en freie Radikale bzw. Ionen aus den Ausgangsstoffen (z. B. Zerfall organischer Peroxide). Daran schließt sich die **Wachstums-** oder **Fortpflanzungsreaktion** (als eigentliche K.) mit einer Vielzahl von Elementarreaktionen an, die zum Produkt führt. Durch die **Abbruch-** oder **Schlußreaktion** wird die K. beendet. Es können sich dabei das Ausgangsprodukt oder neue Endprodukte bilden.

In der *Chemie* treten K.en häufig bei Umsetzungen auf, für die das Gleichgewicht praktisch ganz auf seiten der Produkte liegt, wie bei Verbrennungsreaktionen. Technisch wichtige Beispiele für chemische K.en sind Polymerisationsreaktionen bei der Herstellung von Kunststoffen oder die Verbrennung von Erdölprodukten in Motoren.

Eine *physikalische* K. ist die Kern-K., eine Folge von Kernspaltungen, bei der die frei werdenden Neutronen jeweils hinreichend viele weitere Kernspaltungen bewirken, so daß die Reaktion, einmal in Gang gebracht, unter Freisetzung von ↑ Kernenergie von selbst weiterläuft; bei Zündung von Atombomben explosionsartig, in Kernreaktoren gesteuert.

Kinese, die [aus griech. kínēsis = Bewegung]: durch einen Umweltreiz hervorgerufene Steigerung der Bewegungsaktivität von Tieren. Je nach Art des Reizes unterscheidet man zwischen **Thermo-K.** (= temperaturbedingt), **Hygro-K.** (= feuchtigkeitsbedingt) und

Photo-K. (= lichtbedingt). So wird z. B. die Laufgeschwindigkeit eines Insekts bei einer Temperaturerhöhung von 10 °C um das 2- bis 3fache erhöht.

Kläranlage: Anlage zur ↑ Abwasserreinigung.

Klärschlamm: Bez. für wäßrige Suspensionen mit etwa 5 % Trockenmasse, die bei der ↑ Abwasserreinigung anfallen. **Überschußschlamm** aus Belebungsbecken enthält Feststoffteilchen, die zu über 98 % aus organischer Substanz (Bakterienmasse) bestehen. Bei **Vorklärschlamm** liegt der organische Anteil zwischen 90 und 96 %. Der Totalabbau der organischen Substanz zu Kohlendioxid und Wasser erfordert lange Verweilzeiten (und damit Platzbedarf und Kosten), so daß sich dieses Verfahren nur in Kläranlagen sehr geringer Leistung technisch verwirklichen läßt. In allen anderen Fällen werden nur etwa 45 % der organischen Wasserinhaltsstoffe zu Kohlendioxid und Wasser abgebaut; der Rest muß als äußerst feinteilige Bakterienmasse vom gereinigten Abwasser getrennt werden. Durch Sedimentation erhält man Schlämme mit einem Wassergehalt von 85 %.

In der kommunalen Klärtechnik hat sich die anaerobe Behandlung in **Faultürmen** bewährt. Der im Vor- und Nachklärbecken einer Kläranlage sedimentierte Schlamm wird hier mit Hilfe anaerober Bakterien ausgefault. Bei diesem Prozeß bildet sich Methangas (Biogas), das zur Energieversorgung der Anlage genutzt werden kann. Der ausgefaulte Schlamm wird in kleineren Anlagen in Trockenbeeten bis zur Stichfestigkeit getrocknet und dann zum Teil als Bodenverbesserungsmittel in der Landwirtschaft eingesetzt.

In größeren Anlagen bevorzugt man wegen des geringeren Platzbedarfs maschinelle Entwässerungsanlagen wie Zentrifugen oder Pressen. Der entwässerte Schlamm wird dann zusammen mit Hausmüll weiterverarbeitet oder dient ebenfalls zur Bodenverbesserung in der Landwirtschaft. Dazu muß aber in einer **K.verrottungsanlage** der auf einen Feuchtigkeitsgehalt von 75 bis 80 % entwässerte Schlamm mit einem organi-

Klärschlamm

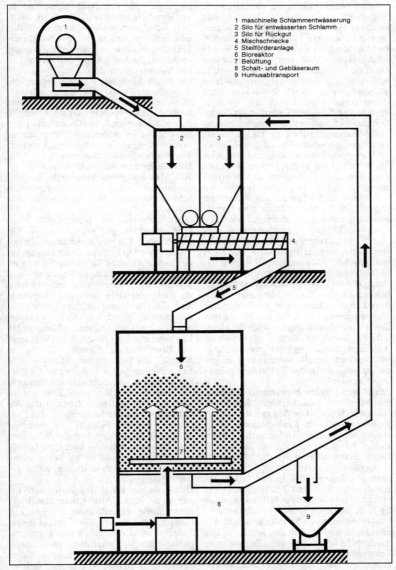

1 maschinelle Schlammentwässerung
2 Silo für entwässerten Schlamm
3 Silo für Rückgut
4 Mischschnecke
5 Steilförderanlage
6 Bioreaktor
7 Belüftung
8 Schalt- und Gebläseraum
9 Humusabtransport

Klärschlamm. Klärschlammverrottungsanlage (abgeändert nach F. Kneer)

Kleinklima

schen Kohlenstoffträger, wie z. B. Torf, Sägemehl, gehäckseltes Stroh oder Braunkohle, vermischt und dann in großen **Bioreaktoren** (Rauminhalt bis 500 m³) kompostiert werden. Das gemischte Material durchwandert diese langsam (in etwa 10 Tagen) von oben nach unten, wobei es ständig in entgegengesetzter Richtung von hineingedrückter Luft durchströmt wird. Durch die ständige Zufuhr von Sauerstoff werden für die im Schlamm enthaltenen ab- und umbauenden Mikroorganismen optimale Lebensbedingungen geschaffen. Sie werden so zu hoher Stoffwechselaktivität und starker Vermehrung angeregt und bewirken eine schnelle Verrottung des Stoffgemenges. Dabei steigt die Temperatur von unten nach oben bis auf Werte von etwa 75–80 °C an, wodurch eine Hygienisierung des K.s gewährleistet wird. Als Endprodukt fällt ein hygienisch einwandfreies, krümeliges Material an.

Bei Großanlagen, besonders auch bei biologischen Kläranlagen für industrielle Abwässer, gibt man aus Zeit- und Platzgründen der **thermischen Schlammbehandlung** den Vorzug, die unter Druck in wäßriger Phase oder nach weiterer Konzentrierung durch vollständige Schlammverbrennung erfolgen kann. Alle in diesen Prozessen abgetrennten wäßrigen Anteile müssen wegen ihrer organischen Inhaltsstoffe erneut in die biologische Stufe der Kläranlage eingeleitet werden.

Zunehmend treten Probleme im Zusammenhang mit dem Verbleib der festen Rückstände auf. Die Menge des anfallenden stichfesten **Faulschlamms** übersteigt heute den landwirtschaftlichen Bedarf bei weitem. (Von den in der BR Deutschland anfallenden rund 1,8 Mill. t K. werden 8 % verbrannt, 50 % in Deponien abgelagert, 40 % in der Landwirtschaft eingesetzt und 2 % im Meer verklappt.) Darüber hinaus fällt zwangsläufig im K. auch ein großer Teil der im Abwasser enthaltenen Metalle und Schwermetalle an und wird in den Rückständen wiedergefunden. Um die Zufuhr von Schwermetallen in den Boden zu reduzieren, trat am 1. April 1983 die **K.verordnung** in Kraft. Diese regelt die Voraus-

setzungen für das Aufbringen von K. auf landwirtschaftlich, forstwirtschaftlich oder gärtnerisch genutzte Böden und verlangt, daß so genutzte Schlämme keine größeren Schwermetallmengen enthalten dürfen, als mit den Grenzwerten festgesetzt wurden.

Da K. als Biomasse letztlich gebundene Sonnenenergie darstellt, ist es technologisch unbefriedigend, diese Substanz unter Einsatz weiterer Energie nutzlos zu verbrennen und die Rückstände möglicherweise in Sondermülldeponien zu lagern. Langfristig sollte eine sinnvollere Verwendung auffindbar sein.

Kleinklima: svw. ↑ Mikroklima.

Kleinlebensgemeinschaft: Bez. für funktional voneinander abhängige biotische Bestandteile des Bio- bzw. Bioökosystems.

Kleptobiose, die [zu griech. kléptein = stehlen und griech. bíos = Leben ‖ Syn.: Kleptoparasitismus, Lestobiose]: eine Diebsvergesellschaftung, bei der sich artfremde Tierarten die von einer anderen Tierart gesammelte oder produzierte Nahrung oder entsprechende Baumaterialien aneignen. Beispiele sind die Diebsameisen der Gattung Solenopsis in Nestern anderer Ameisen, die Wachsmottenraupen in Bienenstöcken oder die Larven der Bienenläuse in den Brutzellen der Bienen.

Klima, das [von griech. klíma = Abhang, Neigung (der Erde gegen die Pole zu)]: Unter K. versteht man die Gesamtheit der meteorologischen Erscheinungen, die den mittleren Zustand der Atmosphäre an irgendeiner Stelle der Erdoberfläche kennzeichnen, zum anderen aber auch die Gesamtheit der Witterungen eines längeren oder kürzeren Zeitabschnittes (innerhalb eines Jahres), wie sie durchschnittlich in diesem Zeitraum einzutreten pflegt.

Das K. ist eine Folge physikalischer Vorgänge, die in der Atmosphäre durch die Bestrahlung der Erde durch die Sonne in Gang gesetzt werden. Der Verlauf dieser Prozesse wird wesentlich durch geographische Breite, Verteilung von Festland und Meer, Meeresströmungen, aber auch durch Relief, Vegetation, Bebauung u. a. mitgestaltet. So unterscheidet

Klimaxgesellschaft

man z. B. Höhen-K., Stadt-K., maritimes K. und kontinentales Klima. Nach der Größenordnung der klimatologisch untersuchten Gebiete wird eine Dreiteilung vorgenommen in: **Groß-K.** (**Makro-K.**), das K. im eigentlichen Sinn, das für die Klimaklassifikation, die Gliederung der Erdoberfläche in ↑Klimazonen, entscheidend ist; **Lokal-K.** (**Meso-K.**), das K. abgeschlossener Räume wie Talkessel, Stadt usw.; **Mikro-K.**, das K. der bodennahen Luftschicht mit nur geringer räumlicher Ausdehnung. Diese drei Bereiche sind nicht scharf voneinander zu trennen, da sie vielfältig aufeinander einwirken.

Besorgniserregend ist die Tatsache, daß durch menschliche Eingriffe nicht nur das jeweilige Mikro- und Lokal-K. stark beeinflußt werden, sondern daß auch, insbesondere durch die zunehmende Anreicherung sog. Treibgase wie Kohlendioxid und Distickstoffoxid in der Troposphäre, eine Veränderung der Großklimate zu befürchten ist (↑Glashauseffekt).

Klimafaktoren: Bez. für abiotische Faktoren wie Luftfeuchtigkeit, Temperatur, Wind, Licht und Niederschläge. In erster Linie werden die Lebewesen eines Biotops durch K. beeinflußt. Andererseits vermögen aber auch die Lebewesen durch ihre Tätigkeiten das Klima kleinräumig zu verändern. So wird z. B. ein Teil des Regenwassers in pflanzlichen Geweben gespeichert und durch Transpiration die Luftfeuchtigkeit erhöht.

Klimaregeln [Syn.: ökogeographische Regeln]: biologische Regeln, die besagen, daß das jeweilige Klima eines Biotops ganz bestimmte, bei verschiedenen Arten bzw. Populationen in gleicher Weise in Erscheinung tretende Auswirkungen auf gewisse physiologische und morphologische Prozesse hat; z. B. Größenregel (↑Bergmann-Regel), Proportionsregel (↑Allen-Regel), Färbungsregel (↑Gloger-Regel) und Herzgewichtsregel (↑Hesse-Regel).

Klimatop, der oder das: ein ↑Top in bezug auf die Klimafaktoren.

Klimax, die [griech. = Leiter, Treppe]: svw. ↑Klimaxgesellschaft.

Klimaxgesellschaft [Syn.: Klimax, Schlußgesellschaft]: in der *Vegetationsgeographie* ursprünglich Bez. für das (hypothetische) stabile Endstadium der Vegetationsentwicklung in Abhängigkeit von den jeweiligen großklimatischen Verhältnissen; dies würde den großen ↑Biomen (Steppe, sommergrüner

Klimazonen

Klimazonen	zonale Vegetationstypen
äquatoriale Zone mit Tageszeitenklima	immergrüner tropischer Regenwald ohne Jahreszeitenwechsel
tropische Zone mit Sommerregen	tropischer laubabwerfender Wald oder Savannen
subtropische aride Zone (Wüstenklima)	subtropische Wüstenvegetation
winterfeuchte Zone mit Sommerdürre	Hartlaubgehölze
warmtemperierte (ozeanische) Zone	temperierter immergrüner Wald
typische gemäßigte Zone mit kurzer Frostperiode (nemorale Zone)	nemoraler winterkahler Laubwald
aridgemäßigte Zone mit kalten Wintern (kontinentale Zone)	Steppen bis Wüsten mit kalten Wintern
kaltgemäßigte Zone mit kühlen Sommern (boreale Zone)	boreale Nadelwälder (Taiga)
arktische und antarktische Zone	Tundravegetation (baumfrei)

Klimazonen

Wald usw.) entsprechen. Da jedoch die Vegetationsentwicklung nicht nur von klimatischen, sondern z. B. auch von bodenbedingten oder anthropogenen Faktoren beeinfußt wird, bezeichnet man heute als K. jedes verhältnismäßig stabile Stadium der Vegetationsentwicklung. – ↑auch Sukzession.

Klimazonen: die einzelnen, oft gürtelförmigen Regionen der Erdoberfläche mit ähnlichem Klima. Da die Vegetation stark vom Klima beeinflußt wird, entsprechen den K. annäherend bestimmte Vegetationszonen. Nach dem dt. Botaniker H. Walter (* 1898) unterscheidet man die in der Übersicht S. 141 aufgeführten K. mit den entsprechenden Vegetationstypen.

Kline, die [zu griech. klínein = biegen, sich hinneigen, fallen]: Merkmalsänderungen einer Population parallel zur geographischen Verbreitung. Ursache hierfür ist meist die entsprechende Veränderung eines oder mehrerer Umweltfaktoren.

Knöllchenbakterien:

◊ allg. Bez. für symbiontisch in den Wurzeln mancher Pflanzen lebende, Wurzelknöllchen bildende, luftstickstoffbindende *Mikroorganismen; z. B.* Strahlenpilze bei Erlen, Sanddorn, Gagelstrauch, Blaualgen und bei manchen Palmfarnen.

◊ symbiontische, luftstickstoffbindende, gramnegative *Bakterien der Gattung Rhizobium* (freilebend saprophytisch im Boden); wichtig für die Stickstoffanreicherung im Boden und das Wachstum der Hülsenfrüchtler.
Bei der Wurzelinfektion induzieren die K. durch Zytokinine die Bildung tetraploider Knöllchen, danach erst werden sie zu den luftstickstoffbindenden Bakteroiden, die die Bildung des sauerstoffbindenden Leghämoglobins durch die Pflanze veranlassen. Durch die Verdauung der Bakteroide deckt die Pflanze ihren Stickstoffbedarf, die K. dagegen beziehen ihre Nährstoffe aus dem pflanzlichen Gewebe **(mutualistische Symbiose).**

ko-: Präfix (↑kon-).

Kodominanz, die [↑kon-]: ↑Dominanz.

Koexistenz, die [auch: ---'– ‖ aus mlat. coexistentia = gleichzeitiges Bestehen]: das Vorkommen mehrerer Tier- oder Pflanzenarten in demselben Lebensraum. Die K. ist nur dann möglich, wenn die entsprechenden Arten sich in der Nutzung ihrer dicht begrenzenden Faktoren unterscheiden und dadurch die interspezifische Konkurrenz vermieden wird. – ↑auch Monard-Prinzip.

Kohle: aus organischen Stoffen, v. a. aus Pflanzen, im Verlauf der Erdgeschichte entstandene braune bis schwarze Ablagerungen, die zu den ↑fossilen Rohstoffen gerechnet werden. Unter Luftabschluß entsteht aus pflanzlicher Biomasse zuerst Torf, unter Druck Braunkohle, bei zunehmendem Druck und höherer Temperatur Steinkohle und Anthrazit.
Die bedeutendsten **K.lagerstätten** stammen aus dem Karbon und Perm (vor rund 330–240 Mill. Jahren), die Braunkohlelager aus dem Tertiär (vor 65–3 Mill. Jahren). Während **Braun-K.** in der Regel im Tagebau gefördert wird, fördert man K. aus Bergwerken aus z. T. großen Tiefen. Braun-K. wird zu Briketts als Brennmaterial zum Heizen oder in Braunkohlekraftwerken verarbeitet, **Stein-K.** für die Energiegewinnung in Kraftwerken oder zu Koks verarbeitet als Reduktionsmittel für Erze, v. a. in Eisenhütten. Stein-K. ist aber auch ein wichtiger Grundstoff der Schwerindustrie und der chemischen Industrie, da aus K. zahlreiche wichtige Rohstoffe gewonnen werden.

Kohlendioxid [chemische Formel: CO_2]: farb-, geruch- und geschmackloses Gas, das bei der Verbrennung von kohlenstoffhaltigen Substanzen (Kohle, Treibstoffe, organische Verbindungen), bei der alkoholischen Gärung sowie bei der menschlichen und tierischen Atmung entsteht und als Kohlenstoffquelle für autotrophe Pflanzen bei der ↑Photosynthese dient.
K. kommt frei in der Atmosphäre (rund 2,5 Billionen t), gelöst im Meerwasser (rund 60 Billionen t) und chemisch gebunden in der Erdkruste in Form verschiedener Carbonate (Dolomit, Kalkstein, Marmor u. a.) vor. Der Gehalt der Luft an K. beträgt 0,03–0,04 Vol.-%, bei ausgeatmeter Luft etwa 4 Vol.-%. – Zum

142

Kohlendioxid

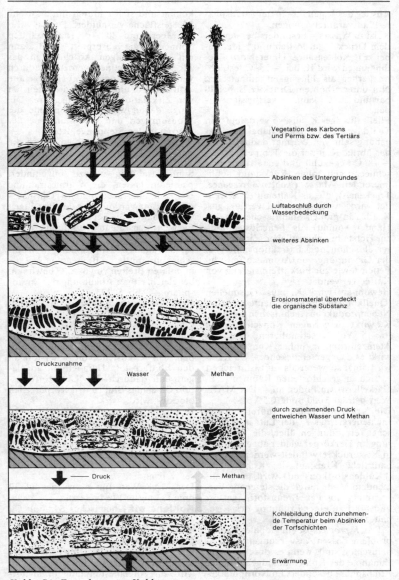

Kohle. Die Entstehung von Kohle

Kohlenmonoxid

Anstieg des K.gehaltes in der Atmosphäre ↑ Luftverunreinigungen.

K. ist in Wasser – besonders bei steigendem Druck – gut löslich und bildet dabei z. T. **Kohlensäure.** Unter Normalbedingungen wird K. bei $-78\,°C$ fest, ohne vorher als Flüssigkeit aufzutreten. Nur unter erhöhtem Druck (z. B. bei 70 bar und $20\,°C$) kann es verflüssigt werden.

Fließt flüssiges K. aus, so verdampft ein Teil davon und entzieht dabei der Umgebung sehr viel Wärme; dadurch wird das übrige K. unter die Temperatur von $-78\,°C$ abgekühlt und erstarrt zu einer schneeartigen, ohne Rückstand sublimierenden Masse **(Kohlensäureschnee, Trockeneis),** die als Kältemittel verwendet wird. Außerdem wird verflüssigtes K. (das in grauen Stahlflaschen in den Handel kommt) als Feuerlöschmittel, zur Herstellung künstlicher Mineralwässer, als schonendes Extraktionsmittel bei der Gewinnung von Aromastoffen und Fetten sowie zur Entkoffeinisierung von Kaffee verwendet.

Gewonnen wird K. aus Gasquellen (Quellkohlensäure) oder heute meist als Nebenprodukt aus technischen Gasen.

K. wirkt in geringen Konzentrationen (bis 5 Vol.-%) stimulierend auf das Atemzentrum, in hoher Konzentration wirkt es dagegen erstickend. – Da K. etwa 1,5mal schwerer als Luft ist, reichert es sich in geschlossenen Räumen (z. B. Gärkellern) am Boden an. – Der MAK-Wert beträgt 5000 ppm (0,5 Vol.-%).

Die grünen Pflanzen führen mittels Lichtenergie das K. der Luft in organische Verbindungen über, die als Nahrung im Tierkörper wieder abgebaut und in K. zurückverwandelt werden. Dieser natürliche Kreislauf des Kohlenstoffs (↑ Kohlenstoffkreislauf) wird in zunehmendem Maße durch die steigende Verbrennung fossiler Brennstoffe gestört und führt zu einer Erhöhung des K.gehaltes der Luft.

Das *K.problem* ist ein globales Klimaproblem, dessen Auswirkungen dann zu befürchten sind, wenn es durch weitere Zunahme des Kohlendioxidgehaltes der Atmosphäre besonders im Nordpolargebiet zu einer bodennahen Erwärmung

kommt und sich dadurch die arktische Meereisfläche vermindert. Da das offene Meer rund 80% der zugestrahlten Sonnenenergie absorbiert, muß dann mit einem völligen Abschmelzen des Meereises gerechnet werden. Dadurch verringert sich das Temperaturgefälle Äquator–Pol und mit ihm die Intensität der Zirkulation der Atmosphäre. Die Folge davon wäre eine Abnahme der Monsunregen und eine Zunahme der Dürren in den Steppengebieten.

Bedingt wird das K.problem durch die optischen Eigenschaften von CO_2 und Wasserdampf, die ähnlich wie Glas die Sonnenstrahlung nahezu ungehindert passieren lassen, die Wärmestrahlung der Erde aber absorbieren (↑ Glashauseffekt). Eine Verdopplung des derzeitigen CO_2-Gehaltes, die bei andauernder heutiger Zuwachsrate in 100 Jahren erreicht wäre, würde eine Temperaturzunahme in der unteren Troposphäre in tropischen und mittleren Breiten von $2-3\,°C$, in polaren Breiten von $6-8\,°C$ bewirken, bei gleichzeitiger Abkühlung der Stratosphäre. – Abb. S. 133.

Kohlenmonoxid [chemische Formel: CO]: farb- und geruchloses, brennbares (ab $700\,°C$), sehr giftiges Gas.

Eine Dauerkonzentration von 0,05 Vol.-% K. in der Luft wirkt dadurch tödlich, daß K. anstelle von Sauerstoff an den Blutfarbstoff Hämoglobin angelagert und dadurch der Sauerstofftransport durch das Blut zu den Körperzellen blockiert wird.

K. entsteht bei unvollständiger Verbrennung organischer Stoffe (Abgase von Verbrennungsmotoren, Schwelbrände, Zigarettenrauch) oder anaeroben mikrobiellen Zersetzungen. K. wird auch als Rohstoff für wichtige chemische Synthesen verwendet.

Der MAK-Wert für K. wurde auf 30 ppm ($33\ mg/m^3$) festgesetzt.

Kohlenstoff [chemisches Symbol: C]: ein nichtmetallisches chemisches Element. An Isotopen sind C 12, C 13 und C 14 bekannt. Das Isotop C 14 bildet sich unter dem Einfluß der Höhenstrahlung; es ist ein radioaktiver Betastrahler und wird zur Altersbestimmung prähistorischer Funde benutzt.

Kohlenstoffkreislauf

K. ist chemisch sehr reaktionsträge. Bei normaler Temperatur reagiert er nur mit Fluor, bei höherer Temperatur setzt er sich mit Wasserstoff, Sauerstoff, Schwefel sowie mit Silicium, Bor und verschiedenen Metallen um.

Von den beiden Oxiden des K.s, ↑ Kohlenmonoxid und ↑ Kohlendioxid, findet v. a. das Kohlenmonoxid in der Technik bei Synthesen Verwendung.

Von überragender Bedeutung ist die Eigenschaft des K.s, durch Einfach-, Doppel- oder Dreifachbindungen mit sich selbst Ketten und Ringe von beliebiger Länge und Anordnung zu bilden. Diese Eigenschaft bildet die Grundlage der organischen Chemie mit ihren unübersehbar zahlreichen Verbindungen. Grundkörper der organischen Verbindungen sind die ↑ Kohlenwasserstoffe.

Kohlenstoffkreislauf: der Kreislauf des Kohlenstoffs in der Biosphäre.

Der auf etwa $26 \cdot 10^{15}$ t geschätzte *Gesamtvorrat an Kohlenstoff* auf der Erde liegt fast vollständig in Form anorganischer Verbindungen vor, davon über 99% im Sedimentreservoir (Carbonatgesteine mit etwa 18% biogenem Anteil); der Rest findet sich als gelöstes Kohlendioxid (CO_2) sowie in Form von Hydrogencarbonat- bzw. Carbonationen in Gewässern und als gasförmiges CO_2 in der Atmosphäre. Der organisch gebundene Anteil (0,05%) ist zu 64% in fossilen Lagerstätten (Torf, Kohle, Erdöl, Erdgas), zu 32% in organischen Abfällen (Tier- und Pflanzenreste, Humus) und nur etwa zu 4% in der Biomasse zu finden.

Der K. wird im wesentlichen durch die Organismen in Gang gehalten. Etwa 6-7% des in der Atmosphäre und im Oberflächenwasser vorhandenen CO_2 werden jährlich von autotrophen *Pflanzen photosynthetisch* in organischen Verbindungen festgelegt; davon kehrt ein Drittel über die pflanzliche Atmung sofort wieder in die Luft bzw. das Wasser zurück, während zwei Drittel in die Nahrungsketten der heterotrophen Land- und Wasserorganismen mit ihren speziellen Ernährungsweisen (Trophiestufen) - Pflanzenfresser, Räuber und Zersetzer (Pilze, Mikroorganismen) - eintreten, in deren Ablauf alle Kohlenstoffverbindungen über Atmung, Gä-

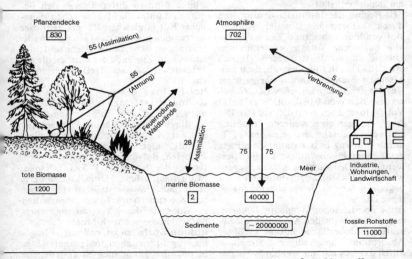

Kohlenstoffkreislauf. Die Kästchen geben die Poolgrößen in 10^9 t Kohlenstoff, die Pfeile die jährlichen Umsätze in 10^9 t Kohlenstoff an

Kohlenwasserstoffe

rung und Verwesung wieder in CO_2 umgewandelt und freigesetzt werden; nur ein kleiner Teil wird dem K. durch Humus- und Torfbildung, Verschüttung u. a. vorübergehend entzogen.
Auch die *tierischen Organismen* und der *Mensch,* die die Fähigkeit zur Kohlenstoffassimilation nicht besitzen, tragen durch ihre *Atmung* zur Rückführung des Kohlenstoffs in die Atmosphäre bei. Ein erwachsener Mensch z. B. atmet in 24 Stunden rund 330 Liter bzw. 1 kg CO_2 aus.
Terrestrischer und mariner Kreislauf sind über den CO_2-Austausch zwischen Atmosphäre und Hydrosphäre verknüpft, wobei letztere aufgrund der guten Löslichkeit von CO_2 in Wasser einen Puffer hoher Kapazität auch für den geochemischen Anteil des K.s darstellt, der durch Rauchgase u. a. Abgase industrieller Prozesse, vulkanische Exhalationen sowie CO_2-Freisetzung bei Carbonatverwitterung gespeist wird. Im Gegenzug findet, besonders am Grund der Ozeane, eine fortlaufende Bindung von Kohlenstoff durch Sedimentation pflanzlicher und tierischer Reste (Schalen, Knochen) statt.
Seit Beginn der Industrialisierung sind durch Verbrennung fossiler Kohlenstoffverbindungen lange Zeit dem Zyklus entzogene Vorräte wieder in den Umlauf eingeschleust worden (jährlich etwa 10–15 % der photosynthetisch umgesetzten Menge), woraus ein geringer *Anstieg des atmosphärischen CO_2-Gehaltes* resultiert (von 0,030 Vol.-% auf 0,032 Vol.-%, lokal auch auf 0,050 Vol.-%). Die Auswirkungen einer weiteren Erhöhung sind schwer abschätzbar; sie könnte z. T. durch Bindung in der Biomasse mittels gesteigerter Photosynthese kompensiert werden („CO_2-Düngung"), da der gegenwärtige CO_2-Gehalt der Atmosphäre ein begrenzender Faktor für die Photosynthese ist.
Andererseits stehen mögliche *Temperaturerhöhungen* in der Atmosphäre bzw. an der Erdoberfläche infolge erhöhter Absorption langwelliger Strahlung durch das CO_2 mit unabsehbaren Folgen für die Stabilität des Klimas und der polaren Eiskappen zur Diskussion.

Kohlenwasserstoffe [Kurzbez.: KW-Stoffe]: große Gruppe chemischer Verbindungen, die nur aus den Elementen Kohlenstoff und Wasserstoff bestehen und die als Grundkörper der organischen Verbindungen eine große Rolle spielen.
K. finden sich in der Natur v. a. in Erdöl und Erdgas. Alle K. lassen sich zu Kohlendioxid und Wasser verbrennen. Bestimmte K. kommen auch im Pflanzen- (z. B. Terpene) und Tierreich (z. B. Steroide) vor.
K. spielen als Bestandteile von Kraftstoffen, Heizölen, Lösungsmitteln sowie als chemische Rohstoffe eine große Rolle.

Koinzidenz, die [ko:-ı... ‖ aus mlat. coincidentia = das Zusammenfallen, Zusammentreffen ‖ Syn.: Synchronisierung]: das Vorkommen zweier Organismen oder Organismenarten zur gleichen Zeit im gleichen Raum. K. ist u. a. Voraussetzung für die geschlechtliche Fortpflanzung oder den Befall eines Organismus mit einem Schmarotzer und wird dann meist durch entsprechende Verhaltensweisen gefördert.
Einige Autoren differenzieren den Begriff und unterscheiden zwischen **räumlicher K.** (im gleichen Raum), **zeitlicher K.** (zur gleichen Zeit) und **biologischer K.** (morphologische, ethologische und physiologische Zustände der Partner, die ein Effektivwerden des Treffens ermöglichen).

kol-: Präfix (↑kon-).

Koline, die (Mehrz.) [Einz.: das Kolin ‖ aus gleichbed. engl. coline]: Hemmstoffe, durch die sich höhere Pflanzen gegenseitig beeinflussen; hpts. gasförmige, leichtflüchtige Ausscheidungen, z. B. Propylen, Butylen und Äthylen.

Kolk, der [niederdt. ‖ Syn.: Blänke, Moorauge]: offene, kleine, bis 3 m tiefe, steilwandige Wasserstelle in Hochmooren. K.e entstehen z. B. aus Frostspalten im Moor oder durch Vereinigung mehrerer Schlenken. – ↑auch Moor.

kolline Stufe [zu lat. collinus = hügelig, Hügel-]: zwischen der ↑planaren Stufe und der ↑montanen Stufe gelegene ↑Höhenstufe der Vegetation in den gemäßigten Breiten; sie umfaßt das Hügel-

Konditionierungsanlage

land und die Hanglagen der Mittelgebirge bis 500 (maximal 800) m über dem Meeresspiegel. Kennzeichnend sind wärmeliebender Eichenmischwald und Kiefernwald; in sehr trockenen Lagen tritt Steppenheidevegetation auf. Die k. St. ist heute an den meisten Standorten durch Kulturland verdrängt.

Kollisionseffekt [aus lat. collisio = das Zusammenstoßen]: dichteabhängiger Begrenzungsfaktor, der auf der gegenseitigen Störung und Beunruhigung der Individuen einer Population mit hoher Bevölkerungsdichte beruht. So führt z. B. Überbevölkerung bei Feldmäusen zu Erregungszuständen, die das Hormonsystem übernormal beanspruchen und den Zusammenbruch der Population auslösen. – ↑ auch Streß.

Kolonisation, die [zu lat. colonia = Ansiedlung]: Neubesiedlung eines Areals durch Angehörige einer ↑ Population.

Kolonisten, die (Mehrz.) [Einz.: der Kolonist ‖ aus engl. colonist, zu lat. colonia = Ansiedlung ‖ Syn.: Ansiedler]: Gruppe von ↑ Adventivpflanzen.

kom-: Präfix (↑ kon-).

Kommensalismus, der [zu ↑ kon- und lat. mensa = Tisch]: Form des Zusammenlebens von Organismen verschiedener Arten, wobei der eine **(Kommensale)** von der Nahrung des anderen (Wirt) profitiert, diesen aber weder schädigt (im Gegensatz zum ↑ Parasitismus) noch ihm Nutzen bringt (im Gegensatz zur ↑ Symbiose). K. findet man u. a. bei sozial lebenden Insekten. So holen sich z. B. Milbenarten ungestört einen Anteil am Nahrungstropfen bei Ameisen, die sich gegenseitig füttern.

Kommigration, die [zu ↑ kon- und lat. migrare = wandern]: Bez. für die gemeinsame Wanderung (↑ Migration) von Tieren unterschiedlicher Arten. K. kann aufgrund äußerer Faktoren (z. B. allgemeine Nahrungsknappheit) erfolgen, infolge sozialer Imitation (z. B. wandern einige Schmetterlinge niemals aktiv allein, sondern nur in Begleitung anderer Schmetterlingsarten) oder aufgrund eines Räuber-Beute-Verhältnisses (die Räuber folgen ihrer Nahrung).

Kompaktlager [lat. compactus = untersetzt, gedrungen, dick]: in der *Kerntechnik* Bez. für ein wassergefülltes Lagerbecken mit Gestellen, die eine besonders dichte [Naß]lagerung von abgebrannten (d. h. stark radioaktiven) Brennelementen ermöglichen. K. werden insbesondere zur Zwischenlagerung im Reaktorgebäude verwendet.

Kompaßpflanzen [aus italien. compasso = Kompaß, zu vulgärlat.-italien. = ringsum abschreiten]: Pflanzen, die Blattflächen in eine bestimmte Lage zur Mittagssonne (Südrichtung) einstellen, wodurch optimale Sonneneinstrahlung erreicht und einer Überhitzung entgegengewirkt wird. Zu den K. gehören der Kompaß- oder Stachellattich (Lactuca serriola) und manche Irisarten.

Komplexbildner: Bez. für chemische Verbindungen, die zur Bildung von Komplexverbindungn und insbes. von ↑ Chelaten fähig sind.

Kompost, der [aus gleichbed. frz. compost, von lat. compositum = Zusammengesetztes ‖ Abl.: ↑ Kompostierung]: aus tierischen und pflanzlichen Abfällen (z. B. Kleintiermist, Laub, Gemüseabfälle) erzeugtes Verrottungsprodukt; wird als Dünger und zur Bodenauflockerung v. a. im Gartenbau verwendet.

Kompostierung, die [zu ↑ Kompost]: die gesteuerte Verrottung von Hausmüll und Klärschlamm (↑ Müllkompostierung). Zunehmende Bedeutung hat die K. von Baumrinden erlangt; Rindenkompost wird in großen Mengen zur Bodenverbesserung eingesetzt (↑ CN-Verhältnis).

kon- [lat. con- = zusammen, mit]: Präfix mit der Bed. „räumlich oder zeitlich zusammenhängend; verbindend; eine Annäherung oder Vereinigung ausdrückend; eine Verstärkung ausdrückend"; z. B. Konformität. – Vor bestimmten Buchstaben meist angeglichen: vor b, m und p zu: **kom-,** z. B. Kommensalismus; vor l zu: **kol-,** z. B. Kollision; bes. vor Vokalen und h verkürzt zu-: **ko-,** z. B. Koinzidenz.

Konditionierungsanlage [zu engl. to condition = etwas in den gewünschten Zustand bringen]: Aufbereitungsanlage

147

Konformität

für den in der Kläranlage anfallenden Faulschlamm bei der ↑ Abwasserreinigung. Der eingeleitete Faulschlamm (manchmal auch der Rohschlamm) wird z. B. in einem Wärmetauscher-Reaktor-System unter Luftabschluß auf etwa 200 °C aufgeheizt und unter einem Druck von rund 20 bar etwa 45 Minuten lang „gekocht". Nach weiterer Eindikkung fällt dann ein hygienisch einwandfreies Produkt an, das als Bodenverbesserungsmittel in der Land- und Forstwirtschaft verwendbar ist.
Eine andere Möglichkeit der Schlammbehandlung ist z. B. die Konditionierung durch Zumischen von geeigneten Filterhilfsmitteln und anschließende Entwässerung in großen Filterpressen. Die dabei entstehenden Filterkuchen werden dann in einer Schlammverbrennungsanlage verbrannt.

Konformität, die [zu spätlat. conformis = gleichförmig, ähnlich]: passive Anpassung des inneren Milieus von Organismen an die Umgebung. Beispiele hierfür sind ↑ poikilohydrische und ↑ poikilotherme Organismen.

Konglobation, die [aus lat. conglobatio = Häufung]: Vergesellschaftung von Tier- und Pflanzenarten, die durch äußere Faktoren (z. B. gleiche Nahrung) verursacht ist.

Konkurrenz, die [aus mlat. concurrentia = Mitbewerbung]: Wettbewerb zweier Organismen um die Nutzung eines begrenzt verfügbaren Faktors, z. B. um die Nahrung oder den Raum. Die K. kann zwischen Individuen verschiedener Arten **(interspezifische K.)** oder einer Art **(intraspezifische K.)** entstehen.
Meist führt K. im Laufe der Zeit zur Ausbildung verschiedener ökologischer Nischen und damit zur ↑ Koexistenz von ökologisch ähnlichen Arten.

Konkurrenzausschlußprinzip: svw. ↑ Monard-Prinzip.

Konnex, der: Kurzbez. für: ↑ biozönotischer Konnex.

Konsortium, das [aus lat. consortium = Teilhaberschaft]: seltene Bez. für ↑ Biochore.

Konstanz, die [aus lat. constantia = Beständigkeit]: Begriff der ↑ Synökologie, der aufgrund des Vergleichs mehrerer Bestände eines Biotops angibt, in wieviel getrennten Stellen innerhalb des Gesamtbestandes eines Biotoptyps eine bestimmte Tier- oder Pflanzenart (bezogen auf eine Flächeneinheit) vorkommt. Wie bei der ↑ Präsenz werden 4–5 *Grade* unterschieden: akzidentiell – akzessorisch – (wenig konstant) – konstant – eukonstant. – ↑ auch Frequenz.

Konsumenten, die (Mehrz.) [Einz: der Konsument ‖ zu lat. consumere = verbrauchen]: Organismen, die organische Stoffe aufnehmen und in arteigene Substanz umwandeln. Je nachdem, welche Stelle die K. innerhalb der ↑ Nahrungskette einnehmen, unterscheidet man ↑ Primärkonsumenten, ↑ Sekundärkonsumenten usw.

Kontaktgift:
◊ im *Pflanzen-* und *Vorratsschutz* Bez. für chemische Stoffe, die bei Berührung auf Organismen tödlich wirken.
◊ in *Ottomotoren* svw. Katalysatorgift (↑ Katalysator).

Kontamination, die [zu lat. contaminare = berühren; beflecken]: in der Umweltbiologie die Verschmutzung von Räumen, Luft, Wasser, Erdboden, Gegenständen und Lebensmitteln durch radioaktive Stoffe, Abgase, Industriestaub oder Mikroorganismen.

Konvergenz, die [zu lat. convergere = sich hinneigen]: strukturelle, physiologische oder verhaltensmäßige Ähnlichkeit zwischen Organismen unterschiedlicher Abstammung aufgrund gleichartiger Milieus; z. B. die Torpedoform und die Flossen bei Hai und Delphin.

koprophag [zu griech. kópros = Mist, Kot und griech. phageïn = essen ‖ Abl.: ↑ Koprophagen ‖ Syn.: skatophag]: Mist, Exkremente fressend (von Tieren gesagt).

Koprophagen, die (Mehrz.) [Einz.: der Koprophage ‖ zu ↑ koprophag ‖ Syn.: Skatophagen, Kotfresser]: Bez. für Tiere, die sich von den Exkrementen anderer Tiere ernähren. Hierzu gehören v. a. Insekten, z. B. der Pillendreher.

Autokoprophagen sind Tiere, die ihren eigenen Kot fressen, um dadurch die von Mikroorganismen im Kot aufgeschlossene Nahrung besser zu nutzen. **Autokoprophagie** findet man z. B. in

148

Form der **Zökotrophie** (= Blinddarmkotfressen) bei den Hasen, Pfeifhasen und Meerschweinchen.

koprophil [griech. kópros = Mist, Kot und ↑-phil]: nennt man pflanzliche und tierische Organismen, die bevorzugt auf Exkrementen leben oder sich dort aufhalten. Außer den ↑ Koprophagen gehören viele räuberische Arten dazu, die in solchem Substrat ihre Beute finden.

Korallenriff [von griech. korállion = Koralle]: Das K. besteht aus den Skeletten von koloniebildenden Steinkorallen. Die **Korallen** leben im lichtdurchfluteten, sauerstoff- und nährstoffreichen Wasser der warmen Meere. Sie vertragen keine Wassertemperaturen unter 20 °C und sind deshalb nur in Breiten zwischen 30° nördlicher und 30° südlicher Breite zu finden.

Das K. reicht bis dicht unter und etwas über die Wasseroberfläche, da die Korallen nur bis etwa 40 m Tiefe lebensfähig sind. Die Korallen bilden an vielen Küsten und Inseln mächtige **Saumriffe**, die aus den obengenannten Gründen nahe an der Küste liegen. Bei Senkung des Untergrundes oder bei Anstieg des Meeresspiegels bauen die Korallen das Riff in die Höhe, während die unteren Regionen absterben. Dabei wird der Abstand zur Küste naturgemäß größer; es entsteht ein **Wallriff**, auch **Barriereriff** genannt. Versinkt eine von einem Wallriff umwachsene Insel vollständig im Meer, so entsteht ein **Atoll**, eine **Koralleninsel**. Außerdem gibt es **Krustenriffe**, das sind unregelmäßig gewachsene Korallenbänke auf dem Meeresgrund der Flachsee. Kein Lebensraum des Meeres ist so dicht von Tieren und Pflanzen besiedelt wie ein Korallenriff.

kortikol [zu lat. cortex = Rinde und lat. colere = bewohnen]: nennt man baumrindenbewohnende Organismen; z. B. Moose, Flechten und Insektenlarven.

kosmische Strahlung [zu griech. kósmos = Weltall ‖ Syn.: Höhenstrahlung, Ultrastrahlung]: sehr energiereiche Strahlung aus dem Weltall, die auf die Erdatmosphäre trifft und nach vielen Umwandlungen noch in großen Tiefen im Meer und in der Erdrinde nachweisbar ist.

kosmische Strahlung

Die aus extrem energiereichen Protonen (Wasserstoffkerne) bestehende **primäre k. St.**, die mit verhältnismäßig großer Intensität aus dem Weltall auf die Erde einfällt, wird zum größten Teil von der Lufthülle abgeschirmt: Bei der Wechselwirkung der Höhenstrahlprotonen mit den Atomkernen in den Atomen der oberen Atmosphärenschichten werden diese zertrümmert, wobei z. T. neue Radionuklidkerne entstehen, und Mesonen (v. a. Myonen) und andere Elementar-

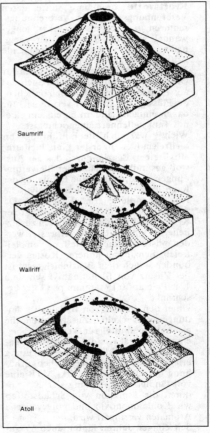

Korallenriff. Entwicklung eines Riffs

Kosmopolit

teilchen, v. a. Elektronen, Positronen und Gammaquanten (sog. **sekundäre k. St.**), werden dabei erzeugt.
Die von der k.n. St. verursachte *jährliche Strahlendosis* (Äquivalentdosis) beträgt in 2 km Höhe 70 Millirem (= 0,7 mSv), in Meereshöhe 30 Millirem (= 0,3 mSv).
Kosmopolit, der [aus griech. kosmopolítēs = Weltbürger]: Tier- oder Pflanzenart, die über die ganze Erde oder zumindest über deren größten Teil verbreitet ist; z. B. die Wanderratte oder die Stubenfliege. – Gegensatz: ↑ Endemit.
Kraftstoffe: brennbare Stoffe, deren Verbrennungsenergie in Verbrennungsmotoren in mechanische Arbeit umgewandelt wird. Die K. werden aus geeigneten Rohölen durch entsprechende Aufbereitung gewonnen.
Neben den bisherigen **Vergaser-K.n** für Ottomotoren wird zunehmend auch das aus Propan-Butan-Gemischen bestehende **Flüssiggas (Autogas)** verwendet, für das in einigen Ländern bereits ein eigenes Tankstellennetz eingerichtet ist.
Wichtig war auch die Einführung von **bleifreiem** (d. h. in erster Linie bleitetraäthylfreiem) **Benzin,** durch das der Ausstoß gesundheitsschädlicher Bleiverbindungen gestoppt und eine Reinigung der Kraftfahrzeugabgase durch katalytische Nachbehandlung ermöglicht wird. Da zur Gewinnung klopffester, zusatzfreier K. allg. die Erdöldestillate durch zusätzliche Verfahrensschritte verbessert werden müssen, ist die Herstellung von bleifreiem Benzin mit höheren Kosten verbunden. Nach dem **Benzinbleigesetz** ist der Zusatz von Bleitetraäthyl seit dem 1. 1. 1976 auf 0,15 Gramm pro Liter beschränkt.
Unter den anstelle von Bleialkylverbindungen entwickelten Zusatzstoffen, die als **Antiklopfmittel** für Vergaser-K. geeignet sind, hat v. a. der **Methyl-tert.-buthyläther** (Abk.: **MTB**) große Bedeutung erlangt. Neben einer deutlichen Erhöhung der Oktanzahl bewirkt MTB eine vollständige Verbrennung der K., wodurch die Emission von Schadstoffen wie Kohlenmonoxid und polycyclische Aromaten verringert wird.
Seit einigen Jahren laufen auch Versuche, die aus Erdöl hergestellten K. durch andere Produkte **(Alternativ-K.)** zu ersetzen. Besonders intensiv untersucht wurde bisher die Verwendung von ↑ Methanol, das heute – ausgehend von Braunkohle – zu etwa den gleichen Kosten wie aus Rohöl hergestellt werden kann. Es hat allerdings nur einen halb so großen Brennwert wie Benzin.
Als besonders vielversprechend erwies sich die Verwendung eines Gemisches mit Normalbenzin (sog. **M-15-Gemisch;** mit 15% Methanol und 85% Benzin), das ähnlich wie reines Benzin verwendet werden kann und bei einem im Stadtverkehr gefahrenen Testwagen in den Abgasen 50–60% weniger Kohlenmonoxid und 30% weniger unverbrannte Kohlenwasserstoffe ergab.
Durch Vergären kohlenhydrathaltiger Rohstoffe gewonnenes **Äthanol** als Kraftstoff hat bisher besonders in Ländern mit hoher Produktion an Zuckerrohr (v. a. Brasilien) oder Zuckerrüben Bedeutung erlangt. Schwierigkeiten bereitet hier die Tatsache, daß für die Isolierung des Alkohols aus den Gärgemischen (mit 8–10% Alkohol) bei der Destillation eine hohe Energiemenge in Form von Brennstoffen aufgewendet werden muß. Insgesamt lassen sich z. B. aus 1 t Zuckerrohr nur etwa 30 Liter Alkohol erzeugen. Ähnlich wie Methanol wird auch Äthanol v. a. im Gemisch (zwischen 6 und 20%) mit Normalbenzin verwendet (z. B. **Gasohol,** ein Gemisch mit 10% Äthanol).
Ein weiterer Vorschlag, K. aus natürlichen Rohstoffen zu gewinnen, besteht in der **katalytischen Hydrierung** pflanzlicher Öle (z. B. Sonnenblumen- oder Sojaöl). Nach neueren Untersuchungen können in einem verhältnismäßig einfachen Verfahren aus diesen Rohstoffen den Diesel-K.n entsprechende Produkte gewonnen werden.
Krautschicht: Schicht der an den Boden gebundenen, nicht verholzten Vegetation im Bereich von ungefähr 0,15–1,8 m Höhe. – ↑ auch Stratifikation.
Krenal, das [zu griech. krḗnē = Quelle]: Bez. für ↑ Quellen als Lebensraum von Organismen.
Krenon, das [zu griech. krḗnē = Quelle]: die Lebensgemeinschaft der in

Kulturbiotope

↑Quellen vorkommenden tierischen und pflanzlichen Organismen.

Krenozön, das [zu griech. krḗnē = Quelle und griech. koinós = gemeinsam]: das Ökosystem der ↑Quellen.

Krill [aus engl. krill, von norw. (mundartlich) kril = Fischbrut]:
◊ [der Krill ‖ wiss. Name: Euphausia superba]: ca. 6 cm langer, garnelenartiger Krebs, der in riesigen Schwärmen in antarktischen Gewässern vorkommt und eine wichtige Nahrungsquelle z. B. für Bartenwale darstellt. Wegen des hohen Protein- und Vitamingehaltes ist K. auch für die menschliche Ernährung geeignet; bisher macht die Verarbeitung jedoch noch Schwierigkeiten.
◊ [das Krill]: im weiteren Sinne Sammelbez. für massenhaft auftretende marine tierische Kleinlebewesen, insbesondere Kleinkrebse und Ruderschnecken. K. ist ein wichtiges Glied in marinen ↑Nahrungsketten.

Kronendach [Syn.: Kronenschicht]: in einem Wald die Vegetationsschicht der Baumkronen in ungefähr 4,5 m Höhe und darüber. – ↑auch Stratifikation.

kry-: Wortbildungselement (↑kryo-).

Kryal, das [zu ↑kryo-]: Bez. für Gletscher und ihre Abflüsse als Lebensraum von Organismen.

kryo-, vor Vokalen meist: **kry-** [aus griech. krýos = Kälte, Frost]: in Zus. und Abl. mit der Bed. „Kälte, Frost; Tieftemperaturbereich"; z. B. Kryobios, Kryal.

Kryobionten, die (Mehrz.) [Einz.: der Kryobiont]: ↑Kryobios.

Kryobios, der [↑kryo- und griech. bios = Leben]: Sammelbez. für Organismen (**Kryobionten**), die in oder auf dem Schnee leben. Neben tierischen Organismen wie Rädertierchen, Springschwänzen und Zweiflüglern gibt es auch pflanzliche Kryobionten. Sie gehören meist zu den einzelligen Algen. Bekannt ist besonders Chlamydomonas nivalis, eine einzellige Grünalge, die durch carotinoidhaltige Dauersporen die Rotfärbung des Schnees („Blutschnee") verursacht.

Kryobiozönose, die [Kurzbildung aus ↑Kryobios und ↑Biozönose]: die Lebensgemeinschaft des Kryobios.

Kryon, das [zu ↑kryo-]: relativ artenarme Lebensgemeinschaft des ↑Kryals. Man unterscheidet zwischen: **Eukryon** (die Lebensgemeinschaft auf einem Gletscher; z. B. mit dem Gletscherfloh), **Metakryon** (die Lebensgemeinschaft in Gletscherabflüssen; z. B. mit der Zuckmückenlarve) und **Hypokryon** (die Lebensgemeinschaft im mittleren und unteren Bereich der Gletscherabflüsse; z. B. mit Larven von Eintagsfliegen, Zuckmücken und Köcherfliegen).

kryophil [↑kryo- und ↑-phil]: svw. ↑psychrophil.

Kryoplankton, das [↑kryo-]: Gruppe von Organismen, die einen Teil ihres Lebens in eingefrorenem Zustand in Eis und Schnee überdauern. Neben zahlreichen Algen finden sich darunter Rädertierchen, Fadenwürmer und sogar Mükken.

krypto- [aus griech. kryptós = versteckt, verborgen]: in Zus. mit der Bed. „verborgen"; z. B. Kryptozoen.

Kryptobiose, die [zu ↑krypto- und griech. bios = Leben]: svw. ↑Anabiose.

Kryptophyten, die (Mehrz.) [Einz.: der Kryptophyt ‖ ↑krypto- und ↑-phyt]: Pflanzen, die ungünstige Jahreszeiten (Winter, sommerliche Dürre) mit Hilfe von Erneuerungsknospen überleben, die in der Erde (↑Geophyten; K. im engeren Sinne) oder am Gewässergrund oder Sumpfboden (↑Hydrophyten bzw. ↑Helophyten; K. im weiteren Sinne) überdauern.

Kryptozoen, die (Mehrz.) [Einz.: das Kryptozoon ‖ ↑krypto- und griech. zōon = Lebewesen; Tier]: tierische Organismen (z. B. Asseln), die unter Baumrinde, Steinen, vermodertem Holz und in ähnlichen dunklen Kleinhöhlen oberhalb des Erdbodens leben.

Kultosole, die (Mehrz.) [Einz.: der Kultosol ‖ lat. cultura = Landbau und lat. solum = Boden, Erdboden]: svw. ↑Kulturböden.

Kulturbiotope: Landschaftsteile, die ständig dem Einfluß des Menschen unterworfen sind, wie z. B. Felder, Gärten, Plantagen und Weiden. Wirtschaftswälder, die seltener und weniger tiefgreifende Veränderungen erfahren, werden als **Halb-K.** bezeichnet, während die unver-

151

Kulturböden

änderten Biotope **Naturbiotope** genannt werden.

Kulturböden [Syn.: Kultosole, anthropogene Böden]: durch Eingriffe des Menschen (z. B. durch Graben, Düngen und Pflügen) veränderte Naturböden. Hierzu gehört neben dem Rigosol und dem Plaggenesch v. a. der ↑ Hortisol.

Kulturflüchter [Syn.: hemerophobe Arten]: im Gegensatz zu den ↑ Kulturfolgern viele Pflanzen- und Tierarten, die nur außerhalb des menschlichen Kulturbereichs gedeihen und daher mit dessen Ausbreitung verschwinden (z. B. Schachbrettblume, Orchideenarten, Sonnentauarten, Moorheide; Elch, Biber, Kranich, Waldstorch).

Kulturfolger [Syn.: synanthrope Arten, hemerophile Arten]: im Gegensatz zu den ↑ Kulturflüchtern bestimmte Pflanzen- (z. B. Schuttpflanzen, Unkräuter) und Tierarten (z. B. Amsel), die den menschlichen Kulturbereich aufgrund der hier herrschenden günstigeren Lebensbedingungen als Lebensraum bevorzugen und daher eine gewisse Bindung an den Menschen erkennen lassen, z. T. sogar (als ↑ Anthropochoren; ↑ auch Adventivpflanzen) ihre Verbreitung weitgehend dem Menschen verdanken.

Kulturlandschaft [Syn.: anthropogene Landschaft]: durch den Menschen stark umgestaltete Landschaft, in deren Gestaltung vielfach einzelne Faktoren dominieren (z. B. Agrarlandschaft, Industrielandschaft). – Gegensatz: ↑ Naturlandschaft.

Kulturpflanzen: Pflanzen, die als Nutz- oder Zierpflanzen vom Menschen gezüchtet und planmäßig kultiviert werden. Wichtige herausgezüchtete Merkmale gegenüber den Wildarten sind ↑ Gigaswuchs zur Ertragssteigerung, Samenlosigkeit (Trauben, Zitrusfrüchte), Verlust von Gift- und Bitterstoffen (Lupine, Raps), Veränderung des Lebenszyklus (Keimruhe, Blütezeit, Fruchtreife), Resistenz gegen Schädlinge, gesteigerte Formen- und Farbenmannigfaltigkeit (bei Zierpflanzen). Nach der Verwendungsart unterscheidet man Nahrungs- und Futterpflanzen, Heilpflanzen, Gewürzpflanzen, Industrie- und Zierpflanzen.

Kultursteppe: Bez. für offene, baumlose, durch den Menschen genutzte Landschaften, die in ursprünglichen Waldgebieten durch Entwaldung infolge Rodung oder starker Beweidung entstanden sind. Neben einer Verarmung an ursprünglich vorhandenen Tier- und Pflanzenarten treten häufig starke Störungen des ökologischen Gleichgewichtes als Folgeerscheinungen auf; z. B. verstärkte Bodenerosion durch zeitweilige oder dauernde Freilegung der Bodenoberfläche.

Kunstdünger: industriell erzeugte, anorganische Düngemittel.

Kurztagpflanzen: Pflanzen, die nur dann zur Blüte kommen oder mit anderen charakteristischen Gestaltausprägungen reagieren, wenn die tägliche Belichtungsdauer eine artspezifische Maximalzeit (kritische Tageslänge; 10–14 Stunden) unterschreitet. K. sind z. B. Mais, Hirse, Paprika, Ananas und Baumwolle. K. kommen vor allem in den Tropen vor.

In Mitteleuropa können K. (z. B. Dahlien und Chrysanthemen) nur im Frühjahr, Spätsommer oder Herbst blühen. – Gegensatz: ↑ Langtagpflanzen.

L

Lagg, das [schwed. = Pfanne]: Sumpf am Rande von Hochmooren, in dem sich das abfließende Wasser sammelt und mit dem mineralhaltigen Grundwasser zusammenfließt. Die Vegetation des L.s hat Niedermoorcharakter.

lakustrisch [zu lat. lacus = See]: in Seen lebend; von Tieren und Pflanzen gesagt.

Landbrücken: Landverbindungen zwischen zwei Kontinenten oder zwischen Insel und Kontinent; sie erlauben

Landschaftsschutz

einen Austausch der jeweiligen Landfaunen bzw. -floren.

Länderarbeitsgemeinschaft Wasser [Abk.: LAWA]: zur Koordinierung praktischer hydrologischer und gewässerkundlicher Aufgaben in der BR Deutschland gegründete Arbeitsgemeinschaft, in der die Landesdienststellen für Wasserwirtschaft vertreten sind.

Landeskultur: Gesamtheit der Maßnahmen zur Verbesserung der land- und forstwirtschaftlichen Nutzung des Bodens und zur Erhaltung der Kulturlandschaft.

Landespflege: Maßnahmen zum Schutz, zur Pflege und zur Entwicklung aller naturgegebenen Lebensgrundlagen des Menschen in Wohn-, Industrie-, Agrar- und Erholungsgebieten. Die L. umfaßt die Bereiche Landschaftspflege, ↑Grünordnung und ↑Naturschutz, die zusammen mit der Raumordnung, Landesplanung und städtebaulichen Planung ihren Beitrag zur umfassenden Umweltgestaltung leisten.

Die **Landschaftspflege** verfolgt diese Zielsetzungen in der freien Landschaft. Sie umfaßt die Landschaftsplanung (s. u.) als ökologisch-strukturelle Planung auf der Grundlage der Landschaftsanalyse und -diagnose sowie die **Landschaftsgestaltung** und verwandte Pflegemaßnahmen. Ihre Aufgaben berühren sich im Stadtumland mit denen der Grünordnung. Die Aufgaben des Naturschutzes sind der Landschaftspflege wie der Grünordnung zugeordnet.

Als Planungsinstrument dient der L. die **Landschaftsplanung**. Sie bezieht sich sowohl auf von Bebauung freie Flächen (Freiräume, freie Landschaft) als auch auf bebaute oder überwiegend besiedelte Flächen (Stadtlandschaft), wobei sachlich-inhaltlich nur der landespflegerische Teil betroffen ist. Allgemeine planerische Zielsetzungen: 1. Sicherung eines optimalen Nutzungsverbundes unter ökologischen und strukturell-visuellen Aspekten; 2. Sicherung einer optimalen ökologisch-biologischen sowie strukturell-visuellen Vielfalt der Landschaftsräume; 3. funktionelle Zuordnung von ökologischen Ausgleichsräumen und Verdichtungsräumen; 4. Sicherung und

funktionelle Zuordnung ausreichender innerstädtischer Grünflächen.

Die Landschaftsplanung vollzieht sich als Beitrag zu Gesamtplanungen (Raumordnung, Landes-, Regional- und Bauleitplanung), als Mitwirkung bei Fachplanungen (landschaftspflegerischer Begleitplan zur Agrar- und Forstplanung, Flurbereinigungsplanung, Verkehrsplanung, Wasserwirtschaftsplanung, Objektplanung) und als sektorale Fachplanung (Naturschutzplanung, freiraumbezogene Erholungsplanung).

Landesplanung: zukunftsorientierte, übergeordnete und überörtliche zusammenfassende Planung für einen größeren abgegrenzten Raum unter Berücksichtigung der natürlichen, sozialen, kulturellen und wirtschaftlichen Erfordernisse für eine optimale Nutzung des Lebensraums. Bei der Bauleitplanung wird zunehmend die Erhaltung der Landschaft und der natürlichen Umwelt gefordert.

Wichtigstes Instrument der L. ist die Festlegung von räumlichen Nutzungsmöglichkeiten bzw. -beschränkungen. Zu diesem Zweck werden sog. **Entwicklungsachsen** (Konzentration von Infrastruktur, Wohn- und Arbeitsstätten) und **zentrale Orte** (Versorgungskern für die Bevölkerung des Verflechtungsbereichs) ausgewiesen.

Landschaftsbau: Baumaßnahmen zur Gestaltung der freien Landschaft; z. B. Terrassierungsmauern, Befestigung von Böschungen und Gewässerufern.

Landschaftsbiologie: svw. ↑Landschaftsökologie.

Landschaftsgestaltung: Gesamtheit der Maßnahmen zur planvollen landschaftlichen Gestaltung im Rahmen der Landes- und Landschaftspflege.

Landschaftsökologie [Syn.: Landschaftsbiologie]: die Wissenschaft von den biologischen bzw. ökologischen Gegebenheiten in der durch den Menschen veränderten, zu einer mehr oder weniger künstlichen Kulturlandschaft gewordenen Umwelt; die Erkenntnisse führen zur Verbesserung der Lebensbedingungen für Mensch, Tier und Pflanze.

Landschaftsschutz: Teilbereich des Naturschutzes mit weniger strengen

Landschaftsschutzgebiete

Schutzbedingungen; versucht einen Ausgleich zwischen den Lebensbedürfnissen des Menschen und der Belastbarkeit der Natur herzustellen.

Landschaftsschutzgebiete ↑ Naturschutz.

Langtagpflanzen: Pflanzen, die nur blühen oder mit anderen Gestaltausprägungen reagieren, wenn die tägliche Beleuchtungsdauer eine bestimmte artspezifische Zeitspanne (etwa 14 Stunden) überschreitet. Typische L. sind in den gemäßigten Klimazonen anzutreffen. Hierzu gehören viele unserer Kulturpflanzen, z. B. Weizen, Roggen, Möhre, Zwiebel und Flachs. – Gegensatz: ↑ Kurztagpflanzen.

lapidikol [zu lat. lapis, lapidis = Stein und lat. colere = bewohnen]: unter Steinen lebend (von Tieren gesagt).

Lärm: als (im Extremfall bis zur Unerträglichkeit) störend empfundene Folge oder Häufung von lauten Geräuschen. Die (tatsächliche oder subjektiv empfundene) Beeinträchtigung des Wohlbefindens hängt außer von der Lautheit bzw. der Lautstärke oder dem Schalldruckpegel (als den physiologischen bzw. physikalischen Maßen der L.intensität) wesentlich von der Reizschwelle **(L.empfindlichkeit)** des Betroffenen und dessen subjektiver Einstellung zu bestimmten Schallquellen sowie von der Dauer und der zeitlichen Abfolge der L.einwirkung ab.

Zur psychischen Beeinträchtigung (etwa der Konzentrationsfähigkeit oder der geistigen Beweglichkeit) durch L. kann es bereits bei Lautstärken von 35–65 phon bzw. Schalldruckpegeln von 35–65 dB(A) kommen; zusätzliche physische oder psychische Störungen sind bei 65–90 phon möglich. Bei L. zwischen 85 und 120 phon ist Hörschädigung zu erwarten. L. über 120 phon kann direkte Schallwirkungen auf Nervenzellen und L.schwerhörigkeit mit Zerfall der Sinneszellen zur Folge haben.

Langandauernder L. bewirkt vegetativ-psychische Veränderungen **(L.syndrom)**, die sich u. a. in Nervosität, Herz- und Kreislaufbeschwerden, Verdauungsstö-

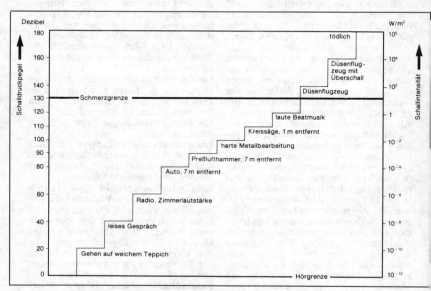

Lärm. Beispiele für verschiedene Geräuschpegel

LAWA

rungen, Schlaflosigkeit, Kopfschmerzen und allg. Leistungsabnahme äußern.

Als Grenze des Erträglichen (**L.schädigungsgrenzwerte**) sind gemäß der Technischen Anleitung zum Schutz gegen Lärm (**TA Lärm**) und den VDI-Richtlinien folgende L.*pegel* oder *Immissionsrichtwerte* festgelegt (gemessen jeweils 0,5 m vor dem Fenster des nächstgelegenen Aufenthaltsraums):

in reinen Industriegebieten am Tag und in der Nacht 70 dB(A);

in Gewerbegebieten tagsüber 65 dB(A), nachts 50 dB(A);

in Mischgebieten (Wohnungen und Gewerbebetriebe) tagsüber 60 dB(A), nachts 45 dB(A), bei Überwiegen von Wohnungen tagsüber 55 dB(A), nachts 40 dB(A);

in reinen Wohngebieten tagsüber 50 dB(A), nachts 35 dB(A);

in Krankenhausbereichen, Kurgebieten u. a. tagsüber 45 dB(A), nachts 35 dB(A). – ↑ auch Lärmschutz.

Lärmbelastung: Summe aller relevanten Schallemissionen, bezogen auf die Bevölkerung oder ausgewählte Bevölkerungsgruppen. Die L. berücksichtigt nur den allg. Lärm, jedoch keine individuellen Reaktionen von Betroffenen. Zur Ermittlung der L. sind zahlreiche Meßnetze notwendig. Die Auswertung erfolgt meist in Form von **Lärmkarten.**

Lärmschutz: Vorrichtungen und Maßnahmen, die schädlichen ↑ Lärm vom Menschen abhalten sollen. An Maschinen werden u. a. Schalldämpfer und Schalldämmstoffe eingesetzt, im Luft-, Schienen- und Straßenverkehr kommen u. a. folgende Schutzmaßnahmen in Betracht: Streckenführungen, die dichtbesiedelte Gebiete umgehen, Erdwälle, Tunnels, L.zäune, Mindestflughöhen, Verwendung geräuscharmer Triebwerke. Für den *individuellen L.* bei Arbeiten in lärmerfüllter Umgebung wird ein **Gehörschutz** verwendet, der teils direkt im Gehörgang getragen wird, teils ähnlich wie Kopfhörer die gesamte Ohrmuschel umschließt und abdeckt.

Zum L. ergingen rund 50 bundeseinheitliche rechtliche Bestimmungen. Es wird unterschieden zwischen **aktivem L.** (auch **primärer Schallschutz** oder **Emissionsminderung** genannt), der die Minderung der Schallenergie am Entstehungsort bewirken soll, und **passivem L.** (auch **sekundärer Schallschutz** oder **Immissionsminderung** genannt), durch den die Schallenergie am Einwirkungsort gemindert werden soll.

Wichtige Bestimmungen zum L. enthalten das Gesetz zum Schutz gegen Baulärm, das Fluglärmgesetz, das Bundesimmissionsschutzgesetz, die Technische Anleitung zum Schutz gegen Lärm (**TA Lärm**) sowie die **Arbeitsstätten-Verordnung** (§ 15). Letztere bestimmt, daß der Schallpegel in Arbeitsräumen so niedrig zu halten ist, wie es nach Art des Betriebes möglich ist. Die Höchstgrenze bei überwiegend geistiger Tätigkeit liegt bei 55 dB(A), bei einfachen oder überwiegend mechanisierten Bürotätigkeiten und vergleichbaren Tätigkeiten bei 70 dB(A) und bei allen sonstigen Tätigkeiten bei 85 dB(A). Nach der TA Lärm darf die Errichtung einer neuen Anlage nur genehmigt werden, wenn L.maßnahmen vorgesehen sind und die Grenzwerte im Einwirkungsbereich der Anlage (z. B. in Wohngebieten) außerhalb der Werkgrundstücksgrenzen nicht überschritten werden.

Larvizide, die (Mehrz.) [Einz.: das Larvizid ‖ zu Larve (aus lat. larva = Gespenst; Maske; Geripper) und lat. caedere (in Zus.: -cidere) = töten]: selektiv wirkende ↑ Insektizide zur Bekämpfung von Insektenlarven.

Latenzgebiet [zu lat. latere = verborgen sein]: Areal, in dem eine Art immer nur in sehr niedriger Populationsdichte vorkommt. – Gegensatz: ↑ Permanenzgebiet.

Laubstreu: das relativ unzersetzte Laub, das sich an der Erdoberfläche ansammelt.

Laubwald: Pflanzengemeinschaft, in der Laubhölzer vorherrschen (im Gegensatz zum Misch- und Nadelwald), wobei sich klimabedingte, die Erde umziehende L.gürtel ausbilden.

Lautstärke: die subjektive Schallempfindung, gemessen in Phon. Eine Pegelzunahme um 10 dB wird als Verdopplung der L. empfunden.

LAWA, die: Abk. für ↑ Länderarbeitsgemeinschaft Wasser.

LD, die [ɛl''de:]: Abk. für ↑Letaldosis.
Leaf-area-Index, der ['liːfɛərɪə... ‖ engl. leaf = Blatt und engl. area = Fläche ‖ Abk.: LAI ‖ Syn.: Blattflächenindex (Abk.: BFI)]: die assimilierende Blattfläche der Pflanzen, bezogen auf die Bodenfläche, auf der die Pflanzen wachsen; die Angabe erfolgt jeweils in m² Blattfläche/m² Bodenfläche; Beispiele:

tropischer Regenwald	6–16,6
regengrüner Wald	6–10
sommergrüner Wald	3–12
Chaparral	4–12
Mischwald	5–14
Tundra	0,5– 1,3
tropisches Grasland	1– 5
Kulturland	4–12

Lebendbau: Teilgebiet des Landschaftsbaus, der Pflanzen, Pflanzenteile und Pflanzengemeinschaften als lebende Bauelemente verwendet; z. B. zur Bepflanzung von Hängen und Böschungen, um eine Wassererosion zu verhindern, zum Uferschutz und zur Festigung von Dünen und Hängen; auch zur biologischen Sicherung von Deponien.

Lebensformen: verschiedene Gruppen von Organismen, die infolge ähnlicher Umweltbedingungen gleiche Anpassungserscheinungen aufweisen. Die Klassifikation kann hierbei nach verschiedenen Gesichtspunkten erfolgen:

Bei den *Pflanzen* wird häufig das von dem dänischen Botaniker Christen Raunkiaer (* 1860, † 1938) entwickelte System verwendet, das als Grundlage die Lage der Erneuerungsknospen während der ungünstigen Jahreszeit nimmt. Danach unterscheidet man die 5 Hauptgruppen: ↑ Phanerophyten, ↑ Chamäphyten, ↑ Hemikryptophyten, ↑ Kryptophyten und ↑ Therophyten.

Andere Systeme basieren z. B. auf den Anpassungen an den Wassergehalt (Wasserpflanzen, Sumpfpflanzen, Feuchtigkeitspflanzen usw.), an Bodenfaktoren (Kalkpflanzen, Salzpflanzen usw.), an den Lichtfaktor (Sonnenpflanzen, Schattenpflanzen) oder auf speziellen Ernährungsweisen (Schmarotzer, fleischfressende Pflanzen usw.).

Bei den *Tieren* beziehen sich L. z. B. auf gleiche Ernährungsweise (Räuber,

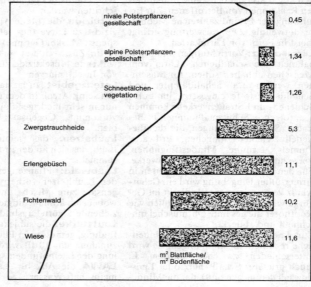

Leaf-area-Index. Blattflächenindex verschiedener Pflanzengesellschaften in einer Höhenstufenfolge

Leuchtsymbiose

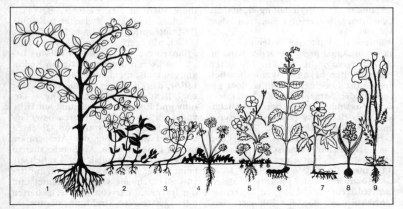

*Lebensformen. Schematische Darstellung der Lebensformen von Pflanzen.
1 Phanerophyt; 2 und 3 Chamäphyten; 4, 5 und 6 Hemikryptophyten;
7 und 8 Kryptophyten; 9 Therophyten. Die überdauernden Teile sind dunkel
gezeichnet (nach Walter)*

Strudler, Schmarotzer usw.), gleiche Bewegungsart (Wurmgestalt, Fischgestalt usw.) oder gleichen Aufenthaltsort (Schlammbewohner, Holzbewohner).
Lebensformenspektrum [Syn.: biologisches Spektrum]: die jeweils für bestimmte Vegetationszonen oder Gebiete charakteristische Angabe der Verbreitung der einzelnen ↑ Lebensformen (in %) in bezug auf die gesamte Artenzahl.
Lebensgemeinschaft: svw. ↑ Biozönose.
Lebensraum: svw. ↑ Biotop.
Lehrpfade: [Rund]wanderwege, die sich mit einem (oder mehreren) naturwissenschaftlichen, forstkundlichen, landwirtschaftlichen oder kulturhistorischen Thema befassen, das auf Schautafeln erläutert wird. Die Mehrzahl der L. befaßt sich mit den Pflanzen und Tieren des Waldes. Es gibt auch spezielle L. z. B. über Vogelkunde und -schutz, Ökosysteme, Baumkunde.
Außer den L.n gibt es auch **Lehrgebiete**, wie z. B. das waldgeschichtliche Wandergebiet im Nationalpark Bayerischer Wald oder den Naturlehrpark im Naturpark Schwalm-Nette, mit geologischen, bodenkundlichen, pflanzenkundlichen und vegetationskundlichen Lehrpfaden.

Leitart: svw. ↑ Charakterart.
Leitform: svw. ↑ Charakterart.
Leitpflanze: in der Pflanzensoziologie ↑ Charakterart.
lenitischer Bezirk [zu lat. lenitas = Milde, Langsamkeit]: der durch ruhiges oder langsam fließendes Wasser und (meist) das Vorhandensein eines Pflanzenbestandes gekennzeichnete Uferbereich von Gewässern. – Gegensatz: ↑ lotischer Bezirk.
Lestobiose, die [zu griech. lēstés = Räuber und griech. bíos = Leben]: andere Bez. für ↑ Kleptobiose.
Letaldosis, die [aus lat. letalis = tödlich ‖ Abk.: LD]: diejenige Menge einer schädigenden Substanz bzw. Strahlung, die (an Tieren getestet) zum Tode führt. Eine Indexzahl (z. B. LD_{50}) gibt die, meist auf das Körpergewicht bezogene, Giftmenge an, bei der beispielsweise 50 % der Versuchstiere sterben.
Leuchtsymbiose: bei Tiefseefischen, Feuerwalzen und Tintenfischen vorkommende Symbiose mit Leuchtbakterien, die in besonderen Organen (Leuchtorganen) leben. Diese drüsenartigen oder sack- oder röhrenförmigen Strukturen sind immer über eine Öffnung (Porus, Darm) mit der Außenwelt

L-Horizont

verbunden. Die Besiedelung durch die Leuchtbakterien erfolgt meist aus dem Meerwasser.

Während die Bakterien in den Leuchtorganen optimale Bedingungen vorfinden, ist der biologische Nutzen für deren Partner selten bekannt. Wahrscheinlich dienen die Leuchteffekte hpts. dem Erkennen der Artgenossen (insbesondere dem Zusammenfinden der Geschlechter), dem Beutefang (z. B. Anglerfische) und der Abschreckung von Verfolgern.

L-Horizont: die oberste, weitgehend aus unzersetztem organischem Material bestehende Schicht einer Humusdecke (↑ Humus, ↑ Boden).

Lichtatmung: svw. ↑ Photorespiration.

Lichtblätter: svw. ↑ Sonnenblätter.

Lichtkeimer: Bez. für Pflanzenarten, deren Samen unter sonst günstigen Bedingungen (wie ausreichende Feuchtigkeit und Temperatur) nur im Licht keimen; z. B. der Blutweiderich (Lythrum salicaria), Binsen, Tabak. Das Phänomen der Lichtkeimung gehört zu den durch ↑ Phytochrom gesteuerten ↑ Photomorphosen. – Gegensatz: ↑ Dunkelkeimer.

Lichtkompensationspunkt: diejenige Beleuchtungsstärke für grüne Pflanzen, bei der die ↑ Photosynthese die Atmungsrate gerade kompensiert, äußerlich also kein Gaswechsel feststellbar ist (Nettophotosynthese = 0). Der L. liegt bei ↑ Schattenpflanzen oder ↑ Schattenblättern wesentlich niedriger als bei ↑ Lichtpflanzen oder ↑ Sonnenblättern. Deshalb können Schattenpflanzen im Gegensatz zu Sonnenpflanzen in Lebensräumen mit geringer Lichtintensität noch eine ↑ Nettoproduktion aufweisen.

Lichtpflanzen: Pflanzen, die im Gegensatz zu den ↑ Schattenpflanzen zum Erreichen der „Lichtsättigung", d. h. der größtmöglichen Photosyntheseaktivität (gemessen am CO_2-Verbrauch), eine hohe Lichtintensität benötigen; z. B. viele Süßgräser (Mais, Sorghumhirse, Bartgräser u. a.), Gänsefußgewächse, Mauerpfeffer, Wiesensalbei, Hängebirke. Extreme Lichtpflanzen sind die ↑ Heliophyten.

Lichtsättigung: die Beleuchtungsstärke, oberhalb deren die ↑ Nettophotosyn-

these nicht mehr zunimmt. Bei ↑C_3-Pflanzen liegt die L. zwischen 5 Kilolux (↑ Schattenpflanzen) und 80 Kilolux (↑ Lichtpflanzen), während bei den ↑C_4-Pflanzen die Werte über 80 Kilolux liegen und somit unter natürlichen Bedingungen meist nicht erreicht werden.

Lidar, das ['li:dar, engl. 'laɪdɑ ‖ Abk. für engl. **l**ight **d**etecting **a**nd **r**anging = Ortung und Entfernungsmessung mit Hilfe von Lichtstrahlen]: Verfahren bzw. Gerät zur Rückstrahlortung von Objekten bzw. zur Sondierung der Atmosphäre mittels Laserstrahlen. Als Sender dienen leistungsstarke Impulslaser. Ähnlich wie beim Radar wird der Laserstrahl auf das zu untersuchende Objekt gerichtet und die Intensität der von ihm reflektierten oder gestreuten Strahlung photoelektrisch gemessen.

Die im Vergleich zum Radar kleine Wellenlänge erlaubt die Ortung kleinster Partikel in der Atmosphäre; somit können Wolken-, Staubschichten, Dunst oder Rauchfahnen erfaßt sowie ihre Dichteverteilung und Ausbreitung untersucht werden. Mit L.systemen sind Fernmessungen von Luftverunreinigungen über Entfernungen bis zu mehreren Kilometern von der Meßstation erreicht worden.

lignikol [zu lat. lignum = Holz und lat. colere = bewohnen]: im Holz lebend; von Tieren gesagt (z. B. Bockkäfer, Borkenkäfer, Holzwespen).

Lignivoren, die (Mehrz.) [Einz.: der Lignivore ‖ zu lat. lignum = Holz und lat. vorare = fressen]: svw. ↑ Xylophagen.

limikol [zu lat. limus = Schlamm und lat. colere = bewohnen]: schlammbewohnend, im Schlamm lebend; auf Tiere (z. B. viele Ringelwürmer) bezogen.

limn-: Wortbildungselement (↑ limno-).

limni-: Wortbildungselement (↑ limno-).

Limnion, das [zu ↑ limno-]: der Bereich des freien Wassers bei ↑ Seen. – ↑ auch Gewässerregionen.

limnisch [zu ↑ limno-]: im Süßwasserbereich vorkommend; auf Pflanzen, Tiere und Sedimente bezogen.

limnikol [zu ↑ limno- und lat. colere = bewohnen]: im Süßwasser lebend; von Organismen gesagt.

Litoriprofundal

limno-, auch mit lat. Fugenvokal: **limni-,** vor Vokalen: **limn-** [aus griech. límnē = See, Teich]: in Zus. und Abl. mit der Bed. „See, Gewässer; Süßwasser (als Lebensraum)"; z. B. Limnobios, limnikol, limnisch.

Limnobẹnthos, das [↑limno-]: das ↑Benthos der Süßgewässer.

Limnobịos, der [↑limno- und griech. bíos = Leben]: die Organismenwelt des Süßwassers. – Gegensatz: ↑Halobios.

Limnokrẹne, die [↑limno- und griech. krḗnē = Quelle]: Bez. für ↑Quellen, die zunächst einen kleinen See bilden, bevor das Wasser abfließt.

Limnologie, die [↑limno- und ↑-logie ‖ Syn.: Süßwasserbiologie]: Teilgebiet der Hydrobiologie; befaßt sich mit den Süßgewässern und deren Organismen (↑auch Gewässerregionen). Zur angewandten L. zählen v. a. die Fischereibiologie (soweit sie das Süßwasser betrifft) sowie die Trinkwasser- und die Abwasserbiologie (als hygienische L.).

limnophil [↑limno- und ↑-phil]: Gewässer ohne Strömung bzw. mit nur sehr schwacher Strömung als Aufenthaltsort bzw. Lebensraum bevorzugend; von Organismen gesagt.

Limnoplạnkton, das [↑limno- und ↑Plankton]: die Gesamtheit der freischwimmenden Kleinlebewesen des Süßwassers. Das L. setzt sich v. a. aus Bakterien, Geißeltierchen, Kiesel- und Grünalgen, Rädertierchen und Kleinkrebsen zusammen.

Limnostygạl, das [zu ↑limno- und griech. Stýx, Stygós = Fluß in der Unterwelt]: in der *Limnologie* Bez. für den vom Grundwasser durchdrungenen Lebensraum der im Lückensystem der Uferböden stehenden Süßgewässer. Die für das L. charakteristische Lebensgemeinschaft wird als **Limnostygon** bezeichnet (besonders Rädertierchen, Bärtierchen, Fadenwürmer, Ruderfußkrebse).

Limnostygon, das: ↑Limnostygal.

Lindan, das [Kunstwort]: Bez. für das als Insektizid besonders wirksame γ-Isomere des ↑Hexachlorcyclohexans.

lith-: Wortbildungselement (↑litho-).

Lithion, das [zu ↑litho-]: die Tierwelt im Hartboden des Landes und von Gewäs-

sern; in Abgrenzung zum ↑Psammon der Sandböden und ↑Pelon der Weichböden. Das L. wird untergliedert in ↑Epilithion, ↑Mesolithion und ↑Endolithion.

litho-, vor Vokalen: **lith-** [aus griech. líthos = Stein]: in Zus. und Abl. mit der Bed. „Stein, Gestein"; z. B. lithophag, Lithion.

Lithobịom, das [zu ↑litho- und griech. bíos = Leben]: Bez. für die Lebensräume der Stein- und Felsböden.

lithophag [zu ↑litho- und griech. phageīn = essen]: sich in Gestein hineinfressend; von manchen Tieren (z. B. Bohrmuscheln, Bohrschwämme, Seeigel) gesagt.

lithophil [↑litho- und ↑-phil]: nennt man Pflanzen und Tiere, die bevorzugt an Steinen vorkommen; v. a. Flechten, Moose, Schnecken und Spinnen.

Lithosol, der [↑litho- und lat. solum = Boden, Erdboden]: ↑Rohboden.

Lithosphäre, die [↑litho- und griech. sphaĩra = Kugel, Erdkugel]: Bez. für die 70–120 km dicke Gesteinshülle der Erde; sie umfaßt die Erdkruste und den oberen Bereich des Erdmantels.

Lithotẹlma, das [↑litho- und griech. télma = stehendes Wasser, Sumpf]: ein ↑Mikrogewässer.

lithotroph [↑litho- und ↑-troph]: nennt man Organismen, die im Energiestoffwechsel anorganische Substanzen (z. B. Wasser, Ammoniak, Schwefelwasserstoff, Schwefel) als Wasserstoffdonatoren verwenden. – Gegensatz: ↑organotroph.

Lithotrophie, die: die Ernährungsweise ↑lithotropher Organismen.

Litorạ̈a, die [zu lat. litus, litoris = Strand]: der Landschaftstyp der Flachmoore, Überschwemmungs- und Sumpfgebiete, Küsten und Ufer. Die L. ist gekennzeichnet durch Wasser- und Nährstoffreichtum. Trotz der Lage in verschiedenen Klimazonen der Erdteilen weisen die an sie angepaßten Pflanzen und Tiere viele Gemeinsamkeiten auf.

Litoral, das [zu lat. litus, litoris = Strand]: der Uferbereich der Gewässer (↑Gewässerregionen).

Litoriprofundạl, das [lat. litus, litoris = Strand und ↑Profundal]: die unterhalb des Infralitorals gelegene Bodenre-

159

Lockstoffe

gion stehender Süßgewässer (↑Gewässerregionen). Bedingt durch Wasserströmungen, sammeln sich im L. häufig tote Muschel- und Schneckenschalen an; daher wird das L. auch **Schalenzone** genannt.

Lockstoffe: bestimmte Duftstoffe (↑Attraktanzien).

-logie [zu griech. lógos = Rede; Wort; Vernunft]: in Zus. mit der Bed. „Lehre, Wissenschaft"; z. B. Hydrologie.

London-Smog ↑Smog.

Los-Angeles-Smog [lɔs'ɛndӡələs...]: ↑Smog.

lotischer Bezirk [zu lat. lotus = gewaschen, ausgewaschen]: Bereich mit starker lokaler Wasserbewegung, wie z. B. in der Brandungszone oder im Sturzbach. Die hier lebenden Tiere haben meist einen hohen Sauerstoffbedarf und zeigen morphologische Anpassungen an die starken Wasserbewegungen (z. B. Saugnäpfe). – Gegensatz: ↑lenitischer Bezirk.

Luftplankton [Syn.: Aeroplankton]: Gesamtheit der im Luftraum ohne nennenswerte Eigenbewegung frei schwebenden Organismen bzw. deren Fortpflanzungszellen; z. B. Bakterien, Sporen, Pollen, pflanzliche Samen, bestimmte kleine Insekten.

Luftqualität: Beschaffenheit der Luft, gekennzeichnet durch die jeweilige Konzentration der Luftbeimengungen. Die L. wird festgelegt durch bestimmte Grenz- und Beurteilungswerte je Schadstoff auf der Basis der TA Luft. Die L. wird mittels besonderer Meßnetze überwacht.

Luftreinhalteplan: in ↑Belastungsgebieten für auftretende oder zu erwartende schädliche Umwelteinwirkungen durch Luftverschmutzungen zum vom zuständigen Landesbehörde aufzustellender Plan. Im L. müssen Art und Umfang dieser Luftverunreinigungen festgelegt und Schutzmaßnahmen dagegen vorgesehen sein. Luftreinhaltepläne sind bisher nur für einige Belastungsgebiete aufgestellt.

Luftreinhaltung: Teilgebiet des Umweltschutzes, das sich mit gesetzlichen Maßnahmen und technischen Entwicklungen zur Verringerung der Schadstoffimmissionen befaßt. Im Bundesimmis-

sionsschutzgesetz vom 15. 3. 1974 sind die wichtigsten Vorschriften, in der ↑TA Luft konkrete technische Verfahren zu ihrer Realisierung enthalten. Regelmäßige Überwachung der Luftverunreinigung durch physikalisch-chemische Meßmethoden und Beobachtung von ↑Bioindikatoren ermöglichen die Erstellung eines Immissionskatasters.

Nach dem Verursacherprinzip ist der Emittent für die Durchführung von Maßnahmen zur Verringerung der Schadstoffimmissionen verantwortlich. Zu diesen technischen Maßnahmen gehören z. B. die elektrostatische Entstaubung, der Einsatz von Katalysatoren, die Einschränkung des Lösungsmittelverbrauchs in Lacken, der Ersatz der Chlorfluorkohlenwasserstoffe als Treibmittel in Sprühdosen durch andere Stoffe. – Nach einem Smogplan können für bestimmte Gebiete bei ↑Inversionswetterlagen Kraftfahrzeugverkehr und Betrieb von Feuerungsanlagen eingeschränkt werden.

Luftüberwachung: Überwachung der ↑Luftqualität. Für besonders belastete Gebiete und für Einwirkungsbereiche emittierender Anlagen sind in der TA Luft sowie in der „Vierten Verordnung zur Durchführung des Bundes-Immissionsschutzgesetzes" Maßnahmen zur L. festgelegt.

L. im Sinne des Strahlenschutzes ist die Messung der Radioaktivität der Luft. Nach der Strahlenschutzverordnung ist eine L. in der Umgebung von Kernkraftwerken, Teilchenbeschleunigern, Lagerstätten radioaktiver Abfälle und Anwendungsstätten radioaktiver Nuklide vorgeschrieben.

Luftverunreinigung [Syn.: Luftverschmutzungen]: allg. Bez. für sämtliche festen, flüssigen und gasförmigen Substanzen, die die natürliche Zusammensetzung der Luft verändern, d. h. in der sog. „reinen" Luft nicht oder nur in äußerst geringen Mengen enthalten sind (Rauch, Ruß, Staub, Gase, Aerosole, Dämpfe oder Geruchsstoffe). Derartige Stoffe können durch natürliche Vorgänge (biologische Abbauprozesse, Vulkanausbrüche, Staubstürme) oder durch menschliche Tätigkeit (insbesondere

Luftverunreinigungen

durch Verbrennungsprozesse in Heizungen, Kraftwerken u. a., Kfz-Abgase, Kernwaffenversuche) in die Luft gelangen, wo sie sich bis zu einem gewissen Grad infolge der natürlichen Konvektion meist rasch verteilen und damit z. B. den biologischen Verarbeitungsprozessen (v. a. durch Bodenbakterien) zugeführt werden.

L. sind v. a. Stäube, Schwefeloxide (bes. SO_2), Schwefelwasserstoff, Stickstoffoxide (bes. NO und NO_2), Ammoniak, Kohlenoxide (CO und CO_2), Kohlenwasserstoffe und Ozon; daneben können örtlich Chlorwasserstoff, Fluorverbindungen, Chlor u. a. auftreten.

Durch Reaktionen in der Atmosphäre entstehen zuweilen schädliche Verbindungen, z. B. durch Oxidation von Schwefeldioxid (SO_2) zu Schwefeltrioxid (SO_3) der ↑ saure Regen; durch photochemische Reaktionen können die ↑ Photooxidanzien entstehen.

Zu einem großen Problem wurden die L. in den letzten Jahrzehnten, weil mit steigender Bevölkerungsdichte, zunehmender Industrialisierung, größerer Verkehrsdichte usw. die Konzentration der L. über Ballungs- und Industriegebieten stark ansteigt und häufig Werte erreicht, bei denen Beeinträchtigungen und Schädigungen bei Mensch, Tier und Pflanzen, bei Bauwerken u. a. auftreten. Eine Erhöhung der Konzentration kann durch vermehrte Zufuhr, örtlich begrenzt auch durch bestimmte Wetterlagen (Inversion), die die rasche Verteilung der L. verhindern, bewirkt werden. – ↑ auch Luftreinhaltung.

Der *Kohlendioxidgehalt der Erdatmosphäre* zeigt in mittleren Breiten (v. a. der nördlichen Halbkugel) deutliche jahreszeitliche Schwankungen, die parallel zur Intensität der pflanzlichen Photosynthese verlaufen (bedingt durch die Entnahme von Kohlendioxid aus der Atmosphäre während der Zeit pflanzlichen Wachstums und die Abgabe in den Herbst- und Wintermonaten). Daneben wird seit Jahren eine erhebliche Zunahme des Kohlendioxidgehalts der Atmosphäre beobachtet, für die bisher v. a. die ständig steigende Verbrennung fossiler Brennstoffe (Kohle, Erdöl, Erdgas) verantwortlich gemacht wurde, an der jedoch vermutlich auch andere Ursachen mitwirken (u. a. Abholzung großer Waldgebiete).

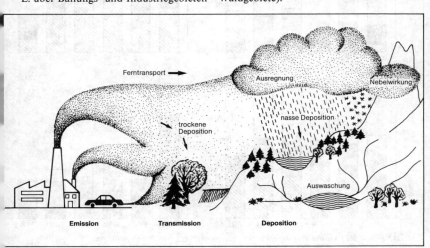

Luftverunreinigungen. Die räumliche Trennung von Emission, Transmission und Deposition atmosphärischer Verunreinigungen

lunarperiodische Erscheinungen

Da die Kohlendioxidmoleküle Infrarotstrahlung absorbieren und in Wärme umwandeln können, führt bereits eine geringfügige Zunahme an Kohlendioxid zu einer Erhöhung der durchschnittlichen Lufttemperatur († auch Glashauseffekt).
Die ersten Messungen des Kohlendioxidgehalts der Atmosphäre zu Beginn der industriellen Entwicklung ergaben eine Kohlendioxidkonzentration von 290 ppm; bis heute stieg dieser Wert auf 350 ppm an, mit einer jährlichen Zuwachsrate von 1,5 ppm. Nach heutigen Kenntnissen nimmt die globale Durchschnittstemperatur pro 18% Erhöhung des Kohlendioxidgehalts um 0,5 °C zu; bis zum Jahr 2000 dürfte sie demnach um 1 °C zunehmen. Der Grund dafür, daß eine Temperaturerhöhung noch nicht beobachtet wurde, wird in der gleichzeitig zunehmenden Verschmutzung der Atmosphäre durch Staubpartikel in höheren Luftschichten vermutet, durch die die Sonneneinstrahlung vermindert wird.

lunarperiodische Erscheinungen [zu lat. luna = Mond]: endogene Rhythmen († zirkadiane Rhythmik), die synchron mit dem 29,5tägigen Mondphasenwechsel bzw. den halb so langen Zyklen von Spring- und Nipptiden († Tiden) an Meeresküsten verlaufen. 2- oder 4wöchige Fortpflanzungsrhythmen treten u. a. bei der Braunalge Dictyota dichotoma, bei der Zuckmückengattung

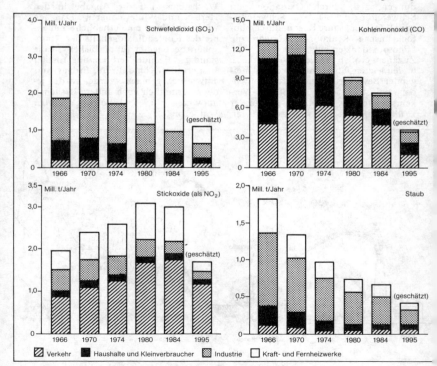

Luftverunreinigungen. Ausgewählte Emissionen über dem Gebiet der BR Deutschland nach Verursachergruppen

Makroklima

Clunio und bei dem Vielborster Platynereis megalops auf.

Für die Zeitmessung werden 2 Systeme angenommen, weil beim Fisch Grunion (Leuresthes tenuis) die Hochwasserzeit, bei der Zuckmücke Clunio marinus die Niedrigwasserzeit gewählt wird. Beim Samoa-Palolowurm (Eunice viridis) nimmt man sogar 3 Zeitmeßsysteme an, weil neben der Mondphase und der Tageszeit eine jahreszeitliche Begrenzung auf die Monate Oktober und November für die Freisetzung der Geschlechtsprodukte stattfindet. – L. E. werden auch beim Menschen vermutet.

lyma- [griech. lȳma = Verunreinigung, Schmutz]: in Zus. mit der Bed. „Schlamm, Abwasser"; z. B. lymabiont.

lymabiont [zu ↑lyma- und griech. bíos = Leben]: nennt man Organismen, die nur im Faulschlamm oder im Abwasser existieren können; z. B. einige Bakterien, Pilze und Schlammröhrenwürmer.

lymaphil [↑lyma- und ↑-phil]: nennt man Organismen, die bevorzugt in Abwässern oder Faulschlamm vorkommen.

lymaxen [zu ↑lyma- und griech. xénos = fremd; Gast]: nennt man Organismen, die nur zufällig in Kläranlagen vorkommen.

M

Macchie, die ['makiə ‖ italien., eigtl. = Fleck (von gleichbed. lat. macula); die Büsche auf den kahlen Hängen erscheinen dem Auge wie Flecken]: Gebüschformation der feuchteren, küstennahen Hügel- und niederen Gebirgslagen des Mittelmeergebietes; gebildet aus Sträuchern und niederen Bäumen (1–5 m hoch) mit immergrünen, derben oder nadelförmigen Blättern (Hartlaubgehölze, Echter Lorbeer, Zistrosen). Daneben treten Dornsträucher, Lianen und wenige Stauden auf. Mit zunehmender Trockenheit geht die M. in heideartige Strauchformationen über (↑Garigue).
Die M. wird z. T. als Ersatzvegetation für in früherer Zeit gerodete Wälder angesehen. – Der M. entspricht in Amerika der ↑Chaparral.

Magerwiese ↑Wiese.

Mahd, die: das Mähen von Getreide und Gras; auch Bez. für das Gemähte (Heu oder Getreide). Die M. verhindert im Biotop Wiese das Aufkommen von Holzgewächsen; sie wird nur von Arten toleriert, die sich an der Basis verzweigen und zugleich ein hohes Regenerationsvermögen besitzen, z. B. von Gräsern, Klee und krautigen Rosettenpflanzen wie Gemeiner Löwenzahn und Wegerich.

Mähwiese ↑Wiese.

makro- [aus griech. makrós = lang, groß]: in Zus. mit der Bed. „groß, umfassend"; z. B. Makroklima.

Makrochore, die [...'ko:rə ‖ ↑makro-]: eine Einheit zur Gliederung der Naturräume (↑Chore).

Makroelemente [↑makro-]: zu den Bioelementen gehörende chemische Elemente, die am Aufbau der Körpersubstanz von Menschen, Tieren und Pflanzen beteiligt sind und dabei den größten Massenanteil ausmachen: Wasserstoff, Kohlenstoff, Stickstoff, Sauerstoff, Phosphor, Schwefel, Kalium, Magnesium, Calcium.
Menschen und Tiere nehmen diese Elemente mit der Nahrung auf, Pflanzen aus dem Boden. Einige M. (Stickstoff, Phosphor, Schwefel, Kalium, Magnesium, Calcium) müssen dem Boden durch Düngung zugeführt werden, wenn ihre Menge nicht mehr ausreicht.

Makrofauna [↑makro-]: ↑Fauna.

Makroklima, das [↑makro-]: das von der Tätigkeit der Lebewesen weitgehend unabhängige Klima einer Landschaft, einer Großregion, eines Kontinents oder einer Zone.
Die Charakterisierung eines M.s erfolgt anhand der Messungen der Klimafaktoren in 2 m Höhe. Die von den lokalen Bedingungen stark abhängige untere

Luftschicht († Mikroklima) wird nicht berücksichtigt.

MAK-Wert [ɛm'a:'ka:... ‖ MAK ist Abk. für: **m**aximale **A**rbeitsplatz**k**onzentration]: für den Umgang mit chemischen Stoffen ermittelte Grenzkonzentration, die nach dem jeweiligen Stand des Wissens als erträgliche oder zumutbare (nicht gesundheitsschädliche) Höchstkonzentration für einen gas-, dampf- oder staubförmigen Stoff am Arbeitsplatz bei täglich 8stündiger Arbeit angesehen werden kann.

MAK-Werte werden bei 20 °C und 1 bar gemessen und in ppm (d. h. cm^3/m^3) oder mg Substanz je m^3 Luft angegeben. Substanzen, die nicht nur durch Einatmen, sondern auch durch Hautresorption vom Organismus aufgenommen werden, kennzeichnet man mit dem Zusatz H.

MAK-Werte sind z. Zt. für fast 500 Substanzen festgesetzt. Für chemische Stoffe mit karzinogener oder mutagener Wirkung werden keine MAK-Werte, sondern sog. technische Richtkonzentrationen († TRK-Werte) angegeben.

Malakophyllen, die (Mehrz.) [ohne Einz. ‖ griech. malakós = weich, zart und griech. phýllon = Blatt]: zu den † Xerophyten gehörende Pflanzen meist semiarider Gebiete. Charakteristisch sind die (im Gegensatz zu den † Hartlaubgewächsen) weichen Blätter, die meist als Verdunstungsschutz einen dichten Filz besitzen und bei denen die osmotischen Werte während der Trockenzeit sehr hoch ansteigen können. Beispiele: Thymian, Steinlorbeer, Lavendel und Zistrosen.

Mangrove, die [aus engl. mangrove, zu span. mangle = eine Mangroveart und engl. grove = Gehölz]: Bez. für die immergrüne, bis 20 m hohe Vegetation im Gezeitenbereich flacher, oft sandiger, geschützter Küstenzonen der Tropen, die zweimal am Tag vom Salzwasser überflutet wird und bei Ebbe weitgehend trockenfällt.

Charakteristische Anpassungen an den Standort sind: als Haftorgane dienende, ein dichtes Geflecht bildende, hohe Stelzwurzeln; schwimmfähige, lange keimfähige Früchte; Atemwurzeln bzw. Salzdrüsen als Folge des sauerstoffarmen, salzhaltigen Bodens. Daneben wächst bei vielen Arten der Embryo der reifenden Samen schon auf der Mutterpflanze zu einem Keimling mit einer Primärwurzel heran (echte Viviparie), der sich nach der Ablösung von der Mutterpflanze in den Boden bohrt.

An der M. sind rund 20 Holzgewächse beteiligt, deren Zahl in den einzelnen Beständen mit Entfernung vom Äquator abnimmt. Florenbestimmend sind u. a. die Gattung Mangrovebaum (Rhizopho-

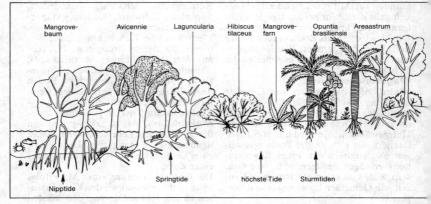

Mangrove. Zonierung der brasilianischen Mangrove vom Meer landeinwärts

Meeresverschmutzung

ra) und Arten der Familien Eisenkrautgewächse und Sonneratiaceae.

Wegen des widerstandsfähigen Holzes hat die M. durch starke Holznutzung hohe Einbußen erlitten. Als Gegenmaßnahme werden daher in einigen Ländern bedrohte Bestände unter Schutz gestellt.

Marasmine, die (Mehrz.) [Einz.: das Marasmin ǁ zu griech. marasmós = Schwachwerden, Abnahme der Lebenskraft]: von Pilzen produzierte Phytotoxine, die bei Pflanzen Welkekrankheit hervorrufen.

marin [aus gleichbed. lat. marinus]: zum Meer gehörend, aus dem Meer stammend; im Meer lebend.

Marsch, die [niederdt.]:

◊ durch natürliche oder künstliche Verlandung von Meereswatten an Flachküsten entstandener Alluvialboden aus mit organischem Material durchsetzten sandigen und tonigen Ablagerungen.

◊ Bez. für die Landschaften, die sich auf den obengenannten Böden entwickelt haben. Zunächst entstehen nach der Verlandung Salzwiesen mit ↑ Halophyten; später folgen nach Auswaschung des Salzes die Süßgraswiesen. Die Böden sind dann für den Ackerbau geeignet.

Massentierhaltung: technisierte Tierhaltung in Großbetrieben zur industriemäßigen tierischen Produktion auf engem Raum; in der BR Deutschland Eierproduktion (Legebatterie), Hähnchen- und Schweinemast. Problematisch ist hierbei v. a. der Gesundheitszustand der Tiere, da wichtige normale Verhaltensmechanismen blockiert werden.

Umweltbeeinträchtigungen ergeben sich aus dem Abfallproblem und dem Problem der Geruchsbelästigung. Der Verschmutzungsgrad des Abwassers z. B. aus der Schweinehaltung wird je Tier auf 2 Einwohneräquivalente geschätzt (ein Huhn 0,1). Der Grad der Luftverunreinigung durch Schadgase wie Ammoniak und Schwefelwasserstoff ist zwar gering, gleichwohl können organische gasförmige Verbindungen (wie Mercaptan aus der Stallabluft) für die Umgebung eine starke Belästigung darstellen.

Massenvermehrung [Syn.: Gradation]: zeitlich begrenzte Übervermeh-

rung einer Organismenart (bes. bei Insekten), also eine Periode, in der die Populationsdichte den Normalbestand weit übertrifft.

Die Wissenschaft von der M. bei verschiedenen Tierarten (von wirtschaftlicher Bedeutung bei Schädlingen) heißt **Gradationslehre (Gradologie).** – ↑ auch Fluktuation, ↑ Populationsdynamik.

Massenwechsel: svw. ↑ Fluktuation.

maximale Arbeitsplatzkonzentration ↑ MAK-Wert.

maximale Immissionskonzentration ↑ MIK-Wert.

Meer: die durch die Kontinente und Inseln in die drei großen Ozeane und ihre Nebenmeere gegliederten Wassermassen der Erde (↑ Weltmeer).

Meeresverschmutzung: die Verunreinigung des Meerwassers, des Meeresbodens und der Meeresstrände durch feste, flüssige und gasförmige Schadstoffe.

Die größte Schmutzmenge gelangt mit den Flüssen ins Meer. Der *Rhein* z. B. bringt (nach Schätzungen, 1980) jährlich rund 170 000 t Nitrate, 50 000 t Phosphate, 20 000 t Zink, 2 000 t Blei, 500 t Cadmium, 80 t Quecksilber und viele andere organische und anorganische Stoffe in gelöster Form in die Küstengewässer. Gerade dort aber lebt der Großteil der Meerestiere und -pflanzen.

Die meist parallel zur Küste verlaufende Strömung verhindert eine weiträumige Durchmischung der Wasserschichten, so daß der Konzentrationsabbau der Schadstoffe nur relativ langsam erfolgt. Außer den Küstengewässern sind v. a. die verhältnismäßig abgeschlossenen und nicht sehr tiefen Meere gefährdet, wie z. B. die Nord- und Ostsee.

Die Gift- und Abfallstoffe gelangen nicht nur durch die Flüsse, sondern auch durch direkte Einleitungen an der Küste, durch das Einbringen von Abfällen (z. B. Verklappung von Abfallstoffen von Schiffen) und durch das Auswaschen von Schadstoffen aus der Atmosphäre in die Meere. Gesicherte Erkenntnisse über die Höhe des atmosphärischen Eintrags und seine Verteilung auf Einzelstoffe oder Stoffgruppen gibt es bis jetzt jedoch nicht. Die Verschmut-

Megachore

zung durch die Schiffahrt ist ein weiterer Faktor; denn die Schiffe geben fast sämtliche Abfälle und Abwässer ungeklärt (ohne vorherige Reinigung) ins Meer.

Aus dem steigenden Anteil der Schwermetalle im Meerwasser (v. a. Cadmium, Quecksilber und Blei) und der Pestizide sowie der nicht abbaubaren organischen Verbindungen ergeben sich besondere Gefahren, weil diese sich z. B. in Fischen, Krebsen und Muscheln übermäßig anreichern, die dann vom Menschen gegessen werden. Mit den ungereinigten Abwässern gelangen auch Krankheitserreger ins Meerwasser.

Die *Nordsee* ist eines der am stärksten verschmutzten Meere der Erde. Man schätzt, daß jährlich rund 1,3 Mill. t organische Stoffe eingeleitet werden. Etwa 30% davon sind direkte Ableitungen kommunaler und industrieller Abwässer, etwa 70% werden mit den Flüssen (v. a. Rhein, Schelde und Elbe) mitgeführt. Daneben werden jährlich rund 8,3 Mill. t Klärschlamm und etwa 9 Mill. t Industrieabfälle (v. a. Dünnsäuren aus der Titandioxidproduktion, Abfallsäuren aus der chemischen Industrie, Abwässer aus dem Kohlebergbau und Asche von Kraftwerken) von Schiffen aus in der Nordsee verklappt.

In der *Ostsee* ist die Situation bezüglich der eingeleiteten Mengen besser; die Wassererneuerung der Ostsee ist jedoch viel geringer, und damit ist die Verschmutzungsgefahr ebenso groß.

Die zunehmende M. hat die Regierungen der meisten Industriestaaten veranlaßt, neue Bestimmungen zur Abfall- und Abwasserbeseitigung zu erlassen. Ein **Abkommen zum Schutz der Meere** gegen jede Verschmutzung durch Abwässer oder Abfälle trat im August 1976 in Kraft und wurde bisher von mehr als 30 Staaten ratifiziert. – ↑auch Ölpest. – Abb. S. 133.

Megachore, die [...'ko:rə ‖ griech. mégas = groß]: eine Einheit zur Gliederung der Naturräume (↑Chore).

Megafauna [griech. mégas = groß]: ↑Fauna.

Mehrwegverpackung: Bez. für Verpackungen, die für einen mehrmaligen

Gebrauch geeignet sind (z. B. Pfandflasche).

Meiofauna [griech. meíōn = kleiner]: ↑Fauna.

Melanismus, der [zu griech. mélas, Genitiv: mélanos = schwarz]: durch **Melanine** (gelbliche bis braune oder schwarze Pigmente) bewirkte Dunkelfärbung der Körperoberfläche, z. B. der menschlichen Haut oder der Haare von Säugetieren.

Evolutionsbiologisch interessant ist der bei Tieren in Industriegebieten vorkommende **Industrie-M.:** Als Folge der v. a. durch Ruß bedingten dunklen Färbung des Untergrundes sind dunklere Varietäten vor ihren Feinden besser geschützt als hellere Individuen derselben Art, was einen Selektionsvorteil darstellt.

Melioration, die [aus spätlat. melioratio = Verbesserung ‖ Syn.: Bodenverbesserung]: zusammenfassende Bez. für technische Maßnahmen, die zur Werterhöhung des Bodens bzw. zur nachhaltigen Ertragsverbesserung von land- und forstwirtschaftlich genutzten Flächen führen; u. a. Urbarmachen von Ödland, Waldrodung, Be- und Entwässerung.

meliphag [zu griech. méli = Honig und griech. phageīn = essen]: nennt man Tiere, die sich von Honig ernähren; z. B. die Larve der Bienenlaus.

Mercaptane, die (Mehrz.) [Einz.: das Mercaptan ‖ zu mlat. mercurium captans = Quecksilber ergreifend (da die M. Quecksilberverbindungen bilden)]: den Alkoholen bzw. Phenolen entsprechende organische Verbindungen, bei denen der Sauerstoff durch Schwefel ersetzt ist. M. sind meist sehr unangenehm riechende Flüssigkeiten oder Feststoffe. Verwendet werden M. z. B. zur Herstellung von Pflanzenbehandlungsmitteln.

Mergel, der [aus mlat. margila, zu lat. marga = Mergel; keltischen Ursprungs]: Sammelbez. für Sedimentgesteine, die hpts. aus Ton und Kalk (Calcit) bestehen.

mero- [aus griech. méros = Teil]: in Zus. mit der Bed. „Teil; teilweise"; z. B. meromiktisch.

meromiktischer See [zu ↑mero- und griech. miktós = gemischt]: Seentyp, bei dem während der Zirkulationsperioden

166

Metalimnion

(↑ Wasserzirkulation) das Wasser nicht bis zum Grund durchmischt wird. Man unterscheidet zwischen dem **Monimolimnion** (das nicht durchmischte Tiefenwasser) und dem **Mixolimnion** (das periodisch zirkulierende Oberflächenwasser), die durch die ↑ Chemokline voneinander getrennt sind. – ↑ auch holomiktischer See.

Merotop, der oder das [Kurzbildung aus ↑ mero- und ↑ Biotop ‖ Syn.: Kleinstbiotop, Minimalbiotop, Strukturteil]: Teil einer Schicht (↑ Stratum) oder eines eng begrenzten Lebensraums (↑ Biochore) innerhalb eines Biotops, der sich insbesondere durch die Lebensformen seiner Bewohner stark unterscheidet. Hierzu gehören z. B. Rinde, Holz, Blätter und Früchte eines Baums. Im weiteren Sinne bezeichnet man als M. jedes ↑ Mikrohabitat.

Merozönose, die [↑ mero-]: extrem kleine ↑ Choriozönose.

meso- [aus griech. mésos = Mitte]: in Zus. mit der Bed., „mittlerer, mittel-; durchschnittlich"; z. B. Mesolithion.

Mesochore, die [...'ko:rə ‖ ↑ meso-]: eine Einheit zur Gliederung der Naturräume (↑ Chore).

Mesofauna [↑ meso-]: ↑ Fauna.

Mesolithion, das [zu ↑ meso- und griech. líthos = Stein]: die Organismenwelt der Spalt- und Hohlräume der Felsböden bzw. des Steingerölls. – ↑ auch Endolithion, ↑ Epilithion.

mesophil [↑ meso- und ↑ -phil]:
◊ auf Organismen (Tiere und Pflanzen) bezogen, die mittlere Feuchtigkeitsverhältnisse bevorzugen; im Unterschied zu den ↑ hygrophilen und ↑ xerophilen Organismen.
◊ von Mikroorganismen gesagt, deren Wachstumsoptimum bei ungefähr 20–40 °C liegt; z. B. krankheitserregende Bakterien bei Vögeln und Säugern.

Mesophyten, die (Mehrz.) [Einz.: der Mesophyt ‖ ↑ meso- und ↑ -phyt]: Pflanzen, die auf mäßig feuchten, gut durchlüfteten Böden leben und kürzere Austrocknungsperioden ertragen können; ökologisch stehen sie zwischen den ↑ Hygrophyten und den ↑ Xerophyten. Zu den M. gehören viele Laubbäume und Kulturpflanzen.

Mesopsammal, das: ↑ Mesopsammon.

Mesopsammon, das [zu ↑ meso- und griech. psámmos = Sand ‖ Schreibvariante: Mesopsammion]: Bez. für die Gesamtheit der im natürlichen Lückensystem des Sandes **(Mesopsammal)** lebenden Organismen. Das *marine M.* ist sehr artenreich (z. B. bei Sylt rund 700 Arten), während das *terrestrische M.* vor allem durch Milben und Springschwänze ausgezeichnet ist. – ↑ auch Endopsammon, ↑ Epipsammon.

mesosaprob [zu ↑ meso- und ↑ Saprobien]: nennt man stark bis mäßig verunreinigtes Wasser (↑ Saprobiensystem).

mesotroph [↑ meso- und ↑ -troph]: nennt man Gewässer, deren Gehalt an gelösten Nährstoffen (anorganische Stoffe, tierisches und pflanzliches Plankton) und Sauerstoff zwischen dem ↑ eutropher (nährstoffreicher) und ↑ oligotropher (nährstoffarmer) Gewässer.

meta- [aus griech. metá = inmitten, zwischen; nach; hinter]: Präfix mit der Bed. „hinter, nach (räumlich); später, nachfolgend"; z. B. Metabiose.

Metabiose, die [zu ↑ meta- und griech. bíos = Leben]: Form des Zusammenlebens von Organismen, bei der ein Partner die Voraussetzungen für die anschließende Entwicklung eines anderen schafft; z. B. kommen die Nitratbakterien stets mit den Nitritbakterien vergesellschaftet vor, weil sie auf deren Stoffwechselprodukt angewiesen sind.

Metaboliten, die (Mehrz.) [Einz.: der Metabolit ‖ zu griech. metabolē = Veränderung, Wechsel]: Substanzen, die als Glieder von Reaktionsketten im normalen Stoffwechsel (Metabolismus) eines Organismus vorkommen und (als **essentielle M.)** für diesen unentbehrlich sind.

Metaklimax, die [↑ meta-]: eine Differenzierung des Begriffs ↑ Klimax. Die M. stellt eine langandauernde Phase dar mit einfacherer Struktur, geringerer Produktion und dadurch einer größeren Spezialisierung der Arten.

Metalimnion, das [zu ↑ meta- und griech. límnē = See, Teich]: eine Freiwasserzone stehender Süßgewässer (↑ Gewässerregionen).

167

Metapotamal

Metapotamal, das [↑ meta- und ↑ Potamal]: eine Flußregion (↑ Gewässerregionen).

Metarhithral, das [↑ meta- und ↑ Rhithral]: eine Flußregion (↑ Gewässerregionen).

Methan, das [zu Methyl- gebildet (↑ Methylquecksilber) ‖ chemische Formel: CH_4]: Kohlenwasserstoff aus der Gruppe der Alkane; farb- und geruchloses Gas, das mit bläulicher Flamme zu Kohlendioxid und Wasser verbrennt. M. findet sich als Hauptbestandteil (80–90%) im ↑ Erdgas. In Kohlelagerstätten kommt es als Grubengas vor und kann in Kohlebergwerken nach der Bildung explosiver Gemische mit Luft (5–15% M.) Schlagwetterexplosionen verursachen.

In der Natur entsteht M. durch die Tätigkeit der M.bakterien im Faulschlamm (↑ Sumpfgas, ↑ Biogas) und in den Gärgasen des Rindermagens. Auch Termiten produzieren bedeutende Mengen Methan.

M. findet in beträchtlichem Umfang Verwendung als Heizgas und als wichtiger Chemierohstoff u.a. zur Erzeugung von Halogenkohlenwasserstoffen und zur Herstellung von Synthesegas.

Methanbakterien: zu den ↑ Archebakterien gehörende Gruppe meist thermophiler (wärmeliebender) Bakterien, die im Faulschlamm von Sümpfen und Kläranlagen sowie im Pansen von Wiederkäuern leben und aus Kohlendioxid und molekularem Wasserstoff ↑ Methan bilden. Sie werden auch zur Erzeugung von ↑ Biogas verwendet.

Methanol, das [Kurzwort aus **Methan** und **Alkohol**]: einfachste Verbindung aus der Reihe der Alkohole; farblose, mit Wasser und vielen organischen Lösungsmitteln mischbare Flüssigkeit. M. nimmt durch Verunreinigungen leicht einen fischartigen Geruch an. Es schmeckt brennend und ist sehr giftig; MAK-Wert 200 ml/m³ (260 mg/m³). M. wurde früher durch Destillation aus Holzgeist gewonnen; es wird heute jedoch ausschließlich synthetisch hergestellt, insbes. aus Kohlenmonoxid und Wasserstoff, daneben durch Oxidation von Methan.

M. ist einer der wichtigsten Rohstoffe der chemischen Industrie. Es dient v.a. zur Herstellung von Formaldehyd, Methylaminen, Methylestern, als Kraftstoff und Lösungsmittel.

Methylotrophen, die (Mehrz.) [Einz.: der Methylotrophe ‖ zu Methyl- (↑ Methylquecksilber) und ↑ -troph]: Bez. für obligat aerobe Mikroorganismen, die als Energie- und Kohlenstoffquelle organische Substrate ohne C-C-Verbindung verwerten (meist Einkohlenstoffverbindungen, z.B. Methan, Methanol, und wenige Mehrkohlenstoffverbindungen, z.B. Dimethylamin). Hierzu gehören einige Bakterien (u.a. Methylobacter- und Pseudomonasarten), Hefen (z.B. Candidaarten) sowie Pilze (z.B. Trichodermaarten).

Methylquecksilber [Methyl- ist rückgebildet aus frz. méthylène = Holzgeist (zu griech. méthy = Wein und griech. hýlē = Holz)]: für Wirbeltiere höchst giftige, fettlösliche, flüchtige organische Quecksilberverbindung, die schwer abbaubar ist und über die Nahrungskette angereichert werden kann; Ursache der ↑ Minamata-Krankheit.

M. kann aus quecksilberhaltigen Getreidebeizmitteln, aber auch durch die Tätigkeit von Mikroorganismen in quecksilberhaltigen Klärschlämmen entstehen.

Migranten, die (Mehrz.) [Einz.: der Migrant ‖ zu lat. migrare = wandern]: ↑ Migration.

Migration, die [aus lat. migratio = Wanderung, Auswanderung]:

◊ die Abwanderung (↑ Emigration) oder Einwanderung (↑ Immigration) einzelner bis vieler Individuen (**Migranten**) aus einer Population in eine andere Population der gleichen Art. Je nach den Verhältnissen, die die zuwandernden Tiere vorfinden, kann es durch Isolation zu einer neuen Unterart oder (später) Art kommen (**M.stheorie**). Zuwanderungen ohne Ansiedlung werden als Durchzug (**Permigration**) bezeichnet (z.B. während eines Vogelzugs). Eine Einwanderung in ein bis dahin von der Art nicht besiedeltes Gebiet nennt man ↑ Invasion.

Die M. kann endogene (z.B. Hormone) oder exogene Ursachen (z.B. Nahrungs-

Mikroorganismen

mangel) haben. Sie kann mit Rückwanderungen verbunden sein (z. B. der Vogelzug) und aperiodisch oder im Rhythmus der Jahreszeiten (z. B. Rentierwanderungen, Vogelzug), des Mondzyklus (z. B. Kalifornischer Stint) oder des Tag-Nacht-Wechsels (z. B. Vertikalwanderung des ↑ Planktons) erfolgen.

◊ der Wirtswechsel bei verschiedenen niederen Tieren (besonders Blattläusen), die von einer Pflanzenart auf eine andere überwandern.

mikro- [aus griech. mikrós = klein]: in Zus. mit der Bed. „klein, gering, fein"; z. B. Mikroklima.

Mikroben, die (Mehrz.) [Einz.: die Mikrobe ‖ aus frz. microbe, zu ↑ mikro- und griech. bios = Leben]: gemeinsprachliche Bez. für ↑ Mikroorganismen.

Mikrobiotop, der oder das [↑ mikro- und ↑ Biotop]:

◊ svw. ↑ Mikrohabitat.

◊ eng begrenzter Lebensraum einer über längere Zeit bestehenden Mikroorganismengemeinschaft; z. B. der Pansen von Wiederkäuern für Bakterien- und Wimpertierchen.

Mikrobiozide, die (Mehrz.) [Einz.: das Mikrobiozid ‖ zu ↑ Mikroben und lat. caedere (in Zus.: -cidere) = töten ‖ Schreibvariante: Mikrobizide]: Bez. für Wirkstoffe, die Mikroorganismen abtöten. Bestimmte M. sind auch im Blutserum und in der Muttermilch enthalten.

Mikrobiozönose, die [↑ mikro- und ↑ Biozönose]: die Lebensgemeinschaft eines ↑ Mikrobiotops.

Mikrochore, die [...'ko:rə ‖ ↑ mikro-]: eine Einheit zur Gliederung der Naturräume (↑ Chore).

Mikroelemente [↑ mikro-]: zu den ↑ Bioelementen gehörende chemische Elemente, die am Aufbau der Körpersubstanz von Menschen, Tieren und Pflanzen nur zu einem geringen Anteil beteiligt sind, aber als **Spurenelemente** mit katalytischen Funktionen (meist in Enzymen) für die physiologischen Lebensabläufe unentbehrlich sind: Fluor, Jod, Eisen, Kupfer, Mangan, Kobalt, Zink, Molybdän, Vanadium, Selen, Bor, Nickel.

Einige M. sind nur für bestimmte Organismen essentiell, andere für alle Lebewesen. M. werden mit der Nahrung meist in genügend großen Mengen aufgenommen.

Mikrofauna [↑ mikro-]: ↑ Fauna.

Mikrogewässer [↑ mikro-]: Wasseransammlungen von kleinstem Ausmaß mit charakteristischen Organismen. M. stellen wichtige Kleinstlebensräume dar. Man unterscheidet zwischen **Lithotelmen** (wassergefüllte Gesteinsmulden an felsigen Meeresküsten), **Phytotelmen** (Kleinstgewässer in krautigen Pflanzenteilen oder Bäumen) und **Technotelmen** (von Menschen geschaffene Kleinstwasserbehälter).

Mikrohabitat, das [zu ↑ mikro- und lat. habitare = bewohnen]: Bez. für einen räumlich eng begrenzten Lebensraum; z. B. ein Grashorst im Grasland.

Mikroklima, das [↑ mikro-]: das Klima der bodennahen (bis 2 m Höhe) Luft. Im Gegensatz zum ↑ Makroklima wird es stark von der Tätigkeit der Lebewesen und dem Boden beeinflußt und ist Schwankungen besonders hinsichtlich der Temperatur und Feuchtigkeit unterworfen.

Durch auftretende Gradienten der Klimafaktoren können Lebensräume unterteilt werden. So kann z. B. eine Höhenschichtung innerhalb eines Waldes in ökologisch signifikant unterschiedliche Bereiche entstehen; selbst in einer Wiese oder einem Getreidefeld wird dieses Phänomen beobachtet.

Mikrolandschaft [↑ mikro-]: ungenaue Bez. für den kleinsten, geographisch relevanten Raum.

Mikroorganismen, die (Mehrz.) [Einz.: der Mikroorganismus ‖ ↑ mikro- ‖ Syn.: Mikroben]: mikroskopisch kleine, meist einzellige, zuweilen auch mehrzellige, kugel- oder fadenbildende Organismen aus dem Tier- und Pflanzenreich, zu denen die ↑ Bakterien, die ↑ Blaualgen, die tierischen Einzeller (↑ Protozoen) sowie ein großer Teil der ↑ Algen und ↑ Pilze gehören.

M. haben Bedeutung als Krankheitserreger, als Symbionten (z. B. die Knöllchenbakterien der Hülsenfrüchtler oder Leguminosen), im Stoffkreislauf der Natur und insbesondere im Erdboden (↑ Edaphon).

MIK-Wert [ɛm'i:'ka:... ‖ MIK ist Abk. für: maximale Immissionskonzentration]: Bezeichnung für einen zur Begrenzung des Gehaltes an luftfremden Stoffen (Gase, Dämpfe, Schwebstoffe, Stäube, die durch industrielle oder gewerbliche Anlagen in die Luft gelangen) eingeführten Zahlenwert. Er wird festgelegt als diejenige Konzentration luftverunreinigender Stoffe in bodennahen Schichten der Atmosphäre, die nach den heutigen Erfahrungen für Menschen, Tiere und Pflanzen bei Einwirken über einen bestimmten Zeitraum und bei bestimmter Häufigkeit als unbedenklich gelten können.

Der MIK-Wert wird für die einzelnen Stoffe in mg/m^3 Luft oder cm^3/m^3 Luft angegeben. Dabei werden meist Werte für dauernde und für kurzfristige Einwirkung genannt. – ↑auch MAK-Wert, ↑Immissionswerte.

Milieu, das [mili'ø: ‖ frz.]: die Gesamtheit aller auf einen Organismus einwirkenden ökologischen Faktoren (↑Umwelt).

Mimese, die [von griech. mimēsis = Nachahmung]: bei Tieren eine Schutzanpassung gegen optisch orientierte Freßfeinde durch Annahme der Farbe oder Gestalt von Gegenständen oder Lebewesen der Umwelt. Im Unterschied zur ↑Mimikry hat die M. keine Abschreckwirkung.

Man unterscheidet: **Phytomimese,** die Nachahmung von Pflanzenteilen, z. B. kleinen Zweigen bei den Stabschrecken und Spannerraupen, von Blättern bei Gespenstschrecken, von Tangen bei Fetzenfischen; **Zoomimese,** die Nachahmung anderer Tiere, z. B. von Ameisen bei Ameisenkäfern; **Allomimese,** die Nachahmung von unbelebten Naturobjekten, z. B. durch Einbau von abgestorbenen Tannennadeln ins Gehäuse der Köcherfliegenlarven. – Abb. S. 135.

Mimikry, die [...kri ‖ engl., eigtl. = Nachahmung]: besondere Form der Anpassung wehrloser Tiere zur Abschreckung von Feinden durch Nachahmung auffälliger Warntrachten in Form täuschender Ähnlichkeit mit wehrhaften, ungenießbaren oder giftigen Tieren. Beispiele sind der Hornissenschwärmer,

der Hornissen imitiert, und harmlose Schlangen, die wie giftige Korallenschlangen aussehen. – Abb. S. 135.

Minamata-Krankheit: schwere chronische Quecksilbervergiftung; erstmals um 1960 bei Anwohnern der Minamatabucht (Kiuschu, Japan) aufgetreten; auf Rückstände organischer Quecksilberverbindungen in Speisefischen zurückzuführende Krankheit mit Nervenschädigungen (Seh-, Gehör-, Koordinationsstörungen), Wachstumsstörung und Muskeldeformitäten.

Mineralböden: Sammelbez. für alle Böden, die überwiegend aus anorganischer Substanz bestehen (enthalten in den obersten Bodenhorizonten selten mehr als 15 % organische Substanz).

Mineralisation, die [zu mlat. (aes) minerale = Grubenerz, Erzgestein ‖ Syn.: Mineralisierung]: der Abbau organischer Stoffe bis zu anorganischen („mineralischen") Verbindungen (Kohlendioxid, Ammoniak, Wasser usw.) durch die Tätigkeit von Mikroorganismen im Boden oder an der Erdoberfläche bzw. durch die Einwirkung von Druck und Temperatur im Erdinnern.

Da die M. die Elemente wieder in eine von Pflanzen verwertbare Form bringt, ist sie für die Erhaltung der natürlichen Bodenfruchtbarkeit entscheidend. Durch M. verschwinden auch organische Verunreinigungen aus Gewässern (natürliche oder biologische Selbstreinigung; z. B. in Kläranlagen).

Mineralsalze [Syn.: Mineralstoffe]: im weiteren Sinne Bez. für alle natürlich vorkommenden oder künstlich hergestellten (z. B. Düngemittel) anorganischen Salze; im engeren Sinne Bez. für die bei tierischen und pflanzlichen Organismen für den Aufbau von Körpersubstanzen und für den Ablauf biologischer Vorgänge notwendigen anorganischen Verbindungen, z. B. Salze der Elemente Natrium, Kalium, Calcium, Magnesium, Eisen, Chlor und Phosphor für Mensch und Tier sowie Stickstoffverbindungen für die Pflanzen.

Die M. müssen bei Mensch und Tier ständig mit der Nahrung zugeführt werden. Bei Pflanzen werden sie dem Boden bzw. den Düngemitteln entnommen.

Monard-Prinzip

Minimalareal [zu lat. minimus = kleinster ‖ Syn.: Minimalfläche]:
◊ svw. ↑ Minimallebensraum.
◊ die Flächengröße, die gerade noch alle charakteristischen Organismenarten eines mehr oder weniger homogenen Bestandes erfaßt und somit repräsentativ für den Gesamtbestand ist.

Minimalbiotop: svw. ↑ Merotop.

Minimalhabitat: svw. ↑ Minimallebensraum.

Minimallebensraum [Syn.: Minimalhabitat, Minimalareal]: der für eine Pflanzen- oder Tierpopulation zum langfristigen Existieren notwendige Raum. Der M. kann sehr weiträumig sein (z. B. bei größeren Raubtieren) oder sehr klein (z. B. bei Einzellern).

Minimumfaktor [lat. minimus = kleinster]: derjenige Ökofaktor, der ein Mangelfaktor ist bzw. sich gegenüber den anderen Faktoren im Minimum befindet und dadurch große Auswirkungen auf die jeweiligen Organismen besitzt (↑ Minimumgesetz).

Minimumgesetz [lat. minimus = kleinster ‖ Syn.: Gesetz vom Minimum]: von dem dt. Chemiker Justus von Liebig (1803–1873) formulierte Auffassung, daß der im Verhältnis zu den übrigen lebenswichtigen Nährstoffen in geringster Menge im Boden vorhandene Nährstoff die Höhe des Pflanzenertrags bestimme; gilt heute als überholt.

Mischbestand: Bestand aus mindestens zwei, aber meist mehreren Baumarten. Liegt der Anteil einer Baumart bei über 90 % der Bestandsfläche, so wird der Bestand als **Reinbestand** bezeichnet.

Mischwald: eine Waldform sowohl mit Nadel- als auch mit Laubhölzern; gegenüber reinem Laub- oder Nadelwald häufig ökologisch und wirtschaftlich vorteilhafter, in der Anpflanzung und Pflege in der Regel jedoch aufwendiger.

Mittelwald: Waldform, bei der in ein dichtes, alle 10–15 Jahre geschlagenes und stets wieder neu austreibendes Unterholz (z. B. Hainbuche, Bergahorn) besser geformte Stämme (Oberholz; z. B. Eiche, Pappel, Ahorn, Eßkastanie) zur Wertholzerzeugung eingestreut sind; in West- und Südeuropa (v. a. in Frankreich) vorherrschend, in Deutschland nur noch selten.

mixotroph [zu griech. mīxis = Mischung und ↑ -troph]: nennt man pflanzliche Organismen (z. B. manche Blaualgen und einzellige Algen), die neben Kohlendioxid auch organische Verbindungen aufnehmen und dem Kohlenstoffkreislauf zuführen können.

Moder: Bodendeckschicht v. a. auf flachgründigen Waldböden rauherer Klimagebiete, die aus nur relativ langsam sich abbauendem und daher nicht zu Mull werdendem Abfall von Bäumen und anderen Pflanzen entsteht; im Unterschied zum Rohhumus weniger sauer und stickstoffreicher. M. ist ein lockeres, durch besonderen Geruch (**M.geruch**) ausgezeichnetes Gemenge aus Partikeln teilweise zersetzter, braun verfärbter Pflanzenreste und relativ widerstandsfähigen Exkrementkrümeln der zahlreichen Bodenkleintiere, untermischt mit Mineralteilchen.

Moderpflanzen: svw. ↑ Saprophyten.

Modifikation, die [zu lat. modificare = richtig abmessen; mäßigen]: nichterbliche, durch bestimmte Umweltfaktoren (Licht, Temperatur, Ernährung) hervorgerufene Abänderung eines Merkmals. Bei den Vielborstern ist die modifikatorische Geschlechtsbestimmung durch Umwelteinflüsse bekannt.

Molluskizide, die (Mehrz.) [Einz.: das Molluskizid ‖ zu Mollusken, dem wiss. Namen der Weichtiere (weiter zu lat. molluscus = weich) und lat. caedere (in Zus.: cidere) = töten]: zu den ↑ Pestiziden zählende, zur Bekämpfung schädlicher Weichtiere (v. a. Ackerschnecken) verwendete, tödlich wirkende chemische Mittel; z. B. Ätzkalk, Kalkstickstoff, Metaldehyd.

Monard-Prinzip [mɔ'na:r... ‖ nach einem schweizer. Hydrobiologen (A. Monard) ‖ Syn.: Gause-Volterra-Gesetz, Konkurrenzausschlußprinzip]: die Erscheinung, daß zwei Tierarten, die gleichzeitig um Nahrung, Nisthöhlen, Schlafplätze, Überwinterungsquartiere usw. konkurrieren (interspezifische Konkurrenz), nicht auf Dauer nebeneinander existieren können. – ↑ auch Koexistenz.

171

Monimolimnion

Monimolimnion, das [zu griech. mó-nimos = bleibend und griech. limnē = See, Teich]: das nicht durchmischte Tiefenwasser der ↑meromiktischen Seen.

mono- [aus griech. mónos = allein, einzeln, einzig]: in Zus. mit der Bed. „allein, einzeln; einmalig"; z. B. monophag.

Monoklimaxtheorie [Kurzbildung aus ↑mono- und ↑Klimaxgesellschaft]: früher aufgestellte Theorie, nach der es in einer Klimazone nur eine Klimaxgesellschaft geben könne. Heute werden dagegen in der **Polyklimaxtheorie** auch die bodenbedingten Faktoren berücksichtigt und die Existenz verschiedener Klimaxgesellschaften in einer Klimazone postuliert.

Monokultur, die [↑mono-]: Form land- und forstwirtschaftlicher Bodennutzung durch Reinanbau derselben einjährigen Nutzpflanzenart auf der gleichen Fläche (z. B. Reis, Mais, Tabak) oder durch langjährigen Reinanbau von Dauerkulturen (z. B. Reben, Obst, Kaffee oder Fichten).
Nachteile der M. sind die leichte und schnelle Ausbreitung von Pflanzenkrankheiten und Schädlingen sowie die Notwendigkeit intensiver Kunstdüngung.

monomiktischer See [zu ↑mono- und griech. miktós = gemischt]: Seentyp, dessen Wassermassen nur einmal im Jahr vollständig durchmischt werden (↑Wasserzirkulation).

monophag [zu ↑mono- und griech. phageīn = essen ‖ Abl.: ↑Monophagen]: sich nur von einer Pflanzen- oder Tierart ernährend.

Monophagen, die (Mehrz.) [Einz.: der Monophage ‖ zu ↑monophag]: Organismen, die sich nur von einer bestimmten Tier- oder Pflanzenart ernähren. **Monophagie** kommt v. a. bei ↑Parasiten mit hoher Wirtsspezifität vor, tritt aber selbst bei Säugetieren auf; z. B. ernährt sich der Koalabär Australiens ausschließlich vom Laub einiger weniger Eukalyptusbaumarten und ist daher ganz an die Verbreitungsgebiete dieser Eukalyptusarten gebunden. – ↑auch Oligophagen, ↑Polyphagen.

monotop [zu ↑mono- und griech. tópos = Ort, Stelle]: nennt man eine Tier- oder Pflanzenart, deren Entstehungszentrum nur an einer einzigen Stelle innerhalb des Verbreitungsareals ihrer Ausgangsform liegt. – Gegensatz: ↑polytop.

Monozön, das [zu ↑mono- und griech. koinós = gemeinsam]: das Beziehungsgefüge einer Organismenart mit ihrer Umwelt; im Gegensatz zum **Holozön,** dem Beziehungsgefüge zwischen Lebensgemeinschaft und Umwelt.

Monsunwald: überwiegend regengrüner tropischer Wald v. a. in den asiatischen Monsungebieten; mit zwei Baumschichten; oberes Stockwerk (25–35 m hoch) in der Trockenzeit völlig, unteres z. T. entlaubt; besitzt eine immergrüne Strauchschicht, z. T. mit Bambus; Baumbestand artenärmer als der des tropischen Regenwaldes.

montan [aus gleichbed. lat. montanus]: das Gebirge, die Bergwelt betreffend.

montane Stufe: eine ↑Höhenstufe der Vegetation in den Gebirgen der mittleren Breiten. Sie liegt zwischen ↑kolliner und ↑alpiner Stufe und wird im allg. von einer charakteristischen Waldformation gebildet. In den Alpen sind es Fichtenwälder, die je nach Lage 1 500 m bis 2 400 m ü. d. M. hinaufreichen.

Moor: dauernd feuchtes, schwammiges Gelände mit charakteristischen (artenarmen) Pflanzengesellschaften auf einer mehr oder weniger mächtigen Torfdecke. Grundvoraussetzung für die Entstehung eines M.es ist ein großer Wasserüberschuß, der das Wachstum feuchtigkeitsliebender Pflanzen begünstigt und anaerobe Verhältnisse schafft, die den mikrobiellen Abbau der abgestorbenen Pflanzenreste hemmen, was zur Torfbildung führt. – Je nach den Feuchtigkeitsverhältnissen unterscheidet man folgende *Moortypen:*
Das **Flach-M. (Nieder-M., Wiesen-M., Ried)** bildet sich in Senken, Mulden, Flußniederungen, im Quellwasserbereich oder bei der ↑Verlandung von Seen. Flach-M.e sind bis an die Oberfläche mit nährstoffreichem Grundwasser durchsetzt und im Vergleich zu den Hoch-M.en reich an Pflanzenarten. Charakteristisch sind die Kleinseggengesellschaften mit Wiesensegge, Igelsegge und Sumpfveilchen.

Das **Hoch-M.** **(Heide-M., Torf-M., Moos-M.)** hat keinen Kontakt zum Grundwasser und erhält seine Nährstoffe nur durch den Sandanflug und die Niederschläge. Hoch-M.e sind entweder im Laufe der M.entwicklung durch das Hochwachsen von Flach-M.en über den Grundwasserspiegel entstanden, oder sie haben sich in niederschlagsreichen Klimaten direkt aus Rohhumusauflagen von Podsolen entwickelt **(ombrogene Hochmoore).** Im Gegensatz zum Nieder-M. liegt das Hoch-M. im Vergleich zur Umgebung höher (nicht selten bis 12 m, selten 50–70 m). Die Oberfläche ist wie ein Uhrglas gewölbt (im Zentrum herrschen bessere Wachstumsbedingungen) und durch hügelartige, trockene Erhebungen **(Bülten, Bulten)** und nasse Vertiefungen **(Schlenken)** wellig (↑ auch Kolk). Wegen der Nährstoffarmut ist die Flora sehr artenarm. Leitpflanzen sind (neben dem Torfmoos) Wollgras, Moosbeere, Glocken- und Besenheide, Sonnentau und Binse.

Übergangs-M.e (Zwischen-M.e) sind Übergangsstadien zwischen Flach- und Hoch-M.en mit einer Mischvegetation aus Flach- und Hochmoorarten. Sie treten nur kurzzeitig auf, da sie den Übergang zum Hoch-M. einleiten.

Viele M.e sind als Verlandungsstadien von Schmelz- und Stauwasserseen der Eiszeit entstanden. Die Hoch-M.e, die sich daraus entwickelt haben, sind rund 3 000–8 000 Jahre alt.

Kultivierung und industrielle Ausbeutung der Moore durch Torfabbau sowie zunehmende Absenkung des Grundwasserspiegels führten und führen zu einer erheblichen *Reduzierung der Moorflächen*. So waren z. B. gegen Ende des 18. Jahrhunderts noch fast 25 % der Fläche des nördlichen Niedersachsens von Hochmooren bedeckt. Damit war dieses Gebiet eines der moorreichsten der Erde. Heute sind die meisten Hoch-M.e trockengelegt. Weite Gebiete haben ihre Torfdecke durch bäuerlichen Torfstich, den „Torfverzehr" bei direkter landwirtschaftlicher Nutzung, durch Kultivierung und industriellen Abbau verloren. Seit einiger Zeit bemüht sich der Naturschutz stetig um die naturgemäße Erhaltung ausreichend großer, noch unverändert gebliebener Restflächen der früheren Moorgebiete. Die wenigen heute bestehenden **M.naturschutzgebiete** sind jedoch häufig aufgrund des schmalen Randstreifens nur ungenügend vor einer Entwässerung geschützt, so daß ihr Wasserspiegel allmählich absinkt und die Verlandung einsetzt. – Abb. S. 134.

Moorauge: svw. ↑ Kolk.

Moorgewässer: durch Aufreißen der Moordecke entstandene, durch ↑ Huminsäuren braun gefärbte Moorseen oder Kolke.

Moorwald: Waldtyp der durch zunehmende ↑ Verlandung stehender Gewässer entstandenen Moore. Charakteristisch sind versumpfte Schwarzerlenbestände und Weidenbruchwald; später treten auch Birken und Kiefern mit Porst und Beerensträuchern im Unterholz auf.

Morphotop, der oder das [griech. morphé = Gestalt]: ein ↑ Top in bezug auf die Bodenoberflächengestalt.

Mortalität, die [aus lat. mortalitas = das Sterben, die Sterbefälle ‖ Syn.: Sterblichkeit, Sterblichkeitsrate]: das Verhältnis der Zahl der Todesfälle zur Gesamtpopulation während eines bestimmten Zeitraums. Das Verhältnis Vermehrung/Mortalität entscheidet über die Zu- oder Abnahme einer Population.

Biotische und abiotische Faktoren können die M. in erheblichem Maße beeinflussen. Nachteilige biologische Faktoren (Konkurrenten, Feinde, Parasiten, Krankheiten) reduzieren die Überlebenschance eines Individuums ebenso wie abiotische, besonders Klimafaktoren. So wird z. B. das Ende der Vegetationsperiode einjähriger Pflanzen in ariden Gebieten durch eintretenden Wassermangel bestimmt; extrem kalte Winter erhöhen die M. bei Insektenlarven, Vögeln und Säugetieren; Waldbrände reduzieren die Zusammensetzung der Vegetation, wobei das Massensterben indirekt wieder auf das Wachstum der darauffolgenden Vegetation einwirkt.

Veränderungen der M. verursachen stets Nachregelung des ↑ biologischen Gleichgewichtes im ↑ Ökosystem.

Mudd, der [niederdt.]: dunkler, kalkarmer, an organischen Stoffen reicher

Mudde

Halbfaulschlamm im Meer (v. a. in der Ostsee). M. ist das marine Äquivalent der ↑Gyttja.

Mudde, die [niederdt.]: Oberbegriff für die aus unterschiedlichen Verwesungsprozessen hervorgehenden limnischen Sedimente. Zur M. gehören ↑Dy, ↑Gyttja und ↑Faulschlamm.

Mulch, der [engl.]: Bodenbedeckung aus Pflanzenteilen, z. B. aus abgeschnittenem Gras **(Gras-M.),** Häckselstroh **(Stroh-M.),** Torf **(Deck-M.),** Kartoffelkraut, Sägemehl.

M. trocknet schnell und schützt die obere Bodenschicht vor Austrocknung und Erosion, fördert die Bodengare und unterdrückt den Unkrautwuchs. Durch Verrottung des M.s kommt es zu einer Humusanreicherung des Bodens. Gemulcht wird hpts. unter Obstkulturen, im Gemüse- und Landschaftsbau.

Mull, der [niederdt.]: Humusform, die unter günstigen klimatischen Bedingungen auf Böden mit krautreicher Vegetation (typischer Laubwaldboden) und auch im Kompost gebildet wird. M. besteht hpts. aus einem krümeligen Zusammenschluß pflanzlicher und mineralischer Bestandteile, die z. B. als Exkre-

mente von Regenwürmern und Borstenwürmern anfallen. M. bildet die Auflagegeschicht der Schwarzerde.

Müll: im Haushalt, in Gewerbebetrieben und bei der industriellen Produktion **(Industrie-M.)** anfallende, nicht mehr verwertbare Stoffe (↑Abfallbeseitigung).

Mülldeponie [Syn.: geordnete Deponie ‖ Kurzbez.: Deponie]: die Ablagerung von Abfällen an ausgewählten Stellen; auch Bez. für den Müllabladeplatz als solchen. Nach dem *Abfallbeseitigungsgesetz* dürfen Abfälle nur in den dafür (durch die Behörden) zugelassenen M.n gelagert und behandelt werden. M.n müssen außerdem nach ihrer Schließung wieder rekultiviert werden (↑Rekultivierung).

Bei der *Einrichtung einer M.* muß v. a. darauf geachtet werden, daß der Müll keine Verbindung zum Grundwasser hat, damit die Auswaschung von Schwermetallen und organischen Schmutzstoffen vermieden wird. Um eine Geruchsbelästigung zu vermeiden und das Verwehen von Papier, Plastikfetzen u. a. zu verhindern, werden z. T. täglich Schichten von Bauschutt, Erdaushub u. a. aufgebracht.

Mülldeponie. Schema einer geordneten Mülldeponie unter Beachtung des Grundwasserschutzes (verändert nach Bischofsberger)

Müllkompostierung

Rund 90% der in der BR Deutschland anfallenden Abfälle werden gegenwärtig in M.n beseitigt. Vor dem Inkrafttreten des Abfallbeseitigungsgesetzes 1972 war die Ablagerung von Abfällen vorwiegend in **ungeordneten Deponien (Müllkippen)** praktisch die einzige Methode der Abfallbeseitigung. Bevorzugte Plätze für ungeordnete Deponien waren aufgelassene Steinbrüche, kleine Taleinschnitte, ausgebeutete Baggerseen. Der Müll wurde bei der Ablagerung meist über eine Schüttkante abgekippt und rollte bzw. rutschte dabei einen mehr oder weniger langen Hang hinunter. Durch das Abkippen an der Hangkante wurden die Abfallstoffe nach Größe und spezifischem Gewicht gleichsam sortiert. Durch diese Sortierung bildete sich am Mittel- und Oberhang der Kippe eine Zone aus, in der es durch mikrobielle Abbauvorgänge zur Selbsterhitzung des Mülls und/oder je nach Sauerstoffangebot zur Entstehung von Methangas kam. Die stärkste Beeinträchtigung der Umwelt bestand jedoch in der Belastung des Grund- und Oberflächenwassers.

Müllkippe ↑ Mülldeponie.

Müllkompostierung: Verfahren der ↑ Abfallbeseitigung, bei dem die in den Abfällen enthaltenen organischen Verbindungen durch Einwirkung von Mikroorganismen umgewandelt und abgebaut werden. Die Kompostierung bewirkt neben einer Reduzierung des Abfallvolumens (bis zu 50%) eine Entseuchung des Abfalls sowie eine Verkürzung der langdauernden Mineralisierungsprozesse und ermöglicht die Herstellung von Kompost, der sich v. a. zur Düngung und Bodenverbesserung in der Landwirtschaft verwenden läßt.

Wichtig für die **Verrottung** der organischen Abfallstoffe sind ausreichende Luftzufuhr (sonst tritt Faulung ein, und es bilden sich Faulgase) und genügender Feuchtigkeitsgehalt, was durch Mischen des zerkleinerten Rotteguts mit Klärschlamm erreicht wird.

Neben der natürlichen Verrottung in Mieten und der beschleunigten Verrottung in Gär- und Rottetürmen bieten sich das Brikollare-Verfahren und das Jetzer-Kompostplattenverfahren an:

Beim **Brikollare-Verfahren** wird der angelieferte Hausmüll ebenso wie der hausmüllähnliche Gewerbemüll in einen Betonbunker entleert. Der Müll wird zerkleinert und mit einem Trommelmagneten von Eisen befreit und gelangt in ein Grobsieb, in dem Kunststoffe, Textilien und andere Grobteile aussortiert werden. Steine, Nichteisenmetalle und andere Hartstoffe sowie Glas, Sand und Asche werden danach mit maschinellen Schüttel- und Schleuderbewegungen und mit Hilfe einer Siebschnecke dem zu verrottenden organischen Material entzogen. Dieses **Rottegut** und der vorher entwässerte Klärschlamm aus kommunalen Kläranlagen werden getrennt gebunkert, um eine kontinuierliche Beschickung des anschließenden Mischers und darauf der Brikollare-Presse zu gewährleisten, in der das Müll-Klärschlamm-Gemisch zu geformten Stücken gepreßt wird.

Die automatisch palettierten **Preßlinge** mit einer Feuchte von 50–55% werden mit einem Gabelstapler dicht an dicht in einer Rottehalle gestapelt. Innerhalb einiger Stunden setzt in den Preßlingen eine von unangenehmen Gerüchen freie **Intensivrotte** ein, die sich durch eine Erwärmung auf Temperaturen bis 70°C und eine bis in das Innerste der Preßlinge durchgreifende Verpilzung anzeigt.

Die Voraussetzungen für diese Intensivrotte werden durch das Verfahren geschaffen. Sie umfassen: Kapillarenbildung bei der Pressung des faserigen Müll-Klärschlamm-Gemisches und dadurch gesicherte Luftzufuhr bis ins Innerste der Preßlinge; ungehindertes Wachstum der Pilze, da es sich um ein sog. „statisches Verfahren" handelt, bei dem die Pilzhyphen nicht dauernd mechanisch beansprucht werden; Möglichkeit der Zugabe hoher Klärschlammanteile und damit gute Stickstoffversorgung sowie Ausbildung einer vielfältigen Mikroorganismenflora.

Nach 2–3 Wochen Lagerung in der Rottehalle ist durch exotherme Wärmeentwicklung und die dadurch bedingte Trocknung eine Restfeuchte von etwa 20% erreicht und der Rottevorgang wegen Wassermangels zum Stillstand ge-

175

Müllkompostierung

kommen. Die gerotteten Preßlinge sind auch von sporenbildenden Mikroorganismen in jedem Falle gesichert entseucht und praktisch keimfrei konserviert. Sie können, im Freien gestapelt, lange Zeit gelagert werden, wobei lediglich die oberste Schicht mit der Zeit (durch mikrobielle Vorgänge) mineralisiert und dadurch die unteren Schichten schützt.

Die Vorteile des Brikollare-Verfahrens liegen darin, daß das Endprodukt wegen der Pressung und äußersten Austrocknung ein Minimalvolumen und -gewicht einnimmt und somit wirtschaftlich transportiert werden kann. Weiterhin kann die Feinaufbereitung des Materials (Feinzerkleinerung und Absieben) und damit sein Absatz wegen der Lagerfähigkeit der Preßlinge weitgehend zeitunabhängig vorgenommen werden. Der Kompost, der so gewonnen wird, ist ohne Nachrotte als Bodenverbesserungsmittel einsetzbar. Er zeichnet sich aus durch ein günstiges ↑C/N-Verhältnis und durch eine extrem hohe Abbaurate organischen Materials.

Verfahren zur Kompostierung und Verwertung von Müll dürfen dann als wirtschaftlich und ökologisch sinnvoll angesehen werden, wenn sie einerseits der rapid ansteigenden Umweltbelastung durch das Müllaufkommen der Ballungszentren und andererseits der zunehmenden Rohstoffverknappung Rechnung tragen. Das sog. **Jetzer-Verfahren** entspricht diesen Erwartungen. Es hat dabei den Vorteil, daß es sich in seinen drei Stufen weitgehend bekannter Technologien bedient, nämlich in der Kompostierung, in der Plattenverpressung und in der Spanplattenfertigung. Die Kompostierungsanlage liefert einen Kompost, der durch Fermentierung von mechanisch zerkleinertem Hausmüll gewonnen wird. In dem Fermentierungsprozeß, der 1–3 Tage dauert, wird eine vollständige Verrottung der leicht abbaubaren Substanzen erreicht.

Der so gewonnene **Frischkompost** enthält außer 35 bis 50% Wasser und dem faserigen Substrat noch eine Vielzahl von kleinen Metall-, Glas-, Stein- und Kunststoffpartikeln. Der Frischkompost

wird nun dem eigentlichen Jetzer-Verfahren zugeführt. Dabei wird der Kompost in eine waagrecht rotierende Trokkentrommel geleitet, in die von einer Seite heiße Luft einströmt, die mit einer Eingangstemperatur von etwa 800 °C den einfallenden feuchten Faserrohstoff schockartig erhitzt. Während 2 bis 7 Minuten wird der aufgearbeitete Müll unter intensivem Mischen diesem Luftstrom ausgesetzt, dessen Temperatur beim Verlassen der Trockentrommel 100 bis 140 °C beträgt. Das starke Erhitzen und der Wasserdampf bewirken gleichzeitig eine vollständige Abtötung von Protozoen, Pilzen, Bakterien und Viren. Der totale Wasserentzug bei hoher Temperatur und das Auseinanderfallen in einzelne, sich ständig bewegende Partikel haben nicht nur die Koagulation des Eiweißes, sondern auch die Zerstörung der Zellwand bzw. der Zytoplasmamembranen von Mikroorganismen zur Folge.

Das Ausgangsmaterial „Frischkompost" ist jetzt in ein absolut keimfreies, inertes, stabiles Fasermaterial umgewandelt. Das Fasermaterial wird in einem Fliehkraftabscheider (Zyklon) entgast und getrocknet sowie vom Wasserdampf getrennt, dann anschließend durch Siebung in fünf Fraktionen aufgeteilt, von denen jede der speziellen Windverwirbelung zugeführt wird. Dadurch wird das Material in verschiedene Größen selektiert, und schwere Teile wie Glas, Metall, Keramik werden aussortiert. Die Fasern werden anschließend in Zwischenbunker weitergeleitet.

Vom Zwischenbunker gelangen die Fasern zur sog. **Dosierung,** wo sie je nach Bedarf und gewünschter Plattenqualität mit Holzspänen vermischt werden. Es können auch Platten aus 100% Kompostfasern hergestellt werden. Die Fasern werden beleimt, zum sog. Preßkuchen gestreut und anschließend verpreßt.

Die so hergestellten **Faserplatten** können als Bauwände, Holz- und Holzspanplattenersatz bzw. Isoliermaterial verwendet werden. Bei großtechnischem Einsatz dieses Verfahrens wird sich jedoch in Zukunft ein mannigfaltigeres Anwendungsspektrum ergeben. – Abb. S. 136.

Mutagenität

Müllverbrennung: Verfahren der ↑Abfallbeseitigung, bei dem Müll ohne vorherige Sortierung in **M.sanlagen** zu steriler Schlacke verbrannt wird. Während der Verbrennung wird der Müll ständig umgelagert und geschürt, damit Unterschiede in der Zusammensetzung sowie Schwankungen im Wassergehalt und im Heizwert des Mülls ausgeglichen werden. Dem Müll wird von unten her Luft eingeblasen, damit genügend Sauerstoff zur Verfügung steht. Die einwandfreie Verbrennung der entstehenden Gase muß durch intensive Zufuhr von Sekundärluft über dem Brennrost gewährleistet werden.

Wenn die nicht brennbaren Teile als **Schlacke** den Rost verlassen, werden sie im Wasserbad des Entschlackers auf etwa 80 °C abgekühlt. Sie werden dann mit geringem Restgehalt an Wasser steril, staub- und geruchsfrei ausgestoßen. Die Schlacke kann dann abgelagert oder im Wegebau eingesetzt werden. Bei einwandfreiem Betrieb der Anlage hat die Schlacke noch etwa 10 % des ursprünglichen Müllvolumens.

Auch bei starken Heizwertschwankungen verläuft die Verbrennung im Temperaturbereich oberhalb 800 °C. Alle organischen Komponenten der Verbrennungsgase werden dadurch vollständig verbrannt, wobei im allg. nur Kohlendioxid und Wasser entstehen.

Nach dem Verlassen des Ofens werden die **Rauchgase** abgekühlt, in Filteranlagen entstaubt (mit einem Wirkungsgrad von 80–95 %) und durch einen Kamin in die Atmosphäre geleitet.

Problematisch bei der Verbrennung ist der ständig anwachsende Anteil der *Kunststoffe im Müll*, besonders das *PVC*. Bei dessen Verbrennung wird Chlor freigesetzt, das sich mit Wasser zu Chlorwasserstoff (HCl) umsetzt, einem Gas, das bei seiner Absorption durch die Wasserdampftröpfchen in den Rauchgasen und in der Außenluft zur Bildung von schädlichen, weil chemisch sehr aggressiven Salzsäuretröpfchen führt. Dem kann man nur durch Einbau von **Gaswaschanlagen (Gaswäschern)** entgegenwirken, in denen die Rauchgase auf langen Wegen durch eine geeignete Absorptionsflüssigkeit geleitet werden, wobei Chlor und Chlorwasserstoff ausgewaschen werden. Gleichzeitig erfolgt dadurch eine Entstaubung und Abkühlung der Rauchgase.

Um die Verbrennung wirtschaftlicher zu gestalten, kann man die Verbrennungswärme zur Dampf- oder Heißwassererzeugung ausnutzen. Mit Dampfturbinen erzeugt man elektrische Energie; Heißwasser oder Dampf können zur Fernheizung eingesetzt werden. – Abb. S. 136.

Multiparasitismus, der [zu lat. multus = viel]: das gleichzeitige Vorkommen verschiedener Parasitenarten im bzw. auf dem gleichen Wirtstier. M. kommt z. B. zwischen verschiedenen Schlupfwespen oder zwischen Schlupffliegen und Schlupfwespen vor.

Mutagene, die (Mehrz.) [Einz.: das Mutagen ‖ Kurzbildung zu ↑Mutation und ↑-gen]: synthetisch hergestellte oder natürlich vorkommende chemische Stoffe und Strahlungen wie Röntgen-, Gamma-, UV-, Neutronen- und Höhenstrahlen, die ↑Mutationen, d. h. plötzliche Änderungen von Erbinformationen, auslösen können. M. wirken in der Regel auch karzinogen.

M. werden zur Erhöhung der Mutationsrate für züchterische Zwecke eingesetzt. Andererseits können unabsichtlich in den Körper aufgenommene M. zur Krebsentstehung führen. Für den Umgang mit M.n am Arbeitsplatz müssen die technischen Richtkonzentrationen (↑TRK-Werte) eingehalten werden.

Mutagenität, die [zu ↑Mutagene]: die Fähigkeit eines Agens (z. B. einer chemischen Substanz, einer Strahlenart), als ↑Mutagen Mutationen zu verursachen.

Zur z. T. freiwilligen, z. T. gesetzlich vorgeschriebenen *Prüfung* von neu auf den Markt kommenden Substanzen (z. B. Arznei-, Lebensmittel, Aromastoffe, Kosmetika, Pflanzenbehandlungs-, Reinigungsmittel) auf M. werden verschiedene Verfahren angewandt, bei denen als Testorganismen v. a. Bakterien, Pilze, Tauffliegen, Mäuse, Goldhamster sowie Zellkulturen aus menschlichen Lymphozyten und aus Bindegewebsbildungszellen herangezogen werden.

177

Mutation

Als heute weltweit angewandter, relativ einfacher M.stest gilt der **Ames-Test** mit bestimmten Stämmen des Bakteriums Salmonella typhimurium in Gegenwart von (meist) Rattenleberhomogenat (durch die Enzyme werden zahlreiche „inaktive" Mutagene, sog. **Prämutagene,** in die wirksamen Derivate, die **ultimalen Mutagene,** umgewandelt). Die Wirkung eines Mutagens wird daran erkannt, daß in den Zellen eines oder mehrerer Bakterienstämme Mutationen häufiger als gewöhnlich auftreten.

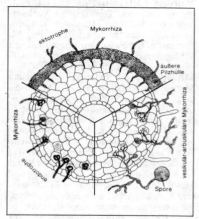

Mykorrhiza. Die Hauptformen der Mykorrhiza am Beispiel eines Wurzelquerschnitts (schematisch)

Mutation, die [aus lat. mutatio = Veränderung]: Bez. für sprunghaft auftretende erbliche Veränderungen, die für einen Organismus günstig oder ungünstig sein können.
Man unterscheidet: **Genom-M.:** Veränderung der Chromosomenzahl, darunter am wichtigsten die Polyploidie, die bei Kulturpflanzen häufig, im Tierreich aber nur selten auftritt; **Chromosomen-M.:** die Veränderung der Chromosomenstruktur wie Deletionen, Duplikationen, Translokationen und Inversionen; **Gen-** oder **Punkt-M.,** bei der Veränderungen nur an einem einzigen Gen auftreten.

Die natürliche **M.srate** (Häufigkeit von M.en) pro Gen ist sehr gering (10^{-5} bis 10^{-7}), sie reicht jedoch zur Füllung eines M.sreservoirs für die Evolution aus. Die M.srate wird durch ↑Mutagene erhöht.

Mutualismus [zu lat. mutuus = wechselseitig ‖ Syn.: mutualistische Symbiose]: das Zusammenwirken verschiedener Organismenarten zum beiderseitigen Nutzen, wobei diese Organismen jedoch weitgehend getrennt voneinander leben (Symbiose im weiteren Sinne); z. B. bei der Bestäubung von Blütenpflanzen durch die nektarsammelnden Insekten, bei der Nahrungsbeziehung (Trophobiose) zwischen Ameisen und honigtauerzeugenden Blattläusen, die andererseits durch die Ameisen Schutz genießen.

MVA, die [ɛmfaʊˈˈaː]: Abk. für Müllverbrennungsanlage (↑Müllverbrennung).

myko- [aus griech. mýkēs = Pilz]: in Zus. mit der Bed. „Pilz"; z. B. Mykotoxine.

Mykorrhiza, die [↑myko- und griech. rhíza = Wurzel]: Eusymbiose zwischen Wurzeln höherer Pflanzen und Pilzen, wobei der Pilz mit Kohlenhydraten und Aminosäuren der Pflanze versorgt wird, der Pilz andererseits die Wasser- und Mineralsalzaufnahme (v. a. Phosphat) begünstigt und die Schwermetallaufnahme hemmt. Man unterscheidet verschiedene *Mykorrhizatypen:*
Die **ektotrophe M.** bildet um die Wurzeln vor allem von Waldbäumen und Büschen, aber auch von manchen Kräutern eine dichte Hülle von Pseudogewebe und dringt in die Interzellularen der äußeren Wurzelschichten vor; die Bildung von Wurzelhaaren wird unterdrückt. Durch den mechanischen Schutz, aber auch durch die Auslösung der Phytoalexinsynthese werden die Wurzeln gegen Schadinfektionen geschützt. An der ektotrophen M. sind v. a. Röhrlinge, Täublinge und Ritterlinge beteiligt, die ihrerseits nur in Symbiose mit den Wirtsbäumen fruchten können. Die **endotrophe M.** entwickelt keine äußere Pilzhülle. Die Hyphen dringen in tiefere Regionen der Wurzel vor, wo sie in die Zellen eintreten. Dieser Typ ist v. a. bei Orchideen und Heidekrautgewächsen verbreitet. Orchideenkeimlinge

Nachttiere

z. B. können sich im Frühstadium nur in Symbiose mit dem Mykorrhizapilz entwickeln.
Bei der sog. **vesikulär-arbuskulären M.** (Abk.: VA-M.), die auf zahlreichen Kulturpflanzen vorkommt, wird die Bildung der Wurzelhaare nicht unterdrückt; eine äußere Pilzhülle fehlt. Die Hyphen dringen hier bis in die Zellen tieferer Wurzelschichten vor. – Abb. S. 135.

Mykotoxine, die (Mehrz.) [Einz.: das Mykotoxin ‖ ↑ myko- und ↑ Toxine ‖ Syn.: Pilzgifte]: von Pilzen ausgeschiedene, für Menschen, Tiere oder Pflanzen toxisch wirkende sekundäre Stoffwechselprodukte. Beispiele sind die Amanitine und das Phalloidin des Grünen Knollenblätterpilzes, das Muscarin des Pantherund Fliegenpilzes sowie die extrem kanzerogenen ↑ Aflatoxine.

Mykozönose, die [zu ↑ myko- und griech. koinós = gemeinsam]: der Teil der ↑ Phytozönose, der die Flechten, Moose und Algen umfaßt. Die M. spielt in Lebensräumen mit extremen Umweltbedingungen (z. B. in der Tundra) eine entscheidende Rolle.

Myrmekochorie, die [zu griech. mýrmēx, mýrmēkos = Ameise und griech. choreīn = sich fortbewegen]: die Verbreitung von Früchten und Samen durch Ameisen. Die M. ist eine spezielle Form der Zoochorie (↑ Allochorie) und kommt häufig bei Samen mit **Elaiosomen** (fett- und eiweißreiches Gewebeanhängsel) vor, die den Ameisen als Nahrung dienen. M. kommt u. a. beim Schöllkraut und Buschwindröschen vor.

Myrmekophyten, die (Mehrz.) [Einz.: der Myrmekophyt ‖ griech. mýrmēx, mýrmēkos = Ameise und ↑ -phyt ‖ Syn.: Ameisenpflanzen]: mit Ameisen in Symbiose lebende, meist tropische Pflanzen. M. bieten Obdach in Dornen, Gallen und Kammern (z. B. im Stamm und in den Stengeln von Ameisenbaumarten), z. T. auch Nahrung (z. B. kleine Gebilde an den Blattfiederenden von Akazien und Mimosen, die sog. **Belt-Körperchen;** 1,5 mm lange Körperchen an der Blattbasis von Ameisenbaumarten, die sog. **Müller-Körperchen**) und können von den Ameisen vor blattfressenden Insekten geschützt werden.

myzetophag [zu griech. mýkēs, mýkētos = Pilz und griech. phageīn = essen ‖ Syn.: fungivor]: svw. pilzfressend; gesagt von einer besonderen Ernährungsweise v. a. bei Schnecken und Insekten (Termiten, Ameisen, Rindenläuse, Käfer), die sich von Pilzmyzel ernähren. Manche tropische Termiten und Ameisen (Attaarten) legen besondere Pilzzuchtkammern in ihren Bauten an, in denen sie bestimmte Arten von Pilzen kultivieren, die ihnen zur Nahrung dienen.

N

Nachbarn: svw. ↑ Vicini.
Nachklärbecken: Sammelbecken bei Kläranlagen (↑ Abwasserreinigung).
Nachttiere [Syn.: nachtaktive Tiere]: Tiere, deren Lebens- und Verhaltensaktivitäten hpts. in der Nachtzeit liegen, während sie tagsüber ruhen bzw. schlafen; z. B. Leuchtkäfer, Nachtschmetterlinge, die meisten Geckos, manche Schlangen, die Nachtschwalben, fast alle Eulenvögel, viele Insektenfresser, Flattertiere und Halbaffen, das Erdferkel, die Gürteltiere sowie viele Nageund Raubtiere.

N. haben entweder sehr lichtstarke oder sehr kleine Augen. Im letzten Fall sind der Geruchssinn oder der Ultraschall (z. B. bei Fledermäusen) Orientierungshilfen.
Zu unterscheiden von den N.n sind die **Dunkeltiere,** die in völliger Dunkelheit leben, z. B. in den lichtlosen Wassertiefen unter 1 000 m, im Erdboden, in Höhlen oder im Inneren anderer Organismen. Für diese Dunkeltiere ist die Rückbildung der Lichtsinnesorgane bis zur völligen Blindheit charakteristisch.

179

Im Gegensatz zu den N.n sind die **Dämmerungstiere** während der abendlichen und/oder morgendlichen Dämmerung aktiv; bei vielen (z. B. zahlreiche Amphibien, Schmetterlinge) beschränkt sich die Aktivität fast stets auf die wärmere Abenddämmerung.

Nachverbrennung: Verfahren, bei dem das in den Abgasen von Ottomotoren enthaltene giftige Kohlenmonoxid zu unschädlichem Kohlendioxid oxidiert und die unverbrannten Kohlenwasserstoffe verbrannt werden. Dies geschieht u. a. durch Nachschalten eines ↑ Katalysators.

Nadelwald: Pflanzengemeinschaft, in der Nadelhölzer vorherrschen (im Gegensatz zu Misch- und Laubwald). N. ist außerhalb des natürlichen N.gürtels auf der Nordhalbkugel eine durch Aufforsten erreichte, nicht natürlich gewachsene Waldform (70% der heutigen Waldfläche der Bundesrepublik Deutschland sind N.). Gründe für die Umforstung zum N. sind die Schnellwüchsigkeit der Nadelbäume und damit die wirtschaftliche Nutzung.

Nachteilig wirkt sich der N. auf den Wasserhaushalt der Natur aus: Die oberflächliche Nadelschicht am Boden verschließt diesen und saugt das Regenwasser auf. So gelangt nur ein kleiner Teil des Wassers in den Boden, der größte Teil fließt oberirdisch ab und kann nicht gespeichert werden.

Nährsalze: die für die pflanzliche Ernährung wichtigen ↑ Mineralsalze. Pflanzen können N. nur wassergelöst (in Ionenform) durch Wurzeln aus dem Boden aufnehmen. Lebensnotwendige Bestandteile der N. sind Stickstoff, Phosphor und Schwefel (als Bauelemente der Proteine des Plasmas), Magnesium und Eisen (als Bestandteile verschiedener Enzyme und Farbstoffe), Kalium und Calcium (regeln antagonistisch den Quellungsgrad der Plasmakolloide). N. werden entweder in den Pflanzenkörper eingebaut oder verbleiben in gelöster Form im Zellsaft. Bei ungenügender Zufuhr kommt es zu Mangelerkrankungen (↑ auch Düngung). In nur geringen Mengen werden Spurenelemente (↑ Mikroelemente) aufgenommen.

Nahrungskette [Syn.: Freßkette]: Reihe von Organismen, die ernährungsbedingt voneinander abhängig sind und dadurch wie die Glieder einer Kette miteinander in Verbindung stehen. Die autotrophen *grünen Pflanzen* bilden in der Regel als ↑ Produzenten das erste Glied der Kette. Es folgen die verschiedenen heterotrophen tierischen Verzehrer als ↑ Konsumenten; an erster Stelle stehen hierbei die *Pflanzenfresser* als Primärkonsumenten. Dann folgen die *Fleischfresser* (Räuber) als Sekundärkonsumenten. Den Schluß der N. bilden die *abbauenden Tiere* und *Mikroorganismen* (Destruenten und Reduzenten), bodenbewohnende Tiere, Bakterien und Pilze, die sich von toter Substanz ernähren.

Da ein Teil der Nahrung zur Energiegewinnung verbraucht wird, erfolgt eine Abnahme der Biomasse (und damit auch der ursprünglich von den Pflanzen absorbierten Sonnenenergie) von den Produzenten bis zu den Endkonsumenten (↑ Nahrungspyramide). Aus diesem Grund kann eine N. nicht aus unbegrenzt vielen Gliedern bestehen, sondern umfaßt meist nur 3–5 Arten.

Einige Autoren unterscheiden je nachdem, welcher Natur das erste bzw. zweite N.nglied ist, zwischen folgenden *Typen:*

1. Bei der **herbivoren N.** ist das erste Kettenglied eine Pflanze, die einem Phytophagen (Pflanzenfresser) als Nahrung dient; dies ist der wichtigste N.ntyp.
2. Bei der **detritischen N.** steht an der Basis ein sich von toter organischer Substanz ernährender Organismus (Saprophage).
3. Bei der **bakteriophagen N.** ist das erste Kettenglied eine Bakterie.
4. Bei der **parasitischen N.** steht an der Basis ein Parasit, der auf Pflanzen schmarotzt.

Der *Mensch* steht meist als *Endkonsument* am Ende der jeweiligen Nahrungskette. Dies erweist sich als gefährlich, wenn biologisch nicht oder schwer abbaubare Substanzen, wie z. B. Schwermetalle, radioaktive Stoffe oder chlorierte Kohlenwasserstoffe, über die N. bis hin zu schädigenden Konzentrationen angereichert werden. So wurden bei ei-

Nahrungspyramide

ner Untersuchung im *Genfer See* folgende *Konzentrationen an PCB* (bezogen auf das Trockengewicht) ermittelt:

Sediment	0,02 ppm
Wasserpflanzen	0,04–0,07 ppm
Plankton	0,39 ppm
Muscheln	0,60 ppm
Fische	3,2–4 ppm
Eier von Haubentauchern	56 ppm.

N.n im strengsten Sinne sind sehr selten vorhanden, da die meisten Organismen mehrere Nahrungsquellen benutzen und dadurch die einzelnen N.n miteinander verflochten werden und insgesamt ein ↑Nahrungsnetz bilden. – ↑auch Ökosystem, ↑Biogeochemie. – Abb. S. 233.

Nahrungsnetz: ein System miteinander verbundener ↑Nahrungsketten. Lineare Nahrungsketten bestehen in der Regel aus 3–5 Gliedern (z. B. Pflanze – Regenwurm – Maulwurf – Wiesel – Bussard). Da die meisten der an Nahrungsketten beteiligten Glieder nicht monophag sind, sondern unterschiedliche Nahrung zu sich nehmen, kommt es zur Verzweigung der Nahrungsketten, und es entsteht im Hinblick auf Ernährungsabhängigkeiten ein N., das viele Arten einer ↑Biozönose miteinander verbindet.

Je stärker das N. in einem Biotop ausgebildet ist, desto stabiler ist das in ihm herrschende ↑biologische Gleichgewicht.

Nahrungspyramide: die quantitative Darstellung der einzelnen Ernährungsstufen einer ↑Nahrungskette bzw. eines ↑Nahrungsnetzes. Die Basis bilden in der Regel die grünen Pflanzen, die Spitze die Endkonsumenten.

Die Pyramidenform verdeutlicht die meist stetige Abnahme sowohl der jeweiligen Biomasse (und damit der in ihr gebundenen Energie) als auch der Individuenanzahl von den Primärproduzenten bis zu den Endkonsumenten.

Grob geschätzt, ist pro Stufe nur noch 10 % der Biomasse bzw. Energie der vorangegangenen Stufe vorhanden; der Rest wird durch die Organismen selbst als Folge von Stoffwechselvorgängen verbraucht (↑ökologische Effizienz). Daraus folgt, daß der Mensch, wenn er z. B. 10 kg Hechtfleisch verzehrt, nur um 1 kg zunimmt. Damit der Hecht diese 10 kg produzieren kann, muß er 100 kg

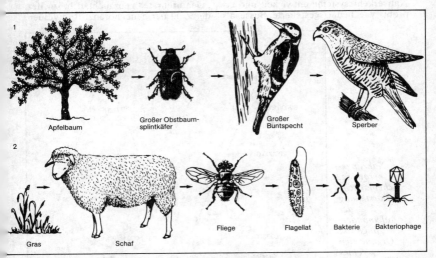

Nahrungskette. 1 herbivore Nahrungskette; 2 parasitische Nahrungskette

Nahverkehr

Karpfen fressen. Die Karpfen benötigen dann 1 000 kg Algen, um entsprechend an Gewicht zuzunehmen. – ↑ auch Ökosystem.

Nahverkehr: Transportablauf im Personen- und Güterverkehr bis etwa 50 km Entfernung. Für den **öffentlichen Personennahverkehr** (ÖPNV) dienen Nahverkehrszüge, in Verdichtungsräumen Stadtschnellbahnen (S-Bahnen) zur Verbindung der Randzonen mit dem Stadtzentrum, Stadtbahnen in Form von Untergrundbahnen (U-Bahnen), Straßenbahnen und/oder Unterpflasterstraßenbahnen für den innerstädtischen Verkehr und Omnibusse zur Ergänzung der Schienenverkehrsmittel. In Entwicklung sind auch neue Verkehrsmittel wie Kabinenbahnen.

Die verschiedenen Verkehrsmittel werden zweckmäßigerweise in einem Verkehrs- und Tarifverbund zusammengefaßt (abgestimmtes Verkehrsangebot, einheitliche Fahrausweise). An günstig gelegenen Haltestellen werden Parkplätze (Park-and-ride-System) zum Umsteigen vom Pkw in ÖPNV-Verkehrsmittel geschaffen.

In der *BR Deutschland* werden neue Nahverkehrssysteme entwickelt und erprobt, wie bedarfsgesteuerte Busse als „Rufbus", „Telebus" oder „Retax", um Angebote bei geringem Verkehrsaufkommen zu schaffen oder schwerbehinderte Fahrgäste (z. B. Rollstuhlfahrer) zu befördern.

Nanịsmus, der [zu griech. nānos = Zwerg]: Zwergwuchs bei Pflanzen und Tieren, v. a. bei Zuchtrassen und -formen. N. ist entweder erblich bedingt oder eine Folge von Nährstoffmangel oder auch eine klimabedingte Modifikation (z. B. viele Alpenpflanzen).

Nanoplankton, das [griech. nānos = Zwerg ‖ Schreibvariante: Nannoplankton]: kleinstes ↑ Plankton, das nicht mit Netzen gefangen werden kann, sondern nur durch Sedimentation oder durch Zentrifugation isoliert werden kann.

Natalität, die [zu lat. natalis = zur Geburt gehörend, Geburts-]: die Zahl der neu erzeugten Individuen einer Population, bezogen auf deren Größe. **Potentielle** N. ist die maximal mögliche Produktion an Nachkommen unter Optimalbedingungen, **ökologische** N. die tatsächlich erzeugte Anzahl von Nachkommen unter den herrschenden Umweltbedingungen.

Der Begriff N. wird auch im Sinne von „Geburtenrate" gebraucht, d. h. zur Bez. der Zahl der neugeborenen Individuen,

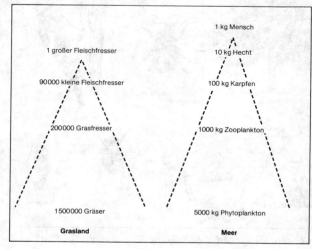

Nahrungspyramide. Schematische Darstellung der Aufeinanderfolge von Organismen eines Ökosystems

Naturschutz

bezogen auf die Größe der Population innerhalb einer Zeiteinheit.

Nationalpark: Bez. für großräumige Naturlandschaften, die durch ihre besondere Eigenart oft keine Parallelen auf der Erde mehr haben. Gemäß den Konventionen von London (1923) und Washington (1942) gelten für einen N. folgende *Kriterien:*
1. hervorragendes Gebiet von nationaler Bedeutung;
2. öffentliche Kontrolle, d. h. Verwaltung und Finanzierung durch die zentrale Regierung, die auch der Eigentümer des Gebietes sein soll;
3. strenger, gesetzlicher Schutz mit weitgehenden Nutzungsverboten (z. B. Jagd) oder -beschränkungen (z. B. wirtschaftliche Nutzung);
4. Erschließung für die Menschen und Anlage von Erholungseinrichtungen.

N.s wurden in den USA seit 1872 (Yellowstone National Park) eingerichtet, ähnlich auch in anderen Ländern, v. a. in Ost- und Südafrika (z. B. Krüger- und Serengeti-N.). Der erste N. der BR Deutschland besteht seit 1970 (Bayerischer Wald); 1978 wurde der N. Berchtesgaden, 1986 der N. Schleswig-Holsteinisches Wattenmeer und der N. Niedersächsisches Wattenmeer eingerichtet. In einer neueren Liste der N.s und gleichwertiger Reservate sind rund 1 200 N.s in 136 Ländern der Erde beschrieben. In Afrika sind die N.s überwiegend große Wildreservate, in Asien Landschaften von wissenschaftlicher Bedeutung, in Nordamerika besonders eindrucksvolle, für die Erholung des Menschen zur Verfügung stehende Landschaften. – ↑ auch Naturpark.

Naturböden: unkultivierte Böden.

Naturdenkmal: Naturschöpfung (z. B. Felsen, Wasserfall, alter oder seltener Baum, erdgeschichtliche Aufschlüsse), die aus wissenschaftlichen, geschichtlichen oder volkskundlichen Gründen oder wegen ihrer Seltenheit und Eigenart erhalten werden soll und deshalb unter uneingeschränktem Naturschutz steht. In der BR Deutschland gibt es rund 35 000 Naturdenkmäler.

Naturhaushalt: das Wirkungsgefüge der biotischen und abiotischen Faktoren der Natur. Zur Erhaltung der Funktionsfähigkeit des N.es wird ein Optimum an Artenreichtum angestrebt.

Naturlandschaft: die vom Menschen unberührte Landschaft; heute im wesentlichen nur noch Teile der Hochgebirge, der Wüsten und der Polargebiete. – Gegensatz: ↑ Kulturlandschaft.

Naturpark: in sich geschlossener, größerer Landschaftsbereich, der sich durch natürliche Eigenart, Schönheit und Erholungswert auszeichnet und in seinem gegenwärtigen Zustand erhalten werden soll. Als noch einigermaßen intakte Naturräume und bestimmende Faktoren für Klima, Wasserhaushalt und Landeskultur stehen N.s unter gesetzlichem Schutz, der störende Einwirkungen verhindert und eine ordnungsgemäße Land- und Forstwirtschaft sowie die gesetzlich geregelte Jagd und Fischerei gestattet. Größere Flächenanteile der N.s sind als **Landschaftsschutzgebiete,** kleinere Flächen als **Naturschutzgebiete** ausgewiesen.

Hinsichtlich Anzahl und Größe hat die BR Deutschland im Vergleich zu anderen europäischen Ländern nicht nur die größten, sondern auch die meisten (63) N.s, die rund 53 500 km^2 Landschaft umfassen (das sind rund 20% der Gesamtfläche der BR Deutschland). In diesen N.s gibt es 700 Rundwanderwege (Gesamtlänge 35 000 km), 300 Lehrpfade und 250 Aussichtstürme sowie Schutzhütten und Grillplätze. Ein Teil der N.s erfüllt eine wichtige Funktion für die Naherholung der in Ballungsräumen und Großstädten lebenden Menschen. Besondere Beachtung wird nun auch – beeinflußt von der Tätigkeit der **Föderation der Natur- und Nationalparke Europas** – der Gründung bilateraler Natur- und Nationalparks (sog. **Europaparks**) geschenkt (1965 Deutsch-Luxemburgischer N., 1971 Deutsch-Belgischer Naturpark). – Abb. S. 184.

Naturreservat: andere Bez. für ein Naturschutzgebiet, v. a. bezogen auf den englischen und französischen Sprachraum.

Naturschutz: nach dem Gesetz über N. und Landschaftspflege (**Bundesnaturschutzgesetz,** Abk.: BNatSchG) vom

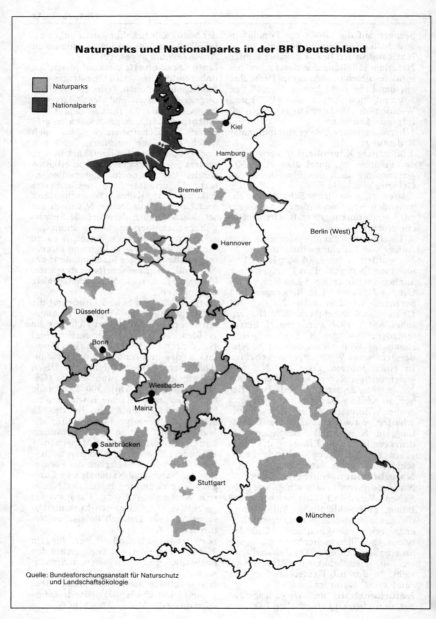

Naturwaldreservate

20.12.1976 die Gesamtheit der Maßnahmen zum Schutz und zur Pflege von besiedelter und unbesiedelter Natur als Lebensgrundlage für den Menschen und für seine Erholung. Das Bundesnaturschutzgesetz ist überwiegend ein Rahmengesetz und bedarf der Ausführung durch die Länder.

Mittel des N.es sind v.a. die Landschaftsplanung, allgemeine Schutz-, Pflege- und Entwicklungsmaßnahmen, Pflege und Entwicklung bestimmter Teile von Natur und Landschaft durch Ausweisung als geschützte Gebiete oder Objekte. In einem Fortsetzungs- und Registrierungsverfahren können **N.gebiete,** Nationalparks, Landschaftsschutzgebiete, Naturparks, Naturdenkmäler und geschützte Landschaftsbestandteile (z.B. Hecken, Schilfbestände) bestimmt werden. Diesbezügliche Vorschriften sind von den Ländern zu erlassen.

Wildwachsende Pflanzen und wildlebende Tiere sind zu schützen und zu pflegen. Das Betreten der Flur auf Straßen und Wegen sowie auf ungenutzten Grundflächen zu Zwecken der Erholung ist jedoch jedermann auf eigene Gefahr gestattet. Nach dem *Umfang des Schutzes* unterscheidet man:

1. **Vollnaturschutzgebiete:** Hier sind Eingriffe und Nutzungen nur zur Erhaltung des natürlichen Zustandes erlaubt; das Betreten dieser Gebiete ist verboten **(Banngebiete).**

2. **Teilnaturschutzgebiete:** Gebiete mit speziellen Schutzzielen und den dazu notwendigen Nutzungsbeschränkungen. Hierzu gehören auch Pflanzen- und Tierschutzgebiete (z.B. Vogelschutzgebiete).

3. **Landschaftsschutzgebiete:** naturnahe Flächen, die zur Erhaltung ihrer ökologischen Vielfalt sowie eines ausgeglichenen Naturhaushaltes und ihres Erholungswertes gegen Veränderungen (Abholzung, Aufforstung, Überbauung, Industrialisierung) geschützt werden. Als Landschaftsschutzgebiete werden viele Waldgebiete, Seeufer, Mittelgebirgs- und Heidelandschaften ausgewiesen. Zur Zeit gibt es in der BR Deutschland rund 4600 Landschaftsschutzgebiete mit einer Gesamtfläche von 62000 km² (ent-

spricht 25% der Gesamtfläche der BR Deutschland). Einige N.gebiete haben eine internationale Anerkennung erhalten. Die Erklärung zum **N.gebiet (Naturreservat)** erfolgt durch Eintragung in das Landesnaturschutzbuch bei der obersten N.behörde. Ein aufgrund des Gesetzes ausgesprochenes Nutzungsverbot muß ein Eigentümer entschädigungslos hinnehmen, da dies sich im Rahmen der Sozialbindung des Eigentums hält.

Wichtige N.gebiete sind z.B. das Königsseegebiet (Teilgebiet des Nationalparks Bayerischer Wald), das Karwendelgebirge, der Große Arbersee und die Arberseewand, das Federseegebiet, der N.park Lüneburger Heide und das Biberschutzgebiet an der mittleren Elbe. In der *BR Deutschland* bestehen zur Zeit rund 2100 Naturschutzgebiete, die eine Fläche von 2643 km² umfassen (entspricht 1,06% der Gesamtfläche der BR Deutschland).

Bedeutende N.gebiete im benachbarten Ausland sind die Hohen Tauern (Österreich), der Nationalpark Engadin (Schweiz), das Rhonedelta (Camargue, Frankreich).

Die Beratung, Planung und Überwachung der Objekte übernehmen die jeweiligen „Stellen für N. und Landschaftspflege" **(N.stellen)** mit ständigen **N.beauftragten** als Geschäftsführern. Unterstützung erfolgt durch privatrechtliche Organisationen, die im **Deutschen Naturschutzring e.V. – Bundesverband für Umweltschutz** (als Dachorganisation) zusammengeschlossen sind. Auf Bundesebene arbeitet u.a. die **Bundesforschungsanstalt für N. und Landschaftsökologie.**

Naturschutzgebiet ↑ Naturschutz.

Naturwaldreservate: als charakteristische Vegetationsgesellschaften ausgewählte, v.a. der Erforschung ökologischer Systeme dienende, durch Erlaß der Länder in der BR Deutschland unter unumschränkten Schutz gestellte Waldteile (Mindestgröße 8 ha), deren Erhaltung Aufgabe der Landespflege ist.

N. werden in Nordrhein-Westfalen und Rheinland-Pfalz als **Naturwaldzellen,** in Baden-Württemberg als **Bannwälder,** in Hessen als **Altholzinseln** bezeichnet.

Nebenwirt [Syn.: Hilfswirt]: Organismus, in dem der betreffende Parasit nur selten anzutreffen ist, da der N. im Gegensatz zum Hauptwirt dem Schmarotzer keine optimalen Lebensbedingungen bietet.

negativer Rückkopplungskreis: ↑Regelkreis, in dem eine Änderung der Regelgröße einen dieser Änderung entgegenwirkenden Einfluß hat. Ein n. R. ist z. B. die Erhaltung der Körpertemperatur bei gleichwarmen (↑homoiothermen) Tieren.

nekro- [aus griech. nekrós = Leichnam]: in Zus. und Abl. mit der Bed. „Leiche, tot; Absterben"; z. B. nekrophag, Nekrose.

Nekroparasitismus, der [↑nekro-]: Form des Parasitismus (↑Raubendoparasitismus).

nekrophag [zu ↑nekro- und griech. phageīn = essen ‖ Abl.: Nekrophagen ‖ Syn.: nekrovor]: nennt man Tiere, die sich von toter tierischer Substanz ernähren. – ↑auch saprophag.

Nekrophagen, die (Mehrz.) [Einz.: der Nekrophage ‖ zu ↑nekrophag ‖ Syn.: Nekrovoren]: Bez. für aasfressende Tiere (↑Saprophagen).

Nekrophyten, die (Mehrz.) [Einz.: der Nekrophyt ‖ ↑nekro- und ↑-phyt]: Bez. für Pflanzen, die auf toten Organismen leben; z. B. einige Pilzarten.

Nekrose, die [zu ↑nekro- ‖ Syn.: Gewebstod]: das Absterben von Gewebeteilen des tierischen oder pflanzlichen Organismus infolge Krankheit oder durch mechanische Einwirkung, Strahlung, Hitze oder ätzende Stoffe.

nekrovor [zu ↑nekro- und lat. vorare = verschlingen ‖ Abl.: Nekrovoren]: svw. ↑nekrophag.

Nekrovoren, die (Mehrz.) [Einz.: der Nekrovore ‖ zu ↑nekrovor]: Bez. für aasfressende Tiere (↑Saprophagen).

Nekton, das [zu griech. nēktós = schwimmend, also eigtl. = Schwimmendes]: Sammelbez. für aktiv schwimmende, meist große Tiere, die mit Hilfe von Fortbewegungsorganen von der Wasserströmung unabhängig sind; insbesondere Fische, Krebse, Tintenfische, Meeresreptilien und Meeressäugetiere. – Gegensatz: ↑Plankton.

Nematizide, die (Mehrz.) [Einz.: das Nematizid ‖ zu Nematoden, dem wiss. Namen der Fadenwürmer (weiter zu griech. nēma = Faden), und lat. caedere (in Zus.: -cidere) = töten ‖ Schreibvariante: Nematozide]: zu den ↑Pestiziden zählende chemische Stoffe, die zur Bekämpfung der zu den Fadenwürmern (Nematoden) gehörenden Älchen verwendet werden. Man unterscheidet in den Boden zur Entseuchung eingebrachte Mittel und systemische N., die von der Pflanze aufgenommen und zu den Wurzeln transportiert werden, wo sie ihre Wirkung gegen die Nematoden entfalten. N. sind häufig auch als Insektizide und Fungizide wirksam. Das Terthienyl der Studentenblume (Gattung Tagetes) ist ein hochwirksames natürliches Nematizid.

nemoral [zu lat. nemus, nemoris = Wald, Hain]:
◊ nennt man Klimazonen mit warmer, relativ regenreicher Vegetationszeit von 4–6 Monaten und einer kurzen Frostperiode.
◊ nennt man die in der n.en Klimazone vorkommenden sommergrünen Laubwälder. Verbreitungsgebiete sind: West- und Mitteleuropa, der Osten von Nordamerika und Ostasien.

Neoendemismus, der [griech. néos = neu, jung]: Form des ↑Endemismus, bei der die betreffenden Organismen **(Neoendemiten)** sich in einem bestimmten Gebiet infolge geänderter Umweltbedingungen aus einer Stammform entwickelt haben und sich nicht mehr weiter ausbreiten können. – Gegensatz: ↑Paläoendemismus.

Neoendemiten, die (Mehrz.) [Einz.: der Neoendemit]: ↑Neoendemismus.

Neophyten, die (Mehrz.) [Einz.: der Neophyt ‖ griech. néos = neu, jung und ↑-phyt]: Gruppe der ↑Adventivpflanzen. – ↑auch Neubürger.

neritisch [zum Namen des göttlichen Meergreises der griech. Mythologie, Nereus]: nennt man den küstennahen Bereich der Meere (↑Pelagial).

Nestgäste: svw. ↑Nidikolen.

Nettophotosynthese: die während der ↑Photosynthese von der Pflanze ausgeschiedene Sauerstoffmenge bzw. die von ihr aufgenommene Kohlendioxidmenge; erreicht bei ↑ Lichtsättigung einen konstanten Wert.

Nettoproduktion: die durch ↑ Assimilation in einer bestimmten Zeit in den Körper eines Organismus eingebrachte Biomasse, abzüglich der in derselben Zeit ausgeschiedenen Abfallprodukte des Stoffwechsels. Die **Nettoprimärproduktion** erfolgt stets durch die grünen Pflanzen bei der ↑ Photosynthese, die **Nettosekundärproduktion** durch die Ernährung ↑ heterotropher Organismen. Die Nettoprimärproduktion wichtiger Ökosysteme beträgt jährlich in g/m^2:

Wüsten und Halbwüsten	0– 250
Tundren	10– 400
Hochsee	10– 400
Flachmeere	200– 600
Seen und Flüsse	100–1 500
Steppen	150–1 500
Savannen	150–2 000
Taiga	200–2 000
sommergrüne Laubwälder	600–3 000
Agrarland	1 000–3 000
Salzwiesen	2 000–3 000
Mangroven	2 000–3 000
Korallenriffe	3 500–4 000
Sumpfgebiete (gemäßigtes Klima)	800–4 000
Hylaea	2 000–5 000
Sumpfgebiete und intensiver Ackerbau in den Tropen	> 7 000

Netzmittel [Syn.: Benetzungsmittel]: natürliche und synthetische Stoffe, die schon in geringen Konzentrationen zu einer Verminderung der Oberflächenbzw. Grenzflächenspannung von Flüssigkeiten und damit zu einer besseren Benetzung der mit den Flüssigkeiten in Berührung kommenden Materialien führen (↑ grenzflächenaktive Stoffe). N. werden u. a. als Zusätze zu Waschmitteln, Farbpulvern und Klebstoffen verwendet. – ↑ auch Tenside.

Neubesiedlung: das Auftreten der ersten Organismen in einem freien Lebensraum, wie z. B. in einem Tümpel nach Regenfall, auf einer neu entstandenen vulkanischen Insel oder im Meeresboden der Nordsee nach einem strengen Winter.

Die N. ist zufallsbedingt. Die zuerst auftretende Organismenart entwickelt sich und hindert spätere konkurrierende Arten der Entwicklung.

Neubürger: Bez. für Pflanzen **(Neophyten)** und Tiere, die in historischer Zeit in einem Gebiet aufgetreten sind. – ↑ auch Adventivpflanzen.

Neuston, das [zu griech. neustós = schwimmend, also eigtl. = Schwimmendes]: Lebensgemeinschaft der an der Wasseroberfläche am Oberflächenhäutchen lebenden Mikroorganismen wie Algen (v. a. Diatomeen), Pilze, Bakterien, Protozoen und verschiedene Larvenstadien. Man unterscheidet **Epi-N.** (das **N.** auf dem Wasserhäutchen) und **Hypo-N.** (das **N.** unterhalb des Häutchens).

Das N. dient einigen Kleinkrebsen und Schnecken (auch den Kaulquappen) als Nahrung, indem diese das Oberflächenhäutchen von unten her „abweiden". – ↑ auch Pleuston.

nidikol [zu lat. nidus = Nest und lat. colere = bewohnen]: vogelnestbewohnend; von Tieren gesagt (↑ Nidikolen).

Nidikolen, die (Mehrz.) [Einz.: der Nidikole ‖ zu ↑ nidikol ‖ Syn.: Nestgäste]: Tiere (z. B. Flöhe, Milben), die in Nestern anderer Tiere leben; sie finden dort ausgeglichene Temperaturverhältnisse und reichlich Nahrung (z. B. Nestmaterial, Schimmelpilze, Wirtstiere) vor.

Niedermoor ↑ Moor.

Niederschlag:

◇ Bez. für jede Ausscheidung von Wasser in flüssigem oder festem Zustand aus der Atmosphäre (z. B. Regen, Nieseln, Schnee, Hagel, Graupeln, Griesel, Reif, Tau, nässender Nebel).

Für Umweltfragen sind nicht nur Häufigkeit und Intensität des N.s von Bedeutung, sondern auch seine chemische Zusammensetzung. Sie wird durch die in der Luft befindlichen Gase und Salze bestimmt, die teils von fallenden Regentropfen unter der Wolke eingefangen werden **(Washout)**, teils in Wolkentröpfchen gelöst durch den aus ihnen entstandenen N. zum Boden gelangen **(Rainout)**.

Es werden im Mittel etwa 10 mg Substanz je Liter Wasser gelöst, was durch

Niedertemperaturwärme

das Überwiegen von Anionen zu einer Ansäuerung des N.s führt. In stark belasteter Atmosphäre kann die Konzentration auf mehr als das Zehnfache ansteigen.

Große Bedeutung hat die Entstehung von Kohlensäure aus Kohlendioxid und Wasser, die zur Gesteinsverwitterung und zur Bodenbildung führt. Bedenklich wird es, wenn die Konzentration weit über das natürliche Maß ansteigt, wie es seit mehreren Jahren bei Schwefel- und Salpetersäure in einzelnen Gegenden der Fall ist (↑ saurer Regen). Diese Säuren entstehen im N. durch Schwefel- und Stickstoffoxide, die durch Verbrennung in die Luft gelangen. Dabei ist die Schwefelsäurebildung im Schnee besonders intensiv.

◊ [Syn.: radioaktiver N.]: ↑ Fallout.

Niedertemperaturwärme: Anteil der ↑ Abwärme.

Niederwald: forstwirtschaftliche Bez. für einen Laubwald, bei dem sich der Baumbestand durch Austrieb aus Stöcken (sog. Stockausschlag) und Wurzeln der alle 10–30 Jahre gefällten Bäume erneuert.

Der N.betrieb war früher zur Gewinnung von Brennholz, Gerbrinde, Flechtmaterial, Zaun- und Rebpfählen und in der Feld-Wald-Wechselwirtschaft sehr verbreitet. Heute ist er in Deutschland nur noch vereinzelt als **Schutzwald** (z. B. an Berghängen und in Flußtälern) von örtlicher Bedeutung. – ↑ auch Hochwald, ↑ Mittelwald.

Nikotin, das [aus gleichbed. frz. nicotine, zum Namen des frz. Gelehrten J. Nicot (* 1530, † 1600) gebildet ‖ chemisch-fachsprachliche Schreibung: Nicotin]: das Hauptalkaloid der Tabakpflanze, das in der Wurzel gebildet und in den Blättern abgelagert wird. N. ist eine farblose, ölige Flüssigkeit und eines der stärksten Pflanzengifte (tödliche Dosis für den Menschen etwa 0,05 g).

Nische: Bez. für die Stellung, die eine Organismenart in ihrer Umwelt einnimmt (↑ ökologische Nische).

Nischenkoexistenz: die gleichzeitige Existenz zweier oder mehrerer Organismenarten im gleichen Ökosystem, was im Dauerzustand nur möglich ist, wenn durch ökologische Merkmalsverschiebung Nischentrennung erfolgt. – ↑ auch ökologische Nische.

Nischenkonkurrenz: Wettbewerb verschiedener Organismenarten in der gleichen ↑ ökologischen Nische, wobei im Endzustand nach dem ↑ Monard-Prinzip eine Art die Oberhand gewinnt.

nitr- ↑ nitro-.

Nitrat, das [zu ↑ nitro-]: das Anion der Salpetersäure (NO_3^-). N.e werden zur Stickstoffversorgung von Kulturpflanzen als Dünger ausgebracht. Sie entstehen auch durch Reaktion der aus Verbrennungsprozessen und Blitzschlag stammenden ↑ nitrosen Gase mit Wasser sowie bei der ↑ Nitrifikation aus Ammoniak im Boden.

Wegen ihrer leichten Wasserlöslichkeit gelangen N.e in die ↑ Hydrosphäre und somit ins Trinkwasser. Auch mit pflanzlichen Nahrungsmitteln (Gemüse) werden zuweilen größere N.mengen in den Körper aufgenommen. Manche Pflanzen akkumulieren N. zur Aufrechterhaltung ihres Turgors.

N. selbst ist nicht gesundheitsschädlich. Durch N.reduktion kann jedoch im Verdauungstrakt Nitrit (↑ Nitrite) gebildet werden, das durch Methämoglobinbildung giftig wirkt und das mit sekundären Aminen die kanzerogenen ↑ Nitrosamine bildet. Deshalb wurde die N.konzentration im Trinkwasser in der BR Deutschland auf 50 mg pro Liter begrenzt.

Die im Boden zu N.verlusten führende ↑ Denitrifikation wird zur Entfernung von N. aus Trinkwasser verwendet.

Nitratatmung: andere Bez. für ↑ Denitrifikation.

Nitratpflanzen:

◊ Pflanzen, die bei Nitratüberangebot relativ große Nitratmengen in ihren Vakuolen speichern, um damit ihren Turgor (d. h. den osmotischen Druck des Zellsaftes; ↑ Osmoregulation) aufrechtzuerhalten. Hierzu zählen z. B. Spinat, Salat, Tabak.

◊ Pflanzen, die durch ihr Vorkommen einen hohen Gehalt an Nitrat im Boden anzeigen (↑ bodenanzeigende Pflanzen).

Nitrifikation, die [zu ↑ nitro- und lat. facere (in Zus.: -ficere) = machen, be-

NTA

wirken]: die Oxidation von Ammoniak im Boden, der aus der Düngung mit Ammoniumverbindungen, Kalkstickstoff oder Jauche oder aus dem Abbau pflanzlicher Biomasse stammt, durch Nitritbakterien (Nitrosomonas) und Nitratbakterien (Nitrobacter) zu Nitrat. Der Prozeß erfordert ausreichende Bodenbelüftung.

Nitrilotriessigsäure ↑ NTA.

Nitrite, die (Mehrz.) [Einz.: das Nitrit ‖ zu ↑ nitro-]: die Salze der salpetrigen Säure. Technische Bedeutung hat nur das im Pökelsalz enthaltene **Natriumnitrit.** Da es durch Überdosierung mit diesem mehrfach zu Vergiftungen gekommen ist (Natriumnitrit kann sich mit [sekundären] Aminen zu toxischen ↑ Nitrosaminen umsetzen), dürfen nach dem Nitritgesetz nur fertige Nitritpökelsalze in den Handel gebracht und verwendet werden.

nitro-, vor Selbstlauten: **nitr-** [zu nlat. Nitrogenium = Stickstoff (weiter zu lat.-mlat. nitrum = Soda, Natron, von gleichbed. ägypt.-griech. nítron)]: in Zus. und Abl. mit der Bed. „Stickstoff; Nitrat"; z. B. nitrophil.

nitrophil [↑ nitro- und ↑ -phil]: nennt man Organismen, insbesondere Pflanzen **(Nitrophyten),** die stickstoffreiches Substrat bevorzugen oder obligat darauf angewiesen sind. N. sind z. B. die Brennnessel und viele ↑ Ruderalpflanzen.

Nitrophyten, die (Mehrz.) [Einz.: der Nitrophyt ‖ ↑ -phyt]: ↑ nitrophil.

Nitrosamine, die (Mehrz.) [Einz.: das Nitrosamin ‖ ↑ nitro- und Amine (zum Stamm von Ammoniak gebildet; ↑ Ammonium)]: organische Verbindungen der allg. Formel RR'N−NO, die durch Reaktion sekundärer Amine mit Nitrit entstehen. N. sind giftig und manche krebserzeugend. Neuerdings wurden N. auch in einigen Nahrungsmitteln nachgewiesen, in denen sie sich wahrscheinlich durch Reaktion von aus Eiweiß entstandenen Aminen mit Nitriten oder Nitraten bilden.

nitrose Gase [zu ↑ nitro-]: Trivialname für Gemische verschiedener Stickstoffoxide (NO$_x$), die meist aus Stickstoff[mon]oxid (NO) und Stickstoffdioxid (NO$_2$) bestehen. N. G. sind Zwischenprodukt bei der Herstellung von Schwefel- und Salpetersäure; sie entstehen bei Hochtemperaturverbrennungsvorgängen insbesondere bei Luftüberschuß und sind deshalb in den Emissionen der Schornsteine von Kohlekraftwerken und in Autoabgasen enthalten. Sie entstehen auch bei Waldbränden, beim Schweißen, Metallbeizen und bei elektrischen Entladungen (Blitz) und kommen im Zigarettenrauch vor. N. G. zählen zu den wichtigsten Luftverunreinigungen und werden mit dem ↑ Waldsterben in Verbindung gebracht (saurer Regen und Bildung von ↑ Photooxidanzien). Zur Entfernung von n.n GO aus den Autoabgasen werden ↑ Katalysatoren eingesetzt.

nivale Stufe [zu lat. nix, nivis = Schnee]: die oberste Höhenstufe der Vegetation der höheren Gebirge, und zwar die über der klimatischen Schneegrenze. Diese liegt in den Alpen zwischen 2700 m (am Westrand der Westalpen) und 3100 m. Die hier noch wachsenden Moose und Flechten kommen nicht mehr in Gesellschaften, sondern in Gruppen oder nur noch einzeln vor und sind auf schneearme Standorte beschränkt. Wenige Blütenpflanzen (einige Gräser, Gletscherhahnenfuß, Alpenleinkraut) kommen jedoch auch in Höhen über 4000 m vor.

NO$_x$: Sammelbezeichnung für Stickstoffoxide verschiedener Oxidationsstufen (↑ nitrose Gase).

Normalverteilung: svw. ↑ Gauß-Verteilung.

Nosochore, die [...'ko:rə ‖ griech. nósos = Krankheit]: eine ↑ Chore mit einem typischen Muster von Krankheitsüberträgern und Krankheiten.

Noxe, die [aus lat. noxa = Schaden]: Bez. für Stoffe, Strahlungen oder andere Faktoren, die eine schädigende, pathogene Wirkung auf einen Organismus ausüben.

NTA, die [ɛnte:"a:]: Abk. für **Nitrilotriessigsäure** (A in NTA steht für engl. acid = Säure), deren leicht wasserlösliche Alkalisalze anstelle der an der ↑ Eutrophierung der Gewässer beteiligten Natriumphosphate in Wasch- und Reinigungsmitteln eingesetzt werden.

NTA besitzt sehr geringe Toxizität und ist zu mehr als 95% biologisch abbaubar. Sie bildet mit mehrwertigen Metallen leicht Chelate, so daß Wasserenthärtung stattfindet. Diesem Vorteil steht gegenüber, daß möglicherweise in den Sedimenten der Gewässer abgelagerte Schwermetalle (Blei, Zink, Quecksilber, Cadmium) remobilisiert werden können. In der BR Deutschland wurde deshalb 1983 die Konzentration von NTA in Abwasser auf 0,2 mg/l und der jährliche Einsatz auf 25 000 t NTA-Natriumsalze begrenzt.

Oberboden: svw. A-Horizont (↑ Boden).
oberflächenaktive Stoffe:
◊ Materialien, die eine große Oberfläche mit hoher Adsorptionskraft besitzen; z. B. Aktivkohle und Kieselgel. Sie finden u. a. Verwendung für die Reinigung von Gasgemischen, als Katalysatoren, Ionenaustauscher und Trocknungsmittel.
◊ andere Bez. für ↑ grenzflächenaktive Stoffe.
Oberflächenpflanzen: svw. ↑ Hemikryptophyten.
Ödland: Gelände, das nicht land- oder forstwirtschaftlich genutzt wird, aber kultiviert werden könnte (z. B. Heide- und Moorflächen) oder anderweitig genutzt wird (z. B. als Sand- oder Kiesgrube oder zur Torfgewinnung).
O-Horizont: eine Bodenschicht (↑ Boden).
Ökese, die [zu griech. oikeīn = wohnen]: das Stadium der Inbesitznahme einer neuen Lebensstätte durch tierische und pflanzliche Organismen.
öko- [aus griech. oīkos = Haus]: in Zus. mit folgenden Bedeutungen: 1. „Lebensraum"; z. B. Ökosystem. 2. „Umwelt"; z. B. Ökologie.
Ökochemie, die [↑ öko- ‖ Syn.: ökologische Chemie]: interdisziplinäres Forschungsgebiet, das sich mit der Untersuchung chemischer Produkte von der Herstellung über die Anwendung bis hin zum Einfluß auf die Umwelt befaßt.
Ökoethologie, die [↑ öko- ‖ Syn.: Ethoökologie, Verhaltensökologie]: neueres Teilgebiet der Verhaltensforschung; beschäftigt sich mit den Auswirkungen des Verhaltens der Tiere auf ihre Umwelt und mit den Rückwirkungen der Umwelt auf das Verhalten der Tiere und versucht zu klären, wie die Auslese in diesem Regelkreis die Tiere formt und prägt.
Ökofaktoren ↑ Umweltfaktoren.
Ökogenetik, die [↑ öko-]: neueres Forschungsgebiet, das die Einflüsse der modernen Umwelt (v. a. von künstlich erzeugten Stoffen) auf den Menschen unter Berücksichtigung seiner Erbanlagen und die individuelle Reaktion auf diese Umwelteinflüsse untersucht.
ökogeographische Regeln: svw. ↑ Klimaregeln.
Öko-Institut [offizieller Name: Institut für angewandte Ökologie e. V.]: 1977 von Wissenschaftlern und Bürgern gegründetes privates Institut; Sitz: Freiburg im Breisgau; will durch Öffentlichkeitsarbeit wiss. fundierte Informationen liefern, die Umsetzung ökologischer Erkenntnisse fördern und durch die Erforschung und Entwicklung umweltfreundlicher Techniken und Verfahrensweisen einen Beitrag zu einem ökologisch ausgeglichenen Fortschritt leisten.
Ökoklima, das [↑ öko-]: svw. ↑ Bestandsklima.
Ökologie, die [↑ öko- und ↑ -logie ‖ Abl.: ökologisch]: von dem dt. Zoologen E. Haeckel (* 1834, † 1919) 1866 geprägte Bez. für die aus der Biologie hervorgegangene Wissenschaft, die sich mit den Wechselbeziehungen zwischen den Organismen und der unbelebten (abiotische Faktoren wie Klima, Boden) und der belebten Umwelt (biotische Faktoren wie Lebensgemeinschaften) befaßt.

ökologische Altersklassen

Sie untersucht ihre zeitliche Entfaltung, Krisen in ihrer Entwicklung und Mechanismen der Wiederherstellung von Gleichgewichten.
Teilgebiete der Ö. sind die **Autökologie,** die die Umwelteinflüsse auf die Individuen einer Art untersucht, die **Demökologie (Populations-Ö.**), die sich mit den Umwelteinflüssen auf ganze Populationen einer bestimmten Tier- und Pflanzenwelt befaßt, und die **Synökologie,** die sich mit Wechselbeziehungen zwischen den Organismen einer Lebensgemeinschaft sowie zwischen diesen und der Umwelt beschäftigt.
Die Gesamtheit der Wechselbeziehungen in einem Lebensraum wird als ↑Ökosystem bezeichnet. Die sich in der Ö. ergebenden Hauptgesetzmäßigkeiten werden in den ↑ökologischen Grundregeln zusammengefaßt.
Die Ö. wird unterstützt von der Systemforschung, die die mathematischen Grundlagen für die Berechnung ihrer speziellen Ökosysteme liefert. Darüber hinaus benutzt die Ö. die Erkenntnisse jeder speziellen Grundlagenforschung, indem sie die gewonnenen Einzeldaten zu einem Gesamtverständnis verbindet und damit die Bedingungen und Möglichkeiten für stabile oder kritische Entwicklungen in der Zukunft aufzeigt. Die Ö. kann demnach Auskunft geben über die Belastbarkeit von Ökosystemen (z. B. Flüsse, Seen, Wälder, landwirtschaftliche Anbaugebiete). Sie kann die Folgen einseitiger Eingriffe (z. B. durch chemische Schädlingsbekämpfung, Verschmutzung von Gewässern) aufzeigen. Gegenüber den auf die Durchsetzung von Teilansprüchen angelegten Spezialwissenschaften leistet die Ö. auch einen ideellen Beitrag: Sie erzieht zu kooperativem Denken und zur Rücksichtnahme. Heute beschränkt sich die Ö. nicht mehr nur auf die Wechselwirkung Pflanze/Umwelt (**Pflanzen-Ö.)** oder Tier/Umwelt (**Tier-Ö.),** sondern achtet immer stärker darauf, wie der Mensch seine Umwelt beeinflußt.
Die Ö. bedarf, wenn sie sich dem Menschen zuwendet, der Unterstützung zahlreicher anderer Wissenschaften, einschließlich der Aspekte der Naturphilo-

sophie; hier wird die Ebene der einzelnen Fachdisziplinen endgültig verlassen. Die so erweiterte Ö. ist die **Human-Ö.**; sie untersucht die Wechselbeziehungen zwischen dem Lebewesen Mensch und seiner Umwelt als Lebensraum.
Im Gegensatz zu Tieren und Pflanzen ist der Mensch nicht an eine spezifische Umwelt im biologischen Sinne angepaßt, sondern paßt eher umgekehrt (besonders mit Hilfe der Technik) die Umwelt weitgehend seinen Bedürfnissen an. Zugleich verändert er aber auch durch willkürliche Eingriffe die naturgegebenen Lebensbedingungen. Die nachteiligen Folgen dieser Eingriffe (Störung des ökologischen Gleichgewichts, Umweltverschmutzung u. a.) gehören zusammen mit der theoretischen Absteckung der Möglichkeiten und Grenzen der Nutzung einer bestimmten Umwelt sowie mit Fragen der (Stadt- und Land)besiedlung und umweltbezogenen Themen der Bevölkerungswissenschaft zu den Hauptproblemen der humanökologischen Forschung. Die Human-Ö. lehrt, daß nicht das Wachstum eines Systemteils (etwa der menschlichen Technik), sondern nur ein dynamisches Gleichgewicht zwischen allen Systemteilen langfristige Stabilität begründen kann.
Die vom ↑Club of Rome angeregte und 1972 veröffentlichte Studie „Grenzen des Wachstums" war der erste umfassende Versuch, formale, d. h. mathematisch-systematische, Human-Ö. darzustellen. – Abb. S. 233.
ökologisch [zu ↑Ökologie]: 1. die Ökologie als Wiss. betreffend; mit den Mitteln der Ökologie erfolgend; 2. die Wechselbeziehungen zwischen den Lebewesen und ihrer Umwelt betreffend.
ökologische Altersklassen: im Tierreich eine Einteilung in drei verschiedene Altersstadien: 1. die **Entwicklungsperiode** von der Befruchtung des Eies bis zur Erlangung der sexuellen Reife (Jungtiere); 2. die **Fortpflanzungsperiode** von der ersten bis zur letzten Fortpflanzung (Erwachsene); 3. die **Seneszenzperiode** von der letzten Fortpflanzung bis zum Tode (alte Tiere).
Die Altersstruktur einer Population ändert sich im Laufe des Jahres; damit ver-

191

ökologische Amplitude

ändern sich auch die jeweiligen Ansprüche an die (abiotische und biotische) Umwelt.

ökologische Amplitude: der Bereich, in dem ein Organismus entsprechend seiner ↑ökologischen Potenz in bezug auf einen bestimmten Umweltfaktor existieren kann.

ökologische Artengruppe ↑ökologische Gruppe.

ökologische Bewegung [Syn.: Ökologiebewegung, Umweltschutzbewegung]: Bez. für eine v. a. außerparlamentarisch agierende politisch-soziale Bewegung, die sich gegen Auswirkungen und Ursachen von Umweltzerstörung wendet. Der ö.n B. fühlen sich Menschen aus allen Sozial- und Altersschichten sowie aus unterschiedlichen politischen und weltanschaulichen Lagern zugehörig. Sie setzt sich u. a. zusammen aus örtlichen und überörtlichen Bürgerinitiativen (↑auch Bundesverband Bürgerinitiativen Umweltschutz), Umweltschutzverbänden (↑Bund für Umwelt und Naturschutz Deutschland e. V.), Einzelpersonen, Wissenschaftlern und unabhängigen ökologischen Forschungsinstituten (z. B. Öko-Institut, Freiburg im Breisgau).

Die ö. B. hat seit den 1970er Jahren durch politische und umweltverbessernde Aktionen, gerichtliche Klageverfahren, technische Neuentwicklungen und wiss. Studien Einfluß v. a. auf die Umwelt-, die Energie- und die Verkehrspolitik ausgeübt. Die bisherige staatliche Umweltpolitik wird von der ö.n B. als unzulänglich und als mit wenig Durchsetzungsfähigkeit ausgestattet kritisiert.

Das Erscheinungsbild der ö.n B. wird in besonderem Maße durch die **Antikernkraft[werk]bewegung** (Antiatom[kraftwerk]bewegung) geprägt, die eine Energiepolitik unter Einbeziehung von Kernkraftwerken ablehnt und statt dessen fordert, eine dezentrale Energieversorgung aufzubauen und regenerative Energiequellen zu nutzen. Einen ersten überregional beachteten Erfolg erzielte dabei der von einem großen Teil der Bevölkerung getragene Widerstand gegen das Kernkraftwerk Wyhl. Auf dem Klageweg wurde von den Kernkraftwerk-

gegnern ein teilweiser Baustopp erreicht, der auch wegen der vom Gericht geforderten sicherheitstechnischen Auflagen (Berstschutz) von Bedeutung war. Durch mehrere Großdemonstrationen gelang es der ö.n B., ihre Argumente bekannt zu machen und aktive Unterstützung aus der Bevölkerung zu erlangen.

Seit Beginn der 1980er Jahre arbeitet die ö. B. zunehmend mit der Friedensbewegung zusammen. Weiter engagiert sich die ö. B. gegen Luft- und Wasserverschmutzung (z. B. Blockade gegen Verklappung von Dünnsäure im Meer), unökologische Landwirtschaft, Vernichtung der natürlichen Lebensgrundlagen von Mensch und Tier durch Zersiedlung, umweltschädigende Produkte und Produktionsmethoden sowie mangelhafte [Gift]müllbeseitigung (↑auch Greenpeace). Aus der ö.n B. heraus erfolgte 1980 die Gründung der Partei „Die Grünen".

ökologische Effizienz [Syn.: ökologischer Wirkungsgrad]: das Verhältnis verfügbarer Energie (z. B. Sonnenenergie, in Nahrung gebundene Energie) zur in körpereigener Substanz gebundenen Energie eines Individuums, einer Population, einer Nahrungskette oder eines Ökosystems. So werden z. B. bei den Pflanzenfressern rund 10–30%, bei den Fleischfressern 5–10% der in der aufgenommenen Nahrung enthaltenen Energie wieder in körpereigene Substanz gebunden; der Rest geht in Form von Wärme oder durch die Ausscheidung energieärmerer Substanzen (z. B. Kot) verloren. Pflanzenfresser besitzen somit meist eine höhere ö. E. als Fleischfresser.

Die wichtigsten Meßgrößen sind das Verhältnis von Produktion zu Respiration **(P/R-Verhältnis)** und von Produktion zu Biomasse **(P/B-Verhältnis).** Aufgrund von Meßdaten läßt sich feststellen, daß die ö. E. mit steigender Körpergröße und Lebenserwartung der Tierarten abnimmt, da gleichzeitig der Energiebedarf zur Aufrechterhaltung der (meist immer komplexeren) Körperfunktionen zunimmt (z. B. liegt das P/B-Verhältnis bei großen Säugetieren bei etwa 0,1, bei kurzlebigen, kleinen Organismen dagegen bei bis 12).

192

ökologische Landwirtschaft

ökologische Geobotanik: Teilgebiet der ↑ Geobotanik.

ökologische Grundregeln: aufgrund ständig wiederholter Beobachtungen aufgestellte Regeln von grundsätzlicher Bedeutung, u. a.:

Das **erste biozönotische Grundprinzip** besagt: Je variabler die Bedingungen in einem Lebensraum sind, desto artenreicher ist seine Lebensgemeinschaft (bei relativ geringer Individuenzahl der einzelnen Arten).

Das **zweite biozönotische Grundprinzip** besagt: Je extremer die Bedingungen in einem Lebensraum sind, desto artenärmer und individuenreicher ist seine Lebensgemeinschaft.

Drittes biozönotisches Grundprinzip: Je öfter und tiefgreifender ein Biotop anthropogenen (durch den Menschen beeinflußten) Veränderungen ausgesetzt wird, desto artenärmer und instabiler ist seine Lebensgemeinschaft.

Prinzip der Gleichwertigkeit verschiedener Umweltfaktoren: Die Lebensbedingungen einer Art können auf unterschiedliche Weise erreicht werden (z. B. Anpassung von Felsbrütern an Hochhäuser in Städten als Ersatz für Felsklippen).

Prinzip der relativen Biotopbindung: Die Bindung an bestimmte Lebensräume kann nur regionale Gültigkeit haben (in Mitteleuropa nur an extrem warmen Biotopen vorkommende Arten können z. B. im Mittelmeergebiet u. U. eine große Zahl sehr verschiedenartiger Lebensräume besiedeln). – ↑ auch Abundanzregel.

ökologische Grenze:

◊ ein Faktor bzw. mehrere Faktoren, die als Minimum- oder Maximumfaktor auftreten (↑ ökologische Potenz) und somit die Existenzmöglichkeiten der jeweiligen Organismen begrenzen. Die Faktoren können sowohl abiotisch (z. B. Klimafaktoren) als auch biotisch (z. B. starke Konkurrenz) sein.

◊ räumliche Gegebenheiten (z. B. Gebirge, Flüsse), die eine weitere Ausbreitung der betreffenden Tier- oder Pflanzenarten verhindern.

ökologische Gruppe [Syn.: ökologische Artengruppe]: Gruppe von Organismenarten, die weitgehend gleiche Ansprüche an ihre Umwelt stellen.

ökologische Isolation: die Erscheinung, daß nahe verwandte Organismenarten im gleichen Lebensraum nur dann gemeinsam existieren können, wenn sie sich in irgendwelchen Lebensansprüchen unterscheiden, d. h. unterschiedliche ↑ ökologische Nischen besetzen und dadurch die interspezifische ↑ Konkurrenz möglichst gering gehalten wird. Durch Unterschiede z. B. hinsichtlich der Nahrungswahl, der Aufenthaltsplätze und der Tag- und Nachtaktivität kann es zu einer räumlichen und zeitlichen Sonderung nahe verwandter Arten kommen.

Die ö. I. ist eine Konsequenz des ↑ Monard-Prinzips.

ökologische Landwirtschaft [Syn.: alternative Landwirtschaft, alternativer Landbau]: Bez. für mehrere Richtungen der Landbewirtschaftung als Alternative zu den technisch-ökonomischen (konventionellen) Landbaumethoden. Die Ertragssteigerungen der konventionellen Landwirtschaft in den letzten Jahrzehnten führten zu einer immer größer werdenden Belastung des Ökosystems Erde durch Gift- und Schadstoffe und Bodenzerstörung. Die alternativen Formen der Landwirtschaft wollen zukünftige Verluste im Naturhaushalt und Schäden an der menschlichen Gesundheit verhindern.

Ziel der ö. n L. ist es, auch auf Agrarflächen ein ökologisches Gleichgewicht zu erhalten. Charakteristische Merkmale dieser Landwirtschaftsform sind ein weitgehender Verzicht auf anorganische Düngung, die Ausnutzung natürlicher Schädlingsresistenz, biologische (oder integrierte) Schädlingsbekämpfung, Erhaltung der natürlichen Artenvielfalt durch Vermeidung zu großer Monokulturen sowie die Anlage von Refugien für wildwachsende Pflanzen und wildlebende Tiere. – Bekannte und verbreitete *alternative Landbauformen* sind:

Die schon 1924 von dem österreichischen Anthroposophen Rudolf Steiner begründete **biologisch-dynamische Landwirtschaft** benutzt sog. biologisch-dynamische Präparate (u. a. Hornmist), die,

193

ökologische Landwirtschaft

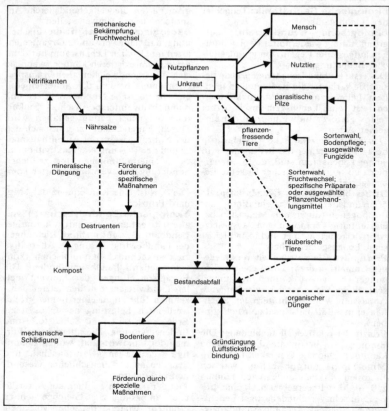

Ökologische Landwirtschaft. Ökosystem in der ökologischen Landwirtschaft (nach Umweltgutachten 1978)

in kleinsten Mengen eingesetzt, u. a. die Humuswirkung auf die Pflanze unterstützen. Auch sollen sie eine verstärkte Aufnahmebereitschaft für Stoffe und Kräfte aus dem atmosphärischen und kosmischen Umkreis bewirken. Insektizide und Herbizide werden nur eingeschränkt verwendet. Auch für die Tierhaltung gibt es entsprechende Richtlinien. Die Produkte aus diesem Anbau kommen, nach entsprechender Überprüfung, v. a. unter dem Markenzeichen **Demeter** in den Handel.

Der **organisch-biologische Landbau** geht auf den Schweizer Hans Müller zurück. Hierbei stehen ebenfalls die Förderung der biologischen Aktivität des Bodens und die Humuswirtschaft im Mittelpunkt. Die Produkte werden unter dem Namen **Bioland** verkauft.

Auch beim **naturnahen Landbau (naturgemäßer Anbau)** nach Leo Fürst steht die organische Düngung im Vordergrund. Erlaubt sind auch mineralische Ergänzungsdüngungen und integrierter (biologischer und chemischer) Pflanzenschutz.

ökologische Nische

Die nach den Richtlinien der **Arbeitsgemeinschaft für naturgemäßen Qualitätsanbau von Obst und Gemüse** (Abk.: ANOG) erzeugten Produkte kommen mit dem Kontrollstempel „Aus naturnahem Anbau nach ANOG-Richtlinien" in den Handel.

Andere praktizierte alternative Landbaumethoden sind u. a.: der **biologische Landbau nach Howard-Balfour** (v. a. in Großbritannien, in den USA, in Frankreich und in der Schweiz) und der **Lemaire-Boucher-Landbau** in Frankreich und Belgien. Ersterer stützt sich im wesentlichen auf ein von A. Howard in den 1920er Jahren in Indien entwickeltes Verfahren der Kompostierung. Bei der zweiten, Anfang der 1960er Jahre begründeten Methode wird mit einem aus Kalkalgen hergestellten Präparat gedüngt.

Der Flächenanteil alternativ wirtschaftender Betriebe ist relativ gering. In der BR Deutschland gab es 1985 rund 1 500 solcher Betriebe, die etwa 28 000 ha (das sind 0,45% der gesamten landwirtschaftlichen Nutzfläche) bewirtschafteten. Ein Vergleich zwischen konventioneller und alternativer Anbauweise zeigt, daß alternative Landwirte eine geringere Erntemenge bzw. eine geringere Menge an Milch- und Fleischerträgen erwirtschaften. Dem steht aber in der Regel ein höherer Verkaufspreis der Produkte aus naturbelassenem Anbau gegenüber.

ökologische Nische: Der Begriff ö. N. hat im Laufe der Zeit einen Bedeutungswandel erfahren. Ursprünglich nur als Beschreibung der räumlichen Ansprüche einer Organismenart (ihre alle existenznotwendigen abiotischen und biotischen Faktoren enthaltende Minimalumwelt) verwendet, bezeichnet ö. N. heute meist die Rolle oder Stellung bzw. das Wirkungsfeld einer Art im ↑Ökosystem. In Abgrenzung zum ↑ Habitat, dem Ort an dem man die betreffende Art finden kann (die „Adresse"), entspricht somit die ö. N. dem „Beruf" der Organismen.

Da die ö. N. einer Art eine kaum erfaßbare Fülle von Beziehungen beinhaltet, beschränkt man sich meist auf die Beschreibung einer bis mehrerer Dimensionen, oft auf die der Nahrungsnische (Nahrungsangebot und ihre Ausnutzung durch die Organismen).

Eine ↑Nischenkoexistenz im gleichen Ökosystem ist nur dann möglich, wenn sich die ö.n N.n der betreffenden Arten in einigen Komponenten unterscheiden. Inwieweit sich die ö.n N.n der betreffenden Arten in bezug auf einige Faktoren (z. B. gleicher Nistplatz, gleiche Nahrung) decken können, hängt vom Grad der interspezifischen ↑Konkurrenz in bezug auf den jeweiligen Faktor bzw. die jeweiligen Faktoren ab und davon, inwieweit diese „Nachteile" durch andere Faktoren kompensiert werden können (z. B. Nistplatzkonkurrenz, aber reichliches Nahrungsangebot). Zwei Arten können daher um so eher koexistieren, je ähnlicher ihre ö.n N.n in bezug auf den Konkurrenzfaktor sind.

Arten mit gleicher ö.r N. können aufgrund der ↑Nischenkonkurrenz nicht koexistieren; denn nach einiger Zeit wird eine der beiden Arten (zufällig) einen kleinen Vorteil haben; die Population wird sich stärker vermehren; der Konkurrent wird letztlich aus dem Ökosystem verschwinden (↑Monard-Prinzip). Die bei der Nischenkonkurrenz wirksamen Mechanismen können unterschiedlicher Natur sein: z. B. direkter Entzug des Konkurrenzfaktors (durch Nahrungsaufnahme, Platzverdrängung, Lichtentzug durch Wachstum von Pflanzen); wechselseitige Hemmung durch abgesonderte chemische Stoffe bei Pflanzen (↑Allelopathie); spezifische Verhaltensweisen bei Tieren (zwischenartliches Territorialverhalten, Drohgebärden).

Im Laufe der Evolution kann es aber durch ökologische Merkmalsverschiebung (↑ökologische Separation) zur Nischentrennung kommen und damit zur Einnischung beider Arten; dies ist insbesondere bei nah verwandten Arten bedeutsam. So sind z. B. Reiherarten, die im gleichen Ökosystem vorkommen, auf unterschiedliche Beutetiere spezialisiert, ebenso wie die Vögel in einem Nadelwald.

Eine besondere Art der Nischenkoexistenz ist die ↑Symbiose, beispielsweise

ökologische Potenz

die Bestäubung von Pflanzenblüten durch Tiere. In diesen Bereichen hat oft eine Koevolution stattgefunden.

ökologische Potenz [Syn.: ökologische Toleranz]: das Ausmaß der Fähigkeit einer Organismenart, verschiedene Intensitäten eines Umweltfaktors (z. B. Feuchtigkeit, Temperatur, Licht) zu ertragen; Hinweise hierzu gibt die Häufigkeit des Vorkommens in den unterschiedlichen Lebensbereichen.

Der Intensitätsbereich, in dem eine Art existieren kann, ist die **ökologische Amplitude.** Die untere Existenzgrenze ist das Minimum, die obere das Maximum. Der Intensitätsbereich, der das größte „Wohlbefinden" (größte Häufigkeit) bei den Organismen hervorruft, ist das **ökologische Optimum.**

Eine geringe ö. P. haben ↑ stenopotente, eine große dagegen ↑ eurypotente Arten. – ↑ auch ökologische Valenz.

ökologische Rasse ↑ Ökotyp.

ökologischer Wirkungsgrad: svw. ↑ ökologische Effizienz.

ökologische Segregation: svw. ↑ ökologische Separation.

ökologische Separation, die [aus lat. separatio = Absonderung ‖ Syn.: ökologische Segregation, ökologische Sonderung]: das zunehmende Auseinanderweichen der ökologischen Ansprüche von Organismenarten mit ähnlicher ↑ ökologischer Nische meist aufgrund interspezifischer ↑ Konkurrenz. Ö. S. führt schließlich zur ↑ ökologischen Isolation.

ökologisches Gleichgewicht [Syn.: biozönotisches Gleichgewicht, biologisches Gleichgewicht]: langfristig unveränderbare Wechselwirkungen zwischen den Gliedern einer Lebensgemeinschaft. Ein ö. G. ist dadurch gekennzeichnet, daß jede Veränderung im Ökosystem selbsttätig über eine Regelkreisbeziehung eine entsprechende Gegenveränderung auslöst, die den alten Zustand weitgehend wiederherstellt. So sind z. B. bei Wühlmäusen oder Hasen deutliche Populationswellen zu verzeichnen, die darauf zurückzuführen sind, daß beim Anwachsen der Population entweder die Nahrungsgrundlage verknappt oder die Freßfeinde oder Parasiten ebenfalls zunehmen.

Auch bei von Natur aus stabilen Systemen kann durch andauernde künstliche Eingriffe das ökologische Gleichgewicht stark und gelegentlich irreversibel gestört werden.

Lebensgemeinschaften mit großem Artenreichtum besitzen ein stabiles, wenig störanfälliges ökologisches Gleichgewicht. – ↑ auch Sukzession.

ökologische Sonderung: svw. ↑ ökologische Separation.

ökologisches Optimum, das [lat. optimus = bester]: ↑ ökologische Potenz.

ökologisches Pessimum, das [lat. pessimus = schlechtester]: der ungünstigste Wirkungsbereich eines Ökofaktors (↑ ökologische Potenz); das untere ö. P. ist das Minimum, das obere das Maximum.

ökologische Struktur: Aufbau und Funktion von Ökosystemen; die ö. S. wird oft in Form von Regelkreisen dargestellt.

ökologische Toleranz: svw. ↑ ökologische Potenz.

ökologische Valenz: die Wertigkeit eines Umweltfaktors für einen pflanzlichen oder tierischen Organismus, d. h. das Ausmaß der Wirkung („fördernd", „schädigend" oder „keine Wirkung") auf den Organismus. Der ö. V. eines Faktors entspricht die ↑ ökologische Potenz des Organismus; beide Begriffe sind aber nicht synonym zu gebrauchen.

ökologische Vikarianz: die Tatsache, daß Organismenarten mit ähnlichen ökologischen Nischen nicht gemeinsam vorkommen, sondern sich nur in geographisch getrennten Arealen „vertreten" können.

Ökomone, die (Mehrz.) [Einz.: das Ökomon ‖ Bildung zu ↑ öko- in Analogie zu Hormone]: Sammelbez. für von Tieren und Pflanzen ausgeschiedene Stoffe, die in einem Ökosystem zwischen Individuen einer Art oder zwischen Individuen verschiedener Arten wirksam werden und für den Absender oder Empfänger Vorteile bringen. Man unterscheidet ↑ Pheromone, ↑ Allomone und ↑ Kairomone. Weiterhin muß man die bei der ↑ Allelopathie wirksamen Allelochemikalien und die ↑ Phytoalexine den Ö.n zuordnen.

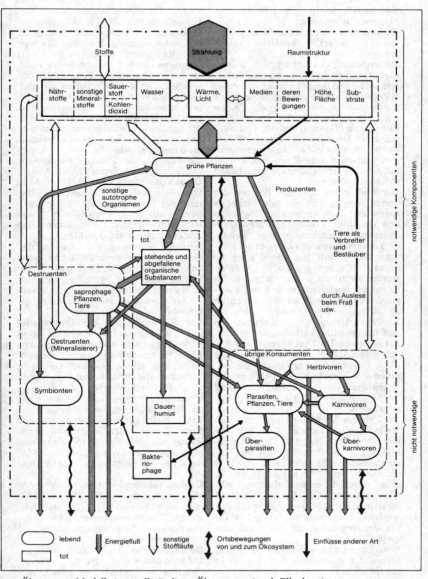

Ökosystem. Modell eines vollständigen Ökosystems (nach Ellenberg)

Ökopsychologie

Ökopsychologie, die [↑ öko-]: svw. ↑ Umweltpsychologie.

Ökosphäre, die [↑ öko- und griech. sphaĩra = Kugel, Erdkugel]: svw. ↑ Biosphäre.

Ökosystem, das [↑ öko-]: Wirkungsgefüge zwischen Lebewesen verschiedenster Arten und ihrem Lebensraum. Jedes selbständig funktionsfähige Ö. setzt sich wenigstens aus zwei biologischen Komponenten zusammen: den Produzenten (die grünen Pflanzen) und den Reduzenten oder Destruenten (Zersetzer; z. B. Bakterien, Pilze). Zwischen diesen beiden kann sich eine Kette von Konsumenten (Verbraucher) einschalten (↑ Nahrungskette).

Ö.e sind offene Systeme, die von der Sonne einseitig Energie aufnehmen; es treten aber auch Verluste auf. Zwischen den einzelnen Ernährungsstufen (Produzenten, Primärkonsumenten, Sekundärkonsumenten usw.) herrscht ein ständiger Energiefluß. Nur 40–50 % der die grünen Pflanzen treffenden Strahlen werden absorbiert, und höchstens 1–5 % davon werden in chemische Energie umgewandelt. Hiervon werden wiederum 10–50 % von den Pflanzen selbst für Stoffwechselvorgänge verbraucht, so daß für die pflanzenfressenden Primärkonsumenten im Durchschnitt nur 2 % der ursprünglich absorbierten Energie übrig bleiben. Sie verringert sich aufgrund des Eigenbedarfs an Energie der Organismen von Stufe zu Stufe um rund 70–95 %, bis sie schließlich völlig verbraucht ist.

Die Zahl der Arten und Einzellebewesen bleibt innerhalb einer gewissen Schwankungsbreite konstant. Das Ö. hat die Fähigkeit zur Selbstregulation. Diese Regulationsmöglichkeiten sind jedoch nicht unbegrenzt. So kann z. B. das Ö. „See" durch dauernde Zufuhr von Abwässern aus dem Gleichgewichtszustand geraten und nach einer Übergangszeit wieder in einen stabilen Zustand gelangen, der aber nun einem anderen Ö. entspricht.

Benachbarte Ö.e stehen in Beziehung zueinander; deshalb bleiben Eingriffe in ein einzelnes Ö. nicht nur auf dieses beschränkt. – Die Ö.forschung ist äußerst

wichtig für den gesamten Natur- und Umweltschutz. – Abb. S. 197.

Ökoton, der [↑ öko- und griech. tónos = Anspannung ‖ Syn.: Saumbiotop]: der Grenzbereich zwischen zwei oder mehreren Landschaften; z. B. der Waldrand. Der Ö. bietet im Vergleich zu den anschließenden Landschaften ein vielfältigeres Spektrum an Umweltfaktoren (abwechslungsreiche Pflanzendecke, mannigfaltiges Nahrungsangebot, unterschiedliche kleinklimatische Verhältnisse usw.) und ist daher meist artenreich.

Ökotop, der oder das [↑ öko-; Analogiebildung nach Biotop]: die kleinste ökologische Einheit einer Landschaft.

Ökotoxikologie, die [↑ öko- ‖ Syn.: Umwelttoxikologie]: neuerer Teilbereich der Toxikologie, der die Schadwirkungen von chemischen Stoffen (↑ Umweltchemikalien) auf Ökosysteme und Rückwirkungen auf den Menschen untersucht. Seit festgestellt wurde, daß Quecksilber, Cadmium, Dioxine, polychlorierte Biphenyle, DDT und ↑ Xenobiotika schon fast überall vorkommen, wird dem globalen Kreislauf von Schadstoffen besondere Aufmerksamkeit geschenkt.

Für die Beurteilung der **Ökotoxizität** von Umweltchemikalien werden deren Verteilung, chemische und biologische Abbaubarkeit bzw. Persistenz, Photostabilität, Fettlöslichkeit, Anreicherung in tierischen und pflanzlichen Organismen untersucht und bewertet.

Ökotyp, der [↑ öko- ‖ Syn.: Ökotypus]: an die Bedingungen eines bestimmten Lebensraums (Biotops) angepaßte Sippe einer Pflanzen- oder Tierart **(ökologische Rasse),** die sich von anderen in ihren physiologischen Eigenschaften und ökologischen Ansprüchen stark unterscheidet.

Ölabscheider: Vorrichtung zur ↑ Abwasserreinigung, in der die spezifisch leichteren Verunreinigungen wie Öle, Benzin **(Benzinabscheider),** Fette **(Fettabscheider)** und dgl. aufschwimmen und zurückgehalten werden.

Olfaktometer, das: ↑ Olfaktometrie.

Olfaktometrie, die [zu lat. olfacere, olfactum = riechen und griech. métron = Maß]: Methode zur Messung von

Luftverunreinigungen, bei der als „Meßgerät" der Geruchssinn geschulter Versuchspersonen benutzt wird. Mit einer Apparatur, dem **Olfaktometer**, wird die zu beurteilende Geruchsstoffprobe mit reiner Luft stufenweise verdünnt, bis die Probanden den Geruch nicht mehr wahrnehmen. Die notwendige Verdünnung zur Erreichung der Geruchsschwelle ist ein relatives Maß für die Geruchsstoffemission und wird in sog. **Geruchseinheiten** angegeben.

oligo- [aus griech. oligos = wenig, gering]: in Zus. mit der Bed. „wenig, gering; einige, wenige"; z. B. oligophag.

oligomiktischer See [zu ↑oligo- und griech. miktós = gemischt]: Seentyp, der wegen mangelnder Abkühlung nur selten völlig durchmischt wird (↑Wasserzirkulation); oligomiktische Seen sind z. B. einige Tropenseen.

oligophag [zu ↑oligo- und griech. phageīn = essen ‖ Abl.: ↑Oligophagen]: in der Ernährung auf einige wenige Pflanzenarten, Beute- oder Wirtstiere spezialisiert; von Organismen (v. a. Parasiten, Pflanzenschädlingen) gesagt, die weder ↑monophag noch ↑polyphag sind.

Oligophagen, die (Mehrz.) [Einz.: der Oligophage ‖ zu ↑oligophag]: Bez. für tierische Organismen, die im Unterschied zu ↑Monophagen in der Auswahl ihrer Nahrung innerhalb gewisser Grenzen variabel sind. So frißt z. B. der Fichtenkreuzschnabel v. a. (aber nicht ausschließlich) Fichtensamen, weshalb seine geographische Verbreitung mit der der Fichte zusammenfällt. Viele Insekten, u. a. manche Schmetterlingsraupen, sind auf einige wenige (meist verwandte) Fraßpflanzen spezialisiert und werden oft danach benannt, z. B. die Ligusterschwärmer, Wolfsmilchschwärmer und Kiefernschwärmer. – ↑auch Polyphagen.

oligosaprob [↑oligo-]: nennt man kaum verunreinigtes Wasser (↑Saprobiensystem).

oligotroph [↑oligo- und ↑-troph]: nennt man Gewässer und Böden, die arm an Nährstoffen sind. Pflanzen, die auf diesen Substraten leben können, heißen ebenfalls oligotroph (z. B. Bewohner von Dünen).

Ölpest

Ölpest: die Verschmutzung von Uferregionen (v. a. der Meeresküsten) samt der dortigen Flora und Fauna durch Rohöl (z. B. aus Tankerhavarien, Off-shore-Bohrungen) oder Ölrückstände (z. B. aus dem Bilgenwasser der Schiffe), die in Fladen oder großen Feldern auf dem Wasser schwimmen. Das ausgelaufene Öl beeinträchtigt den Gasaustausch mit dem Luftraum sowie andere Lebensfunktionen des Biotops Wasser erheblich. Innerhalb von 1–2 Wochen verfliegen die leichteren Bestandteile des Öls, die schwer flüchtigen Komponenten jedoch verbinden sich mit dem Meerwasser zu einer zähen, braunen Brühe, die nach einigen Wochen entweder auf den Meeresgrund absinkt, als Teerklumpen an die Strände treibt oder sich in den großen Wirbelströmen sammelt. Augenfälligste Folge ist das massenhafte Verenden von Wasservögeln durch Verkleben des Gefieders.

Bekämpfung: Auf dem freien Meer schwimmende Ölfelder werden durch Bakterien und Hefepilze weitgehend abgebaut, was allerdings Wochen bis Monate dauert. Verfahren, die das Öl durch Dispersionsmittel zum Absinken bringen, sind umstritten, da sie, besonders in flachen Küstengewässern, möglicherweise die Organismen des Meeresbodens vergiften. Die Bekämpfung der Ö. erfolgt daher v. a. durch Eingrenzen und Abschöpfen bzw. Abpumpen der Ölschicht. Zur *biologischen Bekämpfung* sind erste Ansätze durch die Züchtung eines Bakterienstamms aus der Gruppe der Pseudomonaden gemacht worden. Die durch genetische Manipulation entstandenen Bakterien können das in einem Nährmedium enthaltene Rohöl etwa zu 60 % abbauen.

Langfristig betrachtet, gelangen die größten Ölmengen beim Spülen der Schiffstanks auf hoher See ins Meer. Man schätzt, daß jährlich 5 bis 6 Mill. t Erdöl, Ölreste und Abfälle von Erdölkohlenwasserstoffen in die Weltmeere gelangen, wozu Tankspülen und Tanklecks etwa 2,1 Mill. t, Tankerunfälle 0,3 Mill. t, die Off-shore-Bohrungen 0,1 Mill. t, Küsten- und Industrieabfälle 0,8 Mill. t, Flüsse und Kommunalabwässer

ombro-

1 Mill. t, der atmosphärische Niederschlag 0,6 Mill. t und natürliche Sickervorgänge 0,6 Mill. t beitragen. Erstaunlicherweise zeigt sich in stark durch Tankerunfälle verschmutzten Meeresregionen bereits nach 2–3 Jahren eine Erholung des biologischen Systems, wenn sich auch bei eingehender Untersuchung noch viele Spätfolgen nachweisen lassen.

ombro- [aus griech. ómbros = Regen]: in Zus. mit der Bed. „Regen; Niederschlag"; z. B. ombrophil.

ombrogen [↑ombro- und ↑-gen]: durch Niederschläge entstanden; v. a. von ↑Mooren gesagt. – Gegensatz: ↑topogen.

ombrophil [↑ombro- und ↑-phil]: regenliebend; von Tieren und (v. a.) Pflanzen bzw. Pflanzengesellschaften gesagt, die bevorzugt in Gebieten mit längeren Regenzeiten und hoher Niederschlagsmenge leben (z. B. im tropischen Regenwald); im Gegensatz zu **ombrophoben** Organismen, die bevorzugt regenarme Gebiete besiedeln.

ombrophob [↑ombro- und ↑-phob]: ↑ombrophil.

ombrotroph [↑ombro- und ↑-troph]: von den Pflanzen bzw. Pflanzengesellschaften der Hochmoore (↑Moor) gesagt, die ihre Nährstoffe fast ausschließlich aus den mit den Niederschlägen zugeführten Stoffen beziehen.

omnivor [zu lat. omnia = alles und lat. vorare = verschlingen ‖ Abl.: Omnivoren]: svw. ↑polyphag.

Omnivoren, die (Mehrz.) [Einz.: der Omnivore]: svw. ↑Polyphagen.

Opponent, der [zu lat. opponere = entgegenstellen]: Organismus, der einen anderen schädigt. Im engeren Sinne zählt man hierzu nur die Räuber und Parasiten; im weiteren Sinne ist auch jeder interspezifische und intraspezifische Konkurrent ein Opponent.

Opponenz, die [zu lat. opponere = entgegenstellen]: seltene Bez. für das Einwirken von Widersachern (Räuber, Parasiten) auf eine Population.

Opportunismus, der [zu lat. opportunus = geeignet, günstig ‖ Abl.: Opportunisten ‖ Syn.: Gelegenheitsnutzung]: Bez. für die Tatsache, daß einige Tier- und Pflanzenarten (↑Opportunisten) bei einer Verschlechterung der Umweltbedingungen völlig aus einem Areal verschwinden, bei einer späteren Verbesserung dieses aber schnell wieder besiedeln können.

Opportunisten, die (Mehrz.) [Einz.: der Opportunist ‖ zu ↑Opportunismus]: Tier- oder Pflanzenarten, die im Sinne des Opportunismus schnell auf veränderte Umweltbedingungen reagieren. Zu den O. gehören z. B. viele Unkräuter. – Gegensatz: ↑Gleichgewichtsarten.

oreal [zu griech. óros = Gebirge, Berg]: zum Gebirgswald gehörend, im Bereich des Gebirgswaldes vorkommend (von Pflanzen und Tieren gesagt).

organisch-biologischer Landbau: Form der ↑ökologischen Landwirtschaft.

organismische Drift: das Abgetriebenwerden von im Wasser lebenden Organismen (Insektenlarven, Flohkrebse u. a.) mit der Strömung in Fließgewässern. Die o. D. wird von den Tieren durch Bewegung gegen die Strömung teilweise ausgeglichen.

organotroph [zu organisch und ↑-troph]: nennt man Organismen, die als Wasserstoffdonatoren organische Verbindungen verwenden. O. sind Tiere und die meisten Mikroorganismen. – Gegensatz: ↑lithotroph.

Ornithogamie, die [griech. órnis, órnithos = Vogel und ↑-gamie]: die ↑Bestäubung durch Vögel.

Ornithozönose, die [griech. órnis, órnithos = Vogel]: der Teil der ↑Biozönose, der die Vögel umfaßt.

Orobiome, die (Mehrz.) [Einz.: das Orobiom ‖ zu griech. óros = Gebirge, Berg und griech. bios = Leben]: die Landschaftstypen des Gebirges (↑Höhenstufen der Vegetation) in Abgrenzung zu den zonalen Vegetationstypen (↑Zonobiome).

Oryktozönose, die [zu griech. oryktós = gegraben]: Form der ↑Thanatozönose.

Osmokonformen, die (Mehrz.) [Einz.: der Osmokonforme ‖ zu ↑Osmose]: ↑Osmoregulation.

osmophil [zu ↑Osmose und ↑-phil]: hohe osmotische Drücke in der Umgebung

Osmoregulation

ertragend; gesagt von Organismen, die auf Medien mit hoher Salzkonzentration oder hohem Zuckergehalt wachsen können. – ↑ auch Osmoregulation.

Osmoregulation, die [zu ↑ Osmose]: die unterschiedlich ausgeprägte Fähigkeit von tierischen und pflanzlichen Organismen (einschließlich Mensch), auf Änderungen des osmotischen Drucks in den Körper- und Zellflüssigkeiten reagieren zu können und somit Schädigungen zu vermeiden. – ↑ auch Osmose.

Bei *Tieren* unterscheidet man allg. zwischen Osmokonformen und Osmoregulatoren:

Die **Osmokonformen (poikilosmotische Tiere)** passen sich wechselnden Salzkonzentrationen der Umgebung an. Ihre Zellflüssigkeiten sind isotonisch (gleicher osmotischer Druck) zum Außenmilieu. Da O. in der Regel nur in sehr begrenztem Maße auftritt, sind sie aber meist ↑ stenohalin, d. h., sie besitzen eine geringe Salztoleranz und können daher nur in einem sehr konstanten äußeren Milieu leben. Osmokonform sind z. B. viele marine Wirbellose.

Die **Osmoregulatoren (homoiosmotische Tiere)** sind in der Lage, den osmotischen Druck ihrer Zell- bzw. Körperflüssigkeiten unabhängig von der Umgebung konstant zu halten. Bei den *Tieren der Süßgewässer* ist die Körperflüssigkeit im Vergleich zur Umgebung hyperton (höherer osmotischer Druck). Durch O. muß daher ein Wassereinstrom und damit eine Volumenvergrößerung und Verringerung der Ionenkonzentration bzw. eine Salzabgabe an die Umgebung verhindert werden **(hyperosmotische Regulation)**. Schon im Süßwasser lebende Einzeller verfügen mit der pulsierenden Vakuole über entsprechende Regulationsmöglichkeiten. Andere Mechanismen sind z. B. Änderung der Aminosäurenkonzentration (Krebstiere), verstärkte Harnproduktion (Wirbeltiere) und aktiver Salztransport ins Körperinnere über die Haut (beim Frosch) oder Kiemen (Süßwasserfische).

Die *im oder vom Meer lebenden* osmoregulativen Tiere müssen dem umgekehrten Problem begegnen; sie müssen einen Wasserverlust bzw. eine Erhöhung der Ionenkonzentration vermeiden **(hypoosmotische Regulation)**. Entsprechende Regulationsmechanismen sind: aktive Salz- bzw. Ionenausscheidung durch Salzdrüsen (einige Vögel, Reptilien und Knorpelfische) oder über die Kiemen (Knochenfische); Produktion eines hochkonzentrierten Harns (einige Vögel, Knorpelfische und Säuger), die eine vermehrte Ausscheidung von Salzen ohne vermehrte Ausscheidung von Wasser erlaubt. Letzteres haben auch landbewohnende Vögel und Säuger entwickelt, die Wasser sparen müssen (Wüstentiere).

Bei *Landtieren* dient die O. der Verhinderung von Wasserverlusten (wie sie über die Atmungsorgane, Haut, Nieren und Darm erfolgen). Für die Konstanthaltung des osmotischen Drucks und des Ionenmilieus ist hier bei den Wirbeltieren die Niere (Rückresorption von Ionen und insbesondere von Wasser) ausschlaggebend.

Pflanzen sind ebenfalls in unterschiedlichen Maßen in der Lage, O. zu betreiben. Sie sind bestrebt, den als **Turgor** bezeichneten Innendruck auf die Zellwand zu erhalten, der den Zellen Form und Stabilität verleiht. Gelingt ihnen dieses nicht, so schrumpft als Folge des Wasserentzugs der Zellkörper; es tritt Verwelken und schließlich der Zelltod ein.

Pflanzen auf oder in salzhaltigem Substrat können nur dann Wasser aufnehmen, wenn sie auf dieses einen größeren osmotischen Druck ausüben als die gelösten Salze. Je höher der Salzgehalt des Substrats ist, um so höher muß daher der osmotische Druck der Zellsäfte sein. Dies gelingt den betreffenden Pflanzen durch Anreicherung von organischen Stoffen (z. B. lösliche Kohlenhydrate) oder Salzen. So herrschen in Pflanzenzellen normalerweise zwischen 5 und 40 bar, bei den ↑ Halophyten aber bis 160 bar, und in osmophilen oder halotoleranten Hefen und Pilzen können sogar bis 200 bar erreicht werden.

Andererseits führt ein zu hoher osmotischer Druck in der Zelle zu einer zu starken Wasseraufnahme und damit zur Quellung des Protoplasmas. Dies wiederum beeinträchtigt die Enzymaktivi-

8 SD Ökologie

Osmose

tät, die Aufnahme mineralischer Nährstoffe und somit die Stoffproduktion und Wuchsleistung. So treiben z. B. die Knospen salzgeschädigter Holzpflanzen (durch künstliche Bewässerung, Streusalz, Meerüberflutung) kümmerlich und verspätet aus; die Blätter vergilben und verdorren schon während der Vegetionsperiode; die Blätter bleiben klein, die Winterfrosthärte kann vermindert sein usw.
Um den Salzhaushalt zu regulieren, haben die Halophyten mehrere Mechanismen entwickelt, z. B. die Salzausscheidung durch Haare oder Drüsen, die Salzsukkulenz und die Salzfiltration der Wurzeln. – ↑auch halophil.

Osmose, die [zu griech. ōsmós = das Stoßen, der Stoß ‖ Abl.: osmotisch]: Als O. bezeichnet man eine einseitig verlaufende Diffusion durch eine semipermeable (halbdurchlässige) Membran. Ein solcher Diffusionsvorgang tritt immer auf, wenn zwei Lösungen unterschiedlicher Konzentration durch eine semipermeable Membran getrennt sind und durch diese nur die kleineren Moleküle (z. B. die Moleküle des Lösungsmittels) hindurchtreten können, während die größeren (z. B. die Moleküle oder Ionen des gelösten Stoffs) zurückgehalten werden. Durch das Bestreben, eine statistische Gleichverteilung der gelösten Teilchen in beiden Lösungen zu erreichen, diffundieren mehr Lösungsmittelmoleküle in die stärker konzentrierte Lösung als umgekehrt. Die höher konzentrierte Lösung wird daher so lange verdünnt, bis gleich viele Lösungsmittelmoleküle in beide Richtungen diffundieren **(dynamisches Gleichgewicht).**
Die in Lösung befindlichen Moleküle üben auf die für sie undurchlässige Membran einen Druck aus, der wie bei Gasmolekülen als Summe der einzelnen Stöße auf die Wand verstanden werden kann. Man nennt ihn den **osmotischen Druck.** Dieser osmotische Druck verringert sich durch das Eindringen der Lösungsmittelmoleküle (Volumenzunahme), weil die Zahl der Stöße pro Zeiteinheit durch die Verlängerung der Diffusionswege kleiner wird. Da in jeder Lösung, auch bei nicht vorhandener Mem-

bran, die gelösten Moleküle durch ihre Stöße auf die Gefäßwand einen Druck erzeugen, kann man jeder Lösung einen osmotischen Wert zuordnen, der ihrer Konzentration proportional ist.
O. bewirkt im Organismus den passiven Stofftransport und reguliert den Wasserhaushalt. – ↑auch Osmoregulation.
osmotischer Druck ↑Osmose.
osmotische Starre [zu ↑Osmose]: bei Tieren ein Starrezustand, der eintritt, wenn durch erhöhten osmotischen Druck im umgebenden Medium zu viel Wasser aus dem Körper des Tieres entzogen wird; ist mit einer starken Verminderung der Reizbarkeit verbunden. – ↑auch Osmoregulation.

Ostsee-Konvention: gleichlautende Bez. für zwei verschiedene Abkommen zwischen den Ostsee-Anrainerstaaten (BR Deutschland, Dänemark, DDR, Finnland, Polen, Schweden, Sowjetunion):
1. **Konvention über die Fischerei und den Schutz der lebenden Ressourcen in der Ostsee und den Belten;** unterzeichnet zum Abschluß einer Konferenz, die vom 4. bis 13. Sept. 1973 in Danzig stattfand. Ziel dieser Konvention ist es, die lebenden Ressourcen der Ostsee und der Belte zu schützen und zu mehren, eine optimale Ausbeute zu erzielen und zu diesem Zweck insbesondere die Forschung zu erweitern und zu koordinieren.
2. Die zum Abschluß einer Konferenz vom 18. bis 22. März 1974 in Helsinki von den Ostsee-Anrainerstaaten unterzeichnete **Konvention über den Schutz der maritimen Umwelt des Ostseegebietes.** Durch diese Konvention verpflichten sich die vertragschließenden Staaten, die Zuführung von gefährlichen Stoffen in die Ostsee (Versenkung bestimmter Gift- und Schadstoffe, Einlauf ungereinigter Abwässer von Städten und Industrie, Ablassen von Öl aus Schiffen) stark einzuschränken bzw. völlig zu verbieten.

Oxidation, die [frz., zu frz. oxyde = Oxid, weiter zu griech. oxýs = scharf, sauer ‖ Schreibvariante: Oxydation]: im engeren Sinne die Reaktion chemischer Elemente oder Verbindungen mit Sauerstoff (z. B. beim Verbrennen von Schwefel zu Schwefeldioxid; $S + O_2 \rightarrow SO_2$);

Ozon

im weiteren Sinne auch die Abspaltung von Wasserstoff aus chemischen Verbindungen (z. B. O. von Alkoholen zu Aldehyden; $R-CH_2OH \rightarrow R-CHO + H_2$). Elektronentheoretisch gedeutet, ist die O. ein Vorgang, bei dem chemische Elemente oder Verbindungen Elektronen abgeben, die von anderen Substanzen (**O.smittel** oder **Oxidanzien,** die damit reduziert werden) aufgenommen werden.

O.svorgänge zählen in der Chemie und in der Natur zu den häufigsten Reaktionen (insbesondere die durch den Luftsauerstoff bewirkte atmosphärische O. von Metalloberflächen, Fetten, Kunststoffen u. a.).

Oxidationshorizont: ein Bodenhorizont (↑Boden), der aufgrund eines schwankenden Grundwasserspiegels nur zeitweilig durchnäßt und damit sauerstoffarm ist (↑dagegen Reduktionshorizont). Die im Wasser gelösten Eisenverbindungen werden daher bei Absinken des Grundwasserspiegels und Durchlüftung des Bodens oxidiert und fallen als Eisenhydroxid aus. Die Färbung des O.es ist somit charakteristisch rostfleckig.

oxidative Zersetzung [zu ↑Oxidation ‖ Schreibvariante: oxydative Zersetzung]: Abbau toter pflanzlicher und tierischer Biomasse durch aerobe Mikroorganismen unter Aufnahme von Luftsauerstoff bis zu Kohlendioxid und Wasser; wichtiger Vorgang im ökologischen Stoffkreislauf.

Oxybiose, die [zu nlat. Oxygenium = Sauerstoff und griech. bíos = Leben]: andere Bez. für ↑Aerobiose.

Oxydation: gemeinsprachliche Schreibung für ↑Oxidation.

ozeanisch [zu Ozean (von griech. ōkeanós)]: nennt man den küstenfernen Bereich der Meere (↑Pelagial).

Ozeanographie, die [Ozean (von griech. ōkeanós) und ↑-graphie ‖ Syn.: Ozeanologie, Meereskunde]: Wissenschaft vom Meere; im engeren Sinne (als **physikalische** O.) die Erforschung und Darstellung der physikalischen und chemischen Erscheinungen und Vorgänge im Weltmeer sowie der Morphologie des Meeresbodens und des maritimen Wettergeschehens. Im weiteren Sinne gehören zur O. auch Meeresgeologie, Meeresgeophysik und Meeresbiologie. Die O. läßt sich darüber hinaus in eine allgemeine und eine spezielle O. gliedern:

Die **allgemeine** O. befaßt sich mit den physikalischen und chemischen Eigenschaften des Meerwassers sowie mit den Prozessen der Energieumsetzung und den daraus resultierenden Bewegungserscheinungen in Form von Strömungen, Wellen und Gezeiten. Diese Faktoren sind u. a. maßgebend für die Lebens- und Umweltbedingungen und damit für die Verteilung von pflanzlichen und tierischen Meeresbewohnern.

In der **speziellen** O. werden die einzelnen Meeresräume behandelt, und zwar im Hinblick auf Gestalt, Größe, Tiefe, Bodenbedeckung, physikalisch-chemische Eigenarten und Bewegungsvorgänge des Wassers. Außerdem behandelt die spezielle O. die maritime Pflanzen- und Tierwelt sowie deren Beziehungen zum Menschen. – ↑auch Epeirologie, ↑Limnologie.

Ozeanologie, die [↑-logie]: svw. ↑Ozeanographie.

Ozon, der (auch: das) [griech. = das Duftende]: aus dreiatomigen Molekülen (O_3) bestehende Form des Sauerstoffs; in hoher Konzentration ein tiefblaues Gas von durchdringendem Geruch, das sich bei Einwirkung von atomarem Sauerstoff auf molekularen Sauerstoff bildet, aber leicht wieder zerfällt.

Durch das Auftreten atomaren Sauerstoffs ist O. eines der stärksten Oxidationsmittel und in höheren Konzentrationen stark giftig (MAK-Wert 0,1 ppm bzw. 0,2 mg/m³). O. wird als Oxidations- und Bleichmittel sowie bei der Wasseraufbereitung anstelle von Chlor als Desinfektionsmittel verwendet.

O. bildet sich überall dort, wo durch Energiezufuhr (u. a. bei der Einwirkung energiereicher Strahlung oder bei elektrischen Entladungen) Sauerstoffatome aus Sauerstoffmolekülen freigesetzt werden, die dann mit weiteren Sauerstoffmolekülen reagieren. In der Stratosphäre, in einer Höhe von etwa 20–50 km, der sog. **O.schicht,** bildet sich O. aus molekularem Sauerstoff unter dem Einfluß

Ozonschicht

der kurzwelligen UV-Strahlung der Sonne. Es zerfällt zwar durch Absorption von UV-Strahlung sofort wieder, doch lagert sich der dabei frei werdende atomare Sauerstoff erneut an molekularen Sauerstoff an, so daß in der O.schicht der Atmosphäre ein Gleichgewicht zwischen Auf- und Abbau von O. besteht (O.konzentration 5–10 mg O. je kg Luft). Die O.schicht der Atmosphäre ist äußerst wichtig, weil sie den größten Teil der UV-Strahlung zurückhält. Nur ein kleiner Teil dieser Strahlung durchdringt sie und trifft auf die Erdoberfläche auf. In geringen Mengen ist diese Strahlung lebensnotwendig, in größeren Mengen ruft sie Schädigungen hervor. In kleinsten Mengen tritt O. auch in den unteren Schichten der Erdatmosphäre auf (die Konzentration ist jedoch in „ozonreicher" Waldluft nicht höher als im Freiland!).

Erhöhte O.konzentrationen können v. a. in Gebieten mit starker Abgasentwicklung auftreten, wo O. aus Stickstoff- und Schwefeloxiden unter der Einwirkung des Sonnenlichtes entsteht. O. führt in diesen Mengen zu gesundheitlichen Schädigungen bei Mensch, Tier (v. a. Reizung der Schleimhäute) und Pflanzen (Bleichflecken), ferner zu Schäden an organischen Substanzen wie u. a. an Textilien, Gummi, Leder, Anstrichen. Welche Rolle O. beim ↑ Waldsterben spielt, ist noch umstritten.

Steigendes Interesse gewann in den letzten Jahren die Frage, ob die O.schicht durch chemische oder physikalische Einwirkung von der Erde aus nachteilig beeinflußt wird. Es wurde festgestellt, daß die vorher als umweltneutral geltenden gemischthalogenierten Halogenkohlenwasserstoffe (Fluorchlorkohlenwasserstoffe), die als *Treibgase* für Spraydosen verwendet werden, zu einer Schädigung der O.schicht führen können. Die *Fluorchlorkohlenwasserstoffe* steigen nämlich nach ihrer Freisetzung langsam in der Atmosphäre auf, wobei sie aufgrund ihrer chemischen Stabilität erhalten bleiben. Wenn sie die O.schicht erreicht haben, werden sie dort durch die UV-Strahlung zerstört. Dadurch werden Halogenatome freigesetzt, die auf katalytischem Weg die O.schicht zerstören.

Neuere Erkenntnisse über den Ablauf dieser Reaktionen schwächen diese Befürchtung jedoch ab. Sie ergaben, daß in den nächsten 100 Jahren nicht – wie ursprünglich angenommen – mit einer zwanzigprozentigen Verringerung des O.s in der O.schicht der Stratosphäre zu rechnen ist, sondern mit einer fünf- bis neunprozentigen Verringerung. Außerdem weisen Meßdaten von Wettersatelliten darauf hin, daß in geringeren Höhen die Neuproduktion von O. angestiegen ist, so daß sich die Gesamtbilanz zur Zeit offenbar nur minimal verändert.

Neueste Beobachtungen zeigen, daß in der *antarktischen Stratosphäre* jedes Jahr im September/Oktober bei sehr tiefen Temperaturen ein starker Rückgang des O.s eintritt. Dieses von Jahr zu Jahr größer werdende **O.loch** wird als Beweis für die Auswirkungen der Zersetzungsprodukte von Fluorchlorkohlenwasserstoffen und somit als ein alarmierendes Zeichen dafür angesehen, daß eine weitere Zunahme dieser Spurenstoffe in der Atmosphäre zu einem allmählichen Abbau der O.schicht führe.

Ozonschicht ↑ Ozon.

P

palä-: Wortbildungselement (↑ paläo-).
Paläendemiten, die (Mehrz.) [Einz.: der Paläendemit]: ↑ Paläendemismus.
Paläendemismus, der [↑ palä- ‖ Syn.: Reliktendemismus]: Form des ↑ Endemismus, bei der aufgrund von über lange Zeit gleichbleibenden Umweltbedingungen für bestimmte Tier- und Pflanzenarten **(Paläendemiten, Reliktendemiten)** diese in isolierten Arealen erhalten ge-

204

Parabionten

blieben sind. Beispiele: Ginkgo biloba (China), Welwitschia mirabilis (Südwestafrika), Sequoiadendron giganteum (Riesenmammutbaum; Kalifornien).

palälimnisch [zu ↑ paläo- und griech. limnē = See, Teich]: nennt man Bestandteile (z. B. Sporen, Pollen) in erdgeschichtlich alten Sedimenten von Seen, die z. B. Aufschluß über das Alter des Sees, über das frühere Klima und die frühere Vegetation geben. – Das entsprechende Fachgebiet ist die **Paläolimnologie.**

paläo-, vor Vokalen gelegentlich: **palä-** [aus griech. palaiós = alt]: in Zus. mit der Bed. „alt; die Urzeit oder Frühzeit (der Erd- oder Stammesgeschichte) betreffend; fossil"; z. B. Paläoklimatologie, palälimnisch.

Paläoklimatologie, die [↑ paläo-]: die Wissenschaft von den Klimaten der geologischen Vergangenheit. Klimazeugen sind Fossilien und Sedimente; z. B. beweisen Tillite und Gletscherschrammen auch für alte Zeiten Vergletscherung; mächtige Eindampfungssedimente, wie z. B. die permischen und triassischen Salz- und Gipslager, sowie Dünensande lassen auf trockenes, die in der tertiären Braunkohle gefundenen Fossilien auf subtropisch-warmes Klima schließen.

Paläolimnologie, die [↑ paläo-]: Teilgebiet der ↑ Limnologie.

Paläökologie, die [↑ paläo-]: Teilbereich der ↑ Ökologie, der sich mit der Erforschung der fossilen Organismen in ihrer Umwelt und ihren Beziehungen zueinander befaßt.

Palsen, die (Mehrz.) [Einz.: die Palsa ‖ finn. ‖ Syn. (für die Einz.): Bugry, Thufur]: 2–8 m hohe Torfhügel in der Tundrenregion, deren Eiskerne keine Verbindung zum tieferen Dauerfrostboden haben und im Sommer unter entsprechendem Absacken des Gipfels teilweise abtauen. Der zirkumpolar verbreitete boreale Hochmoortyp mit P.bildung wird als **P.moor** (Torfhügelmoor, Thufurmoor) bezeichnet.

Pampas, die (Mehrz.) [Einz.: die Pampa ‖ span., von indian. pampa = Ebene]: Die P. sind eine Großlandschaft Argentiniens; sie stellen jedoch keine vegetationsmäßige oder sonstige Einheit dar.

Klimatisch liegen die P. im Übergangsgebiet vom humiden zum ariden Klima. Die Böden sind feinkörnig, locker und gut wasserhaltend. Daher wird die östliche **Pampa húmeda (feuchte Pampa)** und die westliche **Pampa seca (trockene Pampa)** unterschieden. Letztere liegt ganz im ariden Klimabereich, trägt regengrüne Dornstrauchvegetation, im Norden schon mit tropischem, regengrünem Trockenwald durchsetzt. Die Pampa húmeda (rund 530 000 km²) ist eine Steppe; sie ist heute der wirtschaftliche Kernraum Argentiniens mit 60 % des Viehbestandes und 90 % des Ackerlandes. Vorherrschend ist die Rinderzucht, und zwar sowohl als Mast- als auch als Milchwirtschaft; im Süden findet sich Schafzucht.

PAN, das [pe:a:"ɛn]: Abk. für: **Peroxyacetylnitrat;** aus Kohlenwasserstoffen, Stickoxiden und Sauerstoff unter dem Einfluß der Sonnenstrahlung entstehende chemische Verbindung, ein typischer Bestandteil des photochemischen Smogs (Los-Angeles-Smog); führt beim Menschen zu Schleimhautreizungen.
PAN entsteht auch in Reinluftgebieten, z. B. über dem Pazifik als Naturstoff photochemisch aus Kohlenwasserstoffen, die in meeresbiologischen Prozessen großen Ausmaßes freigesetzt werden. PAN gilt als wesentlicher Mitverursacher des Waldsterbens.

para- [aus griech. pará = von–seiten; bei; entlang; neben]: Präfix mit den Bedeutungen „bei, neben", „nebeneinander; miteinander"; z. B. Parabiose.

Parabiochore, die [...'ko:rə ‖ ↑ para- ‖ Syn.: Parabiochorion, Parachoriotop]: eine ↑ Biochore mit unspezifischer, zufälliger und vorübergehender Besiedlung und ohne eine regelmäßige Beziehung der Arten untereinander; z. B. eine abgefallene Frucht mit den sich einstellenden Nahrungskonsumenten (Käfer, Schnecken, Fliegen u. a.) und die auf ihr sich ansiedelnden Bakterien und Pilze.

Parabiochorion, das [...'ko:riɔn]: svw. ↑ Parabiochore.

Parabiochoriotop, der oder das [...ko:rio...]: svw. ↑ Parabiochore.

Parabionten, die (Mehrz.) [Einz.: der Parabiont]: ↑ Parabiose.

205

Parabiose

Parabiose, die [zu ↑para- und griech. bios = Leben ‖ Syn.: Amensalismus]: 1. Beziehungssystem zwischen zwei Organismenarten (ein Biosystem), wobei entweder nur ein Partner einen Vorteil hat, ohne den anderen zu schädigen, oder eine indifferente Beziehung vorliegt; Beispiel: das Zusammenleben zweier miteinander verwachsener Organismen **(Parabionten)** bei geschlechtsreifen Tieren (einige Fischarten, siamesische Zwillinge); 2. die enge Verknüpfung zweier Arten in einer Nahrungskette (z. B. die Arten der Bakteriengattungen Nitrosomonas und Nitrobacter bei der ↑Nitrifikation).

Parabiosphäre, die [↑para-]: die obere Randzone der ↑Biosphäre mit nur noch wenig Leben. Sie liegt, obwohl die tropische Biosphäre bis 8 km und die polare bis 18 km hoch reichen, bei etwa 5 km Höhe.

Paramo, der [aus span. páramo]: lichte, immergrüne Vegetationsformation in den tropischen Hochgebirgen Mittel- und Südamerikas oberhalb der Waldgrenze. Auf dem wegen des ständig feuchtkühlen Klimas humosen, z. T. anmoorigen Boden wachsen bis 1 m hohe Horstgräser, Polsterpflanzen, stammbildende Espeletiaarten (Korbblütler) und Rosengewächse. Die P.s werden durch extensive Viehhaltung (Schafe, Lamas, Rinder) wirtschaftlich genutzt.

Ähnliche Vegetationsformationen treten in Ostafrika (Äthiopien, Kilimandscharo, Mount Kenya, Ruwenzori), im Malaiischen Archipel und auf den Hawaii-Inseln (Mauna Kea) auf.

Parasiten, die (Mehrz.) [Einz.: der Parasit ‖ von griech. parásitos = bei einem anderen essend; Schmarotzer ‖ Abl.: ↑parasitisch, ↑Parasitismus ‖ Syn.: Schmarotzer]: Sammelbez. für pflanzliche **(Phyto-P.)** oder tierische Organismen **(Zoo-P.),** die auf (als **Ekto-P.)** oder in (als **Endo-P.)** einem artfremden Organismus (als Wirt) leben und aus diesem Zusammenleben (im Unterschied zur ↑Symbiose) einseitig Nutzen ziehen.

Meist entziehen die P. dem Wirt Nährstoffe. Der Schaden für den Wirt (einschließlich Mensch) bleibt in der Regel begrenzt. Auch der Parasit wird durch Abwehrreaktionen des Wirtes im allg. nur unwesentlich in Mitleidenschaft gezogen, so daß beiderseitiges Überleben gewährleistet ist.

In der *Landwirtschaft* können allerdings erhebliche *Ernteverluste* durch P. verursacht werden, z. B. durch Wurzelnematoden, Schadpilze, in ariden Ländern auch durch parasitierende Pflanzen wie Orobanche- und Strigaarten.

P. können dauernd **(stationäre P.;** z. B. Bandwürmer, Trichinen) oder nur zeitweilig **(temporäre P.;** z. B. Flöhe, Blutegel) mit dem Wirt zusammensein. **Obligate P.** sind nur mit ihren Wirten zusammen lebensfähig.

Bestimmte stationäre P. weisen den Lebensverhältnissen in ihrem Lebensraum angepaßten, stark *vereinfachten Körperbau* auf (z. B. Rückbildung der Fortbewegungsorgane, des Verdauungsapparates, der Mundwerkzeuge, der Sinnesorgane).

Manche P. haben *Generationswechsel,* der mit *Wirtswechsel* einhergeht, wobei die Generation mit ungeschlechtlicher Vermehrung die für P. bes. wichtige hohe Nachkommenschaft erbringt. Auch durch eine große Eizahl kann dieses Ziel erreicht werden (ein Spulwurm legt z. B. ca. 50 Mill. Eier).

Fakultative P. leben gewöhnlich von toter organischer Substanz oder von deren Abbau bewirkenden Mikroorganismen (z. B. die Amöbe Entamoeba coli im menschlichen Darm, Fliegenmaden an Wunden mit nekrotischem Gewebe, viele Bakterien und Pilze auf abgestorbenen Pflanzenteilen) und befallen nur ausnahmsweise lebendes Gewebe.

Eine spezielle Form des Parasitismus ist der **Brutparasitismus;** z. B. beim Kuckuck, der als **Brutparasit** das Ausbrüten der Eier und die Aufzucht der Jungen anderen Vogeleltern überläßt; manche Insekten (z. B. Schlupfwespen) legen ihre Eier in die Larven anderer Insekten, wo sich ihre Eier und Larven entwickeln.

Ein **Hyperparasit (Überparasit)** ist ein Parasit, der als sekundärer P. an oder in einem P. schmarotzt, z. B. in Schlupfwespenlarven, die ihrerseits ebenfalls in Fliegenlarven parasitisch leben. Ist eine

Parökie

Insektenlarve mehrfach vom gleichen Parasiten belegt, so spricht man von einem **Superparasiten.**

Beim **Sozialparasitismus** wird das Sozialleben von Insekten ausgenutzt, indem die **Sozial-P.** innerhalb von Bauten staatenbildender Insekten leben oder sich von deren Vorräten oder gar der Brut des Wirtsvolkes ernähren.

Bei *Pflanzen* unterteilt man die P. in Halb- und Vollparasiten. **Halb-P. (Hemi-P., Halbschmarotzer;** z. B. Mistel, Augentrost, Klappertopf, Wachtelweizen) haben voll ausgebildete grüne Blätter und sind zur ↑ Photosynthese befähigt; ihren Wasser- und Mineralsalzbedarf müssen sie jedoch mit Saugwurzeln (Haustorien) aus dem Sproß oder Wurzelsystem von Wirtspflanzen decken. Die **Voll-P. (Vollschmarotzer; Holo-P.;** z. B. Kleeseide, Sommerwurz, Schuppenwurz, Rafflesiengewächse) leben heterotroph, d. h., sie können keine Photosynthese durchführen und sind ganz auf die Nährstoffe des Wirtes angewiesen.

Parasitengemeinschaft: svw. ↑ Parasitozönose.

parasitisch: auf ↑ Parasitismus beruhend.

parasitische Nahrungskette ↑ Nahrungskette.

Parasitismus, der [zu ↑ Parasiten ‖ Syn.: Schmarotzertum]: Form der ↑ Antibiose; die Wechselbeziehungen zwischen Parasiten und ihren Wirten, wobei der Parasit im Gegensatz zur ↑ Symbiose aus der Wechselbeziehung einseitig Nutzen zieht. Der Schaden für den Wirt ist in den meisten Fällen begrenzt, nur selten wird er getötet.

Parasitoide, die (Mehrz.) [Einz.: der Parasitoid ‖ zu ↑ Parasiten und griech. -eidḗs = ähnlich ‖ Syn.: Raubparasiten]: parasitische Organismen, die ihren Wirt während ihres Entwicklungsablaufs allmählich abtöten. Beispiel: Schlupfwespenlarven machen ihre Entwicklung zum Vollinsekt in den von ihnen befallenen Käferlarven oder Schmetterlingsraupen durch, wobei diese jedoch zugrunde gehen.

Der Übergang zwischen P.n und Parasiten ist fließend. P. können im Rahmen der biologischen Schädlingsbekämp-

fung an Schadinsekten eingesetzt werden.

Parasitozönose, die [↑ Parasiten und ↑ Zönose ‖ Syn.: Parasitengemeinschaft]: die Gesamtheit der in oder an einem Wirtsorganismus bzw. einem Organ lebenden Parasiten.

Parasit-Wirt-Verhältnis: die Wechselbeziehung zwischen Parasit und Wirt, die analog zum Räuber-Beute-Verhältnis populationsregulierend wirkt. – ↑ auch Biosystem.

Parathion, das [Kunstwort]: ein hochwirksames, systemisches Insektizid aus der Gruppe der Phosphorsäureester; wirkt als Fraß-, Berührungs- und Atemgift.

Park, der [über entsprechend engl. parc bzw. frz. parc von mlat. parricus = umzäunter Platz]: großräumige gärtnerische Anlage, die durch Verteilung von offenen Wiesenflächen und Zierpflanzenanlagen im Wechsel mit formbestimmenden Gehölzpflanzungen die Gestaltung einer idealisierten Landschaft zum Ziele hat. Häufig werden dazu nach künstlerischen Gesichtspunkten architektonische Mittel herangezogen (Bauwerke, Terrassen, Wasserflächen und -spiele).

Die Grenze sowohl zum Garten, in dem die Gehölze zurücktreten, als auch zum Naturpark, der der Erhaltung ausgewählter Landschaften dient, ist fließend.

Parklandschaft: Die P. ist ein Mosaik aus vom Boden abhängigen Vegetationseinheiten. Hier wechseln Baumgruppen mit offenem Grasland ab; die P. ähnelt also äußerlich der Savanne. In den tropischen Regionen Afrikas und Australiens finden sich natürliche P.en im Bereich halbimmergrüner und regengrüner Wälder der Ebene.

Parkwald: unter forstwirtschaftlicher Kontrolle stehender Wald, der hauptsächlich der menschlichen Erholung dienen soll, wobei auch hiebsreife Bestände erhalten oder standortfremde Baumarten bevorzugt angebaut werden können. Parkwälder entstehen in zunehmendem Maße in der Nähe von Großstädten und Ballungsräumen.

Parökie, die [zu griech. pároikos = benachbart ‖ Syn.: Beisiedlung, Beisiedlertum]: besondere Art des Zusammenle-

Partikelfresser

bens von Tieren; eine Form der Nutznießung (Probiose), bei der Tiere eine andere Tierart aufsuchen, um einen Vorteil aus deren unmittelbarer Nähe zu ziehen, ohne sie zu schädigen; z. B. das Nisten der Eiderente in Kolonien der Seeschwalbe, wodurch die Gelege der Eiderente vor Raubmöwen weitgehend geschützt sind. – ↑ auch Epökie.

Partikelfresser [lat. particula = Teilchen]: Tiere, die im Wasser schwebende oder am Gewässergrund befindliche tote Stoffe oder lebende Tiere (u. a. Kleinkrebse) und Pflanzen (Mikroorganismen, Algen u. a.) als Nahrung aufnehmen. Zu den P.n gehören die Detritusfresser, Filtrierer, Planktonfresser, Strudler und Tentakelfänger.

Passage, die [pa'sa:ʒə ‖ frz. = Durchgang, Übergang]: die Übertragung einer Bakterienkultur von einem Nährboden auf den anderen bzw. im Tierversuch von einem Wirtstier auf das andere. Im weiteren Sinn wird der Begriff in der Ökologie auf die unterschiedlichen Übertragungsmechanismen von einem Parasiten auf den Wirt (z. B. über Eier, Plazenta u. a.) angewendet.

Passanten, die (Mehrz.) [Einz.: der Passant ‖ aus frz. passant, zu frz. passer = überschreiten, durchschreiten ‖ Syn.: Ankömmlinge]: eine bestimmte Gruppe von ↑ Adventivpflanzen.

Pathobiozönose, die [griech. páthos = Leiden, Krankheit]: ↑ Biozönose, die vorwiegend durch das Vorhandensein von Parasiten, ihren Vektoren und verschiedenen Wirtstypen geprägt ist.

P-B-Verhältnis [Syn.: Produktions-Biomasse-Verhältnis]: in der *Produktionsbiologie* das Verhältnis zwischen produzierter Biomasse bzw. Energie bestimmter Ökosysteme oder Populationen und der mittleren Biomasse pro Jahr. Große Säugetiere, wie z. B. Rinder, besitzen ein P-B-V. von etwa 0,1. Bei sehr kurzlebigen Tieren liegt das P-B-Verhältnis bei 12.

PCA, die (Mehrz.) [pe:tse:''a: ‖ Einz.: der PCA]: Abk. für: **polycyclische Aromaten;** chemische Verbindungen, deren Moleküle aus zwei oder mehreren Ringen zusammengesetzt sind; im engeren Sinne die aus mehreren Benzolringen zusammengesetzten polycyclischen Kohlenwasserstoffe, die bei der Pyrolyse (Verkohlung, Verschwefelung, Verkokung) organischer Substanzen entstehen.

PCA kommen in geringen Mengen in Teer, Ruß, Pech, Bitumen, Tabakrauch, Autoabgasen vor. Bei einigen dieser Verbindungen, insbesondere bei ↑ Benzpyren, konnte eine krebserregende Wirkung nachgewiesen werden. Wieweit jedoch den genannten Pyrolyseprodukten ein krebserregendes Potential zukommt, kann zur Zeit noch nicht sicher beurteilt werden.

PCB, die (Mehrz.) [pe:tse:'be: ‖ Einz.: das PCB] Abk. für: **polychlorierte Biphenyle;** durch Chlorierung von Biphenyl hergestellte chemische Verbindungen; farblose Flüssigkeiten mit niedrigem Dampfdruck, hoher thermischer Stabilität, hoher Dielektrizitätskonstante und flammhemmender Wirkung.

PCB finden als Kühl- und Isolierflüssigkeiten in Transformatoren, ferner als Weichmacher für Lacke und Klebstoffe sowie als Hydraulikflüssigkeiten Verwendung.

PCB sind giftig und wirken krebsauslösend. Durch EG-Richtlinien von 1976 und durch die 10. Verordnung zum Bundesimmissionsschutzgesetz vom 26. 7. 1978 wird die Verwendung von PCB stark eingeschränkt, z. B. auf geschlossene Systeme.

PCB besitzen hohe Persistenz mit Halbwertszeiten von 10 bis 100 Jahren. Obwohl PCB nicht als Naturstoffe vorkommen, sind sie bereits weltweit in Spuren nachweisbar. PCB können über Nahrungsketten angereichert werden. Seit Anfang 1984 werden PCB in der BR Deutschland nicht mehr produziert und verarbeitet. Als Austauschstoffe mit ähnlich günstigen thermischen Eigenschaften stehen heute u. a. Silikonöle und bestimmte Phthalsäureester zur Verfügung.

Probleme ergeben sich bei der Vernichtung der PCB, da sie nur in Verbrennungsanlagen für Sondermüll bei Temperaturen oberhalb 1 200 °C sicher zu schadlosen Produkten abgebaut werden. In normalen Hausmüllverbrennungsanlagen können bei bestimmten Reak-

Pelagial

tionsbedingungen aus den PCB ↑ Dioxine, insbes. ↑ TCDD, entstehen.

In Gewässern wurden PCB zum ersten Mal 1966 in Skandinavien entdeckt. Seit dieser Zeit gibt es zunehmend Berichte über PCB in aquatischen Ökosystemen. So konnten in Muscheln nur geringe PCB-Konzentrationen festgestellt werden. Doch stiegen die Konzentrationen in den Endgliedern der Nahrungskette (Fische) stark an. Ob die in den Fischen nachgewiesenen Mengen auch für den Menschen toxikologisch relevant sind, ist noch nicht eindeutig geklärt. Grenzwert in Ernteprodukten 0,05 mg/kg.

PCDD, die (Mehrz.) [peːtseːdeːˈdeː‖ Einz.: das PCDD]: Abk. für: **polychlorierte Dibenzodioxine;** chemische Verbindungen mit 75 teils hochgiftigen Vertretern, darunter das 2,3,7,8-Tetrachlordibenzo-p-dioxin (↑ TCDD). PCDD entstehen als Nebenprodukte bei der Herstellung von ↑ Pentachlorphenol und sind spurenweise darin enthalten; sie entstehen auch bei der Verbrennung von polychlorierten Biphenylen (↑ PCB).

pediophil [griech. pedíon = Ebene und ↑ -phil]: das Flachland bzw. die Ebene bevorzugend; gesagt von Pflanzen.

pedo- [aus griech. pédon = Boden]: in Zus. und Abl. mit der Bed. „Boden, Erdboden"; z. B. Pedobiom, Pedon.

Pedobiologie, die [↑ pedo-]: svw. ↑ Bodenbiologie.

Pedobiom, das [zu ↑ pedo- und griech. bíos = Leben]: die an einen bestimmten charakteristischen Boden als Lebensraum gebundene Organismengesellschaft. Man unterscheidet u. a. ↑ Amphibiom, ↑ Halobiom, ↑ Helobiom, ↑ Peinobiom, ↑ Lithobiom, ↑ Psammobiom. – ↑ auch Biom, ↑ Hydrobiom.

Pedochore, die [...ˈkoːrə‖ ↑ pedo-]: eine ↑ Chore, die eine räumliche Bodeneinheit umfaßt.

Pedologie, die [↑ pedo- und ↑ -logie]: svw. ↑ Bodenkunde.

Pedon, das [zu ↑ pedo-]: in der *Bodenkunde* das kleinste Bodenteilchen, das, wenn es in Vielzahl vorkommt, einen bestimmten Bodentyp charakterisiert; z. B. repräsentiert ein Tonteilchen mit einem Korngrößendurchmesser < 0,002 mm einen Tonboden.

Pedosphäre, die [↑ pedo-]: der Bodenbereich der ↑ Biosphäre, in dem Bodenbildung stattfindet; sie umfaßt auch die in diesen Bereich eindringenden Teile der Litho-, Hydro- und Atmosphäre. – ↑ auch Bodenkunde.

Pedotop, der oder das [↑ pedo-]: ein ↑ Top hinsichtlich der Bodenfaktoren.

Pedotropen, die (Mehrz.) [Einz.: das Pedotrop‖ zu ↑ pedo- und ↑ -trop]: die im Boden vorhandenen, von außen durch radioaktive Niederschläge eingebrachten Radionuklide. P. sind Zr 95, Nb 95, Cs 137, Fe 59 und Zn 65. – ↑ auch Äquitropen, ↑ Biotropen, ↑ Hydrotropen.

Peinobiom, das [zu griech. peĩna = Hungersnot und griech. bíos = Leben]: an einen nährstoffarmen Boden gebundenes ↑ Biom; ein ↑ Pedobiom. P.e sind z. B. die westsibirischen Moorgebiete und die gerodeten Urwaldflächen des Amazonasgebietes.

Die in einem P. v. a. durch Stickstoff- und Phosphormangel verursachten Mangelmorphosen **(Peinomorphosen)** der dort siedelnden Pflanzen ähneln sehr den durch trockene Standorte hervorgerufenen Morphosen **(Xeromorphosen):** z. B. Verzweigung, Verdickung der Cuticula, weniger Spaltöffnungen pro Flächeneinheit, stärkere Ausbildung von Festigungsgewebe u. a.

Peinomorphose, die [zu griech. peĩna = Hungersnot und griech. morphḗ = Gestalt]: durch Nährstoffmangel hervorgerufene Gestaltvariation (Morphose) bei Pflanzen (↑ Peinobiom).

Pelagial, das [zu lat. pelagus (von griech. pélagos) = offene See]: die Freiwasserzone der Gewässer.

Das *P. der Meere* gliedert sich in horizontaler Richtung in die neritische und die ozeanische Region. Die **neritische Region** reicht von der Küste bis etwa zum Abfall des Kontinentalsockels (bis etwa 200 m Tiefe). Das Wasser enthält durch den Einstrom vom Land stammender Substanzen (v. a. von Flüssen) größere Mengen an Pflanzennährstoffen.

Die **ozeanische Region** schließt sich an die neritische an und ist im Vergleich dazu relativ nährstoffarm. In vertikaler Richtung erfolgt die Einteilung in die

209

pelagisch

durchleuchtete, pflanzenreiche Oberflächenschicht **(Epipelagial)**, in das **Mesopelagial** mit schwachem Dämmerlicht und in die licht- und damit pflanzenlosen Zonen des **Bathy-, Abysso-** und **Hadopelagials** (↑ auch Tiefsee).
Das *P. stehender Süßgewässer* wird hinsichtlich der Lichtverhältnisse in das durchleuchtete **obere P.** und in das schwach durchleuchtete bis lichtlose **untere P.** unterteilt. In bezug auf die Temperaturverhältnisse unterscheidet man bei Seen mit Sommerstagnation (↑ Wasserzirkulation) zwischen der über 4 °C warmen **Oberflächenschicht (Epilimnion)**, der darauf folgenden **Sprungschicht (Metalimnion)** mit starkem Temperaturgefälle und der Zone des kühlen Tiefenwassers **(Hypolimnion)**. – ↑ auch Gewässerregionen.
pelagisch [zu lat. pelagus (von griech. pélagos) = offene See]: im freien Wasser schwimmend oder schwebend; hierzu gehören das ↑ Nekton und das ↑ Plankton. Organismen, die ihr ganzes Leben p. sind, bezeichnet man als **holopelagisch**, solche, die nur einen Teil ihres Lebens p. verbringen, als **meropelagisch**.
pelogene Pflanzen [griech. pēlós = Lehm, Schlamm und ↑ -gen]: svw. ↑ Helophyten.
Pelon, das [zu griech. pēlós = Lehm, Schlamm ‖ Schreibvariante: Pelos, der]: Bez. für die Schlamm-, Schlickbewohner, d. h. die Lebensgemeinschaft in schlammigen bzw. schlickigen Böden von Süß- und Salzgewässern. – ↑ auch Endopelon, ↑ Epipelon.
Pelosol, der [griech. pēlós = Lehm, Schlamm und lat. solum = Boden, Erdboden]: auf tonigen Gesteinen entstandener Bodentyp der gemäßigten Breiten mit A-C-Profil.
Pentachlorphenol, das [griech. pénte = fünf]: farblose, kristalline Substanz mit schwachem, stechendem Geruch, die durch Einwirkung von wäßriger oder alkoholischer Natronlauge auf Hexachlorbenzol gewonnen wird.
P. wirkt u. a. bakterizid, algizid und fungizid und wird in Form des Natriumsalzes z. B. in Holzkonservierungsmitteln verwendet (nur außerhalb geschlossener Räume erlaubt).

Pergelisol, der [Kurzbildung zu lat. permanere = fortdauern, lat. gelu = Frost und lat. solum = Boden, Erdboden]: svw. ↑ Dauerfrostboden.
Peribionten, die (Mehrz.) [Einz.: der Peribiont ‖ zu griech. perí = um–herum und griech. bíos = Leben]: die in der Nachbarschaft von Korallenriffen lebenden Tiere.
periodische Gewässer: svw. ↑ temporäre Gewässer.
Periphyton, das [griech. perí = umherum und griech. phytón = Gewächs]: svw. ↑ Aufwuchs.
Peristase, die [aus griech. perístasis = Umgebung]: die Gesamtheit der auf einen Genotyp einwirkenden Umweltfaktoren.
Permafrost [Kurzbildung zu lat. permanere = fortdauern]: svw. ↑ Dauerfrostboden.
Permanenzgebiet [zu lat. permanere = fortdauern, verbleiben]: Areal, in dem eine bestimmte Tier- oder Pflanzenart nahezu ständig in hoher Besiedlungsdichte lebt. Tritt nur zeitweise in einem bestimmten Areal eine hohe Besiedlungsdichte als Folge einer Massenvermehrung auf, spricht man von **Massenwechselgebiet (Gradationsgebiet)**. – Gegensatz: ↑ Latenzgebiet.
Permeanten, die (Mehrz.) [Einz.: der Permeant ‖ zu lat. permeare = durchgehen]: Tiere (z. B. Insekten, Vögel), die in einem geschichteten Lebensraum leben (↑ auch Stratozönose) und diesen, ohne an eine bestimmte Schicht gebunden zu sein, täglich (bis zu mehreren Malen) durchwandern.
Permigration, die [zu lat. per = durch und lat. migrare = wandern]: Durchzug von Tiergruppen durch einen bestimmten Lebensraum (↑ Migration).
Persistenz, die [zu lat. persistere = stehen bleiben, verharren]: die Aufenthaltsdauer einer chemischen Substanz oder ihrer Abbauprodukte in einem Umweltbereich wie Luft, Boden, Wasser, Gewebe.
P. ist eine Eigenschaft insbes. von Umweltgiften, radioaktiven Stoffen, Schwermetallen. Je größer die P. z. B. eines Pestizids, Waschmittels oder Schwermetalls ist, desto bedenklicher ist

Pflanzenernährung

dessen Eintrag in die Umwelt. – Gegensatz: ↑ biologischer Abbau.

Perthophyten, die (Mehrz.) [Einz.: der Perthophyt ‖ zu griech. pérthein = zerstören und ↑ -phyt]: Bez. für fakultativ parasitische Bakterien und Pilze, die die von ihnen besiedelten Gewebe oder Zellen zum Absterben bringen und sich dann von deren toter organischer Substanz ernähren können; Sonderfall der ↑ Saprophyten.

Pestizide, die (Mehrz.) [Einz.: das Pestizid ‖ zu lat. pestis = Seuche, Pest und lat. caedere (in Zus.: -cidere) = töten ‖ Syn.: Schädlingsbekämpfungsmittel]: Bez. für chemische Substanzen zur Bekämpfung von tierischen und pflanzlichen Organismen, die Nutztiere, Nutzpflanzen, Lebensmittel oder Materialien schädigen oder zerstören.
Die P. werden nach den zu bekämpfenden Schadorganismen bzw. deren Lebensstadien in die Gruppen der ↑ Akarizide, ↑ Aphizide, ↑ Avizide, ↑ Insektizide, ↑ Molluskizide, ↑ Nematizide und ↑ Rodentizide, ↑ Algizide, ↑ Fungizide und ↑ Herbizide sowie ↑ Bakterizide und ↑ Virizide eingeteilt.
Neben den tödlich wirkenden ↑ Bioziden werden auch Stoffe verwendet, die die normale Entwicklung oder das Wachstum von Schädlingen hemmen; z. B. **Chemosterilanzien,** die die Fortpflanzung verhindern, **Juvenilhormone,** die die Metamorphose der Insekten oder ihre Chitinbiosynthese hemmen; Keimungshemmer gegen Unkräuter; Fraßhemmstoffe (↑ Phagodeterrents), die bei Insekten die Futteraufnahme hemmen; ↑ Pheromone zur Verhinderung der Kopulation durch Irritierung oder zur Anlockung der Insektenmännchen in Fallen.
P. können spezifisch auf nur einen bestimmten Schädling oder auf eine große Gruppe von Organismen wirken. Die Selektivität wird angestrebt, damit Bienen und andere Nützlinge nicht beeinträchtigt werden.
P. wirken lokal, wenn sie nur am Ort der Anwendung wirken. Sie sind systemisch, wenn sie durch Wurzeln oder Blätter aufgenommen und im Saftstrom der Pflanzen transportiert werden und da-

durch in der ganzen Pflanze wirken können.
Die *Zulassung von P.n* unterliegt strengen gesetzlichen Vorschriften, in denen auch die zulässigen Höchstmengen an Rückständen in Lebensmitteln geregelt sind (↑ Höchstmengenverordnung).
Die meisten P. werden in den Pflanzen oder im Boden durch Mikroorganismen zu unbedenklichen Verbindungen umgesetzt oder ganz abgebaut. Der Gesetzgeber hat Wartezeiten zwischen der letzten Anwendung und der Ernte festgesetzt, die sich am biologischen Abbau der Wirkstoffe orientieren. Die moderne Rückstandsanalytik kann Spuren der Wirkstoffe in Lebensmitteln bis zu kleinen Bruchteilen der zulässigen Höchstmengen sicher nachweisen.
Der Einsatz von P.n bedeutet stets einen Eingriff in das Ökosystem, weil die beabsichtigte Eliminierung einer Art (des „Schädlings") z. B. deren Räuber die Nahrung entzieht oder weil ein ↑ Hyperparasit mit eliminiert wird, so daß dessen Wirt sich ungehindert vermehren kann.
P. mit großer ↑ Persistenz können über Nahrungsketten akkumuliert werden (z. B. Chlorkohlenwasserstoffe). Sie sollten deshalb nicht mehr eingesetzt werden.

petrikol [zu griech. pétros = Fels, Stein und lat. colere = bewohnen]: felsbewohnend; gesagt von Organismen, die auf Gestein leben.

Pflanzenassoziation ↑ Assoziation.

Pflanzenbehandlungsmittel: nach dem Pflanzenschutzgesetz vom 16. 6. 1978 Überbegriff für ↑ Pflanzenschutzmittel und ↑ Wachstumsregulatoren.

Pflanzenernährung: bei Pflanzen die Aufnahme von Stoffen (↑ Pflanzennährstoffe), die die Pflanze für Substanzaufbau und -erhaltung, für Wachstum und Fortpflanzung benötigt.
Die Stoffe werden durch Diffusion von den Wurzeln aus der Bodenlösung bzw. (z. B. von Algen und anderen Wasserpflanzen) mit der ganzen Pflanzenoberfläche aus dem Wasser aufgenommen. Sie werden in den Zellen rasch in die benötigten chemischen Verbindungen überführt, so daß ständig ein Konzentra-

211

Pflanzenfresser

tionsgefälle zwischen Zellen bzw. Leitgefäßen bestehen bleibt.
Der *Transport* kann über kurze Strecken von Zelle zu Zelle erfolgen. Über weitere Strecken geht er im Transpirationsstrom der Leitgefäße vonstatten.
Die *Aufnahme von Kohlendioxid* erfolgt durch die Spaltöffnungen der Blätter aus der Luft, bei Wasserpflanzen aus dem Wasser direkt durch die Zellwände ins Zellinnere.
Der gesamte *Stoffwechsel* der höheren Pflanzen findet v. a. in den Blättern statt. Als Energiequelle dient die Einstrahlung der Sonne. – ↑ auch Photosynthese.
Pflanzenfresser: svw. ↑ Phytophagen.
Pflanzengeographie: svw. ↑ Geobotanik.
Pflanzengesellschaft [Syn.: Pflanzengemeinschaft, Phytozönose]: Typusbegriff der Pflanzensoziologie und Bez. für eine Gruppe von Pflanzen verschiedener Arten, die Standorte mit gleichen oder ähnlichen ökologischen Ansprüchen besiedeln, die gleiche Vegetationsgeschichte aufweisen und stets eine mehr oder weniger gleiche, durch Wettbewerb und Auslese entstandene Vergesellschaftung darstellen.
Pf.en geben der Landschaft ihr Gepräge (z. B. die Pf. des Laub- und Nadelwaldes, des Hochmoors und der Steppe), sind gute Standortanzeiger und können als Grundlage wirtschaftlicher Nutzung und Planung dienen. Sie sind zeitlich stabil, solange nicht durch Klimaänderungen, geologische Vorgänge, menschliche Eingriffe, Einflüsse von Gesellschaftsgliedern selbst (z. B. Rohhumusbildung) oder durch Zuwanderung neuer Arten neue Wettbewerbsbedingungen und dadurch Änderungen in der Artenzusammensetzung verursacht werden (↑ auch Sukzession).
Die Beschreibung und Abgrenzung der Pf.en erfolgt nach statistischer Ermittlung der Stetigkeit, der Treue (Bindung an eine oder mehrere Pf.) und nach dem Massenanteil der Einzelkomponenten mittels Aufstellung von Charakter- und Trennarten. Grundeinheit ist die ↑ Assoziation.
Pflanzengifte: Pflanzeninhaltsstoffe, die für den Menschen oder für Tiere gif-

tig oder tödlich wirken können, wenn sie mit der Nahrung aufgenommen werden oder in die Blutbahn gelangen. Ihrer chemischen Natur nach handelt es sich u. a. um Alkaloide, Glykoside, Saponine und cyanogene Verbindungen. Auch Pilze, Bakterien und höhere Pflanzen können giftige Proteine enthalten. Giftpflanzen, die solche Stoffe enthalten, werden häufig als Arzneipflanzen verwendet. Durch ihren Gehalt an Giften sind die Pflanzen häufig gegen Tierfraß geschützt.
Pflanzenhormone: svw. ↑ Phytohormone.
Pflanzennährstoffe: Sammelbez. für die von autotroph lebenden Pflanzen aufnehmbaren und für deren normale Entwicklung und deren Wachstum in bestimmten Mengen und Mengenverhältnissen erforderlichen chemischen Elemente und Verbindungen.
Ein Mangel an Pf.n führt zu Mangelerscheinungen an den Pflanzen. Ihm wird durch Düngung vorgebeugt.
Zu den Pf.n zählen Kohlenstoff, der gasförmig in Form von Kohlendioxid aufgenommen wird, sowie Sauerstoff und Wasserstoff, die flüssig in Form von Wasser aufgenommen werden. Alle weiteren Pf. werden von den Pflanzen aus Bodenmineralen oder Düngemitteln als Ionen der Nährsalze bzw. der Spurenelemente aufgenommen.
Pflanzenökologie: Teilgebiet der ↑ Ökologie.
Pflanzenschutz:
◊ zusammenfassende Bez. für alle Maßnahmen zum *Schutz von Nutzpflanzen* (v. a. Kulturpflanzen) *vor Schadorganismen und abiotischen Schäden* (z. B. Temperatur, Wind) sowie zum Vorratsschutz der Ernteerzeugnisse. Der Schutz der Pflanzen erstreckt sich auf die Vermeidung von Infektionen mit Mikroorganismen wie Bakterien, Pilze und Viren oder deren Bekämpfung, auf die Vermeidung von Fraßschäden durch Insekten und deren Larven sowie durch Schnecken, Wild, Nagetiere, Vögel u. a., auf die Abwehr parasitischer Insekten oder Fadenwürmer und auf die Bekämpfung von Unkräutern, die mit Nutzpflanzen um Wasser, Licht, Nährstoffe konkurrieren

Pflanzenschutz

oder auf ihnen parasitieren. Man unterscheidet mechanische, biologische und chemische Methoden des Pflanzenschutzes:

Mechanische Methoden sind z. B. die Herstellung von Umzäunungen gegen Fraßschäden, Vogelscheuchen oder die akustische Vertreibung von Vögeln, mechanische Entfernung kranker Pflanzen oder Pflanzenteile oder von Unkräutern, das Einsammeln und Vernichten von Schnecken oder Insekten.

Biologische Methoden sind die Begünstigung natürlicher Feinde von Schadinsekten, der Einsatz räuberischer Insekten (z. B. Marienkäfer) oder parasitierender Insekten (z. B. Schlupfwespen) oder von ↑ Hyperparasiten, von insektenpathogenen Pilzen oder Bakterien, die Aussetzung strahlen- oder chemisch sterilisierter Insektenmännchen und die Resistenzzüchtung. Für den Einsatz biologischer Methoden sind sehr genaue ökologische Kenntnisse erforderlich, um nicht Sekundärschäden zu erzeugen.

Chemische Methoden des Pf.es umfassen den Einsatz von ↑ Pestiziden, von ↑ Phagodeterrents, von Insektenhormonen oder analogen Verbindungen, den Einsatz von Insektenlockstoffen in Fallen, insbes. artspezifische Sexualpheromone (↑ Pheromone).

Die Maßnahmen und Möglichkeiten des Pf.es sind im Rahmen des **integrierten Pf.es (integrierter Pflanzenbau)** zu optimieren. Hierbei sollen alle wirtschaftlichen, ökologischen und toxikologischen Verfahren dazu verwendet werden, die Schadorganismen unter der wirtschaftlichen Schadensschwelle zu halten, wobei die Ausnutzung natürlicher Begrenzungsverfahren im Vordergrund steht. Eine solche Pf.strategie zielt auf sinnvolles Zusammenwirken von Maßnahmen des Pflanzenbaus (Pflanzenzüchtung, Fruchtfolge, Pflanzenernährung), der

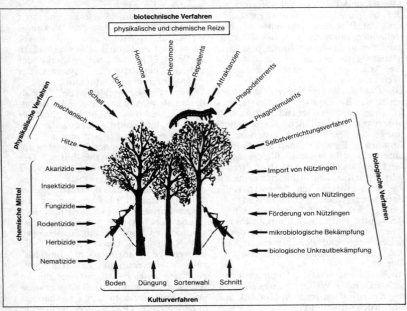

Pflanzenschutz. Die wichtigsten Mittel und Methoden der einzelnen Pflanzenschutzverfahren

Pflanzenschutzmittel

Landtechnik (Bodenbearbeitung, Produktionsmethode) in Abstimmung mit dem Standort und mit den Umweltbedingungen und schließlich mit dem auf das Notwendigste beschränkten Einsatz von Pestiziden.

Zu gezielten Pf.maßnahmen geben die zuständigen Behörden (Pf.ämter) Empfehlungen, Hinweise und Warnaufrufe. Besondere Bedeutung des chemischen Pf.es bilden Rückstände von Pestiziden und Pf.mitteln in Nahrung und Umwelt. Das vom sachgerechten chemischen Pf. ausgehende Restrisiko ist jedoch als kalkulierbar gering einzuschätzen.

In der BR Deutschland wird der Pf. im **Pf.gesetz** vom 10. 5. 1968, zuletzt geändert am 18. 2. 1986, geregelt. Die Rechtsbestimmungen umfassen Vorschriften zum Schutz der Pflanzen und Pflanzenerzeugnisse und zur Abwendung von Schäden, insbes. auch im Hinblick auf die Umwelt und die Gesundheit von Mensch und Tier. Der Schwerpunkt gilt der obligatorischen amtlichen Zulassung von Pf.mitteln. Auf seiten der herstellenden Industrie wird die Bekanntgabe der hergestellten Stoffe und ihrer Mengen gefordert. Neu ist auch der für die Anwender geforderte Sachkundenachweis.

Die *Organisation amtlicher Pf.dienststellen* in der BR Deutschland besteht aus forschenden, überwachenden und administrativen Institutionen. Dazu gehört insbes. die dem Bundesministerium für Ernährung, Landwirtschaft und Forsten unterstellte **Biologische Bundesanstalt für Land- und Forstwirtschaft** in Braunschweig mit nachgeordneten Instituten v. a. auch in Bereichen, denen spezielle Forschungsgebiete übertragen sind (z. B. biologische Schädlingsbekämpfung, Rebschutz, Holzschutz, Prüfung chemischer Mittel). Die Bundesländer unterhalten Lehr- und Forschungsanstalten, v. a. den amtlichen Pflanzenschutzdienst.

Auch internationale Organisationen (z. B. EG, FAO, WHO) befassen sich mit der Koordination etwa im Hinblick auf einheitliche Richtlinien.

◊ im Rahmen des Naturschutzes der *Schutz ganzer Pflanzengesellschaften* und

bestimmter *Wildpflanzen vor ihrer Ausrottung.*

Pflanzenschutzmittel: die im chemischen Pflanzenschutz verwendeten Handelspräparate, die auf bestimmten Wirkstoffen oder Wirkstoffkombinationen aufgebaut sind.

Derzeit sind in der *BR Deutschland* rund 1 800 Pf. zugelassen, die auf rund 300 Wirkstoffen basieren. Den größten Anteil (zwei Drittel) umfassen die ↑ Herbizide, ↑ Fungizide machen etwa 25 %, ↑ Insektizide 10 % aus. Außerdem unterscheidet man entsprechend ihrem Anwendungsbereich noch ↑ Akarizide, ↑ Nematizide, ↑ Rodentizide sowie sog. **Kombimittel** zum Schutz der Saat.

Die *Zulassung* eines Pf.s wird durch die Biologische Bundesanstalt für Land- und Forstwirtschaft und das Bundesgesundheitsamt ausgesprochen. Das neue Pflanzenschutzgesetz sieht in Teilbereichen auch die Mitsprache des Umweltbundesamtes vor.

Pf. unterteilt man in selektiv und breit wirkende Mittel. Nach der Wirkungsweise unterscheidet man Kontakt-, Atem- und Fraßmittel sowie systemisch wirkende Pf.; letztere wirken direkt oder indirekt innerhalb des Systems der Pflanze bzw. der Schadorganismen.

Die moderne Entwicklung von Pf.n zielt darauf ab, möglichst selektive Pf. zu entwickeln, weil diese ökologisch günstiger einzuschätzen sind (Schonung der Biozönose, v. a. auch der Nützlinge).

Pf. gehören heute zu den wichtigsten unverzichtbaren Produktionshilfen. Der Einsatz der Pf. erfolgt bes. intensiv bei Sonderkulturen (Wein, Obst). Von den daraus resultierenden *agrarökologischen Konsequenzen* sind bes. zu nennen: die Artenverarmung der Begleitflora und -fauna der Nutzungssysteme; die aufkommenden Konflikte mit Forderungen des Natur- und Umweltschutzes; die notwendige synökologische Einschätzung der Reversibilität gestörter Fließgleichgewichte. Es ist eine wesentliche Aufgabe des amtlichen Beobachtungs- und Warndienstes, bislang als Schädiger unbedeutende Organismen rechtzeitig zu erkennen und ihnen entgegenzusteuern. Das Befolgen der Warndienstauf-

Phanerophyten

rufe und -hinweise gewährleistet, daß Pf. nur nach Maßgabe überschrittener Schadensschwellen maßvoll und gezielt eingesetzt werden.

Pflanzensoziologie [Syn.: Phytosoziologie, Phytozönologie, Vegetationskunde]: Lehre von den ↑ Pflanzengesellschaften als Teilgebiet der ↑ Geobotanik. Die unterschiedlich zusammengesetzte Pflanzendecke der Erde bietet verschiedene Möglichkeiten der *Gliederung:*
1. *Physiognomie der Vegetation:* Lebens- und Wuchsformen dienen zur Begründung von ↑ Formationen. Diese Methode eignet sich zur Erstellung von großräumigen Überblicken und Vegetationskarten ganzer Länder und Erdteile.
2. *Floristische Zusammensetzung der Vegetation:* Ermittlung von Pflanzengesellschaften auf vergleichender statistischer Grundlage durch Bestandsaufnahme an verschiedenen Standorten.

Das Ziel der Pf. ist es, die Pflanzengesellschaften in ihrer Struktur, Funktion der Einzelglieder, Einpassung in die Umgebung und geschichtlichen Entwicklung zu verstehen und diese Erkenntnisse für die Gestaltung von Ökosystemen zu verwenden.

Pflanzenwuchsstoffe [Kurzbez.: Wuchsstoffe ‖ Syn.: Auxine]: hormonartige Wirkstoffe, die die Wachstumsprozesse der Pflanzen steuern; zu ihnen zählen einerseits die natürlichen wachstumsfördernden oder -hemmenden ↑ Phytohormone, andererseits zahlreiche synthetische Wirkstoffe, die eine ähnliche Wirkung haben.

Viele Pf. führen in geringen Konzentrationen zu einer Förderung, in höheren Konzentrationen dagegen zu einer Hemmung des Pflanzenwachstums. Pf. werden u. a. zur Beeinflussung des Längen- oder Dickenwachstums der Pflanzen, zur Keimungsbeschleunigung, Austriebshemmung, Beeinflussung der Blütenbildung, Ausdünnung von Blüten- oder Fruchtansatz eingesetzt. Einige Pf. werden auch als ↑ Herbizide verwendet.

-phag: Wortbildungselement (↑ phago-).
-phage: Wortbildungselement (↑ phago-).
-phagie: Wortbildungselement (↑ phago-).

phago- [zu griech. phageīn = essen]: in Zus. mit der Bed. „Vertilgung, Fraß"; z. B. Phagodeterrents. – Auch als letzter Wortbestandteil von zusammengesetzten Adjektiven: **-phag,** mit der Bed. „vertilgend"; z. B. bakteriophag. Dazu in substantivischen Zus. **-phage** (im Sinne von „Fresser, Vertilger"; z. B. Kacprophage) und **-phagie** (im Sinne von „Nahrungsaufnahme; Vertilgung"); z. B. Zoophagie.

Phagodeterrents, die (Mehrz.) [Einz.: das Phagodeterrent ‖ zu ↑ phago- und engl. deterrent = abschreckend ‖ Syn.: Phagorepellents]: chemische Verbindungen, die bei ↑ Phytophagen den Biß, den Einstich oder den Fraß hemmen, ohne den Schädling zu vertreiben. Ph. sind häufig im Sekundärstoffwechsel von Pflanzen gebildete Naturstoffe aus der Gruppe der Alkaloide (Demissin der Wildkartoffel z. B. verhindert Befall mit Kartoffelkäfern), der Terpene (die Lorbeerrose z. B. ist durch Diterpenverbindungen gegen den Schwammspinner geschützt) und der Anthrachinone (die Westindisches Mahagoni und Teakholz termitenfest machen). Solche Ph. können teilweise zur Schädlingsbekämpfung im Pflanzenschutz eingesetzt werden; z. B. wird Getreidesaatgut durch (künstliche) Anthrachinone gegen Krähenfraß geschützt. – Gegensatz: ↑ Phagostimulants.

Phagorepellents, die (Mehrz.) [Einz.: das Phagorepellent ‖ zu engl. repellent = abstoßend]: svw. ↑ Phagodeterrents.

Phagostimulants, die (Mehrz.) [Einz.: das Phagostimulant ‖ zu ↑ phago- und engl. stimulant = anreizend ‖ Schreibvariante: Phagostimulanzien (Einz.: das Phagostimulans) ‖ Syn.: Fraßlockstoffe]: im Gegensatz zu den ↑ Phagodeterrents chemische Verbindungen, die Organismen zum Fraß bestimmter Nahrungspflanzen veranlassen. Die zu den ↑ Ökomonen zählenden Ph. sind meist flüchtige Verbindungen, wie z. B. Terpene, Amine oder Ester. Ein bestimmter Stoff kann gleichzeitig Phagostimulant für eine Insektenart und Phagodeterrent für eine andere sein.

Phanerophyten, die (Mehrz.) [Einz.: der Phanerophyt ‖ griech. phanerós =

Phänologie

offenbar und ↑-phyt ‖ Syn.: Luftpflanzen]: Holzgewächse, deren Triebe und Erneuerungsknospen für die nächste Wachstumsperiode mehr als 50 cm über dem Erdboden liegen; z. B. Bäume und Sträucher, die meisten Kletterpflanzen, die Epiphyten.

Phänologie, die [zu griech. phaínesthai = erscheinen und ↑-logie]: die Lehre vom Einfluß der Witterung und des Klimas auf den jahreszeitlichen Entwicklungsgang der Pflanzen und Tiere. Man beobachtet v. a. bestimmte Phasen des Wachstums an repräsentativen, weitverbreiteten *Kultur-* und *Wildpflanzen* (z. B. Termine der Aussaat und des Aufgangs der Saat, der Blüte und Reife, der Belaubung und des Laubfalls), wonach das Jahr in **phänologische Jahreszeiten** gegliedert wird.

Bei *Tieren* beobachtet man u. a. die Termine des Vogelzugs und des Winterschlafs sowie Entwicklungszyklen von Insekten.

Der **phänologische Beobachtungsdienst** mit rund 2 500 über das Gebiet der BR Deutschland verteilten Stationen liefert als Zweig der Deutschen Wetterdienstes Unterlagen zur meteorologischen Beratung der Landwirtschaft.

PHAR, die: svw. ↑photosynthetisch aktive Strahlung.

Phenol, das [aus frz. phénol, zu griech. phaínesthai = scheinen, leuchten ‖ Syn.: Hydroxybenzol, Carbol, Carbolsäure]: vom Benzol abgeleitete Verbindung mit einer Hydroxylgruppe (OH); farblose, kristalline Substanz mit charakteristischem Geruch; löslich in Wasser, sehr gut löslich in den meisten organischen Lösungsmitteln.

Ph. entsteht bei der thermischen Zersetzung von Kohle und beim Kracken von Erdöl und wird daher bei der Aufarbeitung der anfallenden Gase und Teere gewonnen. Daneben stellt man Ph. nach verschiedenen Verfahren synthetisch her.

Verwendung findet Ph. v. a. zur Herstellung von Ph.harzen (die ältesten Kunstharze), ferner zur Herstellung von Zwischenprodukten für die Erzeugung von Arzneimitteln, Farbstoffen, Gerbstoffen u. a. Früher wurde Ph. auch als Desinfektionsmittel in wäßriger Lösung benutzt (heute kaum noch verwendet, da es eiweißdenaturierend und ätzend wirkt). – MAK-Wert: 5 ppm (19 mg/m^3).

Pheromone, die (Mehrz.) [Einz.: das Pheromon ‖ Kurzbildung zu griech. phérein = tragen und Hormon (dieses zu griech. hormān = antreiben) ‖ Syn. Ektohormone, Sozialhormone]: von Tieren in besonderen Drüsen produzierte chemische Verbindungen, die nach außen abgegeben werden und den Stoffwechsel und das Verhalten anderer Individuen der gleichen Art, in besonderen Fällen auch anderer Arten beeinflussen.

Ph. werden gewöhnlich durch Geruchsoder Geschmacksorgane aufgenommen und sind wie die Hormone in geringsten Konzentrationen wirksam. Die chemische Kommunikation zwischen Artgenossen ist im Tierreich weit verbreitet und bei den Insekten besonders gut erforscht. Auch bei niederen Pflanzen sind Ph. nachgewiesen (s. u.).

Man unterscheidet: **Sexual-Ph.,** die meist von den Weibchen abgegeben werden und die Anlockung der Männchen oft über große Entfernungen hinweg bewirken und die Begattung auslösen; **Aggregations-** oder **Versammlungs-Ph.,** die männliche und weibliche Individuen der gleichen Art dazu veranlassen, sich an einem bestimmten Ort zu versammeln. Bei Ameisen werden **Spur-Ph.** als Duftmarkierung benutzt, um eine gemeinsam zu benutzende „Ameisenstraße" zu einer Nahrungsquelle oder Arbeitsstelle und zum Bau zurück zu kennzeichnen. Man kann außerdem unterscheiden zwischen **Alarm-, Warn-, Flucht-** und **Aggressions-Ph.n;** letztere veranlassen z. B. afghanische Wüstenasseln oder Ameisen zum gemeinsamen Angriff auf einen Feind. Bei Honigbienen werden die Nachzucht einer Königin oder die Verhinderung der Entwicklung einer neuen Königin sowie die Hemmung der Ovarienentwicklung der Arbeiterbienen durch Ph. gesteuert.

Chemisch handelt es sich bei Ph.n oft um einfach gebaute, gesättigte und ungesättigte aliphatische Kohlenwasserstoffe, deren Alkohole, Aldehyde, Ketone und Epoxide sowie um Terpene, die entwe-

Phosphatbelastung

der als einzelne Verbindung oder in Substanzgemischen bzw. in einem bestimmten Mengenverhältnis ihrer Isomeren wirksam sind. In anderen Fällen kommen jedoch Verbindungen vor, deren Vorstufen aus der Nahrungspflanze stammen, so z. B. aus dem Harz der befallenen Nadelbäume zur Bildung der Borkenkäferpheromone. Im Duftsekret von männlichen Tagfaltern aus der Familie der Danaiden kommt sogar ein Alkaloidabkömmling vor, der nachweislich aus einer bestimmten Nahrungspflanze stammt.

Ph. sind den ↑Ökomonen zuzuordnen; sie sind daher von großer Bedeutung für die *Funktion eines Ökosystems.* Dies sei an einem Beispiel erläutert: Die Blattlaus Brevicoryne brassicae saugt an Kohlpflanzen, verletzt dabei die Blätter, was die Bildung des Senföls (Allylisothiocyanat) veranlaßt. Die Weibchen der in der Blattlaus parasitierenden Brackwespe Diaeretiella rapae werden durch das Senföl angelockt und finden somit ihren Wirt. Daraufhin geben die Brackwespenweibchen ihr Sexualpheromon ab, locken damit die Männchen an, paaren sich und legen ihre Eier in die Blattlaus ab. Das Sexualpheromon wird aber auch von den Weibchen (!) der Gallwespe Charips brassicae wahrgenommen, die als Hyperparasiten ihren Wirt, die Brackwespe, finden, dann ihr eigenes Sexualpheromon abgeben, das die Gallwespenmännchen anlockt und zur Begattung und Eiablage in der Brackwespe führt.

Bei *Säugetieren* spielen Sexual-Ph. ebenfalls eine Rolle, doch sind sie noch nicht im einzelnen erforscht.

Im *Pflanzenreich* wurden Sexual-Ph. beim Algenpilz Allomyces, bei manchen Pilzen und Hefen sowie allgemein verbreitet bei Braunalgen nachgewiesen, deren im Wasser frei bewegliche männliche Gameten damit angelockt werden.

-phil [aus griech. phílos = freundlich; Freund]: letzter Bestandteil von zusammengesetzten Adjektiven mit der Bed. „Neigung oder Vorliebe für jemanden oder etwas habend"; z. B. hydrophil.

-phob: Wortbildungselement (↑phobo-).

phobo- [aus griech. phóbos = Furcht]: in Zus. mit der Bed. „Furcht, Schreck"; z. B. Phobotaxis. – Auch als letzter Wortbestandteil in zusammengesetzten Adjektiven: **-phob,** mit der Bed. „meidend"; z. B. hydrophob.

Phobophototaxis, die [↑phobo-]: ↑Phototaxis.

Phobotaxis, die [↑phobo-]: svw. Schreckreaktion (↑Taxien).

Phoresie, die [zu griech. phórēsis = das Tragen]: Form der Nutznießung (Probiose) bei Tieren, bei der ein Partner kurzfristig zum Transportmittel für eine Ortsveränderung (zum Aufsuchen neuer Nahrungsquellen oder zur Artausbreitung) wird; dabei heftet sich das Tier aktiv oder passiv an seinen Partner an. Ph. kommt z. B. vor bei aas- oder kotbewohnenden Larven von Fadenwürmern und Milben sowie unter den Fischen bei Schiffshaltern, die sich mit einer Saugscheibe an größere, schnellere Fische anheften.

P-Horizont: eine Bodenschicht (↑Boden).

Phosgen, das [aus engl. phosgene, zu griech. phõs = Licht und ↑-gen ‖ Syn.: Carbonylchlorid, Kohlenoxidchlorid]: farbloses, äußerst giftiges Gas mit muffigem Geruch, das durch Umsetzung von Kohlenmonoxid mit Chlor an Holzkohle als Katalysator hergestellt wird. Ph. ist sehr reaktionsfähig und wird zur Herstellung von Zwischenprodukten für Farbstoffe, Kunststoffe usw. verwendet. – MAK-Wert 0,1 ppm (0,4 mg/m^3). Ph. wurde im 1. Weltkrieg als Grünkreuzkampfstoff eingesetzt.

Phosphatbelastung: Den Binnengewässern werden laufend ↑Phosphate zugeführt. Sie entstammen zu mehr als 80 % häuslichen Abwässern, zu weniger als 10 % der Auswaschung landwirtschaftlich genutzter Böden; der Rest kommt von der Bodenerosion und von Staubstürmen (schwerlösliche Phosphate).

Nur etwa die Hälfte des Phosphatgehaltes *häuslicher Abwässer* (Tendenz abnehmend) wird mit Waschmitteln zugeführt, die andere Hälfte durch die Fäkalien. Ein erwachsener Mensch scheidet pro Tag 3–4 g Phosphat aus. Eine Stadt mit

217

Phosphate

100 000 Einwohnern gibt demnach jährlich 130 t Phosphat ins Abwasser. Dem Bodensee werden nach Schätzungen jährlich 1 000 t Phosphate zugeführt. Dadurch ist sein Phosphatgehalt von 2 mg/ m³ (1935) auf derzeit 50 mg/m³ angestiegen. Solche Phosphatkonzentrationen führen leicht zur ↑ Eutrophierung von Seen und Stauseen.

Die Auswaschung von Phosphat aus *Agrarböden* spielt eine vergleichsweise geringe Rolle, weil die Phosphate im Boden als schwerlösliche Eisen-, Aluminium- und Calciumsalze immobilisiert werden.

In Kläranlagen versucht man die *Rückgewinnung* der Phosphate durch Fällung als Eisen- oder Aluminiumsalz und ihre Wiederverwendung als Düngemittel.

Phosphate, die (Mehrz.) [Einz.: das Phosphat ‖ zu ↑ Phosphor]:

◊ Bez. für die *Salze* der verschiedenen Phosphorsäuren. Die **Orthophosphorsäure** (H₃PO₄) bildet die **primären (sauren) Phosphate**, z. B. Natriumdihydrogenphosphat (NaH₂PO₄) oder Calciumdihydrogenphosphat (Ca(H₂PO₄)₂), wasserlösliche, sauer reagierende Verbindungen, die **sekundären Phosphate**, z. B. Dikaliumhydrogenphosphat (K₂HPO₄) oder Calciumhydrogenphosphat (CaHPO₄), unter denen nur die Alkalisalze wasserlöslich sind, und schließlich die **tertiären Phosphate**, z. B. Trinatriumphosphat (Na₃PO₄) oder Calciumphosphat (Ca₃(PO₄)₂), unter denen nur die Alkalisalze alkalisch reagierende wäßrige Lösungen bilden.

Von den sauren Ph.n leiten sich die **kondensierten Ph.** ab, und zwar die **Meta-Ph.** und die **Polyphosphate.**

Superphosphat, Doppel- und **Triple-Superphosphat** sind technische Bezeichnungen für saure Calciumphosphatdüngemittel mit Phosphorpentoxidgehalten von 18%, 35% bzw. 46%.

Calcium-Phosphat kommt als Hauptbestandteil der menschlichen und tierischen Knochen vor.

Ph. werden aus sog. **Phosphaterzen** gewonnen, z. B. aus Apatit, Fluorapatit oder Phosphorit, oder als Guano aus verwitterten Vogelexkrementen. Etwa 88% der Phosphaterze werden zu *Düngemitteln* verarbeitet. Weitere Verwendungszwecke finden sie aufgrund ihrer komplexbildenden, waschaktiven und nicht gesundheitsschädlichen Eigenschaften in *Waschmitteln*. Eingesetzt werden dabei **Tri-Ph.** oder **Tripoly-Ph.**, z. B. Pentanatriumtriphosphat, in flüssigen Waschmitteln wegen der besseren Löslichkeit auch Pentakaliumtriphosphat bzw. Tetrakaliumdiphosphat.

Außer in Dünge- und Waschmitteln finden sich Ph. in Mineralwässern, in Backpulver, Speiseeis, Wurst, Schokolade u. a. Lebensmitteln, in keramischen Werkstoffen, in Korrosionsschutz- und Flammschutzmitteln.

Anorganische Ph. sind nicht gesundheitsschädlich. Wegen der ↑ Phosphatbelastung der Gewässer, die wesentlich zur ↑ Eutrophierung beiträgt, ergeben sich jedoch Umweltprobleme. Daher wurde die Verwendung von Ph.n in Waschmitteln durch die ↑ Höchstmengenverordnung vom Januar 1984 an in der BR Deutschland auf 20% beschränkt. Es gibt bereits phosphatfreie Waschmittel im Handel.

Wichtigste *Phosphatersatzmittel* oder *-austauschstoffe* sind **Zeolith A** (Natriumaluminiumsilicate, als „Sasil" im Handel) und **Nitrilotriessigsäure** (↑ NTA), deren Anwendung allerdings in der BR Deutschland mengenmäßig beschränkt ist.

◊ Bez. für *Ester* der Orthophosphorsäure. Phosphorsäureester kommen in allen lebenden Organismen in den verschiedensten Verbindungen vor, z. B. in den Nukleinsäuren (DNS und RNS), in den energiereichen Verbindungen (Adenosintriphosphat, Phosphoenolpyruvat), in den Zuckerphosphaten als Metaboliten. Technisch spielen wegen ihrer Lösungseigenschaften und ihrer geringen Flüchtigkeit Phosphatester von Phenolderivaten eine wichtige Rolle als Weichmacher für Kunststoffe und Lacke sowie als Hydraulikflüssigkeiten und Schmiermittel. Im Pflanzenschutz werden Phosphorsäurederivate als ↑ Insektizide eingesetzt.

Phosphat-Turnover, der oder das [...tə:noʊvə ‖ ↑ Turnover]: Da Phosphor ein essentieller Bestandteil aller Organismen ist, befindet sich ein Teil davon

218

photolithotroph

in ständigem Umsatz im Stoffwechsel und in den Nahrungsketten (Ph.-T.). In diesen Phosphorkreislauf greift der Mensch dadurch ein, daß er fast 100 Mill. t Phosphatgestein jährlich zu Düngemitteln verarbeitet und auf die Felder ausbringt. Ein Teil dieser Phosphate wird in den Böden immobilisiert und hat eine lange Verweildauer.

Der über die Nahrungskette und dann durch die Gewässer in die Ozeane transportierte Phosphor wird über die ozeanische Nahrungskette (Alge–Krebs–Fisch–Vogel) zum Teil wieder an Land gebracht und im Guano nutzbar; der größte Teil jedoch sedimentiert als schwerlösliches Eisenphosphat auf dem Meeresboden und bleibt dort für lange Zeit dem Kreislauf entzogen. Die Rückführung des Phosphors im Guano beträgt schätzungsweise 60 000 t jährlich und gleicht die Verluste in den ozeanischen Sedimenten bei weitem nicht aus. In kleineren Seen wurden Umsatzraten isotopenmarkierten Phosphors gemessen. Dabei ergaben sich für den im Wasser und in Organismen befindlichen Phosphor Turnoverzeiten von 5,4 bis 17 Tagen, für den Phosphor in Sedimenten von 39 bis 176 Tagen. Bei Beteiligung einer Miesmuschel in flachem Gewässer, die auch sedimentierende Teilchen aus großen Wassermengen herausfilterte, war die Turnoverzeit auf nur 2,6 Tage verkürzt.

Phosphor, der [zu griech. phōsphóros = lichttragend (nach der Leuchtkraft des Elements) ‖ chemisches Symbol: P]: nichtmetallisches chemisches Element; kommt in der Natur nur in Form von Salzen der Ph.säure (↑ Phosphate) vor. Ph. gehört zu den für eine normale Entwicklung der *Pflanze* unerläßlichen Nährstoffen. Die Pflanze muß den *Ph.bedarf* aus den mineralischen Ph.anteilen des Bodens decken, die durch chemische Verwitterungsvorgänge aus dem Gestein (v. a. Apatit) verfügbar gemacht werden. Neben der mineralischen Form findet man Ph. auch in organischer Bindung in Pflanzenresten, Humussubstanzen und Bodenorganismen.

Ph. ist v. a. Bestandteil der Nukleinsäuren mancher Enzyme der Phospholipide und Plasmamembranen. In *Mineraldüngern* wird Ph. in Form von Thomasmehl, Superphosphat oder Rohphosphat gegeben. Wegen der schlechten Löslichkeit der Phosphate entstehen Verluste nur über das Pflanzenwachstum oder durch Erosion des Oberbodens. Die Erosion betrifft mineralische und organische Dünger; gerade letztere (z. B. Gülle) können von intensiv gedüngten Flächen erheblich in Oberflächengewässer verfrachtet werden.

Ph. wirkt stark stimulierend auf das Wachstum von Algen und Wasserpflanzen und stört im Übermaß das Gleichgewicht im Wasser (↑ Eutrophierung). Eine Einwaschung von Ph. in das Grundwasser tritt wegen der geringen Beweglichkeit des Phosphats im Boden kaum ein.

photo- [aus griech. phōs, phōtós = Licht]: in Zus. mit der Bed. „Licht, Sonnenlicht"; z. B. Photosynthese.

photoautotroph [↑ photo- und ↑ autotroph]: nennt man Pflanzen, die sich von anorganischen Stoffen mit Hilfe von Lichtenergie ernähren (↑ Photoautotrophie, ↑ Photosynthese). In einem Ökosystem sind ph.e Pflanzen die Primärproduzenten.

Photoautotrophie, die [zu ↑ photoautotroph]: autotrophe Ernährungsweise von Pflanzen, bei der die Strahlungsenergie des Lichtes zum Aufbau organischer Substanz aus Kohlendioxid und Wasser verwendet wird. – ↑ Photosynthese.

Photokinese, die [↑ photo- und griech. kínēsis = Bewegung]: bei niederen Organismen die durch Lichtreize verursachte motorische Aktivität.

photolithotroph [↑ photo- und ↑ lithotroph]: nennt man Organismen, die in ihrem phototrophen Energiestoffwechsel anorganische Stoffe als Wasserstoff- bzw. Elektronendonatoren (z. B. Wasserstoff, Ammoniak, Schwefelwasserstoff, Schwefel, Kohlenmonoxid) für Reduktionsvorgänge verwerten. Grüne Pflanzen nutzen Wasser, verschiedene phototrophe Bakterien Schwefelwasserstoff oder Wasserstoff als Wasserstoffdonatoren.

Die **Photolithotrophie** ist in der Regel mit einer autotrophen Kohlendioxid-

219

Photolyse

assimilation (**Photolithoautotrophie**) gekoppelt. – ↑auch photoorganotroph.

Photolyse, die [↑ photo- und griech. lýsis = Auflösung]: die Spaltung chemischer Verbindungen durch die Einwirkung elektromagnetischer Strahlung
(insbes. von Licht); bei der ↑Photosyn-
these die Spaltung von Wasser.

Photomorphogenese, die [↑photo-,
griech. morphḗ = Gestalt und griech.
génesis = Erzeugung, Entstehung]: von
der ↑Photosynthese unabhängiger, licht-
gesteuerter pflanzlicher Entwicklungs-
prozeß. Die Wirkungskette verläuft von
der Lichtabsorption durch Pigmente
(Flavine, Carotinoide, Phytochrome)
über verschiedene Stoffwechselreaktio-
nen und unter Einschaltung von Enzymen und Phytohormonen zu Genakti-
vierungen, die sich im Rahmen der genetisch festgelegten Reaktionsnorm der
Pflanze in bestimmten Entwicklungsab-
läufen und Gestaltausprägungen, den
Photomorphosen, niederschlagen:
Durch *Licht begünstigt* werden: Sporen-
und Samenkeimung bei Lichtkeimern;
Blattentwicklung nach Anzahl und Größe, histologischer Aufbau der Blätter
(Sonnen- und Schattenblätter); die Ausbildung von Seitenwurzeln und von Blüten; Chloroplastendifferenzierung und
Chlorophyllbildung; Synthese von Inhaltsstoffen (Anthocyane, Lignin); die
Hemmung des Internodienwachstums;
die Beeinflussung der Zellteilungsaktivi-
tät; die Beeinflussung von Blattgestal-
tung und Sukkulenz; die Veranlassung
zur Bildung von Speicherorganen; die
Ausbildung der Frostresistenz; die Umwandlung des Farnprotonemas zum
Prothallium; die Induktion der Polarität
z. B. bei Schachtelhalmsporen. Ph. wird
auch bei nichtphotoautotrophen Pflanzen beobachtet. Die für die Auslösung
der Wirkung erforderliche Strahlungsenergie ist oft verschwindend gering.
Photomorphogenesen werden durch unterschiedliche Lichtwellenlängen ausgelöst. Man findet Rot- und Blaulichtef-
fekte; bei den meisten Rotlichteffekten
wird sie durch das Chromoproteid
↑Phytochrom gesteuert.
Durch *Lichtmangel begünstigt* bzw. hervorgerufen werden: Samenkeimung der

Dunkelkeimer; Vergeilung von Sprossen.

Photomorphose, die [zu ↑photo- und
griech. morphḗ = Gestalt]: durch Strah-
lungseinwirkung (besonders Lichtein-
wirkung) bestimmter Art und Dauer ausgelöste Gestaltsausprägung bei Pflanzen. – ↑auch Photomorphogenese, ↑Pei-
nomorphose, ↑Xeromorphose.

Photonastie, die [zu ↑photo- und
griech. nastós = (fest)gedrückt]: besonders durch Lichtintensitätsänderungen
induzierte Bewegung festgewachsener
pflanzlicher Organe. Zu den Ph.n gehören z. B. periodische Öffnungs- und
Schließbewegungen (Wachstumsbewegungen) der Blüten von Tagblühern und
Nachtblühern.

photoorganotroph [↑photo- und ↑or-
ganotroph]: nennt man die (phototrophe) Ernährungsweise (**Photoorganotro-
phie**) mancher Bakterien (Schwefelfreie
Purpurbakterien), die Lichtenergie zur
Reduktion organischer Verbindungen
verwenden (wobei die organischen Verbindungen als Wasserstoffdonatoren
dienen). – ↑auch photolithotroph.

Photooxidanzien, die (Mehrz.)
[Einz.: das Photooxidans ‖ zu ↑Photooxi-
dation ‖ Schreibvariante: Photooxidan-
tia]: Bez. für eine Gruppe äußerst reak-
tionsfähiger Substanzen unterschiedlicher Zusammensetzung, die sich aus in
der Luft befindlichen (ungesättigten)
Kohlenwasserstoffen (entstanden durch
unvollständige Verbrennungsvorgänge
oder als natürliche Ausscheidungsprodukte von Pflanzen), Stickstoffdioxid
(ebenfalls aus Verbrennungsvorgängen)
und [Luft]sauerstoff unter dem Einfluß
von kurzwelligem Licht (Wellenlängen
unter 430 nm) bilden und in einer Reihe
von Radikalkettenreaktionen sehr rasch
zu Kohlenwasserstoffen, Stickstoffmonoxid und Ozon zerfallen.
Ph. kommen bes. im photochemischen
↑Smog vor, lassen sich aber auch in sog.
Reinluftgebieten nachweisen. Durch Ph.
kommt es zu einer Erhöhung des Ozon-
gehaltes in der Luft, der schädigend in
die Photosynthese eingreift. Den Ph.
wird daher heute als Schadstoffen eine
steigende Bedeutung zugemessen. Ph.
verursachen auch Gesundheitsschäden.

Photosynthese

Photooxidation, die [↑ photo- und ↑ Oxidation]: Sammelbez. für Oxidationsreaktionen, die durch Bestrahlung mit Licht oder höherfrequenter elektromagnetischer Strahlung ausgelöst werden; im engeren Sinne die auf diese Weise bewirkte Einführung von Sauerstoff in organische Moleküle **(Photooxygenierung).** – ↑ auch Photooxidanzien.

Photoperiodik, die: für den ↑ Photoperiodismus wirksamer Rhythmus des Tag-Nacht-Wechsels, wobei das Unter- bzw. Überschreiten einer kritischen Tageslänge für die Auslösung insbesondere der Blütenbildung erforderlich ist.

Photoperiodismus, der [zu photo- und Periode (dies von griech. períodos = regelmäßige Wiederkehr)]: Reaktionsvermögen vieler Pflanzen- und Tierarten auf die relative Länge der täglichen Licht- und Dunkelperioden. Am Ph. sind neben dem Lichtwechsel Hormone sowie vermutlich eine endogene tagesperiodische Eigenrhythmik beteiligt, bei Pflanzen auch ↑ Phytochrom.
Bei *Pflanzen* werden durch den Ph. Frostresistenz, die Ausbildung von Knollen, Zwiebeln und Ausläufern, die Beendigung der Knospenruhe und die Induktion der Blütenbildung (↑ Langtagpflanzen, ↑ Kurztagpflanzen, ↑ tagneutrale Pflanzen) gesteuert; Photorezeptor für die Aufnahme des wirksamen Lichtes ist das Phytochrom.
Bei *Vögeln* bewirkt die zunehmende Tageslänge eine hormonell ausgelöste Aktivierung der Geschlechtsdrüsen und damit die Einleitung der Fortpflanzungsperiode. Photorezeptor ist die neurosekretorisch tätige Zirbeldrüse. Auch die Mauser bei einigen Singvögeln und der Beginn der Zugvogelwanderung werden über die Zirbeldrüse gesteuert.
Die *Gestalt von Tieren* kann durch die Tageslänge beeinflußt werden **(Saisondimorphismus).** Je nach Jahreszeit kann dieselbe Tierart unterschiedlich aussehen. Beim Landkärtchen, einem einheimischen Tagfalter, ist der Saisondimorphismus durch die Photoperiodik experimentell nachgewiesen.

photophil [↑ photo- und ↑ -phil]: das Licht bevorzugend; von Tieren und Pflanzen[teilen] gesagt, die lichtarme Re-

gionen meiden. – Gegensatz: ↑ photophob.

photophob [↑ photo- und ↑ -phob]: das Licht meidend; von Tieren und Pflanzen[teilen] gesagt, die Dunkelheit bevorzugen. – Gegensatz: ↑ photophil.

Photophobotaxis, die [↑ phobo-]: Form der ↑ Phototaxis.

Photorespiration, die [zu ↑ photo- und lat. respirare = ausatmen ‖ Syn.: Lichtatmung]: nur bei Pflanzen vorkommende Zellatmung (mit Sauerstoffaufnahme und Kohlendioxidabgabe), die eng mit der Assimilation des Kohlendioxids verknüpft ist, nur im Licht stattfindet und stark vom Sauerstoff-Partialdruck abhängt. Durch die Ph. kann ein beträchtlicher Anteil des assimilierten Kohlenstoffs wieder verlorengehen.

Photosynthese, die [↑ photo- und griech. sýnthesis = Zusammensetzung ‖ Abl.: ↑ photosynthetisch]: die fundamentale *Stoffwechselreaktion der grünen Pflanzen,* bei der aus dem Kohlendioxid der Luft und aus Wasser Glucose (Traubenzucker) gebildet wird. Dieser Vorgang vollzieht sich nur im Licht und unter Mitwirkung der Assimilationspigmente. Zu den **Assimilationspigmenten** gehören Chlorophyll a und Chlorophyll b sowie als Begleitstoffe Carotinoide, Phycoerythrine und Phycocyanine, die sich v. a. in den Chloroplasten der Zellen grüner Blätter eingelagert finden. Die Ph. verläuft in zwei Schritten: der Lichtreaktion und der Dunkelreaktion.
Lichtreaktion: Durch Absorption von Licht bestimmter Wellenlänge an die Chlorophylle der Chloroplasten werden energiereiche Elektronen aus dem Chlorophyllmolekül abgegeben. Diese führen über zwei miteinander in Verbindung stehende Elektronenüberträgerketten zur Bildung von zwei Molekülen Adenosintriphosphat (ATP) aus Adenosindiphosphat und anorganischem Phosphat und einem Molekül Nicotinamidadenindinucleotid in seiner reduzierten Form NADPH, zu dessen Bildung zwei Elektronen benötigt werden, die aus dem Chlorophyll stammen.
Um den Elektronenverlust des Chlorophylls zu decken, werden unter Mitwirkung eines noch unbekannten Redoxsy-

221

Photosyntheserate

stems einem Molekül Wasser (genauer: seinem Hydroxylion) zwei Elektronen entzogen, und zwar unter Bildung eines Wasserstoffions und eines Sauerstoffatoms; der Sauerstoff wird als O_2 gasförmig frei. Dieser Schritt heißt **Photolyse** des Wassers und ist letztes Endes für den kontinuierlichen Ablauf der gesamten Ph.reaktion verantwortlich.

Dunkelreaktion: In der nun folgenden Dunkelreaktion wird dann das Kohlendioxid mit dem in der Pflanze vorhandenen Ribulose-1,5-diphosphat (einer phosphorylierten Pentose) zu zwei Molekülen Phosphoglycerinsäure umgesetzt, die unter Mitwirkung des bei der Lichtreaktion gewonnenen NADPH und ATP weiter in Phosphoglycerinaldehyd und, dem umgekehrten Verlauf der Glykolyse entsprechend, in Glucose überführt werden **(Calvin-Zyklus)**.

Die Ph. ist ein Grundvorgang für das pflanzliche und tierische Leben auf der Erde. Die Bildung energiereicher Kohlenhydrate aus dem energiearmen Kohlendioxid und aus Wasser unter Einwirkung des Sonnenlichtes ermöglicht die Speicherung von Strahlungsenergie der Sonne sowohl in der lebenden organischen Substanz als auch in den Resten früherer Organismen (Kohle, Erdöl).

Photosyntheserate: Menge des bei der ↑ Photosynthese entwickelten Sauerstoffs oder fixierten Kohlendioxids, bezogen auf Chlorophyllmenge, Blattfläche, Zellzahl (bei Einzellern) oder Biomasse des Versuchsorganismus in der Zeiteinheit.

In der Land- und Forstwirtschaft wird die Ph. häufig als Menge erzeugter Bio(trocken)masse pro Hektar Bodenfläche und pro Jahr angegeben (↑ Nettoproduktion).

Die Ph. hängt ab von Temperatur, Lichtintensität und Anteil an ↑ PHAR, vom Kohlendioxid-Partialdruck, von der Mineralsalzversorgung, vom Öffnungsgrad der Spaltöffnungen und von der Salzbelastung. Sie wird durch Gifte (↑ Photooxidanzien, ↑ Herbizide, Schwermetalle) herabgesetzt.

photosynthetisch [zu ↑ Photosynthese]: chemische Verbindungen mit Hilfe von Lichtenergie aufbauend; in der Bio-

logie gesagt von der Assimilation der Pflanzen.

photosynthetisch aktive Strahlung [Abk.: PHAR (von gleichbed. engl. photosynthetically active radiation)]: derjenige Anteil der auf die Erdoberfläche auftreffenden elektromagnetischen (Licht)strahlung, der von den Pflanzen für die ↑ Photosynthese ausgenutzt werden kann. Die ph. a. St. hängt von der geographischen Breite (wegen der unterschiedlichen Zusammensetzung des einfallenden Spektrums), vom Klima (Ablauf der Photosynthese nur innerhalb bestimmter Temperaturgrenzen), aber auch vom Pflanzentyp (wegen der Lichtabsorption durch die Chloroplasten bzw. akzessorischen Pigmente) ab.

Phototaxis, die [↑ photo- und griech. táxis = Anordnung]: durch Licht bewirkte Bewegung freibeweglicher Organismen zum Licht hin **(positive Ph.)** oder vom Licht weg **(negative Ph.).** Begeißelte Algen und photosynthetisch tätige Bakterien gelangen durch Ph. an den Ort für sie optimaler Lichtintensität. Manche Organismen kehren ihre Schwimmrichtung um, wenn sie an eine Schattengrenze kommen **(Photophobotaxis).**

phototroph [↑ photo- und ↑ -troph]: nennt man eine Ernährungsweise **(Phototrophie),** bei der Licht als Energiequelle für Stoffwechselprozesse genutzt wird. Dienen dabei anorganische Stoffe (Verbindungen) als Wasserstoffdonatoren, so handelt es sich um ↑ photolithotrophe Ernährungsweise; werden dagegen organische Verbindungen als Wasserstoffdonatoren verwendet, so spricht man von ↑ photoorganotroph.

Ph. sind grüne Pflanzen, Algen, Schwefelfreie Purpurbakterien, Schwefelpurpurbakterien und Chlorobakterien.

Phototropismus, der [zu ↑ photo- und griech. tropḗ = Wende, Wendung ‖ Syn.: Heliotropismus]: die Orientierung ortsgebundener Pflanzen bzw. ihrer Organe zum Licht hin **(positiver Ph.)** oder vom Licht weg **(negativer Ph.).** Das im allg. durch Blau- oder UV-Licht ausgelöste Krümmungswachstum beruht auf der Ausbildung eines Auxingradienten (↑ auch Phytohormone) zwischen der belichteten und der unbelichteten Seite der

pH-Wert

Pflanze. Als Photorezeptoren werden Flavine und Carotine angenommen. Sproßachsen reagieren in der Regel positiv, Wurzeln dagegen negativ oder indifferent.
Beim **Transversal-Ph.** liegt eine Schrägeinstellung zur Lichtquelle, vorwiegend bei dorsiventralen Organen (Blätter), vor. – **Dia-Ph.** heißt die senkrecht zum Lichteinfall gerichtete Orientierung (z. B. Blätter der Kompaßpflanzen).
Im Verlauf der Entwicklung können Pflanzenorgane ihre Reaktion umstimmen. So sind die Blütenstiele des Mauerzymbelkrauts (Cymbalaria muralis) zunächst positiv phototrop, nach der Be-

pH-Wert [pe:'ha:... ‖ pH ist Abk. für potentia hydrogenii = Stärke (Konzentration) des Wasserstoffs]: in der Chemie und Biologie verwendete, 1909 von dem dänischen Chemiker Sørensen eingeführte Maßzahl für den sauren oder alkalischen Charakter einer wäßrigen Lösung. Der pH-Wert gibt den negativen dekadischen Logarithmus der Wasserstoffionenkonzentration (H_3O^+) an. Da reines destilliertes Wasser bei 22 °C 10^{-7} Mol/l H_3O^+ enthält, wurde der negative Logarithmus dieser Konzentration (7,0) als Neutralpunkt festgelegt. Lösungen mit pH-Werten unter 7 sind **sauer,** solche über 7 sind **alkalisch.**

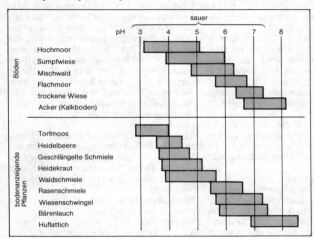

pH-Wert. pH-Bereiche einiger Böden und bodenanzeigender Pflanzen

fruchtung und bei der Fruchtreife reagieren sie jedoch negativ phototrop. Dadurch gelangen die reifen Samen in dunkle Mauerritzen oder andere für die Keimung geeignete Orte. Beim positiv phototrop reagierenden Pilz Pilobolus bewirkt die Krümmung der Sporangienträger zum Licht hin, daß die reifen Sporangien ins Freie geschleudert werden und so zur Verbreitung der Sporen beitragen.

Phrygana, die [zu griech. phrýganon = Strauchwerk]: der ↑Garigue entsprechende Strauchformation in Griechenland.

Die Feststellung des pH-Wertes kann mit **pH-Indikatoren** erfolgen, meist künstlichen Farbstoffen, die bei einem bestimmten pH-Wert einen charakteristischen Farbumschlag zeigen, oder er kann mit elektrochemischen Elektroden exakt gemessen werden.
Für chemische und biochemische Prozesse ist der pH-Wert eine wichtige Größe. So hängt die Aktivität von ↑Enzymen von ihm ab oder auch die Pflanzenverfügbarkeit anorganischer Nährstoffe im Boden. Zellsäfte haben meist einen ganz bestimmten pH-Wert, der durch Pufferung konstant gehalten wird.

Phyllophagen

pH-Werte einiger Flüssigkeiten: Zitronensaft 2,3; Milch 6,4–6,7; Harn 4,8–7,4; menschliches Blut 7,38; Magensaft 0,9–1,5; Darmsaft 8,3; Silofutter 3–4; Sauermilch 4,4; Hautausscheidungen bei Männern 4,9; Hautausscheidungen bei Frauen 5,6; Meerwasser 7,8–8,2; Regenwasser (durch gelöste Kohlensäure) 5,5–5,8 (↑ auch saurer Regen).
In besonderen Biotopen können extreme pH-Werte auftreten (saure Fumarolen, Sodaseen), die nur Organismen mit besonderer Anpassung das Leben ermöglichen.

Phyllophagen, die (Mehrz.) [Einz.: der Phyllophage ‖ zu griech. phýllon = Blatt und griech. phageĩn = essen]: zu den ↑ Phytophagen zählende Tiere, die sich von Blättern ernähren.

Physiochore, die [...'ko:rə ‖ griech. phýsis = Natur und ↑ Chore ‖ Schreibvariante: Physiochorion, das]: der unbelebte Anteil eines eng begrenzten Lebensbezirks. – Gegensatz: ↑ Biochore.

Physiotop, der oder das [griech. phýsis = Natur und griech. tópos = Ort, Stelle]:
◊ in der Geoökologie die kleinste ökologisch homogene Grundeinheit (↑ auch Top) hinsichtlich der unbelebten Faktoren (Gesteinsaufbau, Oberflächengestalt u. a.).
◊ ungenau für ↑ Ökotop.

phyt-: Wortbildungselement (↑ phyto-).

-phyt: Wortbildungselement (↑ phyto-).

Phytal, das [zu ↑ phyto-]: der von Pflanzen gebildete Lebensraum, der für andere Organismen den Wohn- und Aufenthaltsort darstellt, z. B.: ein Moospolster mit seiner spezifischen Lebewelt (Bärtierchen, Würmer, Pilze u. a.); der untermeerische Lebensraum entlang der Küsten aller Kontinente bis in eine Tiefe, in der noch genügend Licht für die Photosynthese vorhanden ist (bei klarem Wasser bis etwa 200 m, in den gemäßigten Breiten mit weniger klarem Wasser bis etwa 30–50 m Wassertiefe), v. a. mit Algenbewuchs und darin lebenden Fischen, Krebsen u. a.

phyto-, vor Vokalen: **phyt-** [aus griech. phytón = das Gewachsene, das Gewächs]: in Zus. und Abl. mit der Bed. „Pflanze, pflanzlich"; z. B. Phytohormo-

ne, Phytal. – Auch als letzter Wortbestandteil: **-phyt,** mit der Bed. „pflanzlicher Organismus; Pilz"; z. B. Epiphyten.

Phytoalexine, die (Mehrz.) [Einz.: das Phytoalexin ‖ zu ↑ phyto- und griech. aléxein = abwehren]: chemische Verbindungen, die von Pflanzen nach der Infektion mit Mikroorganismen oder Viren, in manchen Fällen auch nach mechanischer Verletzung durch Tierfraß oder nach Einwirkung toxischer Schwermetalle, synthetisiert werden und gegen die Mikroorganismen als ↑ Antibiotika, gegen Tiere in manchen Fällen als ↑ Phagodeterrents wirken.
Beim Angriff eines Parasiten oder symbiontischen Mikroorganismus (z. B. Mykorrhiza) werden durch Abbau von Zellwänden und/oder aus dem Mikroorganismus chemische Stoffe freigesetzt, die die Bildung der Ph. auslösen. Die meisten Ph. entstammen dem Phenylpropanstoffwechsel (Isoflavonoide, Pterocarpane, Resveratrolderivate) und dem Terpenstoffwechsel, doch kommen z. B. auch hochungesättigte aliphatische Verbindungen (Polyacetylene, Furanoacetylene u. a.) vor.
Manche ↑ Fungizide, aber auch ↑ Herbizide verstärken die Ph.synthese um ein Vielfaches, ohne selbst als Auslöser zu wirken. Diese Tatsache kann für den ↑ integrierten Pflanzenschutz von Bedeutung sein.

Phytobenthos, das [↑ phyto-]: das pflanzliche ↑ Benthos.

Phytobios, der [↑ phyto- und griech. bíos = Leben]: die Gesamtheit der Organismen, die Pflanzen bewohnen; z. B. Epiphyten, gallenerzeugende Pflanzen (Zezidiophyten) und Tiere (Zezidiozoen).

Phytochrom, das [↑ phyto- und griech. chrõma = Haut, Hautfarbe; Farbe]: in zwei Isomeren bei Pflanzen vorkommendes Chromoproteid, das als photoreversibles, im Hellrot bzw. Dunkelrot absorbierendes Pigmentsystem bei diesen Entwicklungs- und Bewegungsvorgänge steuert.
Ph. besitzt ein Molekulargewicht von rund 120 000. Es kann durch Belichtung in der jeweiligen Absorptionswellenlänge zwischen zwei verschiedenfarbigen

Phytonekrophagen

Formen reversibel hin- und zurückverwandelt werden. Die blaue Form mit einem Absorptionsmaximum bei 665 nm wird als **Pr** (r ist Abk. für engl. red = rot), die grünliche Form mit einem Absorptionsmaximum bei 725 nm wird **Pfr** (fr ist Abk. für engl. far red = dunkelrot) bezeichnet. Die Absorptionsspektren der beiden Formen überlappen sich, so daß sich zwischen ihnen bei Belichtung ein Gleichgewicht einstellt, dessen Lage von der Wellenlänge abhängt.

Das Pr wird im Zytoplasma synthetisiert. Die physiologisch wirksame Form Pfr wird an Rezeptoren gebunden und kann zahlreiche Reaktionsketten auslösen, die verschiedene physiologische und morphogenetische Effekte zur Folge haben (↑Photomorphogenese): Verhinderung oder Aufhebung des Etiolement; Haarbildung; Synthese von Chlorophyllen, Anthocyanen und Betacyanen; Keimungsauslösung bei Lichtkeimern, Keimungshemmung bei Dunkelkeimern; photonastische Schließbewegung bei der Mimose; Chloroplastenbewegung bei der Alge Mougeotia; Photoperiodismus der Blütenbildung.

Zahlreiche Enzyme des Primär- und Sekundärstoffwechsels der Pflanzen werden durch Ph. induziert.

Phytoecdyson, das [zu ↑phyto- und griech. ékdysis = das Herauskriechen ‖ Schreibvariante: Phytoekdyson]: mit dem **α-Ecdyson,** dem aus der Prothoraxdrüse der Insekten stammenden Häutungshormon, identische Verbindung, die zusammen mit anderen Ecdysonsteroiden in Farnarten, Eiben, Eisenkraut und Fuchsschwanzgewächsen in rund 1 000mal größeren Konzentrationen als in Insekten vorkommt. Ihre Rolle in Pflanzen ist noch ungeklärt, da die betreffenden Pflanzen nicht gegen Insektenfraß geschützt sind.

Ph.behandlung von Insekten bewirkt, daß sich die Insektenlarven zu Tode häuten. Die Verwendung als Insektizid erscheint aus dem obenerwähnten Grund (fehlende Immunität) wenig aussichtsreich.

Phytoepisiten, die (Mehrz.) [Einz.: der Phytoepisit ‖ ↑phyto- und ↑Episit]: svw. ↑Herbivoren.

Phytogeographie, die [↑phyto-]: svw. ↑Geobotanik.

Phytohormone, die (Mehrz.) [Einz.: das Phytohormon ‖ ↑phyto- ‖ Syn.: Pflanzenhormone]: von den höheren Pflanzen selbst synthetisierte Stoffe, die wie Hormone wirken.

Wie die Hormone im tierischen Organismus werden auch die Ph. in bestimmten Geweben gebildet (z. B. in den Keimblättern bei den Keimpflanzen oder in den Laubblättern bei älteren Pflanzen) und von dort im Leitgewebe zum Wirkort transportiert, wo sie bereits in geringen Konzentrationen regulatorisch in Wachstums- und Entwicklungsvorgänge eingreifen. Sie steuern physiologische Reaktionen, wie z. B. Längenwachstum, Blührhythmus, Zellteilung und Samenreifung.

Da die Wirksamkeit der Ph. immer auch vom Entwicklungszustand der Pflanzen abhängt, stehen sie stets auch in einer Wechselbeziehung zum ↑Phytochrom. – Die wichtigsten Ph. sind die ↑Auxine, die ↑Gibberelline und die ↑Zytokinine. Ein hemmend wirkendes Phytohormon ist die **Abszisinsäure,** die u. a. das Wachstum von Knospen und die Keimung von Samen verhindert. – Eine Stimulierung von Alterungs- und Reifungsvorgängen wird durch das bei zahlreichen Pflanzen gebildete **Äthylen** bewirkt.

Einige synthetisch hergestellte Ph. werden u. a. zur Wachstumsbeschleunigung und zur Erzielung von Zwergwuchs bei Zierpflanzen verwendet.

Phytokinine, die (Mehrz.) [Einz.: das Phytokinin]: svw. ↑Zytokinine.

Phytom, das [zu ↑phyto-]: der Pflanzenbestand eines ↑Bioms.

Phytomimese, die [↑phyto-]: die Nachahmung von Pflanzenteilen durch Tiere (↑Mimese). Beispiele: „wandelnde Blätter" aus der Gruppe der Gespenstschrecken; Schmetterlinge, die in Ruhestellung wie trockene Blätter oder Zweigstückchen aussehen; zweigähnliche Stabheuschrecken und Spannerraupen.

Phytonekrophagen, die (Mehrz.) [Einz.: der Phytonekrophage ‖ ↑nekro-]: Gruppe der ↑Phytophagen; hauptsächlich Tiere, die sich von abgestorbenen

Phytoparasiten

Pflanzenteilen ernähren; z. B. bestimmte Bockkäferarten, die sich von totem Holz ernähren.

Phytoparasiten, die (Mehrz.) [Einz.: der Phytoparasit ‖ ↑ phyto-]:
◊ an und in Pflanzen lebende ↑ Parasiten; hierzu gehören z. B. Bakterien, Pilze, Fadenwürmer, Insekten (Blattläuse, Spinnmilben u. a.).
◊ Bez. für Pflanzen, die selbst Parasiten sind (z. B. die Mistel).

phytophag [zu ↑ phyto- und griech. phageïn = essen]: nennt man Tiere (↑ Phytophagen), die sich von Pflanzen oder Teilen von Pflanzen ernähren.

Phytophagen, die (Mehrz.) [Einz.: der Phytophage ‖ zu ↑ phytophag ‖ Syn.: Pflanzenfresser]: zusammenfassende Bez. für Tiere, die sich speziell von Pflanzen bzw. bestimmten Pflanzenteilen ernähren; z. B. hpts. von Kräutern **(Herbivoren),** Früchten **(Fruktivoren),** Pilzen **(Myzetophagen),** von Holzsubstanz **(Xylophagen).**
Monophage Ph. können zur Unkrautbekämpfung eingesetzt werden. So wurden z. B. in Australien die Raupen der Schmetterlingsart Cactoblastis cactorum gegen die dort zur Plage gewordenen Opuntien eingesetzt.

Phytoplankton, das [↑ phyto-]: andere Bez. für pflanzliches ↑ Plankton. Die Organismen des Ph.s sind zur ↑ Photosynthese und damit zur ↑ photoautotrophen Ernährung fähig; sie sind die wichtigsten ↑ Primärproduzenten der offenen ozeanischen Flächen.

phytosaprophag [↑ phyto- und ↑ saprophag]: von Tieren **(Phytosaprophagen)** gesagt, die sich von totem pflanzlichem Material ernähren; z. B. der Hausbockkäfer.

Phytosaprophagen, die (Mehrz.) [Einz.: der Phytosaprophage]: ↑ phytosaprophag.

Phytosoziologie, die [↑ phyto-]: svw. ↑ Pflanzensoziologie.

Phytotelma, das [↑ phyto- und griech. télma = stehendes Gewässer]: ein ↑ Mikrogewässer.

Phytotop, der oder das [↑ phyto-]: ein ↑ Top hinsichtlich der Flora.

Phytotron, das [↑ phyto-; Analogiebildung nach physikalischen Fachwörtern

wie Synchrotron (zum Stamm von Elektron)]: meist großräumige, technisch aufwendige Klimakammer oder Klimahaus zur Durchführung pflanzenphysiologischer oder pflanzenökologischer Experimente, in denen die Klimafaktoren Temperatur, Feuchtigkeit und Lichtintensität programmiert und automatisch geregelt werden können.

phytotroph [↑ phyto- und ↑ -troph]: nennt man Organismen (Bakterien, Pilze, höhere Pflanzen, Tiere), die sich von Pflanzen oder Pflanzenteilen ernähren. Die betreffenden Lebewesen nennt man **Phytotrophen** (Einz.: der Phytotrophe).

Phytozönologie, die [zu ↑ phyto-, griech. koinós = gemeinsam und ↑ -logie]: svw. ↑ Pflanzensoziologie.

Phytozönose, die [↑ phyto-]: die Gesamtheit der Pflanzen in einer ↑ Biozönose.

Piche-Evaporimeter, das ['piʃ... ‖ zu ↑ Evaporation und ↑ -meter]: nach dem frz. Wissenschaftler A. Piche (1840–1907) benanntes Gerät zur Messung der Verdunstung (Evaporation). Die verdunstende Fläche besteht aus einem Plättchen aus saugfähigem Papier, das am unteren Ende eines senkrechten, wassergefüllten Glasrohrs befestigt ist. Die verdunstete Wassermenge pro Zeit- und Flächeneinheit ist ein Maß für die Verdunstung an dem jeweiligen Standort.

Picophytoplankton, das [zu italien. piccolo = klein; ↑ Phytoplankton]: erst in jüngster Zeit durch verfeinerte Methodik erfaßter Teil des Planktons. Das P. umfaßt pflanzliche Organismen, die nur noch etwa 0,2 bis 2 μm Durchmesser aufweisen. Zu diesen Organismen gehören winzige Blaualgen und verschiedene einzellige Algen.
Das P. stellt trotz der geringen Größe der Organismen einen beträchtlichen Anteil der insgesamt vorhandenen Biomasse dar (rund 10^4 Zellen/ml Meerwasser) und ist ein bedeutender Primärproduzent (schätzungsweise zwischen 25 und 90% der organischen Primärproduktion der Weltmeere). Genaue Daten über Zusammensetzung, Produktionsfähigkeit usw. des P.s und seine ökologische Stellung innerhalb des Ökosystems liegen jedoch noch nicht vor und kön-

nen erst im Laufe weiterer Forschungen ermittelt werden.

Pilze: Die P. bilden eine Abteilung der Pflanzen mit rund 100 000 Arten. Sie sind den Lagerpflanzen (Thallophyten) zuzuordnen und werden in zwei *Unterabteilungen* gegliedert: **Myxomycotina** mit den Schleimpilzen und **Eumycotina** (**Echte Pilze**; rund 90 000 Arten) mit den Algenpilzen, Schlauchpilzen und Ständerpilzen.

Alle P. besitzen einen echten Zellkern. Die Zellwand besteht aus Chitin, nur bei wenigen Arten (z. B. Schleimpilze) kommt auch Zellulose vor. Da ihnen Chlorophyll fehlt, können P. keine Photosynthese betreiben und müssen sich daher ↑ heterotroph ernähren.

Die Vegetationskörper der P. bestehen in der Regel aus Hyphen, die zu einem Myzel verflochten sind; echte Gewebe fehlen völlig.

Viele P. sind mikroskopisch klein, andere bilden bis 50 cm große Fruchtkörper (in der Gemeinsprache als „Pilze" bezeichnet) vom (den Boden durchziehenden) Myzel aus.

Bei den Echten Pilzen gibt es einige Arten, deren Fruchtkörper eßbar sind. Der ernährungsphysiologische Wert ist nicht hoch. Geschätzt werden sie hpts. wegen ihrer Geschmacks- und Aromastoffe. Wild-P. sollten jedoch nicht zu oft genossen werden, da sich in ihnen ↑ Schwermetalle stark anreichern können. Andere Pilzarten sind wiederum sehr giftig; besonders gefährlich sind der Grüne Knollenblätterpilz, der Weiße Knollenblätterpilz und der Pantherpilz.

Verbreitung: P. sind fast überall verbreitet. Sie kommen v. a. an Land vor, sind aber auch im Süßwasser und (selten) im Meer anzutreffen. Man findet P. in warmen (bis ca. 60 °C), aber auch in kalten Biotopen (unter 0 °C); allgemein werden feuchte, saure Lebensbereiche (z. B. Waldböden) bevorzugt. P. kommen als ↑ Parasiten bei Pflanzen, Tieren und bei Menschen und als ↑ Saprophyten auf toten Organismen (Tiere und Pflanzen) vor. Einige Arten bilden wichtige symbiontische Lebensgemeinschaften, z. B. mit dem Wurzelsystem verschiedener Waldbäume (↑ Mykorrhiza) oder mit Algen (↑ Flechten). Besonders in Symbiose mit Algen sind P. in der Lage, extreme Standorte zu besiedeln (z. B. Felsen, Wüsten, polare Gebiete).

Neben ihrem Nutzen als Symbionten haben P. besonders als ↑ Destruenten eine große *ökologische Bedeutung,* indem sie durch ihre Tätigkeit beim Abbau organischer Substanzen den Stoffkreislauf in der Natur aufrechterhalten.

Große *wirtschaftliche Verluste* entstehen durch Rost- und Brandpilze, denen jährlich ein erheblicher Teil der Weltgetreideernte zum Opfer fällt. Auch die Erreger von Pflanzenkrankheiten in Wein- und Obstkulturen (z. B. Mehltaupilze) und die Schimmelpilze, die Lebensmittel, Holz, Textilien u. a. verderben bzw. zerstören, verursachen große Schäden.

Die Hefepilze spielen bei der *Wein-* und *Bierbereitung* und im *Bäckereigewerbe* eine große Rolle. Andere Schlauchpilze werden industriell in großem Maßstab gezüchtet und zur Gewinnung von *Antibiotika,* organischen Säuren, Wuchsstoffen, Gibberellinen und Enzymen verwendet.

Pilzgärten: in besonderen Kammern (**Pilzkammern**) der Erdnester von tropischen Blattschneiderameisen auf einem Brei aus zerkauten Blättern angelegte, mit den Exkrementen der Tiere gedüngte Pilzzuchten (mit verschiedenen Schlauchpilzen und Deuteromyzeten). Die (nur bei Einwirkung der Ameisen auf das Pilzmyzel sich ausbildenden) kugeligen bis keulenartigen Anschwellungen des Luftmyzels (**Kohlrabikörperchen, Ameisenbrötchen, Bromatien, Gongylidien**) dienen den Ameisen als eiweißreiche Nahrung (**Ambrosia**).

Zur Neuanlage eines Pilzgartens nehmen die Ameisenweibchen in einer besonderen Tasche der Mundhöhle ein Pilzmyzelstück mit auf den Hochzeitsflug.

Das Zusammenleben von Pilzen und Ameisen ist ein Beispiel für die seltene ↑ Symbiose zwischen Pflanze und Tier. Ähnliche P. sind auch von Termiten bekannt.

Pionierbaumarten: Baumarten, die sich durch Genügsamkeit, Schnellwüchsigkeit, intensive Wurzelausbildung (Bo-

Pioniere

denerschließung) u. a. Eigenschaften zur ersten Aufforstung unkultivierter oder kulturfeindlicher Standorte (z. B. Deiche, Müllkippen, Abraumhalden, Meeresdünen, Ödland und Straßenränder) eignen.
P. sind z. B. Birke, Robinie, Espe, Weißrüster, Bergkiefer, Erle, Feldahorn, Weißdorn, Weichselkirsche, Traubenkirsche, Pappelarten sowie Weiß- und Roterle. Diese Baumarten eigenen sich auch zur Anlage von Vorwald, in dessen Schutz der Wirtschaftswald nachgezogen wird.

Pioniere, die (Mehrz.) [Einz.: der Pionier ‖ aus frz. pionnier = Pioniersoldat, zu frz. pion = Fußgänger]: Bez. für Pflanzenarten (↑ Pionierpflanzen) und Tierarten, die als erste Organismen ein neu entstandenes Gebiet besiedeln. Im Verlauf der ↑ Sukzession werden sie durch konkurrenzüberlegene Arten verdrängt. Viele P. gehören zu den ↑ Opportunisten.

Pionierpflanzen:
◊ [Syn.: Pioniere]: Bez. für diejenigen Pflanzen, die als erste einen vegetationslosen Boden besiedeln. Dazu gehören aus der Gruppe der Felspflanzen (↑ Epilithen) Flechten, die Felsflächen und neu entstandene Erdhänge besiedeln. Weitere P. sind z. B. Ginster, Sanddorn und Trockengräser.
◊ Bez. für Kulturpflanzen, die minderwertige Böden für anspruchsvolle Pflanzen bewohnbar machen; z. B. Lupine, Steinklee und Esparsette. – ↑ auch Pionierbaumarten.

planare Stufe [zu lat. planum = Ebene, Fläche]: die unterste, bis 100 m reichende ↑ Höhenstufe der Vegetation in den gemäßigten Breiten; die ursprüngliche Vegetation bestand hpts. aus Buchen-Eichen- oder Eichen-Kiefern-Wäldern. Heute wird die p. St. weitgehend als Kulturland genutzt.

Planfeststellung: die verbindliche, in der Regel durch Verwaltungsakt vollzogene, gestaltende Feststellung eines durchzuführenden Vorhabens (z. B. Straßenbau, Ausbau eines Gewässers, Bau und Änderung von Großanlagen), wobei die rechtliche Gestaltung und Durchführung des jeweiligen konkreten

Vorhabens im Rahmen der staatlichen Fachplanung zu prüfen sind.
Die P. ist in zahlreichen Einzelgesetzen geregelt; darüber hinaus gelten die §§ 72 ff. des Verwaltungsverfahrensgesetzes, die das Planverfahren grundsätzlich und allg. regeln. Hiernach hat der Träger des Vorhabens den Plan bei der Behörde einzureichen, die für das Anhörungsverfahren zuständig ist. Die Behörde holt die Stellungnahme der Beteiligten ein, veranlaßt die Auslegung des Plans und erörtert die erhobenen Einwendungen. Auch wenn eine Einigung nicht erzielt wird, entscheidet die Behörde über den Plan und stellt ihn schließlich endgültig fest **(P.sbeschluß).** Der P.sbeschluß kann von den durch den Beschluß Betroffenen vor den Verwaltungsgerichten angefochten werden.

Plankter, der: die Organismen des ↑ Planktons.

Plankton, das [griech. = das Umhertreibende]: die Gesamtheit der im Wasser schwebenden tierischen und pflanzlichen Lebewesen (**Planktonten, Plankter),** die, im Gegensatz zum ↑ Nekton, keine oder nur eine geringe Eigenbewegung haben, so daß Ortsveränderungen (insbesondere in horizontaler Richtung) ausschließlich oder ganz überwiegend durch Wasserströmungen erfolgen. In der Vertikalrichtung führen jedoch auch viele Planktonten ausgeprägte, von der Lichtintensität, der Temperatur und den chemischen Gegebenheiten (z. B. Sauerstoffgehalt) abhängige, tages- und jahresrhythmische, aktive Ortsbewegungen (Vertikalwanderungen) durch.
Kennzeichnend für P.organismen sind Sonderbildungen, die das Schweben im Wasser erleichtern, indem sie die Absinkgeschwindigkeit verringern; z. B. lange Körperfortsätze, Ölkugeln oder Gasblasen im Körper. Häufig sind die Körper durchsichtig.
Zum P. zählen neben überwiegend einzelligen Algen v. a. viele Hohltiere (bes. Quallen), Kleinkrebse, Räder- und Manteltiere, Flügelschnecken sowie die Larvenstadien z. B. von Schwämmen, Schnurwürmern, Weichtieren, Ringelwürmern, Moostierchen, Stachelhäutern und von höheren Krebsen.

Pflanzliche P.lebewesen werden insgesamt als **Phyto-P.**, tierische als **Zoo-P.** bezeichnet. Daneben unterscheidet man Meeres-P. **(Halo-P.)** und Süßwasser-P. **(Limno-P., Heleo-P.).**
Mehr als 5 mm große Planktonten gehören zum (marinen) **Makro-P.** (v. a. Medusen), 0,05 bis 1 mm große Planktonten zum **Mikro-P.**; dazwischen gibt es das **Meso-P.**; unter 0,05 mm Größe bleiben die Organismen des **Nano-P.**s **(Zwerg-P.)**, die auch mit den feinsten P.netzen nicht gefischt werden können, sondern durch Zentrifugieren, Filtrieren oder Absetzenlassen gewonnen werden.
Das P. der Fließgewässer wird **Potamo-P.** genannt. – Vom Ufer her kommende Lebewesen (z. B. von dort losgerissene, eingeschwemmte oder an treibenden Gegenständen festsitzende Organismen) bilden das **Pseudoplankton.**
Das P. ist eine außerordentlich wichtige Grundnahrung besonders für Fische und Bartenwale (↑ auch Krill). – ↑ auch Luftplankton, ↑ Picophytoplankton.

Planktonfresser: svw. ↑ Planktophagen.

Planktonten, die (Mehrz.) [Einz.: der Planktont]: die Lebewesen des ↑ Planktons.

Planktophagen, die (Mehrz.) [Einz.: der Planktophage ‖ zu ↑ Plankton und griech. phageïn = essen ‖ Syn.: Planktonfresser]: Tiere, die sich vom Plankton ernähren, indem sie es z. B. durch Zilienbewegungen aus dem Wasser zum Mund strudeln (↑ Strudler) oder aus dem Wasser filtrieren (↑ Filtrierer). Hierzu gehören u. a. die Muscheln und die Bartenwale.

Planungsrecht: Gesamtheit der Normen, die sich mit der Regelung von Planungsvorgängen befassen, insbes. Raumordnungs-, Landesplanungs- und Regionalplanungsrecht.
Das P. ist Teil des öffentlichen Rechtes und wird von den durch die Bundes- und Landesgesetzgebung bestimmten Trägern der Planungshoheit verwirklicht. Zum P. im weiteren Sinne gehören außer der Raumordnung und der Landesplanung auch das Städtebaurecht, das Erschließungsrecht, der Landschaftsschutz, das öffentliche Boden-

Plutonium

recht, die städtebauliche Sanierung und der Umweltschutz.

Plenterwald [zu dt. plentern, blendern, eigtl. = die das Licht wegnehmenden Bäume beseitigen, weiter zu dt. Blende ‖ Syn.: Femelwald]: durch ↑ Femelschlag entstandener, vorzugsweise reich gemischter, in seiner Gesamtheit (als Dauerwald) stets erhalten bleibender Hochwald (mit sehr ungleichaltrigen Bäumen), dessen Kronendach ständig neu aufgelockert (aufgeblendet) wird; arbeitsaufwendig; v. a. Bauernwald guter Standorte.

Pleustal, das [zu ↑ Pleuston]: Bez. für das oberflächennahe Wasser als Lebensbereich.

Pleuston, das [zu griech. pleïn = segeln, Analogiebildung nach ↑ Plankton]: Lebensgemeinschaft der (gegenüber dem ↑ Neuston) größeren Pflanzen- und Tierarten, die auf und in der Oberflächenschicht von Süß- oder Salzgewässern leben.
Zum P. zählen z. B. die Schwimmpflanzenarten der Algenfarns, Schwimmfarns, Wasserschlauchs, der Wasserlinse und Wasserhyazinthe sowie die (hpts. räuberisch lebenden) Tiere, die an der Wasseroberfläche laufen, kriechen oder schwimmen, z. B. Wasserläufer, Taumelkäfer sowie einige Arten der Springschwänze.

Plutonium, das [nach dem Planeten Pluto, der im Planetensystem auf Neptun folgt ‖ chemisches Symbol: Pu]: radioaktives, metallisches Element; unedles, silberweißes Schwermetall, das in der Natur nur in sehr geringen Mengen in Uranerzen vorkommt, aber künstlich in Kernreaktoren erzeugt wird.
An *Isotopen* sind **Pu 232** bis **Pu 246** bekannt, von denen **Pu 244** mit $82,6 \cdot 10^6$ Jahren die längste Halbwertszeit hat. Das wichtigste und radiotoxikologisch gefährlichste P.isotop ist **Pu 239**, ein Alphastrahler mit einer Halbwertszeit von 24 110 Jahren, der v. a. in schnellen Brutreaktoren in größeren Mengen aus dem Uranisotop U 238 erzeugt wird. Wegen der guten Spaltbarkeit seiner Atomkerne durch langsame Neutronen ist Pu 239 ein Kernbrennstoff und neben dem Uranisotop U 235 der meistverwendete Spreng-

229

Pluviotherophyten

satz von Kernwaffen (P.bomben). Außerdem dient P. als Ausgangssubstanz für die Erzeugung schwerer Transurane, z. B. von Curium und Americium.
Aus dem stabilen, gelbgrünen P.dioxid (PuO_2) können (zusammen mit Uran- und Thoriumdioxid) Brennelemente für Kernreaktoren hergestellt werden.
Aufgrund der von der Alphastrahlung herrührenden außerordentlich starken Radiotoxizität kann P. nur in sog. „heißen Laboratorien" bzw. „heißen Zellen" unter Schutzatmosphäre oder im Vakuum gehandhabt werden.
Nach Einatmen von P.staub oder Eindringen in Wunden wird P. in der Lunge, in der Leber und in den Knochen abgelagert sowie an Proteine des Blutplasmas gebunden. Schon die Einwirkung weniger Mikrogramm P. führt zu tödlichen Strahlungsschäden und zu Tumorbildungen.

Pluviotherophyten, die (Mehrz.) [Einz.: der Pluviotherophyt ‖ lat. pluvia = Regen und ↑ Therophyten]: kurzlebige Sproßpflanzen, die nach stärkeren Regenfällen auskeimen und schnell ihren Entwicklungszyklus abschließen. Zu den P. gehören einige Wüstenpflanzen.

poikilo-, vor Vokalen **poikil-** [aus griech. poikílos = bunt, verschiedenartig]: in Zus. mit der Bed. „schillernd, schwankend, unregelmäßig"; z. B. poikilophag.

poikilohydrisch [zu ↑ poikilo- und ↑ hydro- ‖ in Verbindung mit Substantiven auch in der Form: poikilohydre ...]: nennt man Pflanzen, die ihren Wassergehalt weitgehend dem Feuchtigkeitszustand ihrer Umgebung anpassen: Bei Trockenheit schrumpfen die Zellen, ohne die Lebensfähigkeit zu verlieren. Mit abnehmendem Wassergehalt erlahmen die verschiedenen Lebensfunktionen (z. B. Photosynthese und Atmung). Bei Zugabe von Wasser beginnen die Pflanzen aufzuquellen und zeigen ab einem bestimmten artspezifischen Wassergehalt wieder normalen Stoffwechsel und normales Wachstum.
Poikilohydre Pflanzen kommen bes. in Gebieten vor, wo kurze Feuchtigkeitsperioden mit Trockenheit wechseln. Sie gehören meist zu den Blaualgen, Pilzen, Flechten und Grünalgen. Nur wenige sind Gefäßpflanzen, z. B. die Rose von Jericho. – Gegensatz: ↑ homoiohydrisch.

poikilophag [zu ↑ poikilo- und griech. phageīn = essen]: nennt man Tiere, die zwischen den Nahrungsaufnahmen lange Hungerperioden haben; z. B. einige Wüstentiere.

poikilosmotisch [zu ↑ poikilo- und ↑ Osmose]: nennt man Tiere, die die Salzkonzentration ihres Innenmediums nicht regulieren können; der osmotische Druck der Zell- bzw. Körpersäfte entspricht dem des Außenmilieus (↑ Osmoregulation). – Gegensatz: ↑ homoiosmotisch.

poikilotherm [zu ↑ poikilo- und griech. thermós = warm, heiß ‖ Syn.: wechselwarm, heterotherm]: von Tieren gesagt (sog. Kaltblütern), die ihre Körpertem-

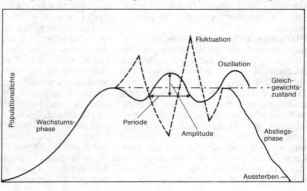

Populationsdynamik. Verschiedene Phasen der Änderung der Bevölkerungsdichte einer Population (modifiziert nach Park)

Populationsdynamik

peratur nicht oder nur äußerst unvollkommen (v. a. durch Muskeltätigkeit) regulieren können, so daß ihre Körpertemperatur der Temperatur der Umgebung weitgehend entspricht. Für viele ist die Sonne der Wärmelieferant (**heliotherme Tiere**), andere entnehmen die Wärme dem Untergrund oder dem umgebenden Medium (**thigmotherme Tiere**). P. sind alle Tiere außer Vögeln und Säugern. – Gegensatz: ↑homoiotherm.

Poisson-Verteilung [pwa'sõ... ‖ nach dem frz. Mathematiker und Physiker Denis Poisson (* 1781, † 1840)]: Bez. für die mit einem beliebigen Parameter gebildete Wahrscheinlichkeitsverteilung

$$P(Z = ak + b) = e^{-\lambda}\lambda^k/k!$$

einer Zufallsgröße Z, die nur die Werte $ak + b$ annehmen kann, wobei $k = 0, 1, 2, ...$ ist; für $a = 1$, $b = 0$ bezeichnet man sie als **eigentliche P.-V.**, andernfalls als **allgemeine P.-V.**; nur bei der eigentlichen P.-V. sind Erwartungswert und Varianz gleich. Die P. beschreibt z. B. die zufällige Verteilung der Individuen einer Population.

Pollination, die [zu lat. pollen, pollinis = Mehlstaub, Staub]: svw. ↑Bestäubung.

poly- [aus griech. polýs = viel, häufig]: in Zus. mit der Bed. „viel, mehrere, zahlreiche"; z. B. Polysaprobionten.

polychlorierte Biphenyle, die (Mehrz.) [Einz.: das polychlorierte Biphenyl]: ↑PCB.

polycyclische Aromaten, die (Mehrz.) [Einz.: der polycyclische Aromat]: ↑PCA.

Polyklimaxtheorie [↑poly-]: Die P. besagt, daß innerhalb einer Klimazone mehrere Klimaxgesellschaften vorhanden sein können (↑Monoklimaxtheorie).

polymiktischer See [zu ↑poly- und griech. miktós = gemischt]: Seentyp, dessen Wasser mehrere Male im Jahr vollständig umgewälzt wird (↑Wasserzirkulation); polymiktische Seen sind z. B. Tropenseen bei stärkerer nächtlicher Abkühlung.

polyphag [zu ↑poly- und griech. phagein = essen]: von ↑euryphagen Tieren gesagt, die sich im Unterschied zu ↑monophagen und ↑oligophagen Tieren von vielen unterschiedlichen Pflanzen- bzw. Tierarten ernähren.

Polyphagen, die (Mehrz.) [Einz.: der Polyphage ‖ zu ↑polyphag]: Bez. für Allesfresser, d. h. Tiere, die sich ↑polyphag ernähren.

Polysaprobionten, die (Mehrz.) [Einz.: der Polysaprobiont ‖ ↑poly-‖ Syn.: Polysaprobien (Einz.: das Polysaprobium)]: ↑Saprobionten bes. stark verschmutzter Gewässer.

polytop [zu ↑poly- und griech. tópos = Ort, Stelle]:
◊ von einer Tier- oder Pflanzenart gesagt, die an zwei oder mehreren getrennten Stellen im Verbreitungsareal ihrer Ausgangsform entstanden ist.
◊ nennt man eine Tier- oder Pflanzenart, die in mehreren verschiedenartigen Lebensräumen vorkommen kann. – Gegensatz: ↑monotop.

Polyvinylchlorid, das [Kunstwort ‖ Abk.: PVC]: durch radikalische Polymerisation von Vinylchlorid hergestellter thermoplastischer Kunststoff. P. ist eine harte, spröde Substanz; durch Zusatz von Weichmachern erhält man hart- bis weichgummiähnliche Produkte. Durch Zugabe von Stabilisatoren wird die Abspaltung von Chlorwasserstoff bei höheren Temperaturen verhindert.
P. ist einer der wichtigsten Kunststoffe. Seine Verwendung ist aber problematisch, da beim Verbrennen von P.abfällen große Mengen Chlorwasserstoff (Salzsäuregas) entstehen und in die Atmosphäre gelangen können. Durch Gaswäscher kann dies verhindert werden.

Population, die [aus spätlat. populatio = Bevölkerung]: die Gesamtheit aller Individuen einer Organismenart oder Rasse in einem geographisch begrenzten Verbreitungsgebiet, wobei die Einzelindividuen unbegrenzt untereinander fortpflanzungsfähig sind.

Populationsdichte: svw. Individuendichte (↑Abundanz).

Populationsdynamik: die zeitlichen Schwankungen in der Individuendichte (↑Abundanz, ↑auch Fluktuation) einer Population in Abhängigkeit von abiotischen (z. B. Witterung) und biotischen

Umwelteinflüssen (z. B. Nahrungsangebot, Feinde).

Populationsgröße: svw. ↑ Bestand.

Populationsökologie: svw. ↑ Demökologie.

Populationsstatik: die quantitative Beschreibung einer Population. Untersuchungsdaten, auch **biostatische Parameter** genannt, sind Bestand, Populationsdichte, Geburtenziffer und Vermehrungsziffer.

Populationswelle: starke Zunahme einer ↑ Population mit anschließender Abnahme.

Populationszyklen: bei Tieren auftretende zyklische Schwankungen der ↑ Population. P. kommen bei verschiedenen Tieren vor, z. B. ein Zyklus von 3–4 Jahren bei Lemmingen und von 9–10 Jahren beim Schneehasen (Lepus americanus).
Die Ursachen für das Auftreten von P. können z. B. intraspezifische Regulationsmechanismen (↑ auch Kollisionseffekt) oder der Einfluß von Räubern sein. Räuber, die sich hpts. von einer einzigen Tierart ernähren, zeigen ähnliche, etwas verschobene P. wie ihre Beute (z. B. der Luchs [Lynx canadensis] und der Schneehase [Lepus americanus]).

positiver Rückkopplungskreis: ein ↑ Regelkreis, bei dem eine Änderung der Regelgröße diese Änderung in gleicher Richtung beschleunigt; z. B. die exponentielle Vermehrung von Mikroorganismen (vorausgesetzt, es gibt keine dichtebegrenzenden Faktoren).

Potamal, das [zu griech. potamós = Fluß]: im Unterschied zum ↑ Rhithral der hpts. im Tiefland verlaufende Gewässerbereich der Flüsse mit nur noch langsamer Strömung und größerem Gehalt an organischen Stoffen (↑ auch Gewässerregionen).

Potamologie, die [griech. potamós = Fluß und ↑ -logie ‖ Syn.: Flußkunde]: die Lehre von den fließenden Gewässern; Teilgebiet der Hydrographie (↑ Hydrologie).

Potamoplankton, das [griech. potamós = Fluß]: das ↑ Plankton der Fließgewässer.

ppb [peːpeːˈbeː ‖ Abk. für engl. **parts per billion** = Teile auf eine Milliarde]: Konzentrationsangabe eines (Schad)stoffs in Teilen auf eine Milliarde; 1 ppb entspricht einem Milligramm pro Tonne. – ↑ auch ppm, ↑ ppt.

ppm [peːpeːˈɛm ‖ Abk. für engl. **parts per million** = Teile auf eine Million]: Konzentrationsangabe eines (Schad)stoffs in Teilen auf eine Million; 1 ppm entspricht einem Gramm pro Tonne. – ↑ auch ppb, ↑ ppt.

ppt [peːpeːˈteː ‖ Abk. für engl. **parts per trillion** = Teile auf eine Billion]: Konzentrationsangabe eines (Schad)stoffs in Teilen auf eine Billion; 1 ppt entspricht einem Mikrogramm pro Tonne. – ↑ auch ppb, ↑ ppm. – Es gilt: $1\,000\,000$ ppt = $1\,000$ ppb = 1 ppm.

Prädation, die [aus lat. praedatio = das Beutemachen]: svw. ↑ Räubertum.

Prädator, der [aus lat. praedator = Räuber]: svw. ↑ Räuber.

Präferendum, das [zu lat. praeferre = vorziehen]: Behaglichkeitszone, bevorzugter Aufenthaltsbereich von Tieren aufgrund optimaler Umweltreize (z. B. Temperatur, Licht, Feuchtigkeit).

Präferenten, die (Mehrz.) [Einz.: der Präferent ‖ zu lat. praeferre = vorziehen ‖ Syn.: Zönophile]: Tier- oder Pflanzenarten, die ein bestimmtes Biotop bevorzugen, in dem sie sich optimal entwickeln.

Präklimax, die [lat. prae = vor, vorher und ↑ Klimax]: lang andauernde Form der ↑ Subklimax der Vegetationsentwicklung aufgrund abiotischer oder biotischer Faktoren, die das Entstehen der (dem Makroklima entsprechenden) ↑ Klimaxgesellschaft verhindern.

Prärie, die [aus frz. prairie = Wiese, zu gleichbed. lat. pratum, also eigtl. = Wiesenlandschaft]: das natürliche Grasland in Nordamerika. Man unterscheidet: **Hoch-** oder **Langgras-P.** mit mannshohen Gräsern (hpts. Bartgrasarten); **Übergangs-P.** mit Lang-, Kurzgräsern und Halbsträuchern; **Kurzgrassteppe,** die vielfach nicht mehr zur eigtl. P. gerechnet wird. Hochgras- und Übergangs-P. werden heute überwiegend ackerbaulich genutzt. Im übrigen ist die Vegetation durch Beweidung stark verändert. Charakteristische Tiere der P. sind bzw. waren Bison, Wapiti, Präriehund, -wolf und -huhn.

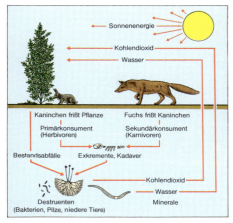

Oben: Putzsymbiose. Meerschwalbe am Mondgauklerfisch

Links: Nahrungskette. Schematische Darstellung mit den einzelnen Kettengliedern

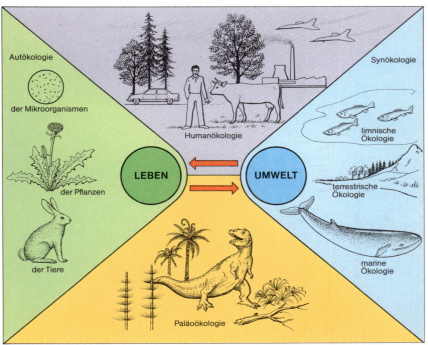

Ökologie. Teilgebiete der Ökologie

9 SD Ökologie

Oben: Rekultivierung. Braunkohlentagebau (links) und rekultivierte Flächen im rheinischen Braunkohlenrevier (rechts). Mitte: Terrassenkultur. Terrassenfeldbau im Jemen. Unten: Sonnenenergie. Solarturmkraftwerk (Versuchsanlage)

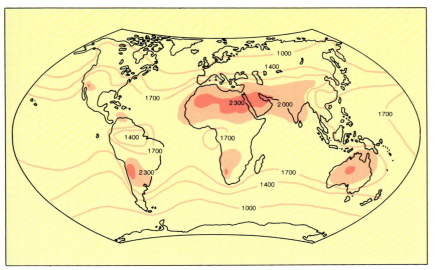

Sonnenenergie. Sonnenenergieeinstrahlung auf einen Quadratmeter in einem Jahr in verschiedenen Gebieten der Erde (in kWh)

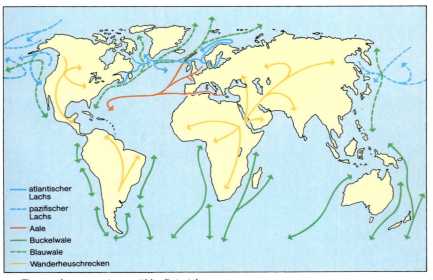

Tierwanderungen. Ausgewählte Beispiele

Oben links: Umweltzeichen

Umweltschutz. Verklappen von chemischen Abfallprodukten (oben rechts); Industrieanlage als Emissionsverursacher (Mitte); illegaler Müllplatz (unten links); durch die Ölpest verendeter Wasservogel (unten rechts)

*Waldsterben. Das Fehlen ganzer Nadeljahrgänge (Lamettasyndrom; links);
Vergilbungssymptome (rechts)*

Waldsterben. Akute Schwefeldioxidschäden an Rottannen

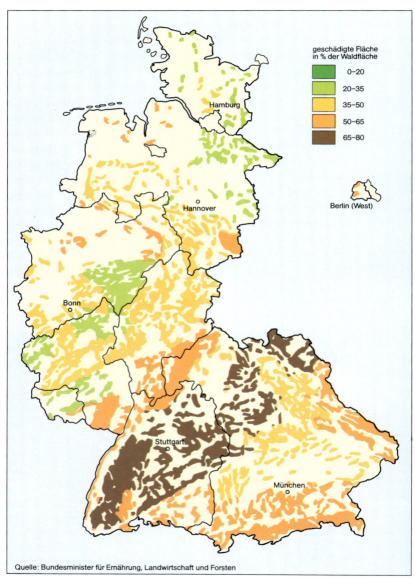

Waldsterben. Waldschäden in der BR Deutschland 1984 (alle Baumarten)

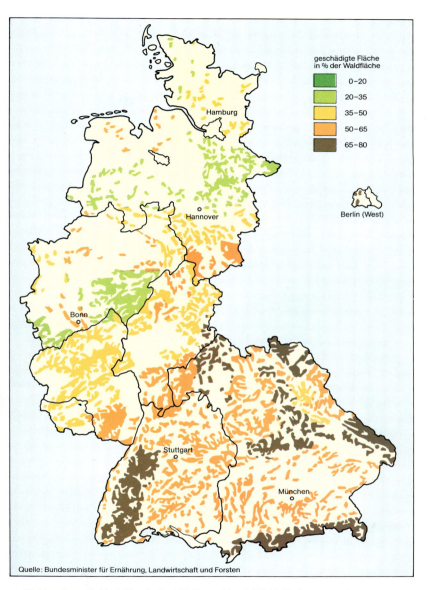

Waldsterben. Waldschäden in der BR Deutschland 1986 (alle Baumarten)

Wald. Tropischer Trockenwald (oben links); tropischer Regenwald (oben rechts); tropischer Tieflandregenwald (Mitte); Lorbeerwald und Baumheide (unten links); Nebelwald (unten rechts)

Profundal

Präsenz, die [von lat. praesentia = Gegenwart ‖ Syn.: Stetigkeit]: Begriff der ↑Synökologie, der aufgrund des Vergleichs mehrerer Bestände eines Biotops angibt, an wieviel getrennten Stellen (unabhängig von der Arealgröße) eine bestimmte Art vorkommt. Die Unterscheidungsgrade lauten: „selten", „verbreitet", „häufig", „sehr häufig". – ↑auch Konstanz, ↑Frequenz.

Primärenergie: Bez. für den v. a. zur Stromerzeugung ausgenutzten Energieinhalt der natürlichen Energieträger **(P.träger)**; z. B. die Verbrennungsenergie der nichtregenerativen fossilen P.träger Kohle, Erdöl und Erdgas, die in Kernbrennstoffen enthaltene Kernenergie und die regenerativen P.n wie Sonnenenergie, Energie der Wasser- und Windkräfte, Gezeitenenergie, Meereswärme.

Primärkonsumenten: Organismen (↑Konsumenten), die sich von autotrophen Lebewesen ernähren. P. sind z. B. die pflanzenfressenden Tiere. In der ↑Nahrungspyramide stehen sie auf der zweiten Stufe.

Primärproduktion [Syn.: Urproduktion]: Bez. für die in einem bestimmten Ökosystem im Laufe eines Jahres durch photosynthetischen oder chemosynthetischen Aufbau aus anorganischen Stoffen erzeugte ↑Biomasse.

Primärproduzenten: Bez. für Organismen (↑Produzenten), die in einem Ökosystem das erste Glied der ↑Nahrungskette bilden, indem sie aus anorganischen Stoffen photoautotroph oder chemoautotroph ihre Körpersubstanz aufbauen, die anderen Organismen wiederum als Nahrung dient.
P. sind die grünen Pflanzen sowie die photolithotrophen und chemoautotrophen Bakterien.

Primärwald: Waldform, die ohne menschliche Beeinflussung entstanden ist.

Probiose, die [griech. pró = vor, für, an Stelle von; Analogiebildung nach ↑Symbiose ‖ Abl.: ↑probiotisch ‖ Syn.: Nutznießung, Karpose]: Form der Beziehung zwischen Tieren einer Art und zwischen artfremden Lebewesen, wobei erstere einseitig die Nutznießer sind (im Unterschied zur Symbiose), jedoch den Partner nicht erkennbar schädigen (wie bei ↑Parasiten) oder ihn gar als Beute betrachten. Zur P. zählen ↑Phoresie und ↑Kommensalismus.

Probiosphäre, die [griech. pró = vor]: seltene Bez. für die ↑Geosphäre im Sinne einer „abiotischen Grundlage" für die ↑Biosphäre.

probiotisch [zu ↑Probiose]: auf das Leben anderer Arten begünstigend wirkend; von der Existenz, Verhaltensweise oder Wirkung eines Organismus, z. B. eines Symbionten (↑Symbiose), gesagt.

Produktion, die [aus frz. production = Erzeugung, von lat. productio = das Hervorbringen]: der Gewinn an Biomasse bzw. Energie eines Individuums, einer Population oder eines Ökosystems. Man unterscheidet die ↑Primärproduktion (hpts. durch die autotrophen Pflanzen) von der ↑Sekundärproduktion der Organismen auf höheren trophischen Ebenen.
Die **Brutto-P.** stellt die Gesamtheit der gebundenen organischen Stoffe dar. Nach Abzug der Atmung und Ausscheidungen bleibt die ↑Nettoproduktion übrig.

Produktionsbiologie [Syn.: Produktionsökologie]: Teilgebiet der ↑Synökologie, das sich mit der organischen ↑Produktion in Ökosystemen befaßt. Die wichtigste Methode ist die Ermittlung der ↑ökologischen Effizienzen.

Produktions-Biomasse-Verhältnis: svw. ↑P/B-Verhältnis.

Produktionsökologie: svw. ↑Produktionsbiologie.

Produktions-Respirations-Verhältnis: svw. ↑P/R-Verhältnis.

Produzenten, die (Mehrz.) [Einz.: der Produzent ‖ zu lat. producere = hervorbringen]: im engeren Sinne svw. ↑Primärproduzenten, im Gegensatz zu den ↑Konsumenten; im weiteren Sinne Bez. für Organismen, die auf höherer trophischer Ebene Biomasse bzw. Energie produzieren **(Sekundärproduzenten)**.

Profundal, das [zu lat. profundus = tief]:
◊ die unterhalb des Litorals gelegene *Bodenregion* von Süßwasserseen. Das P. ist als lichtlose Zone durch das Fehlen

Propionsäure

phototropher Pflanzen gekennzeichnet. Die Fauna dieser Zone kann als Indikator für den Stoffwechselzustand des Gewässers dienen. Hohes Nährstoffangebot ist Vorbedingung für hohe Individuenzahl, hoher Sauerstoffgehalt für den Artenreichtum. – ↑ auch Gewässerregionen.

◊ die *Gesamtheit der Lebewesen* der Bodenregion von Süßwasserseen.

Propionsäure [zu griech. pró = vor, für, an Stelle von und griech. píon = Fett]: farblose, stechend riechende Flüssigkeit, die durch Oxidation von Propionaldehyd oder Propylalkohol entsteht. Technisch wird P. durch Carbonylierungsreaktion aus Äthylen, Kohlenmonoxid und Wasser gewonnen und u. a. zur Herstellung von Kunststoffen, Herbiziden, Arzneimitteln verwendet. Die Salze und Ester sind die **Propionate**. Von den Salzen sind v. a. das **Natrium-** und das **Calciumpropionat** als Schimmelverhütungsmittel für Backwaren und Futtermittel wichtig.

Proportionsregel [lat. proportio = das entsprechende Verhältnis]: eine Klimaregel (↑ Allen-Regel).

proto- [aus griech. prõtos = erster, vorderster]: in Zus. mit der Bed. „urtümlich, ursprünglich; einfach"; z. B. Protozoen.

Protobiozönose, die [↑ proto-]: die ↑ Biozönose in der Frühzeit der Erde, die nur aus Produzenten und Destruenten bestand.

prototroph [↑ proto- und ↑ -troph]: nennt man Mikroorganismen, die nur einfache Nährstoffe und Mineralstoffe zum Wachstum benötigen, aber keine besonderen Wachstumsfaktoren wie Vitamine. – ↑ auch auxotroph.

Protozoen, die (Mehrz.) [Einz.: das Protozoon ‖ ↑ proto- und griech. zõon = Lebewesen ‖ Syn.: Urtierchen]: Die P. sind mikroskopisch kleine Einzeller und bilden ein *Unterreich der Tiere* mit rund 20 000 Arten. Man unterscheidet die Klassen der Geißeltierchen (Flagellata), Sporentierchen (Sporozoa), Wurzelfüßer (Rhizopoda) und Wimpertierchen (Ciliata). P. kommen nur im feuchten Milieu vor (Meer, Süßgewässer, Boden usw.). Zahl-

reiche Arten können sich aber enzystieren, d. h. Dauerstadien bilden und somit ungünstige Perioden überdauern. P. leben einzeln oder bilden (manchmal bis mehrere Zentimeter große) Kolonien. Durch ihre sehr verschiedenartige Zelldifferenzierungen ist ihr Bau oft hochkompliziert. – Die Fortbewegung erfolgt mit Hilfe von veränderbaren Plasmafortsätzen (Scheinfüßchen), Geißeln oder Wimpern.

Während endoparasitische P. ihre Nahrung häufig osmotisch aufnehmen, finden sich bei freilebenden Arten besondere Ernährungsorganellen (Nahrungsvakuolen), oft auch Zellmund und Zellafter. Der Exkretion und Osmoregulation bei Süßwasser-P. dienen kontraktile Vakuolen (pulsierende Vakuolen), sich rhythmisch zusammenziehende und dabei das eingedrungene Wasser entleerende bläschenartige Zellorganellen.

Trotz ihrer Kleinheit sind P. im Hinblick auf den Naturhaushalt nicht unbedeutend, da sie oft massenhaft auftreten. Viele P. stellen für kleine Organismen eine wichtige Nahrungsquelle dar. Einige P. besitzen skelettartige Gebilde aus Kalk oder Kiesel. Indem sie ständig auf den Meeresboden sinken, haben sie ganze Gesteinsformationen gebildet.

Mehrere Arten leben parasitisch. Einige Arten stellen gefährliche Krankheitserreger für den Menschen dar, z. B. die Erreger der Schlafkrankheit (Trypanosomaarten) und der Malaria (Plasmodiumarten).

P/R-Verhältnis [pe:''ɛr... ‖ Syn.: Produktions-Respirations-Verhältnis]: die Relation von Produktion zu Respiration eines Organismus, einer Population oder eines Ökosystems. Sie liegt für Wirbellose häufig bei über 1, für Wirbeltiere zwischen 0,1 und 0,01; für reife Ökosysteme nähert sie sich dem Wert 1 an. Das P/R-V. dient u. a. der Ermittlung der ↑ ökologischen Effizienz.

Psammobiom, das [zu griech. psámmos = Sand und griech. bios = Leben]: Bez. für den Sandboden als Lebensraum. Das P. ist ein ↑ Pedobiom.

Psammon, das [zu griech. psámmos = Sand ‖ Schreibvariante: Psammion, das]: Bez. für die Lebensgemeinschaft der in oder auf dem Sand aquatischer oder terrestrischer Biotope lebenden Organismen. Das P. wird (von oben nach unten) unterteilt in ↑Epipsammon, ↑Mesopsammon und ↑Endopsammon.

Psammophyten, die (Mehrz.) [Einz.: der Psammophyt ‖ griech. psámmos = Sand und ↑-phyt ‖ Syn.: Sandpflanzen]: Pflanzen, die auf Sandflächen (Dünen, Sandböden, Flugsand) wachsen. P. besitzen xeromorphe Merkmale (↑Xerophyten), da Sand nur schlecht Wasser speichern kann, und lieben Licht und Wärme. Als Anpassung an die häufigen Überschüttungen mit Sand treiben die meisten P. Ausläufer, die sich schnell bewurzeln und viele Seitensprosse haben. P. sind z. B. Sandsegge, Strandhafer, Grasnelke, Hasenklee und Sandröschen.

pseudo- [zu griech. pseúdein = belügen, täuschen]: in Zus. mit der Bed. „falsch; fälschlich; unecht"; z. B. Pseudovikarianz.

Pseudokrupp, der [↑pseudo- und engl. croup = heiseres Sprechen oder Schreien]: Anfall von Atemnot und Husten bei viraler oder bakterieller oder durch starke Luftverschmutzung hervorgerufener Kehlkopfentzündung.

Pseudoplankton, das [↑pseudo-]: ↑Plankton.

Pseudovikarianz, die [↑pseudo-]: Bez. für den Fall, daß ziemlich nahe verwandte Organismenarten entsprechend der ↑ökologischen Vikarianz getrennte Areale besitzen, daß sie aber (im Gegensatz zur echten Vikarianz) nicht durch geographische Isolation aus einer gemeinsamen Mutterart hervorgegangen sind, sondern sich bereits als selbständige Arten vor ihrer Auswanderung in neue Territorien differenziert haben.

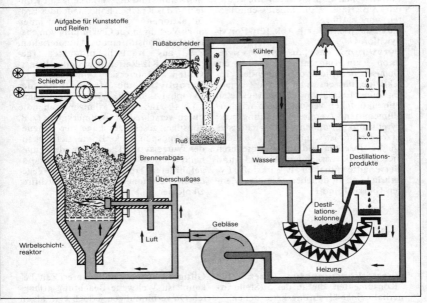

Pyrolyse. Schema des vollständigen Recyclings von Kunststoffen: Die in einer Wirbelschicht aus Sand und Gas bei hoher Temperatur zugesetzten Stoffe liefern ein flüssiges Gemisch wertvoller Petrochemikalien. Sie können über die Destillation aufgetrennt werden

psychrophil [griech. psychrós = kalt, kühl und ↑-phil ‖ Syn.: kryophil]: kälteliebend; von Mikroorganismen (v. a. Bakterien) gesagt, die bevorzugt in einem Temperaturbereich zwischen 10 °C und −70 °C leben.

Psychrophyten, die (Mehrz.) [Einz.: der Psychrophyt ‖ griech. psychrós = kalt, kühl und ↑-phyt]: Pflanzen kalter Böden, die langanhaltenden Frost zu ertragen vermögen; z. B. die Zwergsträucher, Flechten und Moose in der Tundra.

Putzsymbiose: das Zusammenleben von Tieren unterschiedlicher Arten, wobei der eine Partner (der **Putzer**) sich darauf spezialisiert hat, die Ektoparasiten des anderen **(Wirt** oder **Kunde)** zu entfernen und sich davon zu ernähren. P.n kommen z. B. in Afrika zwischen den Madenhackerstaren und Großwild und -vieh, in tropischen Meeren zwischen Putzerfischen und größeren Meerestieren (z. B. Haie, Wale, Meeresschildkröten) vor. − Abb. S. 265.

PVC, das [pe:fau'tse:]: Abk. für ↑ Polyvinylchlorid.

Pyrethrum, das [aus griech. pýrethron = ein Pflanzenname]: Bez. für ein Gemisch natürlich vorkommender ↑ Insektizide, das entweder durch Zermahlen oder Extraktion der getrockneten Blütenköpfchen verschiedener Wucherblumenarten (veraltete Gattungsbez.: Pyrethrum) gewonnen wird. Wichtigstes Erzeugerland ist Kenia.
Die bei Insekten und anderen niederen Tieren stark wirkenden Muskel- und Nervengifte enthalten als Wirkstoffe **Pyrethrin I** und **II,** daneben geringere Mengen **Cinerin I** und **II.**

P. ist als Fraß- und Berührungsgift wirksam; es wird gegen Hausungeziefer, Motten, Kornkäfer, Moskitos, Garten- und Gewächshausschädlinge, Heu- und Sauerwurm gesprüht. P. ist für Warmblüter nur wenig giftig und wird in der Natur rasch abgebaut, so daß es zu den umweltfreundlichen Insektiziden gerechnet werden kann.

Pyrolyse, die [griech. pỹr = Feuer und griech. lýsis = Auflösung ‖ Abl.: pyrolytisch]: die thermische Zersetzung chemischer Substanzen, bei der aus höhermolekularen Verbindungen durch Spaltung chemischer Bindungen und zahlreiche Folgereaktionen (Umlagerungen u. a.) niedermolekulare Stoffe entstehen.

Pyrolytische Vorgänge treten insbes. beim Erhitzen organischer Materialien auf. Lange bekannte technische Prozesse der P. sind die Holzverkohlung, die Schwelung und die Verkokung der Kohle und das Kracken höhersiedender Erdölfraktionen. Neuerdings gewinnen auch Verfahren zur Gewinnung von chemischen Rohstoffen aus Altmaterialien, z. B. aus Kautschukprodukten (gebrauchte Kfz-Reifen usw.) oder Kunststoffen, an Interesse. − Abb. S. 235.

Pyrophyten, die (Mehrz.) [Einz.: der Pyrophyt ‖ griech. pỹr = Feuer und ↑-phyt]: Bez. für Pflanzenarten, die durch verschiedene Baummerkmale (z. B. günstige, geschützte Lage der Erneuerungsknospen, dicke Borke, tiefreichendes Wurzelsystem) gegen Brände weitgehend resistent sind und daher in brandgefährdeten Trockengebieten die Vegetation bestimmen. − ↑ auch Bushfire-Ökologie.

Quartärkonsumenten: Bez. für ↑ Konsumenten, die an der 5. Stelle innerhalb einer ↑ Nahrungskette stehen.

Quecksilber [chemisches Symbol: Hg (von nlat. Hydrargyrum)]: silberweißes metallisches Element; bei Zimmertemperatur flüssiges Schwermetall, dessen Giftigkeit schon seit längerer Zeit bekannt ist. Weltweite Beachtung erlangten Qu.verbindungen jedoch erst, als in den 1960er Jahren eine zunächst rätselhafte, teilweise tödlich verlaufende, neurologische Erkrankung (↑ Minamata-Krankheit) damit in Verbindung ge-

Quellen

bracht wurde. Die Erkrankten hatten sich hpts. von Fischen und Krustentieren aus der Minamatabucht ernährt. Die Untersuchung ergab, daß mit den Abwässern einer chemischen Fabrik Methyl-Qu. in die Bucht gelangt war. Aus den Sedimenten reicherten sich die Qu.verbindungen in den dort vorkommenden Lebewesen sehr stark an und wurden mit den Fischen von den Menschen aufgenommen.

Außerdem wurde beim Qu. als einzigem Metall eine weitere bedenkliche Eigenschaft, die sog. **Biomethylierung**, d. h. die Bildung des hochgiftigen **Methyl-Qu.s** aus anorganischem Qu. im lebenden Organismus (u. a. in Fischen), nachgewiesen.

In den letzten Jahren hat Qu. erhebliche ökologische Bedeutung erlangt, da organische Qu.verbindungen z. T. in der Umwelt sehr beständig sind. Mit Saatgutbeizmitteln und anderen Fungiziden können regional beträchtliche Mengen an Qu. in den Boden und von dort über Flüsse und Seen in Wassertiere gelangen und so in menschliche Nahrungsketten eingeschleust werden. Auch anorganisches Qu. kann über mikrobielle Methylierung in Fischnahrung und – bei Verwendung von Fischabfällen zur Schlachttierfütterung – in Fleischwaren gelangen. Blutkonzentrationen von 0,2 µg/ml, die eine Qu.vergiftung hervorrufen, können beim Verzehr stärker kontaminierter Fische erreicht werden.

Die Halbwertszeit von Methyl-Qu. im Menschen ist mit 70–80 Tagen sehr lang, die Kumulationsgefahr groß; im Zentralnervensystem verweilt es noch deutlich länger (Halbwertszeit 100 Tage). Von der Weltgesundheitsorganisation ist die täglich noch duldbare Aufnahme mit der Nahrung auf 0,1 mg Methyl-Qu., der Höchstgehalt an Qu. mit 0,5 mg/kg in Fisch und 0,05 mg/kg in anderen Lebensmitteln festgesetzt worden.

Quellen: Bez. für die Austrittsstellen von Grundwasser. Aufgrund der ökologischen Besonderheiten dieses Lebensraums (des **Krenals**) besitzen Qu. eine charakteristische Lebensgemeinschaft **(Krenon)** aus pflanzlichen und tierischen Organismen **(Krenobionten)**.

Die Sturz- oder Sprudel-Qu. **(Rheokrenen)** treten v. a. an Berghängen auf. Da das Wasser sehr schnell fließt, ist der Grund des Quellrinnsals pflanzenlos.

Im Flach- und Hügelland kommen v. a. Sicker- oder Sumpf-Qu. **(Helokrenen)** vor. Hierbei ist das gesamte Quellgebiet ein Sumpf mit nur wenigen freien Wasserstellen. Da das Wasser nur langsam fließt, treten sie dicht mit Sumpfpflanzen überwachsen.

Die Tümpel-Qu. **(Limnokrenen)** werden von unten her mit Wasser gespeist. Das hierbei aus den Qu. austretende Wasser füllt zuerst die Tümpel an und fließt dann als Rinnsal (Bach) ab. Wegen des nur sehr langsam fließenden Wassers können sich an den Rändern der Tümpel Wasserpflanzen ansiedeln.

Charakteristisch für Quellwasser ist die im Gegensatz zu Bach- oder Seewasser das ganze Jahr über konstante Temperatur, da das in der Quelle zutage tretende Grundwasser durch die überlagernden Bodenschichten vor Temperatureinflüssen der verschiedenen Jahreszeiten geschützt ist.

Das Wasser gewöhnlicher Qu. ist im Vergleich zu dem anderer oberirdischer Gewässer im Sommer kühler, im Winter wärmer. Deshalb sind Qu. einerseits ein geeigneter Lebensraum für Tiere, die an gleichmäßig niedrige Temperaturen gewöhnt sind, auf der anderen Seite aber auch für Arten, denen die noch tieferen Wintertemperaturen in anderen Gewässern schaden. Besonders kalt sind Hochgebirgs-Qu., die auch im Hochsommer lediglich Temperaturen von 2–3 °C aufweisen.

Quellwasser hat nur einen niedrigen Sauerstoffgehalt, der oft nur wenige % bis etwa 50 % des möglichen Sauerstoffanteils beträgt. Er ist für die einzelne Quelle, unabhängig von den Jahreszeiten, immer gleich hoch. Den höchsten Sauerstoffgehalt haben die Sickerquellen, da bei ihnen das Wasser beim langsamen Durchströmen durchlüfteter Bodenschichten Sauerstoff aufnehmen kann.

Die meisten **Qu.tiere** sind Pflanzenfresser, selten auch Räuber. Da die meisten Qu. arm an pflanzlicher Nahrung sind,

245

R

sind die pflanzenfressenden Tiere auf die Reste vermoderter Wasserpflanzen, auf hineingefallene Pflanzenteile oder auf winzige Teilchen organischer Stoffe, die das Wasser mitführt, angewiesen. Die typischen Qu.tiere sind zum überwiegenden Teil sehr kleine Formen. Sie sind an reines, gleichmäßig kühles, verhältnismäßig sauerstoff- und nahrungsarmes Wasser angepaßt. Es handelt sich v. a. um Strudelwürmer, winzige Qu.schnecken der Gattung Bythinella, um Wassermilben, Köcherfliegenlarven und Käfer. – ↑auch Thermalquellen.

R

R: Einheitenzeichen für ↑Röntgen.

Racheln [Syn.: Calanche]: Durch die abspülende Wirkung oberflächlich abfließender, heftiger Regengüsse bilden sich auf geneigten Hängen besonders in entwaldeten Gebieten Rinnen und Furchen, die als R. bezeichnet werden.

Rad, das [Abk. für engl. radiation absorbed dosis = absorbierte Strahlungsdosis ‖ Einheitenzeichen rd oder rad]: Einheit der absorbierten Strahlungsdosis von Röntgen- oder Korpuskularstrahlen: $1\,rad = 10^{-2}\,J/kg$; in der BR Deutschland heute im amtlichen Sprachgebrauch nicht mehr zulässig. – ↑auch Gray.

Radiation, die [aus lat. radiatio = das Strahlen]: anhand von Fossilfunden feststellbare „Entwicklungsexplosion" der Organismen, die während eines relativ kurzen geologischen Zeitabschnittes aus einer Stammform zahlreiche neue Formen entstehen läßt. Z. B. sind zu Anfang des Tertiärs aus der Stammform „Urinsektenfresser" zahlreiche genetisch neue Formen mit neuen Möglichkeiten der Anpassung an unterschiedliche Umweltbedingungen entstanden. Solche neuen divergierenden Entwicklungstendenzen sind die Ursache für die heutige Formenfülle unter den Säugetieren.

Radiationshypothese: Hypothese, die besagt, daß sich die Stammesentwicklung der Lebewesen über eine Auffächerung (↑Radiation) der jeweiligen Ausgangsform und nicht stufenweise vollzogen hat.

radio- [aus lat. radius = Strahl]: in Zus. mit folgenden Bedeutungen: 1. „Strahlen, Strahlung"; z. B. radioaktiv. 2. „Radioaktivität"; z. B. Radioisotope.

radioaktiv [↑radio- ‖ Abl.: Radioaktivität]: ↑Radioaktivität aufweisend, mit der Radioaktivität zusammenhängend.

radioaktive Abfälle [Syn: Atommüll]: bei der Uranerzaufbereitung, der Brennelementherstellung, beim Betrieb von Kernreaktoren, Wiederaufarbeitungsanlagen für Kernbrennstoffe, in nuklearmedizinischen Abteilungen sowie in Forschungslabors anfallende Rückstände, die aufgrund ihrer Radioaktivität bes. Probleme bezüglich ihrer Beseitigung bzw. sicheren Lagerung aufwerfen (↑Entsorgung, ↑Endlagerung).

radioaktive Kontamination: die Verunreinigung von Luft, Wasser und Boden durch radioaktive Emissionen aus natürlichen Quellen, aus Kernreaktoren, aus Kernwaffenversuchen, aber auch durch unsachgemäßen Umgang mit radioaktiven Abfällen.

Während die Entstehung und der Zerfall von Tritium und Radiokohlenstoff (↑Radiokarbonmethode) in der Natur einen Gleichgewichtszustand eingestellt hat, führt die zunehmende Verwendung radioaktiver Stoffe zu einer gewissen Zunahme der Radioaktivität in der Umwelt.

R. K.en können gasförmig in die Atmosphäre gelangen (z. B. das radioaktive Edelgas Kr 85 aus Kernkraftwerken), als Lösungen radioaktiver Verbindungen in die Flüsse abgegeben werden, oder sie werden als radioaktiver Staub bei oberirdischen Kernwaffenversuchen, Atombombenexplosionen (Hiroshima, Nagasaki) oder beim ↑GAU in Kern-

Radioaktivität

kraftwerken in die Stratosphäre geschleudert und gelangen später mit den Niederschlägen auf die Erdoberfläche.
R. K.en können über den Stoffkreislauf und die Nahrungskette in manchen Fällen stark angereichert werden und bilden dann eine unmittelbare Gefahr. – Die Beseitigung r.r K.en erfolgt durch ↑ Dekontamination.

radioaktiver Niederschlag: ↑ Niederschlag, der radioaktive Partikel natürlichen oder künstlichen Ursprungs enthält.

radioaktives Abwasser: R. A. entsteht in Kernkraftwerken und Wiederaufarbeitungsanlagen sowie in Kliniken und wiss. Instituten, die offene radioaktive Stoffe verwenden.
Radioaktive Abwässer dürfen in der Bundesrepublik Deutschland nur dann in Oberflächengewässer eingeleitet werden, wenn ihre Aktivitätskonzentration $18,5 \cdot 10^6$ Bq/m^3 = $5 \cdot 10^{-4}$ Ci/m^3 nicht überschreitet. Liegt eine höhere Konzentration vor, so muß das Abwasser bes. aufbereitet werden (eine Verdünnung ist nicht zulässig). Dies kann durch Eindampfen geschehen, wobei der Aktivitätsgehalt im Rückstand angereichert wird, ferner durch Filtrierung oder mit Hilfe von Ionenaustauschern. Eine weitere Möglichkeit, v. a. für radioaktive Substanzen mit kurzen Halbwertszeiten, ist das Lagern in Abklingbehältern über mehrere Halbwertszeiten hin, so daß das Wasser dann ohne Bedenken abgeleitet werden kann.

Radioaktivität, die [zu ↑ radioaktiv]: der spontane, d. h. ohne äußere Beeinflussung erfolgende, Zerfall (Kernzerfall, radioaktiver Zerfall) instabiler Atomkerne gewisser Nuklide (↑ Radionuklide) bzw. Isotope (↑ Radioisotope) bestimmter chemischer Elemente. Bei dieser Art von Kernreaktion wandeln sich die Kerne eines radioaktiven Nuklids A (Mutternuklid) allmählich in die eines anderen Nuklids B (Tochternuklid) um, indem sie einen Teil ihrer Kernmasse beim Alphazerfall in Form energiereicher Alphateilchen, beim Betazerfall in Form energiereicher Betateilchen emittieren.

Unter R. im weiteren Sinne versteht man auch Kernumwandlungen durch Elektroneneinfang, durch Neutronenemission, durch Protonenemission und durch spontane Spaltung sowie den Zerfall instabiler Elementarteilchen.
Je nachdem, ob die radioaktiven Nuklide bzw. Isotope in der Natur vorkommen oder künstlich durch Kernreaktionen erzeugt werden, unterscheidet man zwischen natürlicher und künstlicher Radioaktivität:

Natürliche R.: Sie tritt nur in einigen Ausnahmefällen bei Elementen mit Ordnungszahlen $Z \le 80$ auf, hingegen bei allen Elementen mit Ordnungszahlen $Z > 80$. Die Radionuklide (Radioisotope) dieser Elemente haben größtenteils kurze Halbwertszeiten und würden heute – etwa 6 Milliarden Jahre nach der Entstehung der Nuklide – nicht mehr nachweisbar sein, wenn sie nicht nacheinander durch Alpha- oder Betazerfall immer wieder neu aus dem Zerfall der langlebigen Uranisotope U 238 und U 235 sowie des Thoriumisotops Th 232 hervorgehen würden. Auch der Zerfall der durch Wechselwirkung der Höhenstrahlung mit der Atmosphäre und mit Meteoriten erzeugten kurzlebigen Nuklide sowie die spontane Spaltung kann zur natürlichen R. gerechnet werden.

Künstliche R.: Durch Kernreaktionen mit Neutronen in Kernreaktoren und mit energiereichen Teilchen in Teilchenbeschleunigern entstehen aus stabilen Nukliden insgesamt weit über tausend künstliche radioaktive Nuklide. Die meisten künstlichen Radionuklide sind β-Strahler. – Von jedem chemischen Element gibt es eine oder mehrere (z. T. über 30) Radioisotope.

Umwelt-R.: Entsprechend ihrer Häufigkeit und Halbwertzeit sind die Radionuklide U 238, Th 232 und K 40 die Hauptträger der irdischen Radioaktivität. Sie ist in den äußeren Gesteinsschichten (Lithosphäre) von etwa 10 km Dicke konzentriert. Zwar finden sich U 238 und Th 232 bevorzugt in uran- und thoriumhaltigen *Mineralen* und *Gesteinen* wie Granit und Gneis, in kleinen Konzentrationen sind sie jedoch in jedem Gesteins- und Bodenmaterial ent-

247

Radiobiologie

halten, so daß ein mittlerer Gehalt der Lithosphäre von $3 \cdot 10^{-6} g$ Uran je Gramm Gestein bzw. $12 \cdot 10^{-6} g$ Thorium je Gramm Gestein vorliegt. Die vom Radium herrührende Aktivität einer $1 km^2$ großen und $1 m$ dicken Erdschicht beträgt etwa $7,5 \cdot 10^{10}$ Bq. Dem durchschnittlichen ^{40}K-Gehalt von ebenfalls $3 \cdot 10^{-6} g$ je Gramm Gestein entspricht eine ^{40}K-Betaaktivität von etwa $4 \cdot 10^{12}$ Bq. Die durch Absorption radioaktiver Strahlung verursachte Erwärmung der Lithosphäre führt zu einem ständigen Wärmestrom nach außen, der im Durchschnitt ungefähr 10^{-4} J/$(cm^2 \cdot min)$ beträgt.

Die R. des *Meerwassers* ist etwa 2 bis 3 Größenordnungen geringer als die der festen Erdkruste. Die vom Radium herrührende Aktivität pro km^3 beträgt im Mittel nur etwa $4 \cdot 10^9$ Bq, die von K 40 herrührende Betaaktivität wegen des relativ hohen Kaliumgehaltes von $0,035\%$ jedoch etwa $11 \cdot 10^{12}$ Bq.

Hauptträger der R. der *Atmosphäre* ist das der Uran-Radium-Zerfallsreihe angehörende Edelgas Radon (Rn), das in beträchtlichen Mengen aus der oberen Erdschicht herausdiffundiert. Wesentlich geringer ist der Beitrag des der Thoriumzerfallsreihe entstammenden Radons ($^{220}_{86}$Rn) und der durch die Höhenstrahlung in der Atmosphäre gebildeten Radionuklide (z. B. des Tritiums).

In den letzten Jahrzehnten ist die R. der Atmosphäre zeitweilig als Folge der Kernwaffentests, durch die große Mengen radioaktiver Spalt- und Fusionsprodukte in die Stratosphäre geschleudert wurden, erheblich angestiegen. Der Transport dieser künstlich injizierten R. über die Hemisphären und das Niedersinken der entstandenen radioaktiven Teilchen in Form radioaktiver Niederschläge hängt wesentlich stärker von Wetterlagen und -entwicklungen ab als im Falle der natürlichen R. der Atmosphäre.

Biologische und physiologische Wirkung: Die Wirkung radioaktiver Strahlung auf biologische Objekte, die stark von der Intensität und Reichweite abhängt, zeigt sich z. B. in einer Herabsetzung der Keimungsfähigkeit von Samen

und in Entwicklungshemmungen und Mißbildungen bei Mensch und Tier, sobald die Strahlungsdosis einen gewissen Wert überschreitet. In geringen Dosen hingegen kann das Wachstum angeregt werden.

Gewebe sind um so empfindlicher, je jünger ihre Zellen und je größer deren Teilungsgeschwindigkeit ist. Daher werden v. a. Keimdrüsen und blutbildende Organe bei zu hoher Strahlungsdosis geschädigt, aber auch schnellwachsende Geschwulstbildungen (Krebse, Sarkome). Darauf beruht die Strahlentherapie zur Krebsbehandlung.

Alphastrahlen sind wegen ihrer kurzen Reichweite weitgehend unschädlich, solange nicht alphastrahlende Substanzen in den tierischen oder menschlichen Körper gelangen. Strahlungsschäden werden daher v. a. von den durchdringenden Gammastrahlen und energiereichen Betastrahlen verursacht. – ↑ auch Strahlenschutz.

Radiobiologie, die [↑ radio-]: svw. ↑ Strahlenbiologie.

Radioisotope, die (Mehrz.) [Einz.: das Radioisotop ‖ ↑ radio-]: Bez. für die natürlichen oder künstlichen radioaktiven ↑ Isotope eines bestimmten chemischen Elements. Sie sind ↑ Radionuklide gleicher Kernladungszahl Z, aber unterschiedlicher Massenzahl. Die Bez. R. ist stets dann zu verwenden, wenn neben den radioaktiven Eigenschaften besonders die chemischen Eigenschaften des zugehörigen Elements im Vordergrund stehen, wie z. B. bei Verwendung als Radioindikatoren und in der Autoradiographie, nicht aber z. B. bei der Umwandlung eines Radionuklids in ein anderes. Abgesehen von den Elementen Wasserstoff und Helium ($Z = 1, 2$), hat jedes chemische Element mindestens drei R.; bei mittleren und hohen Kernladungszahlen ab 63 sind es bis zu 30.

Radiokarbonmethode [↑ radio- und lat. carbo, carbonis = Kohle ‖ Syn.: Radiokohlenstoffdatierung, C-14-Methode]: Verfahren zur Altersbestimmung geologischer und historischer organischer Objekte. Die R. beruht darauf, daß in der Atmosphäre durch Kernreaktionen von Höhenstrahlneutronen mit

Radon

Atomkernen des atmosphärischen Stickstoffs ständig das radioaktive Kohlenstoffisotop C 14 gebildet wird, von dem nach seiner Oxidation zu Kohlendioxid 96 % in einem ständigen Austausch in den Ozean und weitere 2 % durch Assimilation in pflanzliche und damit auch tierische Organismen gelangen, so daß lediglich 2 % in der Atmosphäre verbleiben.

Im gesamten C-14-Reservoir herrscht Gleichgewicht, d. h., das durch Zerfall verlorengegangene C 14 wird durch neu produziertes ersetzt. Wird aus dem Reservoir kohlenstoffhaltiges Material entfernt (z. B. durch Absterben von Organismen), so nimmt das dem Gleichgewicht entsprechende Isotopenverhältnis bzw. die zugehörige spezifische C-14-Aktivität exponentiell mit der C-14-Halbwertszeit von 5 730 Jahren ab. Aus der gemessenen spezifischen Aktivität des Probenkohlenstoffs bzw. ihrem Verhältnis zu derjenigen von rezentem Kohlenstoff (z. B. in frischem Holz) läßt sich die seit der Entfernung der Probe aus dem C-14-Reservoir verstrichene Zeit berechnen.

Radiolarienschlamm: Der R. ist ein rotes, toniges Tiefseesediment; er stellt eine an Kieselskeletten der **Radiolarien** (Strahlentierchen; einzellige Wurzelfüßer) reiche Abart des roten Tiefseetons dar. Der R. bedeckt 2 % des Meeresbodens. Das durch Diagenese verfestigte, aus R. entstandene Gestein nennt man **Radiolarit.**

Radiomimetika, die (Mehrz.) [Einz.: das Radiomimetikum ‖ zu ↑ radio- und griech. mimeïsthai = nachahmen]: Bez. für Substanzen, die auf Organismen ähnlich wirken wie ionisierende Strahlung. R., zu denen z. B. Stickstofflost u. a. alkylierende Verbindungen gehören, wirken auf den Ruhekern der Zellen, beeinträchtigen die Mitose und stören Enzymreaktionen, v. a. durch Bildung sehr reaktiver Radikale.

Radionuklide, die (Mehrz.) [Einz.: das Radionuklid ‖ zu ↑ radio-, lat. nucleus = Kern und griech. -eidḗs = gestaltet, ähnlich]: radioaktive Nuklide, die sich durch radioaktiven Zerfall v. a. unter Aussendung von α-, β- oder γ-Strahlung in stabile Nuklide umwandeln. R. eines bestimmten chemischen Elements mit unterschiedlichen Massenzahlen heißen ↑ Radioisotope.

R. können natürlichen Ursprungs sein (z. B. die Glieder der radioaktiven Zerfallsreihen) oder künstlich erzeugt werden (z. B. die Transurane). R. lassen sich von allen Elementen künstlich herstellen, z. B. durch Bestrahlung mit energiereichen geladenen Teilchen. Ferner entstehen R. bei der Kernspaltung und bei Kernreaktionen. Von den über 1 500 bekannten R.n sind etwa 50 natürlichen Ursprungs.

Die Bedeutung der R. liegt in ihrer Anwendung als Radioindikatoren, als Strahlenquelle, z. B. in der zerstörungsfreien Werkstoffprüfung sowie in der Medizin zur Bekämpfung von Tumoren, oder bei der Altersbestimmung.

Radioökologie, die [↑ radio-]: Teilgebiet der ↑ Ökologie, das die Wirkungen natürlicher und künstlicher Strahlenbelastung auf Mensch, Tier und Pflanze sowie radioaktive Verunreinigungen in Ökosystemen (z. B. die Anreicherung von ↑ Radionukliden über die ↑ Nahrungsketten) untersucht.

Radium, das [zu ↑ radio- ‖ chemisches Symbol: Ra]: radioaktives metallisches Element. Von den durchweg radioaktiven Isotopen sind Ra 206 bis Ra 230 bekannt; **Ra 226** hat mit 1600 Jahren die längste Halbwertszeit. Wegen der Radioaktivität zeigen die Verbindungen des R.s ein schon bei Tageslicht sichtbares Leuchten.

In der Natur kommt R. als Zerfallsprodukt des Urans in Uranmineralen sowie in bestimmten Quellgewässern vor.

R. wurde früher für Bestrahlungen in der Krebstherapie sowie zur Herstellung von Leuchtstoffen für Leuchtzifferblätter verwendet.

radizikol [zu lat. radix, radicis = Wurzel und lat. colere = bewohnen]: nennt man Tiere und Pflanzen, die auf oder in Wurzeln leben.

radizivor [zu lat. radix, radicis = Wurzel und lat. vorare = fressen]: svw. ↑ rhizophag.

Radon, das ['ra:dɔn, auch: ra'do:n ‖ zu ↑ Radium gebildet (in Analogie zu Krypton und Argon) ‖ chemisches Symbol: Rn]: gasförmiges radioaktives Element. An Isotopen, die alle radioaktiv sind, sind bis heute Rn 199 bis Rn 226 bekannt. Das Isotop **Rn 222** hat mit 3,824 Tagen die längste Halbwertszeit. Die Isotope Rn 219, Rn 220 und Rn 222 sind Produkte des radioaktiven Zerfalls von Actinium, Thorium und Uran. Verwendung findet R. in der Strahlentherapie.

Rain: der unbebaute schmale Streifen Land, der die Grenze zwischen zwei Äckern oder sonstigen Teilstücken von Kulturland bildet.

Råmark, der oder die ['ro:... ‖ norw. rå = roh und norw. mark = Erde, Erdboden]: ↑ Rohboden.

Ramsar-Konvention, die [ram'sær... ‖ nach dem Ort Ramsar in Iran]: bedeutsames internationales Übereinkommen zum Schutz von Feuchtgebieten insbesondere als Lebensraum für Wat- und Wasservögel. Das bis heute von mehr als 30 Staaten paraphierte Abkommen trat im Dezember 1975 in Kraft. Die BR Deutschland ist Mitglied seit Januar 1976. Sie hat bisher 20 Gebiete zur Aufnahme in die Liste der Gewässer und Feuchtgebiete ausgewiesen (u. a. Steinhuder Meer, Dümmer, Starnberger See, Ammersee, Chiemsee, Donauauen und Donaumoos).

Randeffekt [Syn.: Grenzlinieneffekt, Edge-Effekt]: die Erscheinung, daß die Anzahl der Tiere im Grenz- oder Übergangsgebiet zweier Lebensräume (z. B. vom Laub- zum Nadelwald, vom Wald zu einer Wiese) höher ist als in einem gleichförmigen Biotop.

Randomisierung, die [zu engl. random = zufällig]: aus der empirischen Sozialforschung übernommene Bez. für die zufällige Auswahl, Zusammenstellung oder Anordnung einer Anzahl von Untersuchungselementen aus einer größeren Gesamtheit. Eine R. ist wichtig für die zufällige Verteilung z. B. bei Probenentnahmen im Freiland von bestimmten Pflanzen aus einer Pflanzenpopulation und für die statistische Auswertung der untersuchten Merkmale.

Ranker: flachgründiger Bodentyp mit A-C-Profil auf festen oder lockeren, kalkarmen oder -freien, silicatischen Gesteinen. Der Humushorizont (A) liegt dem Muttergestein (C) unmittelbar auf. Der R. stellt eine geringe Weiterentwicklung des Rohbodens dar. Im gemäßigten Klima in Steilhanglage sowie in sehr trockenen Gebieten ist er das Endstadium der Bodenbildung; sonst wird er rasch zu Braunerde oder Podsolen weiterentwickelt. – ↑ auch Boden.

Raseneisenerz [Syn.: Sumpferz, Wiesenerz]: mit Ton vermengtes, amorphes, fast schwarzes Eisenerz, das bei der Mischung von eisenhaltigem Grundwasser mit sauerstoffreichem Wasser in Seen, Bächen oder sumpfigen Wiesen ausgeschieden wurde. R. wurde früher vielfach zur Eisengewinnung abgebaut.

Rat von Sachverständigen für Umweltfragen: von der Bundesregierung 1972 bestelltes, unabhängiges, interdisziplinär zusammengesetztes Gremium aus sieben Wissenschaftlern, das eine wissenschaftlich fundierte Einschätzung der Umweltsituation und der erforderlichen Maßnahmen vornehmen soll. Seine Aufgabe ist es, die jeweilige Situation der Umwelt und deren Entwicklungstendenzen darzustellen sowie Fehlentwicklungen und Möglichkeiten zu deren Vermeidung oder zu deren Beseitigung aufzuzeigen. Die Ergebnisse werden als sog. Gutachten veröffentlicht, z. B. die Umweltgutachten 1974 und 1978, die Sondergutachten „Auto und Umwelt", „Die Abwasserabgabe", „Die Umweltprobleme des Rheins", „Die Umweltprobleme der Nordsee", „Umweltprobleme der Landwirtschaft".

Raubbau: Bez. für eine Wirtschaftsführung, die nur auf einen hohen Ertrag zur Deckung des unmittelbaren Bedarfs gerichtet ist und dadurch ohne Rücksicht auf die Zukunft die Grundlagen der Erzeugung schädigt. Im Prinzip ist jeglicher Bergbau Raubbau. Von R. spricht man aber v. a. beim Ackerbau, wenn dem Boden keinerlei Regenerationsmöglichkeiten (etwa durch Düngung, Brache u. a.) gegeben werden, bei der Waldnutzung, wenn mehr Holz geschlagen wird, als in der gleichen Zeit nachwächst, sowie bei Überweidung und Überfischung.

Raubektoparasitismus: Form des Parasitismus, bei der der Parasit nacheinander bei mehreren Wirten parasitiert, weil ein Wirtsorganismus für ihn und seine Entwicklung nicht ausreicht. R. kommt z. B. bei den Larven von bestimmten einzelnlebenden Wespen vor.

Raubendoparasitismus [Syn.: Raubentoparasitismus, Nekroparasitismus]: diejenigen Fälle von Endoparasitismus, bei welchen der Endoparasit (viele Schlupfwespen, Raubfliegen) seinen Wirt noch vor Ablauf der parasitischen Phase abtötet und sich daraufhin weiter vom toten Wirtskörper, also nekrophag, ernährt.

Räuber [Syn.: Episit, Prädator, Jäger]: räuberisch lebendes, fleischfressendes (zoophages) Tier, das andere, meist gleich große oder kleinere Tiere tötet und sie oder Teile von ihnen verzehrt; z. B. Raubfische, Greifvögel, Raubtiere.

Räuber-Beute-Verhältnis: die Beziehung zwischen Räuber und Beutetier in einem bestimmten Biotop, wobei es, v. a. wenn es sich beim Räuber um einen Nahrungsspezialisten handelt, in bezug auf die Populationsdichte der beiden Kontrahenten zu einer Schwankung um einen bestimmten Mittelwert, d. h. zu einer Art Gleichgewichtszustand, kommt (mehr Räuber – weniger Beutetiere; weniger Beutetiere – weniger Räuber; weniger Räuber – mehr Beutetiere; mehr Beutetiere – mehr Räuber).

Räubertum [Syn.: Episitismus, Episitie, Prädation]: Bez. für die räuberische Lebensweise von Tieren.

Raubgastgesellschaft [Syn.: Synechthrie, Syllestium]: Vergesellschaftungsform verschiedener Ameisenarten untereinander oder von Käfern (z. B. aus der Familie der Kurzflügler) mit Ameisen: Eine Ameisenart legt ihre Gänge innerhalb des Nestes einer anderen Art an, um von deren Nahrungsvorräten zu zehren und um deren Brut zu rauben.

Raublandschaft: durch rücksichtslose, das ökologische Gleichgewicht zerstörende Ausbeutung der natürlichen Reichtümer (Raubbau; z. B. durch Brandrodung, Überweidung, Abholzung ohne Aufforstung, Bergbau ohne Rekultivierung) geprägter Landschaftsraum.

Raubparasiten: svw. ↑ Parasitoide.

Raubschmarotzer: svw. ↑ Parasitoide.

Rauch: Bez. für die bei der Verbrennung von festen, flüssigen und gasförmigen [Brenn]stoffen entstehenden Bestandteile, die bei technischen Verbrennungsprozessen die Verbrennungsräume durch die Abgasleitungen (Kamin, Schornstein) verlassen.

R. ist ein ↑ Aerosol; er besteht v. a. aus gasförmigen Substanzen, den sog. **R.gasen (Abgasen)**, insbesondere Kohlendioxid, Wasser[dampf], Stickstoff und unverbrauchter Luft, ferner Schwefeldioxid und Schwefeltrioxid u. a., bei unvollständiger Verbrennung auch aus Kohlenmonoxid, Methan und Wasserstoff und ist meist durch Beimengungen von dunklen, festen Substanzen wie Ruß und Staub (Ascheteilchen) grau bis schwarz gefärbt.

Große Bedeutung kommt heute im Rahmen des Umweltschutzes der *Analyse des R.es* auf gasförmige Schadstoffe wie Schwefeldioxid, Schwefeltrioxid und Arsenverbindungen sowie auf feste Substanzen (Ruß, Staub) zu, die zu einer Verunreinigung der Luft führen und zum Teil auch R.schäden verursachen (↑ auch Luftverunreinigungen). Gasförmige Schadstoffe müssen bei technischen Verbrennungsanlagen aus dem R. durch Auswaschen mit geeigneten Absorptionsflüssigkeiten (Gasreinigung), feste Substanzen mit Hilfe entsprechender Filteranlagen (↑ Entstaubung) entfernt werden.

R.gase wirken schädlich auf die Atmungsorgane von Mensch und Tier, auf die Vegetation und auf Bauwerke, sie vermindern die Sonneneinstrahlung und begünstigen die Nebelbildung.

Für die *Messung des Ruß- und Staubgehaltes von R.* wurden mehrere Methoden entwickelt. So saugt man z. B. eine bestimmte R.menge durch Filterpapier an und vergleicht die eintretende Schwärzung mit einer Schwärzungsskala (**Rußwertskala,** v. a. **Bacharach-Skala**). Besonders einfach ist die Bewertung von R.emissionen durch direkten Vergleich des Schwärzungsgrades einer R.fahne mit einer Schwärzungsskala (**R.stärkeskala,** v. a. **Ringelmann-Skala**). Für ge-

251

Rauchen

nauere Messungen stehen zahlreiche weitere Meßverfahren, die v. a. auf optischen oder elektrischen Meßprinzipien beruhen, zur Verfügung.

Rauchen: das aktive (auch passive: „Mitrauchen") Aufnehmen von Tabakrauch in das Atmungssystem und in die Mundhöhle. Gegenwärtig sind rund 70% der männlichen und rund 35% der weiblichen erwachsenen Weltbevölkerung aktive Raucher.

Obwohl die gesundheitsschädlichen Folgen des R.s durch statistische Untersuchungen erwiesen sind, steigt der Tabakkonsum weiter an. Die Ursache liegt u. a. darin, daß das R. eine suchtartige Gewohnheit bewirkt. Dauerkonsum führt zu zunehmender Toleranz des Organismus gegenüber dem Hauptwirkstoff des Tabaks, dem Nikotin.

Die *gesundheitsschädigenden Folgen des R.s* beruhen jedoch nur z. T. auf Wirkungen des Alkaloids Nikotin, das am vegetativen Nervensystem angreift. Vielmehr wird beim Abbrennvorgang des Tabaks eine große Anzahl anderer toxisch wirkender Stoffe freigesetzt, z. B. aliphatische und aromatische Kohlenwasserstoffe, niedere Alkohole (z. B. Methanol), Kohlenmonoxid, Ammoniak, Stickoxide, Blausäure. An karzinogenen Stoffen sind Benzpyren und mehrere seiner Abkömmlinge, Spuren von Nitrosaminen und Schwermetalle wie Chrom, Arsen, Cadmium und Vanadium nachgewiesen.

In der Glutzone der Zigarette, Zigarre oder Pfeife werden durch den Luftstrom, hervorgerufen durch den Sog am Mundstück, Temperaturen von rund 900°C erzeugt. Dabei wird organisches und anorganisches Material thermisch zersetzt und gerät gasförmig in die dahinterliegende **Destillationszone**, vermischt sich mit Wasserdampf und bildet durch Abkühlung ein Aerosol. Ein Teil des Aerosols schlägt sich mit abnehmender Temperatur im Restteil der Zigarette, der **Kondensationszone,** nieder. Mit fortschreitendem Abbrand der Zigarette erhöht sich demnach die Konzentration der Stoffe im Hauptstrom, da das Kondensat erneut abdestilliert und in Aerosolform übergeführt wird.

Krebsgefahr: Da die aktive Inhalation von Tabakrauch experimentell sehr schwierig nachzuahmen ist, konnten bisher kein Stoff und keine Stoffgruppe eindeutig als maßgeblich lungenkrebserzeugend nachgewiesen werden. Neben polycyclischen Kohlenwasserstoffen werden in diesem Zusammenhang N-Nitrosoverbindungen, Stickstoffoxide, Lactone, Epoxide, Spuren von Schwermetallen, radioaktives Polonium und schließlich Abbrandprodukte des Zigarettenpapiers diskutiert. Da diese genannten Stoffe alle zusammen die karzinogene Wirkung von Tabakteer nur teilweise zu erklären imstande sind, wird auch das Vorhandensein bisher noch nicht identifizierter Karzinogene erwogen.

Nach der Tabakverordnung muß seit dem 1. 11. 1980 in allen Werbeanzeigen und auf allen Plakaten der Warnhinweis *„Der Bundesgesundheitsminister: Rauchen gefährdet Ihre Gesundheit"* angebracht werden, seit 1. 10. 1981 auch auf allen Zigarettenpackungen. Außerdem sind der Nikotin- und Kondensatgehalt anzugeben.

Rauchgase ↑ Rauch.

Rauchgasentschwefelung: die Entfernung von Schwefelverbindungen, insbesondere Schwefeldioxid (SO_2), aus den v. a. beim Verbrennen von Kohle, Heizöl oder Erdgas entstehenden Abgasen (Rauchgasen).

Da in Kohle durchschnittlich 1 bis 2%, in Erdöl 3 bis 4% meist organische Schwefelverbindungen und in Erdgas durchschnittlich 1% Schwefelwasserstoff enthalten sind, die beim Verbrennen sämtlich in SO_2 übergehen, das als eine der gefährlichsten luftverunreinigenden Substanzen anzusehen ist, kommt der R. in Erfüllung der gesetzlichen Auflagen zum Umweltschutz (Großfeuerungsanlagen-Verordnung vom 22. 6. 1983) steigende Bedeutung zu. In der BR Deutschland werden zur Zeit vier Verfahren angewandt, bei denen das SO_2 in Form von Ammoniumsulfat, Gips, Schwefel oder Schwefelsäure gebunden und aus dem Rauchgas abgeschieden wird (Ausscheidungsgrad über 80%). Zunehmend werden auch solche

Redoxsysteme

Verfahren Bedeutung erlangen, durch die bereits der Schwefelgehalt der Brennstoffe verringert bzw. der Schwefel bei ihrer Verbrennung (z. B. im Wirbelschichtverfahren) zu Sulfaten umgesetzt wird.

Rauchgasentstickung: die Entfernung von Stickstoffoxiden (Stickoxiden; insbesondere Stickstoffmonoxid und -dioxid, NO bzw. NO_2) aus den v. a. beim Verbrennen von Kohle anfallenden Abgasen (Rauchgasen).
Stickoxide entstehen in den Feuerungsanlagen im wesentlichen durch Oxidation von Luftstickstoff insbesondere bei hohen Temperaturen. Da die Stickoxide bei der Entstehung von ↑Photooxidanzien eine Rolle spielen und daneben auch die Schadstoffwirkung des Schwefeldioxids verstärken, kommt neben der ↑Rauchgasentschwefelung heute auch der R. steigende Bedeutung zu (geregelt durch die Großfeuerungsanlagen-Verordnung vom 22. Juni 1983).
Verfahren der R. bestehen in der katalytischen Umsetzung der Stickoxide mit Ammoniak zu Stickstoff und Wasser, die an die Luft abgegeben werden, oder im Auswaschen der (zunächst oxidierten) Stickoxide mit Kalkwasser oder Ammoniak, wobei sich Kalk- bzw. Ammonsalpeter bilden, die als Düngemittel verwertet werden können.

Rauchschäden: gebräuchliche (jedoch nicht korrekte) Bez. für die durch ↑Luftverunreinigungen (v. a. Rauchgase) auftretenden Schäden an Organismen und Sachgütern.

Raumschmarotzer:
◊ in der *Botanik* Bez. für ↑Epiphyten.
◊ in der *Zoologie* uneinheitlich gebrauchter Begriff für Epizoen, Endozoen, Inquilinen und Paröken (↑Parökie).

RBW, die [ɛrbe:'ve:] Abk. für ↑relative biologische Wirksamkeit.

Reaktionsnorm [Syn.: Reaktionsbreite, Modifikationsbreite]: die genetisch festgelegten bzw. durch die spezifische Reaktionsbereitschaft begrenzten Möglichkeiten für einen Entwicklungsvorgang bzw. ein bestimmtes Verhalten; nur innerhalb dieser von der R. gesetzten Grenzen können Umwelteinflüsse wirksam werden. – ↑auch Adaptation, ↑eury-

potent, ↑stenopotent, ↑ökologische Potenz.

Rechen: Rückhaltevorrichtung einer Kläranlage (↑Abwasserreinigung).

Recycling, das [ri'saɪklɪŋ ‖ engl., zu engl. to recycle = wiederaufbereiten ‖ Syn.: Rezyklierung]: die Wiederverwendung von Abfällen, Nebenprodukten oder [verbrauchten] Endprodukten der Konsumgüterindustrie als Rohstoffe für die Herstellung neuer Produkte.
Das R. ist auf manchen Gebieten als Methode der Rohstoffbeschaffung (u. a. bei der Wiedergewinnung von Edelmetallen aus Münzlegierungen oder bei der Gewinnung von Faserrohstoffen aus gebrauchten Textilien) sehr alt. Es gewinnt zunehmend an Bedeutung im Zuge der Verknappung von Rohstoffen und unter den Aspekten des Umweltschutzes (schwindende Möglichkeiten für die Ablagerung von Müll, Belastung der Flüsse durch Abfallstoffe, Energieverknappung).
Wichtige *Beispiele* für R. sind z. B. die Wiederverwendung von Eisenschrott, die Aufarbeitung von Altaluminium, die Wiederaufbereitung von Altöl, die Verarbeitung von Altgummi, Altglas, Altpapier und Kunststoffabfällen sowie die Regenerierung von Lösungsmitteln.
Die nicht mehr verwertbaren Rückstände werden in eine umweltverträgliche Form überführt, so daß sie ohne schädliche Umweltwirkung deponiert werden können.

Red Data Books, die (Mehrz.) ['rɛd 'deɪtə 'bʊks ‖ ohne Einz. ‖ engl. = rote Bücher der Fakten]: von der ↑IUCN 1966 erstmals aufgestellte Listen der weltweit gefährdeten Tier- und Pflanzenarten. Aus den R. D. B. gingen die ↑Roten Listen gefährdeter Pflanzen und Tiere einzelner Staaten hervor.

Redoxsysteme [Redox- ist Kurzwort aus ↑Reduktion und ↑Oxidation ‖ Syn.: Oxidations-Reduktions-Systeme]: Systeme aus Oxidations- und Reduktionsmitteln, in denen ein Reaktionsgleichgewicht zwischen Oxidations- und Reduktionsvorgängen **(Redoxgleichgewicht)** herrscht. Dieses Gleichgewicht ist durch das **Redoxpotential** (ein in Volt ausgedrücktes Normalpotential gegen eine

Reduktion

Wasserstoffelektrode) bestimmt. Jede Oxidation ist mit einem Reduktionsvorgang deshalb verbunden, weil die von einem oxidierten Stoff abgegebenen Elektronen von einem gleichzeitig reduzierten aufgenommen werden.
Redoxgleichgewichte spielen im physiologischen Geschehen eine große Rolle.
Reduktion, die [aus lat. reductio = Zurückführung ‖ Abl.: ↑reduktiv]: in der *Chemie* Bez. für eine stets mit einer Oxidation gekoppelte gegenläufige Reaktion; im engeren Sinne die Abspaltung von Sauerstoff aus einer chemischen Verbindung durch R.smittel (Elektronendonatoren); im weiteren Sinne auch die Anlagerung von Wasserstoffatomen oder nach der elektrochemischen Definition die Aufnahme von Elektronen.
In *biochemischen Systemen* erfolgen R. und Hydrierung meist katalytisch mit Hilfe von ↑Enzymen (Oxidoreduktasen).
Reduktionshorizont: der im Bereich von Stauwasser oder des Grundwassers liegende G-Horizont des Bodens, in dem infolge Sauerstoffmangels ein reduzierendes Milieu herrscht. Eisen und Mangan liegen hier in löslicher zweiwertiger Form als Eisen- bzw. Manganhydrogencarbonate vor. – ↑auch Oxidationshorizont.
reduktiv [zu ↑Reduktion]: nennt man biologische und chemische Prozesse, die ohne Sauerstoff ablaufen; z. B. der Abbau chemischer Verbindungen durch (anaerobe) Gärung. R. sind auch die Faulschlammprozesse und die Bildung von ↑Biogas.
Reduzenten, die (Mehrz.) [Einz.: der Reduzent ‖ zu lat. reducere = zurückführen]: svw. Destruenten (↑Nahrungskette).
Refugialgebiete: svw. ↑Refugien.
Refugien, die (Mehrz.) [Einz.: das Refugium ‖ aus lat. refugium = Zuflucht ‖ Syn.: Refugialgebiete, Residualgebiete, Rückzugsgebiete, Erhaltungsgebiete]: größere oder kleinere (**Klein-R.;** z. B. Moor) geographische Gebiete, die durch begünstigte Lage (z. B. in bezug auf das Klima während des Pleistozäns; ergab die sehr zerstreut in Norddeutschland, in den mittel- und süddeutschen Mittelgebirgen und im Alpenvorland erhalten

gebliebenen **Glazial-R.** mit charakteristischen **Glazialrelikten,** z. B. der Zwergbirke, der Magnolie) oder durch Abgeschlossenheit (z. B. durch Meere wie Australien) zu einer natürlichen Überlebensregion für Tier- und Pflanzenarten wurden, die im ursprünglichen Verbreitungsgebiet ausgestorben sind. Von Glazial-R. aus konnte eine Wiederbesiedlung eisfrei gewordener Gebiete erfolgen.
Regelkreis: In einem R. werden technische oder biologische Vorgänge so beeinflußt (geregelt), daß bestimmte vorgegebene Größenwerte ohne größere Schwankungen erhalten bleiben. Mit den Aufgaben und Wirkungsweise biologischer Regelkreise befaßt sich die **Biokybernetik.**
Ein R. setzt sich aus einer Reihe von Elementen zusammen. Die Größe, die innerhalb eines engen Schwankungsbereichs konstant gehalten werden soll (wie z. B. die Konzentration des Blutzuckers), nennt man die **Regelgröße.**
Jede Regelung setzt eine laufende Messung der gerade vorliegenden Regelgrößenwerte **(Ist-Wert)** voraus; dies besorgt der Fühler oder das Meßwerk. Der **Fühler** überträgt den Ist-Wert auf den **Regler,** der ihn mit dem **Soll-Wert** (das ist eine außerhalb des Regelkreises festgelegte Größe) vergleicht. Der Regler gibt dann eine Information (auch **Stellgröße** genannt) an das **Stellglied,** das den Ist-Wert der Regelgröße so verändert, daß er sich dem Soll-Wert nähert. Dabei wird wiederum der Regelgrößenwert vom Fühler gemessen und nach dem vorliegenden Meßergebnis das Stellglied informiert, ob die Regelgröße weiter verändert werden soll oder nicht.
Dieses Prinzip, daß das Ergebnis des Eingriffs gemessen wird und dieses auf das Regelgeschehen entsprechend zurückwirkt, nennt man ↑Rückkopplung. Dabei liegt bei einem Regelvorgang immer ein Kreisprozeß vor. Entscheidend für einen R. ist die Information, die der Regler erhält. Nur durch sie kann er das Stellglied über die Stellgröße zum Eingreifen an der Regelstrecke veranlassen.
Die Regelgröße kann von außen durch

Regenfeldbau

eine **Störgröße** beeinflußt werden, was ein sofortiges Einsetzen des Regelmechanismus zur Folge hat. Jeder Regler braucht eine gewisse Zeit vom Aufnehmen des Ist-Werts bis zur Ausführung der Regelung; dies ist die **Totzeit** des Reglers.

Komplizierter werden die Verhältnisse, wenn sich die Außenbedingungen während des Regelprozesses ändern; denn dann kann eine an den neuen Verhältnissen orientierte Veränderung an der Regelstrecke nicht mehr innerhalb des Regelkreises bewirkt werden; jetzt muß eine sog. Soll-Wert-Verstellung eintreten, die nur durch einen zweiten R., die sog. **Führungsgröße**, möglich ist.

Ein einfaches und gut erforschtes Beispiel eines einfachen Regelkreises aus der Biokybernetik ist die *Regulation der Blutgase:*
Der Mensch nimmt bei der Atmung Sauerstoff auf und gibt Kohlendioxid ab. Ohne Einfluß des Willens werden dabei die Atemfrequenz und die Atemtiefe den körperlichen Erfordernissen (Ruhe oder sportliche Betätigung) angepaßt. Dies wird durch Regelvorgänge bewerkstelligt. Die Konzentration von Sauerstoff (O_2) und Kohlendioxid (CO_2) ist hier die Regelgröße. Die vorgegebenen Soll-Werte liegen bei 20 ml O_2 und 51 ml CO_2 in 100 ml arteriellem Blut.

Die tatsächlich vorhandene Konzentration muß laufend gemessen werden. Das geschieht mittels Chemorezeptoren, die man im Glomus caroticum (Abzweigung der Halsschlagader) entdeckt hat. Aus dem Glomus caroticum führt ein sensibler Nerv zum Atemzentrum im verlängerten Mark, der bei Überschreitung des Soll-Werts der CO_2-Konzentration durch eine entsprechende Erhöhung der Frequenz seiner Aktionspotentiale das Atemzentrum informiert.

Die Chemorezeptoren stellen die Fühler in diesem R. dar. Das Atemzentrum seinerseits veranlaßt die Atemmuskulatur, die als Stellglied des Regelkreises anzusehen ist, über eine Stellgröße (Reizung und Erregungsleitung der zu den Muskeln ziehenden Nerven) die Atemfrequenz zu steigern. Der R. reagiert auch auf eine dem Soll-Wert gegenüber zu geringe Kohlendioxidkonzentration mit einer Verlangsamung der Atemfrequenz.

Regenerate, die (Mehrz.) [Einz.: das Regenerat‖zu lat. regenerare = von neuem hervorbringen]: technische Produkte, die durch Aufarbeitung gebrauchter oder verbrauchter Verbrauchsartikel zurückgewonnen und als Rohstoffe wieder verwendet werden können (z. B. Lösungsmittel).

Regeneration, die [zu lat. regenerare = von neuem hervorbringen]: bei Organismen der Ersatz verlorengegangener Organe oder Organteile. Die R. normalerweise in Verlust geratener Teile wie Federn, Zähne, Geweihe sowie von Wurzeln an Stecklingen wird als **Restitution** bezeichnet und erfolgt aus bereits vorhandenen Anlagen. Werden durch Verletzung verlorengegangene Teile ersetzt, spricht man von **Reparation;** diese erfolgt aus dem Wundgewebe.

Im übertragenen Sinne wird in der *Ökologie* die Bez. R. für die Fähigkeit eines Ökosystems benutzt, eine Änderung seiner Struktur aufgrund eines Störfaktors wieder rückgängig machen zu können, wenn dieser nicht mehr einwirkt, und somit den ursprünglichen Zustand wiederherzustellen.

Regenerationsfraß: Nahrungsaufnahme von Insektenweibchen, die bereits ihre Eier abgelegt haben, deren Geschlechtsorgane aber fähig sind, bei Zufuhr von genügend Nährstoffen erneut Geschlechtszellen zu produzieren und damit zu einer zweiten Brut zu kommen. Diese Verhältnisse treten bei verschiedenen Arten von Borkenkäfern fakultativ oder obligat auf.

regenerative Energiequellen [zu lat. regenerare = von neuem hervorbringen]: erneuerbare Energiequellen, wie z. B. die direkte oder indirekte Nutzung der Sonnenenergie, geothermischer Energie (Erdwärme) und der Gezeiten.

Regenfeldbau [Syn.: Trockenfeldbau]: Bei dieser Form des Ackerbaus decken die Nutzpflanzen ihren Wasserbedarf unmittelbar aus den Niederschlägen; es findet also keine künstliche Bewässerung statt.

Wegen der kalten Winter kommt in Mitteleuropa der R. nur als Sommerfeldbau

255

regengrüner Wald

vor. In den inneren Tropen ist dagegen Dauerfeldbau möglich. In den Savannengebieten ist der R. ein typischer Regenzeitfeldbau. Die durch den Niederschlag bedingte Grenze der Verbreitung des R.s bezeichnet man als **Trockengrenze.**

regengrüner Wald: Der regengrüne Wald ist ein nur in der Regenzeit belaubter Wald; er tritt in den wechselfeuchten Tropen auf.

Regenwald: charakteristische Pflanzenformation der ganzjährig feuchten Gebiete der Erde. Die Folge dieser Wachstumsbedingungen ist eine üppige Vegetation, die sich durch Artenvielfalt auszeichnet. Die Bäume sind immergrün und haben häufig derbe Blätter als Schutz vor den starken Niederschlägen. Der Laubwechsel verteilt sich über das ganze Jahr, ebenso die Blüte und die Fruchtreife. Das Holz zeigt keine Jahresringe, da während des ganzen Jahres ein gleichmäßiges Dickenwachstum möglich ist.

Je nach geographischer Breite unterscheidet man den **tropischen R.,** den **subtropischen R.** und den **temperierten R.** der frostfreien Außertropen. Entscheidend für die unterschiedliche Ausbildung sind v. a. die Temperaturen des kältesten Monats: Ihr Mittelwert liegt in den Tropen bei 15 °C, in den Subtropen bei 7–8 °C und im temperierten Bereich bei 5–6 °C:

Tropischer Tieflandregenwald: Er ist mit mehr als 100 Baumarten pro Hektar die artenreichste Vegetationsformation der Erde und ist durch drei (selten fünf) Baumstockwerke gekennzeichnet: Das oberste besteht aus 50–60 m hohen Baumriesen, das mittlere aus 30–40 m hohen Bäumen, die ein geschlossenes Kronendach bilden, das untere erreicht 15 m Höhe; es handelt sich z. T. um Jungwuchs. Baumgräser machen ihn oft undurchdringlich. Epiphyten, wie z. B. Orchideen, setzen sich in den Astgabeln hoher Bäume fest. Wegen des Lichtmangels fehlt eine Krautschicht fast vollständig.

Tropischer Gebirgsregenwald: Man findet ihn in Höhen von 1 000–2 000 m ü. d. M.; wegen der abnehmenden Temperaturen ist er etwas artenärmer als der Tieflandregenwald. Die Bäume werden bis zu 30 m hoch und bilden nur zwei Stockwerke. Über 50 % der Blütenpflanzen sind Sträucher und Kräuter. Man findet zahlreiche Epiphyten, v. a. Orchideen.

Subtropischer Regenwald: Er unterscheidet sich vom tropischen Tieflandregenwald durch das geringere Vorkommen von Lianen und Epiphyten. Die Baumfarne sind dagegen häufiger, und es treten auch Nadelhölzer auf, z. B. die Kopalfichte.

Temperierter Regenwald: Nur wenige Arten bilden diesen Wald; häufig ist die Scheinbuche. Die Bäume erreichen mittlere Höhen von 20–30 m und können von Eukalyptusbäumen überragt werden. Baumfarne bilden das Strauchstockwerk. Mit den tropischen Gebirgsregenwäldern haben sie den Reichtum an Moosen, Flechten und Farnen gemeinsam, die auf den Bäumen wachsen. Typisch ist weiterhin eine oft erhebliche Beteiligung von Nadelhölzern. Sie treten v. a. in Südchile, in Victoria (Australien), auf Tasmanien und Neuseeland auf.

Rund 6 % der Erdoberfläche werden von tropischem R. bedeckt; davon werden jährlich rund 245 000 km^2 vernichtet. Bei gleichbleibender Tendenz wird bis zum Beginn des kommenden Jahrhunderts in vielen Regionen kaum noch tropischer R. vorhanden sein.

Region, die [aus lat. regio, regionis = Gegend, Bereich ‖ Abl.: regional]:
◇ *allg.:* durch bestimmte Merkmale (z. B. Klima) gekennzeichneter räumlicher Bereich; größeres Gebiet.
◇ in der *BR Deutschland* im Sinne der *Raumordnung* und *Landesplanung* Teilraum eines Bundeslandes, für den eine Regionalplanung geboten erscheint. Zu einer R. werden solche Gebiete zusammengefaßt, zwischen denen ausgewogene Lebens- und Wirtschaftsbeziehungen bestehen oder entwickelt werden sollen. Die R. erstreckt sich in der Regel auf das zusammenhängende Gebiet mehrerer Landkreise unter Einbeziehung kreisfreier Städte.
◇ in der *Biogeographie* und *Ökologie* ↑ Gewässerregionen.

Reinigungsmittel

Regionalforschung [Syn.: Raumforschung]: interdisziplinäre Forschungsrichtung zur Beschreibung und Entwicklungsanalyse der natürlichen, demographischen, ökonomischen, sozialen und politischen Strukturen einer Region. Die R., an der u. a. Soziologie, Geographie, Ökologie, Bevölkerungswissenschaft und Ökonomie beteiligt sind, geht davon aus, daß die sozialen Beziehungen in einer Gesellschaft von den materiellen Umweltbedingungen und den räumlich verfestigten Strukturen abhängig sind. Sie untersucht die historischen Gegebenheiten und zukünftigen Chancen der räumlich-funktionalen Streuung und Gliederung der Bevölkerung oder der Bindung betrieblich-organisatorischer Funktionen an bevorzugte Standorte; sie prüft die territorialen Voraussetzungen bzw. Konsequenzen bestimmter Kooperations-, Herrschafts- und Konfliktstrukturen in der Gesellschaft. Aus den Ergebnissen der Analyse regionaler Lebensverhältnisse und Entwicklungstrends leitet die R. Bedarfsschätzungen und soziale Strukturprognosen ab.

Regionalplanung: Festlegung der anzustrebenden räumlichen Ordnung und Entwicklung einer Region als Ziele der Raumordnung und Landesplanung. Die R. liegt zwischen der Landesplanung und der örtlichen Planung.
Im **Regionalplan,** der vom Regionalverband beschlossen wird, sind insbesondere zu bestimmen: zentrale Orte der unteren Stufe und Richtlinien für ihren Ausbau; Richtzahlen für die anzustrebende Entwicklung der Bevölkerung und der Arbeitsplätze; Entwicklungsachsen von regionaler Bedeutung; die wirtschaftliche Struktur durch Einrichtungen des Verkehrs, der Versorgung, der Bildung und der Erholung; Planungen und Maßnahmen zur Erhaltung und Gestaltung der Landschaft.

Regosol, der [zu griech. rhēgos = bunte Decke und lat. solum = Boden, Erdboden]: ↑ Rohboden.

Regression, die [aus lat. regressio = Rückgang]:
◊ in der *Entwicklung der Organismen* (Evolution) die Vereinfachung der morphologischen Organisation, z. B. bei Parasiten.
◊ in der *Populationsdynamik* das Schrumpfen des Areals einer Population, verursacht durch Änderungen der Umwelt oder durch Verringerung der Individuenzahl.

Reifungsfraß: die zur Erlangung der Geschlechtsreife notwendige Freßtätigkeit bei verschiedenen Insekten, deren Geschlechtsorgane nach dem Verlassen der Puppenhülle noch nicht voll entwickelt sind (v. a. bei Käfern, z. B. Borkenkäfern, Kartoffelkäfern). Bei langlebigen Insekten kann der Geschlechtstrieb periodisch aussetzen (z. B. während der Winterruhe); für das erneute Heranreifen der Geschlechtsprodukte müssen die Tiere dann ebenfalls eine Freßperiode in Form eines ↑ Regenerationsfraßes einlegen.

Reinbestand ↑ Mischbestand.

Reinheit [Syn.: chemische R.]: Bez. für die Beschaffenheit von chemischen Substanzen bezüglich des Gehaltes an Fremdsubstanzen, der ihre Verwendungsmöglichkeiten stark beeinflußt. Man unterscheidet zwischen verschiedenen *R.sgraden,* u. a.: roh, technisch rein, chemisch rein (analysenrein) und spektralrein.
Zur Bestimmung der R. eines Stoffs dienen z. B. Fällungsreaktionen, Bestimmung des Siedepunktes, des Schmelzpunktes, der Dichte und der Brechzahl und v. a. die Spektralanalyse, durch die noch Verunreinigungen bis zu 10^{-7}% nachgewiesen werden können.
Substanzen mit extrem niedrigem Gehalt an Fremdstoffen (bis unterhalb 10^{-8}% oder 10^{-4} ppm), die sog. **Reinstoffe (ultrareine Stoffe),** sind wichtig als Reaktorwerkstoffe (durch Entfernen neutroneneinfangender Stoffe), in der Halbleitertechnologie und zur Erforschung der Eigenschaften hochschmelzender Metalle.

Reinigungsmittel: Substanzgemische zur Oberflächenreinigung.
Technische R. **(Industriereiniger)** werden in der Metallindustrie zur Reinigung von Metalloberflächen, daneben auch in der Getränke- und Nahrungsmittelindustrie zur Reinigung von Gefäßen und

Reinkultur

Apparaturen (z. B. Abfüllmaschinen) verwendet. Diese R. enthalten meist stark basisch reagierende Substanzen (z. B. Natronlauge, Soda) sowie Polyphosphate zur Wasserenthärtung und Silicate zur Verbesserung des Schmutztragevermögens. Die R. für die Apparaturen enthalten zusätzlich waschaktive Substanzen (↑ Tenside) und Desinfektionsmittel (z. B. Chlorbleichlauge).
Bei den *Haushalts-R.n* unterscheidet man mechanisch wirkende **Scheuermittel** aus feingemahlenem Quarzsand, Kreide, Kieselgur oder Bimsstein mit Zusätzen waschaktiver und desinfizierender Substanzen und die pulverförmigen oder flüssigen **Raum-R.** aus waschaktiven Substanzen (früher Alkalien, insbes. Soda) und Polyphosphaten mit Zusätzen von Hautschutzmitteln, Farb- und Duftstoffen. Auch **Geschirrspülmittel** für manuelles Spülen enthalten v. a. waschaktive Substanzen (Fettalkoholsulfate, Alkylbenzolsulfonate, Alkylpolyglykoläther), ferner Harnstoff (für Klarlöslichkeit). Spülmittel für Geschirrspülmaschinen bestehen aus nur geringen Mengen waschaktiver Substanzen, aber v. a. aus Soda, Natriumsilicat, Natriumorthophosphat und Polyphosphaten.
Reinkultur:
◊ [Syn.: Reinanbau]: in der *Landwirtschaft* der Anbau einer einzigen Nutzpflanzenart auf einer bestimmten Anbaufläche im Rahmen einer Fruchtfolge oder der Monokultur.
◊ in der *Forstwirtschaft* svw. Reinbestand (↑ Wald).
Reinluftgebiet: Gebiet außerhalb von Ballungsräumen bzw. fernab von Verunreinigungsquellen, in dem die Luft nur geringe Konzentrationen an Luftbeimengungen aufweist. Die Messung von Luftbeimengungen in R.en dient zur Erfassung der großräumigen Verteilung atmosphärischer Spurenstoffe.
Reinnährstoff: der meist in % vom Gesamtgewicht ausgedrückte Gehalt eines Düngemittels an Stickstoff, Phosphorpentoxid, Kaliumoxid, Calciumoxid, eventuell Magnesiumoxid u. a. Der Düngerbedarf eines Bodens oder einer Pflanzenart bzw. der Düngungsvor-

schlag wird meist in kg R. pro Hektar angegeben.
Reinsaat: die Aussaat nur einer Pflanzenart; im Gegensatz zur Gemengsaat.
Reinwasser: durch Wasseraufbereitung hergestelltes Trink- oder Betriebswasser; im Gegensatz zum Rohwasser (Grund- oder Oberflächenwasser).
Reinwasserbakterien: aus Boden und Luft stammende Bakterien, die in reinem, vor Verunreinigungen geschütztem Quell-, Grund- und Leitungswasser vorkommen können, aber keine Krankheitserreger sind.
Reinwasserorganismen: svw. Oligosaprobionten (↑ Saprobiensystem).
Reizklima: Klima mit ständig wechselndem Witterungscharakter; heftige Winde und große tägliche Temperaturunterschiede sind typisch. Die Küstengebiete der Nord- und Ostsee haben ein solches Reizklima.
Rekultivierung, die [zu lat. re = wieder und mlat. cultivare = (be)bauen, pflegen]: landschaftliche Neugestaltung eines durch menschliche Eingriffe zerstörten oder zeitweise verschlechterten Geländes (z. B. Braunkohletagebaue, Kiesgruben, Steinbrüche, Abraumhalden). – Abb. S. 234.
relative biologische Wirksamkeit [Abk.: RBW]: Zahlenfaktor, mit dem die biologische Äquivalenz zweier Strahlungsdosen ausgedrückt werden kann. Die RBW-Dosis ist die Energiedosis einer mit 250 kV erzeugten Röntgenstrahlung, die dieselbe biologische Wirkung hervorruft wie die Energiedosis der untersuchten Strahlenart.
relative Feuchtigkeit [Syn.: relative Luftfeuchtigkeit]: in % ausgedrücktes Verhältnis der tatsächlich in der Luft vorhandenen Wassermenge zum Sättigungsgehalt bei der betreffenden Temperatur.
Das Wasseraufnahmevermögen der Luft ist stark temperaturabhängig. Im Gegensatz zum absoluten Wassergehalt der Luft (gemessen in g/m^3), der nur umständlich zu ermitteln ist, kann die r. F. mit Hygrometern gemessen und registriert werden.
Die relative Luftfeuchtigkeit ist ein sehr wichtiger ökologischer Faktor, weil sie

u. a. den Wasserhaushalt des vegetationslosen Erdbodens (über die Verdunstung) bei Pflanzen (über die Transpiration) und Mikroorganismen stark beeinflußt. Z. B. keimen Pilzsporen oft nur oberhalb einer kritischen r.n F. aus. Die r. F. beeinflußt auch die Öffnung mancher Früchte zur Samenfreisetzung.

Relikt, das [zu lat. relinquere, relictum = zurücklassen, übriglassen]: Pflanzen- oder Tierart mit ehemals größerem Verbreitungsgebiet, die in einem Refugium (↑ Refugien) erhalten geblieben ist.

Reliktböden: Böden, die in früheren Zeiten unter anderen als den heutigen Klimaverhältnissen gebildet wurden und unter Erhaltung der dabei erworbenen stabilen Merkmale sich heute weiterentwickeln (z. B. die Steppenschwarzerden Deutschlands); im Gegensatz zu fossilen Böden (Paläosolen), die durch Überdeckung verschüttet und dadurch in ihrer Entwicklung unterbrochen worden sind, wobei ihre Merkmale konserviert wurden.

Reliktendemismus: svw. ↑ Paläendemismus.

Reliktendemiten: svw. Paläendemiten (↑ Paläendemismus).

Rem, das [Abk. für engl. Roentgen equivalent man = Röntgenstrahlenäquivalent bezogen auf den Menschen ‖ Einheitenzeichen rem]: früher gebräuchliche Einheit für die Äquivalentdosis radioaktiver Strahlen[gemische]; dafür heute ↑ Sievert (Sv); 1 rem = 0,01 Sv = 1 J/kg.

Rendzina, die [poln. ‖ Syn.: Fleinserde, Humuscarbonatboden]: Bodentyp mit flachgründigem, stark humosem, schwarz bis schwarzbraun gefärbtem A-Horizont über hellem C-Horizont. Die R. bildet sich auf festem Carbonatgestein (Kalk, Dolomit) unter Laubmischwäldern der Mittelgebirge und Hügelländer in den gemäßigten Breiten, meist in Hang-, seltener in ebener Lage. Sie wird meist als Grün- oder Waldland genutzt. Die R. entspricht dem Ranker auf Silicatgestein.

Repellents, die (Mehrz.) [Einz.: das Repellent ‖ engl., zu engl. to repel = abweisen, abstoßen]: im weiteren Sinne Bez. für Mittel oder Vorrichtungen, die aufgrund unangenehmer Geruchs- oder Geschmackswirkung oder durch akustische (z. B. Lärmerzeuger) oder optische Reize (z. B. Blinker in Obstbäumen) Schädlinge (z. B. Wild, Ratten, Vögel, Stechfliegen, Stechmücken) von Nutzpflanzen, Nutztieren oder auch vom Menschen fernhalten; im engeren Sinne Bez. für chemische Substanzen, die auf Insekten und Milben abstoßend wirken; gewöhnlich synthetische Stoffe, die chemisch unterschiedlichen Verbindungsgruppen angehören; sie werden meist im Gemisch verwendet und kommen in Form von Lösungen, Salben oder als Sprays in den Handel.

Reservat, das [zu lat. reservare, reservatum = aufbewahren ‖ Syn.: Reservation]: bestimmten Bevölkerungsgruppen vorbehaltenes Siedlungsgebiet; im weiteren Sinne Bez. für ein zur Überlebensregion bestimmtes kleineres oder größeres Gebiet, in dem bestimmte Tier- und/ oder Pflanzenarten vor der Ausrottung durch den Menschen geschützt sind. Diesem Zweck können z. B. voll geschützte Naturschutzgebiete, Vogelschutzgebiete und Nationalparks wie etwa die Serengeti (als Lebensraum für zahlreiche Huftiere) dienen.

Reservation, die: svw. ↑ Reservat.

Reservehumus: svw. Dauerhumus (↑ Humus).

Reservestoffe: im *pflanzlichen* und *tierischen Organismus* in Zellen bzw. in besonderen Speichergeweben oder -organen angereicherte, dem Stoffwechsel vorübergehend entzogene Substanzen, die vom Organismus bei Bedarf (steigender Energiebedarf, ungenügende Nährstoffzufuhr) wieder in den Stoffwechsel eingeschleust werden können; z. B. Öle und Fette, Polysaccharide (Assimilationsstärke, Stärke, Inulin, Glykogen), seltener Eiweiße (Aleuron). Überdauerungsformen niederer Organismen, ferner Früchte, Samen, Pflanzenknollen und dgl. enthalten meist reichlich Reservestoffe.

Reservewirt [Syn.: Reservoirwirt, Reservoir]: diejenige Tierart, bei der sich der Erreger einer tierischen oder menschlichen Infektionskrankheit fortdauernd, ohne bei diesem Krankheitserscheinungen hervorzurufen, erhält und

Reservoir

von der sie auch den Menschen – oft durch einen Überträger, also eine andere Tierart – erreichen kann. So ist z. B. die Ratte R. der Pesterreger, Überträger der Pest auf den Menschen dagegen der Rattenfloh.

Reservoir, das [...vo'a:r‖ frz. = Vorratsbehälter]: ungenaue Bez. für ↑ Reservewirt.

Reservoirwirt [...vo'a:r...]: svw. ↑ Reservewirt.

Residualgebiete [zu lat. residuum = das Zurückbleibende]: svw. ↑ Refugien.

Resistenz, die [aus spätlat. resistentia = Widerstand]: im Unterschied zur erworbenen Immunität die angeborene Widerstandsfähigkeit eines Organismus gegenüber schädlichen äußeren Einwirkungen, wie z. B. extreme Witterungsverhältnisse (etwa Trocken-, Hitze-R.) oder Schadorganismen (Krankheitserreger bzw. Parasiten, Pflanzenschädlinge) und deren Gifte. Die Schadorganismen können selbst wiederum resistent gegen Arznei- bzw. Pflanzenschutz- oder Schädlingsbekämpfungsmittel sein.

Bei der **passiven R.** verhindern mechanische, chemische oder thermische Sperren das Eindringen oder Wirksamwerden eines Schadfaktors. Bei der **aktiven R.** werden entsprechende Abwehrmaßnahmen beim angegriffenen Organismus ausgelöst (z. B. über Phagozyten oder über die Bildung von Hemmstoffen). Die R. von Schadorganismen beruht auf einem Selektionsvorgang, nicht auf einer Anpassung oder Gewöhnung des schädigenden Organismus.

Als **Arzneimittel-R.** (z. B. Antibiotika-, Chemotherapeutika-R.) wird die R. von krankheitserregenden Mikroorganismen beim Menschen und bei Tieren bezeichnet; sie wird der R. von tierischen und pflanzlichen Schadorganismen gegenüber Schädlingsbekämpfungsmitteln und Pflanzenschutzmitteln zur Seite gestellt.

Von Bed. ist die *physiologisch bedingte R.* (z. B. verstärkte Ausscheidung, verstärkter enzymatischer Abbau, verstärkte Inaktivierung durch Anlagerung des Wirkstoffs an Reservestoffe wie Lipide) gegenüber Pflanzenschutzmitteln. Hierbei unterscheidet man: **Einzel-R.** (gegen-

über einem einzigen Wirkstoff), **Gruppen-R.** (gegenüber mehreren Wirkstoffen einer Wirkstoffgruppe), **Multi-R.** (gegenüber zwei oder mehr Wirkstoffgruppen) und die **Kreuz-R.** (Behandlung mit einem bestimmten Wirkstoff ergibt zusätzliche R. gegenüber einem anderen oder mehreren anderen Wirkstoffen, die noch nicht eingesetzt wurden).

Respirations-Produktions-Verhältnis: svw. ↑ R/P-Verhältnis.

respiratorischer Quotient [zu lat. respirare = ausatmen, Atem holen‖ Abk.: RQ ‖ Syn. = Atmungsquotient]: in der *Physiologie* das Volumenverhältnis von im Stoffwechsel produziertem, ausgeatmetem Kohlendioxid zum eingeatmeten, verbrauchten Sauerstoff.

Der RQ läßt Rückschlüsse auf die Zusammensetzung der aufgenommenen Nahrung zu: Werden vom Organismus nur Kohlenhydrate verarbeitet, beträgt er 1,0; bei Fett- und Eiweißabbau liegen die Werte bei 0,8 bzw. 0,7. – ↑ auch Atmung.

Ressourcen, die (Mehrz.) [rɛ'sʊrsən ‖ Einz.: die Ressource ‖ aus frz. ressource = Hilfsmittel, Hilfsquelle]: ↑ Rohstoffe.

Restinga, die [span. = Riff]: offene Vegetationsformation aus Sträuchern und Bäumen an den sandigen Küsten Südostbrasiliens; mit zahlreichen Hülsenfrüchtlern, Ananasgewächsen und Säulenkakteen sowie (als Wirtschaftspflanzen) Kokospalmen; xerophiles Gepräge im Gegensatz zum anschließenden tropischen Regenwald.

Restitution, die [aus lat. restitutio = Wiederherstellung]: ↑ Regeneration.

Revier, das [über mittelniederl. riviere aus altfrz. rivière = Ufer(gegend), von vulgärlat. riparia = am Ufer Befindliches (zu lat. ripa = Ufer)]:

◊ in der *Tiersoziologie* ein begrenztes Gebiet (innerhalb des natürlichen, artspezifischen Lebensraums), das Tiere als ihr eigenes Territorium betrachten und daher entsprechend markieren und verteidigen. Die Anwesenheit eines R.besitzers schließt in der Regel die Anwesenheit artgleicher (gelegentlich auch artfremder) Konkurrenten (insbesondere gleichgeschlechtlicher Artgenossen) aus.

Rhizomgeophyten

Ein besonderes R. ist für Vögel ihr Brutgebiet. Heimische Libellen besitzen ein Jagd-R. mit einem festen Ansitzplatz auf einer Uferpflanze.
◊ [Syn.: Forst-R.]: im *Forstwesen* Teilbereich eines Forstamtes, für den zur Durchführung der forstwirtschaftlichen Planungen und Maßnahmen Forstbetriebsbeamte **(R.förster)** eingesetzt sind.

Rezedenten, die (Mehrz.) [Einz.: der Rezedent ‖ zu lat. recedere = zurückweichen]: Organismen, die in einer Tier- oder Pflanzengesellschaft zwar mit beträchtlicher Individuenzahl vertreten sind, jedoch an der Gesamtmasse lebender Substanz (Biomasse) nur einen geringen Anteil haben.

rezent [aus lat. recens, recentis = neu, jung]: nennt man Vorgänge und Lebewesen, die heute noch auftreten bzw. leben, und Gegebenheiten, die sich gegenwärtig bilden. – Gegensatz: fossil.

Rezyklierung, die: eindeutschend für ↑ Recycling.

rheo- [aus griech. rhéos = das Fließen]: in Zus. mit der Bed. „Fließen; Fluß"; z. B. rheophil.

rheobiont [zu ↑rheo- und griech. bíos = Leben ‖ Syn.: rheotypisch]: nur in strömenden [Süß]gewässern lebend; von Tieren gesagt (z. B. Bachforelle).

Rheokrene, die [↑rheo- und griech. krēnē = Quelle]: Bez. für eine Quelle auf geneigtem Gelände mit raschem Abfluß. – ↑auch Quellen.

rheophil [↑rheo- und ↑-phil]: Gewässer mit starker Strömung bevorzugend, sich dort aufhaltend; von Organismen (z. B. Forellen) gesagt.

Rheophilie, die: die Eigenschaft ↑rheophiler Organismen.

rheophob [↑rheo- und ↑-phob]: (stark) strömende Gewässer meidend; von Organismen (z. B. Süßwassermuscheln) gesagt.

Rheophobie, die: die Eigenschaft ↑rheophober Organismen.

Rheotaxis, die [↑rheo- und griech. táxis = Anordnung]: in Richtung einer Strömung orientierte aktive Bewegung bei Lebewesen; meist als **positive Rh.** (gegen die Strömung gerichtet; verhindert das Abgedriftetwerden in Fließgewässern; bei Forellen), seltener als **nega-**tive **Rh.** auftretend (mit der Strömung schwimmend; z. B. katadrome Fische während der Laichwanderung).

Rheotropismus, der [zu ↑rheo- und griech. tropē = Kehre; Wendung]: Ausrichtung des Wachstums von Pflanzenteilen unter dem Einfluß strömenden Wassers.

rheotypisch: svw. ↑rheobiont.

Rheoxene, die (Mehrz.) [ohne Einz. ‖ zu ↑rheo- und griech. xénos = fremd; Fremder]: Bez. für Pflanzen und Tiere, die in Fließgewässern und in der Brandungszone von Seen nicht lebens- oder fortpflanzungsfähig sind und in den hier ansässigen Biozönosen **(Rheozönosen)** nur zufällig und als Fremdlinge auftreten.

Rheozönose, die [zu ↑rheo- und griech. koinós = gemeinsam]: die Lebensgemeinschaft der ↑Fließgewässer.

Rhithral, das [zu griech. rheíthron = Fluß, Bach ‖ Syn.: Gebirgsbachregion]: Gewässerbereich der oberen Flußläufe bzw. der Bäche im Anschluß an das ↑Krenal (Quellbereich mit Quellbach); mit (im Unterschied zum ↑Potamal) schneller Strömung; relativ nährstoffarm; umfaßt die Forellen- und Äschenregion.
Die im R. beheimatete Lebensgemeinschaft wird als **Rhithron** bezeichnet. – ↑auch Fließgewässer.

Rhithron, das: die Lebensgemeinschaft des ↑Rhithrals.

Rhithrostygal, das [zu ↑Rhithral und griech. Stýx, Stygós = Fluß in der Unterwelt]: der Lebensraum im Grundwasserbereich des Rhithrals.

rhizo- [aus griech. rhíza = Wurzel]: in Zus. und Abl. mit der Bed. „Wurzel"; z. B. Rhizolithen.

Rhizolithen, die (Mehrz.) [Einz.: der Rhizolith ‖ zu ↑rhizo- und griech. líthos = Stein ‖ Syn.: Felswurzler, Steinpflanzen]: Gruppe der Felspflanzen, die an der Felsoberfläche mit ihren Rhizoiden oder Wurzeln in (kleine) Felsspalten eindringen; z. B. Arten der Fetthenne, Silberwurz, bestimmte Moose.

Rhizom, das [zu rhizo-]: ↑Rhizomgeophyten.

Rhizomgeophyten: ausdauernde Pflanzen (↑Geophyten), deren Erneue-

rhizophag

rungsknospen an unterirdischen, meist waagerecht wachsenden Erdsprossen **(Rhizomen)** gebildet werden.

rhizophag [zu ↑rhizo- und griech. phageīn = essen ‖ Syn.: radizivor, wurzelfressend]: nennt man Tiere, die sich von lebenden Pflanzenwurzeln ernähren.

Rhizosphäre, die [↑rhizo- und griech. sphaīra = Kugel; Erdkugel]: die die Wurzeln höherer Pflanzen unmittelbar umgebende Bodenzone; charakterisiert durch eine große Zahl sehr aktiver Mikroorganismen (v.a. Pilze, Bakterien). Die artenmäßige Zusammensetzung wird von den quantitativ und qualitativ unterschiedlichen, Nähr- und Wirkstoffe enthaltenden Wurzelausscheidungen der Pflanzen beeinflußt.

Rhizothamnien, die (Mehrz.) [Einz.: das Rhizothamnion ‖ zu ↑rhizo- und griech. thámnos = Busch, Strauch‖ Syn.: Koralloide]: äußeres Erscheinungsbild einer durch ↑Mykorrhiza hervorgerufenen Wuchsanomalie der Seitenwurzeln von Holzgewächsen; im Innern der verdickten, kurzbüschelig oder korallenartig verzweigten Wurzelabschnitte leben interzellulär die Myzelien der symbiontischen Pilze.

Ried: anmooriges Gebiet mit einer entsprechenden Vegetation nasser Standorte. Hier wachsen hauptsächlich Schilf und Sauergräser, wie z.B. die Segge und das Wollgras. Das R. geht häufig in ein Flachmoor (↑Moor) über. – In Süddeutschland werden auch Moore als Ried bezeichnet.

Rieselfelder: Bez. für Wiesen oder Ackerflächen, die der biologischen Reinigung von verschmutztem Wasser dienen. Man leitet das Wasser durch Gräben den Flächen zu und läßt es dann versickern. Besonders geeignet sind dabei sandige Böden mit einem nicht zu hohen Grundwasserstand. Die im Wasser vorhandenen Abfallstoffe werden durch die Sandschicht ausgefiltert und mit Hilfe von Bodenbakterien abgebaut. Die Endprodukte, wie z.B. Stickstoff, können dann wieder von den Pflanzen (meist handelt es sich um Hackfrüchte und Gemüse) genutzt werden.

Durch den Einsatz der leistungsfähigeren biologischen Kläranlagen kommt man von dieser Art der Wasserreinigung und Düngung der Felder immer mehr ab. Heute dienen die ehemaligen R. in der BR Deutschland oft der Grundwasseranreicherung oder der Trinkwassergewinnung.

Rillenspülung [Syn.: Rinnenspülung]: Abtragungsvorgang in den Trockengebieten der Erde, in denen die starken, aber seltenen Niederschläge nicht in einem regelmäßigen Gewässernetz abfließen, sondern auf geneigten Flächen scharf eingerissene Spülrinnen verursachen; sie sind eine Hauptform der Bodenzerstörung.

Ringelmann-Skala ↑Rauch.

ripikol [zu lat. ripa = Ufer und lat. colere = bewohnen]: uferbewohnend; von Organismen gesagt.

Rockpool, der ['rɔkpuːl ‖ engl. rock = Fels und engl. pool = Teich]: svw. Lithotelma (↑Mikrogewässer).

Rodentizide, die (Mehrz.) [Einz.: das Rodentizid ‖ zu lat. rodere = nagen und lat. caedere (in Zus.: -cidere) = töten]: zu den ↑Pestiziden zählende, gegen Nagetiere (Mäuse, Ratten) angewandte chemische Stoffe zur Vermeidung wirtschaftlicher Schäden und zur Verhütung von Krankheitsübertragung. Dazu gehören ↑Repellents zur Vertreibung von Maulwürfen, Hamstern, Bisamratten und Feldmäusen, Mäuse- und Rattenvertilgungsmittel **(Rattengift)** sowie **Chemosterilanzien** (meist synthetische Östrogene) zur Reduzierung der Vermehrung.

Nach ihrer Wirkungsweise unterscheidet man auch **Antikoagulanzien** (blutgerinnungshemmende Mittel, die die Tiere bei Verletzungen verbluten lassen), **Meerzwiebelpräparate** (natürliches Rodentizid mit herzwirksamen Glykosiden als Wirkstoffe), **anorganische R.** (Thalliumsulfat, Bariumcarbonat, Phosphorwasserstoff, Zinkphosphid) und allmählich wirkende **organische R.** (meist Derivate des Cumarins).

Bakterielle R. sind in der BR Deutschland nicht zugelassen.

Rodung: die Beseitigung von Wald (einschl. der Baumstümpfe), um landwirtschaftlich nutzbares Land oder Siedlungsfläche zu gewinnen. Solcherart ge-

Rote Liste

rodete Flächen, die isoliert liegen, bezeichnet man als **R.sinseln.** An Flüssen oder anderen als Leitlinien dienenden Gegebenheiten vorangetriebene R. nennt man **Rodungsgassen.**

Rohboden: im Anfangsstadium der Entwicklung befindlicher Bodentyp, der unter besonderen physisch-geographischen Bedingungen, wie Steilhanglage, starke Abtragung oder Wüstenklima, auf kompakten Gesteinen (dann **Lithosol** genannt) oder auf frisch sedimentierten Lockergesteinen (dann **Regosol** genannt) entsteht. Der A-Horizont ist unzusammenhängend, dürftig bewachsen und fast humusfrei und liegt dem C-Horizont unmittelbar auf.

Der R. der gemäßigten Breiten **(Syrosem)** entwickelt sich auf Silicatgestein im allg. zum Ranker, auf Carbonatgestein zur Rendzina. – Die Rohböden der Polargebiete und Hochgebirge werden **Råmark,** die der Wüsten und Halbwüsten **Yerma** genannt; beide Rohböden entwickeln sich unter vorherrschender physikalischer Verwitterung.

Rohhumus: stark saure und unvollständig zersetzte Form des ↑ Humus auf basenarmen Mineralböden der feuchtkühlen Klimabereiche. Besonders die oberste R.schicht **(Förna),** die aufgrund ungünstiger klimatischer Bedingungen sehr mächtig werden kann, besteht aus kaum zersetzten, die pflanzlichen Strukturen noch aufweisenden Anteilen. Die Besiedlung durch (nur wenige) Tier- (Milben, Springschwänze) und Pflanzenarten (Pilze) ist gering. Die Humifizierung erfolgt fast ausschließlich abiologisch.

Rohphosphate: Bez. für die natürlich vorkommenden Phosphatminerale (z. B. Apatit, Phosphorit), die zur Gewinnung von Phosphor, Phosphorsäure und technischen Phosphaten abgebaut werden.

Rohr: svw. ↑ Röhricht.

Röhricht, das [Syn. Rohr]: v. a. aus Schilf(rohr), Binsen, Rohrkolben u. a. Pflanzen mit langen Halmen bzw. Sprossen bestehendes Dickicht, besonders im Flachwasser der Uferregion.

Rohstoffe: unverarbeitete Stoffe natürlicher Herkunft, die als Ausgangsstoffe in der gewerblich-industriellen Produktion gebraucht werden. Dabei wird zwischen mineralischen (z. B. Eisenerze, Bauxit, Phosphate), pflanzlichen und tierischen (z. B. Baumwolle, Holz, Naturkautschuk, Fette und Öle) und fossilen R. (z. B. Erdöl, Erdgas, Kohle) unterschieden.

Im weiteren Sinne wird der Begriff auch für Stoffe verwendet, die schon wenige Verarbeitungsstufen durchlaufen haben (z. B. Roheisen, Rohbenzin). Als **Reserven** werden die Rohstoffvorkommen bezeichnet, die mit der gegenwärtigen Technologie unter wirtschaftlichen Bedingungen erschließbar sind. Zu den **Ressourcen** werden außer den Reserven auch gesicherte, aber zur Zeit nicht abbauwürdige und vermutete R.vorkommen gezählt.

Durch verbesserte Prospektions- und Abbaumethoden konnten die Reserven vieler R. trotz steigenden Verbrauchs in den letzten Jahren erhöht werden. Die Ausbeutung ärmerer Erze und schwerer abbaubarer Lagerstätten (z. B. in arktischen Gebieten oder auf dem Meeresgrund) ist aber nur mit höherem Energieaufwand und unter höheren Kosten möglich.

Eine bessere Rohstoffnutzung ist durch sparsamere Verwendung, Recycling, Substitution (z. B. Metalle durch keramische Werkstoffe oder Kunststoffe) und längere Lebensdauer von Produkten (z. B. durch besseren Korrosionsschutz) zu erreichen.

Röntgen, das [nach dem dt. Physiker Wilhelm Conrad Röntgen (1845–1923) ‖ Einheitenzeichen: R (früher: r)]: gesetzlich nicht mehr zulässige Einheit der Ionendosis einer ionisierenden Strahlung (Röntgenstrahlung u. a.):
1 R entspricht $2,58 \cdot 10^{-4}$ C/kg.

Rote Liste: nach dem Vorbild der ↑ Red Data Books erarbeitete Zusammenstellung gefährdeter Arten. Für die BR Deutschland wurde die „Rote Liste der gefährdeten Tiere und Pflanzen in der Bundesrepublik Deutschland" erstellt, die ständig überarbeitet und erweitert wird. Die R. L. ist eine der Grundlagen für einen fundierten Artenschutz. Sie enthält eine nach Gefährdungsgraden abgestufte Übersicht über

263

Roterde

die vom Aussterben bedrohten, bereits ausgestorbenen oder verschollenen, stark gefährdeten, gefährdeten und potentiell gefährdeten Tier- und Pflanzenarten des Bundesgebietes.

Roterde: tiefgründiger, durch Eisenoxide und -hydroxide rot gefärbter Bodentyp der wechselfeuchten Tropen mit ABC-Profil. R. entsteht auf Silicatgesteinen unter Auswaschung von Siliciumverbindungen bei hoher Temperatur und Wasserüberschuß und unter Anreicherung von Eisen- und Aluminiumverbindungen, die in der Trockenzeit irreversibel koagulieren und verhärten. Im Gegensatz zum ↑ Rotlehm weist R. ein stabiles, erdiges und sprödes Gefüge auf; sie ist u. a. meist sehr sauer und nährstoffarm, daher schwer für den Anbau zu nutzen.

roter Tiefseeton: ein Tiefseesediment, das nur in Tiefen von mehr als 5 000 m vorkommt; durch Eisenoxid rotbraun gefärbt; enthält oft Manganknollen und ist sehr kalkarm. Der rote T. bedeckt rund 30 % des gesamten Meeresbodens.

Rotlehm: tiefgründiger, durch Eisenoxid rot gefärbter Bodentyp mit ABC-Profil, in tropischen und subtropischen Klimaten auf Silicatgesteinen entsteht. Der Tonanteil bedingt einen lehmigen und plastischen Charakter dieser Böden.

Rotschlamm: Bez. für ein Abfallprodukt aus der Aluminiumgewinnung; wurde früher verklappt; wird heute überwiegend auf Deponien gelagert.

Rotte, die: der Abbau organischer Materialien v. a. durch Mikroorganismen (Bakterien, Pilze) bei der Kompost- und Mistbereitung **(Verrottung).**

R/P-Verhältnis [εr'pe:... ‖ Syn.: Respirations-Produktions-Verhältnis]: das Verhältnis von Respiration (↑ Atmung) zu Produktion eines Organismus, einer Population oder eines Ökosystems. Das R/P-V. liegt für Wirbeltiere zwischen 1–10, bei Wirbellosen meist bei über 100.

Rübengeophyten: Typ der ↑ Geophyten.

Rückkopplung [Syn.: Feedback]: allg. die Beeinflussung eines Geschehens durch die Rückwirkung der Folgen auf seinen weiteren Verlauf. Rückgekoppelte Systeme spielen eine wichtige Rolle in der Biologie und Ökologie.

Bei negativ rückgekoppelten Regelkreisen **(negative R.)** verringert die steigende Ausgangsgröße die Eingangsgröße (z. B. biochemische Systeme zur Aufrechterhaltung der Körpertemperatur, Regelung der Nahrungsaufnahme durch Hungergefühl). Bei positiv rückgekoppelten Regelkreisen **(positive R.)** erhöht die Ausgangsgröße die Eingangsgröße (z. B. exponentielles Wachstum von Bakterien, Bevölkerungsvermehrung).

Bei der Entwicklung von Ökosystemen können Mechanismen einer positiven R. auftreten und die Sukzessionsfolge bestimmen. In der Regel kommen in Ökosystemen jedoch positive und negative R.en vor, die insgesamt das ↑ biologische Gleichgewicht regeln.

Rückstände: im *chemischen Pflanzenschutz* Bez. für die in den Nahrungsmitteln verbleibenden Restmengen der eingesetzten Wirkstoffe. Die Rückstandssituation an der Rohware entspricht nicht zwangsläufig der tatsächlichen Belastung des Verbrauchers. Bis zum Verzehr werden R. in der Nahrung nämlich mehr oder weniger verändert, wenn nicht weitgehend abgebaut.

Seit dem Inkrafttreten der ↑ Höchstmengenverordnung werden Rückstandsuntersuchungen durchgeführt. Lebensmittel, die mehr R. enthalten als die angegebenen Höchstmengen, dürfen nicht in den Handel gebracht werden.

Rückzugsgebiete: svw. ↑ Refugien.

Ruderalboden [zu lat. rudus, ruderis = Geröll, Schutt ‖ Syn.: Schuttboden]: Boden aus mehr oder weniger zerkleinerten Gesteinsmassen, Mauerwerk, auch aus Abfall bzw. Müll, mit geringem Anteil an feinkrümliger Erde; oft sehr stickstoffhaltig, gekennzeichnet durch große Schwankungen von Temperatur und Feuchtigkeit. Der R. wird von den ↑ Ruderalpflanzen besiedelt.

Ruderalpflanzen [zu lat. rudus, ruderis = Geröll, Schutt ‖ Syn.: Schuttpflanzen]: meist unscheinbar blühende Pflanzen, die sich auf Bauschutt, Häuserruinen, Schotteraufschüttungen, Müllplät-

Salzbelastung

zen, an Wegrainen, Mauern und ähnlichen Orten angesiedelt haben. Sie gehören einheimischen und eingeschleppten, auch spontan eingedrungenen Arten an, sind ↑Kulturfolger (hpts. Nitratpflanzen) und zeichnen sich durch Anpassungsfähigkeit, starke Vermehrung und große Lebenszähigkeit aus.
Im Artengefüge der jeweiligen R.gesellschaft spiegeln sich durchweg deutlich Boden- und Klimaverhältnisse wider. Zu den R. zählen u. a. viele Arten von Knöterich-, Gänsefuß- und Malvengewächsen, von Kreuz-, Lippen- und Korbblütlern, ferner verschiedene giftige Nachtschattengewächse (z. B. Bilsenkraut, Stechapfel und Schwarzer Nachtschatten) und Doldengewächse (z. B. Hundspetersilie und Gefleckter Schierling).

rural [zu lat. rus, ruris = Land, Feld]: ländlich, bäuerlich; gesagt von einer landwirtschaftlich geprägten Landschaft. – Gegensatz: urban.

S

Saftpflanzen: svw. ↑Sukkulenten.

Saisondimorphismus, der [zɛˈzõ:..., auch: zɛˈzɔŋ... ‖ zu griech. dís (di-) = zweimal, doppelt und griech. morphē = Gestalt]: auf Modifikationen beruhender Dimorphismus, bei dem ein und dieselbe Tierart im Verlauf eines Jahres in zwei verschieden gestalteten, auch unterschiedlich gezeichneten und gefärbten Generationen in Erscheinung tritt (z. B. als Frühjahrs- und Sommer- bzw. als Sommer- und Herbstgeneration); v. a. bei Schmetterlingen (z. B. beim Landkärtchen).

Salinität, die [zu lat. sal, salis = Salz]: der Salzgehalt von Gewässern oder Böden. Die S. ist eine wichtige ökologische Größe, da einerseits in den gelösten oder löslichen Salzen wichtige Mineralstoffe und Spurenelemente enthalten sind, ohne die Organismen nicht existieren können, andererseits Salze in höheren Konzentrationen osmotische Belastungen bewirken, die nur von bestimmten Organismen ausgeglichen werden können (↑Osmoregulation).
Zur Beurteilung der S. wird meist die elektrolytische Leitfähigkeit des Wassers oder eines Bodenextrakts gemessen.
Bei *Böden* unterscheidet man zwischen salzfreien Böden (0–0,2 Gew.-% Salze), Böden mit leichter (0,21–0,35 Gew.-% Salze), mäßiger (0,36–0,65 Gew.-% Salze) und starker Versalzung (<0,65 Gew.-% Salze). Manche Kulturpflanzen wie Gerste, Baumwolle, Dattelpalmen tolerieren noch Salzgehalte bis 0,8 %. In Trockengebieten mit künstlicher Bewässerung nimmt die S. der Böden ständig zu.
Bei *Wasser* unterscheidet man u. a. Meerwasser (3,5–4 Gew.-% Salze), Brackwasser (3,5–0,05 Gew.-% Salze) und Süßwasser (unterhalb 0,05 Gew.-% Salze).

Salpeterpflanzen: svw. ↑Nitratpflanzen.

Salpetersäure [chemische Formel: HNO_3]: wichtigste Sauerstoffsäure des Stickstoffs; sie kommt in der Natur nur in Form ihrer Salze, der ↑Nitrate, vor. S. wird u. a. zur Herstellung von Nitratdüngemitteln verwendet.
S. wird in der Atmosphäre durch Oxidation aus ↑Stickoxiden gebildet und trägt wesentlich zur Bildung von saurem Regen bei.

Salzbelastung: die Belastung von Gewässern mit Chloriden aus industriellen Abwässern. In der BR Deutschland sind Rhein, Mosel, Weser und Werra besonders stark belastet. Außer den ökologischen Schäden wie Veränderung der Artenzusammensetzung, Verminderung der Artenzahl in Wasserflora und -fauna entstehen erhebliche Probleme für die Trinkwassergewinnung aus den belasteten Gewässern sowie für die Nutzung als Kühl- und Brauchwasser. Außerdem entsteht eine S. der Umwelt durch Anrei-

265

Salzböden

cherung von Chloriden im Grundwasser, z. B. durch intensive Beregnung landwirtschaftlicher Nutzflächen.

Salzböden: Böden mit hohen Anteilen an Natriumsalzen (Kochsalz, Glaubersalz, Soda) als Salzkruste auf der Bodenoberfläche oder im Boden.
S. kommen in Gebieten mit hoher Verdunstungsintensität vor, wo aufsteigendes Grundwasser oder Wasser, das in Mulden zusammengeströmt ist, verdunstet, wobei Salze ausgeschieden werden. Diese werden aufgrund zu geringer Regenfälle nicht wieder ausgewaschen (↑ Versalzung).

Salze: chemische Verbindungen aus positiv geladenen Metall-, Halbmetall- oder Komplexionen **(Kationen)** und negativ geladenen Nichtmetall-, Halbmetall- oder Komplexionen **(Anionen).**
S. entstehen z. B. durch Reaktion von metallischen mit nichtmetallischen Elementen, von Metall- und Nichtmetalloxiden sowie v. a. bei der Umsetzung von Säuren und Basen.
Viele lebensnotwendige anorganische Stoffe müssen zur Aufrechterhaltung eines normalen Stoffwechsels und der Körperfunktionen in der Nahrung enthalten sein. Häufig werden diese Stoffe in Form von S.n aufgenommen und als Ionen in den Stoffwechsel eingebracht.

Salzpflanzen: Pflanzen, die an höhere ↑ Salinität in Gewässern oder Böden angepaßt sind und z. T. hohe Salzkonzentrationen tolerieren können. Zu ihnen gehören das marine ↑ Phytoplankton, das Phytoplankton der Salzseen und die ↑ Halophyten.
S. sind durch verschiedene Mechanismen der ↑ Osmoregulation an das Leben in salzhaltigen Biotopen angepaßt. Sie sind zugleich ↑ bodenanzeigende Pflanzen für solche Biotope.

Salzsäure [Syn.: Chlorwasserstoffsäure]: wäßrige Lösung des Chlorwasserstoffs (HCl). S. ist eine der stärksten Säuren und löst viele unedle Metalle, Oxide und Carbonate unter Bildung von Chloriden. S. ist nicht eigentlich giftig, in höheren Konzentrationen wirkt sie aber stark ätzend.
S. ist in reinem Magensaft zu 0,5 % enthalten und spielt eine wichtige Rolle bei

der Aktivierung der Enzyme zur Eiweißverdauung.

Salzseen: Seen mit überdurchschnittlichen Salzgehalten (bis 38 %). S. werden z. T. durch salzige Quellen gespeist, meist aber sind es abflußlose Endseen in Trockengebieten, deren Salzgehalt durch Verdunstung ständig steigt.
Die *Salzzusammensetzung* in S. kann sehr unterschiedlich sein. Meist überwiegen Kochsalz, Magnesiumchlorid und Magnesiumsulfat. **Natronseen** enthalten Kochsalz, Soda und Natriumsulfat; sie haben einen hohen ↑ pH-Wert. **Boraxseen** enthalten neben Kochsalz v. a. Borax und haben ebenfalls einen hohen pH-Wert. Beim Austrocknen kristallisieren die Salze nacheinander in umgekehrter Reihenfolge ihrer Löslichkeit aus.
S. werden oft zur Gewinnung der darin enthaltenen Salze genutzt. Bewohner von S. sind v. a. halophile Bakterien, einige halotolerante einzellige Algen der Gattungen Dunaliella und Asteromonas sowie bei nicht zu hohen Salzkonzentrationen der halophile Kleinkrebs Artemia salina, der sich von Dunaliellaalgen ernährt.

Salzsteppe: durch stark salzhaltige Böden gekennzeichnete Steppe, deren spärliche Vegetation sich aus ↑ Halophyten zusammensetzt.

Salzsukkulenz: bei Pflanzen auf salzhaltigen Böden (↑ Halophyten) vorkommende ↑ Sukkulenz. Da bei der Salzwirkung nicht die absolute Salzmenge, sondern nur der (der Konzentration entsprechende) osmotische Druck (↑ Osmoregulation) von Bedeutung ist, kann eine zunehmende Salzanreicherung dadurch ausgeglichen werden, daß die Zellen immer mehr Wasser ansaugen und sich dabei stark aufblähen. Die Zellkonzentration (der osmotische Druck) im Zellsaft bleibt dann ziemlich konstant.
Für die Ausbildung der S. sind Chloridionen erforderlich; die genauen physiologischen Vorgänge sind aber noch unbekannt. S. kommt z. B. bei den Quellerarten (Salicorniaarten) vor.

Salztoleranz: die Unempfindlichkeit mancher pflanzlicher und tierischer Organismen oder von Mikroorganismen gegen höhere Salzkonzentrationen in ihrer Umgebung innerhalb bestimmter Toleranzgrenzen. S. zeigen Meeresorganismen, Bewohner von Salzseen und die ↑Halophyten auf salzhaltigen Böden. Dabei kommt es allerdings nicht nur auf die Salzkonzentration, sondern auch auf die Zusammensetzung der Salze an. So werden im allg. Kaliumsalze leichter toleriert als Natriumsalze. Salze von ↑Schwermetallen können dagegen schon in sehr geringen Konzentrationen toxisch wirken.

Salzwasser: Wasser mit einem Salzgehalt (↑Salinität) von über 0,05 %.

Salzwiesen: aus verschiedenen Salzpflanzen gebildete, meist großflächige Pflanzengesellschaften, v. a. im Verlandungsgebiet flacher Meeresküsten oberhalb der mittleren Hochwassergrenze, landeinwärts auf die Quellerwiesen folgend; z. B. an der Nordsee in Wassernähe als **Andelwiese (Salzgraswiese;** mit Salzgras, Salzaster, Salzmelde u. a.), in der Übergangszone Watt/Marsch bei seltener Überflutung als **Strandnelkenwiese** (mit Strandnelke, Strandwegerich, Salzbinse, Salzschwingel, Grasnelke u. a.).

Sandböden: Bodenarten mit über 40 % (meist bis zu 80 %) Sand und bis 15 % Ton. Typisch sind gute Wasserführung, geringes Wasserhaltevermögen, intensive Durchlüftung, geringer Nährstoffgehalt, gute Durchwurzelbarkeit und Bearbeitbarkeit.

Sandfang: eine mechanische Reinigungsstufe bei der ↑Abwasserreinigung.

Sandpflanzen: svw. ↑Psammophyten.

Saponine, die (Mehrz.) [Einz.: das Saponin ‖ zu lat. sapo, saponis = Seife]: in zahlreichen Pflanzen (bes. Lilien-, Amaryllis-, Nelkengewächse und Rachenblütler) enthaltene Glykoside, die in Wasser kolloidale, seifenartige Lösungen bilden. Sie werden nach ihren Nichtkohlenhydratbestandteilen (den **Sapogeninen**) in die **Triterpen-S.** und die **Steroid-S.** eingeteilt. Besonders reich an Triterpen-S.n sind Panamarinde (Quillaja-S.), Roßkastanien (Äscin), Efeu (Hederin) und Süßholzwurzel (Glycyrrhizin). Zu den wichtigsten Steroid-S.n gehören die im Fingerhut als Begleiter

der Digitalisglykoside vorkommenden S. Digitonin, Gitonin und Tigonin.

Wegen ihrer oberflächenaktiven, schaumbildenden Eigenschaften werden S. gelegentlich als Waschmittel benutzt. – Die meisten S. sind wegen ihrer hämolytischen Wirkung stark giftig, wenn sie in die Blutbahn gelangen. Manche werden aber oral als sekretionsfördernde, schleimlösende Mittel verwendet. – Auf der Oberfläche von Gewässern können Saponinschäume den Sauerstoffaustausch behindern.

sapro- [aus griech. saprós = faul, verfault]: in Zus. mit der Bed. „faulender Stoff, Moder; Fäulnis"; z. B. saprogen.

Saprobien, die (Mehrz.) [Einz.: das Saprobium oder die Saprobie ‖ zu ↑sapro- und griech. bíos = Leben ‖ Syn.: Saprobionten, Fäulnisbewohner]: Organismen, die sich von toter organischer Substanz ernähren und daher auch in entsprechenden Lebensbereichen (z. B. in verschmutzten Gewässern, in Holz, an Kadavern, auf Mist und Kompost) leben (Gegensatz: ↑Katharobionten). Tierische S. nennt man ↑Saprophagen, pflanzliche ↑Saprophyten. – ↑auch Saprobiensystem.

Saprobiensystem: biologisches System zur Ermittlung und Klassifizierung der Größenordnung des Abbaus organischer Substanz in Gewässern, d. h. zur Beurteilung der ↑Gewässergüte. Grundlage des S.s ist der Zusammenhang zwischen der Wasserverunreinigung und dem verstärkten Vorkommen bestimmter Gewässerorganismen (↑Saprobien), die, in Gruppen zusammengefaßt, vier Güteklassen zugeordnet werden:

Güteklasse I: oligosaprob (kaum verunreinigt); *Güteklasse II:* β-mesosaprob (mäßig verunreinigt); *Güteklasse III:* α-mesosaprob (stark verunreinigt); *Güteklasse IV:* polysaprob (sehr stark verunreinigt).

Saprobionten, die (Mehrz.) [Einz.: der Saprobiont]: svw. ↑Saprobien.

saprogen [↑sapro- und ↑-gen]: fäulniserregend; bes. von Bakterien gesagt.

Sapropel, das [↑sapro- und griech. pēlós = Lehm, Schlamm]: svw. ↑Faulschlamm.

saprophag [zu ↑sapro- und griech. phageīn = essen]: sich von toter organischer Substanz ernährend; auf Tiere (↑Saprophagen) bezogen.

Saprophagen, die (Mehrz.) [Einz.: der Saprophage ‖ zu ↑saprophag ‖ Syn.: Saprozoen]: Tiere, die sich von toter organischer Substanz ernähren. Hierzu zählen die **Aasfresser (Nekrophagen, Zoo-S.**; z. B. die Larven der Aaskäfer und Aasfliegen, die Geier), die Kotfresser (↑Koprophagen) und die sich von toter pflanzlicher Substanz ernährenden **Phyto-S.** (z. B. Regenwürmer, Fadenwürmer, Enchyträen).

Saprophagennahrungskette: svw. ↑detritische Nahrungskette.

Saprophagie, die [zu ↑saprophag]: die Ernährungsweise saprophager Tiere.

saprophil [↑sapro- und ↑-phil]: nennt man tierische und pflanzliche Organismen, die an oder in toten organischen Stoffen leben.

Saprophyten, die (Mehrz.) [Einz.: der Saprophyt ‖ ↑sapro- und ↑-phyt‖ Abl.: saprophytisch ‖ Syn.: Moderpflanzen]: pflanzliche Organismen, die ihre organische Nahrung in gelöster Form aus toten Substraten von Pflanzen und Tieren entnehmen. Wichtig für das Leben auf der Erde sind die **saprophytisch** lebenden Bakterien und Pilze, weil sie aus den abgestorbenen Geweben die organischen Substanzen zu einfachen chemischen Verbindungen abbauen (↑Mineralisation).

Saprozoen, die (Mehrz.) [Einz.: das Saprozoon ‖ ↑sapro- und griech. zōon = Lebewesen, Tier]: svw. ↑Saprophagen.

Sauerstoff [chemisches Symbol: O]: nichtmetallisches Element. S. tritt normalerweise in der Form des molekularen S.s (O_2) auf. Daneben können z. B. durch elektrische Entladungen sowohl kurzlebiger einatomiger S. als auch ↑Ozon (O_3) gebildet werden.
S. ist chemisch sehr reaktionsfähig und bildet mit fast allen chemischen Elementen Verbindungen, die sog. **Oxide.** Die Reaktionen des S.s mit anderen Stoffen (z. B. Rosten von Eisen, Verbrennung, Atmung) werden **Oxidationen** genannt.
S. ist auf der Erde das häufigste chemische Element: Luft besteht zu 20,95 Vol.-% aus S.; in gebundener Form ist S. im Wasser zu 88,81 Gewichts-%, in der festen Erdkruste zu 47,3 Gewichts-% enthalten.
S. spielt bei zahlreichen biochemischen Prozessen eine große Rolle. Er wird bei der ↑Photosynthese der grünen Pflanzen an die Atmosphäre abgegeben und von Mensch und Tier bei der Atmung verbraucht.
Im Wasser werden je nach Druck und Temperatur bis über 8,5 mg pro Liter gelöst. Eine *Abnahme des S.gehaltes von Gewässern* deutet auf eine Verschmutzung mit (organischen) Substanzen hin, die von Mikroorganismen unter S.verbrauch abgebaut werden. – ↑auch biologischer Sauerstoffbedarf.

Sauerwiese: landläufige Bez. für eine (zum Teil von Sauergräsern geprägte) Kultur- und Halbkulturwiese auf bodensauren, häufig nassen und nährstoffarmen Standorten.

Saumbiotop: svw. ↑Ökoton.

säureliebende Pflanzen: svw. ↑Acidophyten.

saurer Regen: Bez. für säurehaltige Niederschläge, die bei der Verbrennung fossiler Energieträger (Kohle, Erdöl, Erdgas) als Folge der Immission von Schwefeldioxid (SO_2) und Stickoxiden (NO_x) in die Atmosphäre entstehen. In die Atmosphäre gelangendes SO_2 und NO_x wird teilweise zu Salpeter- und Schwefelsäure umgesetzt und mit Regen, Schnee, Hagel und Nebel niedergeschlagen, wobei die Säuren in die Bodenschicht und die Kronenschicht der Wälder gelangen. Die Waldschäden werden größtenteils auf diese Ursachen zurückgeführt.
Durch die Versauerung des Bodens kommt es einerseits zur Auswaschung von Nährstoffen, andererseits werden in größerer Menge schädliche Metallionen, wie z. B. Aluminium, freigesetzt und können so die Wurzelhaare der Bäume oder die ↑Mykorrhiza schädigen. Die Folge ist eine verminderte Aufnahme von Nährstoffen (Mangelernährung) und von Wasser. Der Wassermangel hat frühzeitige Vergilbung von Nadel- und Laubblätter und deren verfrühten Abfall zur Folge. – ↑auch Waldsterben.

Schädlingsbekämpfung

Savạnne, die [aus gleichbed. span. sabana, indian.] Ursprungs]: Vegetationsform der wechselfeuchten Tropen mit geschlossenem Grasbewuchs und vereinzelten oder auch gruppenweise vorkommenden Bäumen und Sträuchern. Man unterscheidet die **Feucht-S.** mit von laubabwerfenden Monsunwäldern und immergrünen Galeriewäldern durchsetzten Grasflächen, die **Trocken-S.** mit lichten Trockenwäldern (oft reich an Hülsenfrüchtlern) und hohen, steppenartigen Grasbeständen und die **Dornstrauch-S.** mit von Dorngebüschen und ↑ Sukkulenten durchsetzten hartblättrigen Grasbeständen; letztere bilden den Übergang zur Halbwüste (8–10 aride Monate und 300–500 mm Niederschlag pro Jahr).

Neben den natürlich entstandenen S.n gibt es große Flächen anthropogen bedingter S.n in Gebieten, wo Brandrodung regelmäßig betrieben wird (↑ auch Bushfire-Ökologie).

Durch Ackerbau, Brennholzgewinnung und Überweidung sind viele S.n in ihrem Bestand bedroht. Insbesondere durch starke Überweidung erfolgt auch eine Verschiebung der Anteile der einzelnen S.ntypen zugunsten der Dornstrauchsavanne.

Schadeinheit: Bemessungsgrundlage für die Abwasserabgabe (↑ Direkteinleiter). Eine Sch. entspricht etwa dem verunreinigten Abwasser eines Einwohners (↑ Einwohnergleichwert).

Schädlinge: zusammenfassende Bez. für tierische Organismen, die dem Menschen indirekt Schaden zufügen, indem sie organische oder anorganische Materialien (z. B. Holz-Sch., Vorrats-Sch.), insbes. auch Nutz- und Zierpflanzen (Pflanzen-Sch., Garten-Sch., Obstbaum-Sch., Forst-Sch.), schädigen; gelegentlich auch an schädliche pflanzliche Organismen (bes. Pilze) und in einem weiteren Sinne auch auf die sog. „Gesundheits-Sch." bezogen, die dem Menschen oder Tieren direkt gesundheitlich schaden (z. B. Parasiten).

Schädlingsbekämpfung: die gezielte Bekämpfung von ↑ Schädlingen, die dadurch auf ein tolerierbares Maß begrenzt werden sollen. Sch. ist für den Menschen lebensnotwendig, weil viele Kulturpflanzen und Nutztiere ohne gezielten Schutz vor Schaderregern nicht lebensfähig bzw. nutzungswürdig wären. Die Vorratswirtschaft wird ohne das Ausschalten von Schädlingen stark beeinträchtigt.

Ökologisch gesehen, ist die Sch. eine Form der Auseinandersetzung zwischen dem Menschen und seinen Nahrungskonkurrenten.

Die Maßnahmen der Sch. erstrecken sich hpts. auf Pflanzenschutz, Entwesung und Seuchenbekämpfung. Vorbeugende Sch. bilden die Hygiene (Phytohygiene, Stallhygiene, Waldhygiene), der Vorrats- und Materialschutz (Holzschutz, Mottenbekämpfung) sowie Maßnahmen der Konservierung.

Nach der Art der Maßnahmen und Mittel unterscheidet man **abiotische** (mechanische, physikalische, chemische) und **biotische** (biotechnische, biologische) **Verfahren:**

Zur **mechanischen Sch.** zählen das Abfangen (Absammeln von Insekten, Fanggräben, Leimringe, Fallen), das Abwehren (Zäune, Netze, Gitter) und das Abschrecken (Vogelscheuchen) von Schädlingen.

Maßnahmen der **physikalischen Sch.** sind u. a. Kälte-, Hitze- und Strahlenanwendung zur Konservierung von Lebensmitteln, das Dämpfen von Anzuchterden und der Einsatz akustischer Signale.

Die Anwendung von für die Schädlinge toxisch wirkenden Substanzen ist als ↑ chemische Schädlingsbekämpfung allgemein eingeführt. Die ↑ biotechnische Schädlingsbekämpfung umfaßt eine Gruppe sehr unterschiedlicher Verfahren. Die ↑ biologische Schädlingsbekämpfung versucht unter Ausnutzung biologischer Wechselwirkungen die Populationsdichte von Schädlingen unter der Schadschwelle zu halten.

Zur **ökologischen Sch.** gehört das Anlegen von Hecken und anderen Nistgelegenheiten als Brutstätten für insektenfressende Vögel, auch der Anbau von Mischkulturen und zweckmäßige Fruchtfolgen, die der Ausbreitung bzw. Massenansammlung von Schädlingen

269

Schädlingsbekämpfungsmittel

entgegenwirken. Allgemein ist die Umwelt um so stabiler gegenüber Schädlingen, je vielseitiger gegliedert die Landschaft und je artenreicher die Lebensgemeinschaft ist.

Schädlingsbekämpfungsmittel: svw. ↑ Pestizide.

Schadstoffe: in der Umwelt vorhandene, für Mensch, Tier und Pflanze schädliche oder auf ein Ökosystem ungünstig wirkende chemische Stoffe. **Anthropogene Sch.** gelangen entweder unabsichtlich durch Abluft, Abgas oder Abwasser in die Atmosphäre, in Gewässer oder in den Boden, oder sie werden absichtlich (z. B. als ↑ Pestizide) in die Umwelt eingebracht. **Biogene Sch.** entstehen in der Natur durch die Tätigkeit von Mikroorganismen (Mykotoxine, Toxine und geruchs- oder geschmacksaktive Substanzen aus Algenblüten) oder auch im pflanzlichen Stoffwechsel. Außerdem werden bei der Tätigkeit der Vulkane große Mengen an Sch.n ausgestoßen.

Schall: mechanische Schwingungen und Wellen eines elastischen Mediums, insbes. diejenigen, die im Frequenzbereich des menschlichen Hörens liegen. Sch. im Medium Luft heißt **Luft-Sch.,** im Wasser **Wasser-Sch.,** in festen Körpern **Körper-Schall.**

Je nach dem Sch.spektrum lassen sich Sch.ereignisse oder Sch.empfindungen in Knalle, Geräusche, Klänge oder Töne unterteilen.

Schalldämmstoffe: Baustoffe, die bes. zur **Schalldämmung** (Behinderung der Schallausbreitung durch schallreflektierende Hindernisse bzw. Materialien) geeignet sind, meist aber auch eine gewisse **Schalldämpfung** (die Schallenergie wird in Wärme umgewandelt) bewirken.

Man unterscheidet: **Luft-Sch.** zur Verminderung der Luftschallausbreitung. Das sind entweder Stoffe großer Massendichte und geringer Biegesteifigkeit (z. B. Blei) für Einfachwände oder leichte, porige Stoffe mit geschlossenen Poren (Schaumstoffe) bzw. Fasermaterialien für Vorsatzschalen, Sandwichplatten, Doppel- oder Mehrfachwände. – **Körper-Sch.** mit federnden Eigenschaf-

ten (z. B. Gummi, Schaumstoffe, schwimmender Estrich), die in Form von Zwischenlagen, Puffern u. a. dazu dienen, die Übertragung von Körperschall und Erschütterungen möglichst stark zu vermindern.

Schattenblätter: Anpassungsform der Laubblätter an schattige Standorte, z. B. an der schattigen Nordseite und im Inneren der Krone von Bäumen. Im Vergleich zu den ↑ Sonnenblättern sind Sch. viel dünner und zarter. Kutikula, Festigungsgewebe und Mesophyll sind schwächer entwickelt, und der ↑ Lichtkompensationspunkt und die ↑ Lichtsättigung bei der ↑ Photosynthese liegen niedriger.

Die unterschiedliche Ausbildung der Blätter an einer Pflanze ist auf die unterschiedliche Beleuchtungsstärke und damit verbundenen Veränderungen der Nährstoffversorgung und Transpiration zurückzuführen.

Schattenpflanzen [Syn.: Schwachlichtpflanzen, Skiophyten]: Pflanzen, die im Gegensatz zu anderen Pflanzen (v. a. gegenüber den ↑ Heliophyten) einen nur geringen Lichtanspruch haben, da sowohl der ↑ Lichtkompensationspunkt als auch die ↑ Lichtsättigung bei der ↑ Photosynthese niedriger liegen. Sch. sind z. B. Hasenlattich, Frühlingsplatterbse, Goldnessel und v. a. die in Höhlen vorkommenden Moose, Farne und Flechten.

Schill, der [niederdt.]: Bez. für die an manchen Meeresküsten zu großen Muschelbänken angeschwemmten Schalen rezenter Muscheln und Schnecken; der Abbau (**S.fischerei**) erfolgt zur Gewinnung von sehr reinem Kalk (hpts. für Futterkalk).

Schlamm: feinkörniges, mit Wasser durchtränktes und dadurch mehr oder weniger fließfähiges Gemisch aus Lehm, Mergel, Ton, Feinsand oder ähnlichen Mineralstoffen, häufig (wie z. B. im ↑ Faulschlamm) vermengt mit organischen Stoffen.

Sch. *entsteht* als Ablagerung von Schwebstoffen auf dem Grund von Gewässern oder durch späteres Aufweichen von feinkörnigem, v. a. tonhaltigem Gesteinsmaterial.

Schlamm

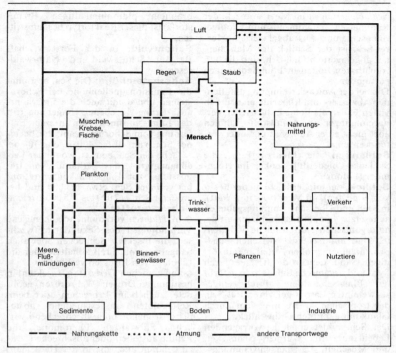

Schadstoffe. Ingestionspfade von Schadstoffen aus der Umwelt zum Menschen

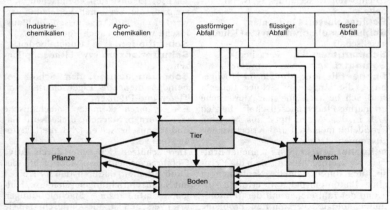

Schadstoffe. Der Kreislauf von Schadstoffen in der Industriegesellschaft

271

Schlenken

Sch.ablagerungen im Meer sind z. B. der Radiolarien-, Diatomeen- und Globigerinenschlamm. Aus abgelagertem **Meeres-Sch.** ist der Schlick der Marschen, aus abgelagertem **Fluß-Sch.** sind die bes. fruchtbaren Böden in Flußniederungen entstanden.
Die bei der Abwasserreinigung anfallenden **Abwasser-** und **Klärschlämme** sind in vielen Fällen als Folge industrieller Verunreinigungen nur Abfallstoffe, können aber meist einer Aufbereitung unterworfen werden.

Schlenken, die (Mehrz.) [Einz.: die Schlenke ‖ niederdt.]: Senken im Hochmoor (↑ Moor).

Schlick, der [niederdt., zu niederdt. sliken = gleiten]: im Meer (v. a. im ↑ Watt), in Seen und Überschwemmungsgebieten abgesetzte feinkörnige, schlammartige, an organischen Stoffen reiche Sedimente. Man unterscheidet zwischen **Sand-Sch.** mit einem großen Anteil an feinkörnigem Sand, dem in der Tiefsee durch Pyrit und organische Substanzen gefärbten **Blau-Sch.,** dem durch eingeschwemmten Laterit gefärbten **Rot-Sch.** der tropischen Meere und dem durch Glaukonit gefärbten **Grünschlick.**
Der Sch. bildet einen hervorragenden Lebensraum für Würmer, Schnecken und Muscheln. In Überschwemmungsgebieten ist der Sch. die Grundlage fruchtbaren Ackerlandes (z. B. im Nildelta).

Schlüsselarten ↑ Influenten.

Schlußgesellschaft: svw. ↑ Klimaxgesellschaft.

Schmarotzer: svw. ↑ Parasiten.

Schmutzfracht: svw. ↑ Abwasserlast.

Schneetälchen: Mulden im Hochgebirge, die lange von Schnee bedeckt sind. Sch. besitzen eine charakteristische artenarme Pflanzengesellschaft, die sich z. B. in den Alpen hpts. aus Moosen, Troddelblumenarten und Kriechweiden zusammensetzt.

schneller Brüter [Syn.: schneller Brutreaktor]: Kernreaktor, bei dem die Kernspaltung durch schnelle Neutronen in einer Plutoniumspaltzone erfolgt. Aufgrund der zahlreichen mit der „Plutoniumtechnologie" verknüpften Probleme (z. B. die Wiederaufarbeitung des abgebrannten plutoniumhaltigen Brennstoffs) ist dieser Reaktortyp bes. umstritten.

Schonwald: in der Forstwirtschaft Bez. für ↑ Schutzwald und ↑ Naturwaldreservat.

Schornsteinhöhe: Die Sch. bestimmt die Emissionsquellenhöhe bei Schornsteinen und damit auch die Emissionsausbreitung. In ebener Umgebung tritt das Immissionsmaximum in einer Entfernung vom Schornstein auf, die bei einer Sch. von 40 bis 100 m, das 10- bis 15fache der Sch. beträgt, wobei der **Verdünnungsgrad** (das Verhältnis von Immissions- zur Emissionskonzentration) bei geringer Sch. etwa 1 : 1 000 und bei größerer Sch. 1 : 2 000 bis 1 : 5 000 erreicht.

Schreckstoffe:
◊ in *Pflanzen* vorkommende chemische Verbindungen des Sekundärstoffwechsels, die Insekten, Schnecken oder auch Säugetiere vom Fraß abhalten oder die Eiablage von Insekten verhindern.
◊ von manchen *Tieren* (v. a. Insekten) in bestimmten Drüsen (Wehrdrüsen) gebildete, auch beim Erbrechen oder beim Reflexbluten ausgeschiedene, abstoßend riechende oder abschreckend wirkende Substanzen (Pheromone), die Feinde abstoßen oder abschrecken. Dazu gehören auch die in der Haut mancher schwarmbildender Fische (Elritzen, Lachse) lokalisierten chemischen Substanzen, die bei einer Verletzung frei werden und auf Artgenossen fluchtauslösend wirken – ↑ auch Pheromone.

Schuttboden: svw. ↑ Ruderalboden.

Schuttpflanzen: svw. ↑ Ruderalpflanzen.

Schutzanpassung: dem Schutz vor Feinden dienende Eigenschaften von Tieren und Pflanzen.
Bei *Pflanzen* kommen mechanische (z. B. Dornen, Stacheln, dicke Kutikula) und chemische Sch.en (z. B. die ↑ Phytoalexine) vor.
Tiere schützen sich außer durch aktive Gefahrenvermeidung (wie Flucht oder Drohverhalten) dadurch, daß ihr Körper mit Schutzeinrichtungen (Gehäuse, Hüllen, Chitinpanzer, Stachelbildungen u. a.) versehen ist, oder dadurch, daß sie in Gestalt, Färbung und/oder Zeichnung

Schwermetalle

(sog. **Schutztrachten**) unscheinbar erscheinen, d. h. sich kaum von ihrer Umgebung abheben **(Tarntrachten),** ja Teile aus ihr sogar nachahmen (↑Mimese) oder aber auffällig und dann abstoßend oder gefährlich aussehen **(Trutztrachten;** ↑auch Mimikry).

Schutztrachten ↑Schutzanpassung.

Schutzwald: Waldgebiet mit beschränkter Nutzung, das zur Verhütung von Gefahren, bes. zum Schutze gegen Bodenabschwemmung, Hangrutsch, Austrocknung eines Quellgebietes und Versandung, erhalten und gepflegt werden muß. Schutzwälder sind aber auch solche Wälder, deren Erhaltung und Pflege zum direkten Wohl der Menschen (Erholungsfunktion) erforderlich sind. Die Holznutzung ist diesen Aufgaben untergeordnet.

Schwefel [chemisches Symbol: S]: nichtmetallisches chemisches Element. Sch. kommt in der Natur sowohl gediegen (rein) als auch gebunden in Form von Sulfiden (v. a. Pyrit, Kupferkies) und Sulfaten (v. a. Gips, Baryt, Glaubersalz) sowie in vulkanischen Gasen auch in Form von Sch.wasserstoff und Sch.dioxid vor. Daneben findet er sich gebunden (v. a. in Form von Eisensulfid) als Bestandteil von Kohle bzw. (in organischen Sch.verbindungen oder Sch.wasserstoff) als Bestandteil von Erdöl und Erdgas.

Sch. ist auch in zahlreichen biochemisch wichtigen Verbindungen enthalten, z. B. in den Aminosäuren Cystein und Methionin sowie im Vitamin Thiamin.

Sch. hat als solcher praktisch keine physiologische Wirkung, reagiert aber mit Proteinen unter Bildung von giftigem Sch.wasserstoff und wird daher u. a. (als Sch.kalkbrühe) zur Bekämpfung pflanzenpathogener Pilze verwendet.

Schwefeldioxid [chemische Formel: SO_2]: farbloses, stechend riechendes Gas; findet sich in allen aus schwefelhaltigen Brennstoffen entstehenden Abgasen und hat als luftverunreinigender Schadstoff (↑Luftverunreinigungen, ↑saurer Regen) große Bedeutung erlangt.

Sch. ist stark toxisch und führt zu Verätzungen an Schleimhäuten des Auges und der Atemwege. Es verursacht Gewebeschäden bei Pflanzen und beschleunigt die Zerstörung von Baustoffen.

Schwefelsäure [chemische Formel: H_2SO_4]: die Sauerstoffsäure des sechswertigen Schwefels. Sch. wird aus Schwefeldioxid als Ausgangsstoff hergestellt, das nach verschiedenen Verfahren zu Schwefeltrioxid oxidiert wird und dann zusammen mit Wasser Sch. ergibt. Sch. ist die wichtigste Säure der chemischen Industrie. Etwa die Hälfte der erzeugten Sch.menge wird zur Herstellung von Düngemitteln (Ammoniumsulfat) verwendet.

Konzentrierte Sch. wirkt stark wasseranziehend und wird als Trockenmittel für Gase und chemische Stoffe verwendet. Sie zerstört organische Stoffe (Zucker, Stärke, Holz, Papier) unter Wasserentzug und langsamer Verkohlung. Sch. wirkt stark ätzend.

Schwermetalle: Bez. für Metalle mit einer Dichte von mehr als $4,5 \ g/cm^3$. Einige Sch. gehören zu den für Mensch, Tier und Pflanze unentbehrlichen ↑Mikroelementen (Eisen, Kobalt, Nickel, Mangan, Zink, Kupfer, Molybdän), andere belasten als ↑Radionuklide (Thorium, Uran, Transurane) oder als toxische Sch. die Umwelt. Zu den letzteren gehören v. a. ↑Quecksilber, ↑Cadmium und ↑Blei, die in den letzten Jahren erhebliche ökologische Bedeutung erlangten, da einige ihrer Verbindungen z. T. in der Umwelt sehr beständig sind. Als potentielle Schadstoffe wirken sie sich in der Nahrung nicht nur qualitätsmindernd aus, sondern sind in hohem Maße gesundheitsgefährdend, wenn bestimmte Schwellenwerte überschritten werden. Die Weltgesundheitsorganisation hat 1972 maximale *Grenzwerte für Trinkwasser* festgelegt: 0,001 mg pro Liter für Quecksilber, 0,005 mg pro Liter für Cadmium, 0,05 mg pro Liter für Blei.

Sch. sind für den biologischen Bestand der Gewässer toxisch, stören bei der Wasseraufbereitung und führen zu latenten oder akuten Gesundheitsschäden im tierischen und menschlichen Organismus. Einige spektakuläre Unfälle, v. a. in Japan (Minamata, Itai-Itai) sowie mit Cadmium und Quecksilber in Bin-

11 SD Ökologie

273

Schwimmblattpflanzen

nen- und Küstengewässern haben die Gefährlichkeit dieser Stoffe nachdrücklich erwiesen. Dabei wurde v. a. deutlich, daß die Hauptmenge der Sch. in Oberflächengewässern anthropogenen Ursprungs ist und bei der industriellen Gewinnung und Rückgewinnung sowie beim Verbrauch oder bei der Abnutzung von metallhaltigen Produkten im landwirtschaftlichen, kleingewerblichen und industriellen Bereich anfällt. Eine zusätzliche Belastung kommt durch die Abwässer der Haushalte hinzu. Auch die Mülldeponien und Kompostlagerstätten müssen dazu gezählt werden.

Neben dem Vorkommen der Sch. im freien Wasser müssen auch die Ablagerungen in den Gewässersedimenten beachtet werden. Inzwischen haben sich besonders in den oberen Sedimentschichten die Verhältnisse stark verändert. Eine Mobilisierung dieser in den oberen Schichten gelagerten toxischen Metalle ist möglich, so daß gewässerbewohnende Organismen geschädigt werden und die Nahrungskette negativ beeinflußt wird.

Schwimmblattpflanzen: zu den ↑Wasserpflanzen gehörende Gruppe von Pflanzen, bei denen alle Blätter oder ein Teil der Blätter flach auf dem Wasserspiegel schwimmen, so daß die betreffende Blattoberseite der Luft, die Unterseite dagegen dem Wasser zugewandt ist. Die Blüten ragen in den meisten Fällen über den Wasserspiegel hinaus (z. B. Teich- und Seerosen). Der Gasaustausch von Kohlendioxid und Sauerstoff erfolgt über Spaltöffnungen an der Oberseite der Blätter.

Schwingrasen: auf der Oberfläche verlandeter Gewässer gebildete, häufig ausgedehnte, freischwimmende oder auf wenig verfestigtem Untergrund verankerte Vegetationsdecke, die beim Betreten in Schwingung gerät.

Scientific Committee on Problems of the Environment, das [saɪənˈtɪfɪk kəˈmɪtɪ ɔn ˈprɔbləmz əv ðɪ enˈvaɪərənmənt]: svw. ↑SCOPE.

SCOPE, das [skoʊp]: Abk. für engl. **Scientific Committee on Problems of the Environment** (dt.: Wissenschaftliches Komitee für Umweltprobleme); 1969 durch den International Council of Scientific Unions (ICSU) mit Sitz in Paris gegründetes, multidisziplinäres Komitee, dem gegenwärtig Vertreter von 34 Mitgliedsländern des ICSU und 15 Vereinigungen und wissenschaftliche Komitees angehören.

Zu den Aufgaben von SCOPE gehören die Sammlung, Zusammenfassung und Verbreitung von Informationen über durch den Menschen verursachte Umweltveränderungen und ihrer Rückwirkung auf den Menschen sowie die Beratung von Grundlagenforschungszentren und Agenturen in der Anwendung und Auswertung von Methoden zur Messung von Umweltparametern.

Sediment, das [aus lat. sedimentum = Bodensatz]: in Schichten durch Wasser, Eis oder Wind abgelagerte Verwitterungsprodukte. Nach dem Ablagerungsraum unterscheidet man u. a. **marine S.e** (im Meer) und **terrestrische S.e** (auf dem Festland), jeweils gegliedert nach dem Transportmedium: fluviatil in Flüssen, limnisch in Seen, Sinter oder Quellabscheidungen, glaziär bzw. fluvioglazial durch Eis oder Schmelzwasser, äolisch bzw. subaerisch durch Windeinwirkung. Hinsichtlich der *wesentlichen Zusammensetzung* unterscheidet man folgende drei *Hauptgruppen:*

1. Klassische S.e bestehen hpts. aus Gesteinsbruchstücken verschiedener Korngröße, z. B. Sandstein, Schluffstein.

2. Chemische S.e entstehen durch Ausfällung gelöster Bestandteile aus Lösungen bei der Verschiebung des Lösungsgleichgewichtes; z. B. zahlreiche wichtige Salzlagerstätten.

3. Biogene S.e bilden sich unter wesentlicher Beteiligung tierischer und pflanzlicher Organismen. Dabei handelt es sich entweder um eine passive Anhäufung von Schalen, Hartteilen bzw. Skelettresten abgestorbener Protozoen und Metazoen bzw. um die Anreicherung von Resten niederer und höherer Pflanzen (v. a. in der Kohle) oder um eine aktiv aufbauende Tätigkeit wie bei riffbildenden Tieren und Pflanzen.

Sedimentfresser: Tiere, die am bzw. im Boden von Gewässern leben und ein Gemisch von Algen, Bakterien, pflanzlichem Detritus und z. T. schon mineralisierten Stoffen aufnehmen. S. sind z. B. die Vielborster und die Seegurken im Meer sowie die Röhrenwürmer der Gattung Tubifex im Süßwasser.

Bei Massenauftreten können S. im Stoffkreislauf der Gewässer eine wichtige Rolle spielen, da sie durch ihre Tätigkeit den Abbau (↑Mineralisation) organischer Stoffe fördern.

See: größere, (abgesehen von Zu- und Abflüssen) allseitig geschlossene Wasseransammlung in einer Vertiefung im Binnenland. Etwa 1,8% des Festlandes ist mit Seen bedeckt.

Man unterscheidet zwischen dem Bereich des freien Wassers (↑Pelagial) und der Bodenregion (↑Benthal). Abgesehen von Wasserbewegungen durch Tiere, Wind usw., ist das Pelagial mehr oder weniger stabil geschichtet. Es kann aber, abhängig von den jeweiligen Temperaturverhältnissen, im Laufe des Jahres zu schiedene Pflanzengürtel mit einer jeweils charakteristischen Tierwelt. Am *Seerand* befindet sich meist ein Schilfgürtel, in dem Wasserfrösche, Schilfkäfer, Rohrsänger u. a. leben und viele Wasservögel (z. B. Enten) nisten. Der Boden ist hier häufig von Faulschlamm bedeckt. Daran schließt sich im *etwas tieferen Wasser* eine Zone aus Pflanzen mit Schwimmblättern an, die v. a. der Lebensraum für Teichhühner und zahlreiche Insekten ist.

Noch *tieferes Wasser* ist gekennzeichnet durch untergetauchte Wasserpflanzen (z. B. Armleuchteralgen und Brachsenkraut) mit Flohkrebsen, Insektenlarven, Wasserflöhen, Fischbrut u. a. als Bewohnern. An die Zone tieferen Wassers schließt sich die *pflanzenlose Zone,* das Profundal, an.

Viele Seen, insbesondere kleinere, stellen nur ein vorübergehendes Stadium dar. Durch Einschwemmung von Sedi-

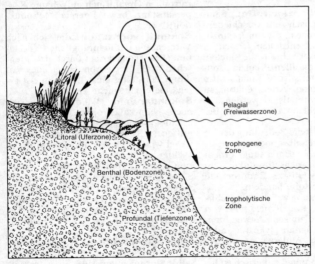

See. Zonierung eines Süßwassersees

Umwälzungen der gesamten Wassermassen kommen (↑Wasserzirkulation).

Die *Uferzone* von Seen ist ein wichtiger Lebensraum vieler im, am oder auf dem Wasser lebender Tiere. Sie zeigt in der Regel eine deutliche Zonierung in ver- menten durch die Zuflüsse, aber auch durch ↑Eutrophierung werden im Laufe der ↑Sukzession die freien Wasserflächen verdrängt; der See verlandet. Über verschiedene Stadien (↑Verlandung) bildet sich schließlich ein Flachmoor

Seegraswiese

(↑Moor). Bei künstlich angelegten Seen bzw. Teichen verhindert man dies, indem man in mehrjährigem Abstand das Wasser abläßt und den angesammelten Schlamm ausräumt.

Seegraswiese: in 1–2 km Entfernung vom Strand an zahlreichen holarktischen Küsten auftretende Pflanzengesellschaft, die hpts. aus echtem Seegras (Zostera marina) und Tang besteht.

Seiches, die (Mehrz.) [sɛʃ ‖ ohne Einz. ‖ frz.]: durch Luftdruckunterschiede oder durch Wind angeregte Eigenschwingungen des Wassers in Meeresbecken und in größeren Binnengewässern, die an der Oberfläche Wasserstandsschwankungen hervorrufen oder nur tiefere Schichten erfassen **(interne S.)** können. Die Schwingungsperioden reichen von wenigen Minuten bis zu mehreren Stunden. S. können zu beträchtlichen Wasserstandsschwankungen an der Küste führen (an der Ostseeküste in extremen Fällen bis zu 2 m).

sekundäre Pflanzenstoffe: Sammelbez. für chemisch sehr verschiedenartige Verbindungen, die im pflanzlichen Stoffwechsel entstehen, jedoch im Primärstoffwechsel keine Rolle spielen. Da s. Pf. nicht von allen Pflanzen, sondern als charakteristische Inhaltsstoffe nur von bestimmten Arten, Gattungen oder Familien synthetisiert werden, besitzen sie große chemotaxonomische Bedeutung.

In vielen Fällen ist die Bedeutung der s.n Pf. für die Pflanze selbst noch unklar. Es könnte sich um Entgiftungsformen schädlicher Stoffwechselprodukte, um nicht mehr verwertbare Endprodukte oder um Reservestoffe handeln.

Wegen ihrer Wirkung auf den menschlichen Organismus finden viele s. Pf. von Heilpflanzen medizinische Anwendung, wie z. B. die Digitalisglykoside oder manche Alkaloide. Andere werden technisch verwertet, wie z. B. Kautschuk, Gerbstoffe, ↑Saponine, ätherische Öle (Tee- und Gewürzpflanzen).

Zahlreiche s. Pf. sind von großer *ökologischer Bedeutung.* So dienen z. B. Farbstoffe von Blüten und Früchten indirekt der Fortpflanzung, indem sie Insekten zur ↑Bestäubung oder Vögel zum Fraß der Früchte anlocken und damit zur Verbreitung der Samen veranlassen. Keimhemmstoffe regulieren den Zeitpunkt der günstigsten Auskeimung. Alkaloide und manche flüchtigen Verbindungen wirken als ↑Repellents gegen Insektenbefall, andere wiederum als Lockstoffe zur Erkennung der geeigneten Nahrungs- oder Brutpflanze, manche sind Vorstufen für die Synthese von ↑Pheromonen im Insekt. Durch ↑Allelopathie können Nachbarpflanzen in ihrer Entwicklung beeinflußt werden. ↑Phytoalexine schützen Pflanzen als Resistenzfaktoren gegen parasitische Pilze, Bakterien und Viren. Beim ↑Parasitismus und bei der ↑Symbiose wird die Wirtspflanze an ihren s.n Pf.n erkannt.

Sekundärkonsumenten: die ↑Konsumenten, die an der dritten Stelle innerhalb einer ↑Nahrungskette stehen; z. B. Fische.

Sekundärproduktion: die von heterotrophen Organismen aufgebaute Körpersubstanz bzw. Energie (↑Produktion).

Sekundärvegetation: die sich nach Vernichtung der ursprünglichen Vegetation **(Primärvegetation)** durch den Menschen (z. B. durch Abholzung oder Rodung) selbsttätig einstellende (meist artenärmere) natürliche Vegetation.

Sekundärwald: Waldtyp, der sich nach Naturkatastrophen (z. B. Waldbränden) oder nach menschlichen Eingriffen (z. B. Rodung) einstellt. In der Regel wird diese Bez. nur für tropische Wälder benutzt.

Im Gegensatz zum ↑Primärwald besteht S. meist aus wenigen schnellwüchsigen Arten, die hpts. ↑Lichtkeimer sind und deren Samen und Früchte meist durch den Wind verbreitet werden. Die Lebensgemeinschaft ist wenig ausgeglichen.

Selbstregulation: die Fähigkeit einer Population oder eines Ökosystems, selbst Störungen mit Hilfe eines ↑Regelkreises auszugleichen und somit eine ökologisch sinnvolle Individuendichte und Artenzusammensetzung beizubehalten.

Selbstreinigung: die bei unbelasteten Gewässern nach einer gewissen Fließ-

semihumid

zeit und Fließstärke durch biologische Tätigkeit stattfindende Reinigung von fäulnisfähigen Schmutzstoffen (z. B. eingeleitete gereinigte oder ungereinigte Abwässer). Mikroorganismen nehmen feinverteilte organische (teils auch anorganische) Stoffe auf, die sie zum Aufbau der eigenen Körpersubstanz nutzen oder zur Energiegewinnung zu Wasser und Kohlendioxid bzw. zu einfachen chemischen Stoffen abbauen (↑Mineralisation). Den Bakterien, Algen und Pilzen folgen in der S.skette Protozoen, Krebse, Muscheln, Würmer, Insektenlarven und Schnecken, schließlich Fische und Wasservögel. Wasserpflanzen liefern den für die aeroben Mikroorganismen notwendigen Sauerstoff und nutzen die abgebauten Minerale als Nahrung.

Diese biologische S. wird von chemischen Prozessen (v. a. Oxidations- und Reduktionsvorgänge) begleitet und durch physikalische Faktoren (Fließgeschwindigkeit, Turbulenz, Wassertiefe, Wassertemperatur, Intensität der Sonneneinstrahlung u. a.) unterstützt.

Ungünstige Veränderungen schon eines einzigen Faktors können die S. empfindlich stören oder ganz verhindern; v. a. sinkender Sauerstoffgehalt des Wassers, z. B. durch Eutrophierung oder Vernichtung der Wasserpflanzen (infolge übermäßiger Verschmutzung), verschlechtert die Lebensbedingungen der Mikroorganismen. Fäulnisprozesse nehmen dann überhand: Es kommt zum „Umkippen" des Gewässers. – ↑auch Gewässerschutz.

Selektion, die [aus engl. selection = Auswahl, von lat. selectio = Auslese]: natürlicher oder durch den Menschen bewirkter künstlicher Mechanismus, der aus der Fülle von verschiedenen Individuen mit unterschiedlichem Erbgut und somit unterschiedlichen Merkmalen diejenigen fördert, die am besten an die abiotischen und biotischen Faktoren der bestehenden Umwelt angepaßt sind. Diejenigen mit weniger durchsetzungsfähigen Eigenschaften werden dagegen unterdrückt. S. ist somit die Triebfeder der gerichteten ↑Evolution.

Je nachdem, wie die Umwelt in bezug auf die Verfügbarkeit der existenznot-wendigen Faktoren wie Nahrung, Temperatur, Wasser, Raum usw. ausgestattet ist, unterscheidet man zwei *Grenztypen* der S., die **K-S.** und die **r-S.** (die Präfixe r und K sind der logistischen Wachstumskurve entnommen; K = maximal mögliche Populationsgröße, r = spezifische Zuwachsrate).

Bei der *K-S.* weist die Umwelt über längere Zeit konstante Bedingungen auf. Die Lebensgemeinschaft besteht aus Individuen **(K-Strategen),** die sehr konkurrenzfähig sind. Sie produzieren jedoch nur wenige Nachkommen, da deren Entwicklung lange Zeit benötigt. K-Strategen haben meist eine lange Lebensdauer, und ihre Populationsgröße bleibt relativ konstant.

Ist die Umwelt nur kurzzeitig günstig, werden diejenigen Organismen gefördert, die schnell viele Nachkommen produzieren. Die Nachkommen dieser *r-S.* sind aber meist wenig konkurrenzfähig. Die betreffenden Individuen **(r-Strategen)** sind in der Regel kurzlebig und weisen stark schwankende Populationsgrößen auf.

Jede Art besetzt eine für sie typische Position zwischen diesen beiden Grenzfällen.

Selen, das [zu griech. selénē = Mond; so benannt wegen der Verwandtschaft mit dem Element Tellur (zu lat. tellus = Erde) ‖ chemisches Symbol: Se]: halbmetallisches chemisches Element. S. kommt in der Natur nur selten in Form reiner Selenidminerale vor, findet sich jedoch häufig als Beimengung in sulfidischen Schwermetallerzen. Verwendung findet S. wegen seiner Halbleitereigenschaften u. a. zur Herstellung von Photozellen.

S. ist für die meisten Lebewesen ein notwendiges Spurenelement. In höheren Konzentrationen ist es jedoch in elementarer Form sowie in Form seiner Verbindungen stark giftig.

semelpar [zu lat. semel = einmal und lat. parere = gebären]: nennt man Pflanzen- oder Tierarten, deren Individuen sich nur einmal in ihrem Leben fortpflanzen.

semiarid ↑arid.

semihumid ↑humid.

Serotinalaspekt [zu lat. serotinus = spät]: der zwischen dem Sommer- und Herbstaspekt auftretende ↑Aspekt bei Pflanzen- und Tiergesellschaften.

sessil [aus lat. sessilis = zum Sitzen geeignet]: festsitzend, festgewachsen; von Lebewesen gesagt, die keine freie Ortsbewegung ausführen können. – Gegensatz: ↑vagil.

Seston, das [zu griech. sēstós = gesiebt, Analogiebildung zu ↑Plankton]: zusammenfassende Bez. für alle im Wasser schwebenden bzw. an der Wasseroberfläche lebenden oder treibenden Organismen und toten Partikel tierischer, pflanzlicher und anorganischer Herkunft. Hierzu zählen als **Bio-S.** das ↑Nekton, ↑Neuston, ↑Plankton und ↑Pleuston sowie als **Abio-S.** der ↑Detritus organischer und anorganischer Herkunft.

Seveso-Gift [nach dem bei Mailand gelegenen italien. Ort Seveso, in dessen Nähe das Gift bei einer Explosion in einer Chemiefabrik am 10. 7. 1976 freigesetzt wurde]: Bez. für die hochtoxische Chlorkohlenwasserstoffverbindung Tetrachlordibenzo-p-dioxin sowie die anderen toxischen Verbindungen aus der Reihe der Dioxine (↑TCDD).

Sexualdimorphismus, der [zu griech. dís (di-) = zweimal, doppelt und griech. morphē = Gestalt ‖ Syn.: Geschlechtsdimorphismus]: äußerlich sichtbare Verschiedenheit der Geschlechter derselben Tierart, die sich nicht auf die primären Geschlechtsmerkmale bezieht. Einen extremen S. stellt das Auftreten von Zwergmännchen z. B. bei einigen Spinnentieren und Tiefseefischen dar. Sehr stark **sexualdimorph** sind auch die Pärchenegel und viele Vögel.

Sexualpheromone ↑Pheromone.

S-Horizont: eine Bodenschicht (↑Boden).

Sickerquellen ↑Quellen.

Siebanlage: Rückhaltevorrichtung für Schwimm- und Schwebstoffe in einer Kläranlage (↑Abwasserreinigung)

Sievert, das [nach dem schwed. Radiologen R. Sievert, * 1896, † 1966 ‖ Einheitenzeichen: Sv]: gesetzliche SI-Einheit für die in biologischem Material wirksame Äquivalenzdosis insbes. radioaktiver Strahlen: 1 Sv = 1 J/kg = 1 m^2/s^2. – ↑auch Rem.

silvikol [zu lat. silva = Wald und lat. colere = bewohnen]: waldbewohnend; von Tieren und Pflanzen gesagt.

Sinkstoffe: im Wasser (in Gewässern und Abwässern) vorhandene Feststoffteilchen, die sich schon nach kürzerer Zeit am Boden absetzen. S. stellen zusammen mit anderen Wasserinhaltsstoffen ein Maß für organische und anorganische Verunreinigung dar.

SKE, die [ɛska:''e:]: Einheitenzeichen für ↑Steinkohleneinheit.

skiophil [griech. skia = Schatten und ↑-phil]: nennt man Pflanzen (↑Schattenpflanzen) und Tiere, die schattige Lebensräume bevorzugen. – Gegensatz: ↑heliophil.

Skiophyten, die (Mehrz.) [Einz.: der Skiophyt ‖ griech. skia = Schatten und ↑-phyt]: svw. ↑Schattenpflanzen

Skleräa, die [zu griech. sklērós = trocken]: svw. ↑Trockenwald.

Sklerophyllen, die (Mehrz.) [ohne Einz. ‖ zu griech. sklērós = trocken, hart und griech. phýllon = Blatt]: zu den ↑Xerophyten zählende Pflanzen, die im Unterschied zu den ↑Malakophyllen harte, durch Sklerenchyme (Festigungsgewebe) verdickte und mit einer dicken Kutikula versehene Blätter besitzen, die zur Einschränkung der Verdunstung wachsartige oder harzige Deckschichten besitzen.

Smog, der [engl., zusammengezogen aus engl. smoke = Rauch und engl. fog = Nebel]: ursprünglich eine Mischung aus natürlichem Nebel und Heizungs-, Industrie- und Autoabgasen sowie aus festen Rauchbestandteilen; heute Bez. für jede Art von stark belasteter Luftverschmutzung, die bei austauscharmer Witterung (↑Inversionswetterlage) über Ballungsgebieten auftritt. Man unterscheidet den (ursprünglich v. a. über London häufig auftretenden) **London-S.,** einen vorwiegend mit Schwefeldioxid und Ruß beladenen Nebel, der sich bes. an naßkalten Herbst- und Winterabenden bildet und über Nacht noch verstärkt, und den für Los Angeles charakteristischen **Los-Angeles-S. (photochemischer S.);** diese Art wird

Sonnenenergie

v. a. durch atmosphärische Schadstoffe gebildet, die unter dem Einfluß der Sonnenstrahlung (meist mittags) entstehen. An den dabei ablaufenden photochemischen Prozessen sind als Ausgangssubstanzen v. a. Schwefeldioxid, Stickoxide und verschiedene Kohlenwasserstoffe aus Kfz-Abgasen beteiligt, aus denen sich über im einzelnen noch nicht voll analysierte Zwischenstufen eine Vielzahl von Schadstoffen bildet.

Um den ernsten gesundheitsschädigenden Auswirkungen des S.s zu begegnen, wurden in der BR Deutschland in bes. gefährdeten Gebieten **S.warnpläne** bzw. **S.alarmpläne** entwickelt, die in einzelnen Stufen in Kraft treten, sobald die Schwefeldioxidkonzentration der Luft bestimmte Werte überschreitet (bei **S.-alarm** u. a. Drosselung der Emission industrieller Betriebe, Benutzungsverbot für Kraftfahrzeuge).

Obwohl die S.alarmpläne dazu da sein sollen, die Bevölkerung vor den akuten Folgen der Luftverunreinigung zu schützen, können sie diese Aufgabe praktisch kaum erfüllen. Dies hat mehrere Ursachen. Die wichtigste davon ist, daß die Grenzwerte, bei denen der S.alarm ausgelöst wird, wesentlich zu hoch angesetzt sind und medizinische Erkenntnisse dabei nicht berücksichtigt sind. Ein zweiter kritischer Punkt der Regelung ist die Tatsache, daß S.alarm erst dann ausgelöst wird, wenn die durchschnittlichen Meßwerte mindestens bei der Hälfte der Meßstationen die Grenzwerte überschreiten. Dadurch können in einzelnen Stadtteilen, die in der Hauptwindrichtung der Emittenten liegen, noch wesentlich höhere Konzentrationen als die in den Warnkriterien festgelegten zulässigen Werte auftreten.

Solarkonstante, die [zu lat. sol = Sonne und lat. constare = feststehen]: der Energiebetrag, der die Erde an der Grenze der Atmosphäre von der Sonne pro Quadratzentimeter (einer zu den Strahlen senkrecht orientierten Fläche) in der Minute zugestrahlt bekommt. Der mittlere Wert der S. beträgt 8,16 J/cm^2 · min; er ist wegen der unterschiedlichen Entfernung zwischen Erde und Sonne und in Abhängigkeit von der Sonnenaktivität geringfügigen Schwankungen unterworfen.

Solfataren, die (Mehrz.) [Einz.: die Solfatare oder Solfatara ‖ aus gleichbed. italien. solfatara (nach dem Namen eines Vulkankraters bei Neapel)]: vulkanische Aushauchungen, die im wesentlichen aus Wasserdampf bestehen, Schwefelverbindungen und Kohlendioxid enthalten und Temperaturen unterhalb von 200 °C aufweisen. S. bilden den idealen Lebensraum für ↑thermobiotische Bakterien.

Sommerstagnation: bei Seen im Sommer auftretende stabile Wasserschichtung (↑Wasserzirkulation).

Sonderabfälle ↑Abfallbeseitigung.

Sondermüll: svw. Sonderabfälle (↑Abfallbeseitigung).

Sonnenblätter [Syn.: Lichtblätter]: gegenüber den sonstigen Laubblättern, v. a. aber gegenüber den ↑Schattenblättern infolge gesteigerter Licht- bzw. Sonneneinwirkung veränderte Blätter auf der besonnten Südseite des Kronenaußenbereichs mancher Bäume. S. haben ein höheres, manchmal aus mehreren Schichten bestehendes Palisadengewebe, eine dicke Kutikula, eine hohe Schließzellendichte, viel Chlorophyll und viele Chloroplasten. Im Vergleich zu den Schattenblättern liegen die ↑Lichtsättigung und der ↑Lichtkompensationspunkt höher.

Manche Pflanzen entwickeln in starkem Licht auch gestaltlich veränderte Blätter; z. B. die Rundblättrige Glockenblume in Form schmaler, grundständiger Blätter, im Gegensatz zu den üblichen nierenförmigen bis rundlichen, langgestielten Grundblättern.

Sonnenenergie:

◊ die *im Innern der Sonne* durch Kernfusion erzeugte Energie (sekundliche Erzeugungsrate 0,19 W je Tonne Sonnenmasse), die v. a. durch Strahlungstransport an die Sonnenoberfläche gelangt und dort abgestrahlt wird. Die je Sekunde abgestrahlte Energie beträgt insgesamt 3,9 · 10^{26}J, d. h. 63 MJ pro m^2 Sonnenoberfläche.

◊ In der *Energietechnik* versteht man unter S. die mit Hilfe von Sonnenkollektoren, Solarzellen (bzw. Sonnenbatterien),

279

Sonnenenergie

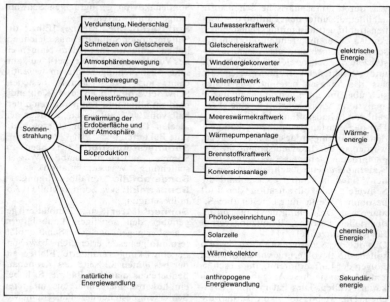

Sonnenenergie. Nutzungsmöglichkeiten der Sonnenenergie

Sonnenkraftwerken und anderen Sonnenkraftanlagen technisch genutzte bzw. nutzbare Strahlungsenergie der Sonneneinstrahlung. Die der Erde durchschnittlich zugestrahlte Energie beträgt insgesamt $1{,}5 \cdot 10^{18}$ kWh pro Jahr und entspricht etwa dem 20 000fachen des jährlichen Weltprimärenergieverbrauchs; das entspricht außerhalb der Erdatmosphäre einer Sonnenstrahlungsintensität von 1 353 W/m² (↑ auch Solarkonstante). Davon erreichen jedoch jeden m² der Erdoberfläche im Mittel nur 340 W. In der BR Deutschland beträgt das jährliche S.angebot im Flachland 3 600–4 000 MJ (1 000–1 100 kWh) pro m².

Etwa 30% der der Erde jährlich zugestrahlten Sonnenenergiemenge werden jedoch unmittelbar an der Atmosphäre reflektiert und in Form kurzwelliger Strahlung in den Weltraum zurückgeworfen. Etwa 22% dienen dazu, Wasser verdunsten zu lassen, das in Form von Niederschlägen wieder auf die Erdoberfläche zurückströmt. Der größte Anteil der Sonnenstrahlung (45%) wird jedoch in Form von Wärme gespeichert und führt auf der Erdoberfläche zu regional unterschiedlichen Temperaturerhöhungen. Ein Teil dieser Temperaturunterschiede wird durch Bewegungsvorgänge in der Atmosphäre und in den Meeren ausgeglichen. Für ihre Aufrechterhaltung sind rund 2,5% der gesamten Strahlung notwendig. Nur ein Tausendstel (0,1%) der zur Erde gelangenden Sonnenstrahlungsenergie wird benötigt, um alle Pflanzen und anderen Lebewesen der Erde entstehen zu lassen und zu erhalten.

Auch die in traditioneller Weise genutzten Energiequellen der Erde (Kohle, Erdöl und Erdgas, Wind- und Wasserkraft) stellen letztlich „gespeicherte" oder umgewandelte S. dar. Darüber hinaus ist die S. die Quelle allen menschlichen, tierischen und pflanzlichen Lebens (↑ Photosynthese).

Da die fossilen Brennstoffvorräte begrenzt sind, ist es eine der Aufgaben der Energieforschung, neue direkte und indirekte Verfahren zur *Nutzung der S.* zu erschließen, wobei das Hauptproblem die geringe Leistungsdichte darstellt, die je nach geographischer Lage, Jahreszeit und Witterung zwischen 100 W/m^2 und 1 kW/m^2 schwanken kann. Außerdem werden effektive Methoden zur Energiespeicherung und -übertragung benötigt, da die Sonneneinstrahlung örtlich und zeitlich stark variiert.

Das aussichtsreichste Verfahren für die zukünftige kommerzielle Nutzung der S. ist die direkte Umwandlung in Niedertemperaturwärme und elektrische Energie mittels **Solarkollektoren.** Bevor jedoch an den wirtschaftlichen Einsatz von Solarsystemen für die Energieversorgung gedacht werden kann, müssen Wirkungsgrad und Lebensdauer der verschiedenen Komponenten erhöht werden und gleichzeitig die Investitionskosten gesenkt werden. Nach dem derzeitigen Entwicklungsstand kann für das Jahr 2000 nur mit einem S.anteil an der Primärenergieversorgung der EG-Staaten zwischen 5 und 10 % gerechnet werden. – Abb. S. 234, 235.

Sonnenpflanzen: svw. ↑ Heliophyten.

Soziabilität, die [zu lat. sociabilis = gesellig ‖ Syn.: Geselligkeit]: der Grad der Häufung einer bestimmten Pflanzenart innerhalb einer Pflanzengesellschaft.

Sozialbrache [lat. socialis = gesellschaftlich, gesellig]: landwirtschaftlich nutzbare Flächen, deren Bearbeitung aus wirtschaftlichen Gründen (z. B. mangelnde Ertragsfähigkeit des Bodens, bessere Verdienstmöglichkeiten in der Industrie, Baulandspekulation) aufgegeben wurde.

Sozialhormone [lat. socialis = gesellig]: svw. ↑ Pheromone.

Sozialökologie [lat. socialis = gesellschaftlich, gesellig]: Teilgebiet der Ökologie, das die Wechselbeziehungen zwischen der Umwelt und dem sozialen Verhalten der Menschen untersucht.

Soziotop, der oder das [Kurzbildung aus sozial (von lat. socialis = gesellig) und ↑ Biotop]: räumlich eng begrenzte Standortgemeinschaft von Organismen in typischer Vergesellschaftung. S.e sind die kleinsten Einheiten sozialräumlicher Strukturierungen.

sphagnikol [zu griech. sphágnos = eine Moosart und lat. colere = bewohnen]: nennt man Organismen, die vorzugsweise auf Torfmoosen leben; z. B. Sonnentauarten, die Moorameise.

Spray, der oder das [ʃpreː, spreː oder spreɪ ‖ engl., eigtl. = Sprühflüssigkeit]: Zerstäuber für Flüssigkeiten (Farben, Lacke, Deodoranzien, Haarfestiger u. a.), bei dem ein in einem druck- und bruchfesten Gefäß **(Sp.dose)** unter Druck (maximal 12 bar bei 50 °C) stehendes Treibgas die Flüssigkeit in feinsten Tröpfchen, d. h. als ↑ Aerosol, aus einer Düse treibt; auch Bez. für die Flüssigkeit selbst bzw. den erzeugten Flüssigkeitsnebel.

Als Treibgase werden v. a. Halogenkohlenwasserstoffe verwendet, insbes. Trichlorfluormethan (CCl_3F) und Dichlordifluormethan (CCl_2F_2), nicht brennbare, physiologisch unbedenkliche Gase, die weder den Geruch noch die Wirkung der Sp.flüssigkeit verändern (in neuerer Zeit z. T. auch Zusatz von Kohlendioxid).

Die Menge der Sp.s verwendeten Treibgase (allein in der BR Deutschland jährlich rund 57 000 t) und ihre chemische Stabilität ließen den begründeten Verdacht aufkommen, daß diese bis in die Stratosphäre gelangenden Treibgase die Ozonschicht der Erdatmosphäre nachteilig beeinflussen können (Schwächung der Ozonkonzentration durch Reaktion der durch UV-Strahlung frei werdenden Chlorradikale mit dem ↑ Ozon und damit vermehrte Durchlässigkeit der Ozonschicht für harte UV-Strahlung). Die Produktion von Sp.s mit Fluorkohlenwasserstoffen als Treibmittel wurde daher in den USA und in Schweden bereits verboten. Als Ersatz dienen insbes. Butan, Isobutan und Propan, die jedoch andere Lösungseigenschaften als die Fluorkohlenwasserstoffe zeigen und zudem leicht entflammbar sind. Zur Herabsetzung der Entflammbarkeit werden sie meist mit Methylenchlorid oder 1,1,1-Trichloräthan gemischt; daneben wird häufig auch Kohlendioxid zugesetzt.

Sproßparasiten

Sproßparasiten ↑ Hemiparasiten.

Sprungschicht [Syn.: Metalimnion]: bei den meisten Seen der gemäßigten Klimazone zwischen der warmen Oberflächenschicht und der kühlen Tiefenschicht auftretende Wasserzone, in der die Wassertemperatur unmittelbar stark (auf etwa 10–15 °C) abfällt (↑ Wasserzirkulation).

Spurenelemente ↑ Mikroelemente.

stagnikol [zu lat. stagnum = stehendes Gewässer und lat. colere = bewohnen]: nennt man Organismen, die vorzugsweise in ruhigen Gewässern leben (sog. **Stillwasserformen**); z. B. bestimmte Muschelkrebse, manche Fische (Karpfen) und der Teichwasserläufer. – Gegensatz: ↑ torrentikol.

Stand der Technik: in den Umweltgesetzen der Bundesrepublik Deutschland verwendete Bez. für Verfahren, Einrichtungen oder Betriebsweisen, die für den besten zur Zeit durchführbaren Schutz der Umwelt vor Schädigungen geeignet sind und schon im Betrieb erprobt wurden.

Standort: in der Botanik svw. ↑ Biotop.

Standortkonstanz: synökologischer Begriff für die Relativität der ↑ Biotopbindung.

Starklichtpflanzen: svw. ↑ Heliophyten.

Staub: feinste Schwebstoffe (Aerosole), deren Bestandteile vom Boden aufgewirbelt werden, insbes. aber bei Verbrennungsprozessen und in speziellen Industriebetrieben (z. B. Zementfabriken) entstehen und in die Luft gelangen (↑ Luftverunreinigungen). **Grob-St.** (Teilchendurchmesser 10 μm bis etwa 200 μm) sinkt sehr bald zur Erde und lagert sich dort ab. **Fein-St.** (Teilchendurchmesser 1–10 μm) kann sich längere Zeit in der Luft halten und durch Luftströmungen verteilt werden; da er von den Filtereinrichtungen der menschlichen Atemwege nur unzureichend zurückgehalten wird, in die Lungenbläschen gelangt und sich dort für längere Zeit festsetzen kann, spielt die ↑ Entstaubung industrieller Abgase eine bedeutende Rolle.

Staubabscheidung: svw. ↑ Entstaubung.

Steady state, das ['stɛdɪ 'stɛɪt ‖ engl. steady = fest, stabil und engl. state = Zustand]: svw. ↑ Fließgleichgewicht.

Steinkohleneinheit [Einheitenzeichen: SKE]: als Wärmeinhalt von 1 kg Steinkohle mit einem mittleren Heizwert von 29 308 kJ (= 7 000 kcal) definierte technische Energieeinheit; 1 kg Erdöl = 1,44 SKE; 1 m³ Erdgas = 1,1 SKE. Die Verwendung der St. in der BR Deutschland ist im amtlichen und geschäftlichen Verkehr gesetzlich nicht mehr zulässig.

steno-, vor Vokalen auch: **sten-** [aus griech. stenós = eng]: in Zus. mit der Bed. „eng, schmal; eng begrenzt, in engen Grenzen, eingeschränkt"; z. B. stenohalin.

stenobar [zu ↑ steno- und griech. báros = Schwere, Last, Druck]: nennt man terrestrische und aquatische Organismen, die große Luft- bzw. Wasserdruckunterschiede nicht ertragen können. St. sind z. B. Schaf, Katze und Kaninchen, die deshalb auch nicht in hoch gelegenen Gebieten (z. B. in höher gelegenen Städten von Ecuador und Peru) gehalten werden können. – Gegensatz: ↑ eurybar.

stenobath [zu ↑ steno- und griech. báthos = Tiefe]: nennt man Organismen, die auf bestimmte Wasserschichten mit einheitlichen Druckverhältnissen beschränkt sind. – Gegensatz: ↑ eurybath.

stenohalin [zu ↑ steno- und griech. háls, halós = Salz ‖ Abl.: ↑ Stenohalinie]: empfindlich gegenüber Änderungen des Salzgehaltes; von vielen Wassertieren und -pflanzen gesagt, die einen nur engen Toleranzbereich (**Stenohalinie**) gegenüber dem Salzgehalt des Wassers aufweisen. So können st.e Meerestiere nicht im Brackwasser überleben. – Gegensatz: ↑ euryhalin.

Stenohalinie, die: die Eigenschaft ↑ stenohaliner Organismen.

stenohydrisch [zu ↑ steno- und ↑ hydro-‖ in Verbindung mit einem Substantiv auch in der (gebeugten) Form: stenohydre ...]: nennt man Pflanzen, deren Lebensfunktionen schon bei geringfügigen Änderungen des osmotischen Drucks gestört werden. St. sind z. B. Kräuter feuchter Wälder. – Gegensatz: ↑ euryhydrisch.

stenözisch

stenohygrisch [zu ↑steno- und ↑hygro- ‖ in Verbindung mit einem Substantiv auch in der (gebeugten) Form: stenohygre ...]: nennt man Organismen, die im Gegensatz zu den ↑euryhygrischen Individuen größere Feuchtigkeitsdifferenzen nicht ertragen.

stenoion [zu ↑steno- und Ionen gebildet (letzteres zu griech. iénai = gehen, also eigtl. = wandernde Teilchen)]: nennt man Organismen, die nur geringe Schwankungen des ↑pH-Wertes ertragen können. St. ist z. B. der Wasserfloh Bythotrephes longimanus. – Gegensatz: ↑euryion.

stenök [zu ↑steno- und griech. oĩkos = Haus ‖ Abl.: Stenökie ‖ Syn.: stenözisch]: nur unter ganz bestimmten, eng begrenzten, gleichbleibenden Umweltbedingungen lebensfähig; von Tier- und Pflanzenarten mit geringer ↑ökologischer Potenz gesagt; z. B. Ren, Lama, Grottenolm.
Im Gegensatz zu den ↑euryöken Arten sind st.e Arten meist an bestimmte Biotope gebunden und bilden die Leitformen für die jeweiligen Biotoptypen. So ist z. B. die Bachforelle die Leitform für den quellnahen Oberlauf von Bächen.

Stenökie, die [zu ↑stenök]: die Eigenschaft stenöker Organismen.

stenooxybiont [zu ↑steno-, nlat. Oxygenium = Sauerstoff und griech. bíos = Leben ‖ Schreibvariante: stenoxybiont]: auf einen ganz bestimmten Sauerstoffgehalt angewiesen; auf bestimmte Wasserorganismen, Bakterien und Endoparasiten bezogen. – Gegensatz: ↑euryoxybiont.

Stenooxybionten, die (Mehrz.) [Einz.: der Stenooxybiont ‖ Schreibvariante: Stenoxybionten]: Bez. für ↑stenooxybionte Organismen.

stenophag [zu ↑steno- und griech. phageĩn = essen ‖ Abl.: Stenophagen]: nennt man Tierarten, die sich nur von wenigen Tier- bzw. Pflanzenarten ernähren; z. B. viele Parasiten. – Gegensatz: ↑euryphag.

Stenophagen, die (Mehrz.) [Einz.: der Stenophage ‖ zu ↑stenophag]: Bez. für stenophage Organismen.

stenophot [zu ↑steno- und griech. phõs, phõtós = Licht]: nur unter ganz

bestimmten Lichtverhältnissen existierend; z. B. von Pflanzen gesagt, deren Blütenbildung von einem bestimmten täglichen Licht-Dunkel-Wechsel abhängt. – ↑auch Kurztagpflanzen, ↑Langtagpflanzen.

stenopotent [steno- und lat. potens = etwas vermögend ‖ Abl.: Stenopotenz ‖ Syn.: stenovalent]: nennt man Organismen, die nur in einem engen Bereich eines Umweltfaktors leben und aktiv sein können. Sie sind dann z. B. in bezug auf die Temperatur ↑stenotherm, in bezug auf die Lichtintensität ↑stenophot, in bezug auf die Feuchtigkeit ↑stenohygrisch. Ein und derselbe Organismus kann durchaus gegenüber einem oder mehreren Umweltfaktoren stenopotent, gegenüber anderen aber eurypotent reagieren. – Gegensatz: ↑eurypotent.

Stenopotenz, die [zu ↑stenopotent ‖ Syn.: Stenovalenz]: das Unvermögen einiger Organismen, in einem weiten Bereich eines Umweltfaktors zu leben und aktiv zu sein.

stenotherm [zu ↑steno- und griech. thermós = warm, heiß]: an einen nur begrenzten Temperaturbereich des umgebenden Mediums angepaßt; von bestimmten Tieren und Pflanzen gesagt. Man unterscheidet: **kalt-st.,** empfindlich gegenüber höheren Temperaturen (z. B. die Organismen des Krills der polaren Meere); **warm-st.,** empfindlich gegenüber niedrigen Temperaturen (z. B. Eingeweidewürmer der Warmblüter, Fische warmer tropischer Gewässer). – Gegensatz: ↑eurytherm.

stenotop [Kurzbildung zu ↑steno- und ↑Biotop ‖ Abl.: Stenotopen]: nur in bestimmten, einander gleichenden Biotopen vorkommend; von bestimmten Tier- und Pflanzenarten gesagt. – Gegensatz: ↑eurytop.

Stenotopen, die (Mehrz.) [Einz.: der Stenotope ‖ zu ↑stenotop]: Bez. für stenotope Organismen.

stenovalent [zu lat. valere = stark sein ‖ Abl. Stenovalenz]: svw. ↑stenopotent.

Stenovalenz, die [zu ↑stenovalent]: svw. ↑Stenopotenz.

stenoxybiont: svw. ↑stenooxybiont.

stenözisch: svw. ↑stenök.

283

Steppe

Steppe: durch mangelnden Niederschlag bedingte, baumlose außertropische Vegetationsformation (im Gegensatz zur ↑Savanne und zum tropischen Grasland), die v. a. aus winterharten, dürreresistenten Gräsern besteht, denen in wechselnder Menge Kräuter, Stauden, Halbsträucher und (bei ausreichender Feuchtigkeit) auch Sträucher beigemischt sind.

Man unterscheidet (mit zunehmender Trockenheit): die krautreiche **Wiesen-St. (Gras-St.);** die krautarme **Federgras-St.;** die von Beifußarten und Salzpflanzen beherrschte **Wermut-St.,** die den Übergang zur Wüste bildet. – Die sog. **Wald-St.** ist das Übergangsgebiet zwischen St. und geschlossenem Wald.

Die *St.ngebiete der Erde* befinden sich im kontinentalen Eurasien (von Ungarn bis zur Mongolei), in Nord- und Südamerika, in Nord- und Südafrika sowie in Australien.

Steppenschwarzerde: svw. ↑Tschernosem.

Stetigkeit: svw. ↑Präsenz.

Stickoxide [Syn.: Stickstoffoxide]: die Verbindungen des Stickstoffs mit Sauerstoff. Man unterscheidet u. a.:

Distickstoff[mon]oxid (Lachgas; N_2O): ein farbloses, süßlich riechendes Gas, das z. B. durch thermische Zersetzung von Ammoniumnitrat ($NH_4NO_3 \rightarrow N_2O + 2H_2O$) hergestellt wird. Es gibt leicht Sauerstoff ab und unterhält die Verbrennung organischer Substanzen. Eingeatmet führt es zu narkoseartigen Zuständen.

Stickstoff[mon]oxid (NO): ein farbloses, giftiges Gas, das mit Sauerstoff rasch unter Bildung von Stickstoffdioxid reagiert; technisch tritt es als Zwischenprodukt bei der Herstellung von Salpetersäure (durch Ammoniakverbrennung oder Luftverbrennung) auf.

Stickstoffdioxid (NO_2): Es liegt bei Normaltemperatur als **Distickstofftetroxid** (N_2O_4) vor; ein braunrotes, giftiges, stark oxidierend wirkendes Gas mit charakteristischem Geruch. Technisch wird es durch Oxidieren von Stickstoffmonoxid hergestellt. Stickstoffdioxid ist (neben anderen St.n, insbes. NO) der Hauptbestandteil der stark giftigen, gelben bis braunroten, aus rauchender Salpetersäure entweichenden Dämpfe, der sog. **nitrosen Gase,** die auch überall dort entstehen, wo konzentrierte Salpetersäure auf anorganische oder organische Substanzen einwirkt.

Toxikologische Bedeutung haben v. a. das Stickstoffmonoxid (NO) und das Stickstoffdioxid (NO_2 bzw. N_2O_4), die in geringen Mengen überall dort entstehen, wo Verbrennungen bei hoher Temperatur durchgeführt werden (in konventionellen Kraftwerken, in Kraftfahrzeugmotoren und Flugzeugtriebwerken, z. T. auch in Haushaltsheizungen, ferner in der chemischen Industrie). Diese St. greifen die Schleimhäute der Atmungsorgane an und begünstigen Katarrhe und Infektionen. Unter dem Einfluß von Sonnenlicht sind sie zusammen mit organischen Bestandteilen der Autoabgase an der Entwicklung von photochemischem ↑Smog beteiligt. – Der MAK-Wert für Stickstoffdioxid wurde auf 5 ppm (9 mg/m³) festgelegt.

Stickstoff [chemisches Symbol: N]: nichtmetallisches chemisches Element. St. ist ein farb-, geschmack- und geruchloses, in Form zweiatomiger Moleküle (N_2) vorliegendes Gas. St. verhält sich überaus reaktionsträge. Lediglich mit unedlen Metallen wie Lithium und Calcium reagiert St. schon bei Zimmertemperatur unter Bildung von Nitriden. Mit anderen Metallen und den übrigen Elementen reagiert er nur bei höheren Temperaturen (z. B. mit zahlreichen Schwermetallen) oder unter dem Einfluß von Katalysatoren (so z. B. bei der Umsetzung mit Wasser zu Ammoniak).

St. kommt v. a. elementar als Hauptbestandteil der Luft vor. Mit einem Gehalt von 78,09 Vol.-% ist das weitaus häufigste Element der Erdatmosphäre. An der Zusammensetzung der festen Erdkruste ist St. (in Form von Nitraten, v. a. Natriumnitrat) nur zu 0,03 Gewichts-% beteiligt. In der belebten Natur ist chemisch gebundener St. Bestandteil zahlreicher biochemisch wichtiger Substanzen, insbes. der Proteine und der Nukleinsäuren. Er kann jedoch von Pflanzen und Tieren nur in Form von St.ver-

284

Stickstoffkreislauf

bindungen aufgenommen werden. Lediglich einige Bakterienarten sind fähig, elementaren St. in St.verbindungen zu überführen (↑ Stickstofffixierung, ↑ Stickstoffkreislauf). Gasförmiger St. wirkt auf Pflanzen und Tiere nicht toxisch, er führt bei Tieren und beim Menschen aber in höheren Konzentrationen (durch den Mangel an dem für die Atmung notwendigen Sauerstoff) rasch zum Ersticken.

St. wird großtechnisch in beträchtlichem Umfang als Rohstoff der chemischen Industrie verarbeitet; er dient insbes. zur Herstellung der für die Düngemittelindustrie wichtigen St.verbindungen Ammoniak, Salpetersäure und Kalkstickstoff.

Stickstoffdünger: Düngemittel auf Stickstoffbasis. Als St. eignen sich Verbindungen, die das Nährelement Stickstoff in Form des Ammonium- oder des Nitrations enthalten. Verwendet werden u. a. Ammoniak, Ammon[ium]sulfat, Natriumnitrat, Calciumnitrat, Ammon[ium]nitrat, v. a. gemischt mit Kalk oder Ammoniumsulfat als Kalkammonsalpeter bzw. Ammonsulfatsalpeter (Ammoniumnitratdünger), Kalkstickstoff, Harnstoff usw., die im Boden zu Ammoniumverbindungen umgesetzt werden.

Alle St. werden durch Bakterien des Bodens im Laufe der Zeit in leichtlösliche Nitrate umgewandelt (Nitrifikation; Gefahr der Auswaschung in das Grundwasser).

Stickstofffixierung: der Einbau des in der Atmosphäre vorhandenen molekularen ↑ Stickstoffs (N_2) in organische Verbindungen durch Mikroorganismen. Während die höheren Pflanzen nicht in der Lage sind, Stickstoff in den Stoffwechsel aufzunehmen, gibt es eine Reihe von Mikroorganismen, die Stickstoff fixieren können: in Böden und Gewässern freilebende *stickstofffixierende Bakterien,* zu denen aerobe Azotobacter-, fakultativ anaerobe Klebsiella- und Bacillusarten, anaerobe Clostridiumarten, sulfatreduzierende und photosynthetisch tätige Bakterien gehören, und die symbiontisch mit Hülsenfrüchtlern lebenden *Rhizobiumarten,* die die weitaus

wichtigste Rolle bei der St. spielen. Außerdem sind einige *Blaualgen* zur St. befähigt.

Durch biologische St. werden weltweit jährlich 175 Mill. t N_2 in organische Verbindungen eingebaut, 50 Mill. t durch Verbrennungsvorgänge (Bildung von Nitrat mit anschließender Aufnahme durch Pflanzen). Durch Symbionten können bis zu 200 kg Stickstoff pro Hektar und Jahr fixiert werden, die über die ↑ Gründüngung dem Boden zugeführt werden und größtenteils für die nächste Generation von Kulturpflanzen zur Verfügung stehen. Allerdings wird die biologische St. durch Stickstoffdüngung stark gehemmt.

Schlüsselenzym für den Stickstoffeinbau ist die sehr sauerstoffempfindliche **Nitrogenase,** ein Molybdän-Eisen-Enzym. Gegen Oxidation ist die Nitrogenase in der Zelle durch **Leghämoglobin,** ein dem tierischen Blutfarbstoff ähnliches Protein, geschützt. Die Nitrogenase wird durch ihre Fähigkeit, auch Acetylen zu Äthylen zu reduzieren, nachgewiesen und quantitativ bestimmt. Auf diese Weise können auch Bodenproben auf ihre St.skapazität untersucht werden.

Stickstoffkreislauf: die zyklische Umsetzung des Stickstoffs und seiner Verbindungen (v. a. Aminosäuren und Proteine) in der Natur.

Der Hauptteil des St.s läuft zwischen den Organismen im Boden ab. Die höheren Pflanzen nehmen die im Bodenwasser gelösten Nitrate (bzw. Ammoniumverbindungen) auf und legen den Stickstoff im Verlauf der assimilatorischen Nitratreduktion und der anschließenden reduktiven Aminierung in den Aminogruppen der Proteine und in andere Verbindungen fest. Deren Abbauprodukte gelangen direkt oder über die Nahrungskette als Aminosäuren, Harnstoff u. a. in den Boden zurück. Dort werden diese Stoffe z. T. vorübergehend im Humus festgelegt, oder der Stickstoff wird bei der Verwesung durch desaminierende Bakterien zu Ammoniak mineralisiert **(Ammonifikation).** Dieses Ammoniak wird durch aerobe nitrifizierende Bakterien über Nitrit wieder in Nitrat zurückverwandelt. Über Nitrat und Am-

285

Stickstoffkreislauf

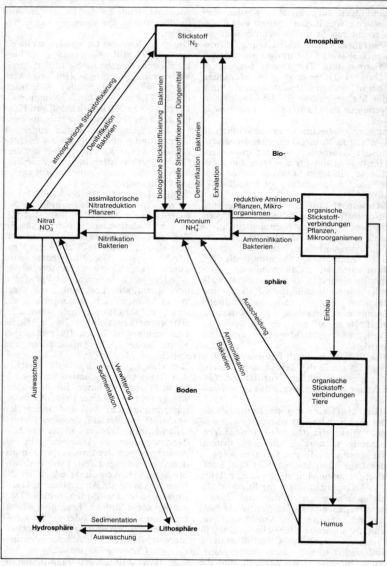

Stickstoffkreislauf. Der Kreislauf des Stickstoffs in der Atmosphäre und im Boden

Strahlenbelastung

moniak ist dieser Teil des St.s an die Atmosphäre, die Hydrosphäre und die Lithosphäre angeschlossen.
Die jährliche Stickstoffestlegung durch pflanzliche Assimilation wird auf 175 Mill. t geschätzt.
Stickstoffoxide: svw. ↑Stickoxide.
Stoffkreislauf: durch Auf- und Abbau biologischer Substanz in einem Ökosystem bewirkter Kreislauf der chemischen Elemente. Über die Nahrungsketten werden die bei der ↑Photosynthese gebildeten organischen Verbindungen schließlich wieder zum Kohlendioxid (CO_2) zurückgebildet, wobei auch der bei der Photosynthese freigesetzte Sauerstoff wieder verbraucht wird.
Solche Kreisläufe existieren für alle chemischen Elemente. In stofflicher Hinsicht wird das Ökosystem dadurch zu einem mehr oder minder stationären Gleichgewichtssystem. – ↑auch Stickstoffkreislauf, ↑Kohlenstoffkreislauf.
Stoffwechsel [Syn.: Metabolismus]: die Gesamtheit aller biochemischen Vorgänge im pflanzlichen, tierischen und menschlichen Organismus, die dem Aufbau, dem Umbau und der Erhaltung der Körpersubstanz, zur Aufrechterhaltung der Körperfunktionen und zur Gewinnung chemischer Energie dienen.
Die *chemische Energie* (meist in ATP gespeichert) wird durch Abbau zelleigener Substanz oder aufgenommener Nährstoffe **exergon** (energiefreisetzend, katabolisch) beim Vorgang der ↑Dissimilation gewonnen und bei Synthesevorgängen oder zur Erhaltung der Körpertemperatur (bei Warmblütern) verbraucht.
Die durch Dissimilation verbrauchte Substanz und die für den Zellaufbau erforderliche Zellsubstanz werden durch **endergone** (energieverbrauchende, anabolische) Reaktionen beim Vorgang der ↑Assimilation ersetzt.
Der gesamte St. wird durch ↑Enzyme katalysiert, die oft zu Reaktionsketten oder verzweigten Stoffwechselgittern zusammengeschaltet sind.
Strahlenbelastung [Syn.: Strahlenexposition]: die Einwirkung von ionisierender Strahlung auf den menschlichen Organismus und andere biologische Objekte. Nach Ort und Art der Einwirkung werden äußere und innere bzw. einmalige und kontinuierliche St.en, nach der Herkunft der Strahlung natürliche und künstliche (zivilisatorische) St.en, nach der möglichen Wirkung somatische und genetische St.en unterschieden. Das Ausmaß einer St. wird durch die empfangene Äquivalentdosis angegeben.
Die **natürliche St.** von rund 110 mrem (= 1,1 Sv) pro Jahr in Meereshöhe (**mittlere natürliche Strahlendosis**) setzt sich zusammen aus jährlich rund 30 mrem

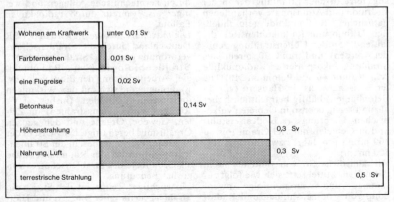

Strahlenbelastung. Strahlendosis in der BR Deutschland pro Jahr (Einheit: Sv = Sievert)

Strahlenbiologie

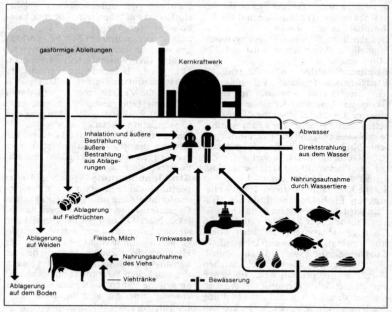

Strahlenbelastung. Einwirkungspfade radioaktiver Emissionen (nach Geiß/Paschke)

aus der Höhenstrahlung (in 2000 m Höhe 70 mrem pro Jahr), rund 50 mrem aus sog. terrestrischer Strahlung der in der Erdrinde und Atmosphäre vorhandenen natürlichen Radionuklide (einschließlich Tritium und Radiokohlenstoff, die laufend von der Höhenstrahlung gebildet werden) und rund 30 mrem aus Strahlung inkorporierter Radionuklide (v. a. Kalium 40 und Polonium 210). Die terrestrische St. ist in Häusern (v. a. in Betonbauten) häufig beträchtlich höher als im Freien, ebenso in Gebieten vulkanischen Ursprungs (z. B. Kaiserstuhl) und in Gebieten mit viel Granit (bis zu 300 mrem pro Jahr) bzw. Monazit (bis 500 mrem).

Die **künstliche St.** von rund 60 mrem jährlich im Mittel setzt sich wie folgt zusammen: rund 50 mrem infolge Anwendung von Röntgenstrahlen und Radionuklidstrahlen in der Medizin; rund 6 mrem infolge Verwendung von Röntgen- u. a. ionisierenden Strahlen in Forschung und Technik; rund 1 mrem durch kerntechnische Anlagen und weniger als 1 mrem durch radioaktiven Fallout.

Die *maximal zulässige St.* wird in der BR Deutschland durch die Strahlenschutzverordnung geregelt (↑Strahlenschutz).

Strahlenbiologie [Syn.: Radiobiologie]: Arbeitsrichtung der Biophysik bzw. Radiologie, die sich mit den Wirkungen ionisierender Strahlen (insbes. UV-, Röntgen- und Gammastrahlen) auf Zellen, Gewebe, Organe und den ganzen Organismus beschäftigt. Die St. ist in der Nuklearmedizin, insbes. in der Strahlentherapie, und bei der Raumfahrt sowie als Grundlage des Strahlenschutzes von großer Bedeutung.

Ein wichtiges Teilgebiet der St. ist die **Strahlengenetik**. Hier sind Art und Häufigkeit der bei einer bestimmten Strahlenart und -dosis auftretenden Verände-

Strahlenschäden

rungen am Erbgut bzw. an der DNS (Mutationen) von bes. Interesse. Die Ergebnisse der Strahlengenetik ermöglichen auch einen Einblick in die Wirkungsweise der Gene und die Reparaturmechanismen der DNS.

Strahlengenetik ↑ Strahlenbiologie.

Strahlenschäden: beim Menschen Folgen von Ganz- oder Teilbestrahlungen des Körpers mit so großen Dosen ionisierender Strahlung, daß Schädigungen auftreten. Zu den St. zählen:

1. unerwünschte, jedoch noch zu tolerierende *Nebenwirkungen einer Strahlentherapie;* diese Bestrahlungsschäden umfassen je nach verabfolgter Strahlendosis Hautreizungen, Strahlenkater, Röntgendermatitis, Schädigungen von empfindlichen Organen, die im Bestrahlungsfeld liegen (z. B. Harnblase, Schleimhaut des Magen-Darm-Traktes, Harnleiter, Lunge); sie sind in Ausmaß und Schwere abhängig von der Intensität, der Dauer und der Qualität der je nach Erkrankung verwendeten Strahlentherapie;

2. St. durch *akzidentielle Einwirkung von ionisierenden Strahlen* auf den gesamten Körper und ihre Folgeerscheinungen; z. B. bei fahrlässigem Umgang mit Röntgenstrahlen oder radioaktiven Stoffen, durch frei werdende Kernstrahlung bei Kernwaffenexplosionen und Kernreaktorunfällen.

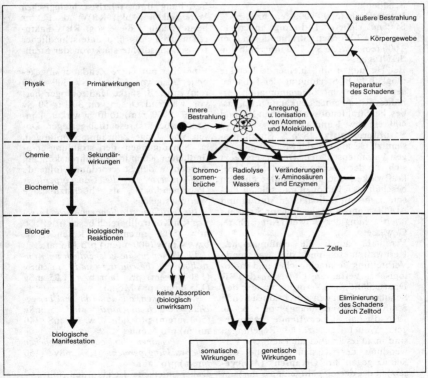

Strahlenbiologie. Strahlenbiologische Reaktionskette

Strahlenschutz

Je nach Gesamtdosis und Entfernung zum Strahlungsherd lassen sich folgende *Dosisdifferenzierungen* vornehmen:
Grenzdosis (25 rem bzw. 250 mSv), bei der klinische Schäden erkennbar werden; vollständige Heilung ist zu erwarten.
Kritische Dosis (100 rem bzw. 1 Sv), bei der die Strahlenkrankheit nach einem symptomfreien Intervall von einigen Tagen auftritt: Blutarmut, Schädigungen der Magen-Darm-Schleimhaut (Erbrechen, Durchfälle, Geschwüre); eine vollständige Heilung ist möglich.
Mittelletale Dosis (400 rem bzw. 4 Sv): schwere Strahlenkrankheit mit 50 % Todesfällen (durch totales Knochenmarksversagen; Gehirn- und Herz-Kreislauf-Schäden).
Letale Dosis (500–3 000 rem bzw. 5–30 Sv): mit sicherer Todesfolge innerhalb von 1 bis 2 Wochen; Strahlendosen über 3 000 rem bzw. 30 Sv: Tod innerhalb von drei Tagen.
Bei Heilungen sind bleibende Defekte möglich (z. B. Schädigung der Erbanlagen mit Chromosomenanomalien, erhöhtes Risiko einer Leukämie u. a.), insbes. bei Strahlendosen zwischen 100 und 400 rem bzw. 1 und 4 Sv.
Strahlenschutz [Syn.: Strahlungsschutz]: Gesamtheit der Maßnahmen gegen ↑Strahlenschäden. Der St. erstreckt sich von der Überwachung der in Kernkraftwerken und Beschleunigeranlagen beschäftigten Personen und solcher Personen, die mit radioaktiven Stoffen und Abfällen umgehen, bis hin zur Strahlenüberwachung der Umwelt (Atmosphäre, Gewässer u. a.).
Veranlaßt durch die umfangreichen Kernwaffentests und die wachsende Verbreitung kerntechnischer und radiologischer Verfahren, gibt es in der BR Deutschland die „Verordnung über den Schutz vor Schäden durch ionisierende Strahlen" **(St.verordnung)** vom 13. 10. 1976, die den St. betreffende Fragen regelt. Weitere gesetzliche Regelungen sind im „Gesetz über die friedliche Verwendung der Kernenergie und den Schutz gegen ihre Gefahren" **(Atomgesetz)** in der derzeit gültigen Fassung vom 15. 6. 1985, in der „Verordnung über den

Schutz vor Schäden durch Röntgenstrahlen" vom 1. 3. 1973, geändert durch die Strahlenschutzverordnung vom 13. 10. 1976, und im „Gesetz über die Beförderung gefährlicher Güter" vom 6. 8. 1975 verankert.
Nach den Bestimmungen der St.verordnung darf die auf den Menschen wirkende **Strahlendosis (Strahlungsdosis)** bestimmte Toleranzwerte nicht überschreiten. Maßgebend für die Strahlenbelastung von Personen ist die in Sievert (1 Sv = 1 J/kg) bzw. in ↑ Rem gemessene **Äquivalentdosis,** die gegenüber der **Energiedosis** (Bestrahlungsdosis bei Röntgen- oder Gammastrahlen) die unterschiedliche biologische Wirkung der verschiedenen Strahlenarten durch Einbeziehung ihrer **relativen biologischen Wirksamkeit** (Abk.: RBW) als Faktor berücksichtigt; diese sog. **RBW-Faktoren** hängen aufgrund unterschiedlicher Ionisierungsdichte stark von der Strahlenart ab.
Eine über nur kurze Zeitdauer abgegebene Dosis von 5 bis 10 Sv (500–1 000 rem) ruft z. B. starke Hautrötungen hervor, während Dosen von 30 bis 50 Sv (3 000–5 000 rem) tödlich wirken können. Da bereits wesentlich geringere Dosen, über lange Zeiträume empfangen, zu Schädigungen der strahlungsempfindlichen Keimdrüsen führen können, wurden in der St.verordnung folgende *St.grenzwerte für die Ganzkörperdosis* (Personendosis) als höchstzulässige Werte festgelegt:
für beruflich strahlenexponierte Personen (im Kontrollbereich beschäftigt): 50 mSv (5 000 mrem) pro Kalenderjahr bzw. 4 mSv (400 mrem) pro Monat;
für Personen, die gelegentlich im Kontrollbereich beschäftigt sind: 15 mSv (1 500 mrem) pro Jahr bzw. 1,25 mSv (125 mrem) pro Monat;
für Personen, die dauernd im Überwachungsbereich beschäftigt sind: 5 mSv (500 mrem) pro Jahr bzw. 0,4 mSv (40 mrem) pro Monat;
für Personen im außerbetrieblichen Überwachungsbereich: 1,5 mSv (150 mrem) pro Jahr.
Dabei unterscheidet man den (mit „radioaktiv" zu kennzeichnenden) **Kon-**

290

Streß

trollbereich, in dem bei einer Aufenthaltsdauer von 40 Stunden pro Woche eine Strahlungsbelastung von mehr als 15 mSv pro Jahr bzw. 0,3 mSv pro Woche auftreten kann, und den angrenzenden **Überwachungsbereich** mit Strahlenbelastungen von mehr als 1,5 mSv pro Jahr. Demgegenüber steht die natürliche ↑Strahlenbelastung, die 1 bis 4 mSv (100 bis 400 mrem) pro Jahr ausmacht.

Im Vergleich zu diesen für die Ganzkörperbestrahlung gültigen Toleranzdosen liegen die *Toleranzwerte für Teilkörperbestrahlung* (Extremitäten, Haut, Knochen oder einzelne Organe) wesentlich höher; grundsätzlich ist die Strahlenbelastung jedoch so gering wie möglich zu halten.

Für *genetische Schäden* gibt es keine augenfällige Gefährdungsschwelle; Personen unter 18 Jahren und schwangere oder stillende Frauen dürfen daher keinerlei Strahlungsbelastung ausgesetzt werden.

Da die Intensität der Strahlung stark mit der Entfernung von der Strahlenquelle abnimmt, schützt man sich am besten durch möglichst großen Abstand. Wo das nicht möglich ist, schwächt man die Strahlung durch Blei- und Betonwände ab. Für mit normalen Röntgenröhren erzeugte Röntgenstrahlen genügen bereits einige Millimeter dicke Bleiwände, zum Schutz gegen die Strahlung von Teilchenbeschleunigern oder Kernreaktoren bedarf es meterdicker Wände aus Schwerspatbeton.

Die üblichen **Strahlungsüberwachungsgeräte** sind die Dosimeter, aber auch chemische Präparate und Gläser, die sich bei Bestrahlung verfärben. Für genauere Messungen werden normale **Strahlungsmeßgeräte** (Zählrohre, Szintillationszähler u. a.) verwendet.

Strangmoor: svw. ↑Aapamoor.

Stratifikation, die [zu lat. stratum = Decke und lat. facere (in Zus.: -ficere) = machen, bewirken]:

◊ in der *Landwirtschaft* zur Verkürzung der Zeit der Samenruhe angewandtes schichtenweises Einlagern von Samen oder Früchten in feuchtem Sand oder Torf bei niedriger Temperatur.

◊ die *vertikale Schichtung eines Lebensraums.* Bei terrestrischen Lebensräumen wird zwischen der Boden-, Kraut-, Strauch- und Baumschicht unterschieden. Die Baumschicht wird meist wiederum in die Stammregion und die Kronenschicht untergliedert. – In Gewässern (↑auch Gewässerregionen) kann die St. aufgrund der Temperatur-, Licht- und Sauerstoffverhältnisse erfolgen.

Stratotop, der oder das [Kurzbildung aus Stratum und ↑Biotop]: svw. ↑Stratum.

Stratozönose, die [Kurzbildung aus Stratum und ↑Biozönose]: ↑Stratum.

Stratum, das [aus lat. stratum = Decke ‖ Syn. Stratotop]: Bez. für die einzelnen Schichten eines vertikal geschichteten Lebensraums (↑Stratifikation) mit einer für sie spezifischen Lebensgemeinschaft **(Stratozönose).**

Strauchschicht: die Vegetationsschicht der Sträucher in ungefähr 1,5 bis 4,5 m Höhe. – ↑auch Stratifikation.

Streß, der [engl., eigtl. = Druck, Anspannung, gekürzt aus mittelengl. distresse = Sorge, Kummer]: die erhöhte Beanspruchung von Mensch, Tier oder Pflanze durch chemische, physikalische, biologische oder psychische ↑Streßfaktoren.

St. muß nicht unbedingt zu Schädigungen führen (ein gewisses Maß an St., sog. **Eustreß,** ist sogar lebensnotwendig, um Anpassungs- bzw. Abwehrmechanismen zu „trainieren"), löst aber in jedem Fall einen Alarmzustand im Körper aus. Es erfolgt zunächst eine erhöhte Ausschüttung von **St.hormonen** (insbes. Glucocorticoide und Adrenalin beim Menschen und bei den Tieren; bei Pflanzen z. B. Abscisinsäure), die dann ihrerseits eine Veränderung im Verhalten bzw. Stoffwechselanpassungen hervorrufen. So kann beispielsweise eine Erhöhung des osmotischen Drucks durch ↑Osmoregulation ausgeglichen werden oder eine Wasserknappheit durch Reduktion der Transpiration.

Ziel dieser **St.reaktionen** ist es, den St. zu vermeiden oder seine Wirkungen zu kompensieren. Gelingt dies nicht, können irreversible Schädigungen auftreten. Eine zunehmende Verschärfung des Stresses kann z. B. bei *Tieren* infolge Überbevölkerung (↑auch Kollisions-

291

Streßfaktoren

effekt) zur Verzögerung des Wachstums, zu Gewichtsabnahme, zu verringertem Begattungserfolg bis hin zur Unfruchtbarkeit, zu Kannibalismus durch Auffressen der Jungtiere, zu Niereninsuffizienz und schließlich zum Tod führen. Beim *Menschen* sind die Hauptfolgen Herzerkrankungen, Infektionsanfälligkeit, Konzentrationsschwäche, Aggressionen und Neurosen.

Streßfaktoren: physikalische, biologische oder psychische Umstände, die Menschen, Tiere oder Pflanzen einer erhöhten Belastung aussetzen. *Physikalische St.* sind z. B. Kälte, Hitze, Lärm, hohe Lichtintensität; *chemische St.* sind beispielsweise Schadstoffe, ungünstiger pH-Wert, Drogen, hohe Salinität; *biologische St.* sind Infektionen oder Verwundungen; *psychische St.* sind z. B. Isolation, Prüfungen, Hetze, Überbevölkerung und Belastungen in der Familie, in der Schule oder im Beruf.

Streu, die: der gesamte anfallende Bestandsabfall (Laub-St. und Nadel-St.), der auf der Bodenoberfläche liegt und dort die Streuschicht bildet.

Streusalz [Syn.: Tausalz]: gemahlenes Steinsalz, das als Auftaumittel zum Entfernen von Schnee und Eis v. a. auf Verkehrswegen verwendet wird. St. ist meist eingefärbt und durch Zusatz von Eisenoxiden ungenießbar gemacht. Es wird wegen seiner für Pflanzen schädlichen und in bezug auf Materialien korrodierenden Wirkungen heute z. T. durch andere Salzgemische (z. B. mit Calciumchlorid, Magnesiumchlorid, Ammoniumsalzen) ersetzt.

Strohverbrennung: Verfahren zur Gewinnung von Heizenergie aus Stroh, das einen Heizwert von 14 300 kJ/kg besitzt. In der BR Deutschland fallen jährlich 5 Mill. t Stroh an, das nicht wieder auf die Felder zurückgeführt wird; sie entsprechen etwa 1,5 Mill. t Heizöl. Technisch werden verschiedene Verfahren der St. erprobt: die kontinuierliche Brennraumbeschickung mit Hackselgut, die diskontinuierliche Beschickung von Öfen mit Strohballen und die Verwendung hochverdichteter Strohbriketts. Umweltprobleme ergeben sich durch die starke Rauchentwicklung bei der St. und die Entnahme von Nährsalzen mit dem Stroh (Aschegehalt 4,3 %) von den Feldern, die durch Düngung ersetzt werden müssen.

Strontium, das [nach dem Mineral Strontianit (dieses nach dem schott. Ort Strontian)‖ chemisches Symbol: Sr]: metallisches chemisches Element; neben vier stabilen natürlichen Isotopen sind mehr als fünfzehn instabile künstliche Isotope bekannt.

St. wird wegen seiner Ähnlichkeit mit Calcium in geringem Umfang in die Knochensubstanz eingelagert (meist im Verhältnis Calcium : Strontium wie 4 000 : 1). Wird das bei Kernwaffenexplosionen entstehende betastrahlende St.isotop **Sr 90** eingebaut, kommt es aufgrund der langen Halbwertszeit (28,1 Jahre) zur Zerstörung des Knochenmarks und damit zur stark verminderten Bildung roter Blutkörperchen.

Verwendung findet Sr 90 als Strahlenquelle, u. a. in Radionuklidbatterien und in der Strahlentherapie.

Strudler: eine Gruppe von ↑ Partikelfressern.

Strukturteil: svw. ↑ Merotop.

Stygal, das [zu ↑ Stygon]: Bez. für das ↑ Grundwasser als Lebensraum. Das St. ist gekennzeichnet durch völlige Finsternis und relativ konstante Temperaturen zwischen 8 und 10 °C.

Stygobionten, die (Mehrz.) [Einz.: der Stygobiont ‖ zu ↑ Stygon und griech. bíos = Leben]: Sammelbez. für die im ↑ Grundwasser lebenden Organismen.

Stygon, das [zu griech. Stýx, Stygós = Fluß in der Unterwelt (in der griechischen Mythologie)]: die Lebensgemeinschaft der im ↑ Grundwasser lebenden Organismen **(Stygobionten).** Da im Grundwasserraum völlige Finsternis herrscht, gibt es dort keine grünen Pflanzen. Das St. setzt sich daher aus Tieren, Bakterien und Pilzen zusammen. Sie leben v. a. von den feinen Teilchen zersetzter Pflanzenreste, die mit dem Sickerwasser in das Grundwasser eingespült werden.

Die meisten *Grundwassertiere* sind Würmer, Krebse und Schnecken. Charakteristische Merkmale sind verkümmerte oder fehlende Augen und eine weißli-

Sukzession

che, mehr oder weniger durchscheinende Körperdecke. Gut entwickelt sind die mechanischen Tast- oder die chemischen Sinnesorgane.

sub- [aus lat. sub = unter, unterhalb]: Präfix mit den Bedeutungen „unter, unterhalb von", „nahe angrenzend"; z. B. Sublitoral.

subalpine Stufe [↑ sub- und ↑ alpin]: Vegetationsstufe zwischen der ↑ montanen Stufe und der ↑ alpinen Stufe; umfaßt im Anschluß an die obere Grenze des Bergwaldes den montanen Stufe den Krummholz- und Zwergholzgürtel bis zur Baumgrenze in 1 800–2 200 m Höhe.

Subklimax, die [↑ sub- und ↑ Klimax]: Stadium der Vegetationsentwicklung (↑ Sukzession), das relativ stabil ist, aber aufgrund biotischer und bodenbedingter Besonderheiten nicht zu der dem betreffenden Großklima entsprechenden ↑ Klimaxgesellschaft führt.

Sublitoral, das [↑ sub- und ↑ Litoral]: eine Uferregion der Gewässer (↑ Gewässerregionen).

submontane Stufe [↑ sub- und lat. montanus = Berge bzw. Gebirge betreffend‖ Syn.: untere Bergwaldstufe]: Vegetationsstufe zwischen der ↑ kollinen Stufe und der ↑ montanen Stufe; meist aus Buchen- und Mischwäldern u. a. aus Buche, Bergahorn und Eiche; Obergrenze des Ackerbaus.

Substrat, das [aus mlat. substratum = Unterlage]: Nährboden, Nährmedium, bes. für Mikroorganismen.

Substratfresser: Bez. für Lebewesen, die das Substrat (v. a. Humus der Böden, Materie eines Gewässergrundes), in oder auf dem sie leben, verzehren. Im Darmtrakt wird dann der für die Ernährung brauchbare Substratanteil verwertet, der unverdauliche Rest wird ausgeschieden. S. sind z. B. Köderwurm, Tubifex u. a. Meeresringelwürmer, die Regenwürmer, verschiedene Tausendfüßer, unter den Wirbeltieren z. B. Meeräschen.

Sukkulenten, die (Mehrz.) [Einz.: die Sukkulente ‖ zu spätlat. suc(c)ulentus = saftreich ‖ Abl.: ↑ Sukkulenz ‖ Syn.: Fettpflanzen, Saftpflanzen]: v. a. in Trockengebieten verbreitete Pflanzen (↑ Xerophyten), die Wasser über lange Dürreperioden hinweg in bes. großzelligem Grundgewebe speichern können.

Je nach Lage des wasserspeichernden Gewebes im Pflanzenkörper unterscheidet man: **Blatt-S.** mit fleischig verdickten Blättern (z. B. die Arten der Gattungen Aloe, Agave, Fetthenne); **Stamm-S.,** deren mehr oder weniger verdickte Sproßachsen wegen fehlender oder reduzierter Blätter auch der Assimilation dienen (v. a. Kaktus-, Schwalbenwurz- und Wolfsmilchgewächse); **Wurzel-S.** (seltener vorkommend; einige Pelargoniumarten).

Viele xeromorphe S. gehören zu den ↑ CAM-Pflanzen und können daher ihre Spaltöffnungen am Tag zum Schutz gegen Wasserverluste geschlossen halten. Wasser wird häufig in Form von Tau aufgenommen. – ↑ auch Salzsukkulenz.

Sukkulenz, die [zu Sukkulenten]: das Vorhandensein eines wasserspeichernden Gewebes bei Pflanzen (↑ Sukkulenten). S. ist v. a. bei in Trockengebieten vorkommenden Pflanzen verbreitet, tritt jedoch auch in anderen Lebensräumen auf (z. B. ↑ Salzsukkulenz).

Als Anpassung an die jeweiligen Standortbedingungen ist S. mehrmals (bei verschiedenen Pflanzengruppen) entstanden (Konvergenz).

Sukzession, die [aus lat. successio = Nachfolge]: die zeitliche Abfolge (Aufeinanderfolge) der an einem Standort einander ablösenden Pflanzen- oder/ und Tiergesellschaften als Reaktion auf eine Folge einseitig gerichteter (irreversibler) Vorgänge (Umweltveränderungen), die auch durch den Menschen bedingt sein können. Man unterscheidet u. a. zwischen der **primären S.** als erstmaliger Besiedlung von neu entstandenen Gebieten (z. B. Vulkaninsel) und der **sekundären S.** als Wiederherstellung des Urzustandes nach stärkeren Eingriffen von außen (z. B. Kahlschlag, Brand, Beweidung).

Langfristige S.en sind in der Vegetationsgeographie die Aufeinanderfolge von Initialphase mit ↑ Pionierpflanzen (als Erstbesiedler), Folgephasen mit entsprechenden Pflanzengesellschaften und als Endstadium die Schlußgesellschaft (↑ Klimaxgesellschaft).

293

Sulfatatmung

Sulfatatmung ↑ Desulfurikation.

Sulfitablauge [zu lat. sulfur = Schwefel]: beim Holzaufschluß nach dem Sulfitverfahren in großen Mengen anfallende Ablauge, deren Trockensubstanz (etwa 12 bis 16 %) zu 70 % aus Ligninsulfonaten und zu 30 % aus Kohlenhydraten besteht; davon rund 70–75 % aus Hexosen (bei Nadelholz-S.n), die zu Äthanol **(Sulfitsprit)** als technischem Lösungsmittel vergoren werden können, oder aus Pentosen (bei Laubholz-S.n), die zur Gewinnung von Hefen für Futterzwecke dienen können.

Man versucht, den Ligninanteil als Bodenverbesserungsmittel oder zur Erzeugung von Aminolignin als Langzeitstickstoffdünger aufzuarbeiten.

Die direkte Einleitung von S. in Gewässer stellt eine starke Umweltbelastung dar.

Sumpf: ständig von Wasser durchtränktes, zeitweilig oder während des ganzen Jahres unter Wasser stehendes Gelände mit einer angepaßten typischen Pflanzengesellschaft **(S.flora;** mit Sumpfpflanzen [↑ Helophyten]). Die abgeworfenen Pflanzenteile verfaulen und verwesen (im Gegensatz zum Moor weitgehender biochemischer Abbau).

Ein S. bildet sich im gemäßigten, regenfeuchten Klima bei oberflächennahem Grundwasser an den Ufern stehender und fließender Gewässer sowie in abflußlosen Senken mit undurchlässigem Untergrund **(Quell-S.),** in nördlichen Gebieten bei aufgetautem Oberboden mit Staunässe über dem Dauerfrostboden. In tropischen Gebieten bilden sich Sümpfe häufiger im Bereich von Buchten und Lagunen im Gezeitenbereich der Flachküsten **(Strand-S.)** sowie in Flußdeltas, häufig als S.**wald** mit Mangrove. Ausgedehnte andere S.wälder finden sich v. a. auf dem abflußlosen Plateau des Kanadischen Schildes (v. a. mit Schwarzfichte und Lärche) sowie in der sibirischen S.**taiga** (mit Birke, Espe und Weide).

Nach der vorherrschenden Pflanzenart unterscheidet man u. a. Schilf-S., Seggen-S., Papyrus-S., Mangrovesumpf.

Sumpfgas: durch die Tätigkeit von Bakterien bei Fäulnisvorgängen in Sümpfen entstehendes Gasgemisch mit hohem Gehalt an ↑ Methan.

Sumpfpflanzen: svw. ↑ Helophyten.

Sumpfquellen ↑ Quellen.

Superparasit, der [lat. super = über]: ↑ Parasiten.

Superphosphat, das [lat. super = über]: Düngemittel aus Calciumhydrogenphosphat und Calciumphosphat. Bei schweren Böden wird S. als Kopf- und Grunddünger verwendet, bes. für Getreide und Zuckerrüben.

Supralitoral, das [lat. supra = oben, oberhalb und ↑ Litoral]: die Spritzwasser- bzw. Brandungszone des Uferbereichs von Gewässern (↑ Gewässerregionen).

Süßwasser: das aus Niederschlägen gebildete Oberflächenwasser, Grundwasser und Quellwasser. In Übergangszonen zwischen S. und Salzwasser der Meere entsteht ↑ Brackwasser. – Im Gegensatz zum ↑ Salzwasser liegt der Salzgehalt (↑ Salinität) von S. unter 0,05 %.

Sv: Einheitenzeichen für ↑ Sievert.

Syllestium, das [zu griech. sylléstes = Miträuber]: svw. ↑ Raubgastgesellschaft.

sym-: Präfix (↑ syn-).

Symbionten, die (Mehrz.) [Einz.: der Symbiont]: Bez. für die verschiedenen Partner bei einer ↑ Symbiose.

Symbiose, die [zu griech. symbiōn = zusammenleben]: das Zusammenleben zweier Organismen verschiedener Artzugehörigkeit, wobei jeder Partner **(Symbiont)** – im Gegensatz zum Parasitismus (↑ Parasiten) – Nutzen aus dieser Verbindung hat. Häufig sind ein ↑ autotrophes und ein ↑ heterotrophes Lebewesen zu einer S. vereint.

Bei den **obligaten S.n** hängt die Existenz einer Art in absoluter Weise von der Gegenwart des Partners ab. Sind die Symbionten ständig miteinander in Berührung, spricht man von **Ekto-S.,** ansonsten von **Endosymbiose.** In den meisten Fällen sind die S.n, zumindestens von einem Partner aus gesehen, ernährungsbedingt.

Ein bekanntes Beispiel für eine S. stellen die ↑ Flechten dar, ein weiteres die ↑ Mykorrhiza, bei der die Pilzfäden in Wurzeln höherer Pflanzen eindringen. Von erheblicher, auch landwirtschaftlicher Be-

Symphilie

deutung ist die Ausbildung von Wurzelknöllchen durch die S. zwischen luftstickstoffbindenden Knöllchenbakterien und Schmetterlingsblütlern.
Bei der Entwicklung der S. hat eine Parallelevolution bei den beiden Partnern stattgefunden. Bes. kann man dies am Zusammenspiel zwischen Blütenpflanzen und Blütenbesuchern bei der ↑Bestäubung erkennen, wo sich z. T. eine starke Anpassung entwickelt hat (bei den Blüten z. B. Form, Farbe, Duft, tag- oder nachtblühend; bei den Tieren z. B. Saugrüssel, langgezogener Schnabel).
Aufgrund der Vielfalt an Erscheinungen ist die Untersuchung dieser Beziehungen zum Hauptgegenstand eines Teilgebietes der Ökologie, der Blütenökologie, geworden.
Weitere *S.n zwischen Tieren und Pflanzen* sind die von einigen Insekten (Ameisen, Termiten) angelegten ↑Pilzgärten und das Zusammenleben von Ameisen und sog. Ameisenpflanzen (↑Myrmekophyten).
Manche *Wassertiere*, z. B. einige Einzeller oder der Grüne Süßwasserpolyp (Chlorohydra viridissima), enthalten in ihrem Körper *einzellige Algen* als Symbionten und nutzen deren Photosyntheseprodukte, während die Algen selbst wohl hpts. vom Kohlendioxid aus der Atmung ihres Wirtes profitieren.
Einige *Tiere* gehen auch *S.n mit Bakterien* ein. Neben der ↑Leuchtsymbiose zwischen Wassertieren und Leuchtbakterien sind insbes. ernährungsbedingte S.n von Bedeutung. Zellulose z. B. kann unmittelbar nur von wenigen Pflanzenfressern (manche Schnecken, holzfressende Käferlarven) verdaut werden. Viele Pflanzenfresser, darunter die Huftiere und Termiten, lassen die Zellulose von Bakterien abbauen.
Bei *Nagern* sind die *Bakterien* im Blinddarm angesiedelt. Nager scheiden dessen Inhalt als Kot aus, den sie dann fressen müssen, damit die im Blinddarm vorverdaute Nahrung samt den mitausgeschiedenen Symbionten nochmals den Dünndarm für die Endverdauung passieren kann (↑auch Koprophagen). – Häufig können diese Tiere ohne ihre Symbionten nicht leben, nicht nur weil

diese ihnen die Nährstoffe aufschließen, sondern weil sie ihnen v. a. auch Vitamine liefern.
Ein Beispiel von S. zwischen zwei höherentwickelten Tieren ist neben der ↑Putzsymbiose das *Zusammenleben von bestimmten Ameisenarten mit Blattläusen.* Die Ameisen tragen die Blattläuse auf bestimmte Wirtspflanzen, die den Blattläusen dann als Nahrungsspender dienen. Gleichzeitig schützen die Ameisen die Blattläuse gegen ihre natürlichen Feinde, so daß die Blattläuse sich stark vermehren können. Als Gegenleistung dürfen die Ameisen die Blattläuse „melken" und erhalten so einen zuckerhaltigen Saft als Nahrung.
Vielfältige S.n kommen auch zwischen *Seeanemonen* und *Einsiedlerkrebsen* vor. Der Einsiedlerkrebs, der in leeren Schnecken- oder Muschelschalen haust, nimmt beim Umziehen in eine neue Schale die auf seiner alten Schale sitzenden Seeanemonen mit. Die Nesselkapseln der Seeanemone schützen den Krebs vor Feinden, während andererseits die Seeanemone an den Nahrungsresten des Krebses partizipiert.
Die Zahl der Beispiele für S.n ist sehr groß. Allerdings ist die Unterscheidung, ob es sich nicht doch eher um ein reines Nebeneinander der betreffenden Lebewesen oder gar um Parasitismus handelt, nicht immer ganz einfach. Vielleicht hat sich die S. ursprünglich aus einem Parasitismus entwickelt, indem sich die Kontrahenten allmählich einander angepaßt haben.

Sympatrie, die [zu ↑syn- und griech. pátra = Vaterland]: das Nebeneinandervorkommen nahe miteinander verwandten Organismen (Sorten bzw. Unterarten, Arten) im selben geographischen Gebiet. Liegen die Verbreitungsgebiete getrennt voneinander, spricht man von **Allopatrie.**

Symphilen, die (Mehrz.) [Einz.: der Symphile]: die Gäste bei einer ↑Symphilie.

Symphilie [zu ↑syn- und ↑-phil]: das echte Gastverhältnis, das bei manchen Tierarten zu den Angehörigen eines Tierstaates (insbes. Ameisen und Termiten) besteht, indem jene (häufig auch

Symphorie

ihre Brut) von diesen gepflegt und gefüttert werden. Die Gäste **(Symphilen)** liefern dafür (z. B. der bei Ameisen lebende, blinde Rotbraune Keulenkäfer) ein begehrtes Exsudat.

Symphorie, die [zu ↑syn- und griech. phoreīn = tragen ‖ Syn.: Symphorismus]: Form der Vergesellschaftung, bei der Lebewesen einer Tierart **(Symphoristen)** die einer anderen (im Gegensatz zur ↑Phoresie) zeitlebens oder für einen bestimmten Lebensabschnitt als Transportmittel benutzen, ohne daß dem Trägertier Schaden erwächst. S. findet sich bes. bei Wassertieren, z. B. bei festsitzenden (sessilen) Sauginfusorien als Symphoristen auf Käfern, Wanzen oder Krebsen.

Symphorismus, der: svw. ↑Symphorie.

Symphoristen, die (Mehrz.) [Einz.: der Symphorist]: ↑Symphorie.

syn-, vor b, m und p angeglichen zu: **sym-** [aus griech. sýn = zugleich, zusammen, zusammen mit]: Präfix mit der Bed. „zusammen, mit, gemeinsam"; z. B. Synökie, Symbiose.

synanthrope Arten [zu ↑Synanthropie]: svw. ↑Kulturfolger.

Synanthropie, die [zu ↑syn- und griech. ánthröpos = Mensch]: die mehr oder weniger weitgehende Anpassung von Lebewesen (↑Kulturfolger) an den Lebensraum des Menschen.

Synchorologie, die [zynç... ‖ ↑syn- und ↑Chorologie]: die Lehre von der Verbreitung der Lebewesen auf der Erde.

Synchronisierung, die [zynk... ‖ zu ↑syn- und griech. chrónos = Zeit]:
◊ die Steuerung einer Kultur von Mikroorganismen durch geeignete Kulturbedingungen, so daß sich alle Zellen etwa zur gleichen Zeit teilen, wobei schließlich alle Zellen dasselbe Alter und den gleichen physiologischen Zustand besitzen.
Maßnahmen zur S. sind Licht-Dunkel-Wechsel, Temperatursprünge, Ernährungszyklen u. a. Die S. einzelliger Organismen wird zum Studium der Lebenszyklen betrieben.
◊ svw. ↑Koinzidenz.

Synchronkulturen [zynk...]: durch ↑Synchronisierung erzeugte Kulturen einzelliger Organismen (z. B. Algen oder Bakterien), in denen alle Zellen das gleiche Alter haben und sich im gleichen physiologischen Zustand befinden. S. werden im allg. nur zu Forschungszwekken hergestellt.

Synechthrie, die [zu ↑syn- und griech. echthrós = feindlich; Feind]: svw. ↑Raubgastgesellschaft.

Synergismus, der [zu griech. synergía = Mitarbeit]: das Zusammenwirken von Substanzen oder Faktoren **(Synergisten),** die sich gegenseitig so fördern, daß ihre Gesamtwirkung größer ist als die Summe der Einzelwirkungen.
In der Pharmazie macht man vom S. im Sinne einer Wirkungssteigerung häufig bei Kombinationspräparaten Gebrauch. – Im Pflanzenschutz und in der Schädlingsbekämpfung können Synergisten z. B. die Wirkung von Insektiziden um ein Vielfaches verstärken, ohne selbst insektizid zu wirken. Andererseits kann die Toxizität von Giften durch an sich harmlose Synergisten gefährlich gesteigert werden, etwa bei den Kokarzinogenen, die selbst nicht die Krebsentstehung auslösen, jedoch die Wirkung von Karzinogenen erheblich verstärken.

Synergisten, die (Mehrz.) [Einz.: der Synergist]: ↑Synergismus.

Synöken, die (Mehrz.) [Einz.: der Synöke]: ↑Synökie.

Synökie, die [zu griech. synoikoūn = zusammen wohnen ‖ Schreibvariante = Synözie ‖ Syn.: Inquilinismus]: das Zusammenleben zweier oder mehrerer Organismen im gleichen Behausung, ohne daß die Gemeinschaft (im Gegensatz zur ↑Symbiose, zur ↑Symphilie oder zum ↑Mutualismus bzw. Parasitismus [↑Parasiten]) den Wirtstieren bes. nutzt oder schadet. Die Gasttiere heißen **Synöken (Inquilinen);** sie sind meist sehr klein, wenig beweglich und werden kaum beachtet.
Synöken sind z. B. viele Mitbewohner in Nestern von Warmblütern (↑Nidikolen) und viele Ameisengäste, z. B. der bei fast allen einheimischen Ameisen vorkommende Weiße Springschwanz.

Synökologie, die [↑syn-]: Teilgebiet der ↑Ökologie, das sich mit den Wechselbeziehungen zwischen Lebensge-

tagneutrale Pflanzen

meinschaften und ihrer Umwelt beschäftigt.

Synökosystem, das [↑ syn- und ↑ Ökosystem]: seltene Bez. für einen in bezug auf die abiotischen und biotischen Faktoren einheitlichen Lebensraum.

Synusie, die [aus griech. synousía = das Zusammensein]: in der *Tier-* und *Pflanzensoziologie* Bez. für eine Teilgesellschaft von Organismen verschiedener Artzugehörigkeit, wie sie innerhalb eines Lebensraums in durch spezifische Eigenschaften (z. B. Mikroklima, bes. Nahrungsbedingungen) gekennzeichneten Kleinbiotopen von manchmal zeitlich begrenzter Dauer vorkommt; z. B. im Laubwald die Kraut- und die Strauchschicht oder die Organismen in und an einem verrotteten Baumstumpf.

Syrosem, der [russ.]: ↑ Rohboden.

Systemanalyse: Methode zur Untersuchung und Gestaltung von Systemen **(Systemforschung);** gliedert ein System in Subsysteme, Elemente, Verknüpfungen sowie Ein- und Ausgangsgrößen. Durch dann überschaubare, qualitativ oder quantitativ erfaßbare Teilbereiche werden Aussagen oder Vorhersagen über Abläufe und Verhaltensweisen des gesamten Systems (einschließlich der Umwelteinflüsse) ermöglicht.

Die Systemforschung muß bei zunehmender Komplexität eines Systems interdisziplinär betrieben werden; z. B. die Untersuchung von Mensch-Maschine-Umwelt-Systemen zur Erfassung technischer, wirtschaftlicher, sozialer und politischer Zusammenhänge.

Systemtheorie: Die S. beschäftigt sich mit der Erforschung des Zusammenwirkens der durch ihre Einzelfunktionen beschriebenen Elemente eines Systems miteinander und mit der Außenwelt sowie mit den Beziehungen zwischen gekoppelten Systemen. Das System kann dabei eine technische Einrichtung, bes. eine Anlage mit verschiedenen, einander beeinflussenden Regelungsvorgängen, ein biologischer Organismus oder sozialer Verband sowie ein Wissenschaftssystem sein.

Aspekte der **allgemeinen S.** sind die Klassifikation von Systemen und die mathematische Erfassung von Beziehungen und Gesetzen, in engerer kybernetischer Betrachtung der Einfluß von Systemänderungen auf das Verhältnis von Eingangs- und Ausgangsgrößen.

T

TA Abfall, die [te:ʺaː]: Abk. für: **Technische Anleitung Abfall;** in Vorbereitung befindliche Verwaltungsvorschrift, in der technische Anforderungen an die Abfallbeseitigung nach einheitlichen Standards festgelegt und den Verwaltungsbehörden der Bundesländer verbindlich vorgegeben werden sollen.

Mit der TA Abfall sollen kommende Generationen vor Spätschäden aus der Abfallbeseitigung geschützt und Probleme der Altlasten für die Zukunft vermieden werden.

tachiniert [tax... ‖ zu Tachiniden, dem wiss. Namen der Raupenfliegen (weiter zu griech. tachinós = schnell)]: mit Eiern bzw. Larven von Raupenfliegen belegt; gesagt von entsprechend parasitierten Insekten, Insektenlarven oder Puppen.

tagaktiv: nennt man Tiere, die überwiegend oder ausschließlich am Tag aktiv sind (↑ Tagtiere). Licht spielt bei Tieren eine wesentliche Rolle bei der Steuerung des Verhaltens und bei der hormonellen Beeinflussung z. B. der Aktivität der Geschlechtsorgane. Bes. t. sind fast alle Vögel, viele Insekten und der Mensch. – Gegensatz: nachtaktiv (↑ Nachttiere).

Tagesperiodik: svw. ↑ zirkadiane Rhythmik.

tagneutrale Pflanzen [Syn.: Tagneutrale]: Pflanzen, deren Blütenbildung im Gegensatz zu den ↑ Kurztagpflanzen bzw. ↑ Langtagpflanzen nicht oder nur in

Tagtiere

geringem Maße von der Länge der täglichen Licht- und Dunkelperioden beeinflußt wird. Hierzu gehören v. a. weltweit verbreitete Pflanzen; z. B. Vogelmiere und Gemeines Hirtentäschelkraut.

Tagtiere [Syn.: tagaktive Tiere]: Tiere, die überwiegend oder ausschließlich am Tage aktiv sind; z. B. die meisten Vögel und Kriechtiere. Werden T. ständig während des Tages gestört, so können sie weitgehend zu Dämmerungs- oder Nachttieren werden (gebietsweise z. B. Braunbär, Rothirsch, Reh).

Taiga, die [russ.]: Die T. ist ein Teil des borealen Nadelwaldes. Sie erstreckt sich nahezu ohne Unterbrechung über 4 800 km südlich der Tundra in einem 950 km breiten Gürtel quer durch die Sowjetunion. Sie ist das größte zusammenhängende Waldgebiet der Erde.

Das kaltgemäßigte, kontinentale Klima der T. ermöglicht nur eine Wachstumszeit von 3–4 Monaten. Die verhältnismäßig kleinen Bäume erreichen selten einen Umfang von mehr als einem Meter; sie wachsen dicht nebeneinander. Die Walddecke wird von Sümpfen unterbrochen. Durch die Versumpfung vermodern ganze Waldgebiete.

In der europäischen T. wachsen auf feuchten, tonigen Böden Fichten und Tannen, auf sandigen Böden Kiefern. Im Ural findet man im Norden Bestände aus Fichten und Lärchen, zu denen im Süden Kiefern und Birken hinzukommen. In Westsibirien wächst im Bereich des Dauerfrostbodens die flachwurzelnde Fichte. Im trockeneren Ostsibirien kommen mehr Lärchenwälder vor.

Die *Tierwelt* der T. ist nur gering entwickelt. Es kommen Bären, Füchse, Wölfe und viele kleine Pelztiere vor. Im Sommer sind Fliegen, Mücken und Stechmücken eine Plage für Menschen und Tiere, da sie sich in den sumpfigen Gebieten stark vermehren können. – Die T. ist siedlungsarm.

TA Lärm, die [te:"a:]: Abk. für: **Technische Anleitung zum Schutz gegen Lärm;** 1968 erlassene allgemeine Verwaltungsvorschrift, die die Behörden bei der Genehmigung des Baus oder bei der wesentlichen Änderung von genehmigungsbedürftigen Anlagen und bei der Erteilung von nachträglichen Anordnungen nach dem ↑ Immissionsschutzgesetz (↑ auch Lärmschutz) zu beachten haben.

Die TA Lärm enthält Bestimmungen über Messungen und Beurteilungen der Geräusche sowie Immissionsrichtwerte und die Konkretisierung des Begriffs ↑ Stand der Technik.

TA Luft, die [te:"a:]: Abk. für: **Technische Anleitung zur Reinhaltung der Luft;** erste allgemeine Verwaltungsvorschrift zum Bundesimmissionsschutzgesetz (erlassen 1974; in der Fassung vom 27. 2. 1986), die die zuständigen Behörden bei der Genehmigung und Überwachung von genehmigungsbedürftigen Anlagen zu beachten haben.

Die TA Luft enthält Auflagen für die Betreiber von genehmigungsbedürftigen Anlagen. Konkret beschrieben werden der ↑ Stand der Technik an Hand von emissionsvermindernden Einrichtungen, allgemeine Emissionswerte für staub- und gasförmige Stoffe, Immissionswerte zum Schutz vor Gesundheitsgefahren und vor erheblichen Belästigungen sowie Beurteilungsverfahren zur Ermittlung der Immissionsbelastung.

Die im März 1983 in Kraft getretenen niedrigeren Immissionswerte gewährleisten erstmals auch den Schutz bes. empfindlicher Pflanzen und Tiere sowie von Lebens- und Futtermitteln.

Taphozönose, die [griech. táphos = Grab]: svw. Grabgemeinschaft (↑ Thanatozönose).

Tarntrachten ↑ Schutzanpassung.

Taster: bei Tieren ein Ernährungstyp (↑ Tentakelfänger).

Tau: Niederschlag in Form kleiner Tröpfchen auf der Erdoberfläche, auf Gegenständen oder auf Pflanzen durch Kondensation von Wasserdampf. T. entsteht, wenn die Temperatur von Gegenständen unter den T.punkt der Luft absinkt; er bildet sich daher häufig bei starker Wärmeabstrahlung in klaren Nächten, jedoch auch beim Überströmen von feuchter Luft über kalte Flächen.

In Trockenklimaten trägt der T. zum Wasserhaushalt der Pflanzen bei (bis zu 0,8 mm Niederschlag pro Nacht). In den

TCDD

gemäßigten Zonen können 3–5% der Jahresniederschlagsmenge als T. fallen. Bei sommerlichen Trockenperioden ist diese Feuchtigkeit für die Pflanzenwelt von großer Bedeutung. Regelmäßige Betauung führt bei Pflanzen zu einer Einschränkung der ↑Transpiration. Auf großen Felsflächen in Wüsten niedergeschlagener T. kann auf kleineren Flächen zusammenfließen und dort Pflanzenwachstum ermöglichen. Nebelpflanzen wie die Tillandsiaarten Südamerikas können mit Hilfe von Saugschuppen T. direkt über ihre Blätter aufnehmen. *Ökologische Probleme* können dadurch entstehen, daß mit dem T. ↑Schadstoffe aus der Luft in konzentrierter Form niedergeschlagen werden können. T. kann (wie Nebel) noch saurer sein als ↑saurer Regen und kann daher zum ↑Waldsterben beitragen.

Tauchkörperverfahren: Verfahren zur aeroben biologischen Abwasserreinigung, bei dem ein langsam rotierender, großflächiger Körper zum Teil in das Abwasser eintaucht. Die sich auf dem Körper entwickelnden schmutzabbauenden Mikroorganismen gelangen abwechselnd in das Abwasser und erhalten beim Auftauchen den für den biologischen Abbau notwendigen Luftsauerstoff.

Taupunkt: Wenn Luft einer bestimmten Temperatur den für sie maximalen Wert der Luftfeuchtigkeit, also 100% relative Luftfeuchtigkeit, erreicht, diese Luft also mit Wasserdampf gesättigt ist, hat sie ihren T. erreicht. Kühlt die Luft nun weiter ab, kondensiert der Wasserdampf zu Wasser und fällt aus, d. h., es kommt zu Regen oder zu Taubildung.

Täuschblumen: Pflanzen, deren Blüten hinsichtlich Geruch oder Form den bestäubenden Insekten Nahrung oder Geschlechtspartner vortäuschen; z. B. bei Arten der Gattung Ragwurz. Die Blüte der Fliegenragwurz (Ophrys insectifera) strömt den weiblichen Sexuallockstoff einer bestimmten Grabwespenart aus; zusätzlich ähnelt die Lippe der Blüte dem sitzenden Grabwespenweibchen, so daß die Männchen angelockt werden und bei der Scheinkopulation Pollinien abstreifen.

Taxien, die (Mehrz.) [Einz.: die Taxie ‖ zu griech. táxis = Anordnung ‖ Syn. (nur Einz.): Taxis]: Orientierungsbewegungen freibeweglicher Organismen zu einer Reizquelle hin **(positive Taxie)** oder von ihr weg **(negative Taxie).** Wird die Reizquelle auf dem kürzesten Weg angesteuert, handelt es sich um eine topische Reaktion **(Topotaxis).** Bei der phobischen Reaktion dagegen **(Schreckreaktion, Phobotaxis)** wird das Ziel erreicht, indem das Lebewesen beim richtungslosen Umherirren jedesmal zurückschreckt und eine Wendung macht, wenn es in einen Bereich kommt, der ihm weniger angenehm ist.
Nach *Art des Reizes* unterscheidet man zwischen **Chemotaxis** (chemischer Reiz), **Phototaxis** (Lichtreiz), **Thermotaxis** (Wärmereiz), **Hydrotaxis** (Reiz durch Wasser), **Galvanotaxis** (elektrischer Reiz), **Magnetotaxis** (Reiz durch das Magnetfeld der Erde), **Anemotaxis** (Reiz durch bewegte Luft). Zugvögel, Brieftauben, Delphine und manche Bakterien orientieren sich am Magnetfeld der Erde, Fledermäuse orientieren sich mit Hilfe ausgeschickter Ultraschallwellen und deren Reflexion an Gegenständen **(Phonotaxis).**

Taxis, die: svw. Taxie (↑Taxien).

TCDD, das [te:tse:de:'de:]: Abk. für: **2,3,7,8-Tetrachlordibenzo-p-dioxin** (heute unkorrekt meist kurz **Dioxin** genannt); hochgiftige, in Tierversuchen bereits in Mengen von wenigen µg pro kg Körpergewicht tödlich wirkende tricyclische organische Chlorverbindung; weitaus am stärksten toxisch wirkende Verbindung aus der Gruppe der chlorierten **Dibenzodioxine** (kurz **Dioxine** genannt), von denen insgesamt 75 chemisch verwandte Substanzen (darunter 22 Varianten des 2,3,7,8-TCDD) bekannt sind.
TCDD kann bei der Herstellung von 2,4,5-Trichlorphenol (durch Abspaltung von Chlorwasserstoff) als unerwünschtes Nebenprodukt entstehen und dadurch auch in Folgeprodukte (insbes. 2,4,5-Trichlorphenoxyessigsäure) gelangen. Außerdem können TCDD und andere Dioxine auch bei unvollständiger Verbrennung von organischen Substanzen zusammen mit chlorhaltigen Stoffen

Technische Anleitung Abfall

entstehen; die Verbindungen lassen sich daher vielfach in Abgasen von Verbrennungsanlagen nachweisen.

Sämtliche Dioxine sind thermisch äußerst stabile Verbindungen, die erst bei Verbrennungstemperaturen oberhalb 1200 °C zerstört werden.

TCDD reagiert im Organismus mit Nukleinsäuren und Proteinen und greift so in zahlreiche biochemische Vorgänge ein. In geringen Konzentrationen ruft es entzündliche Hauterkrankungen (Chlorakne) hervor; bei größeren Mengen führt es zu Schädigungen der Leber und des Nervensystems und damit zu schwersten Gesundheitsstörungen.

Technische Anleitung Abfall: svw. ↑TA Abfall.

Technische Anleitung zum Schutz gegen Lärm: svw. ↑TA Lärm.

Technische Anleitung zur Reinhaltung der Luft: svw. ↑TA Luft.

Technotelma, das [griech. téchnē = Kunst und griech. télma = stehendes Wasser]: ein ↑Mikrogewässer.

Teich: durch Ausnutzung vorhandener Muldenformen der Erdoberfläche oder durch Aushub künstlich angelegtes, kleines und flaches (bis höchstens 15 m tiefes), stehendes, meist ablaßbares Süßgewässer.

Verlandungs- und Versumpfungsgefahr verlangen eine ständige Wartung der T.e zur Erhaltung der gewünschten Funktion (Fisch-, Abwasserteich).

Teichplankton: svw. Heleoplankton (↑Plankton).

Teilzirkulation: die unvollständige Durchmischung der Wassermassen eines ↑meromiktischen Sees. – ↑auch Wasserzirkulation.

Telmen, die (Mehrz.) [Einz.: das Telma ‖ aus griech. télma = stehendes Wasser]: svw. ↑Mikrogewässer.

Temperatur, die [aus lat. temperatura = gehörige Mischung]: thermodynamische Zustandsgröße, die ein Maß für den Wärmezustand materieller Systeme ist. Viele physikalische Größen sind eindeutig von der T. abhängig; z. B. Volumen, Druck, elektrischer Widerstand, Strahlungsemission, Aggregatzustand. – Die T. wird mit Thermometern gemessen.

Chemische Reaktionen verlaufen temperaturabhängig. Nach der Van-'t-Hoff-Regel bzw. der Arrhenius-Gleichung wird die Reaktionsgeschwindigkeit bei T.erhöhung um 10 °C verdoppelt (Q_{10} = 2). Dies gilt jedoch im allg. nicht für *biochemische Reaktionen* und somit auch nicht für den Stoffwechsel von Organismen, weil die beteiligten ↑Enzyme eine eigene T.abhängigkeit und jeweils ein für das betreffende Enzym charakteristisches T.optimum besitzen.

Alle Pflanzen und die meisten Tiere sind ↑poikilotherm; für diese ist die T. eine wichtige ökologische Größe. ↑Stenotherme Pflanzen und Tiere bevorzugen eine bestimmte Temperaturzone. Säugetiere und Vögel haben eine von der Umgebung unabhängige konstante Körper-T. (↑homoiotherm). Weitere Reaktionen der Organismen auf die T. sind der Winterschlaf, die Thermotaxis sowie Frost-, Kälte- und Hitzeresistenz.

Die T. ist auch ein wichtiger *Klimafaktor:* Die bodennahen Luftschichten werden durch die Sonneneinstrahlung am Tag erwärmt; dabei bildet sich ein T.gradient, da die T. nimmt mit zunehmender Höhe ab. Nachts tritt der umgekehrte Vorgang ein: Wärme wird abgestrahlt, der T.gradient kehrt sich um (Inversion). Wenn Kaltluftschichten über die Warmluft hinwegfließen, ergibt sich eine großräumige ↑Inversionswetterlage mit einer Sperrschicht, durch die kein Austausch mit der Atmosphäre stattfinden kann (↑auch Smog).

In Gewässern bestimmt die T. v. a. die Löslichkeit des Sauerstoffs (und anderer Gase), dessen Gehalt mit steigender T. stark abnimmt.

Temperaturorgel: in der *Tierphysiologie* bzw. *experimentellen Ökologie* verwendete Apparatur, mit der die von bestimmten Tieren bevorzugte Temperatur festgestellt werden kann. Es handelt sich um einen langen, schmalen Käfig, dessen aus einem Metallstreifen bestehender Boden am einen Ende erwärmt und am anderen Ende abgekühlt wird, so daß ein gleichmäßiges Temperaturgefälle (Gradient) zustande kommt.

Temperaturresistenz: die Widerstandsfähigkeit von Organismen gegen-

Teratogene

über extremen Temperaturen; ↑ Hitzeresistenz, ↑ Kälteresistenz, ↑ Frostresistenz.

Temperaturschichtung: bei *Seen* die unterschiedlich temperierten Gewässerschichten; ↑ Stratifikation, ↑ Wasserzirkulation.

Tempolimit: in der Umweltdiskussion Bez. für eine gesetzlich vorgeschriebene Höchstgeschwindigkeit. Nach Veröffentlichung der Ergebnisse eines Großversuchs über den Zusammenhang von Geschwindigkeit und Schadstoffausstoß von Kraftfahrzeugen beschloß die Bundesregierung 1986, kein generelles T. („Tempo 100") auf Autobahnen einzuführen, da diese Maßnahme lediglich zu einer Verminderung von 10% des Ausstoßes von Stickoxiden führen würde.

Temporalvariation, die [zu lat. tempus, temporis = Zeit]: die unterschiedliche Gestaltform eines planktontischen Organismus im Jahresablauf (↑ Zyklomorphose).

temporäre Gewässer [von lat. temporarius = zeitweilig ‖ Syn.: periodische Gewässer]: stehende oder fließende Binnengewässer, die nur zu bestimmten Zeiten (z. B. während bzw. nach der Schneeschmelze, nach Regenfällen) Wasser führen und in der übrigen Zeit trocken sind.

Die Bewohner der t.n G.n bringen in der Regel eine zahlenmäßig große Nachkommenschaft bzw. eine große Anzahl von Zysten, Dauereiern oder anderen Dauerstadien hervor (z. B. der Wasserfloh Daphnia pulex, Kiemenfußkrebse der Gattung Branchipus, der Blattfußkrebs Lepidurus apus), oder sie vermögen im Schlamm eingegraben lange Trockenzeiten zu überdauern (Schnecken, Muscheln, Lurche, Insektenlarven und auch Fische wie Schlammpeitzger und Karausche).

Tenside, die (Mehrz.) [Einz.: das Tensid ‖ zu lat. tendere, tensum = spannen ‖ Syn.: Detergenzien]: zusammenfassende Bez. für Substanzen aus der Gruppe der ↑ grenzflächenaktiven Stoffe, die zur Herstellung von Wasch-, Netz-, Reinigungs- und Spülmitteln und dgl. verwendet werden.

Zu den sog. **anionenaktiven T.n,** bei denen sich die hydrophobe (wasserver-

drängende) Gruppe im Anion befindet, zählen z. B. die Schwefelsäureester, Alkyl- und Alkylarylsulfonate. – Große Bedeutung als Waschrohstoffe haben daneben auch die **nichtionogenen T.,** z. B. die Polyglykoläther und Fettsäurealkanolamide. – **Kationenaktive T.** (Ammoniumsalze), bei denen der hydrophobe Rest im Kation gebunden ist, werden v. a. zur Herstellung von Desinfektionsmitteln verwendet.

Wirtschaftlich sind bes. anionenaktive und nichtionogene T. von Bedeutung. Nach der „Verordnung über die Abbaubarkeit anionischer und nichtionischer grenzflächenaktiver Stoffe in Wasch- und Reinigungsmitteln" **(Tensidverordnung)** vom 30. 1. 1977 müssen T. in der biologischen Reinigungsstufe der Kläranlagen zu mindestens 80% abbaubar sein. Dadurch wird übermäßige Schaumbildung, die die Sauerstoffaufnahme aus der Luft behindert, auf den Vorflutern vermieden. T. sind für Fische giftig. In Flüssen werden bis mehr als 1 mg pro Liter Wasser an T.n, in häuslichen Abwässern 4–6 mg pro Liter Wasser gefunden.

Tentakelfänger [zu lat. tentare (Nebenform zu temptare) = prüfend betasten ‖ Syn.: Taster, Epistratfresser]: hpts. meer- und bodenbewohnende Tiere, die ihre Umgebung mit Tentakeln, Fühlern, Borstenbüscheln, Siphonen u. a. nach Nahrungspartikeln absuchen. Zu den T.n gehören manche Würmer wie Vielborster (Polychäten), manche festsitzenden Hohltiere, Muscheln, Rippenquallen und Kopffüßer.

Teratogene, die (Mehrz.) [Einz.: das Teratogen ‖ griech. téras, tératos = Mißgeburt und ↑ -gen]: Substanzen, die bei menschlichen und tierischen Embryonen in bestimmten Entwicklungsphasen Mißbildungen hervorrufen. Das bekannteste Beispiel ist die auf den Wirkstoff Thalidomid zurückzuführende Contergankatastrophe mit schwersten Mißbildungen bei Kindern.

Zu den T. gehören einige Sedativa, Tranquilizer, Antidepressiva, Antibiotika. T. können aber auch als Stoffwechselprodukte von Mikroorganismen in verdorbenen Lebensmitteln vorkommen oder

Termitengäste

als Inhaltsstoffe bestimmter Pflanzen auftreten.

Die teratogene Wirkung ist durch Chromosomenaberrationen, Mitosestörungen, Hemmung oder Fehler bei der Nukleinsäuresynthese zu erklären.

Die Prüfung von Wirkstoffen auf Teratogenität wird durch eine Kommission der Deutschen Forschungsgemeinschaft und durch die pharmazeutische Industrie intensiv an Versuchstieren und Mikroorganismen durchgeführt. Dabei ist zu berücksichtigen, daß die **Teratogenität** tierspezifisch sein kann. Thalidomid erzeugt z. B. bei allen Tieren Mißbildungen, nur nicht bei Ratten, an denen der Wirkstoff ursprünglich geprüft war.

Termitengäste [Syn.: Termitophilen]: verschiedene Insektenarten sowie manche Spinnen und Milben, die sich zeitweilig oder dauernd als Parasiten, Räuber oder Kommensalen in den Nestern von Termiten aufhalten. Manche T. geben auch Körpersekrete an ihre Wirte ab, die diese begierig aufnehmen.

Bekannte T. sind viele Kurzflüglerarten und die Termitenfliegen.

Termitensavanne: Grasland der wechselfeuchten Tropen mit inselartig eingestreuten Baumgruppen auf verlassenen Termitenbauten, die wegen ihrer aufgelockerten Struktur günstige Bedingungen für den Baumwuchs bieten und aufgrund ihrer erhöhten Lage vor Überschwemmungen während der Regenzeit sicher sind.

Termitophilen, die (Mehrz.) [der Termitophile ‖ zu ↑ Thermitophilie]: svw. ↑ Termitengäste.

Termitophilie, die [zu Termiten (aus lat. termes, termitis = Holzwurm) und ↑-phil]: die dauernde oder vorübergehende Vergesellschaftung von Termiten und ↑ Termitengästen.

Termone, die (Mehrz.) [Einz.: das Termon ‖ Kurzbildung aus de**term**inieren und Hor**mone**]: geschlechtsbestimmende, hpts. bei niederen Pflanzen (v. a. Flagellaten) und Tieren vorkommende hormonähnliche Stoffe. **Androtermone** bestimmen das männliche, **Gynotermone** das weibliche Geschlecht; ihr Mengenverhältnis entscheidet über die Ausprägung des Geschlechts einer Zygote.

Terpentinöl: farbloses bis hellgelbes, dünnflüssiges, würzig riechendes ätherisches Öl, das aus Harzen von Kiefernarten gewonnen wird und v. a. aus Terpenkohlenwasserstoffen besteht.

T. hat ein sehr gutes Lösungsvermögen für Harze, Wachse, Kautschuk usw. und wird v. a. als Lösungsmittel für Lacke und Wachsprodukte verwendet.

T. bewirkt auf der Haut und auf der Schleimhaut starke Reizungen; Benetzung der Haut und Inhalation sind zu vermeiden. Der MAK-Wert wurde auf 100 ppm festgelegt.

Terra firme, die [portugies. = festes Land]: das überschwemmungsfreie Gebiet der ↑ Hyläa des Amazonastieflandes. Der üppige Bewuchs der T. f. täuscht eine scheinbare Fruchtbarkeit vor. In Wirklichkeit ernährt sich dieser Wald nur von seinen eigenen Verwesungsprodukten. Wird er gerodet, legt man einen kaum entwickelten, sauren, nährstoffarmen und daher unfruchtbaren Boden frei, der ackerbaulich nicht zu nutzen ist. In extremer Pointierung wird daher die T. f. als „ökologische Wüste" bezeichnet.

Terra fusca, die [lat. = dunkelbraune Erde]: ↑ Terra rossa.

Terra rossa, die [italien. = rote Erde ‖ Syn.: mediterrane Roterde]: leuchtend roter Bodentyp auf hartem Carbonatgestein, mit ABC-Profil; entsteht unter wechselfeuchten subtropischen Klimabedingungen durch Auflösen der Carbonate und Freisetzen der eisenhaltigen Bestandteile. Die T. r. weist einen hohen Tongehalt auf. In Europa kommt sie v. a. im Mittelmeergebiet vor, ist hier aber meist ein Überrest aus dem Tertiär oder wärmeren Interglazialen des Pleistozäns. In der Regel entsteht hier heute Rendzina oder **Terra fusca** (Kalksteinbraunlehm; mit höherem Tongehalt und braunroter Färbung).

Terrasse, die [aus frz. terrasse, eigtl. = Erdaufhäufung (zu lat. terra = Erde)]: die das Gefälle eines Hanges unterbrechende, ebene Fläche. Nach ihrer Entstehung lassen sich verschiedene Arten von T.n unterscheiden.

Fluß- oder **Tal-T.n** haben sich durch erneutes Einschneiden eines Flusses in ei-

Thallium

nen alten Talboden gebildet. Ist die T. in einen Felsen eingearbeitet, spricht man von einer **Felsterrasse**. Entstand die T. durch Einschneiden eines Flusses in einen Schotterkörper, handelt es sich um eine **Schotter-** oder **Aufschüttungsterrasse.**

Strand-T.n sind über dem Meeresspiegel liegende Abrasionsplatten.

See-T.n bestehen aus randlichen Ablagerungen in einem See, wobei der Seespiegel später abgesunken ist.

Denudations-T.n sind aufgrund der Gesteinsunterschiede durch die Denudation (flächenhafte Bodenabtragung) herausgearbeitete Verflachungen eines Hanges.

Außerdem gibt es die künstlich angelegten **Ackerterrassen.**

Terrassenkultur: Art der landwirtschaftlichen Bodennutzung, bei der geneigte Hänge in ebene Parzellen, sog. **Ackerterrassen,** umgestaltet werden. Die Anlage solcher Terrassen hat meist den Zweck, die Abspülung der Bodenkrume zu verhindern oder aber an Steilhängen einen Anbau überhaupt erst möglich zu machen.

Bes. auffällige Anlagen von solchermaßen terrassierten Steilhängen sind aus dem Libanon und dem Jemen bekannt. In Mitteleuropa sind die Weinberge Beispiele einer Terrassenkultur. – Abb. S. 234.

terrestrisch [aus lat. terrestris = die Erde betreffend, zu lat. terra = Erde]: 1. die Erde betreffend, zur Erde gehörend; 2. auf dem Festland gebildet (von Ablagerungen).

terrikol [zu lat. terra = Erde und lat. colere = bewohnen]: auf oder im Erdboden lebend; auf Tiere bezogen **(t.e Fauna).** – ↑ auch arenikol.

Territorium, das [aus lat. territorium = Stadtgebiet]: begrenztes Gebiet innerhalb des Lebensraums einer Tierart. – ↑ auch Revier.

Testorganismen: bestimmte ↑ Bioindikatoren.

Tetra, das: Kurzbez. für ↑ Tetrachlorkohlenstoff.

Tetraäthylblei: svw. Bleitetraäthyl (↑ Blei).

Tetrachloräthan, das [griech. tetra- = vier- ‖ Syn.: Acetylentetrachlorid]: Derivat des Äthans, bei dem an den Kohlenstoffatomen jeweils zwei Wasserstoffatome durch Chloratome ersetzt sind. T. ist eine farblose, nicht brennbare, chloroformartig riechende Flüssigkeit, die v. a. durch Anlagerung von Chlor an Acetylen hergestellt wird.

T. ist ein gutes Lösungsmittel für Fette, Öle usw.; es wird aber wegen seiner Giftigkeit (MAK-Wert 1 ppm) heute nur noch wenig verwendet.

Tetrachlorkohlenstoff [chemische Formel: CCl_4 ‖ Syn.: Kohlenstofftetrachlorid, Tetrachlormethan, Tetra]: Derivat des ↑ Methans, bei dem sämtliche Wasserstoffatome durch Chloratome ersetzt sind; farblose, süßlich riechende Flüssigkeit, die früher wegen ihrer Unbrennbarkeit als Feuerlöschmittel verwendet wurde (heute wegen der Bildung des äußerst giftigen Phosgens verboten). T. hat Bedeutung als Lösungsmittel, z. B. für Fette, Öle, Harze und Kautschuk, sowie als Ausgangsstoff zur Herstellung organischer Chlorverbindungen.

thalasso- [aus griech. thálassa = Meer]: in Zus. mit der Bed. „Meer, Meeresküste"; z. B. thalassophil.

thalassobiont [zu ↑ thalasso- und griech. bíos = Leben]: nennt man Tiere, die an Meeresküsten und im Meer leben; im allg. gleichbedeutend mit ↑ marin.

thalassogen [↑ thalasso- und ↑ -gen]: durch marine Einwirkungen entstanden.

thalassophil [↑ thalasso- und ↑ -phil]: das Meer oder die Meeresküste als Lebensraum bevorzugend; von Organismen gesagt.

Thalassostygal, das [zu ↑ thalasso- und griech. Stýx, Stygós = mythologischer Fluß der griech. Unterwelt]: der Lebensraum im Lückensystem der Meeresküsten.

Thallium, das [zu griech. thallós = Sproß, grüner Zweig (nach seiner charakteristischen grünen Spektrallinie) ‖ chemisches Symbol: Tl]: metallisches chemisches Element; weiches, weiß glänzendes Schwermetall. Th. und seine Verbindungen sind sehr giftig.

Th. hat technisch nur geringe Bedeutung. In Form von Th.sulfat wird es als Ratten- und Mäusegift verwendet.

Thanatozönose

Thanatozönose, die [zu griech. thánatos = Tod und griech. koinós = gemeinsam ‖ Syn.: Totengesellschaft]: durch verschiedene Ursachen entstehende Anhäufung toter ortsansässiger (autochthoner) oder auch von entfernten Biotopen angeschwemmter (allochthoner) Organismen.
Durch Einbettung in Schlammassen wird die Th. zur Grabgemeinschaft (**Taphozönose).** Die bei einer Ausgrabung zutage tretende Anhäufung ihrer fossilisierten Reste wird auch als **Oryktozönose** bezeichnet.

therm-: Wortbildungselement (↑ thermo-).

thermal [zu ↑ thermo]: 1. durch Wärme bewirkt, die Wärme betreffend; 2. auf warme Quellen bezogen.

Thermalfauna: tierische ↑ Thermalorganismen.

Thermalflora: pflanzliche ↑ Thermalorganismen.

Thermalorganismen: in Thermalquellen, Solfataren u. a. heißen, z. T. vulkanisch geprägten, marinen oder kontinentalen Gewässern lebende Pflanzen (**Thermalflora;** z. B. farblose Schwefelbakterien, Blaualgen, Kieselalgen) und Tiere (**Thermalfauna;** z. B. Rädertierchen, Fadenwürmer, bestimmte Schneckenarten).

Thermalquellen [Syn.: Thermen, warme Quellen]: Quellen, deren Wassertemperatur zwischen 20 und 50 °C liegt (bei mehr als 50 °C spricht man von **heißen Quellen).**
Th. werden aus Grundwasser gespeist, das aus großen Tiefen des Erdinneren kommt, wo aufgrund der Erdwärme eine höhere Temperatur herrscht. In ihnen leben spezifische Heißwasserformen von Tieren und Pflanzen, die meist weltweit verbreitet sind und Lebensgemeinschaften bilden, die denen in anderen Quellen ähneln.
Ab etwa 40–45 °C Wassertemperatur nimmt der Anteil an Pflanzen zugunsten der Tiere ab. Es herrschen Rädertierchen, bestimmte Schneckenarten (Bithynia thermalis) und Fadenwürmer vor (↑ auch thermobiotische Bakterien).

Thermen, die (Mehrz.) [Einz.: die Therme ‖ aus lat. thermae = heiße Quel-

len, von gleichbed. griech. thérmai]: svw.
↑ Thermalquellen.

thermische Belastung [zu ↑ thermo-]: die Belastung der Umwelt mit Abwärme; ↑ Gewässererwärmung, ↑ Wärmelastplan.

thermo-, vor Vokalen auch: **therm-** [zu griech. thermós = warm, heiß]: in Zus. und Abl. mit der Bed. „Wärme, Wärmeenergie; Temperatur"; z. B. thermophil, thermohalin, thermal.

thermobiotische Bakterien [zu ↑ thermo- und griech. bíos = Leben]: thermophile und oft auch acidophile Archebakterien, die in marinen und kontinentalen Vulkangebieten bei ungewöhnlich hohen Temperaturen nicht nur wachsen können, sondern hohe Temperaturen für ihre Lebensabläufe geradezu benötigen.
In den letzten Jahren wurden mehrere Gattungen th.r B. in Solfataren entdeckt, isoliert und teilweise physiologisch und biochemisch untersucht. Sie besitzen Zellmembranen aus Ätherlipiden sowie hitzestabile Enzyme, sind meist anaerob, lithoautotroph, z. T. auch organotroph. Vertreter dieser Bakteriengruppe sind: verschiedene Arten von Sulfolobus mit Temperaturoptima zwischen 80 und 90 °C (unter 60 °C fallen sie in „Kältestarre"), von Thermoproteus, Thermofilum, Desulfurococcus, Thermodiscus und Thermococcus mit Optimaltemperaturen zwischen 80 und 88 °C, ferner die methanbildende Art Methanothermus ferridus (Wachstum bis 97 °C) und die Art Pyrodictium occultum aus einer marinen Solfatare (Wachstumsoptimum bei 105 °C).
Schließlich wurden noch nicht näher untersuchte Bakterien aus den Sulfidkaminen im Ostpazifik aus etwa 350 °C heißem Wasser (unter hydrostatischem Druck) isoliert, die sich bei Atmosphärendruck und 100 °C rasch vermehrten und ebensogut bei 265 atm und 250 °C wuchsen; sie ernähren sich chemolithotroph und bilden Methan, Wasserstoff und Kohlenmonoxid.

thermohalin [zu ↑ thermo- und griech. háls, halós = Salz]: den Temperatur- und Salzgehalt von Meerwasser betreffend.

Thryptophyten

Thermokline, die [zu ↑thermo- und griech. klínein = sich hinneigen, fallen]: die Temperatursprungschicht in Süßwasserseen (↑Sprungschicht). – ↑auch Chemokline.

Thermomorphose, die [zu ↑thermo- und griech. morphé = Gestalt]: Bez. für temperaturabhängige Gestaltsänderungen von Pflanzen und Tieren. So wachsen z. B. Karotten bei niedrigen Temperaturen in die Länge, bei Wärmeeinwirkungen bilden sie dagegen kurze, gedrungene Rüben aus. Der planktontische Süßwasserkrebs Bosmina longispina bildet nur im Sommer (bei guter Ernährung) die als Schwebeeinrichtung dienenden langen Fortsätze aus.

Thermoperiodismus, der [zu ↑thermo- und griech. períodos = Umlauf, Kreislauf]: die Wirkung der im etwa 24-Stunden-Rhythmus erfolgenden Temperaturänderungen auf die Entwicklung von Tieren und Pflanzen; meist gekoppelt an die ↑Photoperiodik.

thermophil [↑thermo- und ↑-phil]: wärmeliebend; von Mikroorganismen gesagt, die bevorzugt bei Temperaturen oberhalb 40 °C leben und ihr Wachstumsoptimum bei 50–60 °C haben. **Th.e Bakterien** sind z. B. die sporenbildenden Bakterien, Milchsäurebakterien und Strahlenpilze, die z. T. große Bedeutung in der Konserven- und Zuckerindustrie haben und an der biologischen Selbsterhitzung von Heu, Kompost, Stallmist u. a. beteiligt sind. – ↑auch psychrophil, ↑thermobiotische Bakterien.

Thermophilie, die: die Eigenschaft ↑thermophiler Mikroorganismen.

Thermotaxis, die [↑thermo- und griech. táxis = Anordnung]: durch Temperaturdifferenzen ausgelöste Orientierungsbewegung eines freibeweglichen Organismus; z. B. finden Zecken ihren Warmblüterwirt thermotaktisch.

thermotolerant [zu ↑thermo- und lat. tolerare = tragen, erdulden]: nennt man Mikroorganismen, die Temperaturen bis 50 °C noch zu wachsen vermögen. T.e Organismen stehen in bezug auf die Temperatur zwischen den mesophilen und thermophilen Organismen.

Thermotropismus, der [zu ↑thermo- und griech. tropé = Wende, Wendung]: durch einseitiges Wachstum (als Folge eines einseitig einwirkenden Temperaturreizes) ausgelöste positive oder negative Krümmungsbewegung pflanzlicher Organe. Th. ist häufig mit ↑Phototropismus gekoppelt; z. B. bei der Orientierung der Blätter der ↑Kompaßpflanzen.

Therophyten, die (Mehrz.) [Einz.: der Therophyt ‖ griech. thér = Tier und ↑-phyt]: Pflanzen, die vegetationsfeindliche Jahreszeiten unter völliger Preisgabe ihres (einjährigen) Vegetationskörpers nur über ihre Samen (embryonale Ruhestadien) überstehen; z. B. Ackerunkräuter, Sommergetreide.

thigmotherm [zu griech. thígma = Berührung und griech. thermós = warm, heiß]: durch Berührung mit warmen Medien sich erwärmend; von bestimmten wechselwarmen Tieren (↑poikilotherm) gesagt.

Thomasmehl [nach dem brit. Metallurgen S. G. Thomas, * 1850, † 1885 ‖ Syn.: Thomasphosphat]: fein zermahlene Thomasschlacke, die als Phosphatdünger verwendet wird; enthält etwa 45–50% Calciumoxid, 15–20% Phosphorpentoxid, 7–16% Eisenoxide und 6–8% Siliciumdioxid, daneben noch geringe Anteile an Aluminium, Magnesium, Mangan; Verwendung bes. auf kalkarmen Böden.

Thorium, das [nach dem altgerman. Gott Thor ‖ chemisches Symbol: Th]: radioaktives metallisches Element. An Isotopen sind Th 213 bis Th 217 sowie Th 223 bis Th 235 bekannt. Die längste Halbwertszeit besitzt **Th 232** mit $1,39 \cdot 10^{10}$ Jahren; es bildet das Ausgangsglied der Th.zerfallsreihe, deren stabiles Endglied das Bleiisotop Pb 203 **(Th.blei)** ist. Th. wird im Gemisch mit Plutonium oder angereichertem Uran als Kernbrennstoff sowie (in Form des Isotops Th 232) als Brutstoff für das spaltbare Uranisotop U 233 verwendet.

Thryptophyten, die (Mehrz.) [Einz.: der Thryptophyt ‖ zu griech. thrýptein = zerreiben, schwächen und ↑-phyt]: pflanzliche Organismen (meist Pilze), die auf anderen lebenden Pflanzen siedeln, diese durch ihre Anwesenheit (u. a. durch Stoffwechselausscheidungen) für schädigende Umwelteinflüsse empfäng-

12 SD Ökologie

Thufur

lich machen, so daß sie absterben, und sich dann von dem abgestorbenen Pflanzengewebe ernähren.

Die Th. stellen eine Übergangsform zwischen den ↑Parasiten und den ↑Nekrophyten dar.

Thufur, der [isländ.]: ↑Palsen.

Tiden, die (Mehrz.) [Einz.: die Tide ‖ niederdt. ‖ Syn.: Gezeiten]: der Wechsel von **Ebbe** (Niedrigwasser) und **Flut** (Hochwasser) an den Meeresküsten, der durch das Zusammenwirken von Gravitationskräften und Zentrifugalkräften bei der Bewegung des Mondes um die Erde und der Erde um die Sonne auf die Wassermassen des Meeres zustande kommt. Eine Tide dauert durchschnittlich 12 Stunden und 25 Minuten.

Bei Vollmond und Neumond addieren sich die Wirkungen von Mond und Sonne und verursachen dadurch zweimal in jedem Mondmonat **Spring-T.** (bes. hoher Wasserstand) und **Nipp-T.** (bes. niedriger Wasserstand). Stürme können zur weiteren Erhöhung des Wasserstandes bei Sturmflut beitragen.

Durch Eigenschwingungen des Wasserkörpers und Störungen in den Wasserströmungen treten an den Küsten Unregelmäßigkeiten auf, die einen sehr unterschiedlichen **T.hub** (Wasserstandsdifferenz zwischen Hoch- und Niedrigwasser) an verschiedenen Stellen ergeben: Bretagne-Küste ca. 14 m, Hamburg ca. 2,20 m, Wilhelmshaven ca. 3,80 m.

Durch die T. werden Strömungen des Meeres **(Gezeitenstrom)** verursacht, an denen die gesamte Wassermasse beteiligt sind. Am Schelfrand und in Meerengen können Geschwindigkeiten bis zu 4,5 m/s mit entsprechend starker Erosion zustande kommen. Die Gezeitenströmungen können in Wasserkraftwerken **(Gezeitenkraftwerken)** an günstigen Standorten zur Gewinnung von elektrischer Energie mit Hilfe von Turbinen genutzt werden.

Auch die Atmosphäre ist dem Wechsel der T. unterworfen. Die Luftdruckschwankungen werden jedoch von den viel stärkeren wetterbedingten Druckschwankungen überlagert.

Die T. bestimmen durch den ständigen Wechsel von Überflutung und Trockenfallen das Leben in der ↑Gezeitenzone als Biotop.

Tiefenwasser:

◊ svw. ↑Hypolimnion. − ↑auch Gewässerregionen.

◊ sehr tief gelegenes, seit Jahrtausenden dem Wasserkreislauf entzogenes Grundwasser.

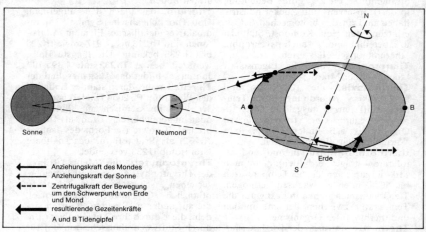

Tiden. Entstehung der Springtiden durch den Einfluß von Sonne und Mond

Tiefsee

Tiefsee: Bereich des Weltmeeres mit Tiefen von mehr als 800 m. Damit umfaßt die T. den unteren Teil des Kontinentalabhangs (der bis 2 400 m unter den Meeresspiegel reicht), die T.becken und -gräben sowie den größten Teil des mittelozeanischen Rückensystems. Die Region des kontinentalen Steilabfalls wird als **hemipelagischer Übergangsbereich** zwischen Flachsee und T. angesehen, der darunter folgende Bereich als **pelagisch** oder **eupelagisch** bezeichnet.

Die T. ist von überwiegend organischen Ablagerungen (Sedimente) bedeckt. Der Bereich der T. umfaßt mit insgesamt 318 Mill. km^2 rund 62% der Erdoberfläche oder rund 80% des Weltmeeres.

Die *Vegetation* in bezug auf höhere Pflanzen **(T.flora)** reicht in der T. bis etwa 100-200 m Tiefe. Infolge der Anpassung an das ausschließlich kurzwellige Tiefenlicht herrschen Rotalgen vor; die sonstige Algenflora ist sehr arm. In den lichtlosen Tiefenschichten ab etwa 300-500 m findet sich das **T.plankton**, das bis 6 000 m nachgewiesen wurde. Psychro- und mesophile Bakterien sind in Tiefen bis 2 700 m, thermobiotische Bakterien an heißen vulkanischen Quellen in Tiefen bis 2 600 m nachgewiesen. Außerdem finden sich Blaualgen und Panzerflagellaten (Kokkolithophoriden).

Die *Tierwelt* der T. **(T.fauna)** umfaßt Vertreter aus fast allen Tierstämmen, die jedoch auf unterschiedliche maximale Wassertiefen verteilt sind. Fische z. B. kommen bis in Tiefen von rund 7 600 m vor, Schwämme bis etwa 8 660 m, Foraminiferen, manche Korallen, Faden- und Ringelwürmer, verschiedene niedere Krebstiere, Weichtiere und Seegurken bis in mehr als 10 000 m Tiefe. Im Bereich von heißen vulkanischen Quellen (in ca. 2 600 m Tiefe) sind Lebensgemeinschaften von Miesmuscheln, Venusmuscheln, Bartwürmern (Pogonophoren) und Fischen nachgewiesen, die z. T. in Symbiose mit thermobiotischen chemoautotrophen Schwefelbakterien leben.

Der meist zarte, leichte Körper der T.tiere ist häufig bizarr gestaltet, besitzt oft lange Körperanhänge als Schwebeeinrichtungen und rückgebildete oder ungewöhnlich große, hochentwickelte Augen. Die Fische der T. haben häufig eine extrem große Mundöffnung mit langen, spitzen Zähnen und längs des Körpers nicht selten artspezifisch angeordnete Leuchtorgane; ihre Schwimmblase ist meist rückgebildet oder mit einer fett-

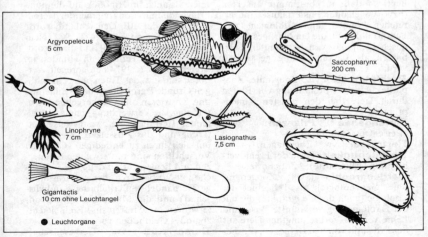

Tiefsee. Morphologische Besonderheiten von Tiefseefischen

Tiefseefauna

artigen Substanz angefüllt. Alle Vertreter der T.tiere leben räuberisch oder von ↑Detritus, da autotrophe Pflanzen in den lichtlosen Tiefen des Meeres nicht zu existieren vermögen.

Tiefseefauna: die tierische Lebewelt der ↑Tiefsee.

Tiefseeflora: die pflanzliche Lebewelt der ↑Tiefsee.

Tiefseesedimente: die marinen Ablagerungen im Bereich der Tiefsee; z. B. Blau- und Grünschlick (etwa 800 bis 2 400 m Tiefe), Globigerinen- und Kieselalgenschlamm (Diatomeenschlamm; etwa 2 400–5 000 m Tiefe), in größeren Tiefen darauffolgend · Radiolarienschlamm und roter Tiefseeton.

Tierbestäubung: Art der ↑Bestäubung.

Tierblumen [Syn.: Zoogamen, Zoophilen]: Pflanzen, die von Tieren bestäubt werden und diesen Nahrung bieten (↑Bestäubung). Neben **Pollenblumen** (den besuchenden Insekten wird nur Pollen geboten; z. B. Mohn, Rose) unterscheidet man **Nektarblumen** (in den meisten Fällen), wobei der Nektar entweder offen und sichtbar abgeschieden wird und die Blüten von vielen Insektenarten besucht werden oder der Nektar mehr oder weniger verborgen in der Blüte liegt, so daß nur bestimmte Insekten (bzw. Vögel oder Fledermäuse) ihn erreichen können, und **Ölblumen** (z. B. Pantoffelblume), die ein ölartiges Sekret abscheiden, das von bestimmten Pelzbienen als Larvennahrung gesammelt wird.

Tierblütigkeit [Syn.: Zoogamie, Zoophilie]: Art der ↑Bestäubung von Blüten durch Tiere (bei den meisten Samenpflanzen).

tierfangende Pflanzen: svw. ↑fleischfressende Pflanzen.

Tierfresser: svw. ↑Zoophagen.

Tierfrüchtigkeit: Form der Fremdverbreitung (Allochorie); ↑Zoochorie.

Tiergeographie [Syn.: Zoogeographie, Geozoologie]: als Teilgebiet der Zoologie (auch der Geographie) die mit der Ökologie eng verknüpfte Wiss. und Lehre von der Verbreitung der Tiere auf der Erde und von den Ursachen, die dieser Verteilung zugrunde liegen (wobei die Eingriffe des Menschen zunehmende Bedeutung erlangen).

Man unterscheidet, unter bes. Berücksichtigung der Paläogeographie bzw. Paläozoologie, eine **historische** T., die sich mit der geographischen (regionalen) Verteilung der Tiere befaßt, von einer **ökologischen** T., die die Bedeutung der direkten Umweltfaktoren für den jeweiligen Lebensbereich einer Tierart oder Tiergruppe bes. berücksichtigt.

Tiergesellschaft [Syn.: Tiersozietät]: mehrere bis viele Tiere, die zu einem Verband zusammengeschlossen sind (↑Tiersoziologie).

Tierökologie: Teilbereich der ↑Ökologie.

Tierschutz: im Unterschied zu Maßnahmen zur Erhaltung von Tierarten und deren Lebensmöglichkeiten (↑Naturschutz, ↑geschützte Tiere) Bez. für Bestrebungen zum Schutz tierischen Lebens und zur angemessenen Behandlung von Tieren (insbes. der Haus- und Laborversuchstiere).

T.vereine (zusammengefaßt im **Deutschen Tierschutzbund e. V.**) unterhalten **Tierheime** (zur Unterbringung herrenloser Tiere) und wirken aufklärend in der Bevölkerung, und zwar sowohl im Hinblick auf die Vermeidung von Tierquälereien als auch im Hinblick auf die nutzbringende Funktion freilebender Tiere. Der T. in der BR Deutschland wurde durch das **T.gesetz** vom 24. 7. 1972 (Neufassung vom 18. 8. 1986) und die Verordnung über das Halten von Hunden im Freien vom 6. 6. 1974 neu geregelt. Verboten sind u. a. das Töten ohne einsichtigen Grund, Tierquälerei, das Schlachten und Kastrieren ohne vorhergehende Betäubung, die Verwendung schmerzbereitender Tierfallen, die zwangsweise Fütterung und das Aussetzen von Tieren, um sich ihrer zu entledigen. Genauen Vorschriften sind mit etwaigen Schmerzen und Leiden verbundene Versuche mit Wirbeltieren, der gewerbsmäßige Tierhandel (außerhalb der Landwirtschaft) und die Massentierhaltung unterworfen. Als Strafen sind Freiheitsentzug oder Geldbußen vorgesehen.

Tiersozietät: svw. Tiergesellschaft (↑Tiersoziologie).

Tomillares

Tiersoziologie [Syn.: Zoosoziologie, Zoozönologie]: Teilgebiet der Zoologie bzw. Verhaltensforschung; befaßt sich mit den Formen des (sozialen) Zusammenlebens von Tieren (z. B. als Geschlechtspartner, Familienverband, Herde, Schwarm, Tierkolonie, Tierstock, Tierstaat, als Wander-, Schlaf-, Überwinterungs-, Jagd-, Fraß- oder Brutgesellschaft) und mit dem Verhalten der in einer solchen Gemeinschaft lebenden Tiere untereinander. Solche Verbände **(Tiergesellschaften, Tiersozietäten)** können aus artgleichen Individuen **(homotypische Sozietäten)** oder aus artverschiedenen Tieren **(heterotypische Sozietäten;** v. a. bei der Symbiose) zusammengesetzt sein.

Die Bindungen in der Gemeinschaft können vorübergehend (temporär) sein oder aufgrund anhaltender gegenseitiger Abhängigkeit fortdauern. Sie setzen (über artspezifische Lockreize) ein gegenseitiges Sichanlocken sowie Kommunikation zwischen den Verbandsindividuen (über ein artspezifisches Verständigungssystem) voraus.

Die tierische Vergesellschaftung dient v. a. dem Schutz und der Lebensverbesserung der Individuen und damit der Arterhaltung.

Tierwanderungen [Syn.: Translokationen]: Bei vielen Tierarten führen meist ganze Populationen **(Massenwanderung),** z. T. auch einzelne Tiere Wanderungen aus (↑auch Migration), die oft weit über die Grenzen ihres eigtl. Lebensbezirks hinausführen. Die Gründe für diese Wanderaktivität sind einerseits Umwelteinflüsse, andererseits endogene Stoffwechselrhythmen. Zum Teil hängen die T. mit dem Fortpflanzungstrieb zusammen, oder sie bedeuten ein Ausweichen vor der Winterkälte bzw. Trockenzeit; auch Nahrungsmangel kann Tiere veranlassen, ein bestimmtes Gebiet zu verlassen **(Massenemigration),** ferner eine Massenvermehrung mit daraus resultierender Überbevölkerung.

Man unterscheidet: **permanente Translokationen,** bei denen die Tiere nirgendwo längere Zeit verbleiben, sondern fast ständig weiträumig umherschweifen **(Nomadismus, Vagabundismus;** z. B. Ga-

zellen-, Gnu-, Zebra-, Rentierherden und die diesen folgenden Hyänenhunde bzw. Wölfe); **temporäre Translokationen,** bei denen die Tiere nur von Zeit zu Zeit auf Wanderschaft gehen, sonst aber ein festes Wohngebiet haben (z. B. bei Lemmingen, Wanderheuschrecken, vielen Wanderfaltern, beim Vogelzug und bei den Laichwanderungen vieler Lurche, z. B. Kröten). – Abb. S. 235.

TOC, der [teː'oː'tseː, engl. 'tiːoʊ'siː; ‖ Abk. für engl. **t**otal **o**rganic **c**arbon = gesamter organisch gebundener Kohlenstoff]: Der TOC kennzeichnet zusammen mit dem ↑chemischen Sauerstoffbedarf die Belastung eines Gewässers mit organischen Stoffen. Zur Bestimmung wird eine Wasserprobe im Sauerstoffstrom oder durch Naßoxidation oxidiert und das entstehende Kohlendioxid z. B. infrarotspektroskopisch bestimmt.

TOD, der [teː'oː'deː, engl. 'tiːoʊ'diː:]: svw. ↑TSB.

Toleranzdosis: im ↑Strahlenschutz die höchstzulässige Dosis (↑auch Strahlenbelastung).

Toleranzwert: ungenaue Bez. für die Höchstmenge von Fremdstoffen, insbesondere Pflanzenschutzmitteln, in Erntegut und Lebensmitteln (↑Höchstmengenverordnung).

Toluol, das [mit dem charakteristischen Suffix -ol (von lat. oleum = Öl) zu Tolubalsam gebildet] ‖ Syn.: Methylbenzol]: wichtiger aromatischer Kohlenwasserstoff, chemisch das Methylderivat des Benzols. T. ist eine farblose, brennbare, benzolartig riechende Flüssigkeit, die in Wasser schlecht, in organischen Lösungsmitteln dagegen gut löslich ist und v. a. aus der Leichtölfraktion des Steinkohleteers, daneben auch aus Erdöl gewonnen wird.

T. wird v. a. als Lösungsmittel für Lacke, Kautschuk, Öle und Fette verwendet; außerdem ist es Ausgangsstoff für die Synthese einiger Benzolderivate.

Im Gegensatz zu ↑Benzol wirkt T. nicht blutschädigend. Zu beachten ist jedoch, daß technisches T. durch Benzol verunreinigt sein kann (MAK-Wert 200 ppm).

Tomillares, die (Mehrz.) [tomil'jaːrɛs ‖ ohne Einz. ‖ span.]: eine der ↑Garigue ähnliche Gebüschformation in Spanien.

309

Tonböden

Tonböden: Bez. für Bodenarten, die mehr als 30% Ton enthalten. T. zeigen ungünstige physikalische Eigenschaften, sind aber meist nährstoffreich. Zwar vermögen sie das Wasser gut zu halten, doch sind Wasserdurchlässigkeit und Durchlüftung sehr gering entwickelt. Da sie schwer zu bearbeiten sind, nennt man sie auch **schwere Böden.**

Tone [Syn.: Tongesteine]: T. sind feinkörnige, klastische, meist gelbliche bis graue Lockergesteine mit Korngrößen von weniger als 0,002 mm Durchmesser. T. bestehen hpts. aus den bei der Verwitterung neu gebildeten Tonmineralen, ferner aus erhalten gebliebenen staubförmigen Mineraltrümmern (von Quarz, Feldspäten, Glimmern, Tonmineralen, Schwermineralen u. a.), nach der Sedimentation neu entstandenen Mineralen (u. a. Glaukonit, Pyrit, Dolomit, Calcit) und biogenen Resten (Kalk- und Kieselschalen, Humus).

Sehr feinkörnige, quarzarme T. (also mit hohem Gehalt an Tonmineralen) werden als **fette T.,** stark mit Staubsand vermengte T. als **magere T.,** quarzsandreiche T. als **Lehme,** kalkreiche T. als **Mergel,** stark steinsalz- und gipshaltige T. als **Salz-T.** bezeichnet.

Durch diagenetische Verfestigung der T. entsteht **Schieferton,** durch Schieferung infolge tektonischen Drucks und leichter Metamorphose **Tonschiefer.** Etwa 70% aller Sedimentgesteine sind Tone. Durch Aufnahme von Wasser erfahren die T. eine Volumenvergrößerung, quellen also, und werden wasserundurchlässig (Grundwasserstauer) und plastisch verformbar.

Ton-Humus-Komplexe: Verbindungen von biologisch günstigen, ständig neu produzierten, reaktionsfähigen Huminstoffen mit Tonmineralen (↑ Tone). Bindungsarten sind Ionenbindung, Wasserstoffbrücken und sog. Van-der-Waals-Kräfte.

T.-H.-K. sind wertvolle Bodenteile, die eine hohe Beständigkeit ihres organischen Anteils gegen biologischen Abbau zeigen und daher stabiles Krümelgefüge, optimale Durchlüftung, sehr reges Kleinleben und neutrale Reaktion aufweisen.

T.-H.-K. sind am stärksten (85% der organischen Substanz) in Steppenschwarzerden vertreten, weniger hoch in Rendzinen und Braunerden.

Top, der oder das [aus griech. tópos = Ort, Stelle ‖ Syn.: geographische Standorteinheit, topische Einheit, topologische Einheit]: in der *Geoökologie* die geographische Grundeinheit in bezug auf die Homogenität bei den Merkmalen.

Je nach Art der Geoökofaktoren unterscheidet man u. a.: **Hydrotop** (in bezug auf den Wasserhaushalt); **Klimatop** (in bezug auf die Klimafaktoren); **Pedotop** (in bezug auf die Bodenfaktoren); **Morphotop** (in bezug auf die Bodenoberflächengestalt); **Phyto-** und **Zootop** (in bezug auf die jeweilige Flora bzw. Fauna). Daneben werden auch T.e hinsichtlich der Homogenität ganzer Merkmalskomplexe unterschieden; z. B. ↑ Biotop und ↑ Ökotop.

topogen [griech. tópos = Ort, Stelle und ↑-gen]: lagebedingt entstanden; z. B. von einem Flachmoor im Bereich des Grundwassers gesagt. – Gegensatz: ↑ ombrogen.

Topoklima, das [griech. tópos = Ort, Stelle]: das Klima der bodennahen Luftschichten in bezug auf einen Top.

Torf: unter Luftabschluß hpts. in ↑ Mooren gebildetes Zersetzungsprodukt überwiegend pflanzlicher Substanzen. T. stellt die erste Stufe der Inkohlung dar. Er enthält im Unterschied zu Braunkohle noch freie Zellulose. Als Hauptbestandteil liegen bis zu 50% Huminsäuren vor; daneben treten Wachse und Harze sowie anorganische Sedimente auf.

T. enthält in frisch gewonnenem Zustand bis zu 90% Wasser, lufttrocken noch 25–30%.

Die Gewinnung von T. erfolgt nach Entwässerung der Moore in sog. **T.stichen** mit Hand oder maschinell.

Bes. ältere Moos-T.e und gut zersetzte Niederungsmoor-T.e werden als **Preß-T. (T.briketts)** nach Trocknung zum Heizen verwendet. Der Heizwert liegt zwischen 9 300 und 16 400 kJ/kg. Durch Schwelen werden T.teer, T.gas und T.koks gewonnen.

Toxizität

Nach den ursprünglichen Ausgangspflanzen unterscheidet man eine Vielzahl von T.arten, unter den nährstoffarmen **Hochmoor-T.en** z. B. Wollgras-T. und Moostorf. Bes. jüngerer **Moos-T.** kommt zu Ballen gepreßt als **Faser-T.** oder (durch Trocknen und Zerkleinern gewonnener) **T.mull** in den Handel. Er wird u. a. zu Bodenbedeckungs-, Verpackungs- und Dämmzwecken sowie als Einstreu verwendet und dient unter Zumischung von Mineraldünger und Jauche oder Klärschlamm zur Herstellung von T.kompost.
Flachmoor-T.e sind inhomogen, zeigen eine schwach saure oder neutrale Reaktion und werden u. a. zur Herstellung von Erdgemischen für die Pflanzenanzucht und zur Verbesserung leichter Böden benutzt.
Torfböden [Syn.: Moorböden, organische Naßböden]: die unter Grund- oder Stauwassereinfluß stehenden, überwiegend aus pflanzlichen Substanzen (Torf) entstandenen Böden der Moore mit einem Humushorizont von über 20 cm Mächtigkeit:
Niedermoorböden (60–95% organische Substanz) sind meist nährstoffreich und chemisch neutral bis schwach sauer; **Hochmoorböden** (96–99% organische Substanz) sind dagegen nährstoffarm und stark sauer. – Ein Übergang zu den Mineralböden ist das ↑Anmoor.
Torfhügel: svw. ↑Palsen.
Torfmoor: svw. Hochmoor (↑Moor).
Torfschlamm: svw. ↑Dy.
torrentikol [zu lat. torrens, torrentis = reißend und lat. colere = bewohnen]: rasch fließende Gewässer oder Brandungszonen von Meeren und Seen bewohnend, dort vorkommend; von Organismen gesagt, die Lebensräume stark bewegten Wassers besiedeln; z. B. die mit Haftorganen ausgestatteten Braunalgen und Schnecken an steinigen Meeresküsten. – Gegensatz: ↑stagnikol.
Totengesellschaft: svw. ↑Thanatozönose.
Totwasser: Strömungsgebiet hinter der Ablöselinie eines umströmten Körpers, in dem neben einer stark verzögerten Grundströmung eine wirbelige (turbulente) Strömungsform vorhanden ist.

Die T. hinter großen Steinen bieten den im Fließwasser lebenden Tieren einen Schutz vor der Strömung.
Toxine, die (Mehrz.) [Einz.: das Toxin ‖ zu griech. toxikón = Pfeilgift]: Sammelbez. für chemisch uneinheitliche, aus Giftkeimen, Giftpflanzen oder Bakterien stammende, oft zu den Proteinen oder Lipopolysacchariden gehörende Stoffe von meist noch nicht genau bekannter Struktur, die auf Menschen oder Säugetiere giftig wirken. Als Antigene induzieren sie die Bildung von Antikörpern, so daß Immunität erzeugt wird. Gegen viele T. werden Antiseren (Impfstoffe) hergestellt.
T. von Gifttieren sind v. a. die Kröten-, Schlangen-, Fisch-, Insekten-, Skorpion- und Spinnengifte. Zu den Pflanzen-T.n zählen z. B. das Robin der Robinie und das Ricin der Rizinuspflanze.
Zu den T.n gehören auch die durch Fäulnis von Eiweißen entstehenden Leichengifte. Unter den Pilzgiften spielen die Amanitine und das Phalloidin des Grünen Knollenblätterpilzes sowie die kanzerogenen ↑Mykotoxine eine besondere Rolle bei Vergiftungen (auch durch verdorbene Lebensmittel).
Toxizität, die [zu griech. toxikón = Pfeilgift]: die Giftigkeit chemischer Substanzen für Mensch, Tier und Pflanze. Man unterscheidet zwischen **akuter T.** (bei einmaliger Aufnahme des Wirkstoffs), **subakuter T.** (bei wiederholter Aufnahme innerhalb kurzer Zeit) und **chronischer T.** (bei Aufnahme über längere Zeit, z. B. über Jahre hinweg).
Die *Prüfung auf T.* muß für alle für den menschlichen Verzehr, für den Kontakt mit dem menschlichen Körper direkt oder indirekt bestimmte Stoffe vorgenommen werden, z. B. für Lebensmittelzusatzstoffe, Kosmetika, Pflanzenschutzmittel, Kunststoffe, Waschmittel usw. Erwünschte selektive T. besitzen Stoffe, die gegen Schädlinge eingesetzt werden (Pflanzenschutzmittel) oder zur Bekämpfung von Krankheitserregern (Antibiotika).
Bei der Beurteilung der T. muß auf ↑Synergismus mehrerer Substanzen, auf teratogene und mutagene Wirkungen geachtet werden. – Zur *quantitativen An-*

Tracer

gabe der T. und zum Vergleich verschiedener Substanzen wird die LD_{50} (↑ Letaldosis) bestimmt.

Tracer, der ['trɛɪsə ‖ aus engl. tracer = Aufspürer]: Sammelbez. für Stoffe, die im weitesten Sinne als Spürmittel eingesetzt werden. Hierzu gehören z. B. der Zusatz von speziellen Stoffen zu Rohöl zur späteren Aufspürung von Verursachern der Ölpest, der Zusatz von Riechstoffen zu Erdgas zur Auffindung von Lecks und zur Warnung vor ausströmendem Gas. Chemische T., insbesondere stabile und radioaktive Isotope, werden zur Aufklärung von Stoffwechselwegen, aber auch zur Verfolgung der Stoffausbreitung in der Umwelt eingesetzt.

Transformanten, die (Mehrz.) [Einz.: der Transformant ‖ zu lat. transformare = umformen]: andere Bez. für ↑ Destruenten.

Translokationen, die (Mehrz.) [Einz.: die Translokation ‖ zu lat. trans = jenseits, über – hin und lat. locus = Ort, Stelle]: svw. ↑ Tierwanderungen.

Transmission, die [aus lat. transmissio = Übersendung, Übertragung ‖ Syn.: Luftverfrachtung]: die Ausbreitung von Schadstoffen in der Atmosphäre vom Entstehungsort (Emission) zum Einwirkungsort (Immission); umfaßt alle Vorgänge, durch die Luftbeimengungen unter dem Einfluß meteorologischer oder anderer physikalischer bzw. chemischer Prozesse in der Atmosphäre transportiert oder verändert werden.

Transpiration, die [zu lat. trans = jenseits, über – hin und lat. spirare = atmen]: bei *Pflanzen* die physikalisch und physiologisch gesteuerte Abgabe von Wasserdampf durch die oberirdischen Organe. Die T. dient der Aufrechterhaltung des Stofftransports in den Leitbündeln der Pflanze durch den T.sstrom und zum Schutz gegen Überhitzung bei Sonneneinstrahlung unter Ausnutzung der Verdunstungskälte des Wassers.

Die **stomatäre T.** (T. über die Spaltöffnungen) hängt ab vom Wassersättigungsgrad der Pflanze, von der relativen Feuchtigkeit, von der Temperatur und der Bewegung der Luft und von der physiologisch geregelten Spaltöffnungsweite. Hinzu kommt die nicht von der Pflan-

ze zu regelnde **kutikuläre T.** über die Epidermis; sie macht etwa 5–10 % der gesamten T. aus. Dieser Anteil kann bei ↑ Hygrophyten größer, bei ↑ Xerophyten geringer sein.

↑ CAM-Pflanzen beschränken ihre T. bei eingeschränkter Wasserversorgung, indem sie die Spaltöffnungen am Tag schließen.

Durch T. geben Bäume zwischen 50 und 400 Liter Wasserdampf (Birke mit 200 000 Blättern) pro Tag ab, Kräuter rund 1 Liter. – ↑ auch Guttation.

Transpirationsdämpfer: svw. ↑ Antitranspirantia.

Transpirationseffizienz: die Beziehung zwischen der Nettoprimärproduktion und der ↑ Transpiration eines Pflanzenbestandes; wird angegeben in g Trockensubstanz pro Liter transpirierten Wassers.

Transpirationskoeffizient: das Verhältnis zwischen dem Wasserverbrauch landwirtschaftlich (und forstwirtschaftlich) genutzter Pflanzen und der erzeugten Trockensubstanz der Erntemasse. Der T. ist niedrig bei Mais und Zuckerrüben, hoch dagegen bei Hafer, Weizen und Kartoffeln. Im gemäßigten Klima beträgt er 300–800 Liter Wasser pro Gramm Trockensubstanz.

Transportwirt: Bei der ↑ Phoresie dasjenige Tier, das ein anderes, ohne selbst Schaden zu nehmen, transportiert.

Transurane, die (Mehrz.) [Einz.: das Transuran ‖ lat. trans = jenseits]: Bez. für die Elemente mit höherer Ordnungszahl als ↑ Uran (92). Sie sind radioaktiv (mit verschiedenen Zerfalls- und Spaltungsarten) und besitzen Halbwertszeiten von Bruchteilen einer Sekunde bis zu über 80 Mill. Jahren (beim Plutoniumisotop Pu 244).

Abgesehen von geringsten Mengen einiger Nuklide der Elemente Neptunium, Plutonium, Americium und Curium, kommen T. nicht in natürlicher Form vor. Die *Erzeugung von T.n* erfolgt u. a. durch Beschuß der Kerne des Urans oder der nächsten T. mit energiereichen Ionen leichter oder mittelschwerer Elemente aus Teilchenbeschleunigern.

Verwendung finden T. in wachsendem Maße in Forschung und Technik; v. a.

Trittflur

dient das Plutoniumisotop Pu 239 als Kernbrennstoff und das Isotop Pu 238 als Energiequelle von Nuklidbatterien in Satelliten und Herzschrittmachern, das Californiumisotop Cf 252 als Neutronenquelle in der Neutronenaktivierungsanalyse und bei der Krebstherapie.

Treibgase:
◊ brennbare Gase wie Flüssiggas, Generatorgas oder Holzgas, die zum Antrieb von Verbrennungsmotoren verwendet werden.

◊ unter Druck stehende, in ↑ Sprays verwendete Gase.

◊ in der Kunststoffverarbeitung zur Herstellung von Schaumstoffen eingesetzte Gase (Kohlendioxid, Stickstoff), die bei der Verarbeitung im Kunststoff aus chemischen Stoffen freigesetzt werden.

Treibhauseffekt: svw. ↑ Glashauseffekt.

Treue: die Bindung von Tier- und Pflanzenarten an einen bestimmten Lebensraum oder eine Lebensgemeinschaft **(Zönosebindung).** – ↑ auch Biotopbindung.

Trichtermündung: svw. ↑ Ästuar.

Trift, die [zu dt. treiben]: aus Hartgräsern bestehende Grasflur, die als geringwertige Weide bes. für Schafe genutzt wird.

Trinkwasser: für den menschlichen Genuß und Gebrauch geeignetes Wasser. Nach der „Verordnung über Trinkwasser und über Wasser für Lebensmittelbetriebe" **(Trinkwasserverordnung)** vom 22. 5. 1986 muß T. frei von Krankheitserregern sein.
Im T. dürfen bestimmte *Grenzwerte für chemische Stoffe* nicht überschritten werden; z. B. für Arsen und Blei 0,04 mg/l; für Cadmium 0,005 mg/l, für Fluorid 1,5 mg/l, für Nitrat 50 mg/l und für Nitrit 0,1 mg/l; für polycyclische aromatische Kohlenwasserstoffe 0,0002 mg/l; für organische Chlorverbindungen (z. B. Tetrachlorkohlenstoff) 0,003 mg/l; für chemische Stoffe zur Pflanzenbehandlung und Schädlingsbekämpfung 0,001 mg/l (einzelne Substanz) bzw. 0,0005 mg/l (insgesamt).

Trinkwasseraufbereitung ↑ Wasserversorgung.

Trinkwasserbiologie: Zweig der angewandten ↑ Limnologie, der sich (unter Berücksichtigung auch der chemischen Wasserverhältnisse) v. a. mit der mikrobiologischen Untersuchung des ↑ Trinkwassers sowie des Brauchwassers für Lebensmittelbetriebe befaßt.
Neben der Feststellung der bakteriellen Werte bzw. der Keimzahl (v. a. in bezug auf Kolibakterien) aus dem zufließenden Wasser werden die in Filtern angereicherten Schwebstoffe (mit Kleinsttieren wie Protozoen, Ruderfußkrebse, Fadenwürmer) analysiert, außerdem der Besatz der Wände der Rohrleitungen, Trinkwasserbehälter und Brunnenschächte, der Bewuchs an Zapfhähnen sowie die Bodenablagerung in Brunnen und Behältern mit ihren Lebewesen (v. a. auch Pilze und Bakterien).

Trinkwasserfluoridierung ↑ Fluoridierung.

Trioxan, das [Kunstwort ‖ Syn.: Metaformaldehyd]: cyclisches Trimeres des ↑ Formaldehyds; Verwendung u. a. als Räuchermittel in der Schädlingsbekämpfung.

Tripton, das [zu griech. triptós = gerieben, zerrieben]: Bez. für den organischen ↑ Detritus.

Tritium, das [zu griech. trítos = der dritte (nach der Massenzahl 3 unter Atome) ‖ chemisches Symbol: ^3H oder T ‖ Syn.: überschwerer Wasserstoff]: das Isotop des Wasserstoffs mit der Massenzahl 3.
Das T. ist radioaktiv und zerfällt mit einer Halbwertszeit von 12,3 Jahren unter Aussendung sehr weicher Betastrahlung in das Heliumisotop ^3He.
Das T. wird in der oberen Atmosphäre durch Reaktion von Neutronen und Protonen der Höhenstrahlung mit Stickstoff gebildet. Auf 10^{27} gewöhnliche Wasserstoffatome kommt in der Natur ein Tritiumatom.
Künstlich wird T. z. B. in Kernreaktoren durch Einwirken von Neutronen auf Lithium erzeugt. Es entsteht außerdem in Wiederaufarbeitungsanlagen für Kernbrennstoffe und in starkem Maße bei Kernwaffenexplosionen.

Trittflur [Syn.: Trittpflanzengesellschaft]: auf Feldwegen, in Pflasterritzen

TRK-Werte

und u. a. vorkommende artenarme Pflanzengesellschaft aus niedrig bleibenden, mechanische Schädigung und starke Bodenverdichtung ertragenden Arten; z. B. Englisches Raigras, Großer Wegerich, Strahlenlose Kamille.

TRK-Werte [teːˈɛrˈkaː... ‖ TRK ist Abk. für: technische Richtkonzentration]: für den Umgang mit einer Reihe krebserzeugender und erbgutverändernder Arbeitsstoffe (die in Form von Gasen, Dämpfen oder Schwebstoffen in der Luft vorliegen) aufgestellte Konzentrationsangaben, die als Anhaltswerte für die zu treffenden Schutzmaßnahmen und die meßtechnische Überwachung herangezogen werden sollen.

Die (in ml/m^3 oder ppm bzw. in mg/m^3 angegebenen) TRK-Werte werden für solche Arbeitsstoffe zusammengestellt, für die unter toxikologischen oder arbeitsmedizinischen Gesichtspunkten keine maximale Arbeitsplatzkonzentration (↑MAK-Wert) angegeben werden kann; sie werden jährlich vom Ausschuß für gefährliche Arbeitsstoffe beim Bundesministerium für Arbeit und Sozialordnung in einer bes. Liste veröffentlicht (zur Zeit etwa 20 Substanzen bzw. Substanzgruppen).

Durch die TRK-Werte soll das Risiko einer Beeinträchtigung der Gesundheit soweit wie möglich vermindert werden. Die Einhaltung der TRK-Werte schließt aber eine Gesundheitsgefährdung nicht vollständig aus.

Trockenböden: selten gebrauchte Sammelbez. für alle Böden von Trockengebieten, in denen jahreszeitlich ausgeprägte Trockenzeiten die Bodenbildung weitgehend bestimmen.

T. sind alle Wüsten- und Halbwüstenböden sowie die Böden von Trockensavannen, -steppen und -wäldern. Charakteristisch ist der von Verdunstungsvorgängen gesteuerte, überwiegend aufwärts gerichtete Bodenwasserstrom, der zur Anreicherung wasserlöslicher Salze führen kann (Krustenbildung).

Trockenbrache: die in den semiariden Gebieten angewandte ↑Brache, die 1–2 Jahre dauert.

Trockenfeldbau: svw. ↑Regenfeldbau.

Trockengebiete: Gebiete der Erde mit (im Jahresdurchschnitt) größerer Verdunstung als Niederschlagsmenge und entsprechender Vegetation (Wüste, Steppe, Savanne, Trockenwald u. a.).

Trockengrenze [Syn.: Ariditätsgrenze]: Die T. bildet die Grenze zwischen Gebieten semiariden und semihumiden Klimas, d. h., hier liegen Niederschlag und Verdunstung im Gleichgewicht. Eine genaue Bestimmung der T. ist jedoch kaum möglich, da einerseits die Feststellung der möglichen Verdunstungshöhe schwierig ist, zum anderen gerade in diesem Raum die Niederschläge in den einzelnen Jahren außerordentlich unterschiedlich stark sein können. Die T. ist daher eher ein mehr oder weniger breiter Grenzraum, in dem Weidewirtschaft und spezifische Formen des Anbaus (z. B. Dry-farming) miteinander abwechseln.

Etwas genauer bestimmbar (nämlich aufgrund des Erfolges) ist die T. des Anbaus, d. h. der Grenzsaum, bis zu dem Anbau ohne künstliche Bewässerung (also Trockenfeldbau) möglich ist.

Trockenpflanzen: svw. ↑Xerophyten.

Trockenrasen: gehölzarme Rasen- und Halbstrauchformation trockener Standorte mit flachgründigen, mageren Böden; typische Pflanzenformation der Steppenheide, die neben wärmeliebenden Arten (Ragwurz, Graslilie) auch Steppenpflanzen wie Beifuß und Federgras aufweist.

Trockenresistenz: die Widerstandsfähigkeit von Organismen gegen andauernden Wassermangel.

Die T. der *Tiere* ist sehr unterschiedlich: Bei Tauben wirkt sich bereits ein Wasserverlust von 10% störend aus. Der an Schildkröten schmarotzende ostasiatische Blutegel Ozobranchus jantsanus verträgt einen Wasserverlust von etwa vier Fünftel des Körpergewichtes. Etliche Schnecken deckeln sich bei Wassermangel ein. Bärtierchen, Rädertiere, Fadenwürmer verfallen bei Trockenheit in einen Anabiosezustand; sie trocknen aus und zeigen keinerlei Lebenszeichen; in diesem Zustand sind sie äußerst hitze- und kälteresistent. Andere

-troph

Tiere bilden sog. Dauerformen (z. B. Zysten) aus.
Bei *Pflanzen* spricht man besser von ↑Dürreresistenz.

Trockensavanne: arider Typ der ↑Savanne.

Trockenwald [Syn.: Skleräa]: regengrüner, lichter Wald der wechselfeuchten Tropen und Subtropen in Gebieten mit fünf bis sieben ariden Monaten. Die 8 bis 20 m hohen, meist laubabwerfenden, regengrünen Bäume (oft mit Schirmkrone) weisen geringen Wuchs und xeromorphe Merkmale (z. B. dicke Borke, Dornenbildung, teilweise immergrüne Blätter mit Wachsschicht und Behaarung) auf. In den niederschlagsärmsten Gebieten dominieren oft sukkulentenstämmige Flaschenbäume und Dornbäume sowie hochstämmige blattlose Sukkulenten. Den Unterwuchs bilden Dorn- und Rutensträucher sowie Büschelgräser.

Trocknis, die: Bez. für Schäden an Waldbäumen (u. a. Flachwurzler; z. B. Fichte) durch fehlenden Wassernachschub infolge Mangels an Bodenwasser oder Frost **(Frost-T.);** nach Laub- bzw. Nadelfall erhöhter Dürrholzanfall. Im Extremfall sterben die Bäume ganz ab **(Stammtrocknis).**

troglo- [aus griech. trõglē = Loch, Höhle]: in Zus. und Abl. mit der Bed. „Höhle"; z. B. troglophil, Troglon.

Troglobionten, die (Mehrz.) [Einz.: der Troglobiont ‖ zu ↑troglo- und griech. bíos = Leben]: svw. Höhlentiere (↑Höhlenbewohner).

Troglobios, der [↑troglo- und griech. bíos = Leben]: svw. ↑Troglon.

Troglon, das [zu ↑troglo- ‖ Syn.: Troglobios]: die Organismengemeinschaft von Höhlen (↑Höhlenbewohner).

troglophil [↑troglo- und ↑-phil]: Höhlen als Lebensraum bevorzugend; insbesondere von Tieren gesagt, die dort leben, jedoch auch außerhalb von Höhlen vorkommen; z. B. Fledermäuse.

Troglostygal, das [zu ↑troglo- und griech. Stýx, Stygós = Fluß in der Unterwelt (in der griech. Mythologie)]: der Lebensraum der Höhlengewässer; z. B. die unterirdischen Gewässer in den Karstgebieten.

trogloxen [zu ↑troglo- und griech. xénos = Gast; fremd]: nur zufällig in Höhlen vorkommend; gesagt von Pflanzen und Tieren, die normalerweise andere Lebensräume als Höhlen besiedeln, aber z. B. vom Menschen in diese verschleppt wurden.

trop-: Wortbildungselement (↑tropo-).

-trop: Wortbildungselement (↑tropo-).

Tropen, die (Mehrz.) [ohne Einz. ‖ zu ↑tropo- (also eigtl. = Wendekreise)]: Bei der Gliederung der Erde nach mathematischen, also auf die Sonnenumlaufbahn bezogenen Gesichtspunkten sind die T. das Gebiet, über dem die Sonne zweimal jährlich im Zenit steht. Dies ist das Gebiet zwischen den Wendekreisen, welche damit die Grenze dieser solaren T. darstellen.
Nach klimatologischer Definition sind die T. die Gebiete beiderseits des Äquators mit (infolge ganzjährig hoher Einstrahlung) ständig hohen Temperaturen (außer in Gebirgen). Da die Tageshitze aber im wesentlichen von der direkten Sonneneinstrahlung herrührt, kühlt es nachts merklich ab. Ein weiteres Merkmal der T. sind die dem Höchststand der Sonne folgenden starken Regenfälle.

Tropensee: ein See in den Tropen mit ständig hoher Wassertemperatur und einer stabilen Temperaturschichtung; die Temperaturdifferenz zwischen Epi- und Hypolimnion beträgt nur $1-2\,°C$. T.n sind entweder ↑oligomiktisch oder ↑polymiktisch.

Tropenwald: svw. immergrüner tropischer ↑Regenwald; hat die artenreichste Vegetationsformation der Erde.

Tropfkörper: Teil einer Kläranlage, in dem eine künstliche biologische Reinigung des Abwassers erreicht wird (Nachahmung des Bodenfilters); das Abwasser durchrieselt aufgeschichtete Stein-, Lava- oder Kokslagen, die mit einem biologischen Rasen aus den für den Abbau nötigen Bakterien überzogen sind.

Tropfkörperverfahren: Methode der biologischen ↑Abwasserreinigung.

troph-: Wortbildungselement (↑tropho-).

-troph: Wortbildungselement (↑tropho-).

-trophie

-trophie: Wortbildungselement (↑ tropho-).

Trophiegrad [zu ↑ tropho-]: der Gehalt eines Gewässers an Nährstoffen (↑ eutroph, ↑ oligotroph).

trophisch [zu ↑ tropho-]: gewebsernährend, die Ernährung [des Gewebes] betreffend.

tropho-, vor Vokalen meist: **troph-** [aus griech. trophé = das Ernähren, die Nahrung]: in Zus. und Abl. mit der Bed. „Ernährung; Nahrung; Nähr-; Nährstoffe; Wachstum"; z. B. Trophobiose, Trophiegrad. – Auch als letzter Wortbestandteil, in gleicher Bed.: 1. bei Adjektiven: **-troph** (z. B. dystroph); 2. bei Substantiven: **-trophie** (z. B. Autotrophie).

Trophobiose, die [zu ↑ tropho- und griech. bíos = Leben ‖ Syn.: Nahrungsbeziehung]: Form des ↑ Mutualismus (einer Art Symbiose), bei der der eine Symbiont dem anderen Nahrung bietet; z. B. die T. zwischen Blattläusen und Ameisen.

trophogene Zone [↑ tropho- und ↑-gen ‖ Syn.: trophogene Region]: die obere, lichtdurchlässige Schicht der Gewässer, in der durch ↑ Photosynthese organische Substanz aufgebaut wird (↑ auch Gewässerregionen); umfaßt in Süßwasserseen das Eulimnion und das Metalimnion, im Meer das Epipelagial bzw. in beiden auch die Bodenregion (Benthal) bis zur unteren Grenze des Litorals.

tropholytische Zone [zu ↑ trophound griech. lýein = lösen, auflösen ‖ Syn.: tropholytische Region, Zehrschicht]: die lichtlose Tiefenzone der Gewässer (↑ Gewässerregionen), in der keine ↑ Photosynthese mehr stattfinden kann und in der Abbau organischer Substanz begünstigt wird; umfaßt in Süßwasserseen das Hypolimnion und das Profundal, im Meer das Bathypelagial sowie als Bodenregion Bathyal, Abyssal und Hadal.

tropischer Regenwald [zu ↑ Tropen ‖ Syn.: Tropenwald]: svw. ↑ Hyläa (↑ auch Regenwald).

Tropismus, der [zu ↑ tropo-]: durch verschiedene Außenreize verursachte Orientierungsbewegung von Teilen festgewachsener Pflanzen bzw. bei sessilen

Tieren (z. B. Moostierchen). Die Bewegung kommt bei Pflanzen meist durch unterschiedliche (auf ungleicher Verteilung von Wuchsstoffen beruhende) Wachstumsgeschwindigkeiten der Organseiten zustande.

tropo-, vor Vokalen: **trop-** [aus griech. tropé = Wende, Kehre, Wendung]: in Zus. und Ableitungen mit den Bedeutungen „Wende", „Wendung", „Wechsel"; z. B. Tropophyten, Tropismus, Tropen. – Auch als letzter Wortbestandteil **(-trop)** in Zus. mit der Bed. „gerichtet auf; Hinwendung", und zwar: 1. bei Adjektiven (z. B. biotrop), 2. bei Substantiven (z. B. Hydrotropen).

Tropophyten, die (Mehrz.) [Einz.: der Tropophyt ‖ ↑ tropo- und ↑ -phyt]: Pflanzen (v. a. der gemäßigten Zonen und der Savannengebiete), die im Gegensatz zu den an mehr oder weniger gleichbleibende Standortbedingungen angepaßten ↑ Hygrophyten und ↑ Xerophyten jahreszeitlich wechselnden Temperatur- und/ oder Feuchtigkeitsverhältnissen unterworfen sind und ein entsprechend wechselndes Erscheinungsbild (z. B. durch Laubabwurf) aufweisen.

Trutztrachten ↑ Schutzanpassung.

TSB, der [te:'ɛs'be: ‖ Abk. für: totaler Sauerstoffbedarf ‖ Syn.: TOD (Abk. für entsprechend engl. total oxigen demand)]: Meßgröße für den Gehalt an organischer Substanz im Wasser. Die Ermittlung des TSB erfolgt durch Verbrennung des Abdampfrückstandes und Bestimmung des dabei verbrauchten Sauerstoffs. Nachteilig ist z. B. die Ergebnisverfälschung durch Nitrate und Chlorate.

Tschernosem, der oder das [russ. ‖ Schreibvariante: Tschernosjom ‖ Syn.: Steppenschwarzerde]: wichtigster Bodentyp der Steppengebiete. Der mächtige, gut gekrümelte, lockere Oberboden erklärt sich durch das Zusammenwirken von Klima, Vegetation und Bodenfauna, wobei u. a. wegen des feuchten Frühjahrs und Frühsommers, des trockenen Hochsommers und kalten Winters die Erhaltung und Umsetzung (d. h. die Humifizierung) der pflanzlichen Substanz überwiegt, also eine starke Anhäufung von Humus erfolgt. Bevorzugter Unter-

Ufersicherung

grund sind feine, kalkhaltige Lockergesteine wie Löß.
T. ist v. a. in Osteuropa, Asien und Nordamerika weit verbreitet. In Mitteleuropa ist er v. a. im frühen Postglazial entstanden und mehr oder weniger stark degradiert. Der T. ist der Boden der höchsten potentiellen Fruchtbarkeit.
Tümpel: natürlich entstandenes stehendes, flaches Kleingewässer; ohne Verbindung zum Grundwasser; kann zeitweilig trockenfallen.
Tümpelquelle: Typ einer ↑Quelle.
Tundra, die [russ.]: artenarmer Vegetationstyp jenseits der polaren Baumgrenze. Bei einer Vegetationsperiode von nur 2 bis 3 Monaten Dauer und nur kurzzeitig oberflächlich auftauenden Böden ist hier kein Baumwuchs möglich.
Je nach dem Vorherrschen bestimmter Pflanzen spricht man von Flechten-, Moos- oder Zwergstrauchtundra. Als **Wald-T.** wird das Übergangsgebiet bezeichnet, in dem Tundrenflächen und Waldinseln mosaikartig, aber stets scharf begrenzt einander durchdringen.
Turnover, der ['tɔːn,oʊvə ‖ engl. = das Umschlagen, die Veränderung]: die durch die Auf- und Abbaugeschwindigkeit eines ↑Metaboliten oder durch die Aufnahme- und Ausscheidungsgeschwindigkeit eines Stoffs bestimmte Umsatz- oder Durchsatzrate durch einen Stoffpool in einem Organismus oder auch in einem Ökosystem. Die T.rate ist ein Maß für den Durchsatz bei Stoffkreisläufen.
tychopelagisch [zu griech. týchē = Schicksal, Zufall und griech. pélagos = Meer]: vom Boden aufgewirbelt und im freien Wasser schwebend; von benthontischen Organismen gesagt, die durch Wasserströmungen ins freie Wasser gelangt sind.
Tychoplankton, das [griech. týchē = Schicksal, Zufall]: Organismen aus der Uferzone von Gewässern, die in die Freiwasserzone getragen werden.

U

Überbevölkerung: abnorm hohe Individuenzahl im Territorium einer Tierart aufgrund einer ↑Massenvermehrung, so daß das ökologische Gleichgewicht erheblich gestört ist. Der eingeengte Lebensraum versetzt die einzelnen Tiere in einen permanenten physischen und psychischen Erregungszustand, der sich schädlich auswirkt (z. B. Abnahme des Körpergewichtes, bis zum Kannibalismus ausartende Aggressionshandlungen) und eine Massenabwanderung der Tiere (↑Tierwanderungen) auslösen kann.
Übergangsmoor ↑Moor.
überschwerer Wasserstoff: andere Bez. für ↑Tritium.
Ubiquisten, die (Mehrz.) [Einz.: der Ubiquist]: ↑ubiquitär.
ubiquitär [zu lat. ubique = überall]: 1. nennt man Organismen (**Ubiquisten**), die unter den verschiedensten Umweltbedingungen leben können und deshalb in ganz unterschiedlichen Biotopen anzutreffen sind; 2. von chemischen Stoffen gesagt, die überall auf der Erde in der Umwelt aufgefunden werden. – ↑auch Umweltanalytik.
Uferfiltration: das Eindringen von Wasser oberirdischer Gewässer durch das Gewässerbett (Sohle und Ufer) in den Untergrund. Durch Brunnen an Flüssen und Seen kann dadurch das vorhandene Grundwasser ergänzt werden. Voraussetzungen sind geeignete Oberflächenwassergüte und Durchlässigkeit des Gewässerbettes. **Uferfiltrat** heißt das durch das Gewässerbett gelangende Wasser.
Ufersicherung: bautechnische und/oder ingenieurbiologische Maßnahme gegen Beschädigungen oder Zerstörungen eines Gewässerufers. Man unterscheidet ↑Lebendbau und Verbau von totem Material wie Pflaster, Steinschüttung, Flechtwerk.

317

UFOKAT

UFOKAT, der: Abk. für Umweltforschungskatalog (↑UMPLIS).

Ultraabyssal, das [lat. ultra = jenseits; darüber und ↑Abyssal]: Bodenzone der Tiefsee (↑Gewässerregionen).

Umkippen: bei Gewässern ↑Eutrophierung.

Umluft: derjenige Teil der ↑Abluft einer Lüftungsanlage, der abgesaugt, aufbereitet und, mit Außenluft gemischt, erneut dem Raum zugeführt wird.

UMPLIS, das [Schreibvariante: Umplis]: Abk. für: **Umwelt-Planungs- und Informationssystem;** Einrichtung des Umweltbundesamtes (auch als **Informations- und Dokumentationssystem Umwelt** bezeichnet). U. besteht aus mehreren Datensammlungen mit Informationen über Forschungs- und Entwicklungsvorhaben, über Veröffentlichungen und Literaturhinweise zur Abfallwirtschaft, zur Lärmbekämpfung, Luftreinhaltung, Wasserwirtschaft und zu allgemeinen Umweltfragen sowie mit aktuellen Umweltinformationen über Umwelttechnologien und Innovationen.

Einen Überblick für die Benutzer von U. bietet der alle zwei Jahre als Ausdruck aus der Datenbank herausgegebene **Umweltforschungskatalog** (Abk.: UFOKAT).

Umwelt: im engeren *biologischen Sinn* **(physiologische U.)** nach dem Biologen J. von Uexküll (1864–1944) die spezifische, lebenswichtige Umgebung einer Tierart, die als **Merkwelt** (Gesamtheit ihrer Merkmale) wahrgenommen wird und als **Wirkwelt** (Gesamtheit ihrer Wirkmale) das Verhalten der Artvertreter bestimmt (↑Funktionskreis). Unter der Bez. **minimale U.** oder ↑ökologische Nische faßt man die für das Existenzminimum einer Art notwendigen Umweltfaktoren zusammen.

Als einziges Wesen (und alleinige Art) ist der Mensch nicht an eine spezifische Natur-U. gebunden; er ist daher „weltoffen" (M. Scheler; deutscher Philosoph, 1874–1928). Aufgrund seiner (artkennzeichnenden) eigenen, selbstgeschaffenen Kultur-U. ist der Mensch das umweltfreieste Wesen, zugleich jedoch durch seine Bindung an sie (nach dem deutschen Anthropologen E. von Eick-

stedt, 1892–1965) auch das umweltgebundenste Wesen.

Im weiteren, *kulturell-zivilisatorischen Sinn* versteht man unter U. auch den vom Menschen existentiell an seine Lebensbedürfnisse angepaßten und v.a. durch Technik und wirtschaftliche Unternehmungen künstlich veränderten Lebensraum (**Zivilisations-U., Kultur-U.**), wodurch eine Art künstliches Ökosystem geschaffen wurde (mit den heute zu einer Krisensituation angewachsenen, z.T. lebensbedrohenden Gefahren). Weiterhin wird auch zwischen physischer und psychischer U. des Menschen sowie z.B. auch zwischen technischer und sozialer U., Arbeits- und Wohn-U. unterschieden.

Umweltabgaben: umweltpolitisches Instrument, um nach dem Verursacherprinzip auf Branchenebene Anreize für umweltfreundliche Produktionen zu fördern. Z.B. können Emissionen mit U. belegt werden mit dem Ziel, den Verursachern einen finanziellen Anreiz zu geben, Schadstoffe zu vermeiden oder selbst zu beseitigen.

Die U.lösung sieht vor, daß eine Schadstoffeinheit (z.B. eine Tonne Schwefeldioxid) mit einer Steuer oder Gebühr belegt wird. Eine solche Regelung hat folgende Vorteile: Die Umwelt wird nicht weiter zum Nulltarif eingesetzt; sie wird als ein knappes Gut behandelt, für dessen Nutzung ein Preis zu entrichten ist; die Unternehmen müssen ihre Kostenrechnung korrigieren. Dadurch wird die Diskrepanz zwischen privaten und gesellschaftlichen Kosten verringert oder gar beseitigt. Dem Verursacher werden die gesellschaftlichen Kosten zugerechnet; stark umweltschädigende Produkte werden relativ verteuert, umweltfreundliche Güter dagegen werden relativ verbilligt. Auf diese Weise werden die umweltschädigenden Produkte weniger verkauft, und ihre Produktion wird zurückgehen. Der Gesellschaft erwächst aus den U. Einkommen, das für andere umweltschützende Maßnahmen verwendet werden kann.

Umweltanalytik: Untersuchung der Umwelt mit Hilfe chemisch-analytischer Verfahren und physikalischer Meßme-

Umwelterziehung

thoden auf Schadstoffe und Radioaktivität mit dem Zweck der Feststellung der ↑ Umweltverschmutzung und Einleitung von Maßnahmen des ↑ Umweltschutzes. So werden z. B. in industriellen Ballungsgebieten mittels systematischer Analysen ↑ Immissionskataster aufgestellt. Die U. kann lokal mit stationären oder mobilen Meßstationen, aber auch großräumig durchgeführt werden, wie z. B. mit dem ↑ Lidar zur Untersuchung der Atmosphäre.

Die U. hat auch wichtige Forschungsaufgaben, z. B. bei der Aufklärung der Ursachen für das ↑ Waldsterben.

Umweltbelastung: die negative (belastende) Beeinflussung und Veränderung der natürlichen Umwelt durch physikalische, chemische und technische Eingriffe. Verunreinigungen (z. B. durch Staub, Mikroorganismen, Chemikalien, Strahlen) können zur ↑ Umweltverschmutzung führen, wenn sie über die natürliche Regenerationskraft der verschmutzten Medien hinausgehen.

Die U. steigt mit der Zunahme wirtschaftlicher Unternehmungen des Menschen an, solange diese nicht die Erhaltung einer für das Leben notwendigen natürlichen Umwelt eingeplant sind. Vorsorgemaßnahmen im Rahmen des ↑ Umweltschutzes sollen der Berücksichtigung dieses Zusammenhangs Geltung verschaffen.

Umweltberater: in der Regel bei Umweltbehörden und -verbänden tätiger Fachmann, der zur Aufklärung der Bevölkerung eingesetzt wird. Der U. berät private Haushalte in Umweltfragen und gibt Ratschläge, was jeder einzelne tun kann, um die Umweltbelastungen zu vermindern.

Umweltbewußtsein ↑ Umweltschutz.

Umweltbiologie: Teilgebiet der Biologie, das sich mit den Beziehungen der Organismen zur Umwelt (↑ Ökologie), ihrer Verbreitung **(Biogeographie)** und Vergesellschaftung **(Biosoziologie),** mit bestimmten Lebensräumen (Geobiologie, Landschaftsbiologie, Forstbiologie), mit den biologischen Grundlagen des Umweltschutzes, der Umwelthygiene, des Bauwesens (Baubiologie) u. a. befaßt.

Der erste Lehrstuhl für U. wurde 1970 an der Universität Bern eingerichtet.

Umweltbundesamt: 1974 in Berlin eingerichtetes Bundesamt der BR Deutschland. Das U. ist eine zentrale Dachorganisation zur wirksameren Zusammenfassung bestehender Bundesanstalten und Einrichtungen auf dem Gebiet der Umweltforschung und zur Übernahme von nichtministeriellen Aufgaben im Rahmen der Zuständigkeit des Bundes im Umweltschutz.

Das U. soll die Bundesregierung, insbes. den Bundesminister für Umwelt, Naturschutz und Reaktorsicherheit, in den Bereichen Luftreinhaltung, Lärmbekämpfung, Abfall- und Wasserwirtschaft und Umweltchemikalien unterstützen. Ferner obliegt ihm die wiss. Aufbereitung aller für die künftige Umweltpolitik entscheidungserheblichen, von Einrichtungen des In- und Auslandes erarbeiteten Befunde und Erkenntnisse für die ressortübergreifenden Umweltaufgaben des Bundes sowie die Aufklärung der Öffentlichkeit in Umweltfragen.

Umweltchemikalien: Bez. für chemische Substanzen, die als Folge menschlicher Aktivitäten (industrielle Herstellung oder Anwendung chemischer Produkte usw.) in die Umwelt gelangen und als potentielle Schadstoffe auf Lebewesen, Ökosysteme oder Sachgüter einwirken. Maßgebend für die Gefährlichkeit sind die Toxizität für den Menschen, die Auswirkungen auf die übrige belebte Umwelt und der Einfluß auf das Gleichgewicht von Ökosystemen, ferner die Produktionsmenge, Nebenprodukte, Persistenz, Bioakkumulation, Abbaubarkeit und Verbreitung.

In vielen Ländern sind Gesetze in Vorbereitung oder bereits verabschiedet worden, die die Belastung durch U. einschränken sollen. U. werden mit den natürlich in der Umwelt vorkommenden Schadstoffen allg. unter den Begriff **Umweltschadstoffe (Umweltgifte)** zusammengefaßt.

Umwelterziehung [Syn.: Umweltunterricht]: Aufgabengebiet, das sich mit der Vermittlung umweltrelevanter Tatsachen (bes. der Belange des Natur- und Umweltschutzes) und mit der Erziehung

319

Umweltfaktoren

zum umweltbewußten und umweltgerechten Handeln befaßt.

Umweltfaktoren: die biotischen und abiotischen (d. h. natürlichen und künstlichen) Gegebenheiten und Kräfte, die als mehr oder minder komplexe Erscheinung die ↑ Umwelt eines Lebewesens bilden und auf dieses einwirken.

Zu den **biotischen U.** zählen Pflanzen, Tiere und Menschen sowie deren biologische Lebensäußerungen und Beziehungen zueinander.

Zu den **abiotischen U.** gehören: als **natürliche U.** v. a. Boden, Wasser, Luft, Klima, Erdmagnetismus und Schwerkraft; als **künstliche U.** alle vom Menschen gestalteten oder produzierten dinglichen Gegebenheiten und Energien, z. B. Äcker, Weiden, Häuser, Fabrikanlagen, Abwärme, künstliches Licht, Abfälle usw.

In ihrer Gesamtheit führen die natürlichen und künstlichen U. in der näheren Umgebung eines Individuums oder einer Gruppe von Individuen zur Ausbildung eines sekundären Milieus. U. sind die Ursache für die Entstehung von Modifikationen unter den Lebewesen.

Umweltforschung: im *biologischen* Sinne gleichbed. mit ↑ Ökologie; im *soziologischen* Sinne die Untersuchung und Erforschung der durch die Tätigkeit des Menschen auftretenden Veränderungen seiner Umwelt und der komplexen Wechselwirkungen zwischen dieser künstlichen Umwelt und dem natürlichen Ökosystem.

Die Ergebnisse der U. finden ihre praktische Anwendung in Maßnahmen zur Erhaltung unserer Lebensgrundlagen (↑ Umweltschutz). An der interdisziplinären U. sind v. a. die Naturwissenschaften, Medizin, Psychologie und Soziologie, ferner Technologie und Wirtschaftswissenschaften beteiligt. – ↑ auch Environtologie.

Umweltforschungskatalog ↑ UMPLIS.

Umweltgutachten ↑ Rat von Sachverständigen für Umweltfragen.

Umwelthygiene: Teilgebiet der Umweltmedizin, das sich mit vorsorgenden Maßnahmen zur Vermeidung der Verunreinigung von Luft, Wasser, Boden, Pflanzen und Lebensmitteln durch Umweltnoxen (Chemikalien, Mikroorganismen, Industriestaub, Abgase und radioaktive Stoffe) befaßt.

Umweltkonferenz: erstmals 1972 von den Vereinten Nationen in Stockholm veranstaltete Tagung über Umweltprobleme. 1984 fand in München die „Multilaterale U. über Ursachen und Verhinderung von Wald- und Gewässerschäden durch Luftverschmutzung" mit 31 Umweltministern aus Europa und Nordamerika und mit den mit Umweltfragen befaßten internationalen Organisationen statt. 18 Staaten haben ihre Bereitschaft erklärt, ihre nationalen jährlichen Schwefelemissionen oder deren grenzüberschreitende Ströme bis spätestens 1993 um mindestens 30 % zu verringern.

Umweltkontamination: zusammenfassende Bez. für chemische und physikalische Einflüsse auf die Umwelt mit negativen Auswirkungen; z. B. die Anreicherung von Schmutz, Pestiziden, Schwermetallen, Abgasen, Strahlung von Radioisotopen.

Umweltkrankheiten: durch unmittelbare oder mittelbare Einwirkung (z. B. über kontaminierte Tiere oder Pflanzen) von Umweltnoxen auf den menschlichen Organismus verursachte allgemeine Erkrankungen und Berufskrankheiten; z. B. ↑ Minamata-Krankheit.

Umweltkriminalität ↑ Umweltschutzstrafrecht.

Umweltmedizin: Bereich der Medizin, der sich bes. mit den Auswirkungen der kontaminierten Umwelt auf den Organismus (↑ Umweltkrankheiten, ↑ Umwelthygiene, ↑ Umwelttoxikologie) befaßt.

Umweltökonomie: neuer Zweig der *Volkswirtschaftslehre,* der sich um die Einbeziehung des Gutes „Umweltqualität" in die ökonomische Analyse bemüht. Die herkömmliche volkswirtschaftliche Sichtweise der natürlichen Umwelt als eines freien Gutes wird dabei in Frage gestellt.

Üblicherweise werden die durch industrielle Produktion und die Nutzung der hergestellten Waren verursachten Schädigungen von Menschen und Umwelt

Umweltschutz

als „externe Effekte" betrachtet, die volkswirtschaftliche Kosten verursachen, jedoch nicht in das betriebswirtschaftliche Kalkül der einzelnen Unternehmung eingehen (sog. „social costs"). Daher spiegeln die Preise für umweltschädlich hergestellte Güter nicht die tatsächlich entstandenen volkswirtschaftlichen Kosten wider. Wenn man davon ausgeht, daß die Vermeidung von Umweltschäden weniger Produktionsfaktoren bindet, als deren nachträgliche Beseitigung, zeigt sich, daß die Produktionsfaktoren nicht dort eingesetzt sind, wo sie am effizientesten genutzt werden könnten. Insofern erfolgt keine optimale ↑Allokation der volkswirtschaftlichen Ressourcen.

Die U. bemüht sich um eine Bewertung der externen Effekte mit dem Ziel, ein Gleichgewicht zwischen Produktionsvolumen (bei gegebener Produktionstechnik) und Umweltbelastung (die ökonomisch optimale Umweltqualität) zu ermitteln. Hauptprobleme sind dabei die Erfassung der (häufig erst langfristig auftretenden) Umweltschäden, ihre monetäre Bewertung und die Ermittlung des jeweiligen Verursachers.

Umweltpolitik: Die Tätigkeit v. a. des Staates oder bestimmter Organisationen (z. B. Parteien, Bürgerinitiativen) auf dem Gebiet des ↑Umweltschutzes. Die U. versucht durch korrigierende Maßnahmen Umweltschädigungen zu beseitigen (Wiederherstellung des ökologischen Gleichgewichtes) oder durch vorausschauende Planung solche zu vermeiden (Erhaltung des ökologischen Gleichgewichtes). Das geschärfte Bewußtsein für die Bedeutung intakter Wechselbeziehungen zwischen Organismen und Umwelt läßt die U. immer wichtiger werden.

Umweltprobenbank: Institution zur Langzeitkonservierung und Aufbewahrung von bes. ausgewählten Proben (z. B. menschliche, tierische, pflanzliche Gewebeteile, Lebensmittel, andere organische Materialien). Zweck der U. ist es, durch Vergleichsanalysen eine kontinuierliche und zuverlässige Überwachung der Schadstoffbelastung von Ökosystemen und eine zurückblickende Beurtei-

lung von Umweltveränderungen zu ermöglichen. Die ausgewählten Probetypen sind repräsentativ für den menschlichen Organismus, für den marinen Bereich sowie für Bodensysteme und Nahrungsketten.

Hinsichtlich der Schadstoffe konzentrieren sich die Untersuchungen auf Cadmium, Blei und Quecksilber, auf bestimmte Kohlenwasserstoffgruppen, einige organische Chemikalien und auf Pflanzenschutz- und -behandlungsmittel.

Die erste U. der BR Deutschland wurde 1981 in der Kernforschungsanlage Jülich eingerichtet.

Umweltpsychologie [Syn.: Ökopsychologie, ökologische Psychologie]: Arbeitsbereich der Psychologie, der sich mit der Erforschung von Umweltproblemen unter psychologischen Aspekten befaßt; z. B. die Gestaltung von Wohnanlagen, -umgebungen, Freizeiteinrichtungen. Die U. versucht dabei, Kontaktmöglichkeiten zu schaffen, ohne daß der auch für den Menschen erforderliche Individualabstand verletzt wird.

Umweltqualitätsnorm: Grenzwerte für Verunreinigungen oder Belästigungen, die in bestimmten Umweltmedien (z. B. Luft, Wasser) oder Räumen (z. B. Wohngebiete) nicht überschritten werden dürfen.

Umweltrecht: svw. ↑Umweltschutzrecht.

Umweltschadstoffe ↑Umweltchemikalien.

Umweltschutz: 1970 geprägter Begriff für die auf ↑Umweltforschung und ↑Umweltschutzrecht basierende Gesamtheit der Maßnahmen (und Bestrebungen), die dazu dienen, die natürlichen Lebensgrundlagen von Pflanze, Tier und Mensch zu erhalten bzw. ein gestörtes ökologisches Gleichgewicht wieder auszugleichen. Im engeren Sinne versteht man unter U. den Schutz vor negativen Auswirkungen, die von der ökonomischen Tätigkeit des Menschen, seinen technischen Einrichtungen und sonstigen zivilisatorischen Begebenheiten ausgehen, wobei die **Umweltvorsorge** (d. h. Maßnahmen und Techniken, die Schäden gar nicht erst aufkommen lassen; ↑Vorsorgeprinzip) effektiver und

Umweltschutz

billiger ist als nachträgliche Maßnahmen des technischen Umweltschutzes.

Es ist unerläßlich, daß alle Vorkehrungen zum Schutz vor Umweltbeeinträchtigungen getroffen werden, die nach dem Stand der Technik möglich sind. Der U. geht damit über den bloßen ↑ Naturschutz und über (getroffene) Maßnahmen zur Vermeidung oder Beseitigung von Zerstörungen durch Naturgewalten hinaus.

Zum U. gehören nicht nur die Verhinderung fortschreitender Verkarstung, Versteppung und Verwüstung (z. B. durch Grundwasserabsenkung oder Überweidung) oder der Schutz des Bodens vor Erosion und Deflation, sondern vor allem die zahl- und umfangreichen Maßnahmen z. B. zur Bewahrung von Boden und Wasser vor Verunreinigungen durch chemische Fremdstoffe, durch Abwasser (Abwasserbeseitigung, -reinigung), durch Auslaugung abgelagerter Stoffe auf Deponien und durch Erdöl. Zum U. gehören ferner Vorschriften und Auflagen z. B. zur Erreichung größerer Umweltverträglichkeit von Wasch- und Reinigungsmitteln, zum Transport und zur grundwasserungefährlichen Lagerung von Erdöl und Kraftstoffen sowie zur Rekultivierung ausgebeuteter Rohstofflagerstätten; dabei können auch Rechte aus Grundeigentum eingeschränkt werden.

Ein **Umweltstatistikgesetz** ermöglicht es, umweltrelevante Werte und Daten (ökologischer, wirtschaftlicher und finanzieller Art) für wichtige U.bereiche zu erfassen, damit drohende Umweltbelastungen frühzeitig erkannt werden können. Ein engmaschiges Netz von Rechtsvorschriften und Auflagen dient auch dem Schutz der Bevölkerung und der Umwelt vor ihrer etwaigen Gefährdung durch Pflanzenschutzmittel und Tierseuchen. Der Verunreinigung der Luft und Rauchschäden durch Emissionen (v. a. von Industriebetrieben und Kraftfahrzeugen) und aus dem Wohnbereich wird durch das ↑ Immissionsschutzgesetz entgegengewirkt. In vielen Fällen, z. B. bei der Einhaltung der Vorschriften zur Luftreinhaltung (↑ TA Luft) und zur Lärmbekämpfung (↑ TA Lärm), sind die Polizeibehörden eingeschaltet. Eine bes. Aktualität hat der ↑ Strahlenschutz im Hinblick auf die Standortwahl von Kernkraftwerken und die Lagerung von radioaktiven Abfällen gewonnen.

Eine bedeutende Rolle spielt die Weiterverwendung oder -verwertung von Abfallstoffen (↑ Recycling) und Abwärme. Zu einem wirksamen U. gehört schließlich auch die Aufklärung der Bevölkerung (Entwicklung des Umweltbewußtseins) und deren aktive (auch freiwillige) Mitwirkung.

1974 wurde erstmals ein ↑ Umweltschutzpreis für bes. Verdienste und Leistungen auf dem Gebiet des U.es ausgeschrieben.

Geplante und bewußte **Umweltpolitik** erfolgt erst seit dem Beginn der 1970er Jahre. Während in der Bundesregierung bis 1986 v. a. das Bundesministerium des Innern, heute das im Juni 1986 gebildete Bundesministerium für Umwelt, Naturschutz und Reaktorsicherheit, dem das Umweltbundesamt nachgeordnet ist, für den U. zuständig ist, gibt es bei den Landesregierungen z. T. eigene Umweltministerien, z. T. liegt die Zuständigkeit für den U. bei den Landwirtschaftsministerien. – Internationale Bemühungen um den U. verfolgen unter anderem die UN (↑ UNEP) sowie die EG. – Die Bundesregierung hat 1971 in zehn Thesen umfassendes Umweltprogramm vorgelegt. Damit wurde die Umweltpolitik zur eigenständigen öffentlichen Aufgabe, und dem Schutz der Naturgrundlagen wurde ein gleich hoher Rang wie anderen großen öffentlichen Aufgaben zuerkannt. Im gleichen Jahr wurde der ↑ Rat von Sachverständigen für Umweltfragen konstituiert. – Aufgrund der Mangel- und Lückenhaftigkeit der Umweltpolitik staatlicher Stellen sowie der etablierten Parteien in der BR Deutschland entstand eine ↑ ökologische Bewegung.

Wirtschaftliche Aspekte: Die volkswirtschaftlichen Kosten der Umweltverschmutzung sind beträchtlich; allein die Schäden durch die Schwefeldioxid-Luftverschmutzung in der BR Deutschland werden (ohne Gesundheitsschäden) auf 8 Milliarden DM jährlich geschätzt. Insgesamt betragen die Umwelt-

Umweltschutz

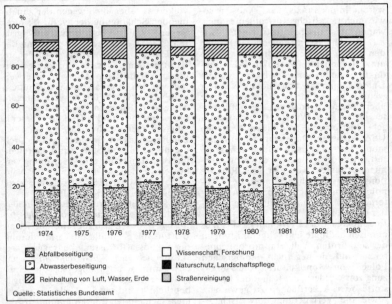

Umweltschutz. Umweltschutzaufwendungen der öffentlichen Haushalte nach Aufgabenbereichen

schäden in den westlichen Industriestaaten laut UN-Wirtschaftskommission für Europa (ECE) 3–5,5% des Bruttosozialprodukts, d. h. 300–500 Milliarden Dollar pro Jahr. Die U.ausgaben machen 1–2% des Bruttosozialprodukts aus (USA 2%, BR Deutschland 1,9%), wovon der größere Teil von der öffentlichen Hand aufgebracht wird. Eine grundlegende Änderung dieser Relation ist nur zu erreichen durch eine ökologische, auf qualitatives Wachstum angelegte Wirtschaftsweise an Stelle einer traditionellen rein wachstumsorientierten Wirtschaftspolitik.

Hauptproblem der Umweltpolitik ist die Abwägung zwischen ökonomischen und ökologischen Zielen, wobei kontrovers insbes. diskutiert wird, wer die Kosten von U.maßnahmen tragen soll und welche Arbeitsplatzeffekte der U. hervorruft. Nach wissenschaftlichen Untersuchungen der letzten Jahre sind die Beschäftigungseffekte des U.es im Saldo positiv zu bewerten, was auf das beträchtliche Wachstum der U.industrie seit dem Beginn der 1970er Jahre zurückzuführen ist. Die U.industrie ist zudem relativ konjunkturunabhängig und bes. innovativ.

Trotz der positiven volkswirtschaftlichen Effekte des U.es sind die einzelbetrieblichen Wirkungen eher negativ einzuschätzen (wenngleich mit U.maßnahmen oft Produktivitäts- und Einspareffekte verbunden sind). Dies erklärt, daß die Industrie insbes. angesichts einer verschlechterten gesamtwirtschaftlichen Lage verstärkten U.maßnahmen eher ablehnend gegenübersteht.

Obwohl die Umweltvorsorge immer dringlicher gefordert wird, kreist die Diskussion trotz drohender Umweltkatastrophen (v. a. Waldsterben) überwiegend um alternative Konzepte einer nachsorgenden Umweltpolitik. Dabei

Umweltschutzberater

werden in der Praxis v. a. fiskalische sowie nichtfiskalische Instrumente angewandt. Fiskalische Instrumente (wie z. B. das Abwasserabgabengesetz) sollen den Ersatz umweltschädigender durch umweltschonende Produkte oder Produktionsmethoden bewirken, indem Unternehmen abgabepflichtig werden, wenn sie bestimmte Belastungswerte überschreiten. Demgegenüber befürwortet insbes. die Wirtschaft nichtfiskalische Instrumente, wie sie z. B. in den USA existieren. Dabei wird für eine Region eine maximale Gesamtemission festgelegt, doch bleibt es den Unternehmen überlassen, wo sie in ihren Produktionsstätten emissionsmindernde Technologien installieren; ferner können Unternehmen Emissionsrechte untereinander handeln.
Ein anderes großes Problem ist die ökonomisch bedingte Umweltgefährdung in der sog. dritten Welt. Hauptproblembereiche sind die negativen ökologischen Folgen von Monokulturen, die Abholzung von Wäldern, um Roh- oder Brennstoffe oder Ackerflächen zu gewinnen, sowie die Verlagerung umweltschädigender Produktionen in diese Länder. – ↑ auch Umweltökonomie. – Abb. S. 236.
Umweltschutzberater: erstmals 1987 von der Handelskammer Hamburg den Unternehmen angebotener Spezialist, der diese in allen umweltrelevanten Fragen und Problemen beraten soll.
Umweltschutzbewegung: svw. ↑ökologische Bewegung.
Umweltschutzpapier: vollständig aus ↑Altpapier hergestellte Papiersorten (Schreib-, Druck-, Hygienepapier).
Umweltschutzpreis: seit 1974 von der Friedrich-Flick-Förderungsstiftung verliehene, mit 50 000 DM dotierte Auszeichnung, die in der BR Deutschland für hervorragende wiss. und technologische Arbeiten, die zur Verbesserung der Umwelt beitragen, vergeben wird.
Umweltschutzrecht: die Gesamtheit der bundes- und landesrechtlichen Normen, die Probleme des Umweltschutzes regeln.
Der Gesetzgeber hat in Fragen der Luft- und Wasserreinhaltung aufgrund des gestiegenen Umweltbewußtseins der Be-

völkerung, aber auch wegen der zunehmenden Schädigung der Natur (↑saurer Regen, ↑Waldsterben) Initiativen ergriffen. 1986 ist eine neue ↑TA Luft, mit der die *Emissionswerte verringert* wurden, in Kraft getreten. Der Katalog der genehmigungsbedürftigen Anlagen ist erweitert worden, so daß auch Bleihütten, Stahlwerke, Hochöfen, Chemieanlagen, Mineralölraffinerien, Massentierhaltungsbetriebe und Tierkörperbeseitigungsanlagen miteinbezogen sind.
Die Rauchgasentschwefelung soll durch die ab 1. Juli 1983 in Kraft getretene Großfeuerungsanlagen-Verordnung verbessert werden. Ab 1988 sollen für Neuanlagen verschärfte Stickoxidgrenzwerte gelten, ab 1990 auch für Altanlagen.
Die als Weiterführung des Benzinbleigesetzes vorgesehene *Entgiftung der Autoabgase* durch Einführung bleifreien Benzins soll ebenfalls zur Verminderung der Schadstoffbelastung beitragen.
Im Bereich der *Wasserreinhaltung* hat das Abwasserabgabengesetz zu einer spürbaren Verbesserung geführt. Abgabepflichtig sind seit 1981 alle Unternehmen, Gemeinden und kommunalen Abwasserverbände, die Abwasser direkt in Gewässer einleiten. Das im U. geltende ↑Verursacherprinzip legt für jeden Verursacher eine Abgabe von 40 DM pro Schadeinheit fest (↑Direkteinleiter).
Die in den letzten Jahren zum U. ergangenen Urteile einiger Verwaltungsgerichte machen die Problematik dieser Rechtsmaterie und das Spannungsverhältnis von industriellem Fortschritt und den damit oftmals verbundenen lebensbedrohenden Umwelteinflüssen deutlich. Es ist daher vorrangige Aufgabe des Staates, das U. nach dem jeweiligen Stand von Wissenschaft und Technik ständig zu entwickeln und der bedrohlichen Entwicklung einer schrittweisen Zerstörung der Umwelt durch eine langfristige Umweltplanung, durch Stärkung des Umweltbewußtseins in der Bevölkerung und durch wirksame internationale Zusammenarbeit entgegenzuwirken.
Umweltschutzstrafrecht: strafrechtliche Bestimmungen im Strafgesetzbuch und in anderen Gesetzen (z. B. im Abfallgesetz) zum Schutz der Um-

Umwelttechnik

welt. Durch das Gesetz zur Bekämpfung der Umweltkriminalität vom 28. 3. 1980 (18. Strafrechtsänderungsgesetz) werden schwerwiegende Schädigungen und Gefährdungen der Umwelt strafrechtlich bedroht (im Höchstfall Freiheitsstrafe bis zu 10 Jahren).
Neue Straftatbestände des U.es sind: Freisetzen ionisierender Strahlen unter Verletzung verwaltungsrechtlicher Pflichten; fehlerhafte Herstellung einer kerntechnischen Anlage; Verunreinigung eines Gewässers; Luftverunreinigung und Lärm; umweltgefährdende Abfallbeseitigung; unerlaubtes Betreiben von Anlagen; unerlaubter Umgang mit Kernbrennstoffen; Gefährdung schutzbedürftiger Gebiete; schwere Umweltgefährdung (lückenfüllender Tatbestand); schwere Gefährdung durch Freisetzen von Giften.

Umweltschutztechniker: im Rahmen des Umweltschutzes tätiger Techniker, der an einer Technikerfachschule ausgebildet worden ist. Die Ausbildung zum „staatlich geprüften Techniker" dauert vier Halbjahre an Tagesfachschulen oder acht Halbjahre an Abendfachschulen.

Umweltstatistik: Nach dem „Gesetz über Umweltstatistiken" vom 18. 8. 1974 in der Fassung vom 14. 3. 1980 werden Bundesstatistiken über Abfallbeseitigung, Wasserversorgung, Abwasserbeseitigung u. a. zum Zweck der Umweltplanung durchgeführt. Außerdem werden Investitionen für den Umweltschutz im produzierenden Gewerbe u. a. ermittelt.
Die U. soll Informationen liefern über direkte und indirekte Indikatoren der Umweltqualität (Art und Ausmaß von Umweltschäden, Belastungen der Luft, des Wassers, der Landschaft usw.), über die Schadensverursacher und von Schäden Betroffene, über Maßnahmen der Umweltgestaltung, Maßnahmen zur Behebung von Umweltschäden und deren Auswirkungen, Kosten und Finanzierung.

Umwelttechnik: die Bereiche der Technik und Technologie, die mit den

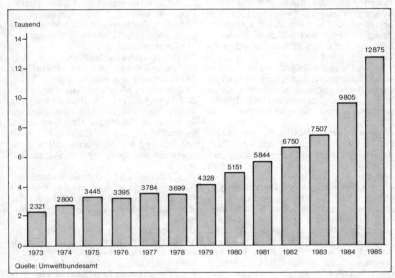

Umweltschutzstrafrecht. Entwicklung der Umweltdelikte in der BR Deutschland von 1973 bis 1985

Umwelttoxikologie

Maßnahmen zur Erhaltung und zum Schutz der Umwelt mit wissenschaftlichen Methoden und technischen Mitteln befaßt sind. Hierzu gehören v. a. die meßtechnische Erfassung von Umweltschäden, Verunreinigungen und Schadstoffen, die Beseitigung, Behandlung und Verwertung von Abfällen (↑ Abfallbeseitigung), die Wasser- und Abwassertechnik (↑ Gewässerschutz, ↑ Abwasserreinigung), die Luft-, Staub- und Klimatechnik (↑ Luftüberwachung), die Lärmschutztechnik (↑ Lärmschutz) sowie die Konzipierung und Realisierung von umweltfreundlichen Technologien.

Umwelttoxikologie [Syn.: Ökotoxikologie]: neuerer Teilbereich der Toxikologie, der die Schadwirkungen von chemischen Stoffen auf Ökosysteme und die Rückwirkungen auf den Menschen untersucht.

Umweltverschmutzung: die Belastung der Natur mit Abfall- und Schadstoffen als Folge unserer Zivilisation.
Die U. läßt sich an lebenden Wirkobjekten, den ↑ Biozönosen, mengenmäßig erfassen. ↑ Bioindikatoren (z. B. Flechten) können an jedem beliebigen Meßstandort verwendet werden. Auch Kombinationswirkungen lassen sich über chemische Analysen des Pflanzengewebes erfassen.
Aus der regelmäßigen Überwachung von U.en ergeben sich tiefere Einsichten in die Belastung eines Standortes, als sie allein durch Emissions- und Immissionsmessungen erbracht werden könnten.

Umweltverträglichkeit: der Mengen- oder Intensitätsbereich, innerhalb dessen eine chemische Verbindung, ein physikalischer Einfluß u. a. die Umwelt und bes. ein Ökosystem nicht belasten.

Umweltverträglichkeitsprüfung [Abk.: UVP]: Verwaltungsverfahren zur Prüfung aller öffentlichen Maßnahmen (z. B. Straßenbau) und der genehmigungsbedürftigen privaten Anlagen (z. B. Industriebetriebe mit Emissionen) unter dem Gesichtspunkt des Umweltschutzes. Durch die U. sollen die möglichen Schäden rechtzeitig erkannt und vermieden oder auf den geringsten Umfang gebracht werden.

Die U. ist ein wichtiges Instrumentarium zur Durchsetzung des ↑ Vorsorgeprinzips. In der BR Deutschland gelten die „Grundsätze für die Prüfung der Umweltverträglichkeit öffentlicher Maßnahmen des Bundes" von 1975.

Umweltvorsorge: die Gesamtheit der Maßnahmen, die erforderlich sind, um eine Kulturlandschaft oder eine erhaltenswerte Naturlandschaft vor Zerstörung oder Verschlechterung zu bewahren. Dazu gehören eine gründliche Umweltplanung in enger Zusammenarbeit mit Maßnahmen der Landesplanung, Landschaftsplanung, Raumordnung u. a., eine sog. ökologische Buchführung, die Prüfung von Umweltzustand, Umweltqualität und Umweltverträglichkeit und die Aufstellung einer Umweltbilanz, um damit für eine industrielle oder städtebauliche Standort-, Verkehrsplanung usw. die Frage der Umweltbelastung beurteilen zu können.
Zur U. gehören ferner geeignete Maßnahmen der Umwelthygiene, der Umweltsanierung und Umweltgestaltung (Landschaftsgestaltung, Landschaftsbau, Städtebau), der Umweltpflege (Landschaftspflege, Grünpflege) und schließlich der Umweltsicherung und Umweltkontrolle.

Umweltwissenschaften: seit 1981 im europäischen Studienverband der Universitäten Kaiserslautern, Trier, Saarbrücken, Metz und Arlon bestehender zweijähriger Aufbaustudiengang nach einem abgeschlossenen Studium in Biologie, Chemie oder Geographie. Grundfächer sind Ökologie, Wirtschafts- und Sozialwissenschaften, Umweltrecht und -planung und Systemanalyse.
Das Studienfach U. vermittelt einen vertieften wiss. Einblick in die moderne Biogeographie und deren Methoden für die Raumbewertung und Umweltplanung.

Umweltzeichen: seit 1978 von einer unabhängigen Jury verliehene Kennzeichnung für ausgewählte Produkte oder Produktionsverfahren, die sich aufgrund bestimmter Eigenschaften im Vergleich mit gleichartigen als weniger umweltbelastend erwiesen haben. – Bisher

Unkrautbekämpfung

wurde das U. für rund 1 500 Produkte und Verfahren vergeben. – Abb. S. 236.

UNEP, das ['uːnɛp, engl. 'juːnɪp]: Abk. für engl. **United Nations Environment Programme** (= Umweltprogramm der Vereinten Nationen); 1972 gegründete Umweltorganisation der UN; koordiniert weltweit die Umweltaktivitäten und gibt Anstöße für neue Umweltschutzmaßnahmen; Sitz: Nairobi. Schwerpunkte sind die Erhaltung gefährdeter Tierarten, der Kampf gegen die Ausbreitung der Wüsten, die Erhaltung der Ozonschicht, die Verbesserung der Meßnetze und Informationssysteme und die Weiterentwicklung des internat. Umweltrechts.

United Nations Environment Programme, das [juːˈnaɪtɪd ˈneɪʃənz ɪnˈvaɪərənmənt ˈprəʊgræm]: svw. ↑ UNEP.

Unkraut: Bez. für unerwünschte Pflanzen in Nutzpflanzenbeständen. Zu ihnen gehören Gehölze, ausdauernde Gräser und Stauden **(Wurzelunkräuter),** die sich nicht nur durch Samen, sondern durch Wurzel- und Sproßausläufer verbreiten können, und die ein- bzw. zweijährigen Kräuter, die sich nur durch Samen verbreiten **(Samenunkräuter).**

Unkräuter sind an den jeweiligen Standort durch höhere Widerstandsfähigkeit, kürzere Entwicklungszeiten, hohe Regenerations- und Ausbreitungsfähigkeit oft besser angepaßt als die Kulturpflanzen.

Je nach den speziellen Lebensbedingungen der verschiedenen Standorte und entsprechend ihrer Anpassungsfähigkeit bilden Unkräuter bestimmte **U.pflanzengesellschaften** (z. B. Getreideunkrautoder Hackfruchtunkrautgesellschaft). Manche Arten verschwinden bei Änderung der Bewirtschaftungsform von allein, z. B. beim Wechsel zwischen Mähwiese und Weide. Man unterscheidet zwischen Acker-, Garten-, Wiesen- und Weiden- sowie Forstunkräutern.

Unkräuter gehören z. T. der ursprünglichen heimischen Flora an, oder sie sind seit langer Zeit eingebürgerte, aus anderen Florengebieten stammende Zuwanderer, die teilweise mit den Kulturpflanzen z. B. aus Übersee eingeschleppt wurden.

Manche Unkräuter können als ↑ Indikatorpflanzen dienen, wie z. B. Bärenklau und Wiesenkerbel, die nur auf stark mit Stickstoff gedüngten Wiesen auftreten.

Unkräuter konkurrieren mit den Nutzpflanzen um Lebensraum, Wasser, Nährstoffe und Licht und mindern dadurch den Ertrag. Sie erschweren die Bearbeitung der Pflanzenbestände und können in erheblichem Maß Erntearbeiten (z. B. bei Getreide) behindern. Die Qualität des Erntegutes kann durch Verunreinigung mit und durch höhere Feuchtigkeitsgehalte von Unkräutern beeinträchtigt werden; dies gilt insbes. für giftige U.samen (Kornrade, Platterbse, Stechapfel, Klappertopf). Deshalb werden Unkräuter durch ↑ Unkrautbekämpfung aus Kulturbeständen entfernt.

Unkrautbekämpfung: die Verhinderung des Aufkommens und die Begrenzung der Ausbreitung von Unkräutern und Ungräsern über eine wirtschaftlich erträgliche Schadschwelle hinaus, und zwar:

1. durch *Vorbeugemaßnahmen* (vor allem Saatgutreinigung, geregelte Fruchtfolge, Mähen von Samenunkräutern auf Ödland, an Wegrändern, Grabenrändern usw.);

2. durch *direkte Bekämpfung* mit mechanisch-ackerbaulichen und sonstigen mechanischen Maßnahmen (v. a. sachgemäße Bodenbearbeitung wie Hoch- oder Unterpflügen sowie Ausstechen von Wurzelunkräutern, Schnitt oder Jäten von Samenunkräutern zur Blütezeit) oder chemischen Mitteln, wobei die gezielte Bekämpfung mit ↑ Herbiziden im Vordergrund steht;

3. durch *biologische Verfahren,* die allerdings nur begrenzt anwendbar sind; sie beschränken sich auf den Einsatz von im betroffenen Biotop nicht verbreiteten Phytophagen, die im allg. nur gegen eine einzige (meist eingeschleppte, biotopfremde) Unkrautart wirksam werden.

Durch die U. wird die natürliche Vielfalt der Wiesen- und Ackerflora beeinträchtigt; Wildblumen sowie Gewürz- und Heilkräuter werden verdrängt und sind z. T. vom Aussterben bedroht. Die totale U. beeinträchtigt die Biotope als Le-

327

Unland

bensräume für zahlreiche Kleintiere und Insekten.

Unland: in keiner Weise, auch nicht durch Kultivierungsmaßnahmen als Agrar- oder Forstfläche nutzbares Gelände; z. B. Sandflächen, Felsen, Schutthalden, nicht entwässerbare, ausgetorfte Moore. U. kann jedoch die Funktion wichtiger, durch den Menschen unbeeinflußter Biotope haben. – Gegensatz: ↑ Ödland.

Uran, das [nach dem im gleichen Jahrzehnt entdeckten Planeten Uranus ‖ chemisches Symbol: U]: radioaktives metallisches Element. An Isotopen sind bis heute U 226 bis U 240 und U 242 bekannt. Die längste Halbwertszeit aller U.isotope besitzt **U 238** mit $4,51 \cdot 10^9$ Jahren, während das U.isotop **U 235** eine Halbwertszeit von $7,1 \cdot 10^8$ Jahren hat. Diese beiden Isotope sind Ausgangsglieder von zwei natürlichen Zerfallsreihen.

Für die U.gewinnung wichtige Minerale sind bes. das U.**pecherz** und die **Uranglimmer.** Der Gehalt an U.mineralen in Gesteinen ist jedoch im allg. sehr gering und liegt meist zwischen 0,1 und 5 %; nur bei hochwertigen U.pecherzvorkommen erreicht er Werte von 50 % und darüber.

Verwendung findet (v. a. U-235-angereichertes) U. in erster Linie als Kernbrennstoff sowie zur Herstellung von Kernwaffen.

Urwald: Im Gegensatz zum Wirtschaftswald der (heute auch als **Naturwald** bezeichnete) vom Menschen nicht oder wenig beeinflußte Wald der verschiedenen Vegetationszonen der Erde. U. ist heute nur noch in begrenzter, in den einzelnen Vegetationszonen unterschiedlicher Ausdehnung vorhanden. Durch Rodung (zur Gewinnung landwirtschaftlicher Nutzflächen) und Raubbau an Nutzhölzern sind bes. in dichtbesiedelten Gebieten die ursprünglichen Wälder (Hartlaubwald und Lorbeerwald des Mittelmeerraums, Vorderasiens und Südchinas, Monsunwald Indiens und die sommergrünen Laubwälder Mitteleuropas und Ostasiens) schon früh zerstört und durch eine artenärmere Sekundärvegetation (z. B. Macchie, Garigue, Kultursteppe) ersetzt worden, in vielen Gebieten verbunden mit Verarmung und Erosion des Bodens. Seit rund 200 Jahren werden auch der schwer zugängliche Regenwald der inneren Tropen und der boreale Nadelwald im Norden Amerikas und Eurasiens großflächig ausgebeutet.

In neuerer Zeit versucht man durch Schaffung von Reservaten noch vorhandene U.bestände zu schützen (in der BR Deutschland z. B. im Nationalpark Bayerischer Wald).

UVP, die [uːfaʊˈpeː]: Abk. für ↑ Unverträglichkeitsprüfung.

V

vadoses Wasser [aus lat. vadosus = sehr seicht]: in der Erdkruste zirkulierendes, dem Wasserkreislauf angehörendes Niederschlags- bzw. Sickerwasser.

Vagabundismus, der [zu spätlat. vagabundus = umherschweifend]: eine bes. Form der ↑ Tierwanderungen.

vagil [zu lat. vagari = umherschweifen]: freilebend, beweglich, umherschweifend; gesagt von Lebewesen, die nicht festsitzend sind. Die Ausbreitungsfähigkeit eines Lebewesens **(Vagilität),** die während seiner verschiedenen Entwick-

lungsphasen unterschiedlich sein kann, hängt u. a. von der ↑ ökologischen Valenz und dem spezifischen Aktionsbereich seiner Art ab.

Valenz, die [aus lat. valentia = Stärke]: Kurzbez. für ↑ ökologische Valenz.

Vanadium, das [nach dem Beinamen Vanadis der altnordischen Göttin Freya ‖ chemisches Symbol: V]: metallisches chemisches Element. V. ist für einige Lebewesen ein wichtiges Spurenelement. Es findet sich z. B. im Blut der Manteltiere; von Nitritbakterien wird es als

Verdriften

Sauerstoffüberträger benötigt; in geringen Mengen ist es auch in Pflanzen enthalten.

Vegetation, die [aus mlat. vegetatio = Grünung, zu lat. vegetare = beleben ‖ Syn.: Pflanzendecke]: die Gesamtheit der Pflanzen, die die Erdoberfläche bzw. ein bestimmtes Gebiet mehr oder weniger geschlossen bedecken. Die V. der Erde bzw. eines Teilgebietes läßt sich nach verschiedenen Kriterien gliedern: 1. pflanzengeographisch-systematisch nach Florenreichen; 2. pflanzensoziologisch nach ↑ Pflanzengesellschaften; 3. physiognomisch-ökologisch nach Pflanzenformationen mit charakteristischen Lebens- und Wuchsformen (↑ Vegetationszonen, ↑ Vegetationsstufen).

Vegetationsformation: ökologische, durch Klima, Boden, Wasserhaushalt u. a. bedingte höhere Vegetationseinheit, die landschaftsprägend auftritt.

Vegetationsgebiete: svw. ↑ Vegetationszonen.

Vegetationsgeographie: Teilgebiet der Geographie; erforscht die räumliche Verbreitung der Pflanzen bzw. der Pflanzengesellschaften unter geographischen Gesichtspunkten (Landschaften, Länder); im Unterschied zur ↑ Geobotanik.

Vegetationsgeschichte: svw. historische ↑ Geobotanik.

Vegetationsgürtel: svw. ↑ Vegetationszonen.

Vegetationskunde: svw. ↑ Pflanzensoziologie.

Vegetationsperiode [Syn.: Vegetationszeit]: derjenige Zeitraum des Jahres, in dem Pflanzen photosynthetisch aktiv sind, d. h. wachsen, blühen und fruchten; im Gegensatz zu der durch Trockenheit oder Kälte verursachten **Vegetationsruhe.**

Vegetationsruhe ↑ Vegetationsperiode.

Vegetationsschichtung: die durch Pflanzen bewirkte vertikale Gliederung eines Lebensraums (↑ Stratifikation).

Vegetationsstufen: durch die jeweils unterschiedlichen Temperatur-, Niederschlags- und Einstrahlungsverhältnisse bedingte Pflanzenformationen in Gebirgsgegenden als in der Vertikalen aufeinanderfolgende Höhenstufen. In den *gemäßigten Breiten* z. B. werden unterschieden (von unten nach oben) ↑ kolline Stufe, ↑ submontane Stufe, ↑ montane Stufe, ↑ subalpine Stufe, ↑ alpine Stufe und ↑ nivale Stufe.

Vegetationszonen [Syn.: Vegetationsgürtel, Vegetationsgebiete]: den Klimazonen der Erde zugeordnete, mehr oder weniger breitenkreisparallel verlaufende Gebiete, die von bestimmten, für die jeweiligen klimatischen Bedingungen charakteristischen Pflanzenformationen besiedelt werden (**zonale Vegetation**; z. B. Regenwald und Savanne der Tropen, Laubwald der gemäßigten Zonen, Tundra der subpolaren Gebiete).

Innerhalb dieser großklimatisch bestimmten Zonen treten Pflanzenformationen auf, die aufgrund bes. Standortfaktoren (z. B. die Vegetationsstufen der Gebirge) nicht an eine bestimmte Vegetationszone gebunden sind (**azonale Vegetation**). – Abb. S. 330.

Vektor, der [aus engl. vector, von lat. vector = Träger, Fahrer]: Bez. für den Verbreiter bzw. Überträger von Krankheitserregern (z. B. Stechmücken).

Venturi-Wäscher [nach dem italien. Physiker G. B. Venturi, * 1746, † 1822]: Anlage zur ↑ Entstaubung, in der kleine Staubpartikel im Gasstrom beschleunigt werden und mit Tröpfchen einer Waschflüssigkeit zusammenprallen. Die entstehenden größeren Teilchen können anschließend leicht abgeschieden werden.

Verbiß: durch Wild, auch durch Schafe und Ziegen verursachte Fraßspuren an Gehölzen. – ↑ auch Wildverbiß.

Verbreitungsgebiet: svw. ↑ Areal.

Verbuschung: die starke Zunahme dorniger Sträucher im Weideland (sub)tropischer wechselfeuchter Gebiete bei Schädigung des Graswuchses durch Überweidung.

Verdichtungsraum: nach dem Raumordnungsgesetz eine größere überörtliche Fläche mit einer Vielzahl von Wohn- und Arbeitsstätten. – ↑ auch Ballungsgebiet.

Verdriften: die passive Verbreitung von Lebewesen durch Wind und Wasser (↑ Anemohydrochorie).

13 SD Ökologie

329

Verdunstung

Verdunstung: svw. ↑ Evaporation.

Vergeilung: svw. ↑ Etiolement.

Verhagerung: die Verarmung des Waldbodens an Humus und feinkörnigen Bodenbestandteilen, die ihre Ursache in starker Austrocknung des Bodens und abtragender Windeinwirkung hat.

Verklappen: das Einbringen von Abfallstoffen durch Spezialschiffe ins Meer. Die Schiffe öffnen auf hoher See die Klappen bzw. Ventile der Abfallbehälter, so daß die Abfallstoffe ins Meer fließen können.
Verklappt werden v. a. Klärschlämme, die als unverwertbare Rückstände in Kläranlagen anfallen, und die bei chemisch-technischen Prozessen entstehenden, meist stark verunreinigten Abfall-

säuren niederer Konzentration **(Dünnsäuren),** insbes. die bei der Gewinnung von Titanoxid durch Aufschluß von Ilmenit mit konzentrierter Schwefelsäure anfallende Dünnsäure (sie enthält durchschnittlich 20 % Schwefelsäure sowie v. a. größere Mengen an gelöstem Eisensulfat, dem sog. **Grünsalz).**
Das V. soll wegen der Schadstoffbelastung der Schelfmeere (↑ Meeresverschmutzung) zukünftig eingestellt werden.

Verkrautung: verstärktes Wachstum von krautigen, teils schwimmenden (z. B. Wasserhyazinthe, Teichlinse), teils amphibischen Pflanzen (z. B. Wasserhahnenfuß, Wasserknöterich, Tannenwedel) in flachen Gewässern oder kleinen

humide Monate	TROPEN	SUBTROPEN	aride Monate
	VEGETATIONSZONE UND VEGETATIONSFORMATION	**VEGETATIONSZONE UND VEGETATIONSFORMATION**	
12	**TROPISCHER REGENWALD** und Bergwald	**SUBTROPISCHE UND TEMPERIERTE FEUCHTWÄLDER**	0
11	(immergrün, ombrophil)		1
10			2
9	═══Feuchtgrenze der Weidewirtschaft═══	Argentinien: feuchte Pampa	3
8	**FEUCHTSAVANNE** Grasflur: Hochgrassavanne (-steppe) mit Galeriewäldern (edaphische Subtypen)	winterhumid (feuchtes) **HARTLAUB-GEHÖLZ** · sommerhumid **SUBTROPISCHE GRASSTEPPE**	4
7	Gehölzflur: Monsunwald ● ● ●klimatische Trockengrenze ● ●		5
6	**TROCKENSAVANNE**	● ● ● ● ● ●(z.B. Pampa)	6
5	Grasflur: Trockensteppe Gehölzflur: (regengrüner) Trockenwald (z.B. Miombo)	(trockenes) **HARTLAUBGEHÖLZ**	7
4	ackerbauliche Trockengrenze		8
3	**DORNBUSCHSTEPPE** (z.B. Caatinga)		9
2	Shrub Salzsteppe	**DORNSTEPPE** Dorn- und Sukkulentensavanne	10
1	**HALBWÜSTE** Trockengrenze der Viehhaltung **HALBWÜSTE** (Dorn-, Strauch- und Sukkulentensteppe) (Wüstensteppe)(z.B. Karru)		11
0	////**WÜSTE**//// Trockengrenze des Wirtschafts- und Siedlungsraums //**WÜSTE**////		12

Vegetationszonen

Versalzung

Fließgewässern. Durch die V. entstehen Stillwasserzonen, die der Fischbrut Schutz und Nahrung und darüber hinaus zahlreichen anderen Lebewesen (planktontischen Algen, Wasserflöhen, Schnecken, Wasserspinnen u. a.) einen Lebensraum bieten.

Verlandung: die fortschreitende Auffüllung des Beckens eines nährstoffreichen (eutrophen) stehenden Gewässers durch die Sedimentation von eingeschwemmter anorganischer und organischer Substanz, verbunden mit einem zur Gewässermitte hin fortschreitenden Vordringen der Vegetation des Uferbereichs unter Ausbildung einer **V.szone;** diese ist in eine von der Wasserbedekkung bzw. dem Grad der Bodennässe abhängige Abfolge von (artenarmen) Pflanzengesellschaften gegliedert. – Die V. führt zur Bildung eines ↑ Moors.

Vermoderung: svw. Humifizierung (↑ Humus).

Vermullung: ackerbauliche Bez. für eine Zerstörung der Bodenstruktur, bei der sich jedes Bodenkorn mit einer Lufthülle umgibt, womit ein starker Benetzungswiderstand verbunden ist; u. a. bei zu stark entwässertem Moorboden **(Puffigwerden)** und bei Verwehung von Moorbodenteilchen durch den Wind **(Mullwehe).**

Vernalaspekt [zu lat. vernalis = zum Frühling gehörend]: ↑ Aspekt.

Vernalisation, die [zu lat. vernalis = zum Frühling gehörend ‖ Syn.: Jarowisation]: bei Pflanzen die Auslösung und Einleitung der Blütenbildung einschließlich des Schossens durch Kälteeinwirkung.

Die V. erfolgt an Samen und Knospen von beblätterten Pflanzen. Sie erfordert einen artspezifisch zeitlich befristeten Kälteeinfluß von 2–10 Wochen bei Temperaturen von −1 °C bis +9 °C. Ein im allg. nach 7- bis 11tägiger V. auftretender instabiler Zustand kann bei Rückführung der Samen bzw. Pflanzen in wärmere Temperaturen eine **Devernalisation,** d. h. eine Umkehr der „Keim-" bzw. „Schossungsstimmung" bis zum Verlust der Blühfähigkeit bewirken. Jedoch ist durch erneute Kälteeinwirkung eine **Revernalisation** möglich.

In einigen Fällen (z. B. Gräser, Haselnuß) kann Gibberellin (↑ Phytohormone) die V. ersetzen; andererseits sind bei manchen zweijährigen Pflanzen ↑ Photoperiodismus und V. gekoppelt.

Praktisch werden die Prinzipien der V. in der Pflanzenzüchtung, in der Forst- und Landwirtschaft bzw. im Gartenbau zur Beschleunigung der Entwicklung und Generationsfolge angewendet; z. B. in der Frühtreiberei von Maiglöckchen und der sog. Barbarazweige (Forsythie, Flieder u. a.).

Verrottung: der Vorgang der ↑ Rotte.

Versalzung [Syn.: Bodenversalzung]: Bildung von Salzböden, hervorgerufen durch natürliche oder vom Menschen verursachte Anreicherung von Salzen (v. a. Natriumsalze) im Boden, hpts. in Trockengebieten; in humiden Klimaten meist nur in Meeresnähe und infolge Steinsalzeinsatzes auf Straßen.

V. geht häufig auf unzulängliche Bewässerungsmaßnahmen zurück, die hat in jüngerer Zeit durch starke Ausweitung der Bewässerung große Ausmaße angenommen. Dabei werden nicht nur die in jedem Grund- und Flußwasser in unterschiedlichen Konzentrationen enthaltenen Salze, sondern auch zusätzlich aus dem Boden gelöste Salze als Folge der hohen Verdunstung an oder nahe der Erdoberfläche ausgeschieden. Ebenso hinterläßt das sich in Senken zeitweilig sammelnde Niederschlagswasser nach seiner Verdunstung oft Salzkrusten; dadurch können schließlich Salzpflanzengesellschaften entstehen.

Mehr als die Hälfte der rund 2,5 Mill. km² Bewässerungsfläche sind von der V. betroffen oder unmittelbar bedroht. Von der gesamten versalzten Fläche der Erde (rund 10 Mill. km²) sind etwa 10 % vom Menschen verursacht.

Die schädliche Wirkung der Bodensalze auf die Kulturpflanzen ergibt sich aus der Erhöhung des osmotischen Drucks der Bodenlösung (verbunden mit einer Verringerung der Wasserverfügbarkeit) und aus dem einseitig hohen Gehalt an einzelnen Ionen, von denen einige toxisch wirken.

Die Salzempfindlichkeit der einzelnen Kulturpflanzenarten ist unterschiedlich;

Versteppung

sie ist z. B. bei Weizen höher als bei Gerste.
Die Melioration versalzter Böden muß den Vorgang der V. rückgängig machen, z. B. durch starke Wassergaben die ausgeschiedenen Salze wieder auswaschen oder durch die Senkung des Grundwasserspiegels den Wiederaufstieg der Salze aus dem Grundwasser verhindern.

Versteppung: 1. durch Klimaänderung und damit verbundene Senkung des Grundwasserspiegels bedingte natürliche Umwandlung eines Waldgebietes an seiner Trockengrenze in Steppe; 2. populärwiss. Bez. für eine Austrocknung des Bodens und die damit verbundene Veränderung der Vegetation, hervorgerufen durch Entwaldung, zu intensive Bodennutzung, direkte Bodenzerstörung und/oder Eingriffe in den Wasserhaushalt; entsteht v. a. in Räumen intensiven Ackerbaus und dichter Besiedlung. Für beide Fälle gilt: Derzeit gehen jährlich etwa 5,6 Mill. ha ehemals bewachsener Flächen in Steppe und/oder Wüste über. – ↑ auch Kultursteppe.

Vertikalwanderungen [aus spätlat. verticalis = senkrecht]: die Wanderungen von Lebewesen in vertikaler Richtung innerhalb ihres Ökosystems; Beispiel: die tagesperiodischen ↑ Migrationen der Planktonten (↑ Plankton), die gegen Abend aus dem Tiefenwasser aufsteigen, um in der Nacht und am frühen Morgen wieder abzusinken.

Vertisol, der [Kurzbildung aus lat. vertere = umwenden und lat. solum = Boden]: dunkler, tonreicher *Bodentyp* mit AC-Profil auf Gesteinen mit hohem Kalk- oder Calciumsilicatanteil; der mächtige A-Horizont liegt dem Muttergestein (C) unmittelbar auf.
Der in den Tropen und Subtropen verbreitete V. unterliegt aufgrund der Trokken- und Feuchtzeiten einem ständigen Wechsel von Quellung und Austrocknung, was eine gründliche Durcharbeitung des Bodens, der sich daher gut für den Anbau eignet, bewirkt.

Vertorfung: die Umbildung pflanzlicher Stoffe zu Torf unter Luftabschluß und Druck (Beginn der Inkohlung); hierbei erhöht sich der Kohlenstoffgehalt, während die Wasserstoff- und Sauerstoffgehalt sinken; z. B. bei Torfmoosen in Hochmooren.

Verursacherprinzip: in der Umweltpolitik häufig herangezogener Grundsatz, wonach der Verursacher von Umweltschäden die Kosten für deren Beseitigung oder Vermeidung tragen muß. Mit der Einbeziehung dieser Aufwendungen in die Kostenrechnungen der Wirtschaft sollen eine Verminderung der Ausgaben für Umweltschutz bes. in den öffentlichen Haushalten und (auf längere Sicht) eine Reduzierung der Umweltbelastung erzielt werden.
In der Praxis stößt die Verwirklichung des V.s auf viele Schwierigkeiten und Widerstände. Zum einen ist der Kreis der Verursacher oft nur schwer abzugrenzen, zum anderen bestehen vielfach – bes. bei Unternehmen – Möglichkeiten, auferlegte Belastungen zum Ausgleich von verursachten Umweltschäden auf nicht zum Kreis der Verursacher Gehörende abzuwälzen. Hinzu kommt, daß immaterielle Schäden, z. B. Ausrottung von Tierarten, Zerstörung des Landschaftsbildes, durch finanzielle Aufwendungen nicht ausgleichbar sind.

Verwesung: Bez. für den mikrobiellen (durch Bakterien und Pilze bewirkten) Abbau organischer (menschlicher, pflanzlicher, tierischer) Substanzen unter Luftzufuhr zu einfachen anorganischen Verbindungen. Die V. geht bei Sauerstoffmangel in ↑ Fäulnis über.

Verwitterung: der durch physikalische, chemische und biogene Einflüsse bewirkte Zerfall von Gesteinen und Mineralen an oder nahe der Erdoberfläche. Unterschieden werden:
1. Bei der **physikalischen** oder **mechanischen** V. findet der Zerfall aufgrund physikalisch-mechanischer Vorgänge statt. Hierzu gehört die Wirkung ständig großer Temperaturdifferenzen und in Spalten gefrierenden Wassers und auskristallisierender Salze, die wegen der Volumenvergrößerung zur Frostsprengung bzw. zur Salzsprengung führen.
2. Die **chemische** V. beruht hpts. auf der Lösungsfähigkeit des Wassers und führt zur Korrosion. In geringerem Maße findet chemische V. auch durch atmosphärische Gase statt.

Vitalität

3. Die **biogene V.** wird durch Pflanzen und Tiere verursacht. Sie ist teilweise physikalisch bedingt, z. B. bei der Wurzelsprengung und bei der grabenden Tätigkeit vieler Organismen, teilweise chemisch, wie durch die ätzende Wirkung der Huminsäuren, teilweise auch mechanisch-chemisch, etwa durch die Tätigkeit mariner Bohrmuscheln.

Art und Intensität der V. sind vom Gestein und Klima abhängig; dabei herrscht in ariden und kalten Klimaten die physikalische, in humiden, bes. in warm-humiden Klimaten die chemische V. vor.

Die V. ist die Voraussetzung für die Abtragung und für die Neubildung von Sedimentgesteinen und damit für die Gestaltung der Erdoberfläche und nicht zuletzt für die Bodenbildung.

Auch Bauwerke und Denkmäler sind einer langsam fortschreitenden Oberflächenzerstörung durch äußere Umwelteinflüsse unterworfen. Die V. wird oft verstärkt durch Abgase.

Vicini, die (Mehrz.) [ohne Einz. ‖ zu lat. vicinus = Nachbar ‖ Schreibvariante: Vizini ‖ Syn.: Nachbarn]: Bez. für die in der Nachbarschaft bodenständiger Tiere ohne engere Bindung an deren Gebiete lebenden Tiere, die aus angrenzenden Lebensräumen nur zufällig und vorübergehend eingedrungen sind; im Gegensatz zu den ↑ Hospites und den ↑ Irrgästen.

Vikarianz, die [zu lat. vicarius = stellvertretend]: ↑ökologische Vikarianz.

vikariierende Pflanzen [zu lat. vicarius = stellvertretend]: räumlich einander vertretende, aber nicht gemeinsam vorkommende nah verwandte Pflanzen (zwei Arten einer Gattung, zwei Unterarten einer Art), deren unterschiedliche Standortansprüche unter dem Einfluß einer räumlichen Isolation entstanden sind, was zur genetisch fixierten Auseinanderentwicklung geführt hat; z. B. Rostrote Alpenrose auf sauren Böden, Behaarte Alpenrose auf Kalkböden.

Vinylchlorid, das [zu lat. vinum = Wein und griech. hýlē = Gehölz; Stoff, Materie]: Derivat des Äthylens mit einem Chloratom. V. wird technisch durch Anlagerung von Chlorwasserstoff an Acetylen oder durch Abspalten von Chlorwasserstoff aus 1,2-Dichloräthan hergestellt. Es ist eine farblose, gasförmige, sehr reaktionsfähige Substanz, die v. a. zur Herstellung von PVC und Mischpolymerisaten verwendet wird.

V. kann bei längerdauernder Exposition zu erheblichen Gesundheitsschädigungen, insbes. zu seltenen Formen von Leberkrebs, führen. Der Umgang mit V. erfordert daher bes. Vorsichtsmaßnahmen. Ein MAK-Wert für V. wird zur Zeit nicht angegeben; der TRK-Wert wurde auf 2 ppm (5 mg/m^3) bzw. (bei bereits länger bestehenden Anlagen der V.herstellung und -verarbeitung) auf 3 ppm (8 mg/m^3) festgelegt.

Viren, die (Mehrz.) [Einz.: das (gemeinsprachlich auch: der) Virus ‖ aus lat. virus = Schleim, Saft; Gift]: V. sind winzige Teilchen, die aus einem Nukleinsäurefaden (DNS oder RNS) und einer Kapsel unterschiedlicher Form aus Eiweißen bestehen, die noch Anhänge tragen kann. Sie sind im gewöhnlichen Lichtmikroskop nicht sichtbar.

Da V. keinen eigenen Stoffwechsel besitzen, müssen sie fremde Zellen dazu veranlassen, neue V. zu produzieren. Benutzen sie dazu Bakterien, werden sie als **Bakteriophagen** oder abgekürzt als **Phagen** bezeichnet.

V. sind Krankheitserreger bei Tieren und Pflanzen. Bisher gibt es kein Medikament, das spezifisch gegen Viren wirkt. Es gibt lediglich natürliche Abwehrstoffe (Interferone), die innerhalb der Zelle die Verdopplung der Viren-DNS verhindern.

Ähnlich den V. sind die **Viroide,** die kleinsten bisher bekannten infektiösen Agenzien, die zugleich allesamt Erreger von Pflanzenkrankheiten sind. Sie bestehen aus nackter, einsträngiger, ringförmig geschlossener RNS, d. h., sie besitzen keine Proteinhülle.

Virizide, die (Mehrz.) [Einz.: das Virizid ‖ zu ↑ Viren und lat. caedere (in Zus.: -cidere) = töten ‖ Schreibvariante: Virozide]: chemische Substanzen, die pathogene Viren unwirksam machen.

Vitalität, die [zu lat. vita = Leben]: die genetisch und von Umweltbedingungen beeinflußte Lebenstüchtigkeit eines Organismus oder einer Population.

333

Vizini

Vizini: svw. ↑ Vicini.

Vogelblütigkeit [Syn.: Ornithophilie]: Besonderheit vieler tropischer und subtropischer Pflanzen, bei denen die ↑ Bestäubung durch Vögel (z. B. Nektarvögel, Honigfresser, Kolibris) erfolgt. Die betreffenden Blüten (**Vogelblumen;** z. B. bei Arten der Gattung Strelitzie) sind in der Regel bes. groß, leuchtend und kontrastreich gefärbt, duftlos und produzieren bes. reichlich einen dünnflüssigen Nektar.

Vogelschutz: alle Maßnahmen zum Schutz der wildlebenden (nicht jagdbaren) Vögel; v. a. ethischer V. (Natur-, Tierschutz) und wirtschaftlicher V. (biologische Schädlingsbekämpfung; viele einheimische Singvögel ernähren sich bis zu 90 % von Schadinsekten).
Die Maßnahmen des V.es umfassen Biotopschutz, Schaffung von Nistgelegenheiten, Winterfütterung, Unterstützung der Arbeiten der Vogelschutzwarten. Dem V. widmet sich u. a. der ↑ Deutsche Bund für Vogelschutz.

Vogelschutzgebiete: Gebiete mit natürlicher Tier- und Pflanzenwelt als Lebensraum vieler Vogelarten, die als Naturschutz- oder Landschaftsschutzgebiete ausgewiesen sind. – ↑ auch Ramsar-Konvention.

Vogelschutzwarte: staatliches Institut, das sich (im Gegensatz zur ↑ Vogelwarte) dem Vogelschutz und der angewandten Vogelkunde widmet. In der BR Deutschland bestehen V.n in Essen, Frankfurt am Main, Garmisch-Partenkirchen, Hamburg, Hannover, Kiel und Karlsruhe.

Vogelwarte: Institut für wiss. Vogelkunde, das sich im Gegensatz zur ↑ Vogelschutzwarte als „Beringungszentrale" vorwiegend mit der Aufklärung des Vogelzugs befaßt. Weiterhin sind V.n Forschungszentren für artspezifische und ökologische Probleme der Vögel (z. B. Bestandsbedrohung durch Umweltgifte).
In der *BR Deutschland* gibt es die V. Helgoland (gegr. 1910; Hauptsitz: Wilhelmshaven) und die V. Radolfzell (Sitz: Ortsteil Möggingen; vormals, bis in den 2. Weltkrieg: V. Rossitten), in der *DDR* die V. Hiddensee (gegr. 1936), in *Öster-*

reich die V. Neusiedler See (Sitz: Biologische Station Neusiedl am See), in der *Schweiz* die V. Sempach.

Vogelzug: die bei Vögeln zu beobachtende regelmäßige, jahreszeitlich bedingte Wanderung zwischen zwei (häufig weit voneinander entfernt gelegenen) Gebieten (Brutgebiet/Winterquartier). Dabei unterscheidet man zwischen **Herbstzug** (nach Süden ins Winterquartier führender Zug) und **Frühjahrszug** (nach Norden führende Rückkehr ins Brutgebiet). Die Zugrichtung kann nach der geographischen Lage der Brutgebiete variieren: Die meisten europäischen und westasiatischen Zugvögel ziehen nach Südwesten und fliegen in nordöstlicher Richtung wieder zurück. Verlaufen Weg- und Heimzug auf verschiedenen Wegen, spricht man von **Schleifenzug.**
Als *Auslösefaktoren* für den V. kommen wahrscheinlich innere, genetisch vorprogrammierte Faktoren in Betracht, wie z. B. hormonelle Einflüsse, ausgelöst durch Stoffwechseländerungen oder Lichtintensitätsab- bzw. -zunahme. Sie bewirken beim Vogel eine Zugunruhe, die das „Ziehen" einleitet.
Bezüglich der *Orientierung* der Tiere auf dem V. unterscheidet man **Zielorientierung** und **Richtungsorientierung (Kompaßorientierung).** Es ist z. B. bekannt, daß sich die Tagzieher (die meisten Zugvögel) nach der Sonne und nach landschaftlichen Richtmarken, die Nachtzieher dagegen (z. B. Nachtigall, Nachtschwalben, viele Grasmücken) vorwiegend nach den Sternen orientieren. Für Rotkehlchen und Dorngrasmücke wurde nachgewiesen, daß für sie das Magnetfeld der Erde richtungweisend ist (Magnetotaxis).

vollhumid ↑ humid.

Vollparasiten: chlorophyllose (heterotrophe) pflanzliche ↑ Parasiten.

Vollzirkulation: bei ↑ holomiktischen Seen die vollständige Umwälzung der gesamten Wassermassen (↑ Wasserzirkulation).

Vorfluter: Bez. für alle Gewässer (Bach, Fluß oder See), die das bei der Entwässerung anfallende Wasser aufnehmen. Ein V. darf nicht zu stark mit

334

Abwasser belastet werden († Abwasserlast).
Vorklärbecken: eine Klärstufe bei der † Abwasserreinigung.
Vorklärung [Syn.: Vorreinigung]: Prozeß zur Behandlung von Abwässern aus Gewerbe und Industrie mit dem Zweck, dem belasteten Wasser vor der Einleitung in kommunale Kläranlagen bestimmte Schadstoffe zu entziehen, die dort zu Betriebsstörungen bei der Abwasserreinigung oder Schlammbehandlung führen könnten.
Vorsorgeprinzip: im Zusammenhang mit dem *Umweltschutz* häufig herangezogenes Prinzip, wonach Umweltbelastungen ohne Berücksichtigung eventueller Schädigungen grundsätzlich zu vermeiden oder auf ein nach dem sog. Stand der Technik erreichbares Mindestmaß zu beschränken sind.
Vorwald: die Anfangsphase in der Sukzession eines † Waldes.

Vorzugsbereich † Präferendum.
Vulkanismus, der [zum Namen des Feuergottes Vulcanus in der römischen Mythologie]: zusammenfassende Bez. für alle Vorgänge, die mit dem Austreten fester, flüssiger oder gasförmiger Stoffe aus dem Erdinnern an die Erdoberfläche im Zusammenhang stehen.
Böden aus Vulkangestein (Urgestein) sind wegen ihres Gehaltes an Spurenelementen sehr fruchtbar. Urgesteinsmehl wird zur Bodenverbesserung von Gartenerde verwendet. Heiße Quellen vulkanischen Ursprungs sind das Biotop für † thermobiotische Bakterien.
Von bes. Bedeutung für die globale Umwelt sind die bei der Eruption eines Vulkans ausgeschleuderten riesigen Staubmassen, die in der oberen Atmosphäre lange verweilen und über weite Strecken transportiert werden können; sie können die Einstrahlung von Sonnenenergie auf die Erde beeinträchtigen.

W

Wachstum [Syn.: Bevölkerungswachstum]: Absolute oder relative Veränderung des Bestands einer Bevölkerung infolge der natürlichen (Geburten- und Sterbefälle) und/oder räumlichen (Wanderungen, Umzüge) Bevölkerungsbewegung. Das Tempo des W.s ist jedoch nicht monokausal zu erklären. – Abb. S. 336.
Wachstumsbewegungen: bei festgewachsenen Pflanzen durch unterschiedliche Wachstumsintensität einander gegenüberliegender Organseiten hervorgerufene Bewegungen.
Wachstumsfaktoren: allg. Bez. für die das Wachstum und die Entwicklung der Pflanzen beeinflussenden Faktoren **(äußere W.;** z. B. Sonnenlicht, Wasser, Nährstoffe) sowie die erblichen Anlagen **(innere W.).** – † auch Minimumfaktor.
Wachstumskurve: die graphische Darstellung des Wachstumsverlaufs von Teilen eines Körpers, eines Organismus oder einer Population von Organismen in Abhängigkeit von der Zeit. Bei Kulturen von Mikroorganismen oder Zellen und bei Populationen († auch Populationsdynamik) zeigt die W. vielfach zu Anfang eine Verzögerungsphase **(Latenzphase, lag-Phase);** sie geht dann in eine Phase exponentiellen Wachstums **(log-Phase)** über und stagniert schließlich oder fällt ab, wenn gewisse Umweltfaktoren (Nahrungsmangel, Krankheiten, Reduzierung durch Fraßfeinde u. a.) limitierend werden.
Wachstumsperiode: svw. † Vegetationsperiode.
Wachstumsrate: die von den äußeren und inneren Wachstumsfaktoren abhängige Zunahme an Körpersubstanz und Körpergröße bzw. Körperhöhe bei Organismen. Ein Maß (neben der Trockengewicht) für die W. ist die **Wachstumsgeschwindigkeit.** Sie beträgt z. B. bei dem Pilz Schleierdame (Dictyophora duplicata) 5 mm/min, bei Staubfäden des Roggens 2,5 mm/min und 1,1 mm/min bei Blattscheiden der Bananen-

Wachstumsregulatoren

staude. Die meisten (höheren) Pflanzen wachsen jedoch wesentlich langsamer.
Wachstumsregulatoren: Sammelbez. für ↑Auxine, ↑Gibberelline, ↑Inhibitoren und ↑Phytohormone, deren Applikation einen spezifischen Einfluß auf das pflanzliche Wachstum nimmt.
Wald: natürliche Lebensgemeinschaft und Ökosystem von dichtstehenden Bäumen mit speziellen anderen Pflanzen und einer speziellen Tierwelt, v. a. aufgrund bes. Klima- und Bodenbedingungen.
Hinsichtlich der Entstehung des W.es unterscheidet man zwischen dem **Natur-W.** (↑Urwald), dem nach menschlichen Eingriffen (z. B. Rodung) natürlich wieder nachgewachsenen **Sekundär-W.** und dem **Wirtschafts-W. (Forst),** hinsichtlich des Baumbestandes zwischen **Reinbestand** (nur eine Baumart) und **Mischbestand** (↑Mischwald).

Nach der Höhe des Bewuchses unterscheidet man *pflanzensoziologisch* Moos-, Kraut-, Strauch- und Baumschicht. Die Pflanzen stehen miteinander in ständiger Wechselbeziehung, indem sie sich gegenseitig fördern oder miteinander um Licht, Wasser und Nährstoffe konkurrieren. Als Tief- und Flachwurzler schließen sie den Boden auf, verändern und entwickeln das Bodenprofil und schaffen einen Oberboden, in dem eine spezielle Mikroflora und Mikrofauna gedeihen und ihre Wirkung entfalten können.
Das **W.klima** zeichnet sich im Verhältnis zum Klima offener Landschaften durch gleichmäßigere Temperaturen, höhere relative Luftfeuchtigkeit, geringere Lichtintensität und schwächere Luftbewegung aus. Der W. hat einerseits eine sehr hohe Transpirationsrate, andererseits vermag er in seinen Boden große

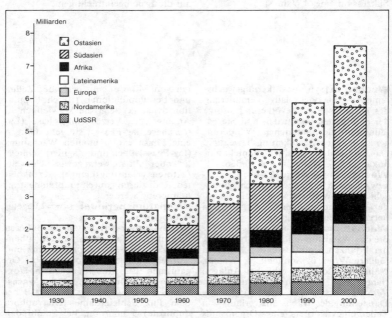

Wachstum. Wachstum der Erdbevölkerung seit 1930 bis zum Jahr 2000, nach Statistiken der Vereinten Nationen (modifiziert nach Ehrlich & Ehrlich)

Waldböden

Wassermengen schnell aufzunehmen und darin zu speichern.
Unter entsprechenden Klimabedingungen bildet der W. die dominierende pflanzliche Formation. Er entwickelt sich ganz allmählich in größeren Zeiträumen. Im *Natur-W. der Nordhalbkugel* z. B. stellt sich diese Entwicklung wie folgt dar: **Vor-W.** (Pionierbaumarten sind z. B. Birke, Robinie, Espe, Erle, Pappelarten) besiedelt ein baumfreies Gelände. Der dadurch verbesserte Frost- und Strahlungsschutz läßt zunehmend schattenertragende Baumarten (**Zwischen-W.**) gedeihen. Diese wachsen zum Gefüge des **Haupt-W.es** heran, bis das oberste Kronendach keinen Jungwuchs mehr aufkommen läßt. Wird dieser **Schluß-W.** etwa durch Feuer, Sturm oder Schädlingskatastrophen zerstört, so wiederholt sich der ganze Vorgang der W.bildung.

In der Randzone eines W.es (**W.saum, W.mantel, W.trauf**), in der die Bäume gewöhnlich fast bis zum Boden beastet sind, wächst eine reichhaltige Strauch- und Krautvegetation. Die Randzone bietet somit Schutz gegen Wind, übermäßige Sonneneinstrahlung und Bodenerosion.

Die Ausbreitung des natürlichen W.es wird durch waldfeindliche klimatische Faktoren begrenzt.

Die Wälder der Erde unterscheiden sich wesentlich in ihrem Baumbestand, der durch die jeweils unterschiedlichen ökologischen Faktoren bedingt ist († auch Regenwald, † Mangrove, † Galeriewald, † regengrüner Wald, † Monsunwald, † Trockenwald, † Hartlaubvegetation, † borealer Nadelwald).

Der größte Teil der *W.fläche* entfällt auf die breiten (heute nicht mehr ganz so geschlossenen) Gürtel des tropischen Regen-W.es und des borealen Nadel-W.es, die zusammen rund 80 % des Gesamtwaldbestandes der Erde ausmachen.

In *Deutschland* gibt es, von gewissen † Naturwaldreservaten abgesehen, nur den nach waldbaulichen Grundsätzen angelegten Wald. Dabei unterscheidet man (als Bewirtschaftungsformen) † Niederwald, † Hochwald und † Mittelwald. Die BR Deutschland (mit ca. 29 %

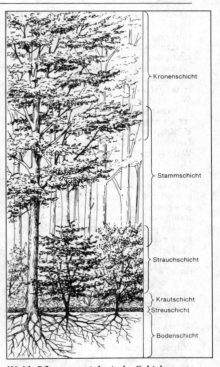

Wald. Pflanzensoziologische Schichtung

W.anteil an der Gesamtfläche) liegt in der Zone des sommergrünen Laub-W.es, in den montane Nadelwaldareale eingestreut sind.

Über seine Funktion als Holzlieferant und Lebensstätte des Wildes hinaus kommen dem W. u. a. noch wichtige landeskulturelle und soziale Funktionen zu, z. B. als † Schutzwald und als Erholungsraum. Alle diese Funktionen scheinen durch das sog. † Waldsterben gefährdet zu sein. – Abb. S. 240.

Waldböden: Bez. für Böden, die sich unter dem Einfluß der Waldbedeckung bzw. eines humiden Klimas entwickelt haben. So kommen in den mitteleuropäischen Laubwäldern Braunerden vor; der Rohhumus ist hier fast völlig in Mull umgewandelt. In den in nordeuropäi-

Waldgrenze

schen Nadelwäldern vorkommenden Podsolen befindet sich unter der relativ stärkeren Rohhumusschicht der graue, ausgebleichte Oberboden (**Bleichhorizont**), der dann von einem mit Eisenhydroxid und Humus angereicherten roten bis schwarzbraunen Unterboden (**Ortstein**) gefolgt wird.
W. sind im allg. aufgrund einer stärkeren Auswaschung nährstoffärmer und saurer als Steppenböden.

Waldgrenze: klimatisch bedingte Grenzzone, bis zu der geschlossener Wald (↑ auch Baumgrenze) noch gedeiht. Die W. reicht in Sibirien am weitesten nach Norden. In großen Gebirgsmassiven liegt sie höher als in deren Randzonen oder in kleineren Gebirgen. Die derzeitigen Grenzen des Waldes bzw. des Baumwuchses werden jedoch vielfach stärker durch Viehhaltung und Holznutzung bedingt als durch die klimatischen Faktoren.

Waldhygiene: zummenfassende Bez. für alle Maßnahmen zur Gesunderhaltung des Waldes; u.a. die standortgerechte Anpflanzung geeigneter Bäume, die rechtzeitige und fachgerechte Pflege des Waldes (u.a. Düngung, Durchforstung), die Schädlingsprophylaxe und Schädlingsbekämpfung, die Abwehr von Wildschäden und die Ansiedlung geeigneter Tierarten (z.B. Rote Waldameise).

Waldlehrpfad: Wanderweg im Wald, der durch Tafeln über die Bedeutung, die Namen und das Alter der Bäume, auch über sonstige Pflanzen, über Tiere des Waldes sowie über ökologische Zusammenhänge und forstliche Maßnahmen unterrichtet.
Die ersten W.e wurden in Deutschland in den 1930er Jahren eingerichtet. In der Bundesrepublik Deutschland gibt es heute rund 1 000 W.e, die z.T. in Naturparks liegen.

Waldreservat: zusammenfassende Bez. für ↑ Schonwald und ↑ Naturwaldreservat.

Waldschichten: in der *Pflanzensoziologie* Bez. für die vertikale Abfolge bestimmter Vegetationsformen des ↑ Waldes (↑ auch Stratifikation); z.B. die Boden-, Streu-, Kraut-, Strauch-, Stamm- und Kronenschicht.

Waldsteppe: Übergangsgebiet von der Steppe zum geschlossenen Wald.

Waldsterben: großflächige Schäden in Forstbeständen, die zum Absterben von Nadel- und Laubbäumen (**Baumsterben,** „neuartige" Waldschäden) in weiten Bereichen Mitteleuropas führen. Als *Hauptursache* gilt der ↑ saure Regen; mögliche *andere Ursachen* sind auch die durch Kraftfahrzeuge, Haushalte und Industrie erzeugten Schadstoffe wie Stickoxide, Schwermetalle, Photooxidanzien. Auch andere, nicht immissionsbedingte Schadfaktoren, z.B. extreme Witterungs- und Klimaereignisse, waldbauliche Fehler, Pilze, Bakterien, Viren, Schadinsekten, werden zur Klärung der Ursachen des W.s herangezogen. Es hat sich jedoch herausgestellt, daß diese nicht die Primärursachen sein können, jedoch als Verursacher von Sekundärschäden auftreten oder die Wirkung der Schadstoffe verstärken können.

Seit etwa 250 Jahren wird ein durch zu zureichende ökologische Bedingungen periodisch auftretendes **Tannensterben** beobachtet. Schon seit dem 19. Jahrhundert sind Waldschäden durch Abgase von Industrieanlagen bekannt. Diese sog. **Rauchschäden** beschränkten sich allerdings auf den Nahbereich von Industrieanlagen. Bedingt durch die Erhöhung der Schornsteine in den letzten 20–25 Jahren, gelangen die Schadstoffe nicht mehr in der unmittelbaren Nähe des Emittenten auf den Erdboden, sondern können Hunderte von Kilometern transportiert werden, ehe sie abgeregnet werden. Die Luftschadstoffe können direkt (z.B. Blattschädigungen) oder indirekt (Bodenversauerung) auf die Bäume einwirken.

Seit etwa 1980 treten in emittentenfernen Gebieten neuartige Schadbilder auf. Dabei handelt es sich v.a. um Schäden an Tannen und Fichten; bei Laubbäumen traten die Schäden mit einer zeitlichen Verzögerung auf. Auch zeigen die einzelnen Baumarten unterschiedliche Schadbilder. Einige *Symptome* sind jedoch bei allen betroffenen Baumarten charakteristisch: 1. Die geschädigten Bäume zeigen eine Verfärbung der Nadeln oder Blätter. Später wirft der Baum

Waldsterben

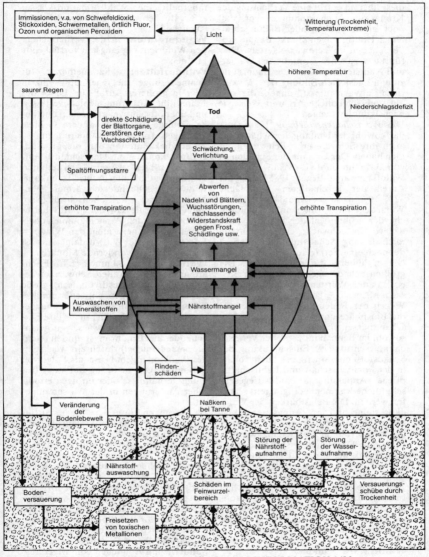

Waldsterben. Schema möglicher Kausalketten (aus INFORMATION 1/83, Bayerische Staatsverwaltung, Januar 1983; verändert)

Waldtundra

diese ab, und es tritt eine Verlichtung der Krone ein. Auch kommt es vor, daß noch grüne Nadeln oder Blätter abfallen. 2. Häufig zeigen kranke Bäume große Schäden im Feinwurzelsystem. Dies führt u. a. zu einer verminderten Wasser- und Nährstoffaufnahme des Baums und zu einer gestörten Bildung der ↑Mykorrhiza. 3. Wachstumsstörungen, die sich auf unterschiedliche Art und Weise, je nach Baumtyp, zeigen.

Die *Waldschadenserhebung* 1984 zeigt, daß sowohl der Umfang der Schäden als auch ihre Schwere erheblich zugenommen haben. Der Umfang der Schäden ist von 34% im Jahr 1983 auf 50% der Waldfläche angestiegen. 1985 betrug der Anteil der geschädigten Waldfläche 52%, 1986 hatte er sich auf 54% erhöht. Wenn auch mit 2/3 Anteil an der Waldfläche der größte Teil der Schäden nach wie vor im schwach geschädigten Bereich der sog. Schadstufe 1 liegt, so ist dennoch eine Verlagerung der Schadfläche in höhere Stufen erkennbar. Die größten Schadensgebiete liegen in Bayern, Baden-Württemberg und Niedersachsen.

Wegen der Bedeutung des Waldes für die Biosphäre und damit für den Menschen müssen schnellstens Maßnahmen sowohl im Bereich industrieller Verursachung (schrittweise Einschränkung der Schadstoffemissionen) als auch solche in der Forstwirtschaft und Landschaftspflege (Anpassung an industriegesellschaftliche Rahmenbedingungen) ergriffen werden. Die Belastbarkeit der Waldökosysteme und ihre Anpassungsfähigkeit an langfristig wirkende Veränderungen sind offenbar überschätzt worden. In der BR Deutschland ist die Luftreinhaltepolitik heute darauf gerichtet, Ursachen für bereits eingetretene Schädigungen der Wälder zu beseitigen (hier greifen die Maßnahmen des klassischen Immissionsschutzes wie TA Luft, Großfeuerungsanlagenverordnung) und entsprechende Gefahren für künftige Waldschäden abzuwehren (Vorsorgepolitik). – Abb. S. 237, 238, 239.

Waldtundra ↑Tundra.

Waldtyp: Bez. für unterschiedliche Vergesellschaftungsformen des Waldes innerhalb einer Waldformationsklasse; z. B. Buchenwald, Eichenmischwald, Auenwald.

Wanderdünen: in der vorherrschenden Windrichtung langsam vorrückende ↑Dünen.

Wanderfalter: Sammelbez. für Schmetterlinge, die regelmäßig einzeln oder in größerer Anzahl im Laufe des Jahres ihr Ursprungsgebiet verlassen und über oft sehr weite Strecken und hohe Gebirge hinweg in andere Gebiete einfliegen (↑auch Tierwanderungen). Zu den bekanntesten W.n, die, aus Südeuropa kommend, Deutschland aufsuchen, zählen Admiral, Distelfalter, Postillion, Goldene Acht, Totenkopfschwärmer, Oleanderschwärmer, Windenschwärmer, Taubenschwänzchen und Gammaeule. Die sich in Mitteleuropa entwickelnden W.nachkommen überstehen jedoch meist nicht den Winter. – Der bekannteste W. Nordamerikas ist der bis Mexiko wandernde Monarch.

Wanderfische: Sammelbez. für Fischarten, die oft in großen Schwärmen regelmäßig (oft jahresrhythmisch) große Strecken zurücklegen, entweder um ihre Laichplätze aufzusuchen (**Laichwanderungen**) bzw. von dort her in für ihre Entwicklung geeignete Gewässer zu gelangen, oder aus Ernährungsgründen (**Nahrungswanderungen**) durch ein wechselndes Planktonangebot (u. a. als Folge von Veränderungen in bezug auf die Strömungsverhältnisse oder infolge periodischer Änderungen in der Wassertemperatur). Wanderungen können im Meer stattfinden (z. B. Heringe, Makrelen, Thunfische, im Gefolge der Heringsschwärme der Kabeljau) oder im Süßwasser (z. B. Seeforelle). Wandern Fische zum Laichen aus stehenden Süßgewässern in deren Zu- bzw. Abflüsse ein, so werden sie als Teil-W. bezeichnet (z. B. Perlfisch). Verschiedene Fische wandern vom Süßgewässer flußabwärts zum Ablaichen ins Meer; die dort schlüpfenden Jungtiere wandern wieder zurück in die Flüsse (**katadrome W.**; z. B. Aale). Andere W. wandern zum Ablaichen vom Meer aus, in dem sie die meiste Zeit ihres Lebens verbracht haben, die Flüsse aufwärts;

Waschmittel

die Jungbrut wandert dann wieder zurück ins Meer (**anadrome W.**; z. B. Lachs, Meerneunauge, Stör).

Während der oft langen Wanderungszeiten dieser **diadromen Fische** (katadrome und anadrome W. zusammen) wird in der Regel keine Nahrung aufgenommen. – Über das oft hervorragend ausgeprägte Heimfindevermögen der W. ist noch nicht viel Sicheres bekannt. Z. T. ist dafür der Geruchssinn verantwortlich, der dann (nachgewiesen beim Lachs) selbst den kleinsten Nebenfluß von benachbarten anderen Wasserläufen zu unterscheiden vermag.

Wanderflechten: Flechten der Trokkengebiete von den Waldsteppen bis zu den Wüsten, die lose auf dem Boden liegen oder sich bald vom Gestein lösen und vom Wind verweht werden; z. B. Arten aus den Gattungen Lecanora, Acarospora, Cladonia, Parmelia.

Wanderung ↑Migration, ↑Tierwanderungen.

Warmblüter ↑homoiotherm.

Wärmebelastung: svw. ↑thermische Belastung.

Wärmelastplan: Eine unkontrollierte Wärmeeinleitung in Gewässer kann die Gewässergüte negativ beeinflussen. Um dies zu verhindern, werden Wärmelastpläne erstellt, die die Wärmeeinleitung auf das wirklich notwendige Maß beschränken und die Auswirkungen auf die Gewässer berücksichtigen. – ↑auch Gewässererwärmung.

warme Quellen: svw. ↑Thermalquellen.

Wärmestarre [Syn.: Hitzestarre]: bei wechselwarmen (poikilothermen) Tieren bei Temperaturen ab 43 °C/45 °C auftretender Starrezustand, der nach Einstellung jeglichen Stoffwechsels bzw. nach dem Eintreten irreversibler Schädigungen der lebenden Substanz zum **Wärmetod** (etwa bei 50 °C) führt.

Warntracht [Syn.: Warnfärbung, aposematische Tracht]: bei verschiedenen (wehrlosen) *Tieren*, v. a. Insekten, eine auffällige Färbung und Zeichnung des Körpers, die Feinde von einem Angriff abhalten, warnen oder abschrecken soll. – ↑auch Mimikry, ↑Schutzanpassung.

Wartezeit [Syn.: Karenzzeit]: gesetzlich vorgeschriebene Mindestzeit, die zwischen der letzten Anwendung eines ↑Pflanzenschutzmittels bei Kulturpflanzen und deren Ernte einzuhalten ist, damit die verwendeten Pflanzenschutzmittel auf die geduldete Höchstmenge (↑Höchstmengenverordnung) abgebaut werden können.

Waschmittel: v. a. zum Waschen von Textilien verwendete Gemische aus Waschrohstoffen (früher: Seifen) und zahlreichen weiteren, der Verbesserung des Waschvermögens dienenden Substanzen.

Die für alle Waschtemperaturen geeigneten **Voll-W.** enthalten neben 10–15 % synthetischen Waschrohstoffen 30–40 % Komplexbildner zur Wasserenthärtung (v. a. Alkalipolyphosphate, z. T. Äthylendiamintetraessigsäure, Nitrilotriessigsäure usw.) bzw. Ionenaustauscher (z. B. Natriumsilicate mit zeolithartiger Struktur), 20–30 % Bleichmittel (v. a. Natriumperborat), 2–4 % Bleichmittelstabilisatoren, die ein zu rasches Zersetzen der Bleichmittel vor Erreichen der höchsten Waschtemperatur verhindern (z. B. Magnesiumsilicat), 2–4 % Schaumregulatoren (v. a. Seifen langkettiger Fettsäuren), 1–2 % Vergrauungsinhibitoren, die das Schmutztragevermögen der Waschflotte erhöhen (v. a. Carboxymethylcellulose), 5 % Korrosionsinhibitoren zum Schutz von Waschmaschinenteilen (v. a. Natriumsilicate), 0,1–0,3 % optische Aufheller, 0,1–1 % Enzyme zum Auswaschen eiweißhaltiger Flecke (v. a. Proteasen), 0,2 % natürliche oder synthetische Parfümöle zur Geruchsverbesserung der W. und der Wäsche sowie 5–30 % Füllstoffe (v. a. Natriumsulfat).

Die **Bunt-** und **Synthetik-W.** enthalten mehr Komplexbildner (35–60 %), aber keine Bleichmittel und Korrosionsinhibitoren.

Die zum Waschen bis 30 °C verwendeten, farb- und faserschonenden **Fein-W.** haben zur Erhöhung der Waschkraft einen höheren Anteil an ↑Waschrohstoffen (20–35 %), enthalten aber keine Bleichmittel, keine optischen Aufheller und keine Korrosionsinhibitoren.

Waschrohstoffe

Spezial-W. unterscheiden sich in ihrer Zusammensetzung meist mehr oder wengier stark von den anderen W.typen. W. für Wäschereien (sog. **gewerbliche W.**) z. B. enthalten meist nur geringe Mengen an Komplexbildnern, da in den Wäschereien meist durch Ionenaustauscher enthärtetes Wasser verwendet wird.
Zusammensetzung und Anwendung der W. werden heute durch das **W.gesetz** (Gesetz über die Umweltverträglichkeit von Wasch- und Reinigungsmitteln vom 20. 8. 1975, in der Bekanntmachung der Neufassung vom 5. 3. 1987) geregelt. Es schreibt bestimmte Höchstmengen an Phosphaten sowie Dosierungsangaben auf der Verpackung phosphathaltiger W. vor, um eine Belastung der Gewässer und eine Beeinträchtigung des Betriebs von Abwasseranlagen durch Überdüngung mit Phosphaten zu verhindern. Ferner müssen die in den W.n enthaltenen grenzflächenaktiven Stoffe (nach der Verordnung vom 30. 1. 1977) zu mindestens 80% biologisch abbaubar sein.

Waschrohstoffe [Syn.: Waschmittelrohstoffe]: zusammenfassende Bez. für synthetische ↑grenzflächenaktive Stoffe (Detergenzien, Tenside), die zur Herstellung von Wasch-, Spül- und Reinigungsmitteln für Haushalt und Industrie verwendet werden. Synthetische W. besitzen im Vergleich mit den früher benutzten Seifen meist ein höheres Reinigungsvermögen, das durch die Härte des Wassers weniger beeinflußt wird.
An die W. wird heute allg. die Anforderung der *biologischen Abbaubarkeit* gestellt, d. h., sie müssen im Abwasser durch Mikroorganismen in einfach gebaute, nicht mehr grenzflächenaktive Stoffe abbaubar sein. Die Abbaubarkeit wird v. a. von der chemischen Konstitution der Substanzen bestimmt und ist um so größer, je niedriger der Verzweigungsgrad der langkettigen, hydrophoben (wasserabstoßenden) Molekületeile der W. ist.

Washingtoner Artenschutzübereinkommen ['wɔʃɪŋtənər ‖ Abk.: WA]: im deutschsprachigen Raum übliche Bez. für das „Übereinkommen über den Handel mit gefährdeten Arten freilebender Tiere und Pflanzen".
Dem Abkommen sind drei *Anhänge* beigefügt, in denen, entsprechend dem Grad der Schutzbedürftigkeit, die Arten und Unterarten verzeichnet sind:
Anhang I enthält sämtliche unmittelbar von der Ausrottung bedrohten Arten. Sie dürfen nicht in den Handel gelangen und können nur in Ausnahmefällen und mit wenigen Exemplaren an wissenschaftliche Institutionen abgegeben werden.
Im *Anhang II* sind die Arten oder Unterarten genannt, die möglicherweise in Zukunft in ihrem Fortbestand gefährdet sind, falls der Handel mit ihnen uneingeschränkt weitergeht.
Anhang III enthält die Arten oder Unterarten, für die im Hoheitsgebiet einzelner Staaten eine besondere Regelung besteht. Die Ausfuhr dieser Exemplare ist nur dann gesetzlich zulässig, wenn die zuständige Vollzugsbehörde die Genehmigung dazu erteilt und sich vergewissert hat, daß die Exemplare keine Schäden durch den Transport erleiden können.

Wasser: chemische Verbindung von Wasserstoff und Sauerstoff (**Wasserstoffoxid**, H_2O). *Reines W.* ist eine geruch-, geschmack- und farblose, in dikker Schicht bläuliche Flüssigkeit, die bei 0 °C zu Eis erstarrt und bei 100 °C in Wasserdampf übergeht.
Wegen des Dichtemaximums bei 4 °C sinkt bei der Abkühlung von Flüssen und Seen das spezifisch schwerere W. nach unten, das leichtere steigt nach oben. W. gefriert daher zunächst an der Oberfläche. Wegen der schlechten Wärmeleitfähigkeit von Eis (bedingt durch eine von Hohlräumen durchsetzte Struktur) gefrieren tiefere Gewässer nicht bis zum Grunde durch (wichtig für die Lebewesen des Wassers). Die Volumenvergrößerung von etwa 9 % beim Gefrieren von W. bewirkt bei Frost das Platzen von mit W. gefüllten Gefäßen sowie die Sprengung von Gesteinen.
W. ist eines der besten Lösungsmittel für alle polaren Verbindungen; unpolare Stoffe werden dagegen nur schlecht gelöst. – Von besonderer Bedeutung für

Wasseranalyse

die Lebewesen sind v. a. der Sauerstoff- und der Kohlendioxidgehalt des Wassers.
W. ist die häufigste chemische Verbindung auf der Erdoberfläche. Es bedeckt die Erdoberfläche zu 71% und ist in Form von W.dampf bis zu 4% in der Atmosphäre enthalten. Es gelangt in Form von Niederschlägen wieder zur Erde zurück und von dort durch Verdunstung wiederum in die Atmosphäre (↑Wasserkreislauf).
In der Natur tritt W. nie rein auf, sondern enthält stets gelöste anorganische oder organische Stoffe. Relativ rein ist **Regen-W.**, das einen natürlichen Destillationsprozeß durchlaufen hat; es enthält jedoch Staubteilchen der Atmosphäre und gelöste Gase.
W. mit weniger als 1 g Abdampfrückstand pro Liter wird als **Süß-W.** bezeichnet; der Gehalt an gelösten Calcium- und Magnesiumverbindungen bestimmt dabei die Wasserhärte.
Die *Körpersubstanz der meisten Organismen* besteht zu über 60% aus W. (↑Wasserhaushalt). W. ist an allen Lebensvorgängen beteiligt; es ist ein Ausgangsprodukt der ↑Photosynthese und dient als Lösungs- und Transportmittel für Nährstoffe und Gase sowie der Aufrechterhaltung des osmotischen Drucks in den Zellen.
Auch in der *Technik* spielt das W. eine überragende Rolle. Es ist das billigste und am meisten gebrauchte Lösungs-, Kühl- und Reinigungsmittel und wird u. a. als Ausgangsprodukt für die Gewinnung von Wasserstoff verwendet.

Die *Reinhaltung des W.s* ist ein Teilgebiet des Umweltschutzes, des Naturschutzes und der Wasserwirtschaft. Zu unterscheiden ist der Schutz der natürlichen oberirdischen Gewässer und des Grund-W.s (↑Gewässerschutz) von den Maßnahmen zur Reinhaltung des in W.versorgungsanlagen befindlichen Wassers.
Wasseranalyse: physikalische, chemische, biologische und mikrobiologische Untersuchung von Wasser; Art und Umfang richten sich nach der Herkunft und dem Verwendungszweck des Wassers. Als physikalische und chemischphysikalische Kenngröße werden Geruch, Farbe, Trübung und Temperatur des Wassers ermittelt, weiter der pH-Wert und die elektrische Leitfähigkeit (Maß für den Gesamtgehalt an Ionen). Immer wichtiger wird die Untersuchung auf toxisch wirkende Anionen und Kationen, z. B. Cyanide, Sulfide, Quecksilber, Cadmium, Zink. Das gleiche gilt für organische Schadstoffe, wie z. B. polycyclische Kohlenwasserstoffe und Pestizide.
Die Wirkung solcher Wasserinhaltsstoffe wird zunehmend durch Tests mit lebenden Organismen (Algen, Bakterien, Fische) quantitativ erfaßt (↑Gewässeruntersuchung). Unter den summarischen Stoffkenngrößen werden als wichtigste der ↑biologische Sauerstoffbedarf und der ↑chemische Sauerstoffbedarf des Wassers gemessen. Eine bes. Wasseruntersuchungsart stellen die mikrobiologischen Verfahren dar, die prüfen, ob ein Wasser Verunreinigungen ent-

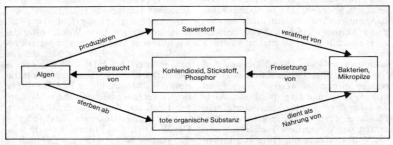

Wasser. Sauerstoff- und Nährstoffkreislauf im Wasser (nach Gerlach)

Wasseraufbereitung

hält, die u. U. Krankheitserreger einschleppen könnten (Bestimmung der Keimzahl).

Wasseraufbereitung: Gewinnung von nutzbarem Wasser aus Grund- bzw. Oberflächenwasser mittels chemisch-physikalischer und physikalischer Aufbereitungsverfahren.

Die Behandlung von Abwasser zum Zweck des Gewässerschutzes ist Aufgabe der ↑ Abwasserreinigung. Während die Trinkwasseraufbereitung v. a. hygienisch einwandfreies Wasser liefern muß, ist die Brauchwasseraufbereitung häufig dem jeweiligen Verwendungszweck angepaßt. Die W. hängt von der Güte des Rohwassers ab.

Bei der *Aufbereitung von Oberflächenwasser zu Trinkwasser* werden zunächst Schwebstoffe durch Flockung in voluminösere Teilchen umgewandelt und durch Filtration mit Kiesfiltern aus dem Wasser entfernt. Durch Belüftung wird das Wasser mit Sauerstoff angereichert. Gleichzeitig kann ein Ausblasen von korrosivem Kohlendioxid und eine oxidative Umwandlung von gelösten Eisen(II)-Ionen in unlösliches Eisen(III)-oxidhydrat **(Enteisenung)** erreicht werden. Gelöste organische Stoffe werden durch Adsorption an Aktivkohle und/oder biologischen Abbau in Langsamfiltern oder durch Bodenpassage (Versickerung) entfernt.

Die *Desinfektion von Trinkwasser* geschieht durch Zusatz von Chlor, Chlordioxid oder Natriumhypochlorit **(Chlorung)** oder durch Behandlung mit Ozon **(Ozonisierung)**. Ozon tötet Bakterien und Viren schneller ab als Chlor. Es zersetzt sich aber sehr schnell, so daß keine Langzeitwirkung erreicht wird. Bei längeren Leitungssystemen kann deshalb eine zusätzliche Chlorung erforderlich sein.

Grundwasser kann ohne Flockung und häufig auch ohne Desinfektion zu Trinkwasser aufbereitet werden. Wasser mit hoher Carbonathärte muß für viele Zwecke durch Entcarbonisierung teilenthärtet werden. Weitergehende Verfahren der W. sind die **Enthärtung** und die **Vollentsalzung** mit Hilfe von Ionenaustauschern.

Wasserbau: Baumaßnahmen, die die Nutzung des Wassers durch den Menschen ermöglichen, das Land vor überflüssigem und schädlichem Wasser oder auch vor Austrocknung schützen (Entund Bewässerung), mit deren Hilfe aus Meeren oder Sümpfen Neuland gewonnen wird und die den Menschen und seine Umwelt vor den Wirkungen der Wasserverschmutzung oder des Hochwassers schützen.

Wasserblüte: svw. ↑ Algenblüte.

Wasserblütigkeit: svw. Hydrogamie (↑ Bestäubung).

Wassereinzugsgebiet: das gesamte von einem Fluß mit allen seinen Nebenflüssen ober- und unterirdisch entwässerte Gebiet; es wird von den W.en anderer Flüsse durch Wasserscheiden getrennt. Die W.e aller Flüsse, die dem selben Meer zuströmen, bilden ein **Abflußgebiet.**

Das größte W. der Erde besitzt der Amazonas mit 7,18 Mill. km^2.

Wassergüte: svw. ↑ Gewässergüte.

Wasserhärte: im wesentlichen durch Calcium- **(Kalkhärte)** und Magnesium **(Magnesiahärte)** bewirkter Gehalt des Wassers an Erdalkaliionen (außer Magnesium- und Calcium- v. a. Strontium- und Bariumionen). Die sog. **temporäre W.** wird durch Hydrogencarbonate der Erdalkalimetalle hervorgerufen; durch Kochen werden diese ausgefällt (im Gegensatz zu der v. a. durch Calcium- und Magnesiumsulfate verursachten **permanenten W.**).

Die W. wird z. T. noch in **Härtegraden** angegeben. Die v. a. in Deutschland verwendete praktische Maßeinheit wird als **deutscher Härtegrad** (Einheitenzeichen: °d) angegeben; sie entspricht 10 mg CaO (Calciumoxid) je Liter Wasser oder der äquivalenten Menge eines anderen Erdalkalioxids (z. B. 7,19 mg Magnesiumoxid je Liter). Nach DIN 2000 ist für die **Gesamthärte** die Stoffmengenkonzentration oder Molarität der Erdalkaliionen im Wasser (gesetzliche Einheit: Millimol pro Liter, mmol/l) anzugeben. Man unterscheidet vier *Härtebereiche* (↑ Tab.).

Die W. bewirkt in Rohren, Kesseln u. a., die Warm- oder Heißwasser enthalten, die Bildung von Kesselstein; darüber

Wasserhaushaltsgesetz

hinaus bedingt sie durch Ausfällung fettsaurer Calcium- oder Magnesiumsalze eine stark verminderte Waschwirkung der auf Fettsäurebasis hergestellten Seifen. Deshalb werden den Waschmitteln häufig Polyphosphate, neuerdings Zeolithe zugesetzt, die die Erdalkaliionen durch Bildung von Chelaten unschädlich machen. Wegen der Phosphatbelastung des Abwassers sollte man die Dosierung von Wasserenthärtern in Waschmitteln den von den Wasserwerken zu erfahrenden W.n örtlich anpassen.

Wassercharakter in Abhängigkeit von der Härte

Härte-bereich	Gesamt-härte (mmol/l)	Härte-grad (°d)	Wasser-charakter
1	bis 1,3	0–7	weich
2	1,3–2,5	7–14	mittel
3	2,5–3,8	14–21	hart
4	über 3,8	über 21	sehr hart

Wasserhaushalt:
◊ die haushälterische *Bewirtschaftung* des in der Natur vorhandenen Wassers nach Menge und Güte im Hinblick auf den augenblicklichen und zukünftigen Bedarf. Für die BR Deutschland gilt das ↑ Wasserhaushaltsgesetz.
◊ die *physiologisch* gesteuerte Wasseraufnahme und -abgabe bei allen Organismen, die eng mit dem Ionenhaushalt gekoppelt ist (↑ Osmoregulation, ↑ Osmose).
Auf dem Land lebende *Tiere* und der *Mensch* enthalten im allg. 60–70 % Wasser, manche Hohltiere (z. B. Quallen) bis zu 98 % Wasser. Die **Wasseraufnahme** kann bei Wassertieren durch die Körperoberfläche, bei Landtieren und beim Menschen durch Trinken und über die Nahrung erfolgen. Ein Teil des benötigten Wassers entsteht auch bei der Zellatmung.
Überschüssiges Wasser wird durch Exkretionsorgane (Nieren, Schweiß- und Tränendrüsen) ausgeschieden. Der *tägliche Durchsatz* beträgt z. B. beim *Menschen* 2 500 ml; davon werden 1 200 ml getrunken, 1 000 ml aus Nahrungsmit-

teln bezogen, 300 ml entstehen im Stoffwechsel. Ausgeschieden werden als Harn ca. 1 500 ml, 600 ml als Schweiß, 300 ml werden ausgeatmet und 100 ml mit dem Kot ausgeschieden.
Auch *Pflanzen* enthalten große Wassermengen, z. B. frische, grüne Wiesenpflanzen 70–80 %, Wassermelonen 93 %, Gurken 96 %, Kürbisse, Rhabarber und Kopfsalat 95 %. Höhere Landpflanzen nehmen Wasser im allg. über die Wurzel auf, leiten es über den Transpirationsstrom in die Blätter und geben es bei der ↑ Transpiration über die Spaltöffnungen, teilweise auch durch die Cuticula wieder an die Atmosphäre ab. Eine Sonnenblume transpiriert z. B. an einem Sonnentag 1 Liter Wasser, eine Birke mit 200 000 Blättern 50–400 Liter. 1 ha Buchenwald mit etwa 400 Bäumen setzt im Laufe einer Vegetationsperiode etwa 3,6 Millionen Liter Wasser um (↑ Wasserkreislauf). Manche Pflanzen (↑ Epiphyten, ↑ Xerophyten) können Wasser aus dem Tau oder auch aus der Luftfeuchtigkeit mit Hilfe z. B. von Saugschuppen oder -haaren aufnehmen. Manche Organismen können wasserarme oder trockene Perioden überdauern. Dies gilt insbesondere für ruhende Samen und Sporen. – ↑ auch Sukkulenten.

Wasserhaushaltsgesetz [Abk.: WHG]: Gesetz zur Ordnung des Wasserhaushaltes in der Fassung vom 23. 9. 1986; gilt für oberirdische Gewässer, Küstengewässer und das Grundwasser. Das W. bestimmt, daß Gewässer so zu bewirtschaften sind, daß sie dem Wohl der Allgemeinheit und im Einklang damit auch dem Nutzen einzelner dienen und daß jede vermeidbare Beeinträchtigung zu unterbleiben hat. Daraus ergibt sich die Verpflichtung, Maßnahmen, die mit Einwirkungen auf ein Gewässer verbunden sein können, mit der erforderlichen Sorgfalt zu treffen, um eine Verunreinigung des Wassers oder eine sonstige nachteilige Veränderung seiner Eigenschaften zu vermeiden. In einem förmlichen Verfahren können ↑ Wasserschutzgebiete festgelegt werden. Zum Schutz des Wasserhaushaltes enthält das Abwasserabgabengesetz weitere Bestimmungen.

Wasserhyazinthe

Verstöße gegen das W. werden mit Bußgeldern bis zu 100 000 DM geahndet. In § 324 StGB wird die Verunreinigung eines Gewässers als Straftat gegen die Umwelt mit Freiheitsstrafe bis zu 5 Jahren oder Geldstrafe bestraft.

Wasserhyazinthe: Pflanzengattung mit sechs Arten, deren bekannteste Art **Eichhornia crassipes** ist. Ursprünglich aus Südamerika stammende, heute global über die Tropen und Subtropen verbreitete, auf der Wasseroberfläche von Süßgewässern schwimmende Pflanze, die sich unter günstigen Bedingungen sehr stark vermehrt.

W.n bilden dichte, grüne Teppiche, die Be- und Entwässerungskanäle verstopfen und die Schiffahrt behindern können. Sie bilden ein gefährliches Unkraut auf unter Wasser stehenden Reisfeldern, weil sie die Sonneneinstrahlung auf die jungen Reispflanzen unterdrücken und deren Wachstum behindern. Auf den Gewässern werden nach zuverlässigen Schätzungen bis zu 5 700 m³ Wasser pro Hektar in der Pflanzenmasse gebunden, und die Verdunstung des Wassers erhöht sich (durch Transpiration) auf das 3- bis 5fache im Vergleich zur nicht bewachsenen Wasseroberfläche.

Die W.n behindern die Sauerstoffaufnahme an der Wasseroberfläche und verbrauchen durch den mikrobiellen Abbau absinkender, toter Pflanzenteile Sauerstoff, so daß Fische und andere Wassertiere an Sauerstoffmangel sterben.

Die W. stellt ideale Brutplätze für Mükken (Gefahr der Malaria- und Gelbfieberverbreitung), andere Insekten und Schnecken (Zwischenwirte für die Bilharziose) dar.

Ansätze zur *biologischen Schädlingsbekämpfung* bieten sich durch einen in Argentinien heimischen Käfer (Neochatina eichhornia), der sich ausschließlich von der W. ernährt. Außerdem gibt es weltweit Versuche, die W. zur Gründüngung, zur Erzeugung von Torf (für den Gewächshausgemüsebau), als Futtermittel oder auch zur Gewinnung von ↑ Biogas zu verwenden.

Wasserkreislauf: die natürliche, auch mit Änderungen des Aggregatzustandes verbundene Bewegung des Wassers auf der Erde zwischen den Ozeanen, der Atmosphäre und dem Festland.

Erwärmte Luft nimmt bis zu einem gewissen Grad Wasserdampf auf, der durch Verdunstung im Erdboden, an der Boden- und Wasseroberfläche sowie an der Oberfläche von Pflanzen entsteht. Bei Abkühlung gibt die Luft Wasser ab, das unter Wolkenbildung kondensiert oder sublimiert. Weitere Abkühlung führt zum Niederschlag, der in Form von Regen, Schnee, Hagel u. a. zur Erde niedergeht.

Auf dem Festland fließt das Niederschlagswasser entweder oberirdisch ab oder versickert. Ein Teil des Sickerwassers verdunstet, der verbleibende Rest bildet v. a. das Grundwasser. Bildung und Bewegung des Grundwassers bedeuten eine wesentliche Verzögerung des Wasserkreislaufs.

Die Ozeane enthalten 97,6 % der gesamten Wassermenge der Erde, das Festland 2,4 %, die Atmosphäre nur 0,001 %.

Die *Umsatzgeschwindigkeit* des Wassers auf der Erde unterscheidet sich je nach Vorkommen beträchtlich; für das Wasser der Ozeane beträgt sie im Durchschnitt 50–3 000 Jahre, für das Wasser der Atmosphäre 9 Tage, für das Grundwasser 10–300 Tage, für Seen 10 Jahre, für Gletschereis 12 000–15 000 Jahre; große Unterschiede bestehen in den verschiedenen Klimazonen.

In der *globalen jährlichen Wasserbilanz der Erde* entfallen auf die Ozeane 1 120 mm Niederschlag und 1 250 mm Verdunstung, auf das Festland 750 mm Niederschlag, 410 mm Verdunstung und 310 mm Abfluß. Für die BR Deutschland beträgt der Niederschlag 803 mm, die Verdunstung 438 mm und der Abfluß 365 mm im Jahresdurchschnitt.

Wasserpfennig: von den Bundesländern geplante Abgabe, die von den Wasserverbrauchern zusätzlich zu entrichten ist. Mit dem Aufkommen aus dem W. soll Landwirten, denen in Wasserschutzgebieten zur Verminderung des Nitrateintrags in das Grundwasser Bewirtschaftungsauflagen verordnet werden, ein Einkommensausgleich gezahlt werden.

Wasserkreislauf

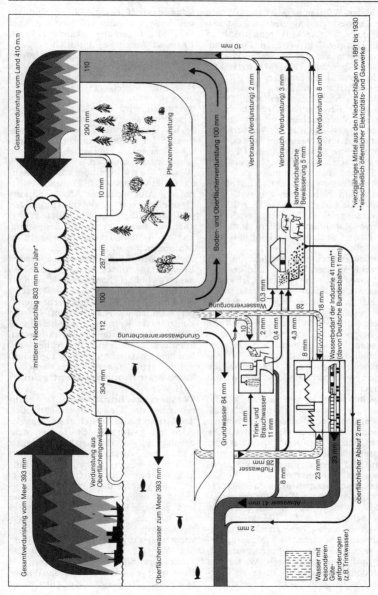

Wasserkreislauf. Schema des Wasserkreislaufs (bezogen auf das Gebiet der BR Deutschland)

Wasserpflanzen

In Baden-Württemberg ist der W. von der Landesregierung bereits beschlossen; das erwartete Aufkommen soll 165 Mill. DM pro Jahr betragen. Die Landwirte sollen auf der Basis des Wasserhaushaltsgesetzes 310 DM pro Hektar an Entschädigung erhalten.

Wasserpflanzen [Syn.: Hydrophyten]: höhere Pflanzen mit (im Unterschied zu den Landpflanzen) besonderen morphologischen und physiologischen Anpassungen an das Wasserleben. So besitzen untergetaucht lebende W. Blätter ohne Spaltöffnungen. Über die nur schwach ausgebildete Cuticula wird die Pflanze unmittelbar aus dem Wasser durch Diffusion mit Sauerstoff, Kohlendioxid und Nährsalzen versorgt. Wasserleitende Gefäße sind bei W. z. T. oder ganz rückgebildet. Mächtig entwickelte Interzellularräume speichern Luft, die der Pflanze auch Halt verleiht und Auftrieb gibt.

Man unterscheidet wurzellose und bewurzelte Wasserpflanzen. Die ersteren sind meist frei schwimmend **(Schwimmpflanzen),** entweder an der Wasseroberfläche (z. B. Arten der Wasserlinse, Froschbiß) oder im Wasser untergetaucht (**submerse W.**; dann in der Regel mit besonderen, die Oberfläche vergrößernden Wasserblättern; z. B. Wasserschlauch-, Tausendblattarten). Sie können aber auch über Erdsprosse am Grund verankert sein, wie die W. mit Wurzeln.

Amphibische W. kommen sowohl als flutende „Wasserform" als auch als aufrechte, über den Wasserspiegel hinausragende oder neben der Wasserfläche wachsende „Landform" vor (z. B. der Wasserknöterich, Polygonum amphibium) und leiten so über zu den Sumpfpflanzen († Helophyten).

Wasserschutzgebiet: das nähere Einzugsgebiet einer Wassergewinnungsanlage, in dem die Flächen präventiv zum Schutz eines für die öffentliche Wasserversorgung genutzten Wasservorkommens bestimmten Nutzungsbeschränkungen oder -verboten und Duldungspflichten unterliegen. W. werden nach dem † Wasserhaushaltsgesetz in einem förmlichen Verfahren festgesetzt.

Wasserstoff [chemisches Symbol: H]: gasförmiges chemisches Element. Vom W. sind drei Isotope bekannt: **H 1** (^{2}**H, Protium**; Anteil am natürlich vorkommenden W. 99,984%), **H 2** (^{2}**H, schwerer W., Deuterium**; Anteil am natürlichen W. 0,016%) und das radioaktive **H 3** († Tritium; Anteil am natürlichen W. etwa 10^{-15}%).

Technisch wird W. durch thermische Zersetzung von Wasserdampf mit Kohle, Koks, Erdöl oder Erdgas, durch thermische Zersetzung (Kracken) von Kohlenwasserstoffen oder durch Elektrolyse von Wasser gewonnen.

W. wird v. a. zur Synthese von Ammoniak, Chlorwasserstoff, Blausäure, Methanol, von Aldehyden und Alkoholen, zum Hydrieren von Erdölkrackprodukten und zur Fetthärtung verwendet. W. hat auch als Raketentreibstoff Bedeutung. Es sind Versuche im Gange, W. auch als Motorentreibstoff zu verwenden.

Ziel der W.technologie ist es, die fossilen Energieträger durch W. zu ersetzen. W. kann sowohl als chemischer als auch als nuklearer Brennstoff dienen. Während der Einsatz von W. als Primärenergieträger, nämlich als Ausgangsstoff für die kontrollierte Kernfusion, frühestens in einigen Jahrzehnten zu erwarten ist, könnte W. schon wesentlich früher – neben dem elektrischen Strom – zum wichtigsten Sekundärenergieträger werden.

Wasserstoffionenkonzentration † pH-Wert.

Wasserverschmutzung: die Verunreinigung der Gewässer einschließlich des Grundwassers durch feste, flüssige oder/und gasförmige Stoffe aus dem häuslichen, gewerblichen, industriellen und landwirtschaftlichen Bereich († auch Abwasser) sowie aus der Luft (z. B. in Form von † saurem Regen), derart daß als Folge der nicht mehr ausreichenden Selbstreinigung das tierische und pflanzliche Leben beeinträchtigt wird bzw. das jeweils betroffene Ökosystem (Fluß, See) aus dem Gleichgewichtszustand gerät sowie die Nutzung des Wassers als Brauch- und/oder Trinkwasser nicht mehr möglich ist.

Es werden je nach dem Grad der W. vier † Gewässergüteklassen unterschieden.

Wasserzirkulation

Wasserversorgung: Sammelbez. für alle Maßnahmen und Einrichtungen, die der Versorgung der Bevölkerung und der Industrie mit Süßwasser dienen. Der mittlere tägliche Wasserverbrauch (aus der öffentlichen W.) je Einwohner beträgt in der BR Deutschland rund 200 bis 300 Liter, wobei auf das in Haushaltungen verbrauchte Wasser 70 bis 100 Liter pro Person entfallen.

Wasserfassung: Für die W. können Regen-, Oberflächen-, Grund- und Meerwasser herangezogen werden. Die Sammlung von *Regenwasser* ist nur dort von Bedeutung, wo weder Grund- noch Oberflächenwasser angetroffen werden. Das von Dächern und von künstlich angelegten Auffangflächen ablaufende Regenwasser wird unterirdischen Zisternen zugeleitet und dort gewöhnlich mit Hilfe eines Sandfilters gereinigt.

Wo immer möglich, wird *Grundwasser* für die W. verwendet, da es wegen der Reinigungswirkung des Untergrundes meist hygienisch einwandfrei vorkommt. Grundwasser tritt in Quellen zutage. Um Verunreinigungen zu vermeiden, werden Quellen zur W. unterirdisch gefaßt und durch eine Ton- oder Lehmüberdeckung vor Einsickern des Oberflächenwassers geschützt. Mehrere Quellfassungen münden in einen Quellsammelschacht, der einen Sandfang und einen Sammelbehälter zum Ausgleich des schwankenden Tagesverbrauchs aufweist. Die Ergiebigkeit einer Grundwasserfassung kann durch die Anlage von Brunnen wesentlich erhöht werden. Uferfiltriertes Grundwasser wird in Brunnenanlagen gewonnen, die in der Nähe eines Gewässers angelegt sind. Dabei fließt Oberflächenwasser infolge der Grundwasserabsenkung unterirdisch zur Brunnenanlage und wird auf seinem Weg durch den durchlässigen Untergrund filtriert.

Die Ergiebigkeit eines Grundwasserstroms kann durch künstliche Zufuhr von Wasser in die wasserführende Schicht erhöht werden **(Grundwasseranreicherung).** Dabei wird Oberflächenwasser in einem Absetzbecken oder Schnellfilter vorgereinigt und dann einem Anreicherungsbecken zugeführt.

Der steigende Wasserbedarf zwingt dazu, für die W. auch auf *Oberflächenwasser* zurückzugreifen. Wegen der Verschmutzung der Flüsse kann Flußwasser direkt meist nur als Brauchwasser (für gewerbliche und industrielle Zwecke) verwendet werden. Hinter Stauwerken ist die Geschwindigkeit des durchfließenden Wassers so gering, daß sich Sink- und Schwebstoffe absetzen können. Die große Wasseroberfläche der Stauseen begünstigt die Sauerstoffaufnahme und damit die Selbstreinigung des Wassers. Das Wasser wird wegen des schwankenden Wasserstandes in verschiedenen Tiefen entnommen.

Auch das *Wasser von Seen* kann zur W. herangezogen werden, wenn der Verschmutzungsgrad es zuläßt. Die Entnahmestelle soll in entsprechender Uferentfernung, möglichst tief, jedoch mehrere Meter über dem Seeboden liegen.

Wo Süßwasser nicht in ausreichenden Mengen vorhanden ist, jedoch *Meerwasser* zur Verfügung steht, kann Süßwasser auch aus dem Meer gewonnen werden. Auf natürlichem Wege entsalztes Meerwasser findet sich vereinzelt in Dünen in Form sog. **Süßwasserlinsen (Dünenwasser),** die durch Bohrungen ermittelt werden und bei einer in einem bestimmten Verhältnis erfolgenden Wasserentnahme immer wieder Süßwasser nachliefern. – ↑ auch Wasseraufbereitung.

Wasserzirkulation: Bez. für die in Süßwasserseen im Jahresablauf auftretende Umschichtung der Wassermassen, die mit einem Stoff- und Gaskreislauf (bedeutend für die Lebewesen ist vor allem der Sauerstoffkreislauf) verbunden ist.

Die W. hat ihre Ursache in Vertikalströmungen, die als Folge der Besonderheiten des Wärmehaushaltes der Seen auftreten und in der physikalischen Anomalie des Wassers, das seine größte Dichte bei 4 °C erreicht, begründet sind. Im Winter ist der Wasserkörper stabil geschichtet. Das Tiefenwasser zeigt eine Temperatur von etwa 4 °C, die Oberflächentemperatur liegt bei 0 °C, d. h., das Wasser mit der größeren Dichte liegt am Seeboden, das mit der geringeren Dichte an der Oberfläche. Der See befindet sich

Wasserzirkulation

in der Periode der **Winterstagnation.** Erwärmt sich im Frühjahr das Oberflächenwasser, so beginnt es, bis zum Horizont gleicher Temperatur abzusinken.

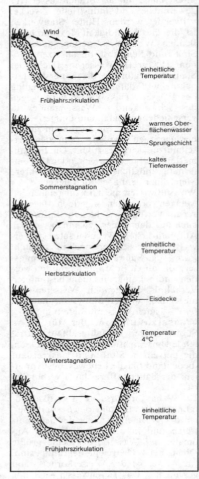

Wasserzirkulation. Schematische Darstellung der windbedingten Zirkulation mit der Stagnation in Abhängigkeit von der Temperaturverteilung im See (modifiziert nach Bick)

Während dieser **Frühjahrsteilzirkulation** werden zunächst die oberen, dann auch die unteren Schichten durchmischt. Hat die gesamte Wassersäule die Temperatur von 4 °C erreicht, zirkuliert der ganze Wasserkörper. Während dieser **Frühjahrsvollzirkulation** gelangen die Nährstoffe wieder in die trophogene Oberschicht und stehen dem Phytoplankton zur Verfügung.

Die Tiefenregionen werden durch den gleichen Vorgang mit sauerstoffreichem Wasser versorgt. Erwärmt sich das Oberflächenwasser über 4 °C, nimmt seine Dichte ab; es entsteht wieder eine stabile Schichtung mit leichterem Wasser an der Oberfläche und schwererem in der Tiefe. Der See befindet sich in der Periode der **Sommerstagnation.** Durch Temperaturunterschiede zwischen Tag und Nacht, Wärmeausstrahlung und Windeinwirkung entstehen in der oberen Wasserschicht Vertikalströmungen, die einen Temperaturausgleich innerhalb der Deckschicht zur Folge haben.

Den gleichtemperierten oberen Teil des Pelagials nennt man **Epilimnion.** Dort, wo die ausgleichenden Vertikalströmungen aufhören, beginnt in tieferen Seen die Sprungschicht oder das **Metalimnion.** Die Temperatur sinkt hier plötzlich um 1 bis 3 °C und mehr je Meter. Unterhalb der Sprungschicht bleibt die Temperatur bis zum Grund annähernd gleich. Jene, meist tropholytische Region heißt **Hypolimnion.**

Im Herbst sinkt die Temperatur des Oberflächenwassers; es beginnt die **Herbstteilzirkulation,** die schließlich in die **Herbstvollzirkulation** übergeht und dann von der Winterstagnation abgelöst wird.

Seen mit obengenannter periodisch erfolgender Umschichtung des Wassers bis zum Grund sind **holomiktisch.** Ist der See sehr tief, so ist die Temperatur des Tiefenwassers während des ganzen Jahres konstant, und es nimmt nicht an der Umschichtung teil. Das gleiche ist der Fall, wenn am Grunde Salzwasser mit großer Dichte liegt. Das Tiefenwasser solcher **meromiktischer Seen** ist meist sauerstofffrei, sein Gehalt an Nährstoffen ist sehr hoch. Schwefelwasserstoff ist

Weichmacher

fast immer vorhanden, oft in großen Mengen (300 mg/l). Der Grund ist mit schwarzem Faulschlamm bedeckt. Die gesamte stagnierende Tiefenschicht wird **Monimolimnion** genannt und ist unbewohnt.

Je nach Ausmaß und Periodik der W. werden außerdem noch unterschieden ↑ amiktische, ↑ dimiktische, ↑ monomiktische und ↑ oligomiktische Seen.

Watt [niederdt.; eigtl. = Stelle, die sich durchwaten läßt]: an flachen Gezeitenküsten liegender, vom Meer **(W.enmeer)** täglich zweimal überfluteter und wieder trockenfallender Meeresboden. Die obere Begrenzung des W.s bildet die Uferlinie (durch den Wasserstand des mittleren Tidehochwassers bestimmt), die untere die W.linie (mittleres Springtidenniedrigwasser).

Unterschieden werden drei *Typen* von W.en: **offene W.en** (hinter Strandwällen oder vorgelagerten Sandbänken), **Buchten-** oder **Ästuar-W.en** (in Meeresbuchten oder Ästuaren; sie können zur Brackwasserzone gehören) und **Rückseiten-W.en** (hinter Düneninseln; z. B. an der deutschen Nordseeküste).

Das amphibische Gebiet, das an der deutschen Nordseeküste bis zu 20 km Breite (durchschnittlich 7 bis 10 km) erreichen kann, wird von einem durch die Gezeitenströme verursachten Rinnensystem durchzogen. Dabei unterscheidet man von der Küste zum offenen Meer mit zunehmender Tiefe und Breite der Rinnen: **W.rinnen, Priele** und **Baljen (Balgen)** sowie die durch die vorgelagerten Inseln führenden **Seegatten (Seegaten)**; Baljen und Seegatten werden in Nordfriesland auch **W.ströme** genannt. Nur die W.rinnen fallen zeitweise trocken.

Die vom Meer transportierten und abgelagerten W.sedimente sind Sand und Schlick, deren Korngröße mit der Annäherung an die Küste abnimmt. Durch Verlandung des Watts entsteht die ↑ Marsch.

Die *Vegetation* des W.s besteht ausschließlich aus ↑ Wattpflanzen. Zur reichen *Tierwelt* gehören Würmer (z. B. Köderwurm), Muscheln (Mies-, Klaff-, Pfeffermuscheln u. a.), Schnecken

(Strand-, Wattschnecken u. a.), Garnelen u. a. Krebse, Fische, Vögel (z. B. Strandläufer, Austernfischer, Möwen), Seehunde.

Zum *Schutze des W.enmeeres* vor der deutschen Nordseeküste wurden am 1. 10. 1985 der **Nationalpark Schleswig-Holsteinisches W.**enmeer (2 650 km^2) und am 1. 1. 1986 der **Nationalpark Niedersächsisches W.**enmeer (2 400 km^2) eingerichtet, in denen drei Zonen unterschiedlicher Schutzintensität vorgesehen sind.

Wattpflanzen: den ständigen Wechsel zwischen Überflutung und Trockenfall überdauernde, salzertragende Pflanzen im Gezeitenbereich flacher Meeresküsten; in den gemäßigten Zonen meist in artenarmen Gürteln angeordnet, z. B. an der Nordseeküste die Quellerwiesen, landeinwärts gefolgt von Salzmeldebeständen. Den Übergang zur Marsch bilden die Strandnelkenwiesen (↑ Salzwiesen).

Weichholzaue: mitteleuropäischer Typ des ↑ Auwaldes.

Weichmacher: in der Kunststofftechnologie gebräuchliche Bez. für Substanzen, die Kunststoffen, Lacken, Kautschuk, Klebstoffen u. a. Produkten zugesetzt werden, um ihre Weichheit, Biegsamkeit, Dehnbarkeit und Bearbeitbarkeit zu verbessern. W. verbessern die Flexibilität von Kunststoffen und die Haftfestigkeit, Geschmeidigkeit, Elastizität und Zähigkeit organischer Filmbildner (PVC, Harze, Kautschuk, Lacke, Polyamide, Acetylzellulose, Nitrozellulose u. a.).

Im Gegensatz zu den Lösungsmitteln haben die W. hohe Siedepunkte (> 250 °C), so daß sie nicht verdunsten, sondern mit dem Filmbildner homogen vermischt bleiben.

Chemisch gesehen, gehören die über 400 produzierten W. zu den Phthalsäureestern, den Phosphorsäureestern, den nichtcyclischen Dicarbonsäureestern, den Zitronensäureestern, den Fettsäureestern oder den epoxidierten Fettsäurederivaten.

Gegen den Einsatz von W.n in Lebensmittelverpackungsfolien und manchen Gebrauchsgegenständen können *ge-*

351

Weide

sundheitliche Bedenken bestehen. Wegen ihrer langen ↑Persistenz in der Umwelt können manche W. als umweltschädlich eingestuft werden. Aus diesem Grund werden z. B. polychlorierte Biphenyle (↑PCB) nicht mehr als W. eingesetzt.

Weide: Grünland, das durch Beweidung genutzt wird. Je nach Nutzung unterscheidet man zwischen **Dauer-W., Wechsel-W.** im Rahmen der Feld-Gras-Wirtschaft und **Mähweide.** Letztere wird nur zeitweise beweidet; in der dazwischenliegenden Zeit wird das Gras gemäht. Eine besondere Art der W. bilden die alpinen **Matten** im Rahmen der Almwirtschaft.

W.flächen sollten immer in möglichst kleine Stücke **(Koppeln)** aufgeteilt werden, da dann bei schnellerem Umtrieb stets junges, nährstoffreiches Gras zur Verfügung steht und die Weideparasiten wirksamer bekämpft werden können.

Weiher: natürliches, stehendes Gewässer von geringer Tiefe, dessen Boden in seiner ganzen Ausdehnung auch von höheren Pflanzen besiedelt ist. Im Gegensatz zum ↑Teich ist das Wasser des W.s nicht ablaßbar.

Weltmeer: die große zusammenhängende Wassermasse der Erde; sie nimmt mit rund 362 Mill. km² nahezu 71% der Erdoberfläche ein. Seine Gliederung erfährt das W. durch die Kontinente, durch Inselketten, untermeerische Rücken und Schwellen.

Die *Lebensformen* des W.s sind mannigfaltig. Eine bes. Vielfalt der Tierformen auf engem Raum ist an Felsküsten und Korallenriffen zu finden. Sonst bedecken tonige, schlickige und sandige Sedimente den Meeresboden, der von den jeweils typischen Lebensgemeinschaften besiedelt wird, die mit der Wassertiefe variieren. Im freien Wasser bestimmt die

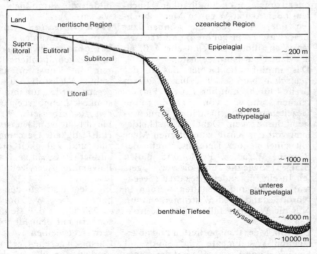

Weltmeer. Gliederung des Meeres in Lebensbereiche (nach Strenzke)

Weideparasiten: v. a. an weidendem Vieh schmarotzende Parasiten; u. a. Dasselfliegen, Leberegel, Lungenwürmer, Stechfliegen, Zecken. Ihre Zahl kann durch schnelleren Viehumtrieb, Wechsel der Weideviecharten und Einsatz spezifischer Schädlingsbekämpfungsmittel eingedämmt werden.

horizontale und vertikale Verteilung von Temperatur, Salzgehalt und Meeresströmungen die Verteilung der einzelnen Arten, deren Lebensräume sich in die Gruppen Oberflächenwasser, Tiefsee und Meeresboden gliedern lassen.

Die *marine Nahrungskette,* die mit der pflanzlichen Produktion organischer

Weltmodelle

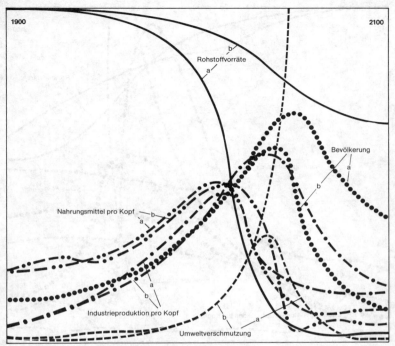

Weltmodelle. Kurven a: Standardverlauf des Weltmodells; Kurven b: „unbegrenzte" Rohstoffvorräte

Substanz im Meer durch das Phytoplankton beginnt und über Zooplankton, Muscheln, Krebse (Krill) bis zu den Fischbeständen in den Schelfregionen und im offenen Ozean reicht, wird heute noch längst nicht optimal vom Menschen genutzt. Vielmehr tragen Überfischung und Entzug der Nahrungsbasis sowie die zunehmende Verunreinigung des W.s durch Einleitung schädlicher Stoffe zur Zerstörung eines sinnvollen Gleichgewichtes zwischen Befischung und Bestand der nutzbaren Meerestiere bei.

Das W. stellt bei vernünftiger Nutzung seiner *Vorräte* eine sich selbst regenerierende, unerschöpfliche Nahrungsquelle dar. Es ist für den Menschen darüber hinaus lebenswichtig: als Verkehrsträ-

ger, Wasser- und Energiereservoir, als Erholungsraum sowie als Rohstoffquelle. So birgt der Meeresboden beispielsweise beträchtliche Vorkommen an Mangan, Nickel und Kupfer, die in sog. Manganknollen enthalten sind. Gegenwärtig sind die technischen Probleme des Abbaus noch nicht ganz gelöst. Aus untermeerischen Lagerstätten stammt auch bereits mehr als ein Fünftel des auf der Erde insgesamt geförderten Erdöls.

Weltmodelle: Bez. für computersimulierte Globalstudien zur künftigen Entwicklung der Menschheit. Diese aus der futurologischen Forschung stammenden W. versuchen in ihren Analysen, die Abhängigkeit der verschiedenen Länder voneinander, die langfristigen Auswirkungen v. a. von politischen und techno-

Wetter

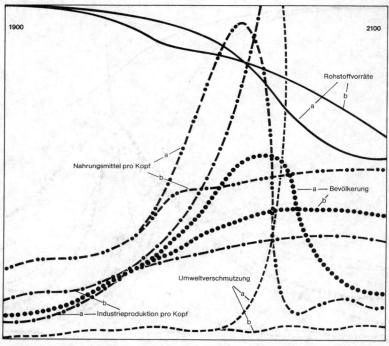

Weltmodelle. Kurven a: „unbegrenzte" Rohstoffvorräte, erhöhte industrielle und landwirtschaftliche Produktivität; Kurven b: stabilisiertes Weltmodell

logischen Entscheidungen auf die Zerstörung der Umwelt sowie die Belastungsgrenzen der Erde durch fortschreitendes Wachstum der Bevölkerung, des Rohstoff- und Energieverbrauchs zu verdeutlichen.
Die bekanntesten dieser Studien sind die 1972 veröffentlichte Studie „Grenzen des Wachstums", die von internationalen Wissenschaftlern am Massachusetts Institute of Technology unter Leitung von D. Meadows auf Anregung des ↑Club of Rome durchgeführt wurde, und die vom amerikanischen Präsidenten J. Carter in Auftrag gegebene Studie „Global 2000. Der Bericht an den Präsidenten", erstellt 1980 vom Council on Environmental Quality und vom US-Außenministerium.

Wetter: Unter W. versteht man den augenblicklichen Zustand der Atmosphäre über einem bestimmten Ort. Dieser wird gekennzeichnet durch Temperatur, Art und Stärke der Bewölkung, Windrichtung und Windstärke.

Wetterseite: Als W. bezeichnet man im allg. diejenige Seite von Bäumen, Gebäuden u. a., die am meisten dem Wind und den Niederschlägen, „also dem Wetter", ausgesetzt ist. Die W. bezeichnet also die im Jahresdurchschnitt häufigste Windrichtung. In Mitteleuropa ist die W. somit die Westseite; sie ist an Bäumen oft durch einen Algen- und Flechtenbewuchs erkennbar.
Gebäude werden an der W. verschiedentlich bes. geschützt, etwa durch Benagelung mit Schindeln oder Blech.

Wiese

Wiederaufbereitung: allgemein die Wiedergewinnung nutzbarer Substanzen aus Abfällen, z. B. die Rückgewinnung von Schmieröl aus Altöl (↑ auch Recycling); im engeren Sinn die auch als **Wiederaufarbeitung** bezeichnete Rückgewinnung des noch spaltbaren Materials, bes. des Uranisotops U 235 und des Plutoniumisotops Pu 239, aus den abgebrannten Brennstoffelementen von Kernreaktoren unter gleichzeitiger Abtrennung der bei den Kernspaltungen entstandenen hochradioaktiven Spaltprodukte. Hierzu sind bes. **W.sanlagen** erforderlich, in denen die Brennstoffelemente verarbeitet werden können, ohne daß radioaktive Strahlung nach außen gelangt.

Vor dem Transport in die W.sanlage werden die abgebrannten Brennstoffelemente zunächst über sechs Monate in einem gekühlten Wasserbecken innerhalb des Reaktorgebäudes gelagert, bis die Strahlung der kurzlebigen Spaltprodukte abgeklungen ist. Danach werden die Brennstoffelemente in strahlensicheren Behältern in die W.sanlage transportiert, wo sie zunächst wieder in tiefen, von dicken Betonwänden umgebenen Wasserbecken gelagert werden. Von dort gelangen sie durch eine automatische Transportanlage in eine heiße Zelle, in der man sie mit Hilfe von ferngesteuerten Maschinen in die einzelnen Brennstäbe zerlegt, die dann in etwa 5 cm lange Stücke zerschnitten werden. Diese Stücke werden mit kochender Salpetersäure behandelt, wobei der Inhalt der Brennstäbe aufgelöst wird, während die Ummantelungsstücke zurückbleiben. Aus den gewonnenen Lösungen werden das Uran und das Plutonium durch zahlreiche hintereinandergeschaltete Extraktionsprozesse isoliert und von den Lösungen der Spaltprodukte abgetrennt. Die anfallenden Uran- bzw. Plutoniumkonzentrate werden zur Herstellung neuer Brennstoffelemente (bzw. von Atomwaffen) verwendet. Die Konzentrate der Spaltprodukte hingegen müssen zunächst mehrere Jahre (bis zum Abklingen der stärksten Radioaktivität) unter kontrollierten Bedingungen (Kühlung) gelagert werden, bevor sie einer ↑ Endlagerung zugeführt werden können.

Anfänglich nur für die Gewinnung von Plutonium für die Atomwaffenfertigung vorgesehen, wird die W. heute als erster und unverzichtbarer Schritt bei einer ↑ Entsorgung von Kernkraftwerken angesehen. Da sich bei der W. der Brennstoffelemente viele technische Schwierigkeiten ergaben und beim Betrieb der Anlagen zahlreiche Sicherheitsmaßnahmen erforderlich sind, wurden W.sanlagen bisher weltweit nur in geringer Zahl errichtet und längere Zeit betrieben.

Wiedereinbürgerung [Syn.: Repatriierung]: sämtliche durch den Menschen vorgenommenen Maßnahmen zur Ansiedlung von vom Aussterben bedrohten Tier- und Pflanzenarten in Gebieten, in denen diese früher heimisch waren; umfaßt neben strengen Schutzbestimmungen die kontrollierte Nachzucht, z. T. in menschlicher Obhut (in zoologischen und botanischen Gärten und anderen Einrichtungen), und das sog. **Auswildern** (Verbringen in die freie Natur).

Bekannte Beispiele sind die W. des Bibers, Luchses und Uhus in Bayern sowie der landschaftstypischen Unkrautflora an Ackerrainen (u. a. mit Kornrade, Haftdolde, Ackerlichtnelke).

Wiese: gehölzfreie oder -arme, v. a. aus Süßgräsern und Stauden, seltener aus Riedgräsern gebildete Pflanzenformation.

Natürliche W.n sind an bestimmte Standorte gebunden; z. B. in Gebirgen jenseits der Baumgrenze (Matten), in Überschwemmungsgebieten von Flüssen, als ↑ Salzwiesen im Gezeitenbereich flacher Küsten und als ↑ Trockenrasen an besonders warmen, trockenen Standorten in der gemäßigten Zone.

Die landwirtschaftlichen **Nutz-W.n** (Mähwiesen) sind dagegen meist künstlich angelegt (durch Aussaat bestimmter Futtergräser und Kleearten). Sie werden im Gegensatz zur ↑ Weide regelmäßig gemäht und dienen der Heugewinnung, bei mit Riedgräsern bestandenen W.n der Einstreugewinnung **(Streu-W.n).** Man unterscheidet ferner **Fett-W.n** (mit zweimaliger Mahd pro Jahr und hohem Heuertrag; auf nährstoffreichen Böden

Wiesenerz

mit hohem Grundwasserstand) und **Mager-W.n** (mit einmaliger Mahd pro Jahr und geringem Heuertrag; an trockenen, nährstoffarmen Standorten).

Wiesenerz: svw. ↑ Raseneisenerz.

Wiesenmoor: svw. Flachmoor (↑ Moor).

Wiesensteppe: Zone der ↑ Steppe.

Wildgemüse: ↑ Wildkräuter, die als Gemüse- oder Salatpflanzen genutzt werden können; z. B. Gemeiner Löwenzahn, Große Brennessel und Großer Sauerampfer.

Wildkräuter: Sammelbez. für wildwachsende Kräuter und Stauden der verschiedensten Florengesellschaften. W. können zu den ↑ Unkräutern gehören, aber auch zu den in der ↑ Roten Liste geführten, vom Aussterben bedrohten Arten; z. T. gehören sie zu den einheimischen Heil-, Tee- und Gewürzpflanzen oder werden als Salat gegessen.
W. wachsen v. a. auf unbewirtschafteten Flächen, an Wald- und Wegrändern, an Böschungen, auf Schuttplätzen, auf Ackerbrachen, Strand- und Alpenwiesen.
Die Erhaltung der W.flora ist ein wichtiges Anliegen des Naturschutzes.

Wildpflanzen: allg. Bez. für die innerhalb ihres Verbreitungsgebietes ohne menschliches Zutun gedeihenden Pflanzenarten.

Wildschaden: hpts. durch Schalenwild und Wildkaninchen angerichteter Schaden, und zwar u. a. durch Fegen des Geweihs, Schälen und Verbiß.
Als *vorbeugende Maßnahmen* gegen Wildschäden kommen u. a. in Betracht: die Begrenzung der Wilddichte, das Anlegen von Wildäckern und Verbißgärten und die Einzäunung wertvoller Kulturen.

Wildverbiß: Forstschäden durch Benagen und Abschälen der Rinde junger Bäume (bes. durch Rotwild), das Abäsen des Laubes junger Forstkulturen durch Kaninchen und Hasen sowie das Abreißen von Knospen durch Vögel.
Beim W. wird durch die Verletzung der Leitbündel in der Rinde der Transport von Wasser und Nährstoffen herabgesetzt und damit die Entwicklung und das Wachstum der Bäume stark gehemmt.

An den verletzten Stellen können Infektionen, insbes. durch holzzerstörende Pilze, auftreten, die zu weiteren Schäden führen.
Durch Begrenzung der Wildbestände (Jagd), Einzäunung wertvoller Kulturen oder Drahtschutz für einzelne junge Bäume, Einstreichen der Bäume mit ↑ Repellents zum Vertreiben des Wildes oder durch Umgrenzung eines Waldgebietes mittels einer Phenol- oder Holzteerspur, die vom Wild gemieden wird, werden die Forstkulturen gegen W. geschützt.

Wind: durch Temperatur- und Luftdruckunterschiede in der Atmosphäre entstehende, bei hohen Geschwindigkeiten auch **Sturm** und schließlich **Orkan** genannte, mehr oder weniger horizontale Luftbewegung. Infolge Sonneneinstrahlung und nächtlicher Wärmeabstrahlung können lokal sog. Berg- oder Talwinde oder auch Land- und Seewinde entstehen, deren Richtung sich im Tag-Nacht-Wechsel umkehren kann.
W. bewirkt als Klimafaktor wetterbedingte Temperatur- und Feuchtigkeitsänderungen, erhöht die Verdunstung und die ↑ Transpiration der Pflanzen, verursacht an Küsten und Wüsten die Dünenbildung, die Winderosion, verbreitet Früchte, Samen und Pollen sowie pflanzenpathogene Stoffe.
Die **W.stärke** wird nach einer von Beaufort 1806 aufgestellten 13teiligen Skala (Windstärken von 0 bis 12; **Beaufortskala**) angegeben.

Windbestäubung: Form der ↑ Bestäubung.

Windbruch: Unter W. versteht man Forstschäden, bei denen die Stämme von Waldbäumen durch einen Sturm zerbrochen werden. Die Kraft der stürzenden Bäume wirkt dabei auf die noch im Sturm stehenden Exemplare belastungsverstärkend, so daß diese – unter zweifachem Druck – ebenfalls umgeknickt werden. Daraus ergibt sich, daß W. meist in Windbruchgassen auftritt. W. trifft v. a. tiefwurzelnde Bäume, wie z. B. Kiefern. Bei flachwurzelnden Bäumen dagegen können die Wurzeln selbst dem Angriff des Windes nicht Stand halten, so daß der gesamte Baum entwurzelt

Wirkwelt

und umgeworfen wird; man spricht hier von **Windwurf.**

Windflüchter: Bez. für Bäume mit ↑ Windschur.

Windschur: charakteristische Wuchsform von Bäumen, die einem relativ beständigen, kräftigen Wind ausgesetzt sind. Die Äste dieser **Windflüchter** genannten Bäume wachsen nur in die Richtung, in die der Wind weht, also von ihm weg, ihn „flüchtend". Man findet sie v. a. im Gebirge und an der Küste.

Windschutzhecke: W.n haben die Aufgabe, als Windbrecher zu dienen. Sie werden in Gebieten angelegt, in denen größere freie Flächen (z. B. Ackerland, aber auch Weiden) einem ständigen Wind ausgesetzt sind. Dadurch versucht man die Winderosion, aber auch das ständige Wehen einzudämmen.

Windwurf: dem ↑ Windbruch ähnliche Art von Forstschaden.

Winterhärte: Eigenschaft vieler Pflanzen und Tiere, niedrige Temperaturen bzw. Temperaturen unter den Gefrierpunkt zu ertragen und zu überleben; ↑ Frostresistenz, ↑ Kälteresistenz.

Winterruhe: bei verschiedenen Säugetieren (z. B. Eichhörnchen, Dachs, Braunbär, Eisbär) ein nicht sehr tiefer, oft und auch für längere Zeit (für die Nahrungssuche) unterbrochener Ruhezustand während des Winters, wobei der Stoffwechsel normal bleibt und die Körpertemperatur nicht absinkt.

Bei den *Pflanzen* außertropischer Gebiete bedeutet die W. die Einstellung des Wachstums durch die v. a. durch Kälte und auch durch Lichtmangel bedingte Einschränkung des Stoffwechsels. Die Laubbäume und Sträucher erreichen durch Abwurf des Laubes, die Stauden durch das Absterben der oberirdischen Vegetationsorgane einen ausreichenden Schutz vor dem Erfrieren bzw. Vertrocknen.

Im Gegensatz zur W. ist der **Winterschlaf** bestimmter Tiere (Hamster, Murmeltier, Igel, Ziesel, Fledermäuse, Bilche) ein schlafähnlicher, z. T. hormonell gesteuerter, unter Mitwirkung der Tag-Nacht-Relation und der Außentemperatur ausgelöster Ruhezustand. Der Winterschlaf kann, wenn auch nur selten (z. B. zum Harnlassen), unterbrochen werden. Die Körpertemperatur sinkt beim Winterschlaf tief unter die Normaltemperatur bis auf eine bestimmte, artspezifische, unter 5 °C liegende **Schwellentemperatur** ab (unterhalb deren das Tier aufwacht und seine Wärmeproduktion einsetzt; Ausnahme: Fledermäuse; sie sterben bei Erreichen einer Körpertemperatur von − 5 °C, da bei ihnen kein Kälteweckreiz existiert), ferner verlangsamen sich Stoffwechsel, Herzschlag und Atmung sehr stark.

Winterschlaf ↑ Winterruhe.

Winterschutz: jede Maßnahme zum Schutz von Pflanzen gegen extreme Einflüsse des winterlichen Klimas. – ↑ auch Frostschutzmittel.

Winterstagnation: bei Süßwasserseen ↑ Wasserzirkulation.

Winterstarre: die winterliche ↑ Kältestarre.

Wirkstoffe: im weitesten Sinne Bez. für alle Stoffe, die in relativ geringen Mengen im Körper vorkommen oder dem Körper zugeführt werden und in biologische und biochemische Vorgänge eingreifen und dadurch große physiologische Wirkung entfalten können.

Zu den W. gehören die Hormone, Vitamine, Enzyme, Spurenelemente, allg. Biokatalysatoren, ferner Gifte, die wirksamen Bestandteile von Arzneimitteln, Düngemitteln, Schädlingsbekämpfungsmitteln. Bei der Bewertung von W. müssen stets Antagonismen und Synergismen berücksichtigt werden.

Wirkungsgesetz der Umweltfaktoren: von dem dt. Zoologen A. Thienemann (∗ 1882, † 1960) aufgestellte Regel, nach der die Arten und die Individuenzahl einer Lebensgemeinschaft sowie deren Zusammensetzung durch denjenigen Umweltfaktor bestimmt wird, der im Pessimum ist (↑ ökologische Grundregeln).

Wirkwelt: nach dem baltischen Biologen J. von Uexküll (∗ 1864, † 1944) die spezifische Umwelt der einzelnen Tierarten, sofern das Repertoire der ihnen zur Verfügung stehenden Verhaltensweisen der Vielfalt der Reize angepaßt ist, die sie zu bemerken oder aufzufassen in der Lage sind **(Merkwelt).** Die W. eines

357

Lebewesens ist daher die Gesamtheit der Wirkungen, die es herbeiführen oder in Aussicht nehmen kann. W., Merkwelt und Umwelt stehen in einem ↑Funktionskreis.

Wirt: pflanzlicher oder tierischer Organismus, auf oder in dem sich ein Parasit angesiedelt hat, sich ernährt und fortpflanzt. Je nach Bedeutung für den Entwicklungszyklus des Parasiten werden Zwischen- und Hauptwirt sowie Neben-, Ersatz- und Endwirt unterschieden.

World Wildlife Fund, der ['wɔːld 'waɪldlaɪf 'fʌnd ‖ engl. = Weltfonds für Wildleben ‖ Abk.: WWF], heute: **World Wide Fund for Nature;** unahängige internationale Organisation (Sitz Morges, Schweiz; gegründet 1961 als **WWF-International**), die Naturschutzprojekte durchführt und sich um die Beschaffung von Mitteln für solche Projekte kümmert; arbeitet eng mit der ↑IUCN zusammen. – Heute gibt es rund 25 nationale WWF-Organisationen.

Wuchsstoffe: Kurzbez. für ↑Pflanzenwuchsstoffe.

Wundparasiten: Parasiten, die nicht den unverletzten Wirt befallen können, sondern eine Wunde als Eintrittstelle in den Wirt benötigen. Z. B. infiziert der Erreger des Obstbaumkrebses (der Schlauchpilz Nectria galligena) die Obstbäume bevorzugt über die beim Baumschnitt entstehenden Wundflächen.

Wurzelknollengeophyten ↑Geophyten.

Wurzelraumverfahren: naturnahes Verfahren zur Abwasserreinigung in kommunalen Kläranlagen. Die Abwässer werden mit Hilfe von Schilfrohrpflanzen zusammen mit Kleinlebewesen im Boden von organischen und teilweise auch chemischen Verunreinigungen befreit. Das gereinigte Wasser wird anschließend einem Bach zugeleitet.

Wüste: durch Wasser- oder Wärmemangel bedingtes vegetationsloses oder sehr vegetationsarmes, lebensfeindliches Gebiet der Erdoberfläche.
Die **Trocken-W.n** weisen in den Tropen und Subtropen meist hohe Tagestemperaturen auf (daher auch **Hitze-W.n** ge-

nannt), in den außertropischen Binnengebieten dagegen z. T. große winterliche Kälte **(winterkalte W.n).** Man unterscheidet vielfach die eigtl. W., die **Kern-W.,** von der **Halb-W.,** die zur Dornstrauchsavanne bzw. Steppe überleitet. Die Trocken-W.n liegen hpts. im Bereich der Roßbreiten oder Passate (z. B. Sahara, Arabische Halbinsel) oder in extremer, durch Gebirge isolierter kontinentaler Binnenlage **(Binnen-** oder **orographische W.n,** bes. in Zentralasien).
Eine Besonderheit stellen die unter dem Einfluß kalter Meeresströmungen, kalten Auftriebswassers und ablandiger, sehr warmer passatischer Winde in den Subtropen entwickelten **Küsten-W.n** (z. B. Namib, Atacama) dar; diese besitzen wenigstens in unmittelbarer Küstennähe eine höhere Luftfeuchtigkeit und sind hier z. T. reich an Tau und Nebel **(Nebelwüste).**
Die Oberflächenformung der Trocken-W.n wird wesentlich durch die physikalische Verwitterung bestimmt. Aufgrund der hohen täglichen Temperaturschwankungen und der [fast] fehlenden Vegetationsdecke zerfällt das Gestein zu scharfkantigem Schutt und Grus, so daß die Berge im eigenen Schutt „ertrinken". Der Wind verfrachtet Sand und Staub. An Kleinformen entstehen durch ihn Windkanter, Pilzfelsen u. a., an Großformen abflußlose Wannen. Läßt die Transportkraft des Windes nach, bilden sich Flugsand und Dünen. Dadurch sowie durch verwitterndem Sandstein entstehen **Sandwüsten.**
Das Leben in den W.n ist der Trockenheit angepaßt bzw. an die wenigen Wasservorkommen gebunden. Die Wüstenpflanzen sind wasserspeichernde ↑Sukkulenten, trockenresistente ↑Xerophyten, tiefwurzelnde Pflanzen (z. B. Palmen) und einjährige Pflanzen, die nur nach starken Regenfällen keimen und in einer kurzen Vegetationsperiode reife Samen produzieren.
Die Nutzung der W. durch den Menschen ist ebenfalls den trockenen Bedingungen angepaßt: Viehhaltung (bes. Kamele, Ziegen, Schafe, aber auch Esel, Pferde, Jaks) ist mit Nomadismus verbunden, Ackerbau ist in der Regel auf

Xenophagie

Oasen beschränkt. Die Ausweitung der Bewässerung in jüngster Zeit beruht vielfach auf der Erschließung fossilen, d. h. sich heute nicht mehr erneuernden Grundwassers.

Die heutige wirtschaftliche Bedeutung der W.n beruht auf Bodenschätzen, wie Erdöl und -gas in Nordafrika und Vorderasien, Diamanten und Erzen in Namibia, Phosphaten in der Westsahara, Salpeter und Kupfererzen in der Atacama.

In polaren und subpolaren Gebieten sowie in Teilen von Hochgebirgen entstehen mangels Wärme pflanzenarme bis pflanzenlose **Kältewüsten.** Bei völliger Eis- und Schneebedeckung spricht man von **Eiswüsten.**

Wüstenböden: Böden, die in Randwüsten infolge Niederschlagsarmut sehr humusarm, oft steindurchsetzt oder mit Steindecken versehen und kümmerlich mit Einzelpflanzen bedeckt sind. Oft findet man Kalk-, Gips-, Eisen-, Kieselsäurekrusten und örtlich, besonders in Senken, auch Salzkrusten. In Voll- und Extremwüsten fehlt die Bodenbildung.

W. sind oft reich an Pflanzennährstoffen (außer Stickstoff), doch stellt der extreme Wassermangel einen begrenzenden Faktor dar. Technisch richtig durchgeführte Bewässerung kann daher eine oasenhafte Fruchtbarkeit erzeugen.

Wüstenpflanzen: an die trockenen und extrem temperierten Bedingungen der ↑ Wüste angepaßte Pflanzen.

Wüstensavanne: zur Dornstrauchsavanne überleitender Wüstentyp (↑ Savanne).

Wüstensteppe: die Übergangszone von der Wermutsteppe (↑ Steppe) zur Wüste; z. B. im nordwestlichen Teil der Arabischen Halbinsel, Teile der Gobi.

Wüstentiere: W. sind an das Leben in sehr heißen bzw. nachts kalten, trockenen Lebensräumen angepaßt: helle Körperfarbe, nächtliche Aktivität, physiologische Anpassung zur Wassereinsparung. Sie leben daher bei Tag meist in Höhlen. Ihren Wasserbedarf decken sie entweder aus Wasserlöchern oder Quellen, aus der pflanzlichen Nahrung (Kaninchen, Schildkröten) oder aus Beutetieren (Schlangen, Raubvögel). Ameisen und Ratten genügt das im Stoffwechsel entstehende Wasser.

Wüstung: aufgegebene Siedlung oder Wirtschaftsfläche.

WWF, der [veːveːˈɛf]: Abk. für ↑ World Wildlife Fund.

X, Y

xeno-, vor Vokalen: **xen-** [aus griech. xénos = Fremder, fremd]: in Zus. mit den Bedeutungen: 1. „fremd"; z. B. Xenophagie. 2. „Gast"; z. B. Xenobiose, xenök.

Xenobiose, die [zu ↑ xeno- und griech. bíos = Leben]: Gast-Wirt-Verhältnis zwischen zwei Ameisenarten, bei dem die Gastameise (ohne ihren Wirt zu belästigen bzw. von diesem beachtet zu werden) Unterkunft und Schutz bei der Wirtsameise findet.

Xenobiotika, die (Mehrz.) [Einz.: das Xenobiotikum ‖ zu ↑ xeno- und griech. bíos = Leben]:

◊ Sammelbez. für in der Umwelt des Menschen nicht natürlich vorkommende Stoffe anthropogenen Ursprungs. Zu ihnen gehören Arzneistoffe, Pestizide und andere Wirkstoffe, aber auch Immissionen industriellen Ursprungs, Luft- und Gewässerverunreinigungen.

◊ körperfremde Stoffe, die, einem Organismus zugeführt, die Entwicklung von Abwehrmechanismen oder die Bildung von Abwehrstoffen (Immunisierung) anregen; z. B. Toxine und Antigene.

Xenogamie, die [↑ xeno- und ↑ -gamie]: svw. Fremdbestäubung (↑ Bestäubung).

xenök [zu ↑ xeno- und griech. oîkos = Haus]: svw. ↑ xenozön.

Xenophagie, die [zu ↑ xeno- und griech. phageîn = essen]: Art der Nahrungswahl bei Tieren, bei der neben der

Xenophilie

üblichen Kost auch eine völlig andere, sonst fremde Kost als Zufalls- und Notnahrung (Verlegenheitsnahrung) akzeptiert wird. Die X. steht im Gegensatz zur (im allg. üblichen) **Xenophobie**, bei der fremde Kost stets abgelehnt wird († dagegen Xenophilie).

Xenophilie, die [zu ↑ xeno- und griech. phílos = freundlich; Freund]: bei manchen Tieren eine Nahrungsumstellung in Form einer Bevorzugung bisher unbekannter, neu sich anbietender Nahrung (z. B. nach Verschleppung der Tiere); im Gegensatz zur Xenophobie (↑ Xenophagie).

Xenophobie, die [zu ↑ xeno- und griech. phóbos = Furcht]: bei Tieren ↑ Xenophagie.

Xenositen, die (Mehrz.) [Einz.: der Xenosit ‖ Kurzbildung aus ↑ xeno- und ↑ Parasiten]: Bez. für temporäre Parasiten, die nur in der Jugendphase auf Kosten anderer Organismen leben; z. B. bestimmte Dasselfliegenlarven.

xenotop [zu ↑ xeno- und griech. tópos = Ort, Stelle]: nennt man Tier- oder Pflanzenarten, die nur zufällig in einem bestimmten Lebensraum vorkommen, jedoch dort keine Existenzmöglichkeiten vorfinden und daher bald wieder verschwinden.

xenozön [zu ↑ xeno- und griech. koinós = gemeinsam ‖ Syn.: xenök]: nennt man Organismenarten **(Xenozöne),** die in manchen Lebensräumen gelegentlich oder regelmäßig auftreten, ihr Hauptvorkommen und ihre optimale Entwicklung aber in einem anderen Biotop haben.

xer-: Wortbildungselement (↑ xero-).

xerisch [zu ↑ xero-]: trocken; die Trockenheit betreffend; z. B. vom Standort einer Pflanze gesagt.

xero-, vor Vokalen: **xer-** [aus griech. xērós = trocken, dürr]: in Zus. und Abl. mit der Bed. „trocken"; z. B. xeromorph, xerisch.

xeromorph [zu ↑ xero- und griech. morphē = Gestalt ‖ Abl.: ↑ Xeromorphose]: an Trockenheit angepaßt; von Pflanzen mit bes. morphologischen und physiologischen Anpassungen an trockene Standorte gesagt.

Xeromorphose, die [zu ↑ xeromorph ‖ Syn.: Xeromorphie, die]: die morphologische und anatomische Anpassung von Pflanzen an ständig oder zeitweise extrem trockene Standorte; z. B. Ausbildung einer dicken Kutikula, Blattreduktion und andere bei ↑ Xerophyten auftretende Morphosen.

Xerophagen, die (Mehrz.) [Einz.: der Xerophage ‖ zu↑ xero- und griech. phageīn = essen]: von relativ trockener Nahrung lebende Organismen, die ihren Wasserbedarf zumeist durch das beim Stoffwechsel anfallende Wasser decken; u. a. Kleidermotte, Hausschwamm (Serpula lacrymans).

xerophil [↑ xero- und ↑ -phil ‖ Abl.: Xerophilie]: die Trockenheit liebend, (luft)trockene Lebensräume bevorzugend; von bestimmten Organismen gesagt; z. B. bestimmte Schimmelpilze an Getreide und -produkten, Xerophyten und Wüstentiere.

Xerophilie, die [zu ↑ xerophil]: die Eigenschaft xerophiler Organismen.

Xerophyten, die (Mehrz.) [Einz.: der Xerophyt ‖ ↑ xero- und ↑ -phyt]: Pflanzen mit bes. morphologischen und physiologischen Anpassungen **(Xeromorphosen)** an Standorte mit zeitweiligem (z. B. in sommertrockenen oder winterkalten Gebieten) oder dauerndem Wassermangel (z. B. in Wüsten). Um den Wasserverlust durch die Transpiration einzuschränken, besitzen X. bes. Schutzeinrichtungen, z. B. dichte Behaarung (↑ auch Malakophyllen), derbe (durch reichliche Ausbildung von Festigungsgewebe), mit verdickter oder wachsüberzogener Epidermis ausgestattete Blätter (↑ Sklerophyllen) und in die Epidermis eingesenkte Spaltöffnungen. Dem Verdunstungsschutz dient auch die Verkleinerung der Oberfläche der oberirdischen Vegetationsorgane (z. B. durch Einrollen, Verkleinerung oder Fehlen der Blätter und durch säulen- oder kugelförmigen Wuchs des Sprosses, z. B. bei den Kaktus- und vielen Wolfsmilchgewächsen). Charakteristisch ist ferner die Ausbildung eines wasserspeichernden parenchymatischen Gewebes in den Blättern, der Sproßachse oder (seltener) der Wurzel (↑ Sukkulenten).

Zelle

Um das vorhandene Wasser optimal zu nutzen, besitzen X. oft ausgedehnte und tiefreichende Wurzelsysteme. Eine physiologische Anpassung an den trockenen Standort ist die (bei zahlreichen Sukkulenten vorkommende) Speicherung des in der Nacht während der Atmung gebildeten Kohlendioxids, das am Tag, während die Spaltöffnungen zur Drosselung der Transpiration geschlossen sind und die Kohlendioxidzufuhr unterbrochen ist, für die Photosynthese zur Verfügung steht. Typische X. sind u. a. die ↑ Hartlaubgewächse.

Xeroserie, die [↑ xero-]: eine primäre ↑ Sukzession, die ihren Ausgangspunkt von Fels, Laven oder Rohboden nimmt. – ↑ auch Hydroserie.

xerotherm [zu ↑ xero- und griech. thermós = warm, heiß]: nennt man Gebiete, die ein trockenwarmes Klima aufweisen.

Xerothermrelikte: Bez. für wärmeliebende und an offene Landschaften angepaßte Tier- und Pflanzenpopulationen, die im Verlauf einer durch klimatische Verschlechterung verursachten Verkleinerung, Zersplitterung oder Verlagerung ihrer Areale auf klimatisch bes. begünstigten „Wärmeinseln" (z. B. Kaiserstuhl, Mainzer Becker) überleben konnten. Zu den X.n gehören u. a. folgende Arten, die in der nacheiszeitlichen Wärmezeit (etwa 4500–1500 v. Chr.) aus dem Mittelmeerraum bzw. aus dem südsibirisch-pontischen Raum nach Mitteleuropa eingewandert sind und heute in Trockenrasen-, Steppen- oder Felsgesellschaften vorkommen: Flaumeiche, Kornelkirsche, verschiedene Ragwurzarten, Frühlingsadonisröschen, Wiesensalbei, Gelber Zahntrost, Europäische Sumpfschildkröte und Smaragdeidechse.

xylophag [zu griech. xýlon = Holz und griech. phageīn = essen]: holzfressend; von Organismen gesagt, die hpts. Holz als Nahrung ausnutzen können (↑ Xylophagen).

Xylophagen, die (Mehrz.) [Einz.: der Xylophage ‖ zu ↑ xylophag ‖ Syn.: Lignivoren, Holzfresser]: zu den ↑ Phytophagen zählende Tiere, die an bzw. in Holz leben und sich von Holzsubstanz ernähren. Zu ihnen gehören v. a. Käfer(larven) und Holzwespen. Sie besitzen entweder eine eigene Zellulase (z. B. Bockkäferlarven) oder enthalten im erweiterten Enddarm als Gärkammer Mikroorganismen (v. a. Bakterien), die Zellulose abbauen können (z. B. Termiten und Blatthornkäferlarven). Im Meer gehören die Bohrmuschel, die Bohrassel und der Bohrflohkrebs zu den Xylophagen. Im weitesten Sinne zählen auch die holzzersetzenden Bakterien und Pilze zu den Xylophagen.

Xylophagie, die [zu ↑ xylophag ‖ Syn.: Lignivorie, Holzfressertum]: Ernährungsweise von Tieren (hpts. Insekten), die ausschließlich lebendes oder totes Holz aufnehmen und dies mit Hilfe eines spezifischen Enzyms, der Zellulase, oder mit Hilfe endosymbiontischer Mikroorganismen verdauen.

Yerma, die [zu span. yermo = öde, wüst]: ↑ Rohboden der Wüsten und Halbwüsten.

Z

ZEBS, die: Abk. für: **Zentrale Erfassungs- und Bewertungsstelle für Umweltchemikalien;** Abteilung des Bundesgesundheitsamtes (Sitz: Berlin-West); registriert u. a. Schwermetallgehalte in Lebensmitteln.

Zehrschicht: svw. ↑ tropholytische Zone.

Zeigerpflanzen: svw. ↑ bodenanzeigende Pflanzen.

Zelle, die [altes Lehnwort aus lat.-kirchenlat. cella = Vorratskammer; Gefängniszelle]: Bez. für die meist mikroskopisch kleinen (0,2–100 μm Durchmesser) Bau- und Funktionseinheiten der Organismen mit der Befähigung zu

zellophag

Stoffwechsel, Wachstum und Teilung. Z.n sind mit einer Plasmamembran (bei Pflanzen Plasmalemma genannt) umgeben, durch die das Zytoplasma zusammengehalten wird, in dem sich die *Zellorganellen* befinden:

1. Der von der Kernhülle umgebene **Zellkern** enthält die DNS als Träger der Erbinformation (Prokaryonten enthalten keinen Zellkern, sondern im Zytoplasma vorhandene Chromosomen ohne Hülle; rote Blutzellen sind beim Menschen und vielen Tieren ebenfalls kernlos).

2. In den **Mitochondrien** findet bei der inneren Atmung die ATP-Bildung statt.

3. Das **endoplasmatische Retikulum** (Abk.: ER) bildet mit einer Membran umgebene sackförmige (Vesikel) oder taschenähnlich abgeflachte Räume (Zisternen) und durchzieht große Teile der Zelle. Die Oberfläche des granulären ER ist mit Ribosomen besetzt und ist der Ort der Proteinsynthese; das agranuläre ER führt andere Synthesen aus. **Ribosomen** bestehen aus der ribosomalen Ribonukleinsäure (r-RNS) und aus Protein; sie kommen auch frei im Zytoplasma vor.

4. Der **Golgi-Apparat** besteht aus scheibenförmig aufeinanderliegenden Gruppen von Diktyosomen. Golgi-Apparate kommen bes. zahlreich in Drüsenzellen vor.

5. **Mikrosomen** und **Lysosomen**, die mit Enzymen vollgepackt sind und bestimmte Reaktionsfolgen katalysieren, z. B. die Photorespiration. Zu ihnen gehören die Peroxysomen und die Glyoxysomen. Die *pflanzliche Z.* enthält überdies **Plastiden** (Chloro-, Chromo-, Leukoplasten), ferner die von einer Membran (Tonoplast) umgebenen **Vakuolen,** die bei erwachsenen Pflanzenzellen als **Zentralvakuole** den größten Teil des Zellvolumens einnimmt und in wäßriger Lösung neben v. a. sekundären Pflanzenstoffen organische Säuren, anorganische Ionen und z. T. auskristallisierte, schwerlösliche Verbindungen enthält, außerdem die auf die Zellmembran aufgelagerte Zellwand aus Zellulose und Hemizellulosen sowie Pektinen (Ausnahme: Pilze, deren Zellwand aus Chitin besteht).

Neuerdings wurde nachgewiesen, daß Z.n ein aus dünnen Proteinfäden bestehendes Zytoskelett enthalten.

Durch die Unterteilung der Z. in Zellorganellen und Zytoplasma werden verschiedene Reaktionsräume **(Kompartimente)** voneinander getrennt.

Die *Vermehrung von Z.n* erfolgt durch Teilung in zwei Tochterzellen, die entweder gleich oder verschieden sind.

Z.n können als einzelne Z. (z. B. als Samen- oder Ei-Z.) alle Lebensfunktionen eines Organismus ausüben, oder sie können zu mehreren Gewebe und/oder Organe bei Pflanze, Tier und Mensch bilden, wobei sie sich in der Regel durch Veränderung der Genexpression während ihrer Entwicklung differenzieren und sich dann morphologisch unterscheiden (z. B. Geißel-, Wimper- oder Haar-Z.n), indem sie bestimmte Stoffwechselfähigkeiten entwickeln (z. B. als Drüsen- oder Sekret-Z.n), als Sinnes-Z.n zur Wahrnehmung von Umweltreizen befähigt sind (Seh-, Riech-, Tast-Z.n, Wärmerezeptoren u. a.) oder der Fortpflanzung dienen (Geschlechtszellen).

zellophag [zu Zelle und griech. phageïn = essen]: einzelne Zellen oder abgebaute Zellen fressend; von Tieren gesagt.

Zeolithe, die (Mehrz.) [Einz.: der Zeolith ‖ zu griech. zeïn = kochen, wallen und griech. líthos = Stein]: Gruppe feldspatähnlicher, meist farbloser, weißer oder schwach gefärbter Minerale. Die Z. haben trotz unterschiedlicher chemischer Zusammensetzung und Gitterstruktur mehrere gemeinsame Eigenschaften; u. a. enthalten sie in Gitterhohlräumen Wasser, das mit steigender Temperatur abgegeben und beim Abkühlen wieder aufgenommen wird. Ihre Alkali- und Erdalkaliionen sind relativ frei beweglich in Gitterhohlräume eingebettet und lassen sich bis zu einem gewissen Grad gegen andere Kationen austauschen. Die Z. eignen sich deshalb als Ionenaustauscher. In den Hohlräumen können je nach Größe bestimmte organische Verbindungen adsorbiert werden.

Große technische Bedeutung haben synthetische Z., die je nach Porenweite u. a.

als Ionenaustauscher in Waschmitteln sowie für die Wasserenthärtung verwendet werden.

Zersetzer: zusammenfassende Bez. für ↑Nekrophagen, ↑Koprophagen und Phytosaprophagen (↑phytosaprophag).

Zersetzerkette: svw. detritische ↑Nahrungskette.

Zersetzung: der Ab- und Umbau toter organischer Substanz auf dem Boden oder im Boden. Je nach Art der Substanzen, des Bodens, des Mikroklimas und der Mit- bzw. Einwirkung von Organismen (zumeist Pilze und Bakterien) kann die Z. als Vertorfung, Verwesung, Fäulnis oder Humifizierung ablaufen.

Zersiedlung: Beeinträchtigung oder Zerstörung der Landschaft und von Ökosystemen durch ausufernde städtische Bebauung im ländlichen Raum, durch Bauten außerhalb geschlossener Ortschaften, durch die Erschließung von natürlichen Biotopen für die Landwirtschaft, für Wochenend- und Freizeitzentren und für Industrieanlagen. Durch gesetzliche Regelungen und durch Ausweisung von Naturschutz- und Landschaftsschutzgebieten soll die Z. eingedämmt werden.

zezidi-: Wortbildungselement (↑zezidio-).

zezidikol [zu ↑zezidio- und lat. colere = bewohnen]: nennt man Tiere, die in nicht von ihnen selbst erzeugten Pflanzengallen leben; z. B. machen die Larven bestimmter Gallwespenarten als sog. Einmieter ihre Entwicklung in von anderen Gallwespenarten gebildeten Gallen durch.

zezidio-, auch: **zezidi-** oder **zezido-** [aus griech. kēkidion = Galläpfelchen]: in Zus. mit der Bed. „Pflanzengallen"; z. B. Zezidiophyten, zezidikol, zezidogen.

zezidiophag [zu ↑zezidio- und griech. phageīn = essen ‖ Schreibvariante: zezidophag]: sich von Gallen bzw. in Gallen von deren Gewebe ernährend; von gallenerzeugenden bzw. -bewohnenden Tieren und ihrer Nachkommenschaft (Larven) gesagt.

Zezidiophagen, die (Mehrz.) [Einz.: der Zezidiophage ‖ Schreibvariante: Zezidophagen]: Tiere, die ↑zezidiophag sind.

Zezidiophagie, die [Schreibvariante: Zezidophagie]: die Ernährungsweise ↑zezidiophager Tiere.

Zezidiophyten, die (Mehrz.) [Einz.: der Zezidiophyt ‖ ↑zezidio- und ↑-phyt ‖ Schreibvariante: Zezidophyten]: Bez. für Pflanzen (v. a. verschiedene Algen- und Pilzarten), die Gallen verursachen; z. B. werden die sog. Hexenbesen an Kirschbäumen durch einen Pilzbefall mit Taphrinaarten hervorgerufen.

Zezidiozoen, die (Mehrz.) [Einz.: das Zezidiozoon ‖ ↑zezidio- und griech. zō̄on = Lebewesen; Tier ‖ Schreibvariante: Zezidiozoen]: Bez. für Tiere, die Pflanzengallen verursachen; z. B. Gallmilben, -wespen, -mücken, Älchen.

zezido-: Wortbildungselement (↑zezidio-).

zezidogen [↑zezidio- und ↑-gen]: gallenerzeugend; von Tieren und Pflanzen gesagt, die bei Pflanzen durch spezifische stoffliche Einwirkungen (Aminosäuren und Enzyme bei Tieren, Gibberilline, Auxine und Zytokinine bei Pflanzen) Gallen erzeugen.

zezidophag: svw. ↑zezidiophag.

Zezidophagen: svw. ↑Zezidiophagen.

Zezidophyten: svw. ↑Zezidiophyten.

Zezidozoen, die: svw. ↑Zezidiozoen.

zirkadiane Rhythmik, die [zu lat. circa = ungefähr, lat. dies = Tag und griech. rhythmós = Gleichmaß, Takt ‖ Syn.: endogene Rhythmik, endonome Rhythmik, Tagesperiodik, physiologische Uhr, innere Uhr]: Die Lebensvorgänge bei Menschen, bei Tieren und bei Pflanzen laufen in regelmäßigen, durch den Tag-Nacht-Wechsel gesteuerten Rhythmen ab. Bringt man die Lebewesen unter konstante Umweltbedingungen, so daß äußere Einflüsse ausgeschaltet sind, laufen ihre physiologischen Funktionen trotzdem über lange Zeit hinweg rhythmisch weiter, allerdings nicht mehr genau im 24-Stunden-Takt, sondern mit etwas kürzeren oder längeren Perioden. Für diese endogen gesteuerte z. Rh. ist der natürliche Tagesablauf nur Zeitgeber und synchronisiert die Abläufe.

Die z. Rh. ist im Gegensatz zu den autogenen Oszillationen temperaturkompensiert; ihr Q_{10}-Wert liegt zwischen 1,0 und

363

Zirkulation

1,1. Die freilaufende Rhythmik klingt auch über längere Zeiten nicht ab; sie verhält sich wie ein selbsterregter Oszillator.

Viele *Pflanzen* z. B. führen tagesperiodische Schlafbewegungen mit ihren Blättern (Sauerklee, Bohne) oder Blütenschließbewegungen (Gänseblümchen) aus, die auch im Dauerdunkel oder Dauerlicht beibehalten werden. Pilze (Pilobolus) setzen ihre reifen Sporen zu ganz bestimmten Tageszeiten frei. Ferner werden vielfach Wachstums- und Turgorbewegungen sowie die Beweglichkeit einzelner Zellen durch die z. Rh. bestimmt.

Beispiele für die z. Rh. bei *Tieren* sind die Schlüpfrhythmik bei der Taufliege Drosophila und einigen Schmetterlingen, die Bewegungsaktivität der Küchenschabe, des Flughörnchens (Glaucomys volans) und des Grünfinks. Die z. Rh. dient der Tageslängenmessung bei Pflanzen und Tieren (↑ auch Photoperiodismus) sowie der Orientierung. Bienen, Wolfsspinnen und Stare orientieren sich mit Hilfe des Sonnenazimuts, wobei die tageszeitliche Wanderung der Sonne durch die innere Uhr kompensiert wird. *Gezeitentiere* besitzen neben der z.n Rh. noch eine sog. **Gezeitenuhr,** die ebenfalls endogen weiterläuft und die Lebensabläufe exakt an die Gezeitenrhythmen anpaßt (↑ auch lunarperiodische Erscheinungen).

Beim *Menschen* hat man lange angenommen, daß der Schlaf-wach-Zyklus alle physiologischen Körperfunktionen steuere. Genaue Untersuchungen haben aber ergeben, daß auch der Schlaf-wach-Rhythmus selbst von einer inneren Uhr geregelt wird. Tagesperiodische Abläufe sind am Menschen für mehr als 100 Meßgrößen von Organen und Funktionen nachgewiesen worden. Als typische Beispiele seien genannt: die tägliche Schwankung der Körpertemperatur mit einem Minimum am frühen Morgen und einem um 1–1,5 °C höheren Maximum am Abend; Schwankungen der Atemfrequenz, der Herzfrequenz, des Blutdrucks, der Nierenfunktion, der Ausscheidung von Adrenalin und Noradrenalin im Urin, der Konzentration von Aminosäuren, Enzymen und Glucose im Blut.

Zirkulation, die [aus lat. circu(m)latio = Kreislauf]: in der Limnologie ↑ Wasserzirkulation.

Zisternenpflanzen [aus lat. cisterna = Wasserbehälter unter der Erde]: Rosettenpflanzen (v. a. epiphytische Tillandsien- und Vrieseaarten), deren Blätter an der Basis trichterförmig aneinanderschließen und die so gebildete „Zisterne" zum Auffangen und Speichern von Niederschlagswasser benutzen, das dann durch Schuppenhaare an den Blattbasen in den Pflanzenkörper aufgenommen wird. Die Wurzeln der Z. dienen nur der Verankerung der Pflanze am Boden bzw. auf der Unterlage.

Zökotrophie, die [zu Zökum (Nebenform zu Zäkum) = Blinddarm (dies zu lat. caecus = blind) und griech. trophḗ = Ernährung; Nahrung ‖ Syn.: Blinddarmkotfresser]: Ernährungsweise bestimmter ↑ Koprophagen.

zonale Vegetation [zu lat. zona = (Erd)gürtel, dies von gleichbed. griech. zṓnē]: die dem Großklima eines ausgedehnten Gebietes (z. B. Steppenzone, Waldsteppenzone, Nadelwaldzone) entsprechende und dort vorherrschende Vegetation.

Kommen Vegetationstypen, die für eine bestimmte Zone charakteristisch sind, außerhalb dieses betreffenden Gebietes in einem anderen vor, z. B. an lokalklimatisch abweichenden Stellen, so sind derartige Vorkommen **extrazonal;** z. B. das Auftreten von wiesensteppenartiger Vegetation in Thüringen.

Vegetationsformen, die aufgrund eines bestimmten dominierenden Standortfaktors nicht an eine bestimmte Vegetationszone gebunden sind (Auenwälder, Röhrichte u. a.), bezeichnet man als **azonal.**

Zonation, die [zu lat. zona = (Erd)gürtel (von gleichbed. griech. zṓnē) ‖ Syn.: Zonierung]: die Entwicklung einer Lebensgemeinschaft in Zonen, d. h. in horizontaler flächenhafter Anordnung im Unterschied zu der in vertikal gegliederten Räumen (wie den Höhenstufen der Vegetation der Gebirge); z. B. die Ausbildung einer Lebensgemeinschaft ent-

zoosaprophag

lang eines Küstenstreifens oder See-ufers.

zöno- [aus griech. koinós = gemein-sam]: in Zus. und Abl. mit der Bed. „ge-meinsamer Lebensraum, Zusammen-schluß, Vergesellschaftung"; z. B. Zöno-se, Zönotop.

Zonobiom, das [zu lat. zona = (Erd)gürtel (von gleichbed. griech. zōnḗ) und griech. bíos = Leben]: ↑ Biom hin-sichtlich der zonalen (geographischen) Großlebensräume (entsprechen v. a. der ↑ zonalen Vegetation). – ↑ auch Orobio-me, ↑ Pedobiom.

Zönobiont, der [zu ↑ zöno- und griech. bíos = Leben]: Organismus, der nur in-nerhalb eines bestimmten Biotoptyps vorkommt bzw. nur einer einzigen Bio-zönose angehört. Z.en gelten aufgrund ihrer ausgeprägten Biotop- und Biozö-nosebindung als Charakterarten für den Standort oder die Lebensgemeinschaft.

zönophil [↑ zöno- und ↑ -phil]: in einem bestimmten Lebensraum bevorzugt vor-kommend; von Organismen gesagt, die ihre optimalen Lebensbedingungen in einem bestimmten Biotop vorfinden. – ↑ auch Präferenten.

Zönophilen, die (Mehrz.) [Einz.: der Zönophile ‖ zu ↑ zönophil]: svw. ↑ Präfe-renten.

Zönose, die [zu ↑ zöno- ‖ Abl.: zöno-tisch]: allg. Bez. für eine Lebensgemein-schaft von tierischen oder pflanzlichen Organismen.

zönotische Population [zu ↑ Zönose ‖ Syn.: Biotoppopulation, ökologische Population]: Bez. für sämtliche Indivi-duen einer Art, die in einer bestimmten Biozönose leben. Eine z. P. hat ihre ge-netisch bedingte Prägung, ist aber nicht als Rasse bzw. Unterrasse zu betrachten.

Zönotop, der oder das [↑ zöno- und griech. tópos = Ort, Stelle]: ein Lebens-bezirk (Top) hinsichtlich jeder Vergesell-schaftung von Lebewesen; Lebensstätte einer Zönose.

zönoxen [↑ zöno- und griech. xénos = Gast; fremd]: nur zufällig in einem be-stimmten Biotop vorkommend; von Tie-ren und Pflanzen gesagt.

zoo- [tso-o ‖ aus griech. zōon = Lebewe-sen; Tier]: in Zus. und Abl. mit der Bed. „Tier"; z. B. Zoophagen, Zoom.

Zoobenthos, das [↑ zoo-]: das tierische ↑ Benthos.

Zoobios, der [↑ zoo- und griech. bíos = Leben]: Bez. für tierische Lebewesen, die auf oder in anderen Tieren leben; z. B. Kommensalen, Symbionten und Parasiten. – ↑ auch Phytobios.

Zoochorie, die [↑ zoo-]: Form der ↑ Al-lochorie, bei der die Samen bzw. Früchte von Tieren verbreitet werden.

Zooepisit, der [↑ zoo-]: svw. ↑ Räuber.

Zoogamen, die (Mehrz.) [Einz.: die Zoogame ‖ zu ↑ Zoogamie]: svw. ↑ Tier-blumen.

Zoogamie, die [↑ zoo- und ↑ -gamie ‖ Abl.: Zoogamen]: die ↑ Bestäubung von Blüten durch Tiere.

Zoogeographie, die [↑ zoo-]: svw. ↑ Tiergeographie.

Zoom, das [zu ↑ zoo-]: der Bestand eines ↑ Bioms an Tieren.

Zoomimese, die [↑ zoo-]: Form der Nachahmung bei Tieren (↑ Mimese).

Zoomorphose, die [zu ↑ zoo- und griech. morphḗ = Gestalt]: von Tieren verursachte Wuchsanomalie bei Pflan-zen; z. B. Gallenbildungen, Kümmer-wuchs.

zoonekrophag [↑ zoo- und ↑ nekropha-phag]: svw. aasfressend (↑ Saprophagen).

Zooökologie, die [↑ zoo-]: svw. Tier-ökologie (↑ Ökologie).

Zooparasit, der [↑ zoo-]: tierischer ↑ Pa-rasit.

zoophag [zu ↑ zoo- und griech. pha-geîn = essen ‖ Abl.: Zoophagen, Zoo-phagie]: sich von tierischer Substanz (le-bende oder kurz zuvor abgetötete Tiere) ernährend; auf Tiere (z. B. Raub-tiere, Insektenfresser, Blutsauger) oder fleischfressende Pflanzen bezogen. – ↑ auch nekrophag, ↑ saprophag, ↑ phyto-phag.

Zoophagen, die (Mehrz.) [Einz.: der Zoophage (bei Tieren) oder die Zoopha-ge (bei Pflanzen)]: Tiere oder Pflanzen, die ↑ zoophag sind.

Zoophagie, die: die Ernährungsweise zoophager Organismen.

Zooplankton, das [↑ zoo-]: das tieri-sche ↑ Plankton.

zoosaprophag [↑ zoo- und ↑ sapro-phag ‖ Abl.: Zoosaprophagen]: sich hpts. von teilweise bereits zersetzter toter tieri-

365

Zoosaprophagen

scher Substanz ernährend; von Tieren (z. B. Aaskäfer) gesagt.

Zoosaprophagen, die (Mehrz.) [Einz.: der Zoosaprophage ‖ Syn.: Aasfresser]: Tiere, die ↑zoosaprophag sind.

Zoosoziologie, die [↑zoo-]: svw. ↑Tiersoziologie.

Zootop, der oder das [↑zoo-]: ein ↑Top in bezug auf die Fauna.

Zoozönologie, die [↑zoo-, ↑zöno- und ↑-logie]: svw. ↑Tiersoziologie.

Zoozönose, die [↑zoo-]: die Gesamtheit der Tiere in einer ↑Biozönose.

Zusatzstoffe: im *Lebensmittelrecht* solche Stoffe, die dazu bestimmt sind, Lebensmitteln zur Beeinflussung ihrer Beschaffenheit oder zur Erzielung bestimmter Eigenschaften oder Wirkungen zugesetzt zu werden (z. B. Acetate, Carbonate, Chloride, Backtriebmittel, Bleichmittel, geschmacksbeeinflussende Stoffe und Konservierungsmittel). Durch die **Zusatzstoff-Zulassungsverordnung** ist geregelt, welche Z. Lebensmitteln zugefügt werden dürfen. Keine Z. sind Stoffe, die nach der Verkehrsauffassung überwiegend zu Ernährungs- oder Genußzwecken zugesetzt werden; z. B. Gewürze.

Zwergplankton: svw. ↑Nanoplankton.

Zwergstrauchformation [Syn.: Zwergstrauchheide]: Z.en sind baumlose Pflanzengesellschaften aus kniehohen, an die Trockenheit angepaßten Holzgewächsen (**Zwergsträucher**; z. B. Heidelbeere, Heidekraut). Man findet sie in der subpolaren und alpinen Zone, in den Trockengebieten und in der durch den Menschen entstandenen atlantischen Heide.

Zwergstrauchheide: svw. ↑Zwergstrauchformation.

Zwergwuchs: svw. ↑Nanismus.

Zwiebelgeophyten ↑Geophyten.

Zwischenmoor: Typ des ↑Moors.

Zwischenwirt: bei ↑Parasiten mit obligatem Wirtswechsel Bez. für einen Or-

ganismus, an dem bzw. in dem die Jugendstadien parasitieren.

Zyklomorphose, die [zu griech. kýklos = Kreis, Kreislauf und griech. morphế = Gestalt]: die periodische wiederkehrende Änderung der Körpergestalt bei aufeinanderfolgenden Generationen von Planktontieren unter dem Einfluß von Licht, Temperatur, Wasserströmung und Nahrung; tritt bei Kleinkrebsen (z. B. Daphnien, Ruderfußkrebse, Wasserflöhe), Rädertierchen und Süßwasserdinoflagellaten auf.

zyto- [aus griech. kýtos = Höhlung, Wölbung]: in Zus. mit der Bed. „Zelle"; z. B. Zytostatika.

Zytokinine, die (Mehrz.) [Einz.: das Zytokinin ‖ zu ↑zyto- und griech. kineīn = bewegen ‖ Syn.: Phytokinine]: im gesamten Pflanzenreich verbreitete, bes. in Wurzelspitzen und jungen Früchten synthetisierte Gruppe von Purinderivaten mit einer die Zellteilung aktivierenden Wirkung (z. B. Kinetin, Zeatin). Spezifische Wirkungen sind u. a.: Förderung von Knospenaustrieb und Fruchtwachstum, Verzögerung von Alterungsprozessen (z. B. Blattvergilbung) und Brechung der (hemmstoffinduzierten) Samenruhe.

Zytostatika, die (Mehrz.) [Einz.: das Zytostatikum ‖ zu ↑zyto- und griech. statikós = zum Stillstehen bringend, hemmend]: Chemische Verbindungen, die die Zellteilung hemmen und wegen dieser Wirkung chemotherapeutisch zur Wachstumshemmung von Tumoren (**Karzinostatika, Kanzerostatika**) in der Krebsbehandlung eingesetzt werden. Wegen der größeren Teilungsrate des Tumorgewebes erfolgt die Hemmung mit einer gewissen Selektivität. Chemisch gehören die Z. zu den alkylierenden Stoffen (z. B. Stickstofflostderivate), den Antimetaboliten (Folsäureantagonisten, z. B. Aminopterin) und den Mitosegiften (Colchicin, Vinblastin, Vincristin). – Ein als Zytostatikum wirksames Antibiotikum ist Actinomycin A.

366

Literaturverzeichnis

K.-H. Ahlheim (Hg.), Wie funktioniert das? Die Umwelt des Menschen, Mannheim [2]1981

C. Amery, Die ökologische Chance. Das Ende der Vorsehung; Natur als Politik, Reinbek [2]1985

H. Apel u. a., Ökonomische Aspekte des Umweltproblems, Frankfurt am Main 1978

W.-E. Barth, Praktischer Umwelt- und Naturschutz, Hamburg, Berlin 1987

F. Baum, Praxis des Umweltschutzes, München 1979

H. Bick/K. H. Hansmeyer/G. Olschowy/P. Schmoock (Hg.), Angewandte Ökologie – Mensch und Umwelt, 2 Bde., Stuttgart 1984

J. Blab/E. Nowak, Rote Liste der gefährdeten Tiere und Pflanzen in der Bundesrepublik Deutschland, Greven [4]1984

D. Bolscho/G. Eulefeld/H. Seybold, Umwelterziehung, München 1980

K. Buchwald/W. Engelhardt (Hg.), Handbuch für Planung, Gestaltung und Schutz der Umwelt, 4 Bde., München 1978–80

A. und P. Ehrlich, Der lautlose Tod. Das Aussterben der Pflanzen und Tiere (Übers. a. d. Amerikan.), Frankfurt am Main 1983

W. Engelhardt, Umweltschutz. Gefährdung und Schutz der natürlichen Umwelt des Menschen, München [5]1985

G. Eulefeld u. a., Ökologie und Umwelterziehung, Stuttgart 1981

P. Fabian, Atmosphäre und Umwelt, Berlin, Heidelberg, New York 1987

G. Fellenberg, Ökologische Probleme der Umweltbelastung, Heidelberg, New York, Tokio 1985

U. Jetter, Technik im Umweltschutz. Aufgaben, Verfahren, Probleme, Essen 1977

H. Knodel/U. Kull, Ökologie und Umweltschutz, Stuttgart Neuausgabe 1984

Th. C. Koch/J. Seeberger, Ökologische Müllverwertung, Karlsruhe [2]1986

E. R. Koch/F. Vahrenholt, Die Lage der Nation. Umweltatlas der Bundesrepublik. Daten, Analysen, Konsequenzen, Trends, Hamburg 1985

F. Korte (Hg.), Ökologische Chemie, Stuttgart, New York 1980

K. H. Kreeb, Ökologie und menschliche Umwelt. Geschichte, Bedeutung, Zukunftsaspekte, Stuttgart 1979

F. Kurt, Naturschutz – Illusion und Wirklichkeit. Zur Ökologie bedrohter Arten und Lebensgemeinschaften, Hamburg, Berlin 1982

H. Leser, Landschaftsökologie, Stuttgart [2]1978

K. Lorenz, Die acht Todsünden der zivilisierten Menschheit, München [18]1985

P. C. Meyer-Tasch, Ökologie und Grundgesetz, Frankfurt am Main 1980

D. Meadows u. a., Die Grenzen des Wachstums. Bericht des Club of Rome zur Lage der Menschheit (Übers. a. d. Amerikan.), Stuttgart 1972

G. Michelsen (Hg.), Der Fischer Öko-Almanach. Daten, Fakten, Trends der Umweltdiskussion, Frankfurt am Main 1984/85

H. J. Mielke, Umwelt von A–Z, Köln 1979

W. Moll, Taschenbuch für Umweltschutz, 4 Bde., Darmstadt [1-3]1979–83

E. P. Odum/J. Reichholt, Ökologie, München, Wien, Zürich [4]1980

W. Odzuck, Umweltbelastungen, Stuttgart 1982

G. Olschowy (Hg.), Natur- und Umweltschutz in der Bundesrepublik Deutschland, Hamburg, Berlin 1978

G. Osche, Ökologie – Grundlagen, Erkenntnisse, Entwicklung der Umweltforschung, Freiburg i. Br. [9]1981

Der Rat von Sachverständigen für Umweltfragen (Hg.), Umweltgutachten 1978, Stuttgart u. a. 1978

Der Rat von Sachverständigen für Umweltfragen (Hg.), Umweltprobleme der Nordsee, Sondergutachten 1980, Stuttgart 1980

H. Remmert, Ökologie, Berlin, Heidelberg, New York [3]1984

B. Ruske/D. Teufel, Das sanfte Energie-Handbuch, Reinbek 1980

R. Schubert (Hg.), Lehrbuch der Ökologie, Jena [2]1986

P. Schütt u. a., So stirbt der Wald, München [4]1985

H. A. Staub, Alternative Landwirtschaft. Der ökologische Weg aus der Sackgasse, Frankfurt am Main 1980

O. Tabasaran (Hg.), Abfallbeseitigung und Abfallwirtschaft, Düsseldorf 1982

L. Trepl, Geschichte der Ökologie, Frankfurt am Main 1987

G. Trommer/K. Wenk (Hg.), Leben in Ökosystemen, Braunschweig 1978

Umweltbundesamt (Hg.), Was Sie schon immer über Abfall und Umwelt wissen wollten, Berlin 1984

Umweltbundesamt (Hg.), Was Sie schon immer über Lärmschutz wissen wollten, Berlin 1982

Umweltbundesamt (Hg.), Was Sie schon immer über Luftreinhaltung wissen wollten, Berlin 1983

Umweltbundesamt (Hg.), Was Sie schon immer über Umweltchemikalien wissen wollten, Berlin Neuausgabe 1985

Umweltbundesamt (Hg.), Was Sie schon immer über Umweltschutz wissen wollten, Berlin 1981

SCHÜLERDUDEN

die sind wirklich o. k.!

All right!

Schülersprache, Sponti-Deutsch, Oxford-Englisch, Körpersprache: „Einverstanden" kann man in der Tat auf hundert verschiedene Arten ausdrücken. Wie gut man sich allerdings letztendlich verständlich machen kann, das hängt auch und gerade davon ab, wieviel man über die Sprache, ein Wort, seine Bedeutung, seine Herkunft und Geschichte weiß.

Fremdwörterbuch
Von „all right" bis „relaxed" von „à gogo" bis „Plumbum": Fremdwörter gehören zum Sprach- und Schulalltag. Was aber bedeuten sie wirklich? 480 Seiten, rund 20 000 Fremdwörter. Gebunden.

Wortgeschichte
Wirft der Maulwurf wirklich mit seinem Maul Erde auf? Sprachgeschichte und Herkunft der Wörter und was man darüber wissen sollte. 491 Seiten, über 10 000 Stichwörter, zahlreiche 200 Abbildungen, Tabellen und Schaubilder. Gebunden.

DUDENVERLAG
Mannheim·Leipzig·Wien·Zürich

SCHÜLERDUDEN

unglaublich gut!

Das ist doch kaum zu glauben!

Und man muß auch nicht alles glauben, was so erzählt und geschrieben wird. Viel wichtiger ist es, sogenannte Daten, Fakten und Details wirklich nachprüfen, nachlesen und nachschlagen zu können. In Büchern, die wissen, wovon sie reden.

Bedeutungswörterbuch
Viele Wörter sind mehrdeutig, wie z. B. „anmachen". Wie und wo man welchen Ausdruck richtig verwendet, dabei hilft dieses Wörterbuch. 461 Seiten mit Abbildungen. Gebunden.

Grammatik
Vom Aktiv bis zum zweiten Futur: eine Sprachlehre, die die kleinen und großen Fragen zur Grammatik leicht verständlich erklärt. Mit Übungen und Lösungen, speziell für den Deutschunterricht entwickelt. 509 Seiten. Gebunden.

DUDENVERLAG
Mannheim · Leipzig · Wien · Zürich

SCHÜLERDUDEN

für alle, die sich keine Märchen erzählen lassen!

Es war einmal ...

Zertanzte Schuhe, tapferes Schneiderlein, Allerleirauh, Rumpelstilzchen oder Sechse, die durch die ganze Welt kommen: Wer kennt sie nicht, die wunderbare Märchenwelt der Brüder Grimm? Feen, gute Geister und Nürnberger Trichter aber gibt es eben nur im Märchen.

Die Literatur
Von Märchen, Nachtstücken und anderen merk-würdigen Erscheinungen in der Welt der Literatur. 512 Seiten, rund 2000 Stichwörter, zahlreiche Abbildungen. Register. Gebunden.

Die richtige Wortwahl
Erzählung, Story, Fabel, Märchen: Auf einen Schlag findet man hier sinn- und sachverwandte Wörter und immer den inhaltlich und stilistisch treffenden Ausdruck. 553 Seiten, rund 14 000 Wörter und Wendungen. Gebunden.

DUDENVERLAG
Mannheim · Leipzig · Wien · Zürich

SCHÜLERDUDEN

eine Reihe guter Übersetzer!

Wer kommt schon zweisprachig auf die Welt?

Englisch, Französisch, ja selbst Japanisch, Kisuaheli oder Eskimoisch: man kann jede Sprache lernen, wenn man nur will, selbst künstliche Sprachen, wie Programmiersprachen und die Sprache der Mathematik. Aber leichter lernt es sich letztlich mit Nachschlagewerken, die eine klare Sprache sprechen.

Die Informatik
Algorithmen, PASCAL, Zufallsgenerator: Dieses Informationszentrum für Anfänger und Fortgeschrittene erleichtert den Umgang mit dem neuen Unterrichtsfach. 560 Seiten, rund 600 Abbildungen. Register. Gebunden.

Die Mathematik II
Sekundarstufe II (11.–13. Schuljahr)
Kurvendiskussion, Wahrscheinlichkeitsrechnung, Analysis: höhere Mathematik auf einen einfachen Nenner gebracht. 478 Seiten, über 500 meist zweifarbige Abbildungen. Register. Gebunden.

DUDENVERLAG
Mannheim · Leipzig · Wien · Zürich

SCHÜLERDUDEN

oder wie man schnell eins rauf kommt!

6, 5, 4, 3, 2, 1 – der Countdown läuft

Exaktes Training ist oft der beste Start. In der Schule ist das nicht anders. Wer hoch hinaus will, muß auch hier zur rechten Zeit und am rechten Ort alles unter Kontrolle, gut gecheckt haben.

Die Physik
Von Raketen, Schwerkraft und Schwarzen Strahlern: Begriffe, Methoden und Ergebnisse der Physik werden präzise und leicht verständlich erklärt. 490 Seiten, mehr als 1500 Stichwörter, 400 Abbildungen. Register. Gebunden.

Die Astronomie
Planeten – Sterne – Galaxien: Rund 2000 Stichwörter informieren zuverlässig, was im modernen Unterricht gelehrt, gelernt und gefragt wird. 418 Seiten, rund 2000 Stichwörter, etwa 200 Abbildungen, 16 Farbtafeln. Gebunden.

DUDENVERLAG
Mannheim · Leipzig · Wien · Zürich

SCHÜLERDUDEN

es macht einfach Spaß, mehr zu wissen!

Wenn schon nicht für die Schule

Was wir in der Schule lernen, lernen wir bekanntlich fürs Leben. Vieles, was wir in der Schule lernen, hält ein Leben lang vor. Vor allem dann, wenn man mit mehr Lust bei der Sache ist, weil man's sozusagen aus Wunderwitz (oder auf gut Deutsch: aus Neugier und Interesse) tut. Gute Nachschlagewerke helfen dabei.

Die Tiere
Was sind Wimpertierchen? Wie groß werden Ruderschnecken? Interessantes und Fesselndes aus der Welt der Tiere. 392 Seiten, rund 4 000 Stichwörter, zahlreiche farbige Abbildungen auf 28 ganzseitigen Bildtafeln. Gebunden.

Die Pflanzen
Vom Gänseblümchen bis zum Mammutbaum, von Kakteen bis zur Mango: Pflanzen machen nicht nur in der Schule von sich reden. 436 Seiten, rund 5 000 Stichwörter, 168 Farbfotos auf 32 ganzseitigen Schautafeln. Gebunden.

DUDENVERLAG
Mannheim · Leipzig · Wien · Zürich

SCHÜLERDUDEN
nach allen Regeln der Kunst!

Was macht die Kunst?

Kunst kommt von Können. Denn Genies und Wunderkinder wie Leonardo da Vinci oder Wolfgang Amadeus Mozart gibt's nicht alle Tage. In der Regel besteht oft genug die ganze Kunst darin, das richtige Handwerkszeug griffbereit zu haben. Im Leben wie in der Schule.

Die Kunst
Farblehre und Aktionskunst, Gotik und Graffito: die wichtigsten Epochen und Stilrichtungen anschaulich in Text und Bild. 528 Seiten, rund 3 000 Stichwörter, 96 Farbtafeln und zahlreiche Abbildungen. Personenregister. Gebunden.

Die Musik
Was ist „Farbenhören", was „farbiges Rauschen", was ...? Vom „Allegro" bis zur „Zwölftontechnik" die zentralen Begriffe der Musik. 488 Seiten, rund 2 500 Stichwörter, 250 Notenbeispiele und Abbildungen. Register. Gebunden.

DUDENVERLAG
Mannheim · Leipzig · Wien · Zürich

SCHÜLERDUDEN

was es nicht alles gibt!

Entweder – oder

Schwarz oder weiß, Verstehen oder Pauken, dicke Lehrbücher, die alles wissen, oder handliche Bände, die alles nur antippen: Was vielen fehlt, sind Nachschlagewerke, die alles können, die für 100%ige Klarheit sorgen, oder aber auch dann überzeugen, wenn man nur mal auf die schnelle etwas nachschlagen will.

Die Psychologie
Psychologie gewinnt heute zunehmend im Sozialkunde-, Biologie- und Religionsunterricht an Bedeutung. Die wichtigsten Begriffe der Psychologie von A bis Z. 408 Seiten, über 3 000 Stichwörter, 200 Abbildungen. Gebunden.

Die Philosophie
Allaussage, Allquantor, Alternative: Angefangen bei der vorsokratischen Naturphilosophie bis zur formalen Logik geben rund 1 100 Stichwörter Einblick in Modelle, Schulen und Richtungen der Philosophie. 492 Seiten. Register. Gebunden.

DUDENVERLAG
Mannheim · Leipzig · Wien · Zürich